경비지도사
민간경비론

1차 [일반·기계경비]

시대에듀

2025 시대에듀 경비지도사 민간경비론 [일반 · 기계경비]

Always with you

사람의 인연은 길에서 우연하게 만나거나 함께 살아가는 것만을 의미하지는 않습니다. 책을 펴내는 출판사와 그 책을 읽는 독자의 만남도 소중한 인연입니다. **시대에듀**는 항상 독자의 마음을 헤아리기 위해 노력하고 있습니다. 늘 독자와 함께하겠습니다.

보다 깊이 있는 학습을 원하는 수험생들을 위한 시대에듀의 동영상 강의가 준비되어 있습니다.

www.sdedu.co.kr ➜ 회원가입(로그인) ➜ 강의살펴보기

머리말
PREFACE

"생명과 재산을 지켜주는 수호자! 경비지도사"

현대인들은 자신의 의지와 상관없이 외부로부터 가해지는 각종의 위협에 노출되어 있다. 그러나 국가 경찰력이 각종 범죄의 급격한 증가 추세를 따라잡기에는 현실적으로 한계가 있으며, 이에 국가가 사회의 다변화 및 범죄의 증가에 효과적으로 대응하고 경찰력을 보완할 수 있는 전문인력을 양성하고자 경비지도사 국가자격시험을 시행한 지도 28년이 되었다.

경비지도사는 사람의 신변보호, 국가중요시설의 방호, 시설에 대한 안전업무 등을 담당하는 경비인력을 효율적으로 관리, 감독할 수 있는 전문인력으로서 그 중요성이 나날이 커지고 있으며, 그 수요 역시 꾸준히 증가하고 있지만, 합격인원을 한정하고 있기 때문에 경비지도사를 준비하는 수험생들의 부담감 역시 커지고 있다. 해마다 높아지고 있는 합격점에 대한 부담감을 안고 시험 준비에 어려움을 겪고 있을 수험생들을 위하여 본서를 권하는 바이다.

더 이상 단순 암기만으로는 합격에 도달할 수 없는 현시점에서, 지금 수험생들에게 가장 필요한 것은 "선택과 집중 그리고 이해 위주의 학습"이다. 점차 확장되고 있는 출제범위 내에서 과목별로 적절한 분량과 학습에 필요한 자료들만을 선택하여 이해 위주의 학습을 하는 것이야말로 시간 대비 가장 효율적인 학습방법인 것과 동시에 합격으로 향하는 가장 확실한 지름길이라 할 수 있을 것이다.

이에 따라 국가자격시험 전문출판사인 시대에듀가 수험생의 입장에서 더 필요하고 중요한 것을 생각하며 본서를 내놓게 되었다.

"2025 시대에듀 경비지도사 민간경비론 [일반·기계경비]"의 특징은 다음과 같다.

❶ 최신 개정법령과 최근 기출문제의 출제경향을 완벽하게 반영하여 수록하였다.

❷ 시대에듀 교수진의 철저한 검수를 통해 교재상의 오류를 없애고 최신 학계 동향을 정확하게 반영하여 출제 가능성이 높은 테마를 빠짐없이 학습할 수 있도록 하였다.

❸ 다년간 경비지도사 수험분야 최고의 자리에서 축적된 본사만의 노하우(Know-how)를 바탕으로 시험에 자주 출제되는 중요 포인트를 선별하여 꼭 학습해야 할 핵심내용을 중심으로 교재를 구성하였다.

❹ 경비지도사 시험의 기출문제를 완벽하게 분석하여 상세한 해설을 수록하였으며, 기출표기를 통해 해당 문항의 중요도를 한눈에 파악할 수 있도록 하였다.

❺ 대한민국을 대표하는 시대에듀와의 강의 연계를 통해 검증된 수준의 강의를 지원받을 수 있다.

끝으로 본서가 모든 수험생들에게 합격의 지름길을 제시하는 안내서가 될 것을 확신하면서 본서로 공부하는 모든 수험생들에게 행운이 함께하기를 기원한다.

대표 편저자 씀

STRUCTURES
도서의 구성 및 특징

PART 01 이론편

STEP 1 학습지원

본격적으로 학습하기에 앞서 CHAPTER별로 상세 목차, 최다 출제 POINT 및 학습 목표를 통해 내용의 흐름을 파악하고, 중요도 및 학습방향을 설정할 수 있다.

❶ CHAPTER별 상세 목차
❷ 최다 출제 POINT & 학습목표

2025 시대에듀 경비지도사 민간경비론 [일반·기계경비]

합격의 공식 Formula of pass | 시대에듀 www.sdedu.co.kr

PART 01
이론편

STEP 2 핵심이론

최신 출제경향 및 개정법령을 반영하여 체계적으로 정리한 핵심이론을 수록하였으며, 심화내용 BOX와 빈칸문제를 통해 필수개념을 확실하게 정리할 수 있다.

❶ 심화내용 BOX
❷ 기출표시
❸ 출제 POINT 빈칸문제 및 정답

STRUCTURES
도서의 구성 및 특징

PART 02 문제편

STEP 3 심화문제

경비지도사 제1회부터 제26회까지의 기출문제 중 중요 기출만을 엄선하였으며, 실전감각을 향상시킬 수 있는 모의심화문제를 추가로 수록하였다.

❶ 심화문제 & 정답
❷ 기출년도

PART 02 문제편

STEP 4 상세해설

꼼꼼한 상세해설을 통해 이론을 재확인하고, 핵심만 콕 & 법령 박스로 추가적인 학습이 가능하다.

❶ 상세해설
❷ 핵심만 콕
❸ 법령 박스

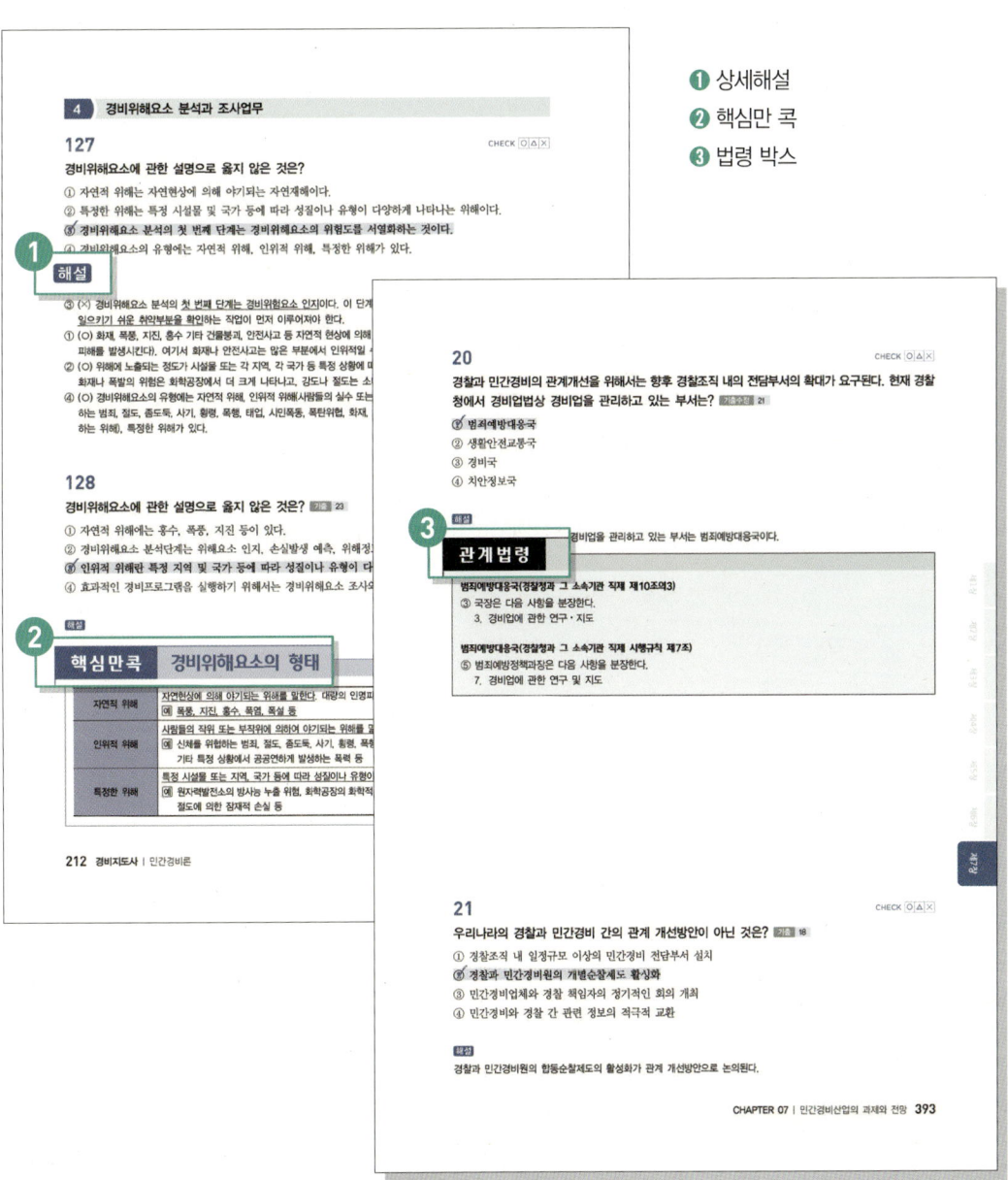

INTRODUCTION
경비지도사 소개 및 시험안내

➕ 경비지도사란?
경비원을 지도·감독 및 교육하는 자를 말하며, 일반경비지도사와 기계경비지도사로 구분한다.

➕ 주요업무
경비업자가 대통령령이 정하는 바에 따라 선임한 경비지도사의 직무는 다음과 같다(경비업법 제12조 제2항, 동법 시행령 제17조 제1항).

> 1. 경비원의 지도·감독·교육에 관한 계획의 수립·실시 및 그 기록의 유지
> 2. 경비현장에 배치된 경비원에 대한 순회점검 및 감독
> 3. 경찰기관 및 소방기관과의 연락방법에 대한 지도
> 4. 집단민원현장에 배치된 경비원에 대한 지도·감독
> 5. 그 밖에 대통령령이 정하는 직무
>   [1] 기계경비업무를 위한 기계장치의 운용·감독(기계경비지도사의 경우에 한한다)
>   [2] 오경보방지 등을 위한 기기관리의 감독(기계경비지도사의 경우에 한한다)

➕ 응시자격 및 결격사유

응시자격	제한 없음
결격사유	경비업법 제10조 제1항 각호의 1에 해당하는 자

※ 결격사유에 해당하는 자는 시험 합격 여부와 관계없이 시험을 무효처리한다.

2025년 일반·기계경비지도사 시험 일정(사전공고 기준)

회 차	응시원서 접수기간	제1차·제2차 시험 동시 실시	합격자 발표일
27	9.22~9.26 / 10.30~10.31(추가)	11.15 (토)	12.31 (수)

합격기준

구 분	합격기준
제1차 시험	매 과목 100점을 만점으로 하여 매 과목 40점 이상, 전 과목 평균 60점 이상 득점한 자
제2차 시험	• 선발예정인원의 범위 안에서 전 과목 평균 60점 이상을 득점한 자 중에서 고득점순으로 결정 • 동점자로 인하여 선발예정인원이 초과되는 때에는 동점자 모두를 합격자로 결정

※ 제1차 시험 불합격자는 제2차 시험을 무효로 한다.

경비지도사 자격시험

구 분	과목구분	일반경비지도사	기계경비지도사	문항수	시험시간	시험방법
제1차 시험	필 수	1. 법학개론 2. 민간경비론		과목당 40문항 (총 80문항)	80분 (09:30~10:50)	객관식 4지택일형
제2차 시험	필 수	1. 경비업법(청원경찰법 포함)		과목당 40문항 (총 80문항)	80분 (11:30~12:50)	객관식 4지택일형
	선택 (택1)	1. 소방학 2. 범죄학 3. 경호학	1. 기계경비개론 2. 기계경비기획 및 설계			

INTRODUCTION

경비지도사 소개 및 시험안내

➕ 일반경비지도사 제1차 시험 검정현황

구 분	대상자	응시자	합격자	합격률
2020년(제22회)	8,090	5,860	3,679	62.78%
2021년(제23회)	7,538	5,317	4,098	77.07%
2022년(제24회)	7,093	4,834	2,656	54.94%
2023년(제25회)	6,414	4,620	2,123	45.95%
2024년(제26회)	6,501	4,692	2,924	62.31%

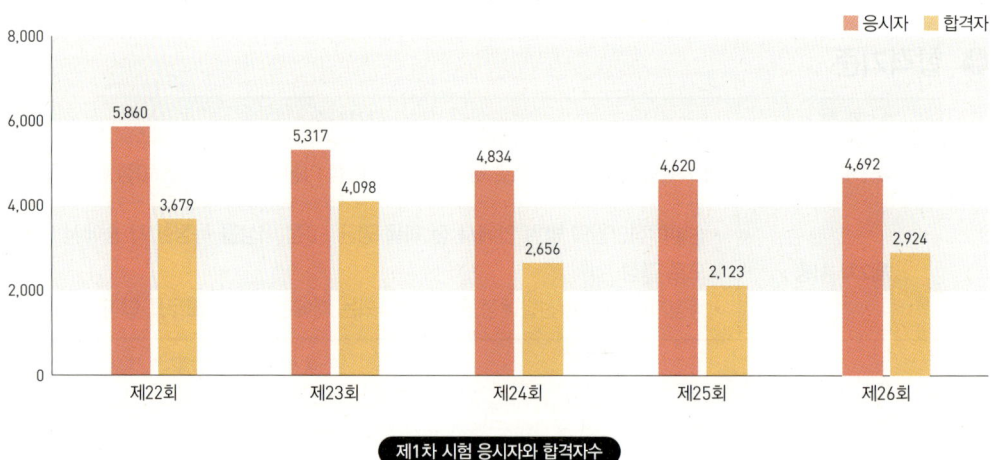

제1차 시험 응시자와 합격자수

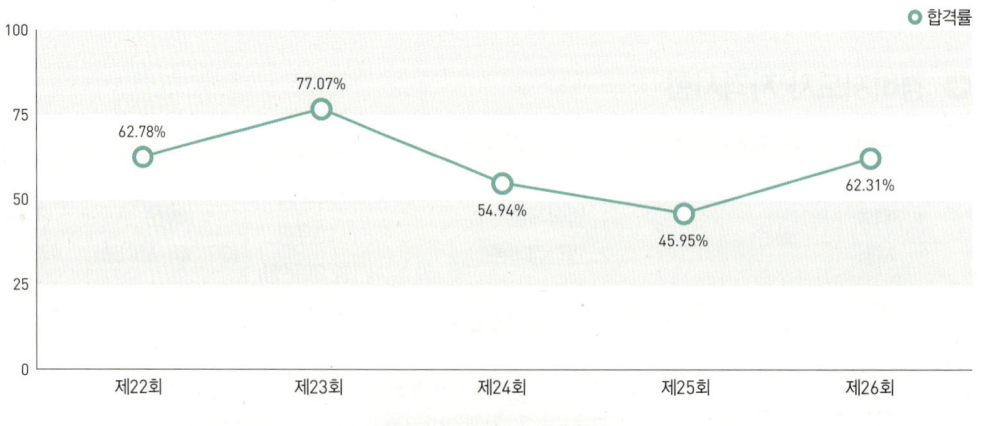

제1차 시험 합격률

REVISED LAW

최신 개정법령 소개

➕ 경비지도사 제1차 시험 관련 법령

본 도서에 반영된 주요 최신 개정법령은 아래와 같다(적색 : 2024년 이후 개정법령).

구 분	법 령	시행일
경비업법	경비업법	2025.01.31
	경비업법 시행령	2025.01.31
	경비업법 시행규칙	2025.01.31
청원경찰법	청원경찰법	2022.11.15
	청원경찰법 시행령	2024.04.23
	청원경찰법 시행규칙	2022.11.10
관련 법령	형 법	2024.02.09
	경찰관직무집행법	2024.09.20
	국가경찰과 자치경찰의 조직 및 운영에 관한 법률	2023.02.16
	경범죄처벌법	2017.10.24
	통합방위법	2024.01.16
	대통령 등의 경호에 관한 법률	2025.06.04
	다자간 정상회의의 경호 및 안전관리 업무에 관한 규정	2014.07.04

※ 경비지도사 자격시험에서 법률 등을 적용하여 정답을 구하여야 하는 문제는 시험 시행일 현재 시행 중인 법률 등을 적용하여 정답을 구하여야 한다.

➕ 개정법령 관련 대처법

❶ 최신 개정사항은 당해 연도 시험에 출제될 확률이 높으므로, 시험 시행일 전까지 최신 개정법령 및 개정사항을 필히 확인해야 한다.

❷ 최신 개정법령은 아래 법제처의 국가법령정보센터 홈페이지 등을 통해 확인이 가능하다.

법제처 국가법령정보센터	www.law.go.kr

❸ 도서 출간 이후의 최신 개정법령 및 개정사항에 대한 도서 업데이트(추록)는 아래의 시대에듀 홈페이지 및 서비스를 통해 제공받을 수 있다.

시대에듀 홈페이지	www.sdedu.co.kr www.edusd.co.kr
시대에듀 경비지도사 독자지원카페	cafe.naver.com/sdsi
시대북 통합서비스 앱	구글 플레이 또는 앱스토어에서 시대에듀로 검색

ANALYSIS
최근 5년간 출제경향 분석

➕ 제2과목 민간경비론

❖ 민간경비론 회당 평균 출제횟수 : 경비와 시설보호의 기본원칙(8.2문제), 민간경비의 조직(7.8문제), 세계 각국의 민간경비(7.4문제) 순이다.

	출제영역	2020 (제22회)	2021 (제23회)	2022 (제24회)	2023 (제25회)	2024 (제26회)	총 계 (문항수)	회별출제 (평균)
제1장	민간경비 개설	7	7	4	4	5	27	5.4
제2장	세계 각국의 민간경비	8	5	7	10	7	37	7.4
제3장	민간경비의 환경	3	3	2	1	4	13	2.6
제4장	민간경비의 조직	7	8	8	9	7	39	7.8
제5장	경비와 시설보호의 기본원칙	7	9	10	8	7	41	8.2
제6장	컴퓨터 범죄 및 안전관리	5	4	6	5	6	26	5.2
제7장	민간경비산업의 과제와 전망	3	4	3	3	4	17	3.4
	합계(문항수)	40	40	40	40	40	200	40

⋯▶ 2024년도 민간경비론 총평 : 앞부분에 생소한 지문 또는 최근 출제되지 않았던 지문이 상당수 출제되었다. 민간경비원의 법적 지위 유형 구분과 관련된 문제(41번, 60번 답항 ①), 민간경비와 공경비를 구분하는 기준에 관한 문제(42번 답항 ③), 민간경비 활동에 있어서 '서비스주체의 다원화'에 초점을 맞추고 등장한 이론에 관한 문제(44번), 민간경비의 개념에 관한 문제(46번), 일본의 민간경비에 관한 문제(49번 답항 ④, 60번 답항 ②), 외곽감지시스템에 관한 문제(66번)에서 어려움을 겪었을 것으로 생각된다.

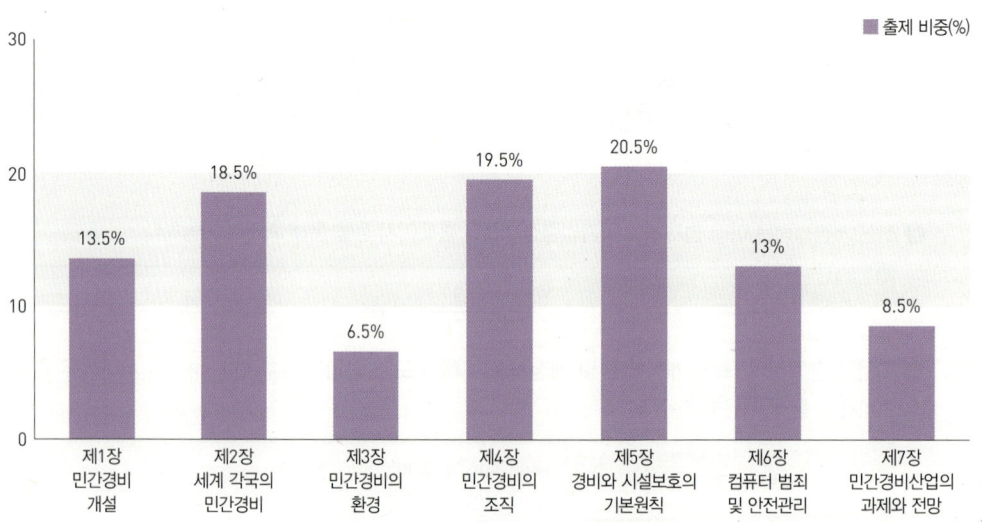

2020~2024년 경비지도사 민간경비론 출제경향

➕ 2024년 제26회 민간경비론 주제별 출제 분석

본 도서의 목차별로 정리한 2024년 민간경비론 과목의 기출주제이다(중복 출제된 주제 있음).

CHAPTER	POINT	2024년 제26회 기출주제
제1장 민간경비 개설	1. 민간경비와 공경비	민간경비의 개념
	2. 민간경비와 공경비의 제관계	민간경비와 공경비의 관계, 민간경비와 공경비 구분 기준으로서 경비서비스 항목
	3. 민간경비 성장의 이론적 배경	공동화이론, 공동생산이론
제2장 세계 각국의 민간경비	1. 각국 민간경비의 역사적 발전	고대 민간경비, 미국 민간경비의 발전(에드윈 홈즈), 일본 민간경비의 발전, 우리나라 민간경비의 발전
	2. 각국 민간경비산업 현황	각국의 민간경비제도
	3. 각국 민간경비의 법적 지위	각국 민간경비의 법적 지위, 우리나라 민간경비원의 법적 지위
제3장 민간경비의 환경	1. 국내 치안여건의 변화	우리나라 치안환경변화
	2. 국내 경찰의 역할과 방범실태	자치경찰사무, 방범경찰활동의 한계요인, 민간방범활동
제4장 민간경비의 조직	1. 민간경비의 유형	자체경비와 계약경비, 민간경비 조직편성의 원리 (조정·통합의 원리)
	2. 경비원 교육 등	경비원 등의 교육, 일반경비원 신임교육 제외 대상, 경비지도사 기본교육 과목, 경비지도사의 직무
	3. 경비원 직업윤리	–
	4. 경비위해요소 분석과 조사업무	경비위해요소
제5장 경비와 시설보호의 기본원칙	1. 경비계획의 수립	경비계획의 수준, 경비계획 수립 순서
	2. 외곽경비	외곽경비, 외곽감지시스템, 환경설계를 통한 범죄예방(CPTED)
	3. 내부경비	자물쇠(핀날름쇠 자물쇠)
	4. 시설물에 따른 경비	시설물 내부 경비요령
	5. 재해예방과 비상계획	–
제6장 컴퓨터 범죄 및 안전관리	1. 컴퓨터 관리 및 안전대책	정보보호의 기본원칙
	2. 컴퓨터 범죄 및 예방대책	컴퓨터 범죄의 특징(고의 입증 곤란성), 컴퓨터 범죄의 유형, 컴퓨터 부정조작 유형, 함정문 수법(trap door), 컴퓨터 범죄의 예방대책(관리적 대책)
제7장 민간경비산업의 과제와 전망	1. 한국 민간경비산업의 문제점	경찰과 민간경비의 협력증진 방안, 청원경찰과 민간경비제도의 이원화에 관한 문제점
	2. 민간경비산업의 전망 등	융합보안, 우리나라 민간경비업의 발전방안

PROCESS
시험접수부터 자격증 취득까지

1. 응시자격조건

- 경비업법 제10조 제1항의 결격사유에 해당하지 않는 어느 누구나 응시할 수 있습니다.
- 결격사유 기준일은 원서접수 마감일이며, 해당자는 시험합격 여부와 상관없이 시험을 무효처리합니다.

2. 필기원서접수

※ 인터넷 원서 접수 사이트 : q-net.or.kr

8. 자격증 발급

- 경비지도사 기본교육 종료 후 교육기관에서 일괄 자격증 신청
- 경찰청에서 교육 사항 점검 후, 20일 이내 해당 주소지로 우편 발송

7. 경비지도사 기본교육

3. 일반·기계 경비지도사의 시험

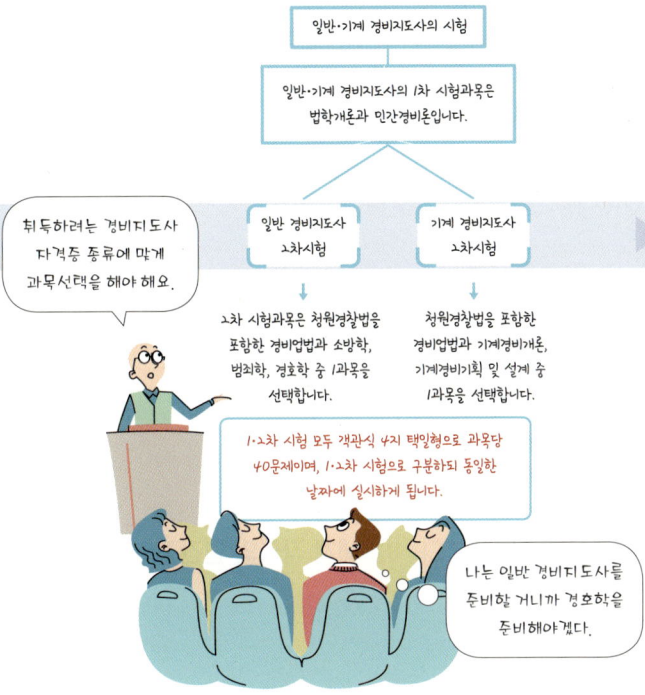

4. 1·2차 시험안내

5. 합격기준

6. 합격자발표

※ 확인 홈페이지 : q-net.or.kr

CONTENTS

이 책의 차례

이론편

CHAPTER 01 민간경비 개설
기출지문 OX	4
❶ 민간경비와 공경비	6
❷ 민간경비와 공경비의 제관계	10
❸ 민간경비 성장의 이론적 배경	13

CHAPTER 02 세계 각국의 민간경비
기출지문 OX	22
❶ 각국 민간경비의 역사적 발전	24
❷ 각국 민간경비산업 현황	35
❸ 각국 민간경비의 법적 지위	40

CHAPTER 03 민간경비의 환경
기출지문 OX	52
❶ 국내 치안여건의 변화	54
❷ 국내 경찰의 역할과 방범실태	56

CHAPTER 04 민간경비의 조직
기출지문 OX	70
❶ 민간경비의 유형	72
❷ 경비원 교육 등	85
❸ 경비원 직업윤리	90
❹ 경비위해요소 분석과 조사업무	91

CHAPTER 05 경비와 시설보호의 기본원칙
기출지문 OX	98
❶ 경비계획의 수립	100
❷ 외곽경비	106
❸ 내부경비	114
❹ 시설물에 따른 경비	127
❺ 재해예방과 비상계획	132

CHAPTER 06 컴퓨터 범죄 및 안전관리
기출지문 OX	148
❶ 컴퓨터 관리 및 안전대책	150
❷ 컴퓨터 범죄 및 예방대책	158

CHAPTER 07 민간경비산업의 과제와 전망
기출지문 OX	174
❶ 한국 민간경비산업의 문제점	176
❷ 민간경비산업의 전망 등	187

문제편

CHAPTER 01 민간경비 개설
심화문제	4

CHAPTER 02 세계 각국의 민간경비
심화문제	50

CHAPTER 03 민간경비의 환경
심화문제	120

CHAPTER 04 민간경비의 조직
심화문제	152

CHAPTER 05 경비와 시설보호의 기본원칙
심화문제	228

CHAPTER 06 컴퓨터 범죄 및 안전관리
심화문제	334

CHAPTER 07 민간경비산업의 과제와 전망
심화문제	384

민간경비론

OX문제 + 핵심이론

CHAPTER 01 　민간경비 개설
CHAPTER 02 　세계 각국의 민간경비
CHAPTER 03 　민간경비의 환경
CHAPTER 04 　민간경비의 조직
CHAPTER 05 　경비와 시설보호의 기본원칙
CHAPTER 06 　컴퓨터 범죄 및 안전관리
CHAPTER 07 　민간경비산업의 과제와 전망

1 민간경비와 공경비

01 경비의 개념
02 민간경비
03 공경비

2 민간경비와 공경비의 제관계

01 민간경비와 공경비의 공통점과 차이점

3 민간경비 성장의 이론적 배경

01 경제환원론적 이론
02 공동화이론
03 이익집단이론
04 수익자부담이론
05 민영화이론
06 공동생산이론

최다 출제 POINT & 학습목표

1. 민간경비와 공경비의 개념에 대해 살펴보고 민간경비의 주체와 목적, 주요임무, 특성 등을 알아본다.
2. 민간경비와 공경비의 차이점을 분명하게 구분하고 공통점을 파악한다.
3. 민간경비의 이론적 배경과 관련하여 경제환원론적 이론, 공동화이론, 이익집단이론, 수익자부담이론, 민영화이론 등에 대해 살펴본다.

CHAPTER 01
민간경비 개설

CHAPTER 01 민간경비 개설

01 경비업무 중 '경비를 필요로 하는 시설 및 장소에서의 도난・화재 그 밖의 혼잡 등으로 인한 위험발생 방지업무'에 해당하는 것은 시설경비업무이다. 기출 21 ( )

02 민간경비의 주요 임무는 질서유지활동, 범죄수사활동, 위험방지활동, 범죄예방활동 등이다. 기출 21 ( )

03 공경비는 일반 국민들을 위하여 관할 구역 내에서 법 집행의 권한을 가진다. 기출 24 ( )

04 실질적 개념의 민간경비는 고객의 생명과 신체에 대한 위해를 방지하고 재산을 보호하는 제반활동으로 인식된다. 기출 21・20 ( )

05 형식적 개념의 민간경비는 공경비와 민간경비가 명확히 구별된다. 기출 20・18 ( )

06 대륙법계 개념의 민간경비는 국가의 지도・감독하에 제한적인 기능만을 담당한다. 기출 24 ( )

07 범죄예방, 위험방지, 증거수집, 질서유지 중 우리나라 민간경비의 주요 임무가 아닌 것은 증거수집이다. 기출 21・19 ( )

08 민간경비원은 현행범을 영장 없이 체포할 수 없다. 기출 20・16・14 ( )

09 민간경비의 역할은 범죄예방 및 손실감소이다. 기출 20・17・13 ( )

10 시설경비를 실시함으로써 절도, 강도 등의 범죄 억제효과 및 수사를 통한 피해회복은 민간경비업무에 관한 내용에 해당한다. 기출 20 ( )

11 기능, 역할, 전달조직, 적법성 중 민간경비와 공경비를 구분하는 기준으로서 경비서비스 항목에 해당하지 않는 것은 적법성이다. 기출 24 ( )

12 민간경비는 강제력 사용에 제약을 받지 않는다. 기출 17・16・15 ( )

13 경제환원론은 경제침체와 민간경비 부문의 수요증가의 관계를 인과적 성격으로 보고 있다. 기출 16 ( )

14 공동화이론에 따르면, 경찰은 거시적 질서유지기능을 하고 개인의 신체와 재산보호는 개인비용으로 부담해야 한다. 기출 21 （　）

15 이익집단이론은 공동화이론과 유사하나 공경비가 독립적 행위자로서의 고유영역을 가진다는 점을 강조한 이론이다. 기출 23 （　）

16 수익자부담이론은 경기침체에 따른 국민소득 감소 및 치안비용 부담의 증가와 함께 주장되었다. 기출 23 （　）

17 민영화이론은 복지국가 확장의 부작용에 따른 재정위기를 극복하기 위해 국가의 역할범위를 축소하고 재정립한다는 이론이다. 기출 21 （　）

18 공동생산이론에 의하면, 경찰의 치안서비스 제공과정에서 시민과 민간경비의 능동적 참여를 다각적으로 유도한다. 기출 21 （　）

19 민간경비의 이론적 배경과 관련하여 "경찰의 역할 수행은 사실상 근본적으로 한정적일 수밖에 없어."라는 표현은 공동생산이론과 연결되며, "그래. 이제는 민간경비도 자체적인 고유한 영역을 가져야 한다고 생각해."라는 표현은 이익집단이론과 연결된다. 기출 22 （　）

20 민간경비 활동에 있어서 '서비스주체의 다원화'에 초점을 맞추고 등장한 이론은 공동생산이론이다. 기출 24 （　）

▶ 정답과 해설 ◀

| 01 ○ | 02 × | 03 ○ | 04 ○ | 05 ○ | 06 ○ | 07 ○ | 08 × | 09 ○ | 10 × |
| 11 ○ | 12 × | 13 × | 14 × | 15 × | 16 × | 17 ○ | 18 ○ | 19 ○ | 20 ○ |

✓ 오답분석

02 민간경비의 주요 임무는 범죄예방업무, 질서유지업무, 위험방지업무 기타 경비업법상 경비업무이다. 범죄수사활동은 공경비의 주요 임무로, 민간경비와 가장 구별되는 임무 중 하나이다.

08 민간경비원은 형사소송법 제212조에 근거하여 현행범을 영장 없이 체포할 수 있다.

10 민간경비의 경우, 시설경비를 실시함으로써 절도, 강도 등의 범죄 억제효과를 가질 수 있으나, 범죄수사 등 법집행 권한이 없어 수사를 통한 피해회복은 불가능하다.

12 민간경비는 강제력 사용에 제약을 받는다.

13 경제환원론은 경제침체와 민간경비 부문의 수요증가의 관계를 인과적 성격이 아닌 단순한 상관관계적 성격으로 보고 있다.

14 지문의 내용은 수익자부담이론에 관한 설명이다.

15 이익집단이론은 경제환원론적 이론이나 공동화이론을 부정하는 입장에서 '그냥 내버려두면 보호받지 못한 채로 방치될 만한 재산을 민간경비가 보호한다'는 이론이다.

16 수익자부담이론은 민간경비의 발전을 전반적인 국민소득의 증가, 경비개념에 대한 사회적인 인식의 변화, 실질적인 범죄의 증가, 민간경비 제도나 서비스의 유용성에 대한 인식변화 등이 갖추어졌을 때 가능하다고 본다.

CHAPTER 01 민간경비 개설

1 민간경비와 공경비

01 경비의 개념

1. 일반적인 경비의 개념
경비란 일반적으로 국가비상사태 또는 긴급중요사태 등 경비사태가 발생하거나 발생할 우려가 있을 때 사회공공의 안녕과 질서를 해하는 개인적 또는 집단적인 불법행위를 조직적인 부대활동으로서 예방·경계·진압하는 경찰활동을 말한다.

2. 경비의 구분
일반적으로 경비는 민간경비와 공경비로 구분된다. 범죄의 예방과 진압, 질서유지, 생산의 손실예방, 사회공공질서의 유지라는 측면에 있어서 양자는 차이가 없으나 다만, 공경비가 업무 수행에 있어 민간경비와는 대조적으로 강제력을 동반한다는 점에 있어서는 큰 차이를 갖는다.

02 민간경비

1. 민간경비의 개념 기출 17·14
① 여러 가지 위해로부터 개인의 생명이나 재산 및 이익을 보호하기 위해 특정 의뢰자로부터 보수를 받고 경비 및 안전에 필요한 서비스를 제공하는 개인, 단체, 영리기업을 말한다.
② 민간경비는 국가기관(경찰)에 의한 공경비에 대응되는 개념이다.
③ 민간경비의 활동 영역을 범주화하는 데 있어서 자체경비를 포함시키는 것이 일반적이다.
④ 민간경비의 개념은 각 나라마다 차이가 있다.
⑤ 형식적인 민간경비와 실질적인 민간경비는 차이가 있다.

2. 협의의 민간경비와 광의의 민간경비 개념 기출 22·20·18·17·12

협의의 민간경비	• 고객의 생명·신체·재산보호, 질서유지를 위한 개인 및 기업(조직)의 범죄예방활동(방범활동)을 의미한다. • 민간이 주체가 되는 모든 경비활동으로 계약경비와 자체경비를 불문한다(민간경비를 최협의·협의·광의로 구분하는 경우). • 최협의의 민간경비는 경비업체가 고객의 생명과 신체 및 재산을 보호하는 활동으로 자체경비를 제외한 계약경비만을 민간경비로 한정하는 견해이다(민간경비를 최협의·협의·광의로 구분하는 경우).
광의의 민간경비	• 공경비를 제외한 경비의 3요소인 방범·방재·방화를 포함하는 포괄적 경비활동을 의미한다. • 최근에는 산업보안 및 정보보안 그리고 사이버보안에 이르기까지 광범위하고 첨단화된 범죄예방 기능을 포함하는 개념으로 사용되고 있다.

3. 형식적 의미의 민간경비와 실질적 의미의 민간경비 개념 기출 24·22·21·20·18·17·12

형식적 의미의 민간경비	• 경비업법에 의해 허가받은 법인이 경비업법상의 업무를 수행하는 활동을 의미한다. • 형식적 의미에서의 민간경비 개념은 공경비와 명확히 구별된다.
실질적 의미의 민간경비	• 고객의 생명·신체·재산 보호 및 사회적 손실 감소와 질서유지를 위한 일체의 활동을 뜻한다(정보보호, 사이버보안도 포함됨). • 실질적 의미의 민간경비 개념은 공경비와 유사하다. 다만, 경비활동의 주체가 민간과 국가라는 차이만 있을 뿐이다.

4. 대륙법계 민간경비와 영미법계 민간경비 개념 기출 24

대륙법계 민간경비	대륙법계는 전통적으로 국가권력의 우월적 지위를 인정하므로 민간경비는 국가(경찰)의 지도·감독 하에 관련법규에 한정된 소극적 역할을 맡았고 사전적·예방적 기능만을 제한적으로 담당한다.
영미법계 민간경비	영미법계는 실질적 개념의 민간경비로 이해하고 민간경비와 공경비의 업무범위가 유사하나, 법 집행 권한에 대한 차이가 있다고 하였다. 일반적으로 영미법계 민간경비원은 대륙법계 민간경비원에 비해 그 권한이 많다고 할 수 있다.

5. 민간경비의 주체(민간경비론 전제)

① 고객으로부터 보수를 받고 이에 따른 경비 서비스를 제공하는 개인, 단체, 영리기업이다.
② 민간경비업은 자연인뿐만 아니라 법인도 영위할 수 있다. 그러나 경비업법 제3조는 법인만 영위할 수 있다고 규정하고 있다.★
③ 민간경비원의 신분은 민간인(사인신분)과 같이 취급되므로 준공무원의 신분에 해당한다는 것은 옳지 않은 표현이다.
④ 민간경비에서 급료지불의 주체는 고객(의뢰자)이다.
⑤ 경비의 주체가 누구든지 간에 국민의 생명과 재산을 보호하고 사회공공의 안녕과 질서를 유지한다는 궁극적인 목표는 동일하다.★

6. 민간경비의 주요 임무(역할) 기출 21·19

① **범죄예방업무** : 민간경비의 임무수행상 가장 중요한 임무(역할)라고 볼 수 있다.
② **질서유지업무** : 건물 내외 행사장 질서유지업무를 말한다.
③ **위험방지업무** : 사고예방 및 안전활동, 화재예방 및 통제활동, 도난의 방지활동
④ **경비업법상 경비업무** : 시설경비, 호송경비, 신변보호, 기계경비, 특수경비, 혼잡·교통유도경비 6종을 법으로 규정하고 있다.

> **정의(경비업법 제2조)** 기출 21·20·19·18
> 이 법에서 사용하는 용어의 정의는 다음과 같다. 〈개정 2024.1.30.〉
> 1. "경비업"이라 함은 다음 각목의 1에 해당하는 업무(이하 "경비업무"라 한다)의 전부 또는 일부를 도급받아 행하는 영업을 말한다.
>   가. 시설경비업무 : 경비를 필요로 하는 시설 및 장소(이하 "경비대상시설"이라 한다)에서의 도난·화재 그 밖의 혼잡 등으로 인한 위험발생을 방지하는 업무
>   나. 호송경비업무 : 운반 중에 있는 현금·유가증권·귀금속·상품 그 밖의 물건에 대하여 도난·화재 등 위험발생을 방지하는 업무
>   다. 신변보호업무 : 사람의 생명이나 신체에 대한 위해의 발생을 방지하고 그 신변을 보호하는 업무
>   라. 기계경비업무 : 경비대상시설에 설치한 기기에 의하여 감지·송신된 정보를 그 경비대상시설 외의 장소에 설치한 관제시설의 기기로 수신하여 도난·화재 등 위험발생을 방지하는 업무
>   마. 특수경비업무 : 공항(항공기를 포함한다) 등 대통령령이 정하는 국가중요시설(이하 "국가중요시설"이라 한다)의 경비 및 도난·화재 그 밖의 위험발생을 방지하는 업무
>   바. 혼잡·교통유도경비업무 : 도로에 접속한 공사현장 및 사람과 차량의 통행에 위험이 있는 장소 또는 도로를 점유하는 행사장 등에서 교통사고나 그 밖의 혼잡 등으로 인한 위험발생을 방지하는 업무

7. 민간경비의 특성

① 민간경비업은 영리성(경제적 이익)을 그 특징으로 하지만 공공성도 요구된다. 기출 13·12
   ㉠ **범죄예방** : 민간경비의 주요 임무로서 공공성이 강한 활동이다.
   ㉡ **질서유지** : 공동생활의 기본이며 사회구조를 이루는 토대로, 질서유지활동은 당연히 공공성을 띠게 된다.
   ㉢ **위험방지** : 평온을 해치는 자연적 위험 등이 존재하지 않아야 한다. 이는 공경찰의 임무이자 민간경비의 활동으로 공공성을 띤다.
② 일정한 비용을 지불하는 계약자 등 특정고객을 수혜대상으로 한다. 기출 12
③ 인적·물적 특정대상을 경비대상으로 한다.
④ 범죄발생의 사전예방적 기능을 주요 임무로 한다. 기출 12
⑤ 공경비에 비하여 한정된 권한과 각종 제약을 받는다. 기출 13
⑥ 민간경비는 공경비와 밀접한 관련을 가지고 업무를 수행하며, 특정 분야에서는 공경비와 거의 유사한 활동을 하게 된다. 기출 12
⑦ 현재 우리나라에서는 경찰관 신분을 가진 민간경비원이 없으며, 경찰관이 부업으로 민간경비원의 업무를 수행할 수 없다. ★
⑧ 민간경비의 조직화 과정에서 **위험**성, **돌발**성, **기동**성, **조직**성 등 경비업무의 특수성을 고려해야 한다.
기출 17·13

⑨ 민간경비가 일반시민들로부터 긍정적 인식을 얻는 것은 국가 내지 사회전체적인 안전확보에도 기여한다.
⑩ 민간경비는 경찰이 제공하는 서비스의 보충적·보조적 기능을 수행하는 것으로 인식되고 있다.★
⑪ 사회경제적 요인 등으로 인해 민간경비의 역할이 중요시되고 점차 독자적으로 시장규모를 확대시켜 나가고 있다.

> **서비스 제공 측면**
> 민간경비는 대가의 유무나 다소에 따라 서비스의 내용이 달라지는 경합적 서비스(사유재)이나 공경비는 모든 사람이 동등하게 소비에 참여할 수 있는 비경합적 서비스(공공재)를 제공한다.★

8. 우리나라 민간경비 서비스의 특성 기출 14
① 제공 대상은 비용을 지불할 수 있는 특정고객에 한정된다.
② 제공 내용은 특정고객의 이익을 만족시키기 위한 것이다.
③ 제공 책임은 특정고객과의 계약관계를 통해서 형성된다.
④ 제공 주체가 되려는 자는 도급받아 행하고자 하는 경비업무를 특정하여 그 법인의 주사무소의 소재지를 관할하는 시·도 경찰청장의 허가를 받아야 한다.

03 공경비

1. 공경비의 개념
공경비란 민간경비와 상대적인 개념으로, 국가공권력을 집행하는 국가기관인 대통령경호처, 검찰, 경찰, 교정, 소방과 같은 기관을 말하며, 일반적으로 경찰에 의하여 제공되는 치안서비스를 의미한다.

2. 공경비의 주요 임무(역할) 기출 16
① 사전적 범죄예방 임무
② **사후적 범인체포나 범죄수사 임무** : 민간경비와 가장 구별되는 임무★
③ 사회 전반적인 질서유지 임무
④ 개인의 생명과 신체, 재산보호 임무

3. 공경비의 특성
① 공경비는 공공성, 공익성, 비영리성을 그 특징으로 한다.
② 공경비는 민간경비에 비해 강제력을 갖고 있다.★

4. 순수공공재 이론

치안서비스란 공공의 안녕과 질서를 유지하면서 범죄와 무질서 그리고 각종 재해 등의 위험으로부터 국민의 생명·신체와 재산을 보호하는 공공서비스(국방, 소방, 교육, 보건, 경찰 등) 가운데 가장 기본적인 것을 의미한다. 공공서비스 중 공공성의 정도가 강할수록 민간보다는 정부에서 그 서비스를 제공하는 것이 바람직하며, 이러한 기반에서 논의된 것이 치안서비스의 순수공공재 이론이다. 머스그레이브는 순수공공재의 세 가지 기준으로서 비경합성, 비배제성, 비거부성을 제시하였다.

① **비경합성(공동소비)**: 어떤 서비스를 소비할 때 한 사람이 그 서비스를 소비하더라도 다른 사람의 소비기회가 줄어들지 않음을 의미하는데, "치안서비스의 이용에 있어서 추가이용자의 추가비용이 발생하지 않는다"는 것을 내용으로 한다. ★ 기출 15

② **비배제성**: 어떤 서비스를 소비할 때 생산비를 부담하지 않은 사람이라 해도 그 서비스의 소비에서 배제시킬 수 없음을 의미하는데, "치안서비스라는 재화는 이용 또는 접근에 대해서 제한할 수 없다"는 것을 내용으로 한다. ★ 기출 21

③ **비거부성**: 어떤 서비스가 공급될 때 모든 사람이 자신의 의지와는 상관없이 그 서비스를 소비하게 됨을 의미하는데, "치안서비스의 객체인 시민들은 서비스의 이용에 대한 선택권이 없다"는 것을 내용으로 한다.

2 민간경비와 공경비의 제관계

01 민간경비와 공경비의 공통점과 차이점 기출 21·20·19·18·17·16·15·14·13·12

1. 민간경비와 공경비의 공통점
① 범죄예방, 범죄감소 및 재산보호
② 사회질서 유지
③ 위험방지의 역할

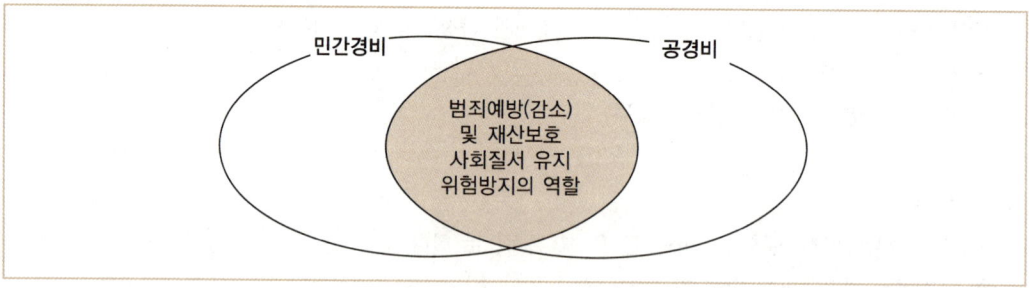

2. 민간경비와 공경비의 차이점

① **권한** : 공경비는 각종 강제권을 포함한 권한이 주어져 있으나, 민간경비는 이러한 권한이 극히 한정되어 있고 각종 제약을 받는다. 그러나 현행범은 영장 없이 체포할 수 있다. `기출 20·18`

② **대 상**
  ㉠ 공경비는 일반 시민들을 대상으로 범인 체포 및 범죄 수사를 위한 법집행을 주로 하나, 민간경비는 특정한 의뢰자로부터 받은 대가 내지 보수만큼 그 사람들을 위해 범죄예방 및 억제 또는 경제적 손실감소 및 이익보호를 위한 예방적 측면에서 그 기능과 역할을 행한다.
  ㉡ 공경비는 주로 공공의 이익을 위해 행하나 민간경비는 특정한 의뢰자를 위해 행한다.

③ **주체** : 공경비의 주체는 정부(경찰)이나 민간경비는 영리기업(민간경비회사)이다. `기출 20`

④ **목적** : 공경비의 목적은 주로 법집행 및 범인체포에 있으나 민간경비는 손해감소 및 재산보호에 있다. 따라서 민간경비의 목적은 사익보호이고, 공경비의 목적은 공익 및 사익보호로도 표현될 수 있다. 법집행의 유무는 민간경비와 공경비의 가장 큰 차이이다. `기출 20`

⑤ **임무** : 공경비의 역할은 범죄예방 및 범죄대응에 있으나 민간경비는 범죄예방에 있다.

⑥ **의무** : 경비업자는 불특정 다수인에게 경비서비스를 제공할 의무가 없다. `기출 20`

3. 공경비와 민간경비의 관계 `기출 24·22·17·12`

① 우리나라의 치안메커니즘은 크게 공경비와 민간경비 양축으로 구성된다.
② 공경비 분야에서 나타난 한계와 비생산성은 민간경비가 등장하는 계기가 되었다.
③ 오늘날 민간경비의 도움 없이 공경비만으로 공동체의 안전과 질서를 유지하기 어렵다.
④ 공경비는 국민의 세금으로 운용되지만, 개인의 필요에 의한 민간경비는 소비자의 경제능력이 이용에 큰 영향을 미친다.
⑤ 민간경비의 법률관계의 근거는 경비계약이고, 공경비는 법령이다.

 빈칸 채우기

공경비와 민간경비의 관계
→ 공경비 분야에서 나타난 (❶)와 (❷)은 (❸)가 등장하는 계기가 되었다.
→ 오늘날 (❸)의 도움 없이 공경비만으로 공동체의 안전과 질서를 유지하기 어렵다.
→ 민간경비의 법률관계의 근거는 (❹)이고, 공경비는 (❺)이다.

정답 ❶ 한계 ❷ 비생산성 ❸ 민간경비 ❹ 경비계약 ❺ 법령

[공경비와 민간경비의 비교]

구 분	공경비(경찰)	민간경비(개인 또는 경비업체)
대 상	일반국민(시민)	계약당사자(고객)
임 무	범죄예방 및 범죄대응	범죄예방
공통점	범죄예방 및 범죄감소, 위험방지, 질서유지	
범 위	일반(포괄)적 범위	특정(한정)적 범위
주 체	정부(경찰)	영리기업(민간경비회사 등)
목 적	법집행 (범인체포 및 범죄수사·조사)	개인의 재산보호 및 손실감소
제약조건	강제력 있음	강제력 사용에 제약 있음
권한의 근거	통치권	위탁자의 사권(私權)

민간경비의 성장요인
- 국가(공권력)의 한계인식
- 범죄 및 손실 문제의 증가
- 개인 및 조직의 안전의식 증대

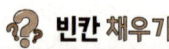 빈칸 채우기

공경비와 민간경비의 비교
- 공경비의 대상은 일반(❶)이나, 민간경비는 (❷)이다.
- 공경비는 (❸)을 행사할 수 있으나, 민간경비는 (❸) 사용에 제약이 있다.
- 공경비의 권한의 근거는 (❹)이며, 민간경비는 (❺)이다.

❶ 국민 ❷ 계약당사자 ❸ 강제력 ❹ 통치권 ❺ 위탁자의 사권   정답

3 민간경비 성장의 이론적 배경

01 경제환원론적 이론 기출 24·21·18·16·15·14·12

1. 특징
① 특정한 사회현상이 직접적으로는 경제와 무관한 것임에도 불구하고 그 발생원인을 경제문제에서 찾으려는 이론이다.★
② 경기침체로 인해 실업자가 늘어나면 자연적으로 범죄가 증가하고, 이에 민간경비가 직접 범죄에 대응하게 됨으로써 민간경비시장이 성장·발전한다고 주장한다. 즉, 민간경비 시장의 성장을 범죄의 증가에 따른 직접적 대응으로 보았다.
③ 특히 거시적 차원에서 범죄의 증가원인을 실업의 증가에서 찾으려고 하는 것이 그 특징이다.★
④ 민간경비 부문 증가에 관한 경제환원론적 시각은 경제환원론이 내부적으로 갖는 경제결정론적 단순성뿐만 아니라 한 사례의 특정한 시간대를 기준으로 해서 나온 사회현상의 경험론적 관찰에 근거한 이론이다.

2. 한계점
① 경제환원론적 이론은 내재적으로 포함하고 있는 단순논리적 한계가 있다.★
② 경제침체와 민간경비 부문의 수요증가의 관계도 원인과 결과를 규정지을 수 있는 인과관계적 성격이 아니라, 단순확정적 논리로 전개하고 있다.★

> **경제환원론의 문제점**
> 경제환원론은 미국이 경제 침체를 보였던 1965~1972년 동안 민간경비시장의 성장이 다른 서비스업 전체의 증가보다 두드러지게 성장하였다는 단순논리적이고 단기적인 경험적 관찰에 기초를 두고 있다.★

빈칸 채우기

경제환원론적 이론의 특징
- 특정한 사회현상이 직접적으로는 (❶)와 무관한 것임에도 불구하고 그 발생원인을 (❶)문제에서 찾으려는 이론이다.
- (❷)로 인해 (❸)가 늘어나면 자연적으로 범죄가 증가하고, 이에 (❹)가 직접 범죄에 대응하게 됨으로써 (❹)시장이 성장·발전한다고 주장한다.
- 특히 거시적 차원에서 범죄의 증가원인을 (❺)의 증가에서 찾으려고 하는 것이 특징이다.

정답 ❶ 경제 ❷ 경기침체 ❸ 실업자 ❹ 민간경비 ❺ 실업

02 공동화이론 기출 24·21·20·18·16·14·13·12

1. 특 징
① 공동화이론은 경찰이 수행하고 있는 경찰 본연의 기능이나 역할을 민간경비가 보완·대체한다는 이론이다.★
② 경찰의 범죄예방능력이 국민의 욕구를 충족시키지 못할 때의 공동상태(Gap)를 민간경비가 보충함으로써 민간경비시장이 성장한다고 주장한다.★
③ 사회의 다원화와 분화에서 초래되는 사회적 긴장과 갈등, 대립 등에 의한 무질서나 범죄의 증가에 대응하기 위해서는 경찰력이 증가하여야 하나 현실적으로 어려운 상태이므로, 그 결과 생겨나는 공백을 메우기 위해서 민간경비가 발전한다는 이론이다.
④ 경찰의 허술한 법적 대응력을 보충 내지 보조하여 공경비의 힘이 미치지 못하는 치안환경의 사각지대를 메워주면서 성장한 것이 민간경비이다.

2. 공경비와 민간경비의 성격 규정
① 경쟁적 관계
  ㉠ 공경비와 민간경비가 제공하는 서비스가 기본적으로 차이가 있는 것이 아니라, 공경비는 법적 권위를 부여받고 있다는 점에서 보다 많은 권한과 규제력을 갖는 것으로 이해한다.
  ㉡ 공경비와 민간경비가 경쟁적 관계에 놓이는 이유는 양자 사이의 관계를 규정하는 법령이나 규칙이 없기 때문이다.
② 상호보완적 관계
  ㉠ 공동화이론에서 공경비와 민간경비는 상호갈등이나 경쟁관계가 아니라 상호보완적·협조적·역할분담적 관계에 있다고 보는 입장이다.
  ㉡ 민간경비는 공경비가 갖는 제한적 능력 때문에 생기는 공백을 메워줄 수 있다는 시각으로 공동화이론이 취하는 입장과 상통한다.

빈칸 채우기

공동화이론에서의 공경비와 민간경비
→ 공경비와 민간경비가 제공하는 서비스가 기본적으로 차이가 있는 것이 아니라, 공경비는 (❶)를 부여받고 있다는 점에서 보다 많은 권한과 규제력을 갖는 것으로 이해한다.
→ (❷) 관계 : 공경비와 민간경비가 (❷) 관계에 놓이는 이유는 양자 사이의 관계를 규정하는 (❸)이나 (❹)이 없기 때문이다.
→ (❺) 관계 : 민간경비는 공경비가 갖는 (❻) 능력 때문에 생기는 공백을 메워줄 수 있는 (❺) 관계에 있다.

❶ 법적 권위 ❷ 경쟁적 ❸ 법령 ❹ 규칙 ❺ 상호보완적 ❻ 제한적   정답

03 이익집단이론 기출 22·21·20·18·16·14·12·11

1. 특 징
① 플레빌(Flave)의 이익집단이론은 경제환원론적 이론이나 공동화이론을 부정하는 입장에서 '그냥 내버려 두면 보호받지 못한 채로 방치될 만한 재산을 민간경비가 보호한다'는 이론이다. ★
② 민간경비도 자신의 집단적 이익을 극대화하기 위해 규모를 팽창시키고 새로운 규율이나 제도를 창출시키는 등의 노력을 해야 한다고 주장한다. ★
③ 민간경비의 양적 성장은 초기적 단계에서 일어나는 현상이며, 궁극적으로는 이익집단으로서의 내부적 결속과 제도화 및 조직화의 결과 민간경비의 세력과 입지를 강화하게 되어 민간경비가 성장한다는 이론이다.

2. 공동화이론과의 차이점
공동화이론의 주된 관심과 출발점이 경찰과 민간경비의 관계에 대한 성격을 밝혀내고자 하는 데 있는 반면, 이익집단이론은 민간경비를 하나의 독립적인 행위자로 인식하고 민간경비가 자체적으로 고유한 이해관계를 가질 수 있는 것으로 파악한다는 점이다. ★

04 수익자부담이론 기출 24·23·21·20·18·16·15·14

1. 특 징
① 경찰은 국가가 자본주의의 전반적 체제수호를 위한 정치적 역할, 즉 공적 임무를 수행하는 데 있어 일부분을 담당하는 공조직으로 파악되어야 한다는 이론이다.
② 자본주의사회에 있어 경찰의 공권력 작용은 원칙적으로 거시적인 측면에서 체제수호 등과 같은 역할과 기능으로 한정시키고, 사회구성원 개개인 차원이나 여타 집단과 조직 등의 안전과 보호는 결국 해당 개인이나 조직이 담당하여야 한다는 인식에 기초한 이론이다. ★
③ 경찰의 공권력 작용은 질서유지, 체제수호와 같은 거시적 측면에서 이루어지고, 개인의 안전과 보호는 해당 개인이 책임져야 한다는 자본주의체제하에서 주장되는 이론이다. ★
④ 개인이 자신의 건강이나 사유재산을 보호받기 위해서 의료보험이나 자동차보험에 가입하는 것과 같이 개인의 신체나 재산의 보호는 개인적 비용의 지출에 의해 담보받을 수밖에 없다는 입장이다.
⑤ 경찰의 근본적 역할 및 기능은 개인의 안전과 사유재산의 보호에 있다는 일반적 통념에 의문을 제기하면서 출발한다.

2. 경비 개념의 인식 전환

국가권력기관인 경찰의 공권력이 개인이나 단체의 영리사업 등에 무제한 동원되어서는 안 되며, 전체적인 상황 파악이나 운영상태 등의 파악을 위하여 최소한의 인력만 투입되어야 한다는 경비 개념의 인식 전환이 필요하다.

> **수익성 행사**
> 수익성 행사의 경우 공경비(경찰)는 우발사태 대비 개념으로 운용되어야 한다. 수익자부담의 원칙에 의해 주최 측에서도 민간경비 등을 활용토록 지도해야 하나, 철저한 수익자부담원칙의 적용에는 현실적인 어려움이 있으므로 장기적으로 대응해야 한다. 올림픽, 월드컵 같은 국가적 행사의 경우 수익자부담의 원칙을 엄격히 적용하기 곤란하다.
>
> **민간경비가 급증하는 조건** 기출 23
> 전반적인 국민소득의 증가, 실제적인 범죄의 증가, 경비 개념에 대한 사회적 인식 변화, 민간경비제도나 서비스의 유용성에 대한 인식 변화 등의 조건이 갖추어졌을 때 민간경비가 특정한 시기에 급증하게 된다.

05 민영화이론 기출 24·23·21·20·19·18·16·15·13

1. 개 념

① **민영화** : 정부의 역할을 줄이는 대신 민간의 역할을 증대시키는 것을 민영화로 정의하고 있다.
② **캐머맨과 칸(Kamerman & Kahn)의 정의**
  ㉠ 광의의 민영화 : 민영화의 개념을 광의와 협의의 개념으로 구분하고, 정부의 규제를 축소하고 정부의 지출을 감소시키는 것
  ㉡ 협의의 민영화 : 재화나 서비스의 생산이 공공부분에서 민간분야로 이전되는 것
③ **민영화이론**
  ㉠ 1980년대 이후 복지국가의 이념에 대한 반성으로서 국가독점에 의한 비효율성을 극복하고자 시장경쟁 논리를 도입한 이론으로, 현재까지 세계적인 추세로 받아들여지고 있다.
  ㉡ 2010년 최초로 설립된 민영교도소는 민영화의 사례로 볼 수 있다.
  ㉢ 민영화는 공공지출과 행정비용의 감소효과를 유발하기 위한 방법이다.
  ㉣ 국가권력의 시장개입을 비판하고 작은 정부를 지향하는 신자유주의적 흐름을 반영한다.
  ㉤ 공경비의 일부 활동을 민간에 이전하여 민간경비로 전환하는 것도 민영화이다.
  ㉥ 대규모 행사의 안전관리에 참여하여 공권력의 부담을 감소시키는 것도 민영화이다.

> **웹스터(Webster)의 정의**
> 민영화란 '공적 영역을 사적 소유로 변화시키는 것'을 의미한다.

> **사바스(Savas)의 민영화론**
> - 정의 : 민영화란 활동이나 자산소유에 있어 정부의 역할을 줄이고 민간의 역할을 증대시키는 활동으로 정의
> - 형태 : 상수도시설 및 교도소의 운영, 도로청소, 가로수 정리작업, 선박수리, 의용소방대, 석탄공사의 매각 등
> - 결정요인
>   - 실용주의 : 비용효과분석 차원
>   - 이념적 접근 : 작은 정부의 구현
>   - 사업주의 : 거래의 촉진
>   - 대중주의 : 시민권의 성장, 국민의 권리신장
> - 민영화의 목적
>   - 자본시장으로부터 자금조달을 가능하게 함으로써 기업의 경쟁력, 효율성 증대
>   - 중앙 또는 지방정부의 공공차입 부담 감소
>   - 공공지출과 행정비용 감소
>   - 사기업 경영에 대한 정부개입 감소
>   - 경제적 자산의 소유구조 확장
>   - 사원주식소유제도 활성화
>   - 소득재분배의 효과

2. 민영화 활성화의 배경

① 다원화 시대에서 각국의 정부는 작지만 효율적인 정부를 지향하고 있다는 점을 들 수 있다. 정부의 지나친 비대는 민주주의를 위협하고 있으며, 자원의 비효율적인 공급으로 자원의 낭비를 초래할 수 있기 때문이다.

② 민영화를 통하여 서비스에 대한 공급을 줄이게 되면 상대적으로 민간부문이 확대되어 민간의 활동이 활성화될 수 있으며, 자원이용의 효율성을 높이는 것이 가능하다. `기출 20`

③ 민영화함으로써 국민들이 공급과정에 참여할 수 있으며, 이로써 정부의 일반적인 공급으로 인한 공급주체와 국민 간에 존재하는 괴리를 좁힐 수 있고, 소비자들은 재화나 서비스를 선택할 수 있는 폭이 확대되어 경제적 자유를 누릴 수 있다.

〈출처〉 장정범, 민간조사제도의 도입방안에 관한 연구, 연세대 법무대학원 석사논문, 2010

 빈칸 채우기

> **사바스(Savas)의 민영화론**
> ⋯ 정의 : 활동이나 자산소유에 있어 (❶)의 역할을 줄이고 (❷)의 역할을 증대시키는 활동
> ⋯ 형태 : 상수도시설 및 (❸)의 운영, 도로청소, 가로수 정리작업, 선박수리, 의용소방대, (❹)공사의 매각 등
> ⋯ 결정요인 : (❺)주의, 이념적 접근, 사업주의, 대중주의

`정답` ❶ 정부 ❷ 민간 ❸ 교도소 ❹ 석탄 ❺ 실용

06 공동생산이론 기출 24·22·21·20·17·14·12

① 치안서비스 생산과정에서 경찰의 역할수행과 민간경비의 공동참여로 인해 민간경비가 성장했으며, 민간경비가 독립된 주체로서 참여한다는 이론이다.
② 민간경비를 공경비의 보조적 차원이 아닌 주체적 차원으로 인식하는 이론으로 민간경비 활동에 있어서 '서비스주체의 다원화'에 초점을 맞추고 등장하였다.
③ 공동생산이론은 경찰이 안고 있는 한계를 일부 극복하고, 시민의 안전욕구를 증대시키기 위해 민간부문의 능동적 참여를 다각적으로 유도한다.

빈칸 채우기

공동생산이론
- 민간경비를 공경비의 (❶)적 차원이 아닌 (❷)적 차원으로 인식하는 이론으로 민간경비 활동에 있어서 '서비스(❷)의 다원화'에 초점을 맞추고 등장하였다.
- 경찰이 안고 있는 한계를 일부 극복하고, 시민의 (❸)를 증대시키기 위해 민간부문의 (❹) 참여를 다각적으로 유도한다.

❶ 보조　❷ 주체　❸ 안전욕구　❹ 능동적　정답

성공은 준비하는 시간이 8할입니다.
나머지 2할은 보상을 받는 시간입니다.

– 에이브러햄 링컨 –

1 각국 민간경비의 역사적 발전
01 고대의 민간경비
02 영국 민간경비의 발달
03 미국 민간경비의 발달
04 일본 민간경비의 발달
05 한국 민간경비의 발달

2 각국 민간경비산업 현황
01 한국 민간경비산업 현황
02 미국 민간경비산업 현황
03 일본 민간경비산업 현황

3 각국 민간경비의 법적 지위
01 미국 민간경비의 법적 지위
02 일본 민간경비의 법적 지위
03 한국 민간경비의 법적 지위

최다 출제 POINT & 학습목표

1. 국가별 민간경비의 역사적 발전과정을 시간 순서에 따라 알아보고 영국, 미국, 일본, 한국의 민간경비 발달과정을 살펴본다.
2. 국가별 민간경비산업의 현황과 관련해서 한국, 미국, 일본의 일반경비와 기계경비산업의 발전과정과 현황을 숙지한다.
3. 각국 민간경비의 법적 지위와 관련하여 미국, 일본, 한국의 경우 민간경비원의 활동의 근거가 되는 법적 근거가 무엇인지를 파악한다.

CHAPTER 02

세계 각국의 민간경비

CHAPTER 02 세계 각국의 민간경비

01 헨리 필딩은 보우가의 주자(Bow Street Runner)에 영향을 주었다. 기출 20·17·13 ( )

02 최초의 형사기동대에 해당하는 범죄예방조직을 만든 사람은 올리버 크롬웰(Oliver Cromwell)이다. 기출 15 ( )

03 영국의 민간경비산업은 제1차 세계대전을 계기로 크게 발전하였다. 기출 20·15 ( )

04 핑커톤은 오늘날 프로파일링(Profiling) 수사기법에 영향을 주었다. 기출 20·19·16·14 ( )

05 2001년 9·11테러와 같은 국가적 위기상황은 민간경비가 발전하는 중요한 계기가 되었다. 기출 21·18·13 ( )

06 일본의 민간경비산업은 1964년 동경올림픽과 1970년 오사카만국박람회를 계기를 급성장하였다. 기출 21·19·15·13·11 ( )

07 일본의 민간경비산업은 1960년대에 한국과 중국으로 진출하면서 비약적인 발전을 하였다. 기출 21 ( )

08 우리나라의 경우, 민간조사제도는 아직까지 법제화되지 못했다. 기출 20·18·17·14 ( )

09 2021년 국가경찰과 자치경찰의 조직 및 운영에 관한 법률을 통해 경찰관 신분을 가진 민간경비원이 합법화되었다. 기출 21 ( )

10 미국의 민간경비산업은 계약경비시스템에서 상주경비시스템으로 변화하며 성장하고 있다. 기출 20 ( )

11 포프(A. Pope), 브링크(W. Brink), 웰즈(H. Wells)는 미국의 민간경비 발전과정에 기여하였다. 기출 23 ( )

12 독일의 민간경비산업의 시장은 유럽에서 가장 낮은 비중을 차지하고 있다. 기출 20 ( )

13 미국은 대부분 주정부 차원에서 경비업 허가가 이루어지므로 주에 따라 규제방식과 실태가 다르다. 기출 20 ( )

14 미국의 민간경비원은 타인의 재산에 대한 침해를 막을 수 있는 경우에만 예외적으로 정당성을 인정받는다. 기출 20 ( )

15 일본에서 경비업을 하고자 하는 자는 경시청에 신고하여야 한다. 기출 20 ( )

16 일본의 민간경비는 시설경비·공항보안뿐 아니라 핵연료물질 운반 등 폭넓은 분야로 발전하였다. 기출 24 ( )

17 우리나라의 경우, 1980년대 이후 기계경비시스템이 점차적으로 도입되었다. 기출 24 ( )

18 독일은 민간경비원의 실력행사에 관한 명시적 규정을 두고 있으며, 예외적인 경우 공권력의 행사로 인정받는다. 기출 20 ( )

19 호주는 독립된 '민간경비산업위원회(Security Industry Authority)'를 통하여 민간경비업을 통합 및 규제한다. 기출 23 ( )

▶ 정답과 해설 ◀ 01 ○ 02 × 03 × 04 ○ 05 ○ 06 ○ 07 × 08 ○ 09 × 10 ×
　　　　　　　　11 ○ 12 × 13 ○ 14 × 15 × 16 ○ 17 ○ 18 × 19 ×

✓ 오답분석

02 1785년경 최초의 형사기동대에 해당하는 범죄예방조직을 만드는 데 공헌한 사람은 헨리 필딩이다. 올리버 크롬웰은 강력한 중앙정부가 지방정부를 통제하는 계획을 추진하여 영국의 경찰모델을 형성하는 데 영향을 주었다.

03 영국의 민간경비산업은 1800년대 산업혁명을 계기로 크게 발전하였다고 볼 수 있다.

07 일본의 민간경비는 1980년대에 한국(1980년대 초)과 중국(1988년)으로 진출하면서 비약적인 발전을 하였다.

09 2021.1.1. 시행된 국가경찰과 자치경찰의 조직 및 운영에 관한 법률의 입법취지는, 경찰법을 개정하여 경찰사무를 국가경찰사무와 자치경찰사무로 나누고, 각 사무별 지휘·감독권자를 분산하여 시·도자치경찰위원회가 자치경찰사무를 지휘·감독하도록 하는 등, 자치경찰제 도입의 법적 근거를 마련함으로써 경찰권 비대화의 우려를 해소하는 동시에, 지방행정과 치안행정의 연계성을 확보하여 주민수요에 적합한 양질의 치안서비스를 제공하는 한편, 국가 전체의 치안역량을 효율적으로 강화할 수 있도록 하기 위함이다. 따라서 경찰관 신분을 가진 민간경비원의 합법화와는 관계없다.

10 미국의 경비업체는 크게 계약경비업체와 자체경비업체로 나눌 수 있는데, 그중에서도 계약경비업체가 크게 성장하고 있는 추세이다.

12 독일에서는 1901년 최초의 민간경비회사가 설립되었으며, 이는 유럽에서 보기 드물 정도로 이른 시기였다. 독일의 민간경비산업은 통합 후 현재까지 치안수요의 급격한 증가추세에 힘입어 고속 성장을 거듭해 오고 있다. 참고로 2001년 독일 전체 민간경비 관련 시장 규모는 약 92억 유로(한화 11조 4백억원)였다.

14 미국의 민간경비원에 의한 실력행사는 특권이나 동의 없이 타인의 권리에 대한 침해가 민간경비원에 의해서 발생한 경우 그에게 책임이 발생할 수 있다. 다만, 동의가 없더라도 일반적으로, 재산소유자가 자신의 재산에 대한 침해를 막을 수 있는 재산보호라는 자기방어의 경우와, 신체적 해악을 가하려는 의도가 명백한 타인에 대하여 정당한 실력행사를 할 수 있는 경우에는, 경비활동의 정당성을 부여할 수 있다.

15 일본의 경우, 경비업법 제정 당시에는 신고제로 운영되었으나, 1982년 허가제로 바뀌었다.

18 독일 민간경비원의 무력행사에 권한을 부여하는 명시적인 법적 근거는 없다.

19 '민간경비산업위원회'(SIA ; Security Industry Authority)는 2001년 영국에서 제정된 '민간경비산업법'(PSIA ; Private Security Industry Act)에 근거하여 설치된 기구이다.

CHAPTER 02 세계 각국의 민간경비

1 각국 민간경비의 역사적 발전

01 고대의 민간경비

1. 고대의 민간경비

고대 원시시대	인간의 주변환경, 자연재해로부터 자기 스스로를 보호하고, 부족의 적을 공동으로 대처하기 위한 공동체 보호의식이 본능적으로 시작되었다.
함무라비왕 시대	• 고대 바빌론 왕 함무라비에 의해 법집행 개념이 최초로 명문화되었다. • 세계 최초로 문서화된 법령에 의하여 정부가 법집행을 할 수 있었고, 또 개인에게 책임을 부여할 수 있었으며, 이때부터 개인차원의 민간경비의 개념과 국가차원의 공경비의 개념이 분리되기 시작하였다. 기출 24·22·20
고대 그리스 도시국가	• 부족이나 씨족 차원의 경비개념에서 사회 차원의 공공개념으로 확대, 발전해 나갔다. • 스파르타에서는 일찍부터 법을 집행하기 위한 치안책임자를 임명하는 제도가 발달하였다. 이는 최초의 국가경찰의 발달을 의미한다.
고대 로마시대	당시 로마의 통치자 아우구스투스 황제는 자경단원이라고 불리는 수천 명의 비무장군대를 각 관할구역의 질서유지를 위해서 임명하였다. 이는 역사상 최초의 비무장 수도경찰로 간주된다. 기출 24·22

2. 고대 민간경비의 특징

① 개인의 생명과 재산을 보호하는 경비는 인류 역사상 가장 오래된 과제 중 하나이다.
② 대표적인 경비형태로 절벽에 위치한 동굴, 땅에서 사다리를 타고 나무에 올라가는 주거형태나 수상가옥 등이 있다. 기출 24
③ 고대 문헌이나 성서와 같은 많은 자료에서 개인의 안전과 재산을 지키기 위해 야간감시자나 신변보호요원을 이용했음을 발견할 수 있다.
④ 경비제도를 역사적으로 볼 때 민간경비가 공경비보다 앞서 있다. ★

> **민간경비의 발달과정**
> 경비(Security)라는 것은 세상에서 가장 오래된 직업은 아닐지 모르나, 개인의 생명과 재산을 보호한다는 것은 인류역사상 가장 오래된 과제 중 하나였다. 경비제도를 연혁적으로 추적해 보면 고대사회 이래 개인의 생명·신체·재산을 보호하는 수단은 자기보호 → 부락공동보호 → 국가보호 → 자기보호와 국가공동보호의 순으로 발전하여 왔으며 이는 함무라비 왕조나 로마의 역사에서 그 근거를 쉽게 찾을 수 있다.
> 〈출처〉 박성수, 「민간경비론」, 윤성사, 2021, P. 30~31
>
> **민간경비의 발달과정**
> 민간경비 시대 → 공경비와 민간경비 개념의 미분화 시대 → 공경비 시대 → 공경비와 민간경비의 병행시대

02 영국 민간경비의 발달

1. 민간경비의 시작

① 민간경비(民間警備)의 역사는 영국을 중심으로 하여 유럽에서 시작되었다. ★
② 영국에서는 사설 경찰활동이 공적인 경찰활동보다 먼저 존재하였으며, 공경찰의 도입 필요성을 제기하는 계기가 되었다. 기출 17
③ 17세기 루소가 사회계약설(社會契約說)에서 주장하였던 것처럼 사회질서의 유지를 위해서 국가의 필요성이 대두되었으며, 경찰활동은 이러한 사회계약을 이행하는 한 수단으로서 도입되었다. ★
④ 18세기 초 런던에는 재산범죄가 대단히 만연하였으나, 공권력(공경찰)의 부족으로 인하여 조나단 와일드(Jonathan Wild)와 같이 개인에게 돈을 받고 분실한 물건을 찾아주거나 잡은 도둑을 경찰에게 넘기는 조직들이 점차 늘어났다.

2. 규환제도(Hue and Cry) 기출 23·15·14

① 개인 차원의 경비 개념 : 모든 사람은 자신의 행동뿐만 아니라 이웃의 행동에 대해서도 책임이 있다고 명시하고, 범죄가 발생하면 사람들이 고함을 지르고 사람을 모아 그 지역에 침범한 범죄자를 추적하는 것이 시민 각자의 의무이며, 만일 범죄자를 체포하지 못하면 모든 사람에게 국왕으로부터 벌금이 부과되었다.
② 규환제도의 개념 : 개인과 집단이 치안에 대해 공동책임을 진 것으로 인식되어 건장한 모든 사람들은 범법자 체포에 참여해야 하는데, 이러한 의도는 현대사회의 시민체포의 발상으로 인식할 수 있다.
③ 민선행정관제도 : 노르만디의 군주인 윌리엄(William) 국왕은 각 도시의 치안질서를 유지하기 위해서 군인이면서 재판관인 주장관을 임명하였고, 이는 지금의 Sheriff(국가 또는 주의 치안과 행정을 집행하는 민선행정관) 제도로 발전하였으며, 법을 집행하는 임무를 수행하는 사람을 경관(Constables)이라 불렀다.

3. 헨리왕의 King's peace 시대
① 의의 : 레지스 헨리시법을 공포하고 경찰의 공복으로서의 역할이 보다 강조된 시기이다.★
② 헨리 국왕의 법령
  ㉠ 원칙적으로 어떠한 범죄도 더 이상 개인에 대한 위법이 아니라 국왕의 평화에 대한 도전이라 명시하고 있다. 기출 23·20
  ㉡ 헨리 국왕의 법령(Legis Henrici)은 중죄(felony)와 경범죄(misdemeanor)에 대한 법률적인 구분을 내렸다는 점에서 큰 의의를 가지고 있다.
③ 레지스 헨리시법(The Legis Henrici Law)
  ㉠ 민간경비차원에서 실시되던 경비활동을 국가적 치안개념으로 발전시킨 것으로 줄여서 헨리시법이라고도 한다. 기출 17·15·12
  ㉡ 헨리시법은 경찰이 공복으로서 더 이상 사립경찰로서의 활동을 하지 않는 중요한 의미를 지니게 되었으며 그 당시 범죄는 개인에 대한 위법이 아닌 국왕의 평화에 대한 도전으로 간주하여 추방 또는 징역으로 처벌시킬 수 있는 위법행위로 규정짓게 되었다.
④ 처벌방법의 명문화 : "국왕의 평화에 대한 의지"를 강화하기 위해 추방에 대한 의사결정을 내리는 데 있어 사회는 반사회적 행위, 부당행위 처벌의 방법 등에 대해서 명문화하기 시작했다. → 사법(私法)에서 공법(公法)으로 법 개념이 변천하는 과정을 기록

4. 주야 감시원 시대(Watch and Ward Period)
① 치안판사의 신설 : 법의 집행이 점차 개인에서 정부로 책임이 이양되어 감에 따라 국왕은 주(州) 보안관(Sheriff)의 무능함을 견제하기 위해서 치안판사직을 신설하게 되었으나 범죄의 증가로 인하여 치안상태를 대처할 능력이 없었으므로 이때부터 민간경비기관이 발달하게 되었다.★
② 민간경비기관 : 주로 은행의 경비원, 상인들의 고용인, 사업장소의 야간감시원(Watch and Ward) 등으로 일하였다.
③ 의의 : 범죄사실의 법적인 처벌보다는 상인들의 도난당한 재산을 회수하기 위해서 사람들을 고용하게 됨으로써 오늘날 사설탐정으로 발달하게 되었다.

윈체스터법(13세기 말)
- 의의 : 범죄증가에 대처하고 지방도시의 치안 유지를 위해 에드워드 1세 때 제정(1285년)되어 수도경찰청법(1829년)이 만들어질 때까지 600여 년 동안 거의 유일하게 존재한 경찰활동을 규율한 경찰법원칙이다.
- 내 용 기출 22
  - 중소도시에 Watch-man(야경인)제도를 도입하여 경찰관의 임무를 보좌하게 함
  - 모든 주민에게 Hue and cry(저 놈 잡아라)식의 범법자 추적의무를 부과함
  - 15세 이상 60세 미만의 남자들에게 무기비치의 의무를 부과하여 계급에 따라 일정한 장비를 보유할 수 있게 함

파수제(Watch and Ward)
1300년대부터 1500년대 사이인 중세의 경비형태로서 에드워드 1세가 공포한 윈체스터법에 의해 Watch and Ward(파수제)가 시행되었다.

5. 보우가의 주자(Bow Street Runner) 시대

① **의의** : 헨리 필딩(Henry Fielding)이 시민들 중 지원자로 구성한 소규모 단위의 범죄예방조직을 만들어 보수를 지급하고, 1785년경 인류 역사상 최초의 형사기동대에 해당하는 조직을 만든 시대이다.

기출 17·15

② **헨리 필딩(Henry Fielding)의 활동** 기출 23·14
  ㉠ 범죄예방을 위해서는 시민 스스로가 단결해야 한다는 개념을 확립하고, 영구적이며 직업적으로 충분한 급료를 받는 민간경비를 제안했다.
  ㉡ 도보경찰(도심지역에 근무), 기마경찰(15마일 떨어진 변두리 지역까지 근무), 특별조사관, 경찰법원, 보우가의 주자(The Bow Street Runners ; 범죄현장에 즉각 달려가서 수사를 담당하는 최초의 형사기동대) 등을 만드는 데 공헌하였다. 기출 20

③ **교구경찰** : 이 무렵 교구경찰이 탄생하였으며, 그들의 책임은 교회 구역 내로만 한정하게 되었다.★

④ **올리버 크롬웰(Oliver Cromwell)의 계획**
  ㉠ 크롬웰의 강력한 중앙정부가 지방정부를 통제 → 영국의 경찰모델 형성에 영향★
  ㉡ 그러나 크롬웰의 계획은 시민들의 반발에 부딪혀 실패로 끝나고 다시 지역단위의 관구경찰제도가 부활하게 되었다.

상인경찰과 교구경찰

- **상인경찰(Merchant Police)** : 1500년대 영국의 산업발달에 따라 안전한 상업활동을 위해 상인들이 자체적으로 조직한 사설경찰(Private Police)로서 오늘날의 민간경비의 시초이다. 주요 업무는 시장·은행 및 상업시설을 보호하고 도난당한 재산을 회수하는 일을 담당하였다.
- **교구경찰(Parish Police)** : 보우가 주자시대에 등장하여 일반 경찰과 흡사한 임무를 수행하였는데 그 임무 수행범위는 도시의 행정구역인 교구(Parish)구역 내로 한정되었다. 처음에는 전 교구민이 윤번제로 근무를 하다가 후에 유급의 교구치안관(Parish Constable)으로 대치되었다. 그 당시 유럽 각국은 강력한 국가경찰제도를 발전시킨 반면 영국은 각 경찰관구로 나누어 관리하는 지방자치제 경찰제도를 선택하였다.

빈칸 채우기

보우가의 주자(Bow Street Runner) 시대

⇢ (❶)이 시민들 중 지원자로 구성한 소규모 단위의 범죄예방조직을 만들어 보수를 지급하고, 1785년경 인류 역사상 최초의 (❷)에 해당하는 조직을 만든 시대이다.
⇢ (❶)은 영구적이며 직업적으로 충분한 급료를 받는 민간경비를 제안했으며, 도보경찰, 기마경찰, 특별조사관, 경찰법원, (❸) 등을 만드는 데 공헌하였다.
⇢ 이 무렵 (❹)의 탄생을 보게 되었는데, 그들의 책임은 교회 구역 내로만 한정하게 되었다.

정답 ❶ 헨리 필딩 ❷ 형사기동대 ❸ 보우가의 주자 ❹ 교구경찰

6. 산업혁명 후 민간경비업체 출현

① 민간경비는 산업혁명시대에 크게 성장하였다. 기출 20·19·15
② 1800년대 민간경비와 공경비의 발달요인 : 산업혁명으로 인한 산업화와 함께 발생하는 장물아비의 활동, 위조화폐 공장의 성립 등의 범죄홍수에 대해서 지역 관구경찰의 활동으로는 속수무책이었기 때문이다.
③ 법집행기관의 탄생 : 템즈리버 경찰(The Thames River Police), 감시인과 경비원(Watches and Guards) 그리고 탐정기관, 산업경찰, 특수경찰 및 관구경찰 등의 출현을 들 수 있다.

7. 현대적 의미의 방범활동 시작

① 패트릭 콜크혼(Patrick Colquhoun) : 1797년 '수도경찰에 관한 논문'에서 런던의 가장 효과적인 범죄예방 활동을 위해 전체가 잘 규율된 영국경찰조직을 만들어야 한다고 주장하였으며, 로버트 필에 의한 신경찰 성립에 이론적 바탕을 마련하였다.
② 로버트 필(Robert Peel) 기출 24·20
  ㉠ 내무부장관이었던 로버트 필은 1829년 수도경찰법을 의회에 제출하여 런던수도경찰을 창설하였다. 기출 22·19·17·13·12·11
  ㉡ 범죄방지와 사회혼란을 바로잡기 위해 엄격하게 선발·훈련된 사람으로 조직된 기관의 필요성을 인식하였다. 기출 22
  ㉢ 교구경찰, 주야간 경비대, 수상경찰, 보우가 경찰대 등을 하나의 능률적인 유급경찰로 통합하였고, 경찰은 헌신적이어야 하며, 훈련되고 윤리적이며 지방정부의 봉급을 받는 요원들이어야 한다고 주장하였다. 기출 22·19·13
  ㉣ 형법의 개혁안을 처음 만들고, Peeler(Peel의 사람) 또는 Bobbies(순경이라는 뜻의 구어)라고 불리는 수도경찰을 재조직하였다.
  ㉤ 로버트 필의 형법개혁안(Peelian Reform)은 현대적 경찰 조직의 시초가 되었으며, 영국과 다른 경찰 부서의 모델이 되었다. 기출 19

> **독일의 민간경비**
> 독일은 1990년 통일 후 구동독 사회의 질서유지역할을 민간경비가 수행하여 시민의 지지를 얻게 되었다.

빈칸 채우기

산업혁명 후 민간경비업체 출현
… (❶) 후의 범죄홍수에 대해서 지역 관구경찰의 활동으로는 속수무책이었고, 이에 따라 (❷)업체가 크게 성장하였다.

❶ 산업혁명 ❷ 민간경비 정답

03 미국 민간경비의 발달

1. 미국 민간경비의 역사적 배경

① 초기 미국의 국민들은 영국에서 이주하였기 때문에 영국 왕실의 권위주의적인 통치방식을 싫어하고 자치적인 지방분권주의적 통치방식을 선호하였다.

> **도망노예환송법**
> - 노예의 탈출과 소요사태 등을 통제하기 위해 어떤 주에서 다른 주나 연방의 준주로 도망간 노예를 체포하여 원래의 주로 돌려주도록 규정한 법률로 1793년과 1850년에 남부지역에서 제정된 법률이다.
> - 남북전쟁 시작 즈음까지는 적용되다 1864년 6월 28일 폐지되었다.

② 범죄에 대응하는 방식에 있어서도 강력한 경찰조직보다는 자치경비조직의 형태를 추구하였다. 기출 18
③ 18세기 무렵 신개척지에 거주하고 있던 주민들을 보호하기 위해 밤에만 활동하는 야간경비원이 생겨났다.
④ 지방자치 경비조직인 자경단의 형태 방식으로 1845년 미국 최초의 현대적 경찰인 뉴욕시 주야간경찰 조직이 생겨났다.★

> **1845년의 뉴욕시 경찰**
> - 800명 선발, 시의원의 제청에 의해 시장이 임명
> - 정복 착용 없이 비무장으로 근무★

⑤ 지방자치 경비조직은 전문적인 고도의 능력과 지식을 갖추지 못한 상태였고, 국가 경찰력이라도 현실적으로 모든 사람의 생명과 재산을 완전히 지킬 수 있는 상황이 아니었다.
⑥ 서부의 개척지에서는 상설경찰이라 해도 시가지화한 읍이나 촌의 경찰이며, 그 이외의 지역에서 실효력이 있는 경찰은 아직 존재하지 않았다.

> **미국 민간경비의 연혁적 특징**
> - 국가 통치제도 면에서 자치제도를 추구
> - 시민 스스로가 자신을 보호하는 철저한 자경사상
> - 경찰 또는 군사력이 국가 전역에 미칠 정도로 발전하지 못함
> - 지역의 상황에 따라 각기 특색 있는 제도로 발전

빈칸 채우기

초기 미국 민간경비의 특징
→ 범죄에 대응하는 방식에 있어서도 강력한 (❶)보다는 (❷)의 형태를 추구하였다.

정답 ❶ 경찰조직 ❷ 자치경비조직

2. 미국 민간경비의 발전과정

① 미국 민간경비는 신개척지에 거주하던 주민들을 보호하기 위한 야간경비원으로부터 시작된다.
② 식민지시대의 법집행과 관련된 기본적 제도로는 영국의 영향을 받은 보안관(sheriff), 치안관(constable), 경비원(watchman) 등이 있었다. 기출 13·12
③ 남캐롤라이나의 찰스턴 시경비대(A City Guard of Armed Officers)는 1846년 시경찰국으로 발전하였다.
기출 12
④ 본격적으로 민간경비가 출현한 것은 1800년대 산업혁명과 19세기 중엽 서부개척시대이다. 미국 연방정부는 서부개척시대에 철도경찰법을 제정하여 일정한 구역 내에서 경찰권한을 부여한 민간경비조직을 설치하였다. 캘리포니아에서 금광이 발견되어 골드 러시(Gold Rush)가 이루어지면서, 개척지를 왕복하는 사람이나 금을 운반하기 위한 역마차, 철도 등이 부설되었다. 철도는 사람들이 거주하지 않는 불모지를 통과하는 경우가 많았으며, 역마차회사, 철도회사는 동서 간의 철도경비를 위해 자체 경비조직을 갖게 되면서 민간경비 발달의 획기적인 계기가 되었다. 이와 같은 요청에 의해서 생긴 것이 '핑커톤(Pinkerton)' 경비조직이다. 기출 22·18·16·13·12

> **핑커톤 경비조직** 기출 20·19
> - 시카고 경찰국의 최초의 탐정인 핑커톤은 새로 구성된 시카고 경찰에서 물러나 1850년 탐정사무소를 설립한 후 1857년에 핑커톤 국가탐정회사(Pinkerton National Detective Agency)로 회사명을 바꾸고 철도수송 안전 확보에 일익을 담당하였다.
> - 남북전쟁 당시에는 링컨 대통령의 경호업무를 담당하기도 하였고 '육군첩보부'를 설립하여 북군의 경제 교란작전으로 대량 발행된 위조화폐에 대한 적발임무를 수행하는 데 결정적 공헌을 하여 부보안관으로 임명되었다.
> - 1883년에는 보석상 연합회의 위탁을 받아 도난보석이나 보석절도에 관한 정보를 집중관리하는 조사기관이 되었다.
> - 경찰당국의 자료요청에 응하여 경찰과 민간경비업체의 바람직한 관계를 정립하였다.
> - 범죄자를 유형별로 정리하는 방식은 오늘날 프로파일링 수사기법에 영향을 주었다.
> - 20세기에 들어와 FBI 등 연방 법집행기관이 범죄자(犯罪者) 정보를 수집·관리하게 되었기 때문에 핑커톤 회사가 수집·관리할 수 있는 정보는 민간대상의 정보에 한정되었다.

⑤ 미국 남북전쟁은 위조화폐를 단속하기 위한 사설탐정기관의 발달을 가져오는 계기가 되었다. ★

> **현대적 의미의 민간경비 탄생**
> 1850년 핑커톤(Pinkerton) 탐정사무소 설립 → 미국 남북전쟁(1861~1865) 이후 국가경찰조직이 미흡한 상태에서 위조화폐를 단속하기 위한 사설탐정기관이 발달

⑥ 1858년 에드윈 홈즈(Edwin Holmes)가 야간 경비회사로서 홈즈 방호회사(Holms Protection Inc.)를 설립하여 최초의 중앙감시방식의 경보서비스 사업을 시작하였다. 기출 24·19·17·16
⑦ 1859년에는 워싱턴 페리 브링스(Washington P. Brinks)가 트럭 수송회사를 설립, 방탄 장갑차를 이용한 현금수송을 개시하였다. ★
⑧ 19세기 말에 유럽사회의 사회주의, 무정부주의 영향을 받은 노동자들의 격렬한 파업(Strike)을 맞이하여 공장파괴, 방화 등으로부터 회사재산을 지키기 위한 자본가들의 민간경비 수요가 급증했다. 기출 16
⑨ 제1차 세계대전 시 민간경비업은 군수물자를 생산하는 기업체들을 파업이나 적군의 탐정으로부터 보호해야 하는 임무를 띠게 되었다. 기출 16·14

⑩ 제2차 세계대전 시 국가 중요산업과 주요 군수장비를 생산하는 업체의 시설, 인원, 장비, 물자 등을 지키는 민간경비원들에게 예비헌병적인 지위에 상당하는 권한이 주어지기도 하였다. 기출 16

> **양차 세계대전과 민간경비** 기출 19
> - 제1차 세계대전 : 방위산업의 발달에 따른 대규모 공장시설 건설로 인한 산업시설 보호와 스파이 방지를 위하여 자본가들의 경비수요 증가 기출 14
> - 제2차 세계대전 : 군사, 산업시설의 안전보호와 군수물자, 장비 또는 기밀 등의 보호를 위한 임무가 민간경비에 부여되고 전자, 기계, 전기공업의 발달로 기계경비산업의 발전 토대 마련 기출 12

⑪ 1940년 이후 미국의 민간경비산업은 세계 각국에서 각 기업들의 자치적인 이익과 보호를 위해서 다양하고 전문적인 수요에 충당할 수 있도록 새로운 현대적 개념의 경비산업으로 발전하게 되었다. → 비약적인 발전
⑫ 20세기 중엽 은행보호법이 제정되었고 기계경비가 발전되었다.
⑬ 1965년 미국 사법행정과 법집행의 지원단체로 설립된 LEAA(Law Enforcement Assistance Administration)는 법집행절차의 개선을 위한 주와 정부간 기금지원 등 민간경비의 발전에 커다란 영향 및 도움을 주었다.
⑭ 2001년 9·11테러 이후 국토안보부를 설립하였으며 이는 공항경비 등 민간경비산업이 발전하는 중요한 계기가 되었다. 기출 18·13
⑮ 러셀 콜링은 미국 경비협회의 책임자로서 경비원의 기능을 통제하고 역량을 향상시키기 위해 경비원자격증제도가 필요하다고 주장하였다. ★

3. 미국의 민간경비제도 기출 18·15·13·11
① 미국에서는 주정부 관할하에 주정부별로 CPP(Certified Protection Professional) 제도를 시행하고 있는데, CPP는 공인경비사 자격제도로 국가적 차원이 아닌 민간경비업체가 민간경비의 질적 향상을 위해 전국적인 수준으로 발전시킨 것이다. 현재 미국산업안전협회에서 시행하고 있다.
② 미국은 경찰관 신분을 가진 민간경비원이 활동하는 경우가 있다. ★

빈칸 채우기

미국 민간경비의 발전과정
→ 2001년 9·11테러 이후 (❶)를 설립하였으며 이는 공항경비 등 민간경비산업이 발전하는 중요한 계기가 되었다.
→ (❷)은 미국 경비협회의 책임자로서 경비원의 기능을 통제하고 역량을 향상시키기 위해 (❸)가 필요하다고 주장하였다.

미국 민간경비제도
→ 미국은 (❹) 신분을 가진 민간경비원이 활동하는 경우가 있다.

정답 ❶ 국토안보부 ❷ 러셀 콜링 ❸ 경비원자격증제도 ❹ 경찰관

04 일본 민간경비의 발달

1. 일본 민간경비의 시작
① 일본의 민간경비의 연원 `기출 15`
  ㉠ 중세기부터 지방 성주들에 의하여 사적으로 실시되었다.
  ㉡ 현대 이전의 민간경비는 헤이안 시대에 출현한 무사계급에서 그 뿌리를 찾을 수 있다. `기출 12`
② 도쿠가와 시대 : 장병위라는 이름으로 경비업을 전문으로 하는 직업 경비업자가 생겨나 노동자 공급이나 경비업무를 실시하였다. ★
③ 도쿠가와 시대 이후 : 경비업무의 범위를 넓혀 호상들의 저택경비나 물품 및 귀중품 운반까지 전문적인 직업 경비원들에 의하여 실시되었다.

2. 일본 민간경비의 발전과정 `기출 24·21·19·15`
① 제2차 세계대전 이전 : 대부분의 일본 산업계에서는 야경, 수위, 순시 또는 보안원 등의 이름으로 각기 자체경비를 실시하여 왔다.
② 민간경비업체의 출현 : 일본에서 전업(專業) 경비업자가 출현한 것은 제2차 세계대전 후 1962년 7월에 일본경비보장주식회사(SECOM의 전신으로 스웨덴의 경비회사와 제휴)가 설립된 것에서 비롯되었다.
③ 동경 올림픽 : 1964년 동경 올림픽의 선수촌 경비를 계기로 민간경비의 활약과 역할을 널리 인식하였다. ★
④ 오사카 만국박람회(EXPO) : 1970년의 오사카 EXPO 개최 시 대회장 내에서의 시설관리, 관람객들의 안전관리, 질서유지 등에 민간경비가 투입되어 하나의 경비산업으로 자리잡았다. ★
⑤ 해외로의 진출 : 일본은 1950~1960년대 미국으로부터 민간경비제도를 도입하면서 일본 최대 성장산업으로 발전하였고, 더불어 한국(1980년대 초)과 중국(1988년)에까지 진출하게 되었다. ★

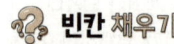

일본 민간경비의 시작
… 중세기부터 (❶)들에 의하여 사적으로 실시되었으며, 현대 이전의 민간경비는 (❷) 시대에 출현한 (❸)계급에서 그 뿌리를 찾을 수 있다.

❶ 지방 성주 ❷ 헤이안 ❸ 무사 `정답`

05 한국 민간경비의 발달

1. 한국 민간경비의 발전 배경

① **전통적 의미의 민간경비** 기출 12 : 1960년대 이전의 경비로서 경비활동을 받는 수혜자(고객)의 필요에 의하여 민간경비원으로 하여금 신변보호(身邊保護)까지 책임지게 하는 상주형태의 경비활동이다.
  ㉠ 고대 : 부족(部族)이나 촌락 또는 지역사회 전체가 공동운명체적 성격을 띠고 외부의 침략으로부터 자신들을 보호하기 위하여 서양의 감시자나 자경단원과 같은 역할을 하는 자체경비조직을 활용하였다.
  ㉡ 삼국시대 : 지방의 실력자들이 해상을 중심으로 사적 경비조직을 활용하였다. ★
  ㉢ 고려시대 : 지방호족이나 중앙의 세도가들이 자신의 권력유지나 재산보호를 위하여 무사를 고용하는 등 다양한 형태의 경비조직이 출현하였다. ★
  ㉣ 조선시대 : 공경비조직은 다양하게 존재하였으나 민간경비조직은 상대적으로 미약했다. ★
  ㉤ 조선시대 이후 : 1960년대 이전까지는 주로 권력가나 사업가들이 힘센 장정들을 고용하여 주택이나 기타 시설물에 대한 경비나 자신들에 대한 경호임무를 시켰다.

② **현대적 의미의 민간경비**
  ㉠ 1960년대 이후 경비활동을 제공하는 공급자 측에서 경비관련 상품을 개발하여 고객의 요구에 의하여 계약(契約)하거나, 상주형태의 경비활동을 제공하는 것이다.
  ㉡ 순수한 한국의 민간경비 시설물에 대한 민간차원의 민간경비는 1962년 범아실업공사(합자)가 한국석유저장주식회사와 용역경비계약을 체결함으로써 시작되었다. ★

2. 한국 민간경비의 발전과정

① 한국의 용역경비는 1950년대부터 미군 군납형태로 제한적으로 실시하게 되었으며[1953년 용진보안공사, 1958년 영화기업(주), 1959년 신원기업(주)], 기출 23 1962년 화영기업과 경원기업이 미8군부대의 용역경비를 담당한 것이 현대적 의미의 민간경비의 효시라 할 수 있다. 기출 14
② 1964년에는 봉신기업과 경화기업, 1965년에는 신원기경, 1966년에는 화영기업의 후신인 용진실업 그리고 1968년 초해산업 등이 설립되었다.
③ 1962년 청원경찰법 제정, 1973년 청원경찰법 전면개정, 1976년 용역경비업법이 제정되었고 1978년에는 사단법인 한국경비협회가 설립되었다. 기출 23·19·18·17·13·12
④ 1977년 설립된 한국경비실업(韓國警備實業)은 내무부장관(현 행정안전부장관) 경비업 허가 제1호를 취득하였고, 1978년 한국경비보장(韓國警備保障)으로 회사명을 변경하였다. 기출 21
⑤ 1980년 삼성그룹이 일본의 경비업체 세콤(SECOM)과의 합작을 통해 한국경비보장(韓國警備保障)을 인수하였고, 1991년 한국안전시스템(韓國安全시스템)으로, 그 후 1996년 에스원(S1)으로 회사명을 변경하였다.
⑥ 한국의 민간경비는 1986년 아시안게임, 1988년 서울올림픽, 1993년 대전 EXPO 행사를 통하여 안전 및 경호경비 문제를 무사히 치르고 난 이후부터 매년 성장을 거듭하여 왔다. 기출 19·18·16
⑦ 1989년 용역경비업법은 용역경비업자가 대통령령으로 정하는 기계경비시설을 설치·폐지·변경한 경우, 허가관청에 신고하여야 한다고 규정하였다(용역경비업법 제4조 제2항 제4호). 기출 21
⑧ 1990년대에 이르러 국내 최초로 은행자동화코너 무인경비(無人警備)를 개시하였다. 기출 23

⑨ 1999년 3월에 "용역경비업법"의 명칭을 "경비업법"으로 바꾸어 포괄적 개념의 전문경비제도를 도입하는 계기가 되었다. 기출 24·23·21·17·16

⑩ 2001년 「경비업법」이 전면개정되면서 경비업의 종류에 명시적으로 기계경비업무가 추가되고, 특수경비업무가 신설되었다. 기계경비산업이 급속히 발전하여 기계경비업무를 신고제에서 허가제로 변경하였으며, 특수경비원제도를 도입하였다. 기출 23·21·19·17·16

⑪ 2013년 「경비업법」상 경비지도사의 직무로서 집단민원현장에 배치된 경비원에 대한 지도·감독이 추가되었다. 기출 21·15

⑫ 1995년 9월 22일 용역경비에 관한 연구·지도 업무를 경찰청 경비국 경비과에서 방범국 방범기획과로 이관하였다(경찰청과 그 소속기관 등 직제 제11조 제3항, 제14조 제3항 참고). 기출 20 현재는 범죄예방대응국 국장이 경비업에 관한 연구 및 지도를 담당하고 있다(경찰청과 그 소속기관 등 직제 제10조의3 제3항 제3호). 기출 21

⑬ 2021.1.1. 시행된 국가경찰과 자치경찰의 조직 및 운영에 관한 법률의 입법취지는, 경찰법을 개정하여 경찰사무를 국가경찰사무와 자치경찰사무로 나누고, 각 사무별 지휘·감독권자를 분산하여 시·도자치경찰위원회가 자치경찰사무를 지휘·감독하도록 하는 등, 자치경찰제 도입의 법적 근거를 마련함으로써 경찰권 비대화의 우려를 해소하는 동시에, 지방행정과 치안행정의 연계성을 확보하여 주민수요에 적합한 양질의 치안서비스를 제공하는 한편, 국가 전체의 치안역량을 효율적으로 강화할 수 있도록 하기 위함이다. 기출 21

⑭ 2024.1.30. 「경비업법」 개정(2025.1.31.부터 시행)으로 경비업의 종류에 혼잡·교통유도경비업무가 추가되었다.

빈칸 채우기

한국 민간경비의 발전과정
- 1999년 3월에 (❶)의 명칭을 (❷)으로 바꾸어 포괄적 개념의 전문경비제도를 도입하는 계기가 되었다.
- 2001년 (❷)이 전면개정되면서 경비업의 종류에 명시적으로 (❸)업무가 추가되고, (❹)업무가 신설되었다.
- 현재 경비업에 관한 연구 및 지도는 (❺) 국장이 담당하고 있다.

정답 ❶ 용역경비업법 ❷ 경비업법 ❸ 기계경비 ❹ 특수경비 ❺ 범죄예방대응국

2 각국 민간경비산업 현황

01 한국 민간경비산업 현황

1. 민간경비산업의 발전

① 현대적 의미의 민간경비는 1962년에 주한 미8군부대의 용역경비를 실시하면서부터 최초로 시행되었다. 기출 17·13

② 1960년대부터 1970년대에는 청원경찰에 의한 국가 주요 기간산업체의 경비가 주류를 이루었다. 기출 15

③ 1976년 용역경비업법이 제정되면서 법적·제도적 기틀을 마련하게 되었고, 1978년 내무부장관의 승인으로 사단법인 한국용역경비협회가 설립되었다. 기출 23·19·18·14·13

④ 청원경찰법(1962년)과 용역경비업법(1976년)이 제정되어 제도적인 발전의 기틀을 마련하였다. 기출 23·18·14

⑤ 1970년대 후반부터 일부 업체는 미국이나 일본 등지에서 방범기기를 구입하거나 종합적인 경비시스템 구축을 위한 노하우를 도입하였다.

⑥ 경제성장과 함께 10여 개에 불과하던 경비업체는 86 아시안게임과 88 서울올림픽, 2002 한일 월드컵 등 각종 국제행사를 치르면서 급성장하여 2009년에는 3,906개 업체에서 146,805명의 경비원이 종사하였다.

⑦ 질적인 면에서도 인력 위주의 단순경비에서 첨단장비 및 기술을 활용한 복합적인 형태로 발전하였다. 기출 15

⑧ 1980년대(아시안게임, 서울올림픽) 이후 외국 경비회사와의 합작이나 기술제휴로 기계경비시대가 본격적으로 시작되어 일반 국민들도 기계경비의 필요성과 효율성을 인식하는 단계에 이르러 경비업무의 기계화 및 과학화가 활성화되었다. 기출 24·20·13·12

⑨ 2001년 경비업법 개정에서 기계경비업무를 더욱 강화하고, 국가중요시설의 효율성 제고 방안으로 특수경비원제도가 도입되어, 청원경찰의 입지가 축소되었다. 기출 19·18·15·14

⑩ 1997년부터 민간경비업의 해외시장 개방 등으로 우리나라의 민간경비업의 새로운 장이 시작되었다. 현재 미국이나 일본 경비업체와의 활발한 교류가 이루어지고 있다.

빈칸 채우기

한국 민간경비산업의 발전
- 현대적 의미의 민간경비는 1962년에 (❶)의 용역경비를 실시하면서부터 최초로 시행되었다.
- 1960년대부터 1970년대에는 (❷)에 의한 국가 주요 기간산업체의 경비가 주류를 이루었다.
- 1962년에 (❸), 1976년에 (❹)이 제정되어 제도적인 발전의 기틀을 마련하였다.

정답 ❶ 주한 미8군부대 ❷ 청원경찰 ❸ 청원경찰법 ❹ 용역경비업법

2. 한국 민간경비산업의 특징

① 경비회사의 수나 인원 면에서 아직까지 기계경비보다는 인력경비에 대한 의존도가 높다. ★ 기출 23
② 인력경비업체가 대부분을 차지하고 있으나 향후 인건비 절감을 위해서 인력경비보다 기계경비의 성장이 가속화될 것으로 전망된다. 기출 19
③ 민간경비의 수요 및 시장규모는 전국에 걸쳐 보편화되었다기보다는 일부 지역에 편중되어 있다.
④ 한국의 청원경찰제도는 경찰과 민간경비제도를 혼용한 것으로 외국에서는 볼 수 없는 특별한 제도이다. 기출 23·20
⑤ 비용절감 등의 효과로 인하여 자체경비보다 계약경비가 발전하고 있다. 기출 19

> **한국 민간경비산업의 한계**
> 우리나라의 민간경비산업은 양적 팽창을 이뤄냈지만 인력경비 중심의 영세한 경호·경비업체의 난립 및 청원경찰과 민간경비 간 지휘체계·신분보장 등 이원화와 관련된 문제가 대두되고 있다.

3. 경비업의 지도·육성

① 경찰은 사회 전반의 범죄 대응역량을 강화하기 위해 민간경비업을 적극 지도·육성하고 있다.
② 민간경비 교육기관을 지정(일반경비원 신임교육기관, 특수경비원 신임교육기관, 경비지도사 기본교육기관)하여 민간경비교육을 내실화·활성화하고 경비지도사 및 경비원의 자질향상을 도모하고 있다.
③ 경비원이 되려는 사람은 대통령령으로 정하는 교육기관에서 미리 일반경비원 신임교육을 받을 수 있다(경비업법 제13조 제2항). 기출 23

4. 경비지도사 제도

① **경비지도사 시험 및 교육** 기출 21·15·12 : 1997년 2월 23일에 제1회 경비지도사 시험을 실시하였고, 제2회 시험은 1999년, 제3회 시험은 2001년 실시하였다. 2002년 11월 10일 제4회 시험부터 매년 정기적으로 실시하고 있다. 1997년 제1회, 1999년 제2회 시험은 경찰청이 직접 주관 및 시행하였는데, 선발인원에 제한을 두지 않아 제1회 2,398명, 제2회 7,875명이 배출되었다. 제3회부터는 한국산업인력공단이 시험을 주관하고 선발인원을 600명 수준으로 제한하였으나, 2024년도 제26회 시험에서 선발예정인원을 900명으로 늘렸다. 경비지도사 시험 합격자 중 경비지도사 기본교육을 받은 사람에게 경비지도사 자격증이 교부되고 있다. 경비지도사는 경비업체에 선임되어 경비원의 지도·감독 등 민간경비의 질적 향상에 기여하고 있다.

② **경비지도사의 직무** 기출 20·14·13 : 경비지도사는 경비원의 지도, 감독, 교육에 관한 계획의 수립·실시 및 그 기록의 유지, 경비현장에 배치된 경비원에 대한 순회점검 및 감독, 경찰기관 및 소방기관과의 연락방법에 대한 지도, 집단민원현장에 배치된 경비원에 대한 지도·감독 등의 직무를 수행하고 있다(경비업법 제12조 제2항).

02 미국 민간경비산업 현황

1. 민간경비산업의 발전

① **비약적 발전의 계기** 기출 21 : 미국의 민간경비산업은 제1·2차 세계대전 이후 급속히 발전하였고, 특히 제2차 세계대전을 계기로 산업경비의 필요성에 대한 인식이 증대하여 민간경비가 비약적으로 발전하였다. ★

② **미국 민간경비산업의 발전요인** : 양대 세계대전으로 인한 전자공학과 기술의 혁신, 금광의 발견에 따른 역마차 및 철도운송경비 수요의 증가, 대규모의 산업 스트라이크, 국민들의 경비 개념에 대한 새로운 인식 변화, 사경비 조직의 효율성 그리고 모든 직종에 대한 기술혁신과 전문화 추세 등을 들 수 있다. ★

2. 민간경비산업 현황

① 미국은 1972년에 민간경비가 사회안전 및 보호에 중요한 역할로 인식되게 되어 연방정부법집행원조국(LEAA ; Law Enforcement Assistance Administration)에 민간경비자문위원회(PSAC ; Private Security Advisory Council)를 설치하였다. ★

② 홀크레스트 보고서에 의하면 2000년 당시 약 75만 명의 일반경비원과 약 41만 명의 자체경비원이 경비를 수행하였다. ★

> **홀크레스트 보고서(Hall-crest report)**
> 홀크레스트 보고서에 의하면 경비인력 면에서 민간경비인력 및 예산은 경찰인력의 2배 이상에 달하고 있다. 1990년 경호서비스를 제공하는 기업의 수는 107,000개에 달했고 보초, 범죄수사, 경비, 무장수송 서비스를 통해 51억 달러의 수입을 벌어들였다. 또한, 1990년 한 해 동안 미국 사회에서 범죄로 인한 경제적 손실은 1,140억 달러(93조원)에 달하며, 이 금액은 1990년 미국의 공공사업인 다리, 고속도로, 터미널 등의 보수 및 건설에 투자되는 예산과 맞먹는 액수이다. 이들 범죄에 대응하기 위해 기업과 시민이 경비산업의 제품과 서비스에 투자한 비용이 520억 달러(42조원)나 되며, 2000년대에는 범죄로 인한 경제적 손실이 2,000억 달러(163조원), 그리고 민간경비산업에 투자하는 비용은 1,030억 달러(84조원)로 추산하고 있다.

③ 경비업체는 크게 계약경비업체와 자체경비업체로 나눌 수 있는데, 계약경비업체가 자체경비업체보다 비약적으로 발전하고 있다. 기출 21·20

빈칸 채우기

미국 민간경비산업의 발전 요인
→ 미국의 민간경비산업은 (❶) 이후 급속히 발전하였고, 특히 (❷)을 계기로 산업경비의 필요성에 대한 인식이 증대하여 민간경비가 비약적으로 발전하였다.

정답 ❶ 제1·2차 세계대전 ❷ 제2차 세계대전

3. 민간경비의 기능과 역할

① 일반시민의 경우 일상생활의 상당 부분을 민간경비와 밀접한 관계 속에서 함께하고 있다.
② 2001년 9·11 테러사건 이후 공항, 항만, 은행 등 금융기관, 백화점, 호텔, 운동경기장 등 주요 시설과 건물들이 테러의 주요 대상으로 되면서 민간경비는 사회안전망의 중요한 축을 담당하고 있다.★ 기출 21
③ 미국에서 항공교통량의 급증에 따른 항공기 납치는 민간경비산업의 성장에 영향을 끼쳤다.★
④ 민간경비의 부재는 곧 사회안전망의 붕괴까지 초래할 수 있다고 인식하면서 민간경비는 주요한 사회기능을 담당하게 되었다.

> **미국 민간경비의 중요 업무[홀크레스트 보고서(Hall-crest report)]**
> - 자체 경비업
> - 경호 및 순찰 서비스
> - 경보 서비스
> - 민간탐정업
> - 무장차량 서비스업
> - 경비장비 제조 및 판매업
> - 경비 자문업
> - 자물쇠 제조업
> - 기타(경비견, 마약검사, 법의학적 분석, 거짓말탐지기 등)

4. 경찰과 민간경비의 관계 기출 21·16

현재 미국에서 경찰과 민간경비는 범죄예방활동을 위해 긴밀한 상호 협조체계를 유지하고 있다. 각 주마다 약간의 차이는 있지만, 직업소개소 역할을 하는 경찰노조를 통해 경찰의 50% 정도가 민간경비회사에서 부업을 하고 있을 만큼, 상호 간의 신분이나 직위 그리고 보수 등에 큰 차이 없이 함께 범죄예방활동을 수행한다.

🔍 빈칸 채우기

미국 민간경비의 기능과 역할
- 2001년 (❶) 이후 공항, 항만, 은행 등 금융기관, 백화점, 호텔, 운동경기장 등 주요 시설과 건물들이 (❷)의 주요 대상으로 되면서 민간경비는 사회안전망의 중요한 축을 담당하고 있다.
- 미국에서 (❸)교통량의 급증에 따른 (❹) 납치는 민간경비산업의 성장에 영향을 끼쳤다.
- 민간경비의 부재는 곧 (❺)의 붕괴까지 초래할 수 있다고 인식하면서 민간경비는 주요한 사회기능을 담당하게 되었다.

❶ 9·11 테러사건　❷ 테러　❸ 항공　❹ 항공기　❺ 사회안전망　정답

03 일본 민간경비산업 현황

1. 민간경비산업의 발전

① 일본의 민간경비산업은 1964년 동경올림픽과 1970년 오사카 만국박람회를 계기로 급성장하였다. 기출 21·15

② 1950년대 말부터 1960년대 초에 미국으로부터 민간경비 제도를 도입한 일본의 민간경비산업은 급속한 경제성장과 최첨단 전자기술을 경비업에 응용하여 40년 만에 일본 최대 성장산업으로 성장하였다.

③ 1972년도에 경비업법이 제정된 이래 일본 민간경비원의 수는 약 10배 증가하여 1998년도에 이미 40만 명을 넘어섰다.★

④ 경비업법 제정 당시에는 신고제로 운영되었으나, 1982년 허가제로 바뀌었다. 기출 21·16

⑤ 1999년 일본 민간경비업체의 총매출은 동년도 일본경찰 총예산의 65%에 달한다.★

⑥ 일본에서 전업(專業) 경비업자가 출현한 것은 제2차 세계대전 후 1962년 7월에 일본경비보장주식회사(SECOM의 전신으로 스웨덴의 경비회사와 제휴)가 설립된 것에서 비롯되었다.★

⑦ 일본 민간경비는 기계경비를 중심으로 하여 새로운 시장을 개척하고 있으며, 1980년대 초에 한국에 진출하고(SECOM사 설립), 1980년대 후반에는 중국에까지 진출하는 등 성장을 계속하고 있다. 기출 21·18·15

⑧ 기본적인 시설경비와 인력경비를 지원하는 방식에서 출발하였지만 현재는 대형물류 운송 및 일본대사관 등의 국가중요시설 경비지원과 같은 특수업무 분담으로까지 발전하고 있다.

2. 민간경비산업 현황

① **경비업체 수 및 민간경비원의 현황**
   ㉠ 경비업법이 제정된 1972년에 775개 경비업체와 41,146명의 경비원이었던 것이 현재 경비원 증가로 비약적으로 발전하고 있다.
   ㉡ 현재 일본의 민간경비원은 매년 증가세를 보이며 1972년과 비교할 때 10배 이상 증가하였다.★

② **일본 경비업종별 현황** : 원자력발전소로부터 일반가정에 이르기까지 다양한 경비를 실시하고 교통유도경비, 의전경비 및 각종 이벤트 등의 혼잡경비, 현금 및 핵연료물질 등의 운송경비, 보디가드와 같은 경호업무도 대폭적으로 늘어나고 있으며, 이제는 경비업이 국민들의 자주방범활동에 힘입어 '안전산업'으로서 국민들의 생활 속에 정착되어 있음을 알 수 있다. 기출 24

③ **기계경비 현황** : 정보통신기술과 방범기술의 발달에 의해 고도의 기계경비장치가 출현함과 동시에 무인건물 증가, 고령화 사회에 의한 노령인구의 증가에 따른 수요 확대 요인 등이 상호작용하여 기계경비업이 급속하게 발전하였다.

④ **경비원 검정** : 경비원의 검정취득 현황은 공항보안, 교통유도, 귀중품 운반, 핵연료물질 등 운반, 상주 등으로 분류되어 있다. 기출 24

3. 민간경비산업의 특징 `기출` 20

① 국가공안위원회에서 관리하는 경비원지도교육책임자 제도가 있다. `기출` 15·13·11
② 기계경비업무관리자 제도가 있다. `기출` 11
③ 교통유도경비에 관한 검정제도가 있다. `기출` 16

> **교통유도경비**
> - 교통유도경비업무란 도로에 접속한 공사현장, 사람과 차량의 통행에 위험이 있는 장소 또는 도로를 점유하는 행사장에서 부상 등의 사고 발생을 방지하는 업무이다.★
> - 일본 경비업법에서는 '사람 혹은 차량의 혼잡한 장소와 통행에 위험이 있는 장소에서의 부상 등의 사고 발생을 경계하여 방지하는 업무'로 정의한다. 경찰관이나 교통순경이 실시하는 교통정리와 달리 법적 강제력은 없다.★★ `기출` 18
> - 미국에서는 각 주에서 다양한 방법 및 기관을 통해 교통유도원(flagger) 제도의 교육과정을 개설하고 있으며, 일부 주에서는 필기 및 실기시험을 통과한 후 인증서를 발급하여 유도원 채용 시 반드시 인증서를 제출하도록 하는 등 체계적으로 관리하고 있다.★

④ 경비택시제도가 있는데, 이는 긴급사태가 발생하였을 때 택시가 출동하여 관계기관에 연락하거나 가까운 의료기관에 통보하는 제도이다. `기출` 15·11

4. 경찰과 민간경비의 관계

일본 경비산업은 경찰과 밀접한 상호협력관계를 유지함으로써 지역단위 및 직장단위의 안전확보에 큰 역할을 수행하여 왔다.

3 각국 민간경비의 법적 지위

01 미국 민간경비의 법적 지위

1. 헌법상의 권리

① **사적 권한** : 연방 헌법에서는 시민의 사적인 권한에 관한 문제에 대해서는 언급한 조항이 없고 정부나 국가의 활동에 연관되는 사항을 주로 언급하고 있다. `기출` 20
② **공적 권한** : 형사적 제도에서 법을 집행하는 경찰과, 경찰과 같은 성격의 업무를 수행하는 준경찰조직에 대해서 권한을 규정하고 있다.
③ **민간경비원** : 경찰과의 협력 또는 기소를 목적으로 증거를 수집하여 경찰에게 제공하는 대리인으로 활동할 경우 헌법적 제한이 따른다. `기출` 22

2. 형사법상의 권리(민간경비원의 행위에 대하여)

① 심문과 질문
- ㉠ 일반시민이 법적으로 억류되어 있는 경우 단순한 질문에 대하여 반드시 대답하여야 할 절대적 규정은 없고 묵비권을 행사할 권리를 가진다.
- ㉡ 특별한 제재나 위임하에 활동하지 않는 민간경비원은 용의자에게 대답을 강요하기 위한 물리적 폭력이나 그 사용의 위협도 금지되어 있으며, 직접적인 폭력이나 폭행 혹은 간접적으로 인권이 침해되는 비합리적인 구금·체포 또는 불법적인 행위는 형사·사법상 금지되고 있다.

② 실력행사 기출 20
- ㉠ 민간경비원의 실력행사 : 특권이나 동의 없이 타인의 권리에 대한 침해가 민간경비원에 의해 발생할 경우 그에게 책임이 발생된다.
- ㉡ 동의 없는 경찰활동의 정당성을 부여하는 법적 근거
  - 재산소유자가 자신의 재산에 대한 침해를 막을 수 있는 재산보호라는 자기방어의 경우
  - 신체적 해악을 가하려는 의도가 명백한 타인에 대하여 정당한 실력행사를 할 경우
- ㉢ 이 경우 정당한 목적을 실현하는 데 필요한 실력행사(정당방위)만이 허용되고 과도하거나 비합리적인 폭력행위에 대하여는 손해배상의 책임을 지며, 본래의 특권도 상실된다.

③ 수 색
- ㉠ 경찰관이 행하는 수색과 민간경비원이 행하는 수색에는 상당한 차이가 있다. 기출 22·17
- ㉡ 민간경비원이 경찰과의 협조하에 활동하거나 또는 준경찰로 활동하는 경우를 제외하고는 어떠한 행위도 일반 사인과 동일하다.★
- ㉢ 정부의 수색활동은 일정한 법적 근거 또는 권한이 필요하지만 민간경비원에 의해 실시되는 수색의 허용범위는 명백하게 규정되어 있지 않다.
- ㉣ 미국은 국가권력에 의한 사생활 침해에 대한 규제는 잘 발달되어 있으나 사인 간의 법률관계는 사적 자치를 원칙으로 하고 있기 때문에 잘 발달되어 있지 않다.

3. 민법상의 권리

① 불법행위에 따른 손해배상 기출 17
- ㉠ 불법행위법은 민간경비원에게 특별한 권한을 부여하고 있지 않으며, 민간경비원의 행위에 대하여 어느 정도 제한을 규정하고 있다.
- ㉡ 민간경비원의 불법행위도 일반인의 불법행위와 동일한 민사책임을 부담하도록 하고 있다. 기출 18

② 민간경비업자와 민간경비원과의 계약관계 : 계약법상 민간경비원의 권한범위와 전문적인 민간경비업체에 의해서 제공되는 경비서비스의 활동영역에 대하여서는 엄격하게 규제하고 있다.★

4. 민간경비원의 법적 지위 유형(A. J. Bilek의 분류) 기출 24·17

경찰관 신분을 가진 민간경비원	• 경찰관 신분으로서 민간경비 분야에서 부업을 하고 있는 자 • 1980년대 중반부터 미국사회에서 문제시됨
특별한 권한이 있는 민간경비원	• 제한된 근무지역인 학교, 공원지역이나, 주지사, 보안관 시당국, 정부기관에 의해 특별한 경찰업무를 위임받은 민간경비원 • 우리나라의 청원경찰과 같은 개념
일반시민과 같은 민간경비원	• 공공기관으로부터 임명이나 위임, 자격을 받지 못한 상태에서 경비업무를 수행하는 경비원 • 우리나라 대부분의 민간기업체의 경비원이 이에 해당

> **미국 민간경비원의 법적 지위**
> 미국의 모든 시민은 보통법과 성문법에 의해 체포, 조사, 또는 수사, 무기의 사용 등의 권한 및 권리를 가지고 있으며, 이러한 자경주의를 근거로 권리의 침해를 당했을 경우 구제하는 것과 관련된 불법행위법과 형법 등에 의해 민간경비의 권한이 형성된다.

02 일본 민간경비의 법적 지위

1. 일본의 경찰과 민간경비의 법적 지위 비교

구 분	경 찰	민간경비
이 념	공공적 이익	개인적 이익, 사인으로서 할 수 있는 범위 내에서(위임받은 것)
권한(집행)	심문, 보호, 피난조치, 수색, 무기의 사용, 범죄의 예방 및 제지	특별한 권한이 주어져 있지 않고, 일반 시민이 활동할 수 있는 범위와 동일
장 비	특별한 Style, Design 무기 소지	경찰과 유사한 복장을 하지 않고 무기를 갖지 않으며 호신용구의 소지에 관하여 금지·제한 사항이 있다.
체 제	부대에 의해 행동이 가능	1대 1의 대응범위로 한정된다.
능력(처리)	엄격한 선발기준과 훈련 (1년 또는 2년)	부적격자 배제, 단기간의 교육훈련
활동수준	사법적 처리	정당방위, 긴급피난, 자구행위, 현행범 체포, 고객의 관리권의 합법적인 행사라고 인정되는 범위
활동영역	광역, 공공영역, 중요지점을 포함(은행, 중요인물, 테러, 데모, 교통규제, 지진재해 등)	일정한 사적 영역(가옥, 빌딩, 공장시설, 행사장, 공사현장, 현금수송, 석유콤비나트, 원자력 관련 시설 등)
기계경비(System)	행정구 단위	기지국(임의적, 세분화 가능) 단위

2. 기타 법상의 지위

① 헌법상 규정
　㉠ 민간경비원은 업무의 특수성으로 헌법에 규정된 국민의 권리를 침해할 우려가 있으므로 주의가 필요하다. 기출 22
　㉡ 민간경비원의 업무수행에 있어서 민간경비 업무실시의 기본원칙과 국민의 권리를 대비시켜 민간경비원 스스로 법집행을 규율한다.

② 형사법상 경비업법
　㉠ 형사법상 경비업법은 민간경비경영자와 민간경비원 등에게 경비업무를 수행함에 있어서 특별한 권한을 부여하고 있지 않으며 타인의 권리와 자유를 침해하지 못하도록 규정하고 있다. 기출 21
　㉡ 형사법상의 문제발생 시에는 일반 사인과 동일하게 취급되어 "현재 범행을 행한 범인이나, 범행 직후의 범인은 누구라도 현행범을 체포할 수 있다(일본형사소송법 제213조)."★ 기출 21
　㉢ 형사법상 정당방위(일본형법 제36조), 긴급피난(일본형법 제37조) 등에 의하여 이루어진 민간경비원의 행위는 현행범 체포 시와 같이 위법성이 조각된다. 기출 21・18

③ 민간경비원의 법집행 권한 기출 21・20
　㉠ 일본의 민간경비원에 대한 법적 지위는 미국과는 달리 사인(私人)으로서의 지위 이상의 특권이나 권한을 부여하고 있지 않다.
　㉡ 민간경비원의 법집행 권한은 사인의 재산관리권 범위 내에서만 정당화될 수 있고, 민・형사상 책임에 있어서도 사인과 동일한 지위에서 취급된다.

03 한국 민간경비의 법적 지위 기출 13・12

1. 민간경비원의 법적 지위

① 민간경비원의 법적 지위는 일반시민과 동일하다. 기출 22
② 민간경비원은 분사기를 휴대할 수 있다.
③ 민간경비원은 현행범을 체포할 수 있다. 기출 24・15
④ 국가중요시설에 근무하는 특수경비원은 필요한 경우 무기 휴대가 가능하지만 수사권이 인정되지는 않는다. 기출 18・13
⑤ 특수경비원은 인질・간첩 또는 테러사건에 있어서 은밀히 작전을 수행하는 부득이한 경우에는 경고 없이 소총을 발사할 수 있다.★
⑥ 직무범위는 일정한 사적 영역이고 운송 및 혼잡경비가 가능하며, 시설주 관리권 행사 범위 안에서 경비업무를 수행한다.
⑦ 특수경비원은 국가중요시설 경비업무 수행 중 국가중요시설의 정상적인 운영을 해치는 행동을 해서는 안 된다.
⑧ 민간경비의 활동영역은 경비업법 외에도 청원경찰법, 재난 및 안전관리 기본법 등과도 관련 있다.★

2. 경비원의 형사법상 지위 기출 20

① **범인체포 등의 행위**: 민간경비원은 사인(일반인)에 불과하므로 범인체포 등의 행위는 형법상 체포·감금죄(형법 제276조)에 해당한다. 그러나 정당방위(형법 제21조), 긴급피난(형법 제22조), 자구행위(형법 제23조)와 정당행위(형법 제20조)로서 소송법상의 현행범 체포(형사소송법 제212조)는 위법성이 조각된다. 기출 24·15

② **증거수집 활동**: 민간경비원의 활동에 의한 증거는 소송법상 직접적인 규정이 없고, 다만 법정에서 증거로서 원용될 경우 이에 대한 증거력은 인정된다. ★ 기출 24·22

3. 경비원의 민사법상 지위

① **민간경비업**: 법인이 아니면 경비업을 영위할 수 없으며, 기출 20 이에 대한 규율은 민법상 사단법인의 규정을 준용한다.

② **법인설립**: 주무관청(시·도 경찰청장)의 허가를 받아야 하며(경비업법 제4조 제1항 전문), 법인사무에 관한 검사·감독 등도 주무관청이 실시한다.

③ **벌칙규정**: 민법상 사단법인과는 달리 벌칙, 과태료, 양벌규정 등 엄격한 규제를 받고 있다.

④ **불법행위로 인한 손해배상**: 경비업법은 민간경비업자가 민간경비원이 업무수행 중에 고의 또는 과실로 경비대상에 손해가 발생하는 것을 방지하지 못한 때에는 그 손해를 배상하도록 규정하고 있다(사용자책임)(경비업법 제26조 제1항). 또 이를 더욱 강화하기 위하여 이행보증보험계약을 보험회사와 체결하도록 강제하고 있다.

> **사고책임자**
> 경비원이 경비업무를 수행하는 중 불가항력적인 경우가 아닌 사고가 발생하였을 때의 1차적인 책임자는 경비회사이다.

빈칸 채우기

한국 민간경비의 법적 지위
··→ 민간경비원은 (❶)에 불과하므로 범인체포 등의 행위는 형법상 (❷)에 해당한다.
··→ 그러나 정당방위, (❸), (❹)와 정당행위로서 소송법상의 (❺) 체포는 위법성이 조각된다.
··→ 경비업법은 (❻)가 민간경비원이 업무수행 중에 고의 또는 과실로 경비대상에 손해가 발생하는 것을 방지하지 못한 때에는 그 손해를 배상하도록 규정하고 있다.

❶ 사인 ❷ 체포·감금죄 ❸ 긴급피난 ❹ 자구행위 ❺ 현행범 ❻ 민간경비업자 정답

4. 경비업법의 행정적 통제

① **경비업의 허가**(경비업법 제4조) : 경비업을 영위하고자 하는 법인은 도급받아 행하고자 하는 경비업무를 특정하여 그 법인의 주사무소의 소재지를 관할하는 시·도 경찰청장의 허가를 받아야 한다. 도급받아 행하고자 하는 경비업무를 변경하는 경우에도 또한 같다.

② **결격사유 확인을 위한 범죄경력조회 등**(경비업법 제17조)
   ㉠ 경찰청장, 시·도 경찰청장 또는 관할 경찰관서장은 직권으로 또는 범죄경력조회 요청이 있는 경우에는 경비업자의 임원, 경비지도사 또는 경비원이 결격사유에 해당하는지를 확인하기 위하여 「형의 실효 등에 관한 법률」에 따른 범죄경력조회를 할 수 있다.
   ㉡ 경비업자는 선출·선임·채용 또는 배치하려는 임원, 경비지도사 또는 경비원이 결격사유에 해당하는지를 확인하기 위하여 주된 사무소, 출장소 또는 배치장소를 관할하는 시·도 경찰청장 또는 경찰관서장에게 「형의 실효 등에 관한 법률」에 따른 범죄경력조회를 요청할 수 있다.
   ㉢ 범죄경력조회 요청을 받은 시·도 경찰청장 또는 관할 경찰관서장은 경비업자에게 그 결과를 통보할 때에는 경비업자의 임원, 경비지도사 또는 경비원이 결격사유에 해당하는지 여부만을 통보하여야 한다.
   ㉣ 시·도 경찰청장 또는 관할 경찰관서장은 경비업자의 임원, 경비지도사 또는 경비원이 결격사유에 해당하는 사실을 알게 되거나 이 법 또는 이 법에 따른 명령을 위반한 때에는 경비업자에게 그 사실을 통보하여야 한다.

③ **경비원의 명부와 배치허가 등**(경비업법 제18조)
   ㉠ 경비업자는 행정안전부령이 정하는 바에 따라 경비원의 명부를 작성·비치하여야 한다. 다만, 집단민원현장에 배치되는 일반경비원의 명부는 그 경비원이 배치되는 장소에도 작성·비치하여야 한다.
   ㉡ 경비업자가 경비원을 배치하거나 배치를 폐지한 경우에는 행정안전부령이 정하는 바에 따라 관할 경찰관서장에게 신고하여야 한다. 다만, 다음 ⓐ의 경우에는 경비원을 배치하기 48시간 전까지 행정안전부령으로 정하는 바에 따라 배치허가를 신청하고, 관할 경찰관서장의 배치허가를 받은 후에 경비원을 배치하여야 하며(ⓑ 및 ⓒ의 경우에는 경비원을 배치하기 전까지 신고하여야 한다), 이 경우 관할 경찰관서장은 배치허가를 함에 있어 필요한 조건을 붙일 수 있다.
      ⓐ 시설경비업무 또는 신변보호업무 중 집단민원현장에 배치된 일반경비원
      ⓑ 집단민원현장이 아닌 곳에서 신변보호업무를 수행하는 일반경비원
      ⓒ 특수경비원

④ **경비업 허가의 취소 등**(경비업법 제19조) : 허가관청은 경비업자의 위반행위에 대하여 허가를 취소하여야 하거나(필요적 취소), 그 허가를 취소(상대적 취소)하거나 6개월 이내의 기간을 정하여 영업의 전부 또는 일부에 대하여 영업정지를 명할 수 있다.

⑤ **무기관리수칙**(경비업법 시행규칙 제18조) 기출 14 : 무기를 대여받은 국가중요시설의 시설주 또는 관리책임자는 다음의 관리수칙에 따라 무기(탄약을 포함)를 관리해야 한다.
  ㉠ 무기의 관리를 위한 책임자를 지정하고 관할 경찰관서장에게 이를 통보하여야 한다.
  ㉡ 무기고 및 탄약고는 단층에 설치하고 환기·방습·방화 및 총받침대 등의 시설을 설치하여야 한다.
  ㉢ 탄약고는 무기고와 사무실 등 많은 사람을 수용하거나 많은 사람이 오고 가는 시설과 떨어진 곳에 설치하여야 한다.
  ㉣ 무기고 및 탄약고에는 이중잠금장치를 하여야 하며, 열쇠는 관리책임자가 보관하되, 근무시간 이후에는 열쇠를 당직책임자에게 인계하여 보관시켜야 한다.
  ㉤ 관할 경찰관서장이 정하는 바에 의하여 무기의 관리실태를 매월 파악하여 다음 달 3일까지 관할 경찰관서장에게 통보하여야 한다.
  ㉥ 대여받은 무기를 빼앗기거나 대여받은 무기가 분실·도난 또는 훼손되는 등의 사고가 발생한 때에는 관할 경찰관서장에게 그 사유를 지체 없이 통보하여야 한다.
  ㉦ 대여받은 무기를 빼앗기거나 대여받은 무기가 분실·도난 또는 훼손된 때에는 경찰청장이 정하는 바에 의하여 그 전액을 배상할 것. 다만, 전시·사변, 천재·지변 그 밖의 불가항력의 사유가 있다고 시·도 경찰청장이 인정한 때에는 그러하지 아니하다.
  ㉧ 시설주는 자체계획을 수립하여 보관하고 있는 무기를 매주 1회 이상 손질할 수 있게 하여야 한다.
⑥ **감독**(경비업법 제24조)
  ㉠ 경찰청장 또는 시·도 경찰청장은 경비업무의 적정한 수행을 위하여 경비업자 및 경비지도사를 지도·감독하며 필요한 명령을 할 수 있다.
  ㉡ 시·도 경찰청장 또는 관할 경찰관서장은 소속 경찰공무원으로 하여금 관할구역 안에 있는 경비업자의 주사무소 및 출장소와 경비원 배치장소에 출입하여 근무상황 및 교육훈련상황 등을 감독하며 필요한 명령을 하게 할 수 있다. 이 경우 출입하는 경찰공무원은 그 권한을 표시하는 증표를 관계인에게 내보여야 한다.
  ㉢ 시·도 경찰청장 또는 관할 경찰관서장은 경비업자 또는 배치된 경비원이 이 법이나 이 법에 따른 명령, 폭력행위 등 처벌에 관한 법률을 위반하는 행위를 하는 경우 그 위반행위의 중지를 명할 수 있다.
  ㉣ 시·도 경찰청장 또는 관할 경찰관서장은 경비업무 장소가 집단민원현장으로 판단되는 경우에는 그때부터 48시간 이내에 경비업자에게 경비원 배치 허가를 받을 것을 고지하여야 한다.
⑦ **벌칙 등** : 경비업법 제28조에서 벌칙을, 동법 제29조에서 가중처벌을, 동법 제30조에서 양벌규정을, 그리고 동법 제31조에서 과태료를 규정하고 있다.

[한국 경찰·청원경찰·민간경비의 제반 비교표]

비 교	경 찰	청원경찰	민간경비
이 념	공익우선, 국민의 생명·재산보호	준공익우선, 기관장 및 시설주 요구 범위 내	사익우선, 도급 계약자 요구 범위 내
교 육	간부후보생교육 순경교육	경찰교육기관에서 2주간 실무교육, 임용 후 매월 4시간 직무교육	일반경비원은 24시간 신임교육, 매월 2시간 직무교육 특수경비원은 80시간 신임교육, 매월 3시간 직무교육
신 분	국가공무원 (연령·계급에 따른 정년)	민간인 (기본신분은 공무원이 아님)	민간인 (18세 이상인 자)
보 수	경찰공무원 보수규정	경찰청장 매년 최저임금 고시	협회에서 조정하나 기업자유
복장·장비	총리령 또는 행정안전부령	청원경찰법 규정	경비업법 규정
직무범위	광역, 공공영역 중요지점 설정 활동	지정된 공공영역, 시설주가 요구한 시설물 및 지역	일정한 사적 영역, 운송 및 혼잡경비도 가능
무기휴대	무기휴대 가능	근무지역에서만 무기휴대 가능	특수경비원만 무기휴대 가능
손해배상	국가 책임(국가배상법)	시설주 책임(원칙적 민사책임)	경비업자 책임(민사책임)
직무(권한)	사회공공의 질서 유지, 경찰관직무집행법 범위 내 – 범죄 예방, 수사, 범인 체포, 주요인사 경호, 대간첩·대테러작전 수행, 치안정보 수집, 분석·작성 및 교통단속, 교통위해 방지, 공공의 안녕과 질서유지 등	근무하는 경비구역 내에서만 경찰관직무집행법에 의한 직무수행	특별권한 없음. 직무 시는 사인으로 적용됨. 즉, 민간경비원은 현행범 체포, 정당방위, 긴급피난에 있어 일반시민과 동일한 권한을 행사할 수 있을 뿐이다.

5. 청원경찰법

① **청원경찰의 개념**(청원경찰법 제2조) : 청원경찰이란 다음의 어느 하나에 해당하는 기관의 장 또는 시설·사업장 등의 경영자가 경비(청원경찰경비)를 부담할 것을 조건으로 경찰의 배치를 신청하는 경우 그 기관·시설 또는 사업장 등의 경비를 담당하게 하기 위하여 배치하는 경찰을 말한다.

㉠ 국가기관 또는 공공단체와 그 관리하에 있는 중요 시설 또는 사업장
㉡ 국내 주재 외국기관
㉢ 그 밖에 행정안전부령으로 정하는 중요 시설, 사업장 또는 장소
- 선박, 항공기 등 수송시설
- 금융 또는 보험을 업으로 하는 시설 또는 사업장
- 언론, 통신, 방송 또는 인쇄를 업으로 하는 시설 또는 사업장
- 학교 등 육영시설
- 「의료법」에 따른 의료기관
- 그 밖에 공공의 안녕질서 유지와 국민경제를 위하여 고도의 경비가 필요한 중요 시설, 사업체 또는 장소

② **청원경찰의 직무**(청원경찰법 제3조) 기출 23·14 : 청원경찰은 청원경찰의 배치 결정을 받은 자(청원주)와 배치된 기관·시설 또는 사업장 등의 구역을 관할하는 경찰서장의 감독을 받아 그 경비구역만의 경비를 목적으로 필요한 범위에서 경찰관직무집행법에 따른 경찰관의 직무를 수행한다.
  ㉠ 불심검문(경찰관직무집행법 제3조)
  ㉡ 보호조치(경찰관직무집행법 제4조)
  ㉢ 위험발생의 방지(경찰관직무집행법 제5조)
  ㉣ 범죄의 예방과 제지(경찰관직무집행법 제6조)

③ **청원경찰의 배치**(청원경찰법 제4조)
  ㉠ 청원경찰을 배치받으려는 자는 관할 시·도 경찰청장에게 청원경찰배치를 신청하여야 하며, 시·도 경찰청장은 청원경찰 배치 신청을 받으면 지체 없이 그 배치 여부를 결정하여 신청인에게 알려야 한다.
  ㉡ 시·도 경찰청장은 청원경찰배치가 필요하다고 인정하는 기관의 장 또는 시설·사업장의 경영자에게 청원경찰을 배치할 것을 요청할 수 있다.

④ **청원경찰의 임용**(청원경찰법 제5조)
  ㉠ 청원경찰은 청원주가 임용하되, 임용을 할 때에는 미리 시·도 경찰청장의 승인을 받아야 한다. 기출 14
  ㉡ 국가공무원법 제33조 각호의 어느 하나의 결격사유에 해당하는 사람은 청원경찰로 임용될 수 없다. 기출 14
  ㉢ 청원경찰의 임용자격·임용방법·교육 및 보수에 관하여는 대통령령으로 정한다. 기출 14

⑤ **청원경찰경비**(청원경찰법 제6조) : 청원주는 청원경찰에게 지급할 봉급과 각종 수당, 청원경찰의 피복비, 청원경찰의 교육비, 보상금 및 퇴직금 등의 청원경찰경비를 부담하여야 한다(청원경찰법 제6조 제1항). ★ 기출 23·14

⑥ **청원경찰의 신분** : 청원경찰은 「형법」이나 그 밖의 법령에 따른 벌칙을 적용하는 경우(청원경찰법 제10조 제2항)와 청원경찰법 및 청원경찰법 시행령에서 특별히 규정한 경우를 제외하고는 공무원으로 보지 아니한다. ★

⑦ **직무상 주의사항**
  ㉠ 장소적 한계 : 청원경찰이 직무를 수행할 때에는 그 경비구역만의 경비목적을 위하여 필요한 최소한의 범위에서 하여야 한다(청원경찰법 시행규칙 제21조 제1항). ★
  ㉡ 활동적 한계 : 청원경찰은 경찰관직무집행법에 따른 직무 외의 수사활동 등 사법경찰관리의 직무를 수행해서는 아니 된다(청원경찰법 시행규칙 제21조 제2항). ★ 기출 24
  ㉢ 보고 : 청원경찰이 직무를 수행할 때에 경찰관직무집행법 및 동법 시행령에 따라 하여야 할 모든 보고는 관할 경찰서장에게 서면으로 보고하기 전에 지체 없이 구두로 보고하고 그 지시에 따라야 한다(청원경찰법 시행규칙 제22조). ★

⑧ **청원경찰의 근무요령**(청원경찰법 시행규칙 제14조)
   ㉠ 자체경비를 하는 입초근무자는 경비구역의 정문이나 그 밖의 지정된 장소에서 경비구역의 내부, 외부 및 출입자의 움직임을 감시한다.★
   ㉡ 업무처리 및 자체경비를 하는 소내근무자는 근무 중 특이한 사항이 발생하였을 때에는 지체 없이 청원주 또는 관할 경찰서장에게 보고하고 그 지시에 따라야 한다.★
   ㉢ 순찰근무자는 청원주가 지정한 일정한 구역을 순회하면서 경비 임무를 수행한다. 이 경우 순찰은 단독 또는 복수로 정선순찰을 하되, 청원주가 필요하다고 인정할 때에는 요점순찰 또는 난선순찰을 할 수 있다.
   ㉣ 대기근무자는 소내근무에 협조하거나 휴식하면서 불의의 사고에 대비한다.★

⑨ **감독**(청원경찰법 제9조의3)
   ㉠ 청원주는 항상 소속 청원경찰의 근무 상황을 감독하고, 근무 수행에 필요한 교육을 하여야 한다.
   ㉡ 시·도 경찰청장은 청원경찰의 효율적인 운영을 위하여 청원주를 지도하며 감독상 필요한 명령을 할 수 있다.★

⑩ **벌칙 등**
   ㉠ **직권남용 금지** : 청원경찰이 직무를 수행할 때 직권을 남용하여 국민에게 해를 끼친 경우에는 6개월 이하의 징역이나 금고에 처한다(청원경찰법 제10조 제1항). 기출 18
   ㉡ **청원경찰의 불법행위에 대한 배상책임** : 청원경찰(국가기관이나 지방자치단체에 근무하는 청원경찰은 제외한다)의 직무상 불법행위에 대한 배상책임에 관하여는 민법의 규정을 따른다(청원경찰법 제10조의2).
   기출 18

> **국가배상법이 적용되는 경우**
> 국가기관이나 지방자치단체에 근무하는 청원경찰의 직무상 불법행위에 대한 배상책임은 국가배상법이 적용된다.

   ㉢ **벌칙** : 청원경찰로서 파업, 태업 또는 그 밖에 업무의 정상적인 운영을 방해하는 쟁의행위를 한 사람은 1년 이하의 징역 또는 1천만원 이하의 벌금에 처한다(청원경찰법 제11조).
   ㉣ **과태료** : 다음에 해당하는 자에게는 500만원 이하의 과태료를 부과하고, 시·도 경찰청장이 부과·징수한다(청원경찰법 제12조).
   • 시·도 경찰청장의 배치 결정을 받지 아니하고 청원경찰을 배치하거나 시·도 경찰청장의 승인을 받지 아니하고 청원경찰을 임용한 자
   • 정당한 사유 없이 경찰청장이 고시한 최저부담기준액 이상의 보수를 지급하지 아니한 자
   • 감독상 필요한 명령을 정당한 사유 없이 이행하지 아니한 자

1 국내 치안여건의 변화

01 한반도를 둘러싼 국제정세
02 국제적 치안수요의 증가
03 국내 범죄의 특징

2 국내 경찰의 역할과 방범실태

01 방범경찰(생활안전경찰)의 임무와 근거
02 경찰의 범죄예방활동
03 경찰사범 단속
04 경찰방범활동의 한계요인
05 민간방범활동

최다 출제 POINT & 학습목표

1. 국내 치안여건의 변화와 관련하여 한반도를 둘러싼 국제정세를 살펴보고, 국제적 치안수요의 증가원인과 국제성 범죄 발생 추세, 국내성 범죄 발생 추세에 대해 알아본다.
2. 국내 경찰의 역할과 방범실태에서는 방범경찰(생활안전경찰)의 개념과 임무에 대해 살펴보고 구체적인 단속법규에 대해 알아본다.
3. 경찰의 범죄예방활동과 관련하여 풍속사범의 의의 및 종류를 살펴보고 경찰방범활동의 한계요인과 이에 대한 보완책으로서 민간방범활동의 형태에 대해 알아본다.

CHAPTER **03**

민간경비의 환경

CHAPTER 03 민간경비의 환경

01 지역별, 권역별 경제공동체인 EU, 북미자유경제권 등이 붕괴되었다. 기출 18 ( )

02 외국인노동자, 다문화가정 등으로 인하여 새로운 치안수요가 발생하고 있다. 기출 18 ( )

03 국제화, 개방화로 인하여 국제범죄조직과 국제테러조직의 국내잠입 및 활동이 우려되고 있다. 기출 18·13
( )

04 1인 가구 증가로 조직범죄가 줄어들고 있다. 기출 20 ( )

05 외국인범죄의 증가, 마약범죄의 증가, 저연령화, 경제범죄의 감소 중 현대사회의 범죄의 양상으로 옳지 않은 것은 경제범죄의 감소이다. 기출 20 ( )

06 현대사회 범죄현상의 특징은 범죄의 조직화, 범죄의 국지화, 범죄의 사회화, 범죄의 기동화이다. 기출 13
( )

07 무선인터넷과 스마트폰 보급의 확대로 사이버범죄가 증가하고 있다. 기출 24·21·18·17·12 ( )

08 노령인구 증가로 노인범죄가 사회문제시되고 있다. 기출 21 ( )

09 금융, 보험, 신용카드 등과 관련된 지능화·전문화된 범죄가 증가하고 있다. 기출 23·21 ( )

10 청소년에 의한 마약범죄 증가가 사회문제로 대두되었다. 기출 24 ( )

11 경찰이 관내의 각 가정, 기업체, 기타 시설을 방문하여 범죄예방, 선도, 안전사고 방지 등에 대해 지도·계몽하는 활동은 방범심방이다. 기출 20 ( )

12 범죄예방 및 안전사고 방지를 위해 관내 금융기관 등 현금다액취급업소, 상가, 여성운영업소 등에 대하여 방범시설 및 안전설비의 설치상황, 자위방범역량 등을 점검하여 미비점을 보완하도록 지도하기 위한 경찰활동은 방범진단이다. 기출 21·19
( )

13 청원경찰의 운영지도를 담당하는 경찰청의 부서장은 대테러위기관리과장이다. 기출수정 14 ( )

14 수평적 의사결정구조는 경찰 범죄예방능력의 한계를 야기하는 이유 중 하나이다. 기출 18 ( )

15 시민 A가 이웃감시활동, 시민자율순찰대와 같은 주민들이 공동으로 펼치는 자율방범활동에 참여한 경우, 이는 치안서비스 공동생산의 유형 중 집단적, 적극적 공동생산이다. 기출 20 ( )

16 언론매체는 범죄예방활동에 효과가 없다. 기출 11 ( )

17 지역 내 교통활동에 관한 사무는 자치경찰이 담당한다. 기출 21 ( )

18 공공안녕에 대한 위험의 예방과 대응을 위한 정보의 수집·작성 및 배포에 관한 사무는 국가경찰이 담당한다. 기출 21 ( )

19 학교폭력 등 소년범죄에 해당하는 수사사무는 자치경찰이 담당한다. 기출 21 ( )

20 가정폭력, 아동학대범죄에 해당하는 수사사무는 국가경찰이 담당한다. 기출 21 ( )

21 민·경 협력 범죄예방에 관한 다음 내용에 해당하는 것은 방범리콜제도이다. 기출 22 ( )

> 경찰이 방범활동에 대한 주민의 의견을 직접 들어 치안활동에 반영하는 것으로 치안행정상 주민참여와 관련이 있다.

22 치안수요 증가로 인한 경찰인력의 부족, 지역사회 문제해결을 위한 경찰과 지역주민의 협력, 경찰의 민생치안부서 근무 기피현상, 경찰활동에 대한 주민들의 이해부족 중 방범경찰활동의 한계요인에 해당하지 않는 것은 지역사회 문제해결을 위한 경찰과 지역주민의 협력이다. 기출 24 ( )

▶ 정답과 해설 ◀ 01 × 02 ○ 03 ○ 04 × 05 ○ 06 × 07 ○ 08 ○ 09 ○ 10 ○
11 ○ 12 ○ 13 ○ 14 × 15 ○ 16 × 17 ○ 18 ○ 19 ○ 20 ×
21 ○ 22 ○

✔ 오답분석
01 지역별, 권역별 경제공동체인 EU, 북미자유경제권 등이 활성화되고 있다.
04 1인 가구 증가로 이들을 대상으로 하는 조직범죄 및 여성범죄 등이 증가하고 있다.
06 현대사회 범죄현상의 특징은 범죄의 조직화·국제화·사회화·기동화이다.
14 수평적 의사결정구조가 경찰 범죄예방능력의 한계와 관련이 있다고 보기는 어렵다. 경찰 범죄예방능력의 한계를 발생케 하는 원인으로는 경찰인력의 부족, 타 부처와의 업무협조 과중, 경찰장비의 부족·노후화 등이 있다.
16 오늘날의 언론매체는 사회 전반에 걸쳐 많은 영향력을 미치고 있으므로, 언론매체의 대중성·홍보성 등을 잘 활용하면 범죄예방활동에 큰 효과를 볼 수 있다.
20 가정폭력, 아동학대범죄에 해당하는 수사사무는 자치경찰이 담당한다[국가경찰과 자치경찰의 조직 및 운영에 관한 법률 제4조 제1항 제2호 라목 2)].

CHAPTER 03 민간경비의 환경

1 국내 치안여건의 변화

01 한반도를 둘러싼 국제정세

① 한반도는 국제정세의 변화에 의해서 영향을 받아왔고, 또다시 국제 정치적으로 커다란 변화의 시기에 직면해 있다.
② 한반도 주변정세의 급격한 변화 속에서 우리 정부는 지속적인 경제성장과 발전, 국가적 안정을 위해 뚜렷한 국가전략을 갖고 정세변화에 능동적으로 대처해 나가는 것이 그 어느 때보다 중요하다.

국제정세의 변화
- 이념적 대결의 양극체제가 붕괴 → 다극화, 미국 독주, 경제실리주의
- 지역별 또는 권역별 경제적 공동체의 활성화 → EU권, 북미권, 아태권
- 인접국가 간의 오랜 종교적·문화적·민족적 갈등과 대립 → 국제 테러리즘의 위협
- 마약 및 소형 총기거래, 해적행위, 컴퓨터 범죄, 불법이민, 불법자금세탁 등 초국가적 범죄가 중요 문제로 부각되면서 국제적 연대가 활성화

한반도의 정세변화
2000년대 이후 국제화·개방화에 따른 내국인의 해외범죄, 외국인의 국내범죄, 내·외국인 범죄자 도피, 국제적 밀수, 하이재킹, 국제적 테러행위 등과 같은 국제범죄의 급증이 예상되며, 한국의 노동력 부족으로 유입되는 북방제국의 동포 및 개발도상국가 인력의 불법취업과 체류의 증가가 예상됨

02 국제적 치안수요의 증가

① 정보통신의 발달과 세계화에 따른 국가간 인적·물적 교류의 확대는 세계 경제성장에 기여하는 긍정적인 효과를 창출해 낸 반면에 외국인 범죄, 산업정보의 유출, 밀수사범 등 외사 치안수요를 증가시키는 결과를 낳았다. 기출 24
② 최근 재외국민 및 해외 여행자가 증가하면서 해외에서의 테러·재해 발생 등으로 인한 우리나라 국민의 피해가 급증하고 있고, 범죄의 물리적·공간적 제약의 붕괴, 범죄수법 공유 등으로 범죄의 탈국경화 현상이 두드러지면서 예전과는 달리 그 피해규모와 파급효과가 커지고 있어 이에 대해 국제사회가 공동으로 협력하고 대응해야 할 것이다.

03 국내 범죄의 특징

1. 범죄 주체의 변화
화이트칼라 범죄의 증가, 범죄 방법의 조직화·지능화 경향, 민원성 시위와 집단행동 증가, 청소년범죄와 마약범죄가 증가하고 있다.

2. 국내 치안환경의 변화 [기출] 23·22·21·20·18·17·13·12
① 고령화로 인해 소외된 노인들의 범죄가 계속 증가하여 심각한 사회문제로 대두되고 있다.
② 인구증가로 인해 치안수요는 점점 늘어날 것이다.
③ 인구의 도시집중에 따른 개인주의적 경향으로 인한 인간소외현상, 범죄발생 등 심각한 사회문제가 예상된다.
④ 집단이기주의로 인한 불법적 집단행동은 증가될 것이다.
⑤ 국제화·개방화로 인해 내국인의 해외범죄, 외국인의 국내범죄, 밀수, 테러 등의 국제범죄가 증가하고 있다.
⑥ 치안환경이 악화되면서 보이스피싱 등 신종범죄가 대두되고 있다. [기출] 24
⑦ 범죄연령이 저연령화(연소화)되는 추세이며, 청소년범죄가 흉포화되고 있다.
⑧ 무선인터넷과 스마트폰 등의 보급확대로 인해 사이버범죄가 증가하고 있다. [기출] 24
⑨ 과학기술의 발달로 인해 사이버범죄가 날로 지능화·전문화되어 더욱 증가하고 있다.
⑩ 경제적 양극화의 심화로 인해 다양한 유형의 범죄가 발생하고 있다.
⑪ 인터넷, 클럽, SNS 등 마약류의 구입경로 다양화와 저렴한 신종마약류 증가로 인하여 청소년이 마약류에 쉽게 노출되었고 청소년을 대상으로 한 마약범죄 및 청소년에 의한 마약범죄가 증가하였다. [기출] 24

3. 현대산업사회의 범죄현상 및 문제점 [기출] 18·13
교통, 통신시설의 급격한 발달로 범죄가 광역화·기동화·조직화·대형화·흉포화되고 있다.

> **현대사회 범죄현상의 특징**
> - 범죄의 조직화
> - 범죄의 국제화
> - 범죄의 사회화
> - 범죄의 기동화

4. 경찰의 역할
① 범죄의 양적·질적 심화로 인해 경찰은 역할한계에 직면하고 있다.
② 한국은 2006년부터 제주특별자치도에서 자치경찰제도를 도입하여 실시 중이다.
③ 경찰 1인당 담당하는 시민의 비율이 선진국에 비해 높은 편이다.
④ 경찰은 민간경비와 마찬가지로 1차적으로 범죄예방에 초점을 두고 대응하고 있다.

2 국내 경찰의 역할과 방범실태

01 방범경찰(생활안전경찰)의 임무와 근거

1. 방범경찰의 개념
① 방범경찰이란 일반시민 생활의 안녕과 질서를 해할 우려가 있는 행위를 예방, 단속하여 시민생활을 확보함을 임무로 하는 경찰로서 방범, 외근, 소년, 풍속, 전당포 영업, 위험물 단속 등이 그 대상이 된다.
② 범죄의 수사, 정보, 경비사태의 진압 등을 대상으로 하는 수사경찰, 정보경찰, 경비경찰과 구별되며 방범경찰은 예방경찰로서의 활동을 주임무로 한다. ★
③ 범죄의 예방과 진압에 있어서 장해가 발생하기 전의 범죄예방활동을 방범경찰이라 하고 장해가 발생한 후의 범죄의 진압활동을 진압경찰이라고 한다.

2. 경찰의 임무 기출 17·12
① 범죄통제
  ㉠ 경찰관의 핵심 임무는 범죄통제이다. 즉, 경찰과 시민들은 경찰의 범죄통제 임무를 경찰이 수행해야 할 중요한 임무라고 생각한다.
  ㉡ 경찰의 존재에 대한 기본 임무는 법적 처벌의 고통과 강제력에 의한 범죄와 무질서의 억제에 대한 대안으로써 범죄와 무질서를 예방하고 통제하기 위한 것이다.
  ㉢ 범죄통제 임무는 범죄예방(예방순찰활동)에 사용된 행위는 물론 법 위반자의 탐지와 체포에 관한 모든 기능을 포함한다. ★
② 질서유지
  ㉠ 경찰의 두 번째 임무는 질서유지이다. 경찰에 의해 수행되는 대부분의 업무는 이 범주에 들어간다. 경찰 활동의 어느 면보다 집중되고 있는 것이 질서유지 임무이다.
  ㉡ 경찰관의 임무는 법을 집행하는 임무보다 질서유지를 위한 업무에 의해 정의 내려진다.
③ 봉사 : 경찰의 세 번째 임무는 서비스(봉사)의 제공이다. 경찰은 다른 어느 공무원 집단보다 시간과 공간을 초월해서 분포되어 있다.
④ 경찰방범활동 : 경찰방범활동이란 외근경찰관의 일상생활을 내용으로 하는 근무로, 범죄의 발생을 미연에 방지하기 위해 순찰, 불심검문, 방범심방, 방범진단, 방범상담, 방범홍보, 방범단속 등을 행하는 것을 말한다. 기출 20

경찰의 임무(국가경찰과 자치경찰의 조직 및 운영에 관한 법률 제3조) 기출 24·18·17
경찰의 임무는 다음 각호와 같다.
1. 국민의 생명·신체 및 재산의 보호
2. 범죄의 예방·진압 및 수사
3. 범죄피해자 보호
4. 경비·요인경호 및 대간첩·대테러작전 수행
5. 공공안녕에 대한 위험의 예방과 대응을 위한 정보의 수집·작성 및 배포
6. 교통의 단속과 위해의 방지
7. 외국 정부기관 및 국제기구와의 국제협력
8. 그 밖에 공공의 안녕과 질서유지

경찰의 사무(국가경찰과 자치경찰의 조직 및 운영에 관한 법률 제4조) 기출 24·21

① 경찰의 사무는 다음 각호와 같이 구분한다.
  1. 국가경찰사무 : 제3조에서 정한 경찰의 임무를 수행하기 위한 사무. 다만, 제2호의 자치경찰사무는 제외한다.
  2. 자치경찰사무 : 제3조에서 정한 경찰의 임무범위에서 관할지역의 생활안전·교통·경비·수사 등에 관한 다음 각목의 사무
     가. 지역 내 주민의 생활안전활동에 관한 사무
        1) 생활안전을 위한 순찰 및 시설의 운영
        2) 주민참여 방범활동의 지원 및 지도
        3) 안전사고 및 재해·재난 시 긴급구조 지원
        4) 아동·청소년·노인·여성·장애인 등 사회적 보호가 필요한 사람에 대한 보호업무 및 가정폭력·학교폭력·성폭력 등의 예방
        5) 주민의 일상생활과 관련된 사회질서의 유지 및 그 위반행위의 지도·단속. 다만, 지방자치단체 등 다른 행정청의 사무는 제외한다.
        6) 그 밖에 지역주민의 생활안전에 관한 사무
     나. 지역 내 교통활동에 관한 사무
        1) 교통법규 위반에 대한 지도·단속
        2) 교통안전시설 및 무인 교통단속용 장비의 심의·설치·관리
        3) 교통안전에 대한 교육 및 홍보
        4) 주민참여지역 교통활동의 지원 및 지도
        5) 통행허가, 어린이 통학버스의 신고, 긴급자동차의 지정신청 등 각종 허가 및 신고에 관한 사무
        6) 그 밖에 지역 내의 교통안전 및 소통에 관한 사무
     다. 지역 내 다중운집행사 관련 혼잡교통 및 안전관리
     라. 다음의 어느 하나에 해당하는 수사사무
        1) 학교폭력 등 소년범죄
        2) 가정폭력, 아동학대범죄
        3) 교통사고 및 교통 관련 범죄
        4) 「형법」 제245조에 따른 공연음란 및 「성폭력범죄의 처벌 등에 관한 특례법」 제12조에 따른 성적 목적을 위한 다중이용장소 침입행위에 관한 범죄
        5) 경범죄 및 기초질서 관련 범죄
        6) 가출인 및 「실종아동 등의 보호 및 지원에 관한 법률」 제2조 제2호에 따른 실종아동 등 관련 수색 및 범죄

3. 경찰방범활동의 법적 근거

① 방범경찰은 사회공공의 안녕과 질서유지를 위한 방범경찰작용을 주요 내용으로 하는데 풍속, 방범, 외근경찰, 소년경찰을 그 직무내용으로 한다.
② 경찰방범활동은 시민의 사생활 침해나 인권침해의 소지가 많으므로 법적 근거를 요한다.★
③ 경찰방범활동에 있어 적용되는 대표적인 관계법으로는 경찰관직무집행법, 경범죄처벌법, 즉결심판에 관한 절차법, 풍속영업의 규제에 관한 법률 등이 있다.★

빈칸 채우기

경찰방범활동의 법적 근거
→ 방범경찰은 사회공공의 안녕과 질서유지를 위한 방범경찰작용을 주요 내용으로 하는데 (❶), (❷), (❸), (❹)을 그 직무내용으로 한다.
→ 경찰방범활동은 시민의 사생활 침해나 인권침해의 소지가 많으므로 (❺)를 요한다.

정답 ❶ 풍속 ❷ 방범 ❸ 외근경찰 ❹ 소년경찰 ❺ 법적 근거

4. 경찰방범활동의 유형

일반방범 활동	경찰의 범죄예방활동 중 특히 범죄의 기회와 유발요인을 감소시키는 활동 [예] 지역경찰의 일상적인 근무인 순찰, 불심검문, 보호조치, 경고, 제지, 출입, 입초, 경계, 기타 보호활동 등
특별방범 활동	경찰의 범죄예방활동 중 일상근무를 통한 일반방범활동 이외의 특별한 대상 또는 상황에 관하여 수행하는 활동 [예] 방범정보수집, 우범지역의 설정, 시설방범, 방범지도, 방범진단, 현장방범, 방범상담, 방범홍보, 방범단체와의 협조 등
자위방범 활동	지역주민, 사회단체 또는 기관 등이 스스로 범죄의 발생을 저지하기 위하여 방범의식을 높이고 방범시설을 강화하며 자체 방범직원을 배치하여 자위적으로 수행하는 활동 [예] 민간경비, 자율방범대 활동 등
종합방범 활동	특정지역 또는 대상에 대하여 경찰생활안전 활동과 병행하여 모든 관계기관 및 단체 등의 활동을 결합하여 유기적인 협조로 일관된 계획하에 종합적으로 실시하는 활동 [예] 지역방범활동, 특정범죄방범활동, 계절방범활동 등

5. 경찰방범활동의 업무별 분류

① **외근 및 방범분야** : 경찰관직무집행법, 유실물법, 총포·도검·화약류 등의 안전관리에 관한 법률, 경범죄처벌법, 즉결심판에 관한 절차법 등이 있다.
② **풍속분야** : 풍속영업의 규제에 관한 법률, 사행행위 등 규제 및 처벌 특례법, 영화 및 비디오물의 진흥에 관한 법률, 성매매 알선 등 행위의 처벌에 관한 법률, 공중위생관리법, 형법, 공연법, 식품위생법, 유선 및 도선 사업법 등이 있다.
③ **소년업무분야** : 아동복지법, 청소년 보호법, 근로기준법, 직업안정법, 학교보건법, 청소년 기본법, 화학물질관리법, 마약류 관리에 관한 법률, 학원의 설립·운영 및 과외교습에 관한 법률, 소년법 등이 있다.

6. 경찰방범활동의 법적 분류

① **풍속영업의 규제에 관한 법률** : 풍속 영업업소인 유흥주점업, 단란주점업, 숙박업, 이용업, 목욕장업, 노래연습장업, 게임제공업, 복합유통게임제공업, 무도학원업, 무도장업, 전화방업소 등에서의 성매매행위, 음란행위 등을 규제하는 법이다.
② **총포·도검·화약류 등의 안전관리에 관한 법률** : 총포·도검·화약류, 분사기, 전기충격기, 석궁 등의 소지, 제조 등에 대해 규정하고 있는 법이다.
③ **사행행위 등 규제 및 처벌 특례법** : 사행행위 영업의 정의 및 허가, 처벌 등을 규정하고 있는 법이다.
④ **영화 및 비디오물의 진흥에 관한 법률** : 영화 및 비디오물의 질적 향상을 도모하고 영상산업의 진흥을 촉진함으로써 국민의 문화생활의 향상과 민족문화의 창달에 이바지함을 목적으로 제정한 법이다.
⑤ **경찰관직무집행법** : 경찰관의 직무범위, 직무집행 수단인 불심검문, 보호조치, 위험발생 방지조치, 범죄의 예방과 방지, 위험방지를 위한 출입, 무기사용, 장구사용, 최루탄 사용 등에 대하여 규정하고 있는 법이다.
⑥ **경범죄처벌법** : 10만원·20만원·60만원 이하의 벌금, 구류, 과료에 처할 경미한 범죄의 통고처분 등에 관하여 규정하고 있는 법이다.

⑦ **즉결심판에 관한 절차법** : 20만원 이하의 벌금, 구류, 과료에 해당하는 범죄와 그 절차 등을 규정하고 있는 법이다.

> **벌칙의 비교 ★**
> - 경범죄처벌법 : 10만원・20만원・60만원 이하의 벌금, 구료, 과료
> - 즉결심판 : 20만원 이하의 벌금, 구류, 과료
> - 약식명령 : 금액에 제한 없고, 벌금, 과료, 몰수

⑧ **사격 및 사격장 안전관리에 관한 법률** : 사격장 설치의 기준, 허가사항 등을 규제하고 있는 법이다.
⑨ **소년법** : 소년범죄 처리의 특별절차를 규정하고 있는 법이다.
⑩ **청소년 보호법** : 청소년에게 유해한 매체물과 약물 등이 청소년에게 유통되는 것과 청소년이 유해한 업소에 출입하는 것 등을 규제하고 있는 법이다(청소년 : 만 19세 미만인 사람).

02 경찰의 범죄예방활동

1. 순찰 기출 21

순찰이라 함은 지역경찰관이 개괄적인 경찰임무의 수행과 관내 정황을 파악하기 위하여 일정한 지역을 순회・시찰하는 근무이다.

> **순찰의 기능**
> - 관내 상황의 파악
> - 청소년 선도・보호
> - 범죄의 예방과 범인의 검거
> - 위험발생의 방지
> - 교통 및 경찰사범의 단속
> - 주민보호・상담
>
> **문안순찰**
> 경찰이 일반시민과의 대화를 통해 친밀한 관계를 유지하기 위한 활동으로, 관내 지역주민들의 요구를 청취하고 불편・애로사항을 해결해 주는 활동을 말한다.

2. 현장방범활동 기출 21・20・19

① **의의** : 현장방범활동이란 지역 경찰관이 관내에 진출하여 직접 주민을 상대로 범죄예방에 관한 지도계몽, 상담, 홍보활동을 하는 것을 말한다.
② **경찰방문** : 경찰관이 관할구역 내의 각 가정, 상가 및 기타 시설 등을 방문하여 청소년 선도, 소년소녀가장 및 독거노인・장애인 등 사회적 약자 보호활동 및 안전사고 방지 등의 지도・상담・홍보 등을 행하며 민원사항을 청취하고, 필요시 주민의 협조를 받아 방범진단을 하는 등의 예방경찰활동을 말한다.

> **경찰방문**
> - 성질 : 비권력적 사실행위로서 행정지도
> - 근거 : 경찰방문 및 방범진단규칙, 지역경찰조직 및 운영에 관한 규칙(별도의 법적 근거가 없어도 가능하다)
> - 절차 : 경찰방문은 방문요청이 있거나 경찰서장 또는 지구대장이 필요하다고 인정할 때 상대방의 동의를 얻어 실시
> - 방문시간 : 일출 후부터 일몰시간 전에 함이 원칙
> - 방문방법 : 경찰방문을 할 때에는 방범진단카드를 휴대. 방범진단카드는 담당구역별로 방문순서대로 편철하여 3년간 보관함. 다만 중요 업무용 방범진단카드는 중요 행사 종료 즉시 파기함
> - 기타 : 예전의 호구조사 시에는 매 분기 1회 이상 의무실시하였으나, 방범심방이 되면서 상대방의 동의를 얻어 수시로 실시한다.

③ **방범진단** : 범죄예방 및 안전사고 방지를 위하여 관내 주택, 고층빌딩, 금융기관 등 현금다액취급업소 및 상가·여성운영업소 등에 대하여 방범시설 및 안전설비의 설치상황, 자위방범역량 등을 점검하여 미비점을 보완하도록 지도하거나 경찰력 운용상의 문제점을 보완하는 활동을 말한다.

④ **방범홍보** 기출 17 : 지역경찰관의 지역경찰활동과 매스컴 등을 통해 각종 경찰업무에 대한 사항과 민원사항, 중요시책 등을 주민에게 널리 알려서 방범의식을 고양하는 동시에 각종 범죄를 방지하기 위한 지도 활동을 말한다.

⑤ **방범심방** 기출 20 : 경찰관이 관내의 각 가정, 기업체, 기타 시설을 방문하여 범죄예방, 청소년 선도, 안전사고 방지 등의 지도계몽과 상담 및 연락 등을 행하고 민원사항을 청취하며 주민의 협력을 얻어 예방경찰상의 기초 자료를 수집하는 활동을 말한다.

3. 불심검문

① **의의** : 수상한 행동이나 그 밖의 주위 사정을 합리적으로 판단하여 볼 때 어떠한 죄를 범하였거나 범하려 하고 있다고 의심할 만한 상당한 이유가 있는 사람, 이미 행하여진 범죄나 행하여지려고 하는 범죄행위에 관한 사실을 안다고 인정되는 사람을 경찰관이 정지시켜 질문을 하는 것을 말한다. 기출 20

② **내용**
  ㉠ 경찰관은 사람을 정지시킨 장소에서 질문을 하는 것이 그 사람에게 불리하거나 교통에 방해가 된다고 인정될 때에는 질문을 하기 위하여 가까운 경찰서·지구대·파출소 또는 출장소로 동행할 것을 요구할 수 있다. 이 경우 동행을 요구받은 사람은 그 요구를 거절할 수 있다. ★
  ㉡ 경찰관은 불심검문자에게 질문을 할 때에 그 사람이 흉기를 가지고 있는지를 조사할 수 있다. ★
  ㉢ 경찰관은 질문을 하거나 동행을 요구할 경우 자신의 신분을 표시하는 증표를 제시하면서 소속과 성명을 밝히고 질문이나 동행의 목적과 이유를 설명하여야 하며, 동행을 요구하는 경우에는 동행 장소를 밝혀야 한다.
  ㉣ 경찰관은 동행한 사람의 가족이나 친지 등에게 동행한 경찰관의 신분, 동행 장소, 동행 목적과 이유를 알리거나 본인으로 하여금 즉시 연락할 수 있는 기회를 주어야 하며, 변호인의 도움을 받을 권리가 있음을 알려야 한다. ★
  ㉤ 경찰관은 동행한 사람을 6시간을 초과하여 경찰관서에 머물게 할 수 없다. ★
  ㉥ 질문을 받거나 동행을 요구받은 사람은 형사소송에 관한 법률에 따르지 아니하고는 신체를 구속당하지 아니하며, 그 의사에 반하여 답변을 강요당하지 아니한다. ★

4. 경찰청 대테러위기관리과(경찰청과 그 소속기관 직제 시행규칙 제10조) 기출 14

① 설립목적 : 테러 등 위기 상황에 신속하게 대처하기 위하여 설립된 대한민국 경찰청 경비국 직할기관으로(제1항), 대테러위기관리과장은 총경(4급 상당)으로 보한다(제2항).

② 위기관리센터장의 분장사무(제4항)

> **경비국(경찰청과 그 소속기관 직제 시행규칙 제10조)**
> ① 경비국에 경비과·대테러위기관리과·경호과 및 항공과를 둔다. 〈개정 2024.7.31.〉
> ④ 대테러위기관리과장은 다음 사항을 분장한다. 〈개정 2024.7.31.〉
> 1. 대테러 종합대책 연구·기획 및 지도
> 2. 대테러 관련 법령의 연구·개정 및 지침 수립
> 3. 테러대책기구 및 대테러 전담조직 운영 업무
> 4. 대테러 종합훈련 및 교육
> 5. 경찰작전과 경찰 전시훈련에 관한 계획의 수립 및 지도
> 6. 비상대비계획의 수립 및 지도
> 7. 중요시설의 방호 및 지도
> 8. 예비군 무기·탄약관리의 지도
> 9. 청원경찰의 운영 및 지도
> 10. 민방위 업무의 협조에 관한 사항
> 11. 재난·위기 업무에 대한 지원 및 지도
> 12. 안전관리·재난상황 및 위기상황 관리기관과의 연계체계 구축·운영
> 13. 지역 내 다중운집행사 안전관리 지도
> 14. 비상업무에 관한 계획의 수립 및 집행

03 경찰사범 단속

1. 풍속사범 단속

① 의의 : 풍속사범의 단속은 사회의 선량한 풍속을 유지하기 위하여 사회 일반의 풍기 및 건전한 생활습관에 영향을 주는 행위를 금지, 제한하는 경찰활동이다. 선량한 풍속이란 어느 특정 시대나 국가에 있어서 일반적으로 용인되고 있는 도덕적 관념과 규범을 말하는 것으로, 어떤 행위가 선량한 풍속을 해하는 행위인가를 판단하는 기준은 역사적, 문화적 환경에 따라 나라마다 다르다.★

② 풍속사범의 단속 대상 : 단속의 대상이 되는 행위는 성매매행위, 음란행위, 사행행위이다.

빈칸 채우기

대테러위기관리과장의 분장사무
→ (❶) 종합훈련 및 교육
→ (❷)의 운영 및 지도
→ (❸) 업무의 협조에 관한 사항
→ (❹)·위기 업무에 대한 지원 및 지도
→ 지역 내 (❺) 안전관리 지도

정답 ❶ 대테러 ❷ 청원경찰 ❸ 민방위 ❹ 재난 ❺ 다중운집행사

2. 기초질서 위반사범 단속
   ① **개념** : 사람들이 일상생활에서 흔히 범하기 쉬운 경미한 법익의 침해행위로서, 경범죄처벌법과 도로교통법에 그 행위 유형들이 규정되어 있다. 이러한 기초질서의 개념은 법률상의 용어나 학문적으로 정의된 개념이 아니라 실무상의 용어이다.
   ② **유형** : 주요 유형은 경범죄처벌법 위반 행위로서 오물방치 및 방뇨, 광고물 무단첨부, 음주소란, 새치기, 금연장소에서의 흡연, 자연훼손, 덮개 없는 음식물 판매 등과 도로교통법 위반행위로서 신호위반, 무단횡단, 차도보행, 차도에서 차를 잡는 행위, 신호위반, 정차·주차금지위반, 노상시비·다툼으로 차량의 통행방해 등의 행위가 있다.
   ③ **벌칙** : 경범죄처벌법은 10만원·20만원·60만원 이하의 벌금, 구류, 과료 또는 범칙금을 부과하고 있고, 도로교통법은 범칙금을 부과하고 있다.

3. 총기·화학류의 단속
   총기 및 폭발물 등은 취급과 사용상 위험성이 크고, 사고로 인하여 다수의 사람에게 치명적인 피해를 줄 개연성이 있기 때문에 국민의 생활안전 확보를 목적으로 규제와 관리가 필요하다.

04 경찰방범활동의 한계요인 기출 24·18·16·14

1. 경찰인력의 부족
   ① 매년 범죄 증가율이 경찰인력 증가율보다 높기 때문에 경찰인력 부족현상이 나타난다.
   ② 경찰관 1인이 담당해야 할 인구가 증가함에 따라 경찰인력 부족현상이 더욱 심화되고 있다.
   ③ 특수한 상황에서 경찰인력이 시국치안에 동원되는 경우 실질적으로 민생치안에 근무하게 되는 경찰인력은 더욱 감소하게 된다.

2. 경찰장비의 부족 및 노후화
   ① 열악한 근무조건 외에 개인 방범장비의 부족과 노후화가 효율적인 방범활동을 수행하는 데 있어서 장애가 되고 있다.
   ② 개인장비가 표준화되어 있지 않고 기관단위별로 지급되어 있어 개인당 수량이 부족하거나 관리상 많은 문제점이 있다.
   ③ 일선경찰관들이 사용하는 개인장비의 표준화가 필요하며, 보급 및 관리 정책이 지속적으로 개선되어야 한다.
   ④ 선진 외국의 경우처럼 M.D.T.(Mobile Data Terminal), 순찰차량 A.V.M. 제도(Automatic Vehicle Management System), 차량번호자동판독장치, 강력순간접착방식 지문감식기, 그리고 유괴사건수사를 위한 전화위치판독기 등과 같은 최첨단장비 등도 구비되어야 할 것이다.

> **112 관련 장비용어정리**
> - AVL : 순찰차 위치 자동표시장치(Automatic Vehicle Location)
> - HDT : 휴대용 컴퓨터 단말기(Hand Data Terminal)
> - AVNI : 차량번호 자동판독 시스템(Automatic Vehicle Number Identification)
> - ANI, ALI : 신고자 위치 자동표시 시스템
> - SCR : 도난차량 회수장치(Stolen Car Recovery)

3. 경찰의 민생치안부서 근무 기피현상
① 민생치안부서의 업무량 과다 및 인사 복무상 불리한 근무여건 등으로 근무 기피현상이 나타나고 있다.
② 너무 잦은 비상근무와 출·퇴근개념의 실종으로 대부분의 경찰들은 만성적인 피로누적으로 근무의욕이 저하되고 있다.
③ 민생치안 담당 경찰의 안전 및 신분보장 미흡 등은 더욱 사기를 저하시키는 원인이 되고 있다.
④ 근무 경찰들의 제반사고들에 대한 손해배상책임과 연대책임, 감독책임 또는 도의적인 책임 등 문책이 빈번하다.

4. 타 부처 업무협조의 증가
경찰의 고유 업무가 아닌 다른 부서의 협조 업무가 전체 임무 중 높은 비율을 차지함으로써 경찰의 민생치안 고유 업무 수행에 막대한 지장을 초래하고 있다.

5. 경찰에 대한 주민들의 고정관념으로 인한 이해부족
경찰에 대한 부정적 이미지나 불신 등의 이유로 주민과 경찰과의 관계 개선이 어려우며, 범죄 발생 시 신고 등의 협조가 미비하다. 이를 개선하기 위해 현재 경찰의 이미지 및 경찰활동에 대한 국민들의 인식을 높이고자 노력하고 있다.

🔍 빈칸 채우기

경찰방범활동의 한계요인
- 경찰인력의 부족 : 매년 (❶) 증가율이 (❷) 증가율보다 높기 때문에 경찰인력 부족현상이 나타난다.
- 경찰장비의 부족 및 노후화 : 개인장비가 (❸)되어 있지 않고 기관단위별로 지급되어 개인당 수량 부족 및 관리상 문제점이 있으므로 일선경찰관들이 사용하는 개인장비의 (❸)가 필요하며, 보급·관리 정책이 지속적으로 개선되어야 한다.
- 경찰의 민생치안부서 근무 기피현상 : 민생치안부서의 업무량 과다 및 (❹)상 불리한 근무여건 등으로 근무 기피현상이 나타나고 있다.
- 타 부처 업무협조의 증가 : 경찰의 (❺) 업무가 아닌 다른 부서의 (❻) 업무가 전체 임무 중 높은 비율을 차지한다.
- 경찰에 대한 주민들의 고정관념으로 인한 이해부족 : 경찰에 대한 부정적 이미지나 불신 등의 이유로 주민과 경찰과의 관계 개선이 어려우며, 범죄 발생 시 신고 등의 (❻)가 미비하다.

정답 ❶ 범죄 ❷ 경찰인력 ❸ 표준화 ❹ 인사 복무 ❺ 고유 ❻ 협조

05 민간방범활동

1. 민간방범활동의 필요성
① 현대사회의 발전과 더불어 범죄가 증가, 흉포화, 지능화, 기동화로 인하여 치안유지 활동이 어렵게 되었다.
② 경찰인력, 예산, 장비 등의 한계로 효율적인 범죄예방역할을 하지 못하고 있다.
③ 이러한 범죄환경의 변화는 국민들의 자발적인 협조와 민·경 간의 공동노력이 필요하게 되었다.
④ 지역 주민들의 안전의식의 확대로 인해 범죄예방활동에 대한 참여 욕구는 점차 증가하고 있다.

2. 치안서비스 공동생산 [기출 17·14]

① 개 념
  ㉠ 최근에 치안서비스의 생산과정에서 경찰의 역할증대뿐만 아니라 민간의 참여를 활성화시키려는 접근법이 활발하게 일어나고 있다.
  ㉡ 치안서비스 공동생산이론이란 치안서비스의 전달 과정에서 민간이 치안서비스 생산활동에 주체적으로 참여하는 것을 말한다. ★
  ㉢ 또한 치안서비스의 공동생산이론은 경찰이 치안서비스의 공급자이고 시민은 수혜자라는 접근에서 탈피하여 치안서비스의 생산에 시민들을 적극적으로 참여시켜야 한다는 접근법을 취하고 있다. ★
  ㉣ 선진국에서는 지역사회 경찰활동의 출현과 함께 치안서비스의 공동생산 접근법은 범죄예방을 위한 여러 가지 프로그램의 달성에 지역주민들이 적극적으로 참여하고 쌍방간 정보를 주고받는 등 치안서비스 공동생산에 참여하는 형태를 활성화시키고 있다.
  ㉤ 치안서비스의 공동주체를 정부 혼자만이 아닌 정부와 시민의 양자로 보는 것이 대부분의 학자들의 견해이며 최근에는 민간경비분야도 치안서비스 공동생산의 한 주체로 여기는 경향이 있다. ★

② 치안서비스 공동생산의 예
  ㉠ 주민신고체제의 확립
  ㉡ 금융기관 방범시설 확충
  ㉢ 자율방범대 운용의 활성화
  ㉣ 주택 내 경보장치 설치와 방범시설 설치 등

빈칸 채우기

치안서비스 공동생산의 개념
→ 치안서비스의 전달 과정에서 (❶)이 치안서비스 생산활동에 주체적으로 참여하는 것을 말한다.
→ 경찰이 치안서비스의 공급자이고 시민은 수혜자라는 접근에서 탈피하여 치안서비스의 생산에 (❷)들을 적극적으로 참여시켜야 한다는 접근법을 취하고 있다.

❶ 민간 ❷ 시민 [정답]

③ **치안서비스 공동생산의 유형** 기출 14 : 시민들이 범죄예방활동에 참여하는 유형에는 개인적 활동과 집단적 활동으로 구분할 수 있으며, 치안서비스의 주된 공급자인 경찰과의 협력관계에 따라 소극적인 활동과 적극적인 활동으로 나눌 수 있다.

구분	내용
개별적 · 소극적 공동생산 (제Ⅰ유형)	• 개인적 차원에서 자신과 가족의 안전에 대한 예방활동을 하는 것을 말한다. • 방범장비의 휴대, 이중자물쇠 등 잠금장치의 설치, 각종 첨단경보장치의 설치, 자녀에 대한 방범교육의 실시, 귀가 중인 자녀의 안전을 위한 마중 등과 같이 개인적으로 이루어지는 자율방범활동이다.
개별적 · 적극적 공동생산 (제Ⅱ유형)	• 개인적 차원에서 이루어지는 자율방범활동이지만 범죄피해나 발생에 따른 즉각적인 신고와 아울러 수상한 자에 대한 신고활동과 같이 주로 범죄정보제공과 관련된 시민들의 자율방범활동이다. • 이러한 신고활동은 개별적으로 이루어지기도 하지만 동네 주민들이 집단적으로 감시활동을 펴서 수상한 자를 신고할 수도 있다. • 이러한 유형의 공동생산활동은 시민활동의 중요한 부분으로서 오래전부터 인식되어 왔으며, 경찰의 범죄통제능력에 효과적으로 기여하고 있다.
집단적 · 소극적 공동생산 (제Ⅲ유형)	• 지역주민들이 집단적으로 자율방범활동에 참여하고 있으나, 경찰과 상호작용이 거의 없이 이루어지는 유형을 말한다. • 자체적인 순찰활동 등 주민들이 공동으로 방범대책을 협의하여 대책을 세운다든지, 공동으로 경비원을 고용하거나 공동으로 경보장치를 설치하는 활동 등이 이에 해당된다.
집단적 · 적극적 공동생산 (제Ⅳ유형)	• 집단적 차원에서 경찰과 범죄예방활동이 이루어지는 유형으로 자율방범대 활동이 대표적인 예이다. • 이러한 활동은 경찰의 협조하에 지역주민이 집단적으로 직접 순찰활동을 실시하는 것에서부터 청소년을 선도하는 활동을 비롯해 다양한 유형이 있다.

[치안서비스 공동생산의 유형]

구분		시민들 간의 협동 수준	
		개인적 활동	집단적 활동
경찰과의 협조수준	소극적	제Ⅰ유형(개인적 · 소극적 자율방범활동) • 자신과 가족을 범죄로부터 보호하는 활동 　- 비상벨 설치 　- 추가 자물쇠 설치 　- 집 바깥에 야간등 설치 활동 • 자신의 몸을 보호하는 활동 　- 호신술 훈련 　- 호루라기 휴대 　- 위험한 곳 피해 다니기 등의 활동	제Ⅲ유형(집단적 · 소극적 자율방범활동) • 범죄예방을 위한 이웃 간의 협의 • 지역주민이 독립적, 자율적으로 주민단체를 결성(강도, 주택침입, 성범죄 등 범죄대처) 　- 지역주민의 범죄예방을 위한 정보 제공 　- 특정범죄에 대한 주민의 경계심 제고 　- 자체적 지역순찰, 야간등 보수 및 증설 　- 경찰서비스의 대응성 향상을 위한 활동 • 주민공동의 경비원 고용
	적극적	제Ⅱ유형(개인적 · 적극적 자율방범활동) • 경찰 신고 행위(절도, 강도 등) • 목격한 범죄행위 신고 · 증언 행위	제Ⅳ유형(집단적 · 적극적 자율방범활동) • 이웃안전감시단 활동(자율순찰) • 시민자율순찰대 활동

3. 민간방범활동의 형태
   ① **자율방범대**
      ㉠ 자율방범대는 자원봉사자를 중심으로 지역 주민이 지역 단위로 조직하여 관할 지구대와 상호 협력관계를 갖고 방범활동을 하는 자원봉사 조직이다. ★ 기출 11
      ㉡ 자율방범대는 경찰과 합동 또는 자체적으로 3~5명이 조를 편성하여 심야의 취약 시간에 순찰활동을 실시하며, 순찰 중에 범죄현장의 신고, 부녀자나 노약자의 안전귀가, 청소년 선도·보호 활동 등을 실시한다.
   ② **시민단체에 의한 방범활동** : 시민단체의 방범활동은 야간 순찰 등 직접적인 방범활동을 하는 단체와 홍보·연구 활동 등 간접적인 방법으로 방범활동을 하는 단체로 구분할 수 있다.
   ③ **언론매체에 의한 방범활동** : 오늘날의 언론매체는 사회 전반에 걸쳐 많은 영향력을 미치고 있으므로, 언론매체의 대중성·홍보성 등을 잘 활용하면 범죄예방활동에 큰 효과를 볼 수 있다. 기출 11
   ④ **민간경비업 등의 방범활동**
      ㉠ 사회 각 분야의 전문화 현상과 함께 민간경비업이 급성장을 하면서 민간방범활동의 중요한 분야로 자리잡아 가고 있다.
      ㉡ 우리나라의 민간경비업은 경비업(경비업법)과 청원경찰(청원경찰법)로 이원화되어 있는바, 민간경비의 발전을 위해서 민간경비체계의 일원화가 필요하다. ★

4. 민경협력체제 강화 방안
   ① 지역사회 경찰활동(Community Policing)의 활성화 기출 11
   ② 민간방범활동의 중요성 홍보 강화 기출 11
   ③ **자율방범단체의 조직 및 운영의 합리화**
      ㉠ 참여자 구성의 적정
      ㉡ 재정의 확보
      ㉢ 자율방범대원의 교육훈련
      ㉣ 자율방범활동의 체계적 운영
      ㉤ 다른 자원봉사단체와 연계 강화
      ㉥ 자원봉사자에 대한 지원 강화
      ㉦ 민간경비업의 육성
   ④ **방범리콜제도** 기출 22
      ㉠ 잘못된 행정서비스에 대한 불만제기권을 시민에게 부여하고 이를 시정하는 장치이다.
      ㉡ 일선기관의 권한과 재량의 폭이 넓어져야만 효과적으로 활용할 수 있다. ★
      ㉢ 고객지향행정의 최종목표는 고객이 만족하는 행정서비스의 제공에 있다. ★
      ㉣ 방범리콜제도는 치안행정상 주민참여와 관련이 있다. ★

당신이 저지를 수 있는 가장 큰 실수는,
실수를 할까 두려워하는 것이다.

– 앨버트 하버드 –

1 민간경비의 유형
01 성격에 따른 분류 : 자체경비와 계약경비
02 주체(형태)에 따른 분류 : 인력경비와 기계경비
03 목적에 따른 분류
04 경비실시방식에 따른 분류
05 민간경비의 조직화 원리
06 민간경비의 조직화

2 경비원 교육 등
01 경비업법상의 교육 등
02 청원경찰법상의 교육 등

3 경비원 직업윤리
01 경비원의 근무자세
02 경비원의 직업윤리 정립

4 경비위해요소 분석과 조사업무
01 경비위해요소 분석
02 경비 관련 조사업무

최다 출제 POINT & 학습목표

1. 민간경비의 유형을 분류하고, 그 장점 및 단점을 이해한다.
2. 경비지도사, 경비원, 청원경찰의 교육에 관한 내용을 관련법령을 통하여 이해한다.
3. 경비원의 직업윤리에 대해 학습한다.
4. 경비위해요소 분석의 개념과 절차를 이해한다.
5. 경비 관련 조사업무를 유형별로 나누어 그 세부내용을 숙지한다.

CHAPTER 04

민간경비의 조직

CHAPTER 04 민간경비의 조직

01 자체경비는 신분보장의 불안정성과 저임금으로 계약경비보다 이직률이 높다. `기출 21·20·17` ( )

02 계약경비는 자체경비보다 다양한 경비분야에 전문성을 갖춘 경비인력을 쉽게 제공할 수 있다. `기출 21` ( )

03 계약경비는 자체경비보다 사용자의 비용부담이 상대적으로 저렴하다. `기출 20·16·13·11` ( )

04 자체경비는 경비회사로부터 훈련된 경비원을 파견받아서 운용한다. `기출 20·17` ( )

05 경비업법령상 甲은 일반경비원으로 A경비회사에, 乙은 특수경비원으로 B경비회사에 취업을 하게 되었다(단, 甲과 乙은 경비원 신임교육 제외대상이 아님). 이 경우 甲과 乙이 각각 이수하여야 하는 신임교육의 시간을 모두 합한 시간은 104시간이다. `기출수정 20` ( )

06 일본의 경우 혼잡경비를 경비업법에서 규정하고 있으며, 교통유도업무가 대부분을 차지하고 있다. `기출 15` ( )

07 경비원이 다른 부서의 관리자들로부터 명령을 받게 된다면 업무수행에 차질이 생길 것이다. 이 문제를 방지하기 위한 민간경비 조직편성의 원리는 명령통일의 원리이다. `기출 21` ( )

08 경비업법령상 일반경비원 신임교육은 44시간이다. `기출 21` ( )

09 경비지도사는 일반경비지도사와 특수경비지도사로 구분한다. `기출 24·21` ( )

10 청원경찰로 임용된 사람은 2주간 76시간의 교육을 받아야 한다. `기출 24` ( )

11 경비지도사제도는 경비업법 제7차 개정 때 도입되었다. `기출 21` ( )

12 특수경비업자는 소속 특수경비원에 대하여 매월 3시간 이상의 직무교육을 실시해야 한다. `기출수정 18·14` ( )

13 일반경비원 신임교육의 과목 및 시간, 직무교육의 과목 등 일반경비원의 교육실시에 필요한 사항은 행정안전부령으로 정한다. 기출 21·11 ( )

14 민간경비의 윤리가 확립되지 않으면 고객 및 국민으로부터 신뢰를 얻을 수 없다. 기출 21 ( )

15 민간경비의 윤리문제는 민간경비 자체에 한정된다. 기출 21 ( )

16 민간경비의 윤리와 관련하여 경찰과 시민의 민간경비에 대한 인식전환이 필요하다. 기출 21 ( )

17 자격증제도의 도입 등을 통한 전문화는 민간경비의 윤리성을 제고시킬 수 있다. 기출 21 ( )

18 경비위해요소 분석은 경비대상의 취약점을 파악하여 범죄, 화재, 재난 등으로부터 안전하게 보호하기 위한 계획을 수립하기 위함이다. 기출 21 ( )

19 비용효과 분석은 투입 대비 산출규모를 비교하여 적정한 경비수준을 결정하는 과정으로 절대적 기준이 있다. 기출 21 ( )

20 민간경비의 교육훈련은 조직적 통제와 조정의 필요성을 증가시키게 된다. 기출 23 ( )

▶ 정답과 해설 ◀ 01 ✕ 02 ○ 03 ○ 04 ✕ 05 ○ 06 ○ 07 ○ 08 ✕ 09 ✕ 10 ○
             11 ✕ 12 ○ 13 ○ 14 ○ 15 ✕ 16 ○ 17 ○ 18 ○ 19 ✕ 20 ✕

✓ 오답분석
01 신분보장의 불안정성과 저임금으로 이직률이 상대적으로 높은 것은 계약경비이다.
04 경비회사로부터 훈련된 경비원을 파견받아서 운용하는 것은 계약경비이다.
08 일반경비원 신임교육은 24시간이다(경비업법 시행규칙 [별표 2]).
09 "경비지도사"라 함은 경비원을 지도·감독 및 교육하는 자를 말하며 일반경비지도사와 기계경비지도사로 구분한다(경비업법 제2조 제2호).
11 경비지도사제도는 1995.12.30. 용역경비업법 제5차 개정 때 도입되었다.
15 민간경비의 윤리문제는 민간경비 자체에 한정되지 않고, 제도적 문제 및 사회 전반의 여건과 밀접한 관련이 있다.
19 비용효과 분석은 투입 대비 산출규모를 비교하여 적정한 경비수준을 결정하는 과정으로, 절대적 잣대(기준)가 있다고 할 수 없다. 왜냐하면 개인 및 시설물에 대한 범죄예방과 질서유지활동인 경비활동의 특성상 이를 단순히 경제적 가치로만 평가할 수는 없기 때문이다. 따라서 경비활동의 비용효과 분석 시에는 해당 지역의 범죄발생률 이외에도 범죄피해로 인한 인적·물적 피해의 정도, 고객의 정신적 안정성, 개인 및 기업체의 비용부담 정도 등을 고려하고, 아울러 타 지역 내지 전국적으로 집계된 범죄사건 등을 함께 비교해야 한다.
20 민간경비원에 대한 체계적인 교육훈련이 실시되는 경우 민간경비원이 조직규범을 잘 숙지하고, 스스로 업무를 잘 수행할 수 있으므로, 조직적 통제와 조정의 필요성은 감소하게 된다.

CHAPTER 04 민간경비의 조직

1 민간경비의 유형

01 성격에 따른 분류 : 자체경비와 계약경비

1. 자체경비

① 자체경비의 개념
  ㉠ 개인 및 기관, 기업 등이 중요하다고 판단되는 자신들의 보호 대상을 보호하기 위하여 자체적으로 관련 업무를 수행할 수 있는 경비부서를 조직화하여 운용하는 것을 말한다. 기출 15
  ㉡ 청원경찰은 기관, 시설·사업장 등이 배치하는 자체경찰로 볼 수 있으므로 자체경비의 일종이다.
  기출 15

> **자체경비의 개념**
> 자체경비는 기업체 등이 조직체 내에 자체적으로 경비조직을 조직화하여 운영하는 것을 말한다. 자체경비는 경비원리뿐만 아니라 기업체가 안고 있는 특수상황도 고려되어야 한다.
> 〈출처〉 박성수, 「민간경비론」, 윤성사, 2021, P. 101

② 자체경비의 장점 기출 17·16
  ㉠ 자체경비는 계약경비에 비해 임금이 높고 안정적이므로, 이직률이 낮은 편이다. 기출 21
  ㉡ 시설주가 경비원들을 직접 관리함으로써 경비원들에 대한 통제를 강화할 수 있다.
  ㉢ 비교적 높은 급료를 받을 뿐만 아니라, 경비원에 대한 위상이 높기 때문에 자질이 우수한 사람들이 지원한다.

> **자체경비 수행 시 고려사항**
> • 경비안전의 긴급성
> • 예상되는 경비활동
> • 회사성장의 잠재성

  ㉣ 계약경비원보다 고용주(사용자)에 대한 충성심이 더 높다. 기출 24·23·21·13
  ㉤ 자체경비는 고용주(사용자)의 요구에 신속하게 대처할 수 있다.
  ㉥ 자체경비원은 고용주에 의해 조직의 구성원으로 채용됨으로써 안정적이기 때문에 고용주로부터 업무 수행능력을 인정받기를 원하며, 자기발전과 자기개발을 위한 노력을 아끼지 않는다. 기출 13
  ㉦ 자체경비원은 경비부서에 오래 근무함으로써 회사의 운영·매출·인사 등에 관한 지식이 높다.
  ㉧ 시설주의 필요에 따라 적절하게 교육·훈련과정의 효율성을 쉽게 측정할 수 있다.

③ 자체경비의 단점 기출 16
  ㉠ 계약경비에 비해 다른 부서의 직원들과 지나치게 친밀한 관계를 형성함으로써 효과적인 직무수행을 하지 못할 수 있다.
  ㉡ 신규모집계획, 선발인원의 신원확인 및 훈련프로그램에 대한 개발과 관리를 자체적으로 실시하므로, 인사관리 및 행정관리가 힘들고 비용이 많이 소요된다. 기출 23·13
  ㉢ 계약경비에 비해 해임이나 감원, 충원 등이 필요한 경우에 탄력성이 떨어진다. ★ 기출 24

  경비의 유형을 결정할 때 가장 먼저 실시하여야 할 사항
  자체경비를 위해서는 많은 인력과 비용이 필요한 만큼 자체경비 실시의 필요성 측정이 우선되어야 하고, 계약경비의 경우도 경비실시의 필요성을 먼저 확인·결정하여야 한다.

2. **계약경비**
  ① 계약경비의 개념
    ㉠ 개인 및 기관, 기업 등이 중요하다고 판단되는 자신들의 보호 대상을 보호하기 위하여 경비서비스를 전문으로 하는 외부 경비업체와의 계약을 통해서 경비인력 또는 경비시스템을 도입·운영하는 것이다. 기출 15
    ㉡ 오늘날은 계약경비서비스가 자체경비서비스보다 더 빠르게 증가하고 점차 확대되고 있다. 기출 13
    ㉢ 경비업법은 도급계약 형태이므로 계약경비를 전제로 한다. 기출 15
  ② 계약경비의 유형 기출 13
    ㉠ 시설방범경비서비스 : 고층빌딩, 교육시설, 숙박시설, 의료시설, 판매시설, 금융시설 등에 대한 각종 위해로부터 시설물 내의 인적·물적 가치를 보호하는 형태이다.
    ㉡ 순찰서비스 : 도보나 순찰차로 한 사람 또는 여러 명의 경비원이 고객의 시설물들을 내·외곽에서 순찰하는 형태이다. 기출 13
    ㉢ 경보응답서비스 : 보호하는 지역 내 설치된 경보감지장비 및 이와 연결된 중앙통제시스템과 연결되어 있다. 기출 13
    ㉣ 사설탐정 : 개인·조직의 정보와 관련된 서비스의 제공을 주 업무로 하는데, 현재 우리나라에서는 제도적으로 시행되고 있지 않다. 기출 13
    ㉤ 신변보호서비스 : 사설경호원에 의해 각종 위해로부터 의뢰인을 보호하는 활동을 말한다.
    ㉥ 기계경비서비스 : 경보응답에 경비원을 급파하고, 이 사실을 일반경찰관서에 송신하는 역할을 한다.
    ㉦ 기타 : 무장운송서비스, 경비자문서비스, 홈 시큐리티(가정보안 및 경비), 타운 시큐리티(지역단위의 보안 및 경비) 등이 있다.
  ③ 계약경비의 장점
    ㉠ 고용주의 요구에 맞는 경비서비스를 제공함으로써 경비프로그램 전반에 걸쳐 전문성을 갖춘 경비인력을 쉽게 제공할 수 있다. 기출 24·21
    ㉡ 봉급, 연금, 직무보상, 사회보장, 보험, 상비, 신규모집, 직원관리, 교육훈련 등의 비용을 절감할 수 있어 비용 면에서 저렴하다(경제적이다). 기출 20

ⓒ 자체경비에 비해 인사관리 차원에서 결원의 보충 및 추가인력의 배치가 용이하다. 기출 23·21·20
　　② 고용주를 의식하지 않고 소신껏 경비업무에 전념할 수 있다. ★ 기출 24
　　⑩ 경비수요의 변화에 따라 기존 경비인력을 감축하거나 추가적으로 고용을 확대할 수 있다.
　　⑪ 질병이나 해임 등으로 구성원의 업무수행상 문제가 발생했을 경우, 인사이동과 대처(대책)에 따라 행정상 문제를 쉽게 해결할 수 있다.
④ 계약경비의 단점
　　㉠ 자체경비에 비해 조직(시설주)에 대한 충성심이 낮은 것이 일반적이다. 기출 23·20
　　㉡ 자체경비에 비해 급료가 낮고 직업적 안정감이 떨어지기 때문에 이직률이 높은 편이다. 기출 21·20
　　㉢ 회사 내부의 기밀이나 중요정보가 외부에 유출될 가능성이 더 높은 편이다. ★

02 주체(형태)에 따른 분류 : 인력경비와 기계경비

1. 인력경비

① 인력경비의 개념 기출 12 : 화재, 절도, 분실, 파괴, 기타 범죄 내지 피해로부터 개인이나 기업의 인적·물적 안전을 확보하기 위해서 경비원 등 인력으로 경비하는 것을 말한다.
② 인력경비의 종류 기출 17
　　㉠ 상주경비 : 산업시설, 빌딩, 아파트, 학교, 상가 등의 시설 내에서 24시간 고정적으로 상주하면서 경비하는 것을 말한다.
　　㉡ 순찰경비 : 정기적으로 일정 구역을 순찰하여 범죄 등으로부터 고객의 안전을 확보하거나 도보나 차량을 이용하여 정해진 노선을 따라 시설물의 상태를 점검하는 경비활동을 말한다. 기출 21
　　㉢ 요인경호 : 경제인, 정치인, 연예인 등 특정인의 신변보호와 질서유지를 목적으로 하는 경비활동을 말한다.
　　㉣ 혼잡경비 : 각종 경기대회, 기념행사 등에서 참석한 군중의 혼잡한 상태를 사전에 예방하고 경계하며 위험한 상황이 발생할 때 신속히 대처할 수 있도록 하는 경비활동을 말한다.
③ 인력경비의 장점
　　㉠ 경비업무 이외에 안내, 질서유지, 보호·보관업무 등을 하나로 통합한 통합서비스가 가능하다. ★
　　㉡ 인력이 상주함으로써 현장에서 상황이 발생했을 때 신속한 조치가 가능하다. ★
　　㉢ 인적 요소이기에 경비업무를 전문화할 수 있고, 고용창출 효과와 고객접점서비스 효과가 있다. ★
　　　　기출 22·14
④ 인력경비의 단점
　　㉠ 인건비의 부담으로 경비에 많은 비용이 드는 편이다. ★
　　㉡ 사건이 발생했을 때 인명피해의 가능성이 있다. ★
　　㉢ 상황연락이 신속하게 이루어지지 않아 사건의 전파에 장애가 발생할 수 있다. ★
　　㉣ 야간에는 경비활동의 제약을 받아 효율성이 감소된다. 기출 17
　　㉤ 경비원이 저임금, 저학력, 고령일 경우 경비의 질 저하가 우려된다.

2. 기계경비

① 기계경비의 개념
  ㉠ 침입감지장치를 설치하여 침입을 방해하거나 조기에 적절한 조치를 취할 수 있도록 첨단장비를 사용하여 경비를 수행하는 것을 말한다.★
  ㉡ 경비대상시설에 설치한 기기에 의하여 감지·송신된 정보를 그 경비대상시설 외의 장소에 설치한 관제시설의 기기로 수신하여 도난·화재 등 위험발생을 방지하는 업무를 말한다(경비업법 제2조 제1호 라목).★

② 기계경비의 종류
  ㉠ 무인기계경비 : 기계경비로만 이루어진 시스템
  ㉡ 혼합경비 : 인력경비와 기계경비를 혼합한 시스템★

기계경비의 종류	
순수무인기계경비	각종 감지기 또는 CCTV 등 감시기계를 설치하여 불법침입이 있으면 경보음을 울리게 하거나 미리 기억된 자동 전화번호를 통해 경찰서 등에 설치된 수신기에 경보음을 울리게 하는 경비형태이다.
혼합기계경비	불법침입을 감지한 센서가 컴퓨터에 음성이나 문자 등을 표시하여 이를 본 사람이 조치를 취하도록 하는 경비형태를 말한다.

③ 기계경비시스템의 기본 3요소(감지 → 전달 → 대응) 기출 17·15
  ㉠ 불법침입의 **감지** : 기계경비시스템이 외부의 침입행위로 인한 상태변화를 감지하여 경비기기 운용자 뿐만 아니라 침입자에게 경고하는 과정이라고 할 수 있다.
  ㉡ 침입정보의 **전달** : 기계경비시스템이 효과적으로 작동되기 위해서는 경비기기 운용자와 의사전달 과정이 적절하게 이루어져야 한다.
  ㉢ 침입행위의 **대응** : 기계경비시스템은 현장에 투입되는 상황대처요원에게 신속하게 연락할 수 있고 침입자의 행위를 일정시간 지연시킬 수 있는 기능을 갖추어야 한다. 시설물에 대한 각종 물리적 보호장치가 여기에 속한다.

④ 기계경비의 목적 : 시설물의 경비를 기계경비회사에 위탁하는 목적은 상주경비 인원의 감축으로 인한 기업의 대폭적인 원가절감이다.★

⑤ 기계경비의 장점
  ㉠ 24시간 동일한 조건으로 지속적인 감시가 가능하다. 기출 21·20·14
  ㉡ 장기적으로 소요비용이 절감되는 효과가 있다. 기출 23·22·21·20·17·16·14
  ㉢ 넓은 장소를 효과적으로 감시할 수 있고, 정확성을 기할 수 있다. 기출 23·22·14
  ㉣ 외부환경에 영향을 받지 않고 감시가 가능하다.
  ㉤ 시간적 취약대인 야간에도 효율성이 높아 시간적 제약을 적게 받는다. 기출 23·20·15
  ㉥ 화재예방시스템 등과 동시에 통합운용이 가능하다. 기출 21
  ㉦ 강력범죄와 화재, 가스 등으로 인한 인명사상을 예방하거나 최소화할 수 있다. 기출 16
  ㉧ 기록장치에 의한 사고발생 상황이 저장되어 증거보존의 효과와 책임한계를 명확히 할 수 있다. 기출 15
  ㉨ 오작동(오경보)률이 낮을 경우 범죄자에겐 경고의 효과가 있고, 사용자로부터 신뢰를 얻을 수 있다.
  ㉩ 잠재적인 범죄자 등에 대해 경고 효과가 크다. 기출 23·16

⑥ 기계경비의 단점
  ㉠ 사건발생 시 현장에서의 신속한 대처가 어려우며, 현장에 출동하는 시간이 필요하다. 기출 20·16
  ㉡ 최초의 기초 설치비용이 많이 소요된다. 기출 15
  ㉢ 허위경보 및 오경보 등의 발생률이 비교적 높다.★
  ㉣ 경찰관서에 직접 연결하는 경비시스템의 오작동은 경찰력의 낭비가 발생할 수 있다. 기출 15
  ㉤ 전문인력이 필요하며, 유지보수에 비용이 많이 소요된다. 기출 22
  ㉥ 고장 시 신속한 대처가 어렵다.
  ㉦ 방범 관련 업무에만 가능하며, 경비시스템을 잘 알고 있는 범죄자들에게 역이용당할 우려가 있다.★
  기출 23·21

⑦ 기계경비시스템
  ㉠ 운용목적 : 도난·화재 등 위험에 대한 예방 및 대응이라고 할 수 있다. 기출 14
  ㉡ 구성요소 : 경비대상시설, 관제시설, 기계경비원(관제경비원, 출동경비원) 등이다. 기출 14
  ㉢ 대응체제의 구축
    • 기계경비업자는 경비대상시설에 관한 경보를 수신한 때에는 신속하게 그 사실을 확인하는 등 필요한 대응조치를 취하여야 하며, 이를 위한 대응체제를 갖추어야 한다. 기출 14
    • 기계경비업자는 관제시설 등에서 경보를 수신한 때에는 경보를 수신한 때부터 늦어도 25분 이내에는 도착시킬 수 있는 대응체제를 갖추어야 한다. 기출 15·14
  ㉣ 오경보의 방지 등
    • 각종 기기의 관리 : 기계경비업자는 경비계약을 체결하는 때에는 오경보를 막기 위하여 계약상대방에게 기기사용요령 및 기계경비운영체계 등에 관하여 설명하여야 하며, 각종 기기가 오작동되지 아니하도록 관리하여야 한다.
    • 관련 서류의 비치 : 기계경비업자는 대응조치 등 업무의 원활한 운영과 개선을 위하여 관련 서류를 작성·비치하여야 한다.
    • 기계경비 오경보의 폐해
      – 실제 상황이 아님에도 불구하고 기계장치의 자체결함, 이용자의 부적절한 작동, 미세한 환경변화 등에 민감하게 작동하는 경우가 있다.
      – 오경보로 인한 헛출동은 경찰력 운용의 효율성에 장애가 되고 있다.★
      – 오경보를 방지하기 위한 유지·보수에도 적지 않은 비용이 들며, 이를 위해 전문인력이 투입되어야 한다.★

> 경찰청장 감독명령 제2012-1호, 제2013-1호, 제2017-1호는 「경비업법」상의 기계경비업자와 기계경비업체에 선임된 기계경비지도사를 대상으로 기계경비업체의 오경보로 인한 불필요한 경찰신고를 방지하고 기계경비업체의 출동대응 등 의무를 명확히 하여 기계경비업의 건전한 발전을 도모함을 목적으로 발령되었으며, 이 감독명령에는 선별신고제도(확인신고와 긴급신고)와 기계경비업자의 의무 등이 포함되어 있다. 참고로 감독명령 제2012-1호는 제2013-1호의 발령으로, 감독명령 2013-1호는 제2017-1호의 발령으로 각각 폐지되었다.

3. 인력경비와 기계경비의 현황

① 기계경비가 많이 발전하였음에도 불구하고 아직까지 많은 경비업체가 인력경비 위주의 영세성을 벗어나지 못하고 있는 부분도 있다.★
② 인력경비 없이 기계경비 시스템만으로는 경비활동의 목표달성이 가능한 수준에 이르지 못하고 있다.★
③ 이들 양자 가운데 어디에 비중을 둘 것인가 하는 문제는 경비대상의 특성과 관련된다.★
④ 최근 선진국과 기술제휴 등을 통한 첨단 기계경비시스템의 개발뿐만 아니라 국내 자체적으로도 새로운 기술이 개발되고 있다.★

03 목적에 따른 분류

1. 시설경비

① 의의 : 시설경비란 국가중요시설, 빌딩, 사무소, 주택, 창고, 상가, 공공건물, 공장, 공항 등에서 침입, 화재 그 밖의 사고의 발생을 경계하고 방지하는 업무를 말한다.
② 종 류
  ㉠ 주거시설경비
   • 최근에는 방범, 구급안전, 화재 등으로부터 보호하기 위한 주택용 방범기기의 수요가 급속히 증가하고 있다.
   • 주거시설경비는 점차 인력경비에서 기계경비로 변화하고 있다.★
   • 주거침입의 예방대책은 건축 초기부터 설계되어야 한다.★
   • 타운경비는 일반 단독주택이나 개별 빌딩 단위가 아닌 대규모 지역단위의 방범활동이다.
  ㉡ 숙박시설경비
   • 경비원의 규모는 객실 수와 건물의 크기를 고려해야 한다.
   • 순찰 중 시설점검, 범죄예방, 화재점검, 기타 비상사태 점검 등을 실시한다.
   • 경비원들에게 열쇠통제와 고객 사생활보호 교육을 실시한다.
   • 외부 및 주변에서 발생할 수 있는 문제점도 중시해야 하나 내부 자체적인 경비도 중시해야 한다.
  ㉢ 금융시설경비
   • 경비원의 경계는 가능한 2인 이상 하는 것으로 하여야 하며 점포 내 순찰, 출입자 감시 등 구체적인 근무요령에 의해 실시한다.★
   • 경비책임자는 경찰과의 연락 및 방범정보의 교환과 같은 사항이 지속적으로 이루어지도록 점검하여야 한다.
   • ATM의 증가는 범죄자들의 범행욕구를 충분히 유발시킬 수 있으므로 지속적인 경비순찰을 실시하고 경비조명뿐만 아니라 CCTV를 설치하는 등 안전대책이 수립되어야 한다.
   • 현금수송은 원칙적으로 현금수송 전문경비회사에 의뢰해야 하며, 자체 현금수송 시에는 가스총 등을 휴대한 청원경찰을 포함한 3명 이상을 확보해야 한다.★

- 금융시설의 특성상 개·폐점 직후나 점심시간 등이 취약시간대로 분석되고 있다. ★
- 금융시설 내에 한정하지 않고 외부경계 및 차량감시도 경비활동의 대상에 포함된다. ★
- 금융시설에서 사건이 발생할 경우를 대비하여 신속한 대응을 위한 사전 모의훈련이 필요하다.
- 금융시설의 위험요소는 외부인에 의한 침입뿐만 아니라 내부인에 의한 범죄까지 포함한다. ★
- 미국은 금융시설의 강도 등 외부침입을 예방·대응하기 위하여 은행보호법을 제정·시행하고 있다. ★

ㄹ) 국가중요시설경비 기출 20·19·13
- 국가중요시설은 공공기관 등이 적에 의하여 점령 또는 파괴되거나 기능이 마비될 경우 국가안보와 국민생활에 심각한 영향을 주는 시설로, 국가안전에 미치는 중요도에 따라 분류된다. ★
- 3지대 방호개념에서 제1지대는 경계지대, 제2지대는 주방어지대, 제3지대는 핵심방어지대이다.

  기출 20

- 국가중요시설의 통합방위사태는 갑종사태, 을종사태, 병종사태로 구분된다. 기출 20

통합방위사태	
갑종사태	일정한 조직체계를 갖춘 적의 대규모 병력 침투 또는 대량살상무기 공격 등의 도발로 발생한 비상사태로서 통합방위본부장 또는 지역군사령관의 지휘·통제하에 통합방위작전을 수행하여야 할 사태를 말한다.
을종사태	일부 또는 여러 지역에서 적이 침투·도발하여 단기간 내에 치안이 회복되기 어려워 지역 군사령관의 지휘·통제하에 통합방위작전을 수행하여야 할 사태를 말한다.
병종사태	적의 침투·도발 위협이 예상되거나 소규모의 적이 침투하였을 때에 시·도 경찰청장, 지역군사령관 또는 함대사령관의 지휘·통제하에 통합방위작전을 수행하여 단기간 내에 치안이 회복될 수 있는 사태를 말한다.

- 평상시 주요취약지점에 경비인력을 중점 배치하여 시설 내외의 위험요소를 제거한다.
- 주요 방호지점 접근로에 제한지역, 제한구역, 통제구역 등을 설정하여 출입자를 통제하며 계속적인 순찰 및 경계를 실시한다. ★
- 상황 발생 시에는 즉시 인근부대 및 경찰관서 등에 통보한다.
- 민간경비를 활용한 국가중요시설경비의 효율화 방안으로는 전문경비자격증제도 도입, 경비원의 최저임금 보장, 경비전문화를 위한 교육훈련의 강화, 인력경비의 축소와 기계경비시스템의 확대 등이다.

ㅁ) 의료시설경비
- 의료시설에서 응급실은 불특정다수인의 많은 왕래 등의 특성으로 인해 잠재적 위험성이 가장 높기 때문에 경비대책이 요구된다.
- 의료시설은 지속적으로 수용되는 환자 및 방문객 등의 출입으로 관리상의 어려움이 있기 때문에 사후통제보다는 사전예방에 초점을 두는 것이 바람직하다. ★
- 출입구 배치나 출입제한구역의 설정은 안전책임자와 병원관계자의 협의에 의해 이루어질 수 있다. ★

ㅂ) 교육시설경비
- 교육시설의 보호 및 이용자 안전 확보를 목적으로 한다. ★
- 교육시설의 범죄예방활동은 계획 → 준비 → 실행 → 평가 및 측정의 순서로 이루어진다. ★
- 교육시설의 위험요소 조사 시 지역사회와의 상호관계를 고려대상에 포함시켜야 한다. ★
- 교육시설의 특별범죄 예방의 대상에는 컴퓨터와 관련된 정보절도, 사무실 침입절도 등이 포함된다.

2. 수송(호송)경비 기출 23

① 의의 : 수송(호송)경비란 운송 중인 현금·유가증권·귀금속·상품 그 밖의 물건 등에 대한 불의의 사고 발생을 예방하고 방지하는 업무를 말한다.

② 대상
  ㉠ 민간경비에 의해 현금 수송경비가 필요한 대상은 은행, 환전소, 고속도로 톨게이트, 백화점, 현금 및 보석 취급소, 마을금고 등이다. ★
  ㉡ 경찰력에 의해 수송경비를 실시하는 경우는 투표용지 수송, 국가시험문제지 수송 등이 있다.

③ 위해발생의 대응요령
  ㉠ 위해 발생 시 인명 및 신체의 안전을 최우선시한다.
  ㉡ 경비원이 소지하는 분사기와 단봉은 정당한 범위 내에서 적절하게 사용한다.
  ㉢ 습격사고 발생 시에는 큰소리, 확성기, 차량용 경보장치 등으로 주변에 이상 상황을 알린다.
  ㉣ 위해 발생 시 신속하게 차량용 방범장치를 해제해서는 안 되고, 방범장치를 이용하여 탑재물품을 차량 내에서 보호한다.

호송경비업무의 방식 기출 19		
단독호송방식	통합호송방식	경비업자가 무장호송차량 또는 일반차량을 이용하여 운송과 경비업무를 겸하는 호송경비방식이다.
	분리호송방식	호송대상 물건은 운송업자의 차량으로 운송하고, 경비업자는 경비차량과 경비원을 투입하여 물건을 호송하는 방식이다.
	동승호송방식	물건을 운송하는 차량에 호송경비원이 동승하여 호송업무를 수행하는 경비방식이다.
	휴대호송방식	호송경비원이 직접 호송대상 물건을 휴대하여 운반하는 경비방식이다.
편성호송방식		호송방식과 방향 등을 고려하여 지역별로 또는 구간별로 조를 편성하여 행하는 경비방식이다.

3. 혼잡경비 기출 23

① 혼잡경비란 기념행사, 경기대회, 제례행사, 기타 요인으로 모인 군중에 의하여 발생되는 자연적·인위적 혼잡상태를 사전에 예방하거나 경계하고, 위험한 사태가 발생할 경우에는 신속히 진압하여 확대되는 것을 방지하는 예비활동을 말한다.

② 과거에는 혼잡경비를 경찰력에 주로 의존하여 행하여졌으나 이제는 수익자부담의 원칙에 따라 행사를 주관하는 사람 또는 단체가 경비를 책임지는 방향으로 바뀌어 가고 있다.

③ 우리나라 경비업법은 경비업무의 종류로 혼잡경비를 규정하고 있지 않았으나 2024.1.30. 개정(2025.1.31.부터 시행)으로 경비업무의 종류에 혼잡·교통유도경비업무를 추가하였다. 일본 경비업법 또한 혼잡경비, 교통유도업무 등을 규정하고 있다. ★

4. 신변보호(경호경비)
① 신변보호란 사람의 생명이나 신체에 대한 위해의 발생을 방지하고 그 신변을 보호하는 업무를 말한다.
② 경찰이 평상시 사용하고 있는 경호개념보다 광의의 개념으로 경호대상자의 생명, 신체를 직·간접적인 위해로부터 보호하는 작용을 의미한다.

5. 특수경비
특수경비란 공항(항공기를 포함) 등 국가중요시설의 경비 및 도난·화재 그 밖의 위험발생을 방지하는 업무를 말한다.

04 경비실시방식에 따른 분류 기출 22·19·16·12·11

1. 1차원적 경비
경비원에 의한 경비 등과 같이 단일 예방체제에 의존하는 경비형태를 말한다.

2. 단편적 경비
포괄적·전체적 계획 없이 필요할 때마다 단편적으로 손실예방 등의 역할을 수행하기 위해 추가되는 경비형태를 말한다.★

3. 반응적 경비
단지 특정한 손실이 발생할 때마다 그 사건에만 대응하는 경비형태를 말한다.★

4. 총체적 경비(종합적 경비)
특정의 위해요소와 관계없이 언제 발생할지도 모르는 상황에 대비하여 인력경비와 기계경비를 종합한 표준화된 경비형태를 말한다.★

[경비업무의 유형정리]

성격에 따른 분류	형태에 따른 분류	목적에 따른 분류	실시방식에 따른 분류	경비업법상의 분류
• 자체경비 • 계약경비	• 인력경비 • 기계경비	• 신변보호경비 • 호송경비 • 특수경비 • 시설경비 • 혼잡경비	• 1차원적 경비 • 단편적 경비 • 반응적 경비 • 총체적 경비	• 신변보호경비 • 호송경비 • 기계경비 • 특수경비 • 시설경비 • 혼잡·교통유도경비

05 민간경비의 조직화 원리

1. **조직 내 경비부서의 위치**
   ① 조직구성
      ㉠ 참모(막료)조직관리자 : 일반적으로 계선조직관리자에게 조언이나 참모역할을 제공하는 사람
      ㉡ 계선조직관리자 : 조직의 특정 목적을 달성하기 위하여 위임받은 범위 안에서 직접적으로 명령을 지시할 수 있는 권한을 부여받은 사람
   ② 경비부서의 위치
      ㉠ 경비부서는 참모조직(= 스텝조직)의 역할을 담당한다. ★
      ㉡ 경비부서관리자는 조직 내 특별한 임무를 수행함으로써 전체적으로 기업의 최고책임자 등에게 정보를 전달하는 책임을 진다.
      ㉢ 조직 내의 경영간부 및 총책임자에 의해 권한을 위임받아 집행할 경우에는 계선조직(= 라인조직)의 성격도 갖는다. ★

2. **경비관리 책임자의 역할** 기출 19·18
   ① **경영상의 역할** : 조직 내에 있는 모든 다른 부서의 경영자들과 일치하는 역할로서 기획, 조직화, 채용, 지도, 감독, 혁신 등이 있다. ★
   ② **관리상의 역할** : 예산과 재정상의 감독, 경비문제를 관할하는 정책의 설정, 사무행정, 조직체계와 절차의 개발, 경비부서 직원에 대한 교육·훈련 과정의 개발, 모든 고용인들에 대한 경비교육, 경비와 관련된 문제에 있어서 다른 부서와의 상호 긴밀한 협조와 의사소통의 향상 등의 역할이다. ★
   ③ **예방상의 역할** : 경비원에 대한 감독, 화재와 경비원의 안전, 경비활동에 대한 규칙적인 감사, 출입금지구역에 대한 감시, 경비원들에 대한 이해와 능력개발, 교통통제, 경보시스템, 조명, 울타리, 출입구, 통신장비 등과 같은 모든 경비장비들의 상태 점검 등의 역할이다. ★
   ④ **조사상의 역할(조사활동)** : 경비의 명확성, 감시, 회계, 회사규칙의 위반과 이에 따르는 모든 손실에 대한 조사·관리·감시·회계, 일반 경찰과 소방서와의 유대관계, 관련 문서의 확인 등을 포함한다. ★

빈칸 채우기

경비관리 책임자의 역할
- 경영상의 역할 : (❶), 조직화, 채용, 지도, 감독, 혁신 등이 있다.
- (❷)상의 역할 : 예산과 재정상의 감독, 경비문제를 관할하는 정책의 설정, 조직체계와 절차의 개발, 경비부서 직원에 대한 교육·훈련 과정의 개발 등의 역할이다.
- (❸)상의 역할 : 경비원에 대한 감독, 교통통제, 경보시스템, 조명, 울타리, 출입구, 통신장비 등의 역할이다.
- (❹)상의 역할 : 경비의 명확성, 감시, 회계, 회사규칙의 위반과 이에 따르는 모든 손실에 대한 조사·관리·감시·회계, 일반 경찰과 소방서와의 유대관계, 관련 문서의 확인 등을 포함한다.

정답 ❶ 기획 ❷ 관리 ❸ 예방 ❹ 조사

06 민간경비의 조직화

1. 경비계획

① **손실분석** : 손실의 잠재적인 발생영역에 대한 상세한 분석 및 공동목적을 달성하는데 발생할 수 있는 손실의 가능성, 주요 요인에 대한 분석이 선행되어야 한다.

② **목표의 설정과 달성** : 경비계획은 어떤 특정한 회사의 이익추구를 위해서 설정되어야 하며, 이익추구에 대한 저해 요인이 있다면 저해 요인을 색출해서 이익의 증대라는 기업체의 공동목적을 달성하도록 노력하는 것이다.

> **경비계획의 목표설정**
> 공동의 목표 → 경비의 목표결정 → 개발 및 기획 → 경비조직을 통한 목표달성 → 평가와 재검토

2. 통제기준의 설정

① **통제기준** : 경비부서의 권한 및 역할에 관련된 것으로서 물품의 선적, 수령과 입고 및 재고조사, 현금취급, 회계감사, 경리 등의 모든 절차를 포함하여 설정된다.

② **통제기준의 설정 방법** : 경비부서의 관리자가 내부적인 규율이나 책임의 한계를 제시함으로써 이루어지고, 또한 관리자가 자신의 견해를 표명하거나 반대의견을 제시할 수 있도록 배려되어야 하며, 조직의 전직원들이 수용하고 만족할 수 있도록 통제절차를 마련해야 한다.

3. 관리과정

① 민간경비의 조직화 과정에서 위험성, 돌발성, 기동성, 조직성 등 경비업무의 특수성을 고려해야 한다. 기출 17

② 민간경비부서를 독립적으로 설치하지 않고 다른 관리부서와 연계시켜 통합적으로 설치하게 되면 전문성은 저하된다. ★

③ 보호대상의 특성에 따라 인력경비와 기계경비를 운용할 수 있는데 일반적으로 순수한 형태의 기계경비는 존재하지 않는다. ★

④ 조직의 목표달성을 위하여 조직구성원의 책임과 의무의 적정한 배분이 이루어져야 한다.

> **민간경비조직과 경찰조직의 특수성 비교**
> - 민간경비조직 : 위험성, 돌발성, 기동성, 조직성 등
> - 경찰 조직 : 위험성, 돌발성, 기동성, 조직성, 권력성, 정치성, 고립성, 보수성 등
> 〈출처〉박성수, 「민간경비론」, 윤성사, 2021, P. 109~110

4. 경비부서의 권한

① **경비책임자** : 회사의 여러 영역에서 업무 수행상 발생할 수 있는 제반문제에 대해서 조사를 할 수 있고, 회사 전체에 대한 경비 위해 요소 분석과 업무 전반에 관한 평가를 지시할 수 있는 위치에 있어야 한다.

② **경비부서의 관리자** : 경비부서의 관리자가 특별한 임무를 수행하는 부서의 장(長)으로서, 최고경영자나 전체적으로 통합된 각 부서별 책임자들이 경비업무의 책임을 진다(막료 역할 담당).

③ **권한의 정도**
   ㉠ 경비책임자는 그 자신의 부서에 관련된 모든 행위에 대하여 계선상의 권한을 행사할 수 있다. ★
   ㉡ 관리자는 경비업무와 관계되지 않는 것에 대해 직접적으로 통제하거나 명령할 수 없고, 권한의 정도가 주어진 범위 내에서 발생할 수 있는 모든 문제에 대하여 경비원을 명령하고 지시할 수 있다. ★

5. 경비부서의 조직화

경비부서의 조직은 특정 의무와 책임에 대한 분명한 개념, 명확한 보고수준과 명령계통을 세워야 한다. 대체적으로 경비부서를 조직화하는 데 있어 가장 중요하게 고려하는 사항은 권한위임의 한계, 통솔의 범위, 경비인력의 수요 등을 꼽을 수 있다.

① **권한의 위임**
   ㉠ 권한의 위임은 인원이 소수인 조직보다는 다수인 조직 구조에서 필요하게 된다. ★
   ㉡ 권한의 위임은 최종적인 책임과 운영상의 책임으로 분류된다.
   ㉢ 경비의 최고관리자는 중간관리자에게 경비운영의 감독 권한을 위임하고, 중간관리자는 조장에게 권한을 위임하는데 이는 경비의 효율성과 관련된다.
   ㉣ 업무에 대한 권한이 위임되었으므로 책임 또한 위임되어야 한다. 그러나 위임된 책임은 본래 주어진 것이 아니며, 일상적으로 위임된 범위를 벗어나서는 안 된다. ★
   ㉤ 최고관리자는 중간관리자에게 책임의 범위 내에서 업무를 수행할 수 있도록 재량권을 부여하여야 한다. 기출 22

② **통솔의 범위** 기출 14・13
   ㉠ 통솔의 범위는 한 사람의 관리자가 효과적으로 운용할 수 있고 직접적으로 감독할 수 있는 최대한의 인원수를 말한다(10~12명 정도).
   ㉡ 일반적으로 관리자의 통솔범위는 업무의 성질, 시간, 장소, 문제의 수, 지리적인 영역, 고용기술, 작업성과 및 리더십, 환경요인, 참모와 정보관리체계 등에 따라 정해진다.

빈칸 채우기

권한의 위임
→ 권한의 위임은 인원이 (❶)인 조직보다는 (❷)인 조직 구조에서 필요하게 된다.

정답 ❶ 소수 ❷ 다수

대표적인 통솔범위의 결정요인
- 관리자의 능력이 높을수록 관리자의 통솔범위가 넓다.
- 기존조직 관리자가 신설조직 관리자보다 통솔범위가 넓다.
- 계층의 수가 적을수록 관리자의 통솔범위가 넓다.
- 부하직원의 자질이 높을수록 관리자의 통솔범위가 넓다. 기출 22
- 업무가 비전문적이고 단순할수록 관리자의 통솔범위가 넓다.
- 막료부서의 지원능력이 클수록 관리자의 통솔범위가 넓다.
- 지리적 분산 정도가 작을수록 관리자의 통솔범위가 넓다.

③ 민간경비조직의 운영원리 기출 24·22·21·18·16·12
 ㉠ 명령통일의 원리 : 각 조직구성원은 한 사람의 관리자로부터만 명령을 받아야 한다는 원리로, 경호학에서는 지휘권단일화원칙이라고도 한다. ★
 ㉡ 전문화의 원리 : 조직구성원에게 한 가지 업무를 전담시켜 전문적인 지식·기술을 습득케 함으로써 전문화를 유도하고, 능률향상을 기대할 수 있는 원리로, 분업-전문화의 원리라고도 한다.
 ㉢ 계층제의 원리 : 조직구성원 간에 상하 등급, 즉 계층을 설정하여 각 계층 간에 권한과 책임을 배분하고, 명령계통과 지휘·감독체계를 확립하는 원리를 말한다.
 ㉣ 통솔범위의 원리 : 한 사람의 관리자가 통제할 수 있는 부하 또는 조직단위의 수는 그 관리자의 통솔범위 내로 한정되어야 한다는 원리를 말한다.
 ㉤ 조정·통합의 원리 : 조직의 공동목표를 달성하기 위해 각 조직구성원들을 통합하고, 집단의 노력을 질서 있게 배열하여 조직의 안정성과 효율성을 도모하는 원리를 말한다.

④ 경비인력의 수요
 ㉠ 경비인력의 수요에 있어 가장 중요한 판단기준은 경비시설물 내의 전반적인 요소들을 면밀하게 분석하는 것이다.
 ㉡ 일반적으로 경비인력의 수요는 해당 경비시설물의 규모에 비례한다. 즉, 해당 시설물의 구획의 면적과 규모, 조직 전체 직원의 수 등을 고려해야 한다. 기출 22

빈칸 채우기

민간경비조직의 운영원리
→ (❶)의 원리 : 한 사람의 관리자가 통제할 수 있는 부하 또는 조직단위의 수는 그 관리자의 통솔범위 내로 한정되어야 한다는 원리를 말한다.
→ (❷)의 원리 : 조직구성원에게 한 가지 업무를 전담시켜 전문적인 지식·기술을 습득케 함으로써 전문화를 유도하고, 능률향상을 기대할 수 있는 원리로, 분업-전문화의 원리라고도 한다.
→ (❸)의 원리 : 각 조직구성원은 한 사람의 관리자로부터만 명령을 받아야 한다는 원리로, 경호학에서는 지휘권단일화원칙이라고도 한다.

❶ 통솔범위 ❷ 전문화 ❸ 명령통일 정답

2 경비원 교육 등

01 경비업법상의 교육 등

1. 경비원의 교육(경비업법 제13조)

① 일반경비원에 대한 교육

㉠ 경비업자는 경비업무를 적정하게 실시하기 위하여 경비원으로 하여금 대통령령으로 정하는 바에 따라 경비원 신임교육 및 직무교육을 받게 하여야 한다(경비업법 제13조 제1항 본문). 기출 23 다만, 다음의 어느 하나에 해당하는 사람을 일반경비원으로 채용한 경우에는 해당 일반경비원을 일반경비원 신임교육 대상에서 제외할 수 있다(경비업법 제13조 제1항 단서). 기출 24

- 경비원(일반경비원 또는 특수경비원) 신임교육을 받은 사람으로서 채용 전 3년 이내에 경비업무에 종사한 경력이 있는 사람
- 경찰공무원으로 근무한 경력이 있는 사람
- 경호공무원 또는 별정직공무원으로 근무한 경력이 있는 사람
- 부사관 이상으로 근무한 경력이 있는 사람
- 경비지도사 자격이 있는 사람
- 채용 당시 일반경비원 신임교육을 받은 지 3년이 지나지 아니한 사람

㉡ 경비원이 되려는 사람은 대통령령으로 정하는 교육기관에서 미리 일반경비원 신임교육을 받을 수 있다(경비업법 제13조 제2항). 기출 23·21

㉢ 경비업자는 소속 일반경비원에게 법 제12조에 따라 선임한 경비지도사가 수립한 교육계획에 따라 매월 행정안전부령으로 정하는 시간(2시간) 이상의 직무교육을 받도록 하여야 한다(경비업법 시행령 제18조 제3항, 동법 시행규칙 제13조 제1항).

㉣ 신임교육의 과목 및 시간, 직무교육의 과목 등 일반경비원의 교육 실시에 필요한 사항은 행정안전부령으로 정한다(경비업법 시행령 제18조 제5항). 기출 21

② 일반경비원 신임교육기관 : 경비업자는 일반경비원을 채용한 경우 법 제13조 제1항 본문에 따라 해당 일반경비원에게 경비업자의 부담으로 법 제13조의2 제1항에 따른 경비원 교육기관(이하 "경비원 교육기관"이라 한다) 중 이 영 제19조의2 제1항에 따른 일반경비원 교육기관(이하 "일반경비원 교육기관"이라 한다)에서 실시하는 일반경비원 신임교육을 받도록 해야 한다(경비업법 시행령 제18조 제1항). 〈개정 2024.8.13.〉

빈칸 채우기

일반경비원에 대한 교육

→ 경비업자는 경비업무를 적정하게 실시하기 위하여 경비원으로 하여금 (❶)으로 정하는 바에 따라 경비원 (❷) 교육 및 (❸)교육을 받게 하여야 한다.

→ 경비원이 되려는 사람은 (❶)으로 정하는 교육기관에서 (❹) 일반경비원 (❷)교육을 받을 수 있다.

→ 경비업자는 소속 일반경비원에게 매월 (❺)시간 이상의 (❸)교육을 받도록 하여야 한다.

→ (❷)교육의 과목 및 시간, (❸)교육의 과목 등 일반경비원의 교육 실시에 필요한 사항은 (❻)으로 정한다.

정답 ❶ 대통령령 ❷ 신임 ❸ 직무 ❹ 미리 ❺ 2 ❻ 행정안전부령

[일반경비원 신임교육의 과목 및 시간] (경비업법 시행규칙 [별표 2]) 〈개정 2024.8.14.〉 기출 21·20·19

구분(교육시간)	과 목	시 간
이론교육 (4시간)	「경비업법」 등 관계법령	2
	범죄예방론	2
실무교육 (19시간)	시설경비실무	3
	호송경비실무	2
	신변보호실무	2
	기계경비실무	2
	혼잡·교통유도경비실무	2
	사고예방대책	2
	체포·호신술	2
	장비사용법	2
	직업윤리 및 인권보호	2
기타(1시간)	입교식, 평가 및 수료식	1
계		24

2. **특수경비원**

① **신임교육과 직무교육** : 특수경비업자는 대통령령으로 정하는 바에 따라 특수경비원으로 하여금 특수경비원 신임교육과 정기적인 직무교육을 받게 하여야 하고, 특수경비원 신임교육을 받지 아니한 자를 특수경비업무에 종사하게 하여서는 아니 된다(경비업법 제13조 제3항). 기출 23·18

② **지도·감독** : 특수경비원의 교육 시 관할경찰서 소속 경찰공무원이 교육기관에 입회하여 대통령령이 정하는 바에 따라 지도·감독하여야 한다(경비업법 제13조 제4항). 기출 23·18

③ **특수경비원에 대한 교육**(경비업법 시행령 제19조)

  ㉠ 특수경비업자는 특수경비원을 채용한 경우 법 제13조 제3항에 따라 해당 특수경비원에게 특수경비업자의 부담으로 경비원 교육기관 중 이 영 제19조의2 제1항에 따른 특수경비원 교육기관에서 실시하는 특수경비원 신임교육을 받도록 해야 한다. 〈개정 2024.8.13.〉

  ㉡ 다만, 특수경비업자는 채용 전 3년 이내에 특수경비업무에 종사하였던 경력이 있는 사람을 특수경비원으로 채용한 경우에는 해당 특수경비원을 특수경비원 신임교육 대상에서 제외할 수 있다. 기출 18

  ㉢ 특수경비업자는 소속 특수경비원에게 선임한 경비지도사가 수립한 교육계획에 따라 매월 행정안전부령으로 정하는 시간(3시간) 이상 직무교육을 받도록 하여야 한다. 기출수정 18

  ㉣ 신임교육의 과목 및 시간, 직무교육의 과목 등 특수경비원의 교육 실시에 필요한 사항은 행정안전부령으로 정한다.

[특수경비원 신임교육의 과목 및 시간] (경비업법 시행규칙 [별표 4]) 〈개정 2024.8.14.〉 기출 24·21·20

구분(교육시간)	과 목	시 간
이론교육 (15시간)	「경비업법」 및 「경찰관직무집행법」 등 관계법령	8
	「헌법」 및 형사법	4
	범죄예방론	3
실무교육 (61시간)	테러 및 재난대응요령	4
	폭발물 처리요령	6
	화재대처법	3
	응급처치법	3
	장비사용법	3
	출입통제 요령	3
	직업윤리 및 인권보호	2
	기계경비실무	3
	혼잡·교통유도경비 업무	4
	정보보호 및 보안업무	6
	시설경비 요령	4
	민방공	4
	총기조작	3
	사 격	6
	체포·호신술	4
	관찰·기록기법	3
기타(4시간)	입교식, 평가 및 수료식	4
계		80

> **특수경비원의 결격사유(경비업법 제10조)** 기출 20
> ② 다음 각호의 어느 하나에 해당하는 자는 특수경비원이 될 수 없다.
>   1. 18세 미만이거나 60세 이상인 사람 또는 피성년후견인
>   2. 심신상실자, 알코올 중독자 등 대통령령으로 정하는 정신적 제약이 있는 자
>   3. 제1항 제2호부터 제8호까지의 어느 하나에 해당하는 자
>   4. 금고 이상의 형의 선고유예를 받고 그 유예기간 중에 있는 자
>   5. 행정안전부령으로 정하는 신체조건에 미달되는 자
>
> **특수경비원의 신체조건(경비업법 시행규칙 제7조)**
> 법 제10조 제2항 제5호에서 "행정안전부령이 정하는 신체조건"이라 함은 팔과 다리가 완전하고 두 눈의 맨눈시력 각각 0.2 이상 또는 교정시력 각각 0.8 이상을 말한다.

3. 경비지도사 교육의 과목 및 시간(경비업법 시행규칙 [별표 1]) 〈개정 2024.8.14.〉 기출 24·23·20

구분(교육시간)		과목
공통교육 (22h)		「경비업법」, 「경찰관직무집행법」, 「도로교통법」 등 관계법령 및 「개인정보보호법」에 따른 개인정보보호지침 등(4h), 실무Ⅰ(4h), 실무Ⅱ(3h), 범죄·테러·재난 대응요령 및 화재대처법(2h), 응급처치법(2h), 직업윤리 및 인권보호(2h), 체포·호신술(2h), 입교식, 평가 및 수료식(3h)
자격의 종류별 교육 (18h)	일반경비지도사	시설경비(3h), 호송경비(2h), 신변보호(2h), 특수경비(2h), 혼잡·다중운집 인파관리(2h), 교통안전 관리(2h), 일반경비 현장실습(5h)
	기계경비지도사	기계경비 운용관리(4h), 기계경비 기획 및 설계(4h), 인력경비개론(5h), 기계경비 현장실습(5h)
계		40h

※ 비고 : 다음 각호의 사람이 기본교육을 받는 경우 공통교육은 면제한다.
1. 일반경비지도사 자격을 취득한 후 3년 이내에 기계경비지도사 시험에 합격한 사람
2. 기계경비지도사 자격을 취득한 후 3년 이내에 일반경비지도사 시험에 합격한 사람

경비지도사의 선임 등(경비업법 제12조)
① 경비업자는 대통령령이 정하는 바에 따라 경비지도사를 선임하여야 한다.
② 제1항의 규정에 의하여 선임된 경비지도사의 직무는 다음과 같다.
  1. 경비원의 지도·감독·교육에 관한 계획의 수립·실시 및 그 기록의 유지 기출 20·18
  2. 경비현장에 배치된 경비원에 대한 순회점검 및 감독 기출 18
  3. 경찰기관 및 소방기관과의 연락방법에 대한 지도 기출 24·20
  4. 집단민원현장에 배치된 경비원에 대한 지도·감독 기출 20
  5. 그 밖에 대통령령이 정하는 직무
③ 선임된 경비지도사는 제2항 각호의 규정에 의한 직무를 대통령령이 정하는 바에 따라 성실하게 수행하여야 한다.

경비지도사의 직무 및 준수사항(경비업법 시행령 제17조)
① 법 제12조 제2항 제5호에서 "대통령령이 정하는 직무"란 다음 각호의 직무를 말한다.
  1. 기계경비업무를 위한 기계장치의 운용·감독(기계경비지도사의 경우에 한한다) 기출 18
  2. 오경보 방지 등을 위한 기기관리의 감독(기계경비지도사의 경우에 한한다) 기출 18
② 경비지도사는 법 제12조 제3항에 따라 같은 조 제2항 제1호·제2호의 직무 및 제1항 각호의 직무를 월 1회 이상 수행하여야 한다. 기출 24
③ 경비지도사는 법 제12조 제2항 제1호에 따라 경비원에 대한 교육을 실시하고, 행정안전부령으로 정하는 경비원 직무교육 실시대장에 그 내용을 기록하여 2년간 보존하여야 한다. 기출 18

빈칸 채우기

경비지도사의 직무
- 경비원의 (❶)·(❷)·(❸)에 관한 계획의 수립·실시 및 그 기록의 유지
- 경비현장에 배치된 경비원에 대한 (❹) 및 감독
- (❺)기관 및 (❻)기관과의 연락방법에 대한 지도
- (❼)에 배치된 경비원에 대한 지도·감독

❶ 지도 ❷ 감독 ❸ 교육 ❹ 순회점검 ❺ 경찰 ❻ 소방 ❼ 집단민원현장 정답

02 청원경찰법상의 교육 등

1. 청원경찰의 배치 및 교육(청원경찰법 시행령 제5조)

① 청원주는 청원경찰로 임용된 사람으로 하여금 경비구역에 배치하기 전에 경찰교육기관에서 직무수행에 필요한 교육을 받게 하여야 한다. 다만, 경찰교육기관의 교육계획상 부득이하다고 인정할 때에는 우선 배치하고 임용 후 1년 이내에 교육을 받게 할 수 있다.
② 경찰공무원(의무경찰을 포함한다) 또는 청원경찰에서 퇴직한 사람이 퇴직한 날부터 3년 이내에 청원경찰로 임용되었을 때에는 교육을 면제할 수 있다.
③ 교육기간·교육과목·수업시간 및 그 밖에 교육의 시행에 필요한 사항은 행정안전부령으로 정한다.

2. 청원경찰의 신임·직무교육(청원경찰법 시행규칙 제6조, 제13조)

① 교육기간은 2주로 하고, 교육과목 및 수업시간은 다음 표와 같다.

[청원경찰 교육과목 및 시간표] (청원경찰법 시행규칙 [별표 1]) 기출 24

구 분	과 목			시간(총 76시간)
정신교육	정신교육			8
학술교육	형사법			10
	청원경찰법			5
실무교육	경 무	경찰관직무집행법		5
	방 범	방범업무		3
		경범죄처벌법		2
	경 비	시설경비		6
		소 방		4
	정 보	대공이론		2
		불심검문		2
	민방위	민방공		3
		화생방		2
	기본훈련			5
	총기조작			2
	총검술			2
	사 격			6
술 과	체포술 및 호신술			6
기 타	입교·수료 및 평가			3

② 청원주는 소속 청원경찰에게 그 직무집행에 필요한 교육을 매월 4시간 이상 실시하여야 한다.
③ 관할 경찰서장은 필요하다고 인정하는 경우에는 청원경찰이 배치된 사업장에 소속공무원을 파견하여 직무집행에 필요한 교육을 할 수 있다.

3 경비원 직업윤리

01 경비원의 근무자세

1. 의 의

경비원은 경비대상자의 신체와 재산을 보호하는 임무를 수행하므로 바람직한 경비원의 근무자세를 정립하고 고객에게 완벽한 서비스를 통해 신뢰감을 획득하기 위해 노력하여야 한다.

2. 경비원의 근무자세

① 사명감을 갖고 부여된 업무수행에 최선을 다하는 자세가 필요하다.
② 강한 책임감과 소명의식을 갖고 전문성을 갖도록 하여야 한다.
③ 청렴하고 도덕성을 지녀야 한다.
④ 고객의 안전도 중요하지만 경비원 자신의 안전도 고려해서 근무를 해야 한다. 따라서 경비원은 경비근무 간 발생될 수 있는 안전위해요소를 사전에 확인하고 점검해서 철저히 대비하여 경비업무에 임하는 적극적인 근무자세가 필요하다.
⑤ 서비스정신에 입각한 근무자세가 필요하다. 즉 4S[Security(경비), Secretary(비서), Service(봉사), Safety(안전)]를 복합적으로 수행하는 것이 바람직한 근무자세이다.
⑥ 기타 상급자의 지시명령에 절대복종하는 근무자세, 단정한 복장과 깨끗한 외모를 갖추어 근무하는 자세, 경비원 상호 간 비방이나 불평불만을 일삼는 일이 없이 근무하는 자세 등이 필요하다.

〈참고〉 김두현, 「경호학」 中 사경비원의 직업윤리/경비원의 자세, 엑스퍼트, 2018, P. 175~177

02 경비원의 직업윤리 정립 기출 23

① 성희롱 유발요인을 철저히 분석하고, 예방교육을 강화해야 한다.
② 총기안전관리 및 정신교육을 강화해야 한다.
③ 정치적 논리를 지양하고 경비(경호)환경에 따라 경비력(경호력) 배치를 탄력적으로 운영하여야 한다.
④ 사전예방경비(경호)활동을 위해 경비(경호)위해요소에 대한 인지능력을 배양하여야 한다.
⑤ 경호조직의 원칙 특히 경호지휘단일성의 원칙에 따라 경비(경호)임무수행과 위기관리 대응력을 구비하여야 한다.
⑥ 경비원 채용 시 인성평가 방법 강화 및 자원봉사활동을 활성화시킬 필요가 있다.

〈참고〉 김두현, 「경호학」 中 경호·경비원의 직업윤리 정립, 엑스퍼트, 2018, P. 179~187

4 경비위해요소 분석과 조사업무

01 경비위해요소 분석

1. 경비위해요소의 개념 기출 22

① **경비위해요소의 정의** : 경비위해요소란 경비대상의 안전성에 위험을 끼치는 모든 제반요소를 의미한다.

② **경비위해요소 분석의 필요성** 기출 21
  ㉠ 경비대상의 안전 확보와 손실 감소를 위한 적절한 대응책 개발을 위해 경비위해요소 분석이 필요하다.
  ㉡ 각종 사고로부터 손실을 예방하고 최적의 안전 확보를 위해서는 경비위해요소에 대한 인지와 평가가 선행되어야 한다. 기출 22·20·17
  ㉢ 경비위해요소 분석은 경비대상의 취약점을 파악하여 범죄, 화재, 재난 등으로부터 안전하게 보호하기 위한 계획을 수립하기 위함이다. 기출 21

③ **경비위해요소의 형태** 기출 24·23·21·20·19·17·15·11
  ㉠ **자연적 위해** : 화재, 폭풍, 지진, 홍수 기타 건물붕괴, 안전사고 등 자연적 현상에 의해 일어나는 위해를 말한다(대규모의 인적·물적 피해를 발생시킨다). 여기서 화재나 안전사고는 많은 부분에서 인위적일 수 있다.
  ㉡ **인위적 위해** : 신체를 위협하는 범죄, 절도, 좀도둑, 사기, 횡령, 폭행, 태업, 시민폭동, 폭탄위협, 화재, 안전사고, 기타 특정상황에서 공공연하게 발생하는 위해를 말한다.
  ㉢ **특정한 위해** : 위해에 노출되는 정도가 시설물 또는 특정 상황에 따라 다양하게 나타나는 위해를 말한다. 예컨대, 화재나 폭발의 위험은 화학공장에서 더 크게 나타나고, 강도나 절도는 소매점이나 백화점에서 더 크게 나타난다.

④ **경비위해요소의 분석단계** 기출 24·23·22·20·19·17·16·15·13·11
  ㉠ **경비위험요소 인지단계** : 개인 및 기업의 보호영역에서 손실을 일으키기 쉬운 취약부분을 확인하는 단계이다.
  ㉡ **손실발생 가능성 예측단계** : 경비보호대상의 보호가치에 따른 손실발생 가능성을 예측하는 단계이다.
  ㉢ **경비위험도 평가단계** : 특정한 손실이 발생하였다면 얼마나 심각한 영향을 미쳤는가를 고려하는 단계이다.
  ㉣ **경비비용효과 분석단계** : 범죄피해로 인한 인적·물적 피해의 정도, 고객의 정신적 안정성, 개인 및 기업체의 비용부담정도 등을 고려하는 단계이다.

2. 경비위험요소의 인지 및 평가

① 위험요소의 인지
  ㉠ 위험요소 분석에 있어서 가장 선행되어야 하는 것은 모든 경비지역 내에서의 손실의 취약성이 있는 위험요소를 인지하는 것이다. 기출 22·19·18·13·12
  ㉡ 손실이 예상되는 곳, 절도의 대상이 되는 자산, 절도수법, 사고의 빈도와 잠재성 정도, 재해나 화재 등의 손실 가능성의 조사를 한다.
  ㉢ 위험요소의 인지에서 취약요소가 확인되면 위험요소들을 각 대상별로 추출해 성격을 파악하여 각각의 요소마다 보호수단을 다르게 적용해야 한다. ★ 기출 22·20·19

② 인식된 위험요소의 분류(척도화) : 경비위험요소에 대한 인지된 사실들을 현재의 경비대상물이 갖고 있는 환경들을 고려하여 위험가능성이 큰 순서대로 서열화하는 것을 말한다. 기출 18·12

③ 경비위험도의 평가 : 경비위험도의 평가는 특정한 손실이 발생하였다면 손실이 경비대상에 어떠한 영향을 미치는지 평가하고 손실에 대한 잠재적 위험의 빈도를 조사하는 과정을 말한다.

④ 경비위해분석
  ㉠ 경비위해분석이란 경비활동의 대상이 되는 위험요소들을 대상별로 추출하여 성격을 파악하는 경비진단활동을 말한다. 기출 22·18·12
  ㉡ 경비위해분석을 통해 손실의 취약성, 손실가능성을 객관적으로 파악하며 분석결과에 따라 장비와 인원 등의 투입이 결정되며 많은 손실이 예상되는 경비대상에는 종합경비시스템을 설치해야 한다.
  ㉢ 경비위해요소 분석자료는 경비계획에 있어서 경비조직 등의 규모를 판단하는 근거가 된다. 기출 21

3. 경비의 비용효과분석

① 비용효과분석은 투입비용 대비 산출효과를 비교하여 적정한 경비수준을 결정하는 과정이다. 기출 21·18·17·12

② 과거 같은 기간 동안의 경비활동에서 경비 조직에 의한 손실이 지역적·전국적으로 집계된 형사사건이나 유사한 사건, 인접회사의 경우와 비교·분석한 후에 회사 전체의 경비에 대한 비용효과분석을 해야 한다. 따라서 경비활동의 비용효과분석은 절대적인 잣대로 평가할 수 없다. ★ 기출 21

③ 비용효과분석의 수치에 근거한 측정은 경비기능의 효용성에 대한 실질적인 지침을 제공하므로 경비 시스템의 방범능력을 주기적으로 분석하고 평가한다. ★

빈칸 채우기

경비위해분석
→ 경비위해요소 분석자료는 (❶)에 있어서 경비조직 등의 (❷)를 판단하는 근거가 된다.

경비의 비용효과분석
→ 비용효과분석은 (❸) 대비 (❹)를 비교하여 적정한 경비수준을 결정하는 과정이다.

❶ 경비계획 ❷ 규모 ❸ 투입비용 ❹ 산출효과

위험관리(Risk management)

- **의의** : 위험도를 분석·평가·통제하는 업무에 대해 관리정책, 절차, 지침 등을 체계적으로 적용하여 근로자, 대중, 환경 및 회사 등을 보호하는 관리를 말한다.
- **특 징**
  - 기본적으로 위험요소의 확인 → 위험요소의 분석 → 우선순위의 설정 → 위험요소의 감소 → 보안성·안전성 평가 등의 순서로 이루어진다. 기출 15·13
  - 위험관리가 효율적으로 이루어지기 위해서는 관련절차에 관한 표준운영절차(SOP ; Standard Operational Procedures)를 개발하는 것이 바람직하다. 기출 13
  - 확인된 위험에 대한 대응은 위험의 제거, 회피, 감소, 분산, 대체, 감수와 접근방법의 통합 등의 방법이 적용된다. 기출 19·14·13·12

위험의 제거	위험관리에서 최선의 방법은 확인된 모든 위험요소를 제거하는 것이다. 접근을 철저하게 통제하더라도 어떠한 형태로든 직원이 접근할 수 있는 가능성은 항상 존재한다. 따라서 확인된 위험을 완벽하게 제거하는 것은 사실상 어렵다고 본다.
위험의 회피	범죄 및 손실이 발생할 기회를 아예 제공하지 않는 것이다. 어떤 활동을 계속함으로써 얻을 수 있는 이익보다 어떤 잠재적 손실이 보다 클 것이라는 비용편익분석을 통해서 정당화되는 소극적인 접근방법이다.
위험의 감소	완벽한 위험의 제거 내지 위험의 회피가 불가능하다면 가장 현실적인 최선의 대응방법은 물리적·절차적 관점에서 위험요소를 감소시키거나 최소화시키는 방법을 강구하는 것이다. 보호대상 가치가 매우 높을수록 위험감소 전략은 보다 체계적으로 이루어져야 할 것이다.
위험의 분산	위험의 분산 또한 발생할 수 있는 잠재적 손실을 감소시키는 하나의 방법이기 때문에 방법론적으로 위험성이 높은 보호대상을 한 곳에 집중시키지 않고 여러 곳에 분산시킴으로써 단일 사건에 의한 손실을 감소시킨다.
위험의 대체	직접적으로 위험을 제거하거나 감소 및 최소화하는 것보다 보험과 같은 대체수단을 통해서 손실을 전보하는 방법이다.

빈칸 채우기

위험관리(Risk management)

- 기본적으로 위험요소의 (❶) → 위험요소의 (❷) → (❸)의 설정 → 위험요소의 (❹) → 보안성·안전성 (❺) 등의 순서로 이루어진다.
- 확인된 위험에 대한 대응은 위험의 제거, (❻), 감소, 분산, 대체, 감수와 접근방법의 통합 등의 방법이 적용된다.

정답 ❶ 확인 ❷ 분석 ❸ 우선순위 ❹ 감소 ❺ 평가 ❻ 회피

02 경비 관련 조사업무

1. 경비 관련 조사업무 일반

① **조사업무의 개념** : 경비 시설물에 대한 위험요소 분석 절차는 위험을 예방하기 위한 선택과정이며 경비관리 책임자에게 있어 가장 우선적으로 고려해야 할 경비업무 수행과정은 경비 관련 조사업무이다. ★

② **조사업무의 목적**
  ㉠ 조사활동을 통하여 종합적인 경비계획을 수립할 수 있다.
  ㉡ 조사활동을 통하여 경비시설물 내에 있는 모든 구성원에게 경비와 관련된 협력을 얻을 수 있다.
  ㉢ 경비시설물에 대한 경비의 취약점을 찾아낼 수 있다.
  ㉣ 경비업무 수행에 소요되는 예산의 확보와 정확한 산출을 할 수 있다.

③ **조사업무의 방법** : 시설물에 대한 물리적 검사와 모든 집행체계와 절차에 대한 조사로, 경비시설의 현재 상태를 점검하고 경비방어의 취약점을 찾아내어 종합적인 경비프로그램을 수립하기 위한 객관적인 분석 작업이다.

> **경비조사업무의 과정** 기출 22·19
> 경비대상의 현상태 점검 → 경비방어상의 취약점 확인 → 요구되는 보호의 정도 측정 → 경비활동 전반에 걸친 객관적 분석 → 종합적인 경비프로그램의 수립

④ **조사업무 담당자**
  ㉠ 조사자들은 관련분야에 대한 높은 지식을 보유하고, 조사대상 시설물과 집행절차를 숙지하고 있어야 하며, 조사 진행의 각 단계에 대한 사전계획을 수립하여야 한다.
  ㉡ 조사업무는 경비부서의 참모들이나 조사를 위해 고용된 자격 있는 경비전문가들에 의해 행해지며, 이들 중 몇 사람은 해당 시설물과 조사 진행과정을 잘 알고 있어야 한다.

⑤ **조사계획** : 조사계획은 조사 진행의 각 단계에서 사전계획이 수립되어야 하며, 조사해야 할 영역에 대한 조언이나 지침(指針)으로서 사용된다.

> **경비조사의 대상**
> • 물리적 설비와 이에 대한 주위환경의 조사
> • 규칙적으로 운영되는 절차와 일상 업무에 대한 조사

⑥ **내부담당자에 의한 조사와 경비전문가(외부)에 의한 조사**
  ㉠ 내부담당자에 의한 조사는 내부업무 숙지 정도가 높고 경비위해요소에 대한 사실의 경험이 풍부하며 조직 내 타 부서와 경비부서의 협조체제가 용이한 반면 전문성이 떨어지고 평가의 기준이 주관적일 수 있다는 단점이 있다.
  ㉡ 경비전문가에 의한 조사는 경비위해분석에 있어 내부관계자의 영향을 받지 않기 때문에 조사가 객관적이며 전문성을 띠어 현 상태에 대한 더욱 정확한 평가가 가능하다는 장점이 있는 반면 내부업무에 대한 숙지도가 낮고 타 부서와의 협조가 어렵다는 단점이 있다. 기출 22

2. 일반시설물 조사

① **일반지역 경비문제** : 울타리, 출입구, 배수로, 하수도, 조명 점검 등
② **인접 건물들의 창문과 지붕의 경비문제** : 인접 건물 가까이 사람들이 접근할 수 있는 공간이 있는지 여부, 창문과 지붕이 적절히 보호되고 있는지 여부 등
③ **창문의 개폐문제** : 18피트(약 5.5m) 이하의 모든 창문과 문은 열린 채로 안전한가 등
④ **빌딩 안에 있는 입주자의 현관 출입 열쇠에 대한 경비문제** : 출입구 자물쇠의 교체 빈도, 출입열쇠의 분실이나 회수 문제, 입주자의 수 등
⑤ **고가품의 경비문제** : 금고, 저장고, 창고의 경보장치 및 주거침입 등
⑥ **건물 내의 공동점유의 경비문제** : 입주자가 비번일 때의 서명일지, 승강기의 수동전환 유무, 화장실의 개방 유무, 복도와 로비의 조명관계, 마스터키 시스템의 사용 유무 등
⑦ **주차장 경비문제** : 자동차 절도와 파괴행위로부터의 보호 유무, 차량조사 필요시 출입구나 회전식 문의 존재 유무, 차량조사를 위한 조명, 울타리를 통한 주차장 안팎으로의 물건 반·출입 가능 유무 등
⑧ **건물 출입통제에 대한 경비문제** : 출입자의 확인 방법, 내부직원·방문객·차량 통제, 청소담당자의 신원 확인 등
⑨ **화재 등에 대한 경비문제** : 방화시설(防火施設)의 설치 유무, 소화기의 형태와 수 및 점검 유무, 소방서와의 거리, 자동소화장치와 자동화재경보기의 설치 유무, 직장 소방대의 조직 유무, 금연표지의 지정 유무, 가연성 물질의 보관형태, 화재예방 프로그램의 존재 유무, 소방훈련이 규정에 의하여 실시되고 있는가 등

3. 조사업무보고서와 경비업무철 작성

① **조사업무보고서 작성** : 조사가 모든 영역에서 끝나고 자료정리가 끝나면 보고서에는 경비의 취약한 부분과 합리적인 경비를 실시할 수 있는 대안이 제시되어야 하며, 그 결과 최종보고서에는 경비계획이 수립된다.
② **경비업무철 작성** : 조사업무보고서는 경비계획을 수립하는 데 매우 유용하므로 가장 최신의 자료를 철하여 두면 경비업무의 효율성을 증대시켜 준다. ★ 기출 22

1 경비계획의 수립
01 경비계획
02 경비계획 수립의 원칙
03 경비계획 수립의 순서
04 시설경비
05 국가중요시설

2 외곽경비
01 외곽경비의 개요
02 외곽시설물 경비
03 경비조명

3 내부경비
01 내부경비의 의의
02 창 문
03 출입문
04 자물쇠
05 패드록(Pad-Locks)
06 금고 및 보관함

07 통행절차
08 경보장치
09 경비원의 순찰과 감시
10 내부절도 및 산업스파이
11 상점경비
12 운송화물의 경비

4 시설물에 따른 경비
01 금융시설경비
02 의료시설경비
03 숙박시설경비
04 판매시설경비
05 교육시설경비

5 재해예방과 비상계획
01 화재예방
02 폭발물에 의한 테러 위협
03 비상사태에 대한 대응

최다 출제 POINT & 학습목표

1. 경비계획의 수준(Level)을 이해하고, 구체적인 예를 학습한다.
2. 경비계획 수립의 기본원칙과 그 과정에 대하여 상세하게 학습한다.
3. 경비와 관련된 울타리, 경비조명, 창문, 자물쇠, 패드록, 경보장치, 경보체계, 경보센서 등을 학습한다.
4. 화재발생의 3요소, 화재발생 단계, 화재의 유형, 화재경보센서, 소화방법 등을 학습한다.

CHAPTER 05

경비와 시설보호의 기본원칙

CHAPTER 05 경비와 시설보호의 기본원칙

01 상위수준경비(Level-4)는 일정한 형식이 없는 외부와 내부의 이상행동을 감지하여 저지·방어하기 위한 첨단시스템장치를 구비하고, 고도로 훈련받은 무장경비원이 배치되어 경비하는 시스템이다. 기출 21·20·12
( )

02 정상적인 출입구 외에 건물 외부와 연결되는 천장, 환풍기, 하수도관 등에 대한 안전확보방안을 강구하여야 한다. 기출 21
( )

03 경비계획을 수립함에 있어 경비실은 출입구와 비상구에 인접한 곳에 설치해야 한다. 기출 23 ( )

04 국가중요시설은 국방부장관이 관계 행정기관의 장 및 국가정보원장과 협의하여 지정한다. 기출 21 ( )

05 시설물의 경계지역은 시설물 자체의 특성과 위치에 의해 결정된다. 기출 21 ( )

06 경비조명은 시설물에 대한 감시활동보다는 미적인 효과가 더 중요하다. 기출 21 ( )

07 환경설계를 통한 범죄예방은 브랜팅햄(P. Brantingham)과 파우스트(F. Faust)의 범죄예방 구조모델 개념과 관련된다. 기출 21 ( )

08 CPTED는 범죄의 원인을 환경적 요인보다 개인적 요인에서 찾는다. 기출 21·17·15 ( )

09 자연적 방벽에는 인공적인 구조물을 설치해서는 안 된다. 기출 20 ( )

10 핵심정보에 접근하는 자는 비밀보장각서 등을 작성하고, 비밀인가자의 범위를 최소한으로 제한해야 한다. 기출 21
( )

11 최근 기업규모별 산업기술 유출건수는 대기업보다 중소기업에서 더 많이 발생하고 있어 체계적인 보안대책이 요구된다. 기출 21
( )

12 산업스파이는 외부인이 시설의 전산망에 침입하여 핵심정보를 절취해 가는 경우가 많아 방어시스템을 구축해야 한다. 기출 21
( )

13 첨단 전자장비의 발전으로 산업스파이에 의한 산업기밀이 유출될 수 있는 위험요소들이 더욱 많아지고 있다. 기출 21 ( )

14 연소반응에 관계된 가연물이나 그 주위의 가연물을 제거하여 소화하는 방법은 제거소화이다. 기출 19 ( )

15 유류화재는 옥내소화전을 사용하여 온도를 발화점 밑으로 떨어뜨리는 것이 가장 효과적인 진압방법이다. 기출 19 ( )

16 경비원은 폭발물이 발견되면 그 지역을 자주 출입하는 사람이나 출입이 제한된 사람들의 명단을 파악한 후 신속하게 폭발물을 제거한다. 기출 19·15 ( )

17 가스폭발 우려가 있을 시 경비원은 우선 물건이나 장비를 고지대로 이동하여야 한다. 기출 19 ( )

18 감시시스템 장치인 CCTV는 Closed Circuit Television의 줄임말이다. 기출 23 ( )

19 사고 발생 시 경비원은 현장보존의 범위에 있는 모든 사람을 신속히 퇴장시켜야 한다. 기출 23 ( )

20 외곽감지시스템 중 광케이블감지시스템은 광케이블의 충격과 절단을 감지한다. 기출 24 ( )

21 외곽감지시스템 중 장력변화감지시스템은 철선이나 광케이블의 장력변화를 감지한다. 기출 24 ( )

22 경비계획 수립은 경비문제의 인지 → 경비목표 설정 → 경비위해요소의 조사·분석 → 최종안 선택 → 경비실시·평가의 순서로 이루어진다. 기출 24 ( )

▶ **정답과 해설** ◀ 01 ○ 02 ○ 03 × 04 ○ 05 ○ 06 × 07 ○ 08 × 09 × 10 ○
11 ○ 12 × 13 ○ 14 ○ 15 × 16 × 17 × 18 ○ 19 ○ 20 ○
21 ○ 22 ○

✓ **오답분석**
03 출입구와 비상구에 인접한 곳에 설치해야 하는 것은 경비원 대기실이다. 경비실은 가능한 한 건물에서 통행이 많은 곳에 설치해야 한다.
06 경비조명은 미적인 효과보다는 시설물에 대한 감시활동이 더 중요하다.
08 CPTED는 범죄의 원인을 개인적 요인보다는 환경적 요인에서 찾는다.
09 자연적 방벽은 침입에 대한 적극적인 예방대책이 아니므로, 추가적인 경비장치가 필요하다. 따라서 인공적인 구조물을 설치하여 보강할 수 있다.
12 최근 산업스파이의 전산망 침입에 의한 정보유출이 증가하고 있으나, 여전히 산업스파이의 주요 활동은 기업 내부인과의 결탁, 기업으로의 잠입 등 주로 기업 내부에서 이루어지고 있다.
15 물을 사용하여 온도를 발화점 밑으로 떨어뜨리는 것은, 일반화재 시 가장 효과적인 진압방법이다. 유류화재의 진압에는 산소공급 중단 또는 불연성의 무해한 기체인 이산화탄소 살포 등이 가장 효과적이다.
16 폭발물의 제거는 오로지 폭발물전문가에 의해서만 처리되어야 한다.
17 물건이나 장비를 고지대로 이동시키는 것은, 지대가 낮은 지역에서 홍수에 대응하는 방법이다.

CHAPTER 05 경비와 시설보호의 기본원칙

1 경비계획의 수립

01 경비계획

1. **경비계획의 개념**
   ① 의 의
      ㉠ 경비계획이란 경비업무의 전반적인 방향과 성패를 좌우하는 가장 기초적인 활동으로 경비위해요소 분석과 조사활동을 통해 수집된 자료와 경영상 환경을 종합적으로 고려하여 경비실시의 과정을 구체적으로 결정하는 계획을 말한다.
      ㉡ 경비계획은 계약처가 요구하는 경비내용을 구체적으로 실시할 방법을 정하는 것이다. 기출 12
   ② **경비계획서** : 경비계획서는 사전조사를 통한 경비진단에서 파악된 내용을 기초로 작성하는데, 사전조사는 현장청취와 현장조사로 이루어진다. 기출 12
      ㉠ **현장청취** : 직접 현장에 가서 시설물의 상태를 확인하고 실무자들의 의견을 청취하여 잠재된 위험을 찾아내는 업무이다.
      ㉡ **현장조사** : 관련 정보를 확인하고 실제 조사를 통해 잠재된 위험을 찾아내는 업무이다. 기출 12

2. **경비계획·관리·평가과정**
   ① **경비계획의 순환과정** 기출 11 : 경비계획은 경비부서의 조직관리·실행과정과 평가과정의 관계 속에서 역동적으로 작용하고 있다.

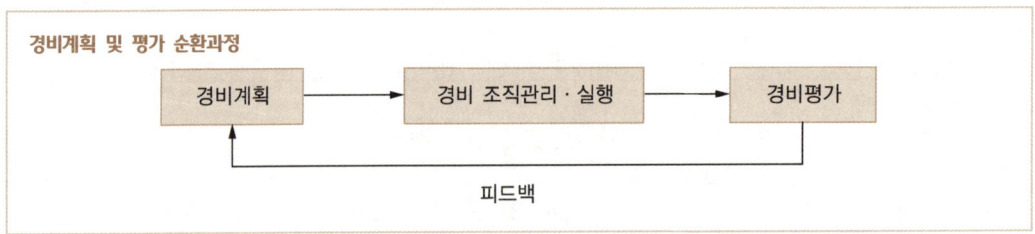

경비계획 및 평가 순환과정: 경비계획 → 경비 조직관리·실행 → 경비평가 (피드백)

3. 경비계획의 수준(Level) 기출 24·23·22·21·20·18·17·16·12

① 최저수준경비(Level Ⅰ : Minimum Security)
  ㉠ 일정한 패턴이 없는 불법적인 외부침입을 방해할 수 있도록 계획된 경비시스템을 말한다.
  ㉡ 방어대상은 외부로부터의 단순한 침입에서부터 무장공격에 이르기까지 다양하다.
  ㉢ 보통 출입문과 자물쇠를 갖춘 창문과 같은 단순한 물리적 장벽으로 구성되는 일반 가정이 대표적인 예이다.

② 하위수준경비(Level Ⅱ : Low-Level Security)
  ㉠ 일정한 패턴이 없는 불법적인 외부침입을 방해하고 탐지할 수 있도록 계획된 경비시스템을 말한다.
  ㉡ 일단 단순한 물리적 장벽과 자물쇠가 설치되고 거기에 보강된 출입문, 창문의 창살, 보다 복잡한 수준의 자물쇠, 조명시스템, 기본적인 경비시스템, 기본적인 안전장치가 설치된다.
  ㉢ 작은 소매상점, 저장창고 등이 대표적인 예이다.

③ 중간수준경비(Level Ⅲ : Medium Security)
  ㉠ 대부분의 패턴이 없는 불법적인 외부침입과 일정한 패턴이 없는 일부 내부침입을 방해, 탐지, 사정할 수 있도록 계획된 경비시스템으로, 보다 발전된 원거리 경보시스템, 경계지역의 보다 높은 수준의 물리적 장벽, 기본적인 의사소통장비를 갖춘 경비원 등을 갖추고 있다.
  ㉡ 큰 물품창고, 제조공장, 대형 소매점 등이 대표적인 예이다.

④ 상위수준경비(Level Ⅳ : High-Level Security)
  ㉠ 대부분의 패턴이 없는 외부 및 내부의 침입을 발견·저지·방어·예방할 수 있도록 계획된 경비시스템을 말한다.
  ㉡ CCTV, 경계경보시스템, 고도로 훈련받은 무장경비원, 고도의 조명시스템, 경비원과 경찰의 협력시스템 등을 갖추고 있다.
  ㉢ 관계기관과의 조정계획 등을 갖춘 교도소, 제약회사, 전자회사 등이 대표적이다.

⑤ 최고수준경비(Level Ⅴ : Maximum Security)
  ㉠ 일정한 패턴이 전혀 없는 외부 및 내부의 침입을 발견·억제·사정·무력화할 수 있도록 계획된 경비시스템을 말한다.
  ㉡ 모든 Level의 계획이 결합되고 최첨단 경보시스템과 현장에서 즉시 대응할 수 있는 24시간 무장체계 등을 갖추고 있다.
  ㉢ 핵시설물, 중요교도소, 중요군사시설, 정부의 특별연구기관, 외국대사관 등이 대표적인 예이다.

빈칸 채우기

경비계획의 수준
→ (❶) : 일정한 패턴이 없는 불법적인 외부침입을 방해하고 탐지할 수 있도록 계획된 경비시스템
→ (❷) : 대부분의 패턴이 없는 외부 및 내부의 침입을 발견·저지·방어·예방할 수 있도록 계획된 경비시스템

정답 ❶ 하위수준경비 ❷ 상위수준경비

02 경비계획 수립의 원칙

1. 경비계획 수립의 기본원칙
① 직원의 출입구는 주차장으로부터 가급적 멀리 떨어진 곳에 위치해야 한다. 기출 22·15
② 경비원의 대기실은 시설물의 출입구와 비상구에서 인접한 곳에 위치해야 한다. 기출 23·22·17
③ 경비관리실은 출입자 등의 통행이 많은 곳에 설치해야 한다. 기출 23·22·21·15
④ 경계구역과 건물출입구 수는 안전규칙의 범위 내에서 최소한으로 유지되어야 한다. 기출 21·17·15
⑤ 경비원 1인이 경계해야 할 구역의 범위는 안전규칙상 적당해야 한다.
⑥ 건물 외부의 틈으로 접근·탈출이 가능한 지점 및 경계 구역(천장, 공기환풍기, 하수도관, 맨홀 등)은 보호되어야 한다. 기출 21
⑦ 잠금장치는 정교하고 파손이 어렵게 만들어져야 하고, 열쇠를 분실할 경우에 대비하여 적절한 조치를 취해야 한다. 기출 22
⑧ 비상시에만 사용하는 외부출입구에는 경보장치를 설치해야 하고, 외부출입구의 통행은 통제가 가능해야 한다. 기출 17
⑨ 항구·부두지역은 차량운전자가 바로 물건을 창고 지역으로 움직이지 못하도록 하고, 경비원에게 물건의 선적이나 하차를 보고할 수 있도록 설계되어야 한다. 기출 15
⑩ 효과적인 경비를 위해서는 안전경비조명이 설치되어야 하고, 물건을 선적하거나 수령하는 지역은 분리되어야 한다. 기출 21·17·15
⑪ 외딴 곳이나 비상구의 출입구는 경보장치를 설치해 둔다.
⑫ 유리창이 지면으로부터 약 4m 이내의 높이에 설치되어 있는 경우에는 센서, 강화유리 등 안전장치를 설치해야 한다.

2. 일반시설물 경비계획
① 오래된 건물
   ㉠ 오래된 건물이나 사무실 등의 낡은 화재장비, 낡은 잠금장치, 낡은 벽 등과 같이 낡은 여러 구조물들은 안전사고 및 범죄자들에게 좋은 표적이 되기 쉽기 때문에 경비계획을 수립하는 데 있어 경비계획 수립자들에게 복잡하고 어려운 문제를 주게 된다.
   ㉡ 낡은 시설물, 이웃 건물을 가로지르는 옥상이나 사용하지 않고 방치된 문 등에 대한 경비계획은 보다 기본적인 단계에서부터 철저하게 분석하고 설계되어야 한다.
② 새로운 시설물
   ㉠ 현대식 건물은 안전요소를 고려하여 설계되는 경우도 있으나 세심하게 고려되는 경우는 많지 않다.
   ㉡ 경비계획 수립자는 대상 시설물에 대한 기본적 경비조사를 실시하고 시설물이 갖고 있는 특수성에 따라 보다 전문적으로 경비계획을 수립하는 것이 필요하다.

03 경비계획 수립의 순서 기출 24·20·18·16·13

문제의 인지	• 경비문제가 발생하거나 발생이 예견될 때 • 경비용역 의뢰가 있을 때

↓

목표의 설정	• 경비대상조직의 목표 : 대상조직의 목표를 정확히 인식하고, 경비의 최상위의 목표로 인식 • 경비목표의 설정 : 조직의 목표를 인지한 다음 구체적으로 수행될 경비의 방향을 설정하는 구체적 목표

↓

자료 및 정보의 수집분석	• 경비요소조사 : 경비계획을 수립하는 데 가장 기초가 되는 자료들을 수집하는 과정 • 경비위해분석 : 경비요소 조사과정에서 수집된 자료와 정보를 토대로 위해가능성과 그 정도, 구체적인 위해형태, 수준 등을 분석하는 과정

↓

계획전체의 검토	• 경비계획의 고려사항 : 조직의 공동목표, 손실발생 가능성, 손실의 심각성 정도 등 능률성과 효과성을 모두 고려하여 접근하는 것이 바람직하다. 기출 13
	• 경비통솔기준의 설정
	  – 경비계획에 있어 통솔의 기준은 당해 조직의 모든 업무분야와 진행과정에 영향을 미치므로, 물품의 생산, 선적, 수령과 출고 및 재고조사, 현금취급, 경리 등의 모든 절차를 포함하여 설정된다.
	  – 경비업무는 타 부서의 업무 수행과의 상충 가능성을 항상 내포하고 있는 관계로 이와 관련한 통솔기준의 명확한 설정이 필요하다.
	• 대상조직의 현재 환경 검토 : 대상조직의 업무환경과 재무상태 등을 검토한다.

↓

대안의 작성 및 비교·검토	• 경비계획안의 작성 : 경비계획안은 구체적인 경비실시에 적용될 계획안으로 경비계획시 고려사항, 통솔기준, 대상조직의 환경 등을 고려하여 종합적으로 작성된다. • 경비계획안의 비교·검토 : 여러 개의 계획안을 마련하고 비교·검토한 다음 최선의 대안을 선택한다.

↓

최종안 선택	경비계획안 중에서 최선의 경비계획안을 선택한다.

↓

경비의 실시 및 평가	• 경비의 실시 : 선택된 경비계획안에 따라 경비대를 조직하고 경비를 실시한다. • 평가 : 사후평가 → 문제점과 효율성을 도출하여 분석·평가

↓

피드백(Feedback)	평가 결과 기대치와 비교하여 '문제의 인지' 단계로 환류한다. 즉, 수립된 경비계획은 환류과정을 거쳐 실행하는 것이 바람직하다. 기출 13

빈칸 채우기

경비계획 수립의 순서

⋯ 평가 결과 기대치와 비교하여 (❶) 단계로 환류하는 과정을 (❷)이라고 한다.

정답 ❶ 문제의 인지 ❷ 피드백

04 시설경비

1. 시설경비활동

① 시설보호경비는 가장 고전적, 보편적, 일반적인 경비활동으로 경비활동을 필요로 하는 시설 및 장소에서의 도난·화재 그 밖의 혼잡 등으로 인한 위험발생을 방지하는 업무를 말한다.
② 담, 울타리, 창문, 자물쇠 등은 시설물에 대한 1차적 방어개념으로 볼 수 있고 경보장치는 2차적인 방어개념으로 볼 수 있다.★

2. 시설경비의 기본원칙 및 고려사항

기본원칙	고려사항
• 사전에 시설경비계획을 세울 것 • 비용효과분석을 할 것 • 경비위해요소를 사전에 확인하고 숙지할 것 • 경비원들은 시설경비대상물의 특성을 잘 파악하고 있을 것 • 위해 발생 시 신속한 정보가 전파될 수 있을 것	• 시설물의 용도 및 내부 귀중품 • 시설물 내부 구성원의 업무형태 및 행태 • 경비원은 시설물 구조를 파악하고 있어야 하며 특성에 맞는 경비활동을 해야 함 • 경비원은 주변의 관공서(경찰서, 소방서, 병원) 등의 위치를 미리 파악해야 함

05 국가중요시설

1. 정 의

① "국가중요시설"이라 함은 공항·항만, 원자력발전소 등의 시설 중 국가정보원장이 지정하는 국가보안목표시설과 통합방위법의 규정에 의하여 국방부장관이 지정하는 국가중요시설을 말한다(경비업법 시행령 제2조).★
② "국가중요시설"이라 함은 공공기관, 공항, 항만, 주요산업시설 등 적에 의하여 점령 또는 파괴되거나 기능이 마비될 경우 국가안보와 국민생활에 심각한 영향을 주게 되는 시설을 말한다(통합방위법 제2조 제13호).

기출 19

2. 보호지역 기출 23·21·20·19

국가중요시설은 시설의 중요도와 취약성을 고려하여 보호지역을 설정하고 있다.

제한지역	비밀 또는 국·공유재산의 보호를 위하여 울타리 또는 방호·경비인력에 의하여 보안업무규정 제34조 제3항에 따른 승인을 받지 않은 사람의 접근이나 출입에 대한 감시가 필요한 지역
제한구역	비인가자가 비밀, 주요시설 및 Ⅲ급 비밀 소통용 암호자재에 접근하는 것을 방지하기 위하여 안내를 받아 출입하여야 하는 구역
통제구역	보안상 매우 중요한 구역으로서 비인가자의 출입이 금지되는 구역

3. 국가중요시설의 분류 기출 21·20·18·13·11

① "가"급 : 적에 의하여 점령 또는 파괴되거나, 기능 마비시 광범위한 지역의 통합방위작전수행이 요구되고, 국민생활에 결정적인 영향을 미칠 수 있는 시설
  ㉠ 대통령집무실(용산 대통령실), 국회의사당, 대법원, 정부중앙청사
  ㉡ 국방부·국가정보원 청사
  ㉢ 한국은행 본점

② "나"급 : 적에 의하여 점령 또는 파괴되거나, 기능 마비시 일부 지역의 통합방위작전수행이 요구되고, 국민생활에 중대한 영향을 미칠 수 있는 시설
  ㉠ 중앙행정기관 각 부(部)·처(處) 및 이에 준하는 기관
  ㉡ 대검찰청·경찰청·기상청 청사
  ㉢ 한국산업은행·한국수출입은행 본점

③ "다"급 : 적에 의하여 점령 또는 파괴되거나, 기능 마비시 제한된 지역에서 단기간 통합방위작전수행이 요구되고, 국민생활에 상당한 영향을 미칠 수 있는 시설
  ㉠ 중앙행정기관의 청사
  ㉡ 국가정보원 지부
  ㉢ 한국은행 각 지역본부
  ㉣ 다수의 정부기관이 입주한 남북출입관리시설
  ㉤ 기타 중요 국·공립기관

[국가중요시설의 분류]

구 분	국가중요시설의 분류기준	
	중앙경찰학교 2009, 경비	국가중요시설 지정 및 방호 훈령
가급 중요시설	국방·국가기간산업 등 국가안전보장에 고도의 영향을 미치는 행정 및 산업시설	• 적에 의하여 점령 또는 파괴되거나, 기능마비 시 광범위한 지역의 통합방위작전 수행이 요구되고, 국민생활에 결정적인 영향을 미칠 수 있는 시설 • 대통령집무실(용산 대통령실), 국회의사당, 대법원, 정부중앙(서울)청사, 국방부, 국가정보원 청사, 한국은행 본점
나급 중요시설	국가보안상 국가경제·사회생활에 중대한 영향을 끼치는 행정 및 산업시설	• 적에 의하여 점령 또는 파괴되거나, 기능마비 시 일부 지역의 통합방위작전 수행이 요구되고, 국민생활에 중대한 영향을 미칠 수 있는 시설 • 중앙행정기관 각 부(部)·처(處) 및 이에 준하는 기관, 대검찰청, 경찰청, 기상청 청사, 한국산업은행, 한국수출입은행 본점
다급 중요시설	국가보안상 국가경제·사회생활에 중요하다고 인정되는 행정 및 산업시설	• 적에 의하여 점령 또는 파괴되거나, 기능마비 시 제한된 지역에서 단기간 통합방위작전 수행이 요구되고, 국민생활에 상당한 영향을 미칠 수 있는 시설 • 중앙행정기관의 청사, 국가정보원 지부, 한국은행 각 지역본부, 다수의 정부기관이 입주한 남북출입관리시설, 기타 중요 국·공립기관
기타급 중요시설	중앙부처의 장 또는 시·도지사가 필요하다고 지정한 행정 및 산업시설	–

2 외곽경비

01 외곽경비의 개요

1. 외곽경비의 목적 기출 24·22·20·18·15·12

자연적 장애물(자연적인 장벽, 수목 울타리 등)과 인공적인 구조물(창문, 자물쇠, 쇠창살 등) 등을 이용하여 범죄자의 침입을 어렵게 하고, 침입시간을 지연시킴으로써 시설·물건 및 사람을 보호하는 데 있다.

> **경계지역**
> 외곽경비의 제1차적인 경계지역은 건물주변이다.

2. 방어수단 기출 19·12

① 1차적 방어수단 : 외곽방호시설물, 울타리, 담장, 외벽
② 2차적 방어수단 : 경보장치(외부의 침입자를 감지하여 경찰서, 경비회사 등에 침입사실을 알림)

> **외곽경비 수행순서** 기출 16
> 외곽경비는 장벽, 출입구, 건물 자체 순으로 수행된다.

02 외곽시설물 경비

1. 장 벽 기출 16

① 자연적인 장벽
  ㉠ 강, 절벽, 협곡(계곡), 무성한 수풀지역, 침입하기 곤란한 지형 등
  ㉡ 자연적 장벽은 침입에 대한 적극적인 예방대책이 아니므로 추가적인 경비장치가 필요하며, 다른 구조물에 의해 보강된다. 기출 20
② 구조물에 의한 장벽(인위적 장벽)
  ㉠ 울타리, 벽(담장), 문, 철책, 도로상의 방책, 차폐물 등
  ㉡ 무단침입을 제지하기 위한 상설적이거나 일시적인 장치를 의미하지만 침입을 예방하기 힘들다.

빈칸 채우기

외곽경비의 목적
→ (❶)적 장애물과 (❷)적인 구조물 등을 이용하여 범죄자의 (❸)을 어렵게 하고, (❸)시간을 (❹)시킴으로써 시설·물건 및 사람을 보호하는 데 있다.

외곽경비 수행순서
→ (❺), (❻), (❼) 자체 순으로 수행된다.

❶ 자연 ❷ 인공 ❸ 침입 ❹ 지연 ❺ 장벽 ❻ 출입구 ❼ 건물 정답

2. 울타리 경비

① 철조망
  ㉠ 가시철사 : 일반적으로 12구경이나 4가닥 철사를 반복해서 감은 것으로 4인치(약 10cm)마다 가시가 하나씩 달려 있다. 기둥은 철물로 되어 있어야 하고 기둥 사이가 6피트(약 1.8m) 이상 떨어지면 안 된다(높이 7피트 이상).
  ㉡ 콘서티나(Concertina) 철사 : 가시철선을 6각형 모양으로 만든 철사로 강철철사의 코일형이며, 이는 빠른 설치의 필요성 때문에 주로 군부대에서 많이 사용하고 있다. 기출 24

> **철조망의 장단점**
> • 장점 : 철조망은 설치와 철거·이동이 용이하며 유지비가 적게 들고 경비의 측면에서 볼 때 외부 상태의 관측이 가능한 이점이 있다.
> • 단점 : 내부 구조를 보여 주며 방탄능력이 없다.

② 담 장
  ㉠ 시설물의 경계나 시설물 내의 업무 활동을 은폐하기 위하여 설치한다. 기출 22
  ㉡ 담장 위에 철조망을 설치하면 방범 효율이 증대된다. 기출 16

3. 출입구 경비

출입구가 많으면 통제하기 힘들기 때문에 출입구는 최소한으로 유지해야 하며, 출입구의 통제는 시간대에 따라 필요성을 감안하여 결정하여야 한다.

① **폐쇄된 출입구 통제** 기출 24·22·20·19·16·14 : 일정기간이나 비상시에만 사용하는 문은 평상시에는 폐쇄하고 잠겨 있어야 하며, 잠금장치는 특수하게 만들어져야 하고 외견상 즉시 확인할 수 있어야 한다.

② **개방된 출입구 통제**
  ㉠ 직원 출입구 : 외부 방문객과 구분하여 일반적으로 하나의 문만 사용하도록 지정하고, 통행하는 직원을 적절하게 통제하기 위해서 출입구의 폭(약 1.2~2.1m)이 너무 넓지 않아야 한다. ★
  ㉡ 차량 출입구 : 차량 출입구는 충분히 넓어야 하며, 평상시에는 양방향을 유지하지만 차량 통제에 대한 필요성이 특별하게 생기면 해당시간에 맞추어 일방으로만 통행을 제한할 수 있다.

③ **기타 출입구** : 모든 출입구의 수를 파악하고 하수구, 배수로, 배수관, 사용하는 터널, 배기관, 공기 흡입관, 맨홀 뚜껑, 낙하 장치, 엘리베이터 등도 출입구와 같은 차원에서 경비계획에 포함시켜야 한다.

기출 24·18·16

🧩 빈칸 채우기

출입구 경비
→ 폐쇄된 출입구 통제 : 일정기간이나 (❶)시에만 사용하는 문은 (❷)시에는 (❸)하고 잠겨 있어야 하며, 잠금장치는 특수하게 만들어져야 하고 외견상 즉시 확인할 수 있어야 한다.
→ 개방된 출입구 통제 : 직원 출입구는 외부 방문객과 구분하여 일반적으로 (❹)의 문만 사용하도록 지정하고, 차량 출입구는 (❷)시에는 (❺)을 유지하지만 차량 통제에 대한 필요성이 특별하게 생기면 해당시간에 맞추어 (❻)으로만 통행을 제한할 수 있다.

정답 ❶ 비상 ❷ 평상 ❸ 폐쇄 ❹ 하나 ❺ 양방향 ❻ 일방

4. 건물 경비

① 창문과 출입구
- ㉠ 경계구역과 연결되어 있는 창문과 출입구는 튼튼한 구조물과 확실한 잠금장치가 있어야 하고, 비상출구 등이 마련되어야 한다.
- ㉡ 96평방 인치 이상의 창문과 출입구는 철망, 금속 창살로 보호하며, 창문과 출입구가 바닥으로부터 18피트 이내일 때는 튼튼한 칸막이로 보호한다.
- ㉢ 긴급 목적을 위한 출입구는 외부의 침입으로부터 열리지 않도록 하고, 이는 원격통제에 의해 운영되는 전자식 장치와 경보장치를 설치하여 불법적 접근을 막는다.

② 지붕과 외벽
- ㉠ 지붕 : 외곽시설물경비에서 가장 취약한 부분이므로 경보시스템을 설치한다. 기출 19
- ㉡ 외벽 : 허술한 인근 건물의 벽을 통해 침입을 받을 수 있으므로 감지시스템을 설치한다.

5. 경계구역 감시

① 가시지대(Clear zone)
- ㉠ 외부의 불법침입에 대비하여 가시적인 범위 내에서의 감시가 가능하도록 양쪽 벽면을 유지시키고, 경계구역 내에서 가시지대를 가능한 한 넓히기 위하여 모든 장애물을 양쪽 벽으로부터 제거하는 것이다. 기출 21·19·16·14
- ㉡ 가시지대가 너무 작아서 경비의 효과성에 별로 도움이 되지 않을 경우에는 위험지역의 장벽을 높이거나 또는 경비원에게 침입정보를 적절하게 알려주는 탐지센서 등을 설치하여야 한다. 기출 14

② 확인점검
- ㉠ 자물쇠로 잠금장치가 된 문은 항상 주의 깊게 점검해야 한다. 기출 22
- ㉡ 외부경비를 방해하는 장애물(은폐물) 및 침입을 위한 잠재적 이용물은 사전에 제거해야 하며, 취약지역은 보강하여야 한다. ★

6. 시설물의 물리적 통제시스템

① 특 징
- ㉠ 시설물에 대한 물리적 통제는 기본적으로 경계지역, 건물 외부지역, 건물 내부지역이라는 3가지 방어선으로 구분된다. 기출 18
- ㉡ 외부침입 시 경비시스템 중 1차 보호시스템은 외부 출입통제시스템이고, 2차 보호시스템은 내부 출입통제시스템이다. 기출 13
- ㉢ 최근에는 첨단과학기술을 이용한 감지시스템이 개발되어 적용되고 있다. 기출 18
- ㉣ 시설물 내에 존재하는 내부 자산들은 그 가치가 다르기 때문에 상이한 경비보호계획을 수립하여 대응해야 한다. 기출 18

② 구조물
  ㉠ 출입문의 경첩(Hinge)은 외부로 노출되면 파손가능성이 있으므로 출입문 내부에 설치하여 보안성을 강화해야 한다. 기출 13
  ㉡ 철사를 다이아몬드 형으로 엮은 울타리인 체인링크(Chain link)는 상대적으로 외관이 깔끔하고 설치가 용이하며 콘크리트나 석재 담장과 유사한 보호기능을 하면서도 저렴하다는 장점이 있다. 기출 13
  ㉢ 안전유리(Security glass)는 동일한 두께의 콘크리트 벽에 비해 충격에 강하고 외관상 미적 효과가 있다. 기출 13

7. 외곽감지시스템 기출 24

구 분	동작원리	외부환경 영향가능성
적외선변화감지 시스템	투광기에서 수광기로 투광한 근적외선이 차단되면 감지	• 안개, 눈, 소나기 또는 빛 투광을 방해하는 부유물에 의한 오작동 • 지형 침하나 설치 Pole의 흔들림에 의한 오작동 • 투광기와 수광기 사이의 수목이나 잡초에 의한 오작동
펜스충격감지 시스템	울타리 침입 시 발생되는 진동, 충격을 감지	• 바람에 의한 충격으로 오작동 • 펜스 밑으로 침입 시 감지하지 못함 • 통행차량에 의한 오작동
전자계감지 시스템	일정하게 형성된 전기장이나 자기장에 침입이 감지되면 변화되는 전자계 감지	• 안개, 눈, 비, 낙뢰, 정전기 등에 의한 오작동 • 굴곡지에서의 기능 저하와 울타리 자재에 의한 오작동 • 주변의 수목, 동물, 통행차량, 통행인 등에 의한 오작동
장력변화감지 시스템	물체에 작용하는 힘과 운동의 관계를 이용하여 일정하게 형성된 철선이나 광케이블의 장력의 변화(절단 포함)를 감지	• 기온 변화와 눈, 비에 의한 오작동 • 굴곡이 심한 지역의 기반공사가 과다하고 연약한 지반에 취약
광케이블감지 시스템	펜스에 설치된 광케이블의 충격과 절단을 감지	• 낙뢰에 의한 오작동 • 펜스 밑이나 위로 침입하는 경우에 대책이 필요

〈출처〉 최선우, 「민간경비론」, 진영사(송광호, 「민간경비론」, 에듀피디, 2021, P. 173~174에서 재인용)

빈칸 채우기

외곽감지시스템
- 적외선변화감지시스템 : 투광기에서 수광기로 투광한 근적외선이 (❶)되면 감지한다.
- 펜스충격감지시스템 : 울타리 침입 시 발생되는 (❷), (❸)을 감지한다.
- 전자계감지시스템 : 일정하게 형성된 전기장이나 자기장에 (❹)이 감지되면 변화되는 전자계를 감지한다.
- 장력변화감지시스템 : 물체에 작용하는 힘과 운동의 관계를 이용하여 일정하게 형성된 철선이나 광케이블의 장력의 변화[(❺) 포함]를 감지한다.
- 광케이블감지시스템 : 펜스에 설치된 광케이블의 (❸)과 (❺)을 감지한다.

정답 ❶ 차단 ❷ 진동 ❸ 충격 ❹ 침입 ❺ 절단

8. 환경설계를 통한 범죄예방(CPTED) 기출 17·15·13

① **의의** : 환경설계를 통한 범죄예방(CPTED ; Crime Prevention Through Environmental Design)은 물리적 환경을 개선함으로써 범죄를 억제하고 주민의 불안감을 해소하는 제도로, 환경적인 요소가 인간의 행동 및 심리적 성향을 자극하여 범죄를 예방하는 환경행태적인 이론과 모든 인간이 잠재적 욕망을 가지고 있다는 전제하에 사전에 범행기회를 차단한다는 것에 기초를 두고 있다. 기출 24·22·21·11

> **CPTED의 활용 예**
> - 조도가 높은 가로등을 설치하는 경우
> - 범죄 은신처를 제거하기 위해 담을 없애거나 높이를 제한하는 경우
> - 주민의 동의 아래 범죄가 잦은 골목길에 CCTV를 설치하는 경우
> - 쿨드삭(또는 쿨데삭, Cul-de-sac) : 막다른 골목이라는 뜻으로 도시계획 때부터 범인이 쉽게 도망갈 수 없도록 골목을 설계한 경우
> - 앨리게이터(Alleygater) : 범죄가 자주 일어나는 샛길에 주민만 이용할 수 있는 대문을 설치하는 경우

② **연혁** : 뉴만(Newman)이 확립한 방어공간(Defensible Space) 개념으로부터 제퍼리(Jeffery)가 CPTED의 개념을 제시하였다. 기출 24·22·21·13

  ㉠ 2007년 이후 혁신도시 건설사업 실시계획에 CPTED 기법이 반영된 이후 CPTED 국가표준모델을 개발할 필요성이 커지면서 지식경제부 기술표준원에 표준화 연구를 요청하여 2008년도에 CPTED의 기반규격 표준을 개발·공고하였다.

  ㉡ 국내 최초로 CPTED 전문가 양성교육과정을 운영하여 연간 160명의 전문경찰관을 양성하고 있으며, 지방자치단체에 CPTED 적용을 권고하는 한편 필요시 자문역할을 수행하도록 하고 있다.

  ㉢ 앞으로 경찰청은 지방자치단체 등과 협의를 통해 각종 주거환경개선사업 및 뉴타운 사업 등에 지식경제부가 개발한 표준안의 적용 사례를 측정하여 개선 사항을 파악하는 한편, CPTED를 통한 경제성을 홍보함으로써 건설회사들의 자발적 참여를 유도할 계획이다.

③ **CPTED의 목표** 기출 24·22·21·15·13 : 개인의 본래 활동을 방해하지 않으면서 범죄예방효과를 극대화시키는 데 목표를 두고, 범죄의 원인을 개인적 요인보다는 환경적 요인에서 찾는다.

④ **전통적 CPTED와 현대적 CPTED** : 전통적 CPTED는 단순히 외부공격으로부터 보호대상을 강화하는 THA(Target Hardening Approach)방법을 사용하여 공격자가 보호대상에 접근하지 못하도록 할 뿐이었지만, 현대적 CPTED는 시민들의 삶의 질 향상까지 고려한다. 기출 13·11

⑤ **CPTED의 전략** 기출 13

  ㉠ 1차적 기본전략 : 자연적 접근통제와 감시, 영역성 강화 기출 24·15·11
  - 자연적 접근통제 : 일정한 지역에 접근하는 사람들을 정해진 공간으로 유도하거나 외부인의 출입을 통제하도록 설계하여 접근에 대한 심리적 부담을 증대시킨다.
  - 자연적 감시 : 건축물 설계 시 가시권을 최대한 확보한다. 기출 22
  - 영역성 강화 : 사적인 공간에 대해 경계를 표시하여 주민의 책임의식을 증대시킨다.

  ㉡ 2차적 기본전략 : 조직적 통제(경비원), 기계적 통제(자물쇠), 자연적 통제(공간구획)

⑥ **동심원영역론(Concentric Zone Theory)** 기출 22·15·13 : 시설물의 물리적 통제시스템 구축과 관련하여 보호가치가 높은 자산일수록 보다 많은 방어공간을 구축해야 한다는 이론으로, 딘글(Dingle)이 제시하였으며, CPTED의 접근방법 중 하나라고 볼 수 있다. 참고로 동심원영역론은 1단계 - 2단계 - 3단계로 정리한다.

9. 범죄예방 구조모델론 기출 21·17

① 사회현상에서 발생하는 모든 문제에 대한 예방은 본질적인 문제인식과 접근방법이 동일하다고 보는 관점이다.
② 범죄예방의 구조모델론은 브랜팅햄(P. J. Brantingham)과 파우스트(F. L. Faust)가 주장한 이론이다.
③ 범죄예방의 접근방법 및 과정

구 분	1차적 범죄예방	2차적 범죄예방	3차적 범죄예방
대 상	일반시민	우범자 및 우범집단	범죄자
내 용	일반적 사회환경 중에서 범죄원인이 되는 조건들을 발견·개선하는 예방활동	잠재적 범죄자를 초기에 발견하고 이들의 범죄행위를 저지하기 위한 예방활동	실제 범죄자(전과자)를 대상으로 더 이상 범죄가 발생하지 않도록 하는 예방활동

〈참고〉 최선우, 「민간경비론」, 진영사, 2015, P. 395

03 경비조명

1. 경비조명의 의의

① 경비조명은 야간에 경비구역과 외부로부터의 접근 및 침입에 대한 감시활동을 용이하게 하는 수단으로 경계구역 내의 지역과 건물에 경비를 집중시킬 수 있도록 설계되어야 한다.
② 경비원의 시야를 방해하는 강한 조명은 피하고, 인근지역을 밝게 하거나 영향을 미칠 수 있는 위험스러운 조명도 피해야 한다. ★ 기출 19
③ 조명에 필요한 전기시설은 경계구역 내에 설치되어야 하고, 비상사태에 대비한 예비전력장치 등도 안전하게 보호되어야 한다. ★

> **경비조명 설치의 일반원칙** 기출 22·20·19
> • 경비조명은 경계구역의 안과 밖을 비출 수 있도록 적당한 밝기와 높이로 설치한다. ★
> • 경계대상물이 경계선에서 가깝거나 건물 자체가 경계선의 일부분일 경우에 조명을 직접적으로 건물에 비추도록 한다. 이런 건물의 출입구는 다른 조명에 의해 생기는 그림자를 제거하기 위해 별도로 조명시설을 설치해야 한다. ★
> • 조명시설의 위치가 경비원의 시야를 방해해서는 안 되며, 가능한 한 그림자가 생기지 않도록 설치해야 한다. ★
> • 경비조명은 위험발생 가능성이 있는 지역에 직접적으로 비춰야 하며, 보호하고자 하는 지역으로부터 일정거리 이상이 유지되어야 한다. ★

빈칸 채우기

범죄예방의 접근방법 및 과정
→ 1차적 범죄예방의 대상은 (❶), 2차적 범죄예방의 대상은 (❷) 및 (❸), 3차적 범죄예방의 대상은 (❹)이다.

정답 ❶ 일반시민 ❷ 우범자 ❸ 우범집단 ❹ 범죄자

2. 경비조명등의 종류 기출 17·14

① 백열등 기출 17
   ㉠ 가정집에서 주로 사용되는 조명으로 가장 보편적으로 사용되지만 수명이 짧은 단점이 있다. ★
   ㉡ 빛을 반사하기 위해 내부에 코팅을 하고 빛을 모으거나 분산하기 위해 렌즈를 사용한다.
② 가스방전등
   ㉠ 수은등 : 푸른빛을 띠고 매우 강한 빛을 방출하며, 수명이 오랫동안 지속되기 때문에 백열등보다 효과적이다.
   ㉡ 나트륨등 : 연한 노란색을 발하며, 안개가 자주 끼는 지역에 주로 사용된다.
③ 석영등 기출 22 : 백열등처럼 매우 밝은 하얀 빛을 발하며, 빠르게 빛을 발산하므로 매우 밝은 조명을 요하는 곳, 경계구역과 사고발생 다발지역에 사용하기에 매우 유용하지만 가격이 비싸다.

3. 경비조명장비의 형태 기출 13·11

① 가로등
   ㉠ 대칭적으로 설치된 가로등 : 빛을 골고루 발산하며, 특별히 높은 지점의 조명을 필요로 하지 않는 넓은 지역에서 사용된다.
   ㉡ 비대칭적으로 설치된 가로등 : 조명이 필요한 지역에서 다소 떨어진 장소에 사용된다.
② 투광조명등 기출 12 : 특정지역에 빛을 집중시키거나 직접적으로 비추는 광선의 형태로 상당히 밝은 빛을 만들 수 있다. 대부분의 보호조명은 보통 300와트에서 1,000와트까지 사용한다.
③ 프레이넬등 기출 16
   ㉠ 넓은 폭의 빛을 내는 조명으로 경계구역에의 접근을 방지하기 위해 길고 수평하게 빛을 확장하는 데 유용하게 사용된다. 기출 12
   ㉡ 수평으로 약 180°정도, 수직으로 15~30° 정도의 폭이 좁고 긴 광선을 투사한다.
   ㉢ 눈부심이 없기 때문에 투광조명등처럼 다소의 빛이 요구되는 외딴 곳이나 조금 떨어진 경계지역을 비추는 데 사용된다. 보통 300와트에서 500와트까지 사용한다.
   ㉣ 비교적 어두운 시설물에 침입을 감시하는 경우 유용하게 사용되는 등이다.
④ 탐조등 기출 12 : 사고발생 가능지역을 정확하게 관찰하기 위한 조명장비로서 백열등이 자주 이용된다. 휴대가 가능하며, 잠재적으로 사고가 일어날만한 지역의 원거리표적을 정확하게 관찰하기 위해 사용된다. 주로 외딴 산간지역이나 작은 배로 쉽게 시설물에 접근할 수 있는 위치에 설치한다.

빈칸 채우기

경비조명등의 발색
→ 수은등은 (❶), 나트륨등은 연한 (❷), 석영등은 백열등처럼 매우 밝은 (❸)을 발한다.

❶ 푸른빛 ❷ 노란색 ❸ 하얀색 정답

4. 경비조명 설치구분

① **상시(계속)조명** : 상시조명이란 반사갓을 씌운 등으로부터 일정한 지역에 계속적으로 빛을 투사하도록 여러 개의 광원을 고정시킨 것을 말하는데, 투사조명과 통제조명이 가장 일반적이다. 기출 20
  ㉠ **투사조명** : 시설 내부에 고정된 광원으로부터 시설 바깥쪽을 향하여 강한 빛을 투사하도록 한 것이며, 인접한 시설의 운영에 지장이 없을 때 사용할 수 있는 방법이다. ★
  ㉡ **통제조명** : 경계선 밖에 있는 피조명 지역의 폭을 제한할 필요가 있을 때 사용되는 조명방법으로, 도로·철로·항로·비행장 등이 인접해 있을 때 사용하는 방법이다. ★
② **예비(대기)조명** : 설치방법은 상시조명과 동일하지만 계속 조명하는 것이 아니고 경비원이 의심스러운 활동을 탐지하거나 경보장치의 작동으로 의심이 생겼을 때 자동 또는 수동으로 조명할 수 있게 한 것이다. ★
③ **이동조명** : 손으로 조작하는 이동식 서치라이트 등을 말하며 일반적으로 상시조명이나 예비조명의 보조수단으로 사용된다.
④ **비상조명** : 발전기의 고장 등으로 인해 조명장치가 작동하지 못할 때를 대비하기 위한 것이다.

5. 경계구역의 경비조명 기출 19

① 경비조명은 경계구역 내 모든 부분을 충분히 비출 수 있도록 적당한 밝기와 높이로 설치한다.
② 경비조명은 위험발생 가능성이 있는 지역에 직접적으로 비춰야 하며, 보호하고자 하는 지역으로부터 일정 거리 이상이 유지되어야 한다. ★
③ 조명시설의 위치는 경비원의 눈을 부시게 하는 것을 피하며, 가능한 한 그림자가 생기지 않도록 해야 한다. 기출 20
④ 경계지역 내의 건물이 경계선에서 가깝거나 건물 자체가 경계선의 일부분일 경우에 조명을 직접적으로 건물에 비춘다. 이러한 건물의 출입구는 다른 조명에 의해 생기는 그림자를 제거하기 위해 별도로 조명시설을 설치해야 한다. 기출 20
⑤ 경비조명은 침입자의 탐지 외에 경비원의 시야를 확보하는 기능이 있으므로 경비원의 감시활동, 확인점검 활동을 방해하는 강한 조명이나 각도, 색깔 등을 고려해야 한다.
⑥ 인근지역을 너무 밝게 하거나 영향을 미침으로써 타인의 사생활을 침해하지 않도록 해야 한다.
⑦ 경계조명 시설물은 경계구역에서 이용되며, 진입등은 경계지역 내에 위치하여야 한다.
⑧ 시설물의 경계선이 강이나 바다에 있는 경우에 조명은 수면 위나 수면 근처, 혹은 해안선을 따라 생기는 그림자 영역을 제거하기 위해 설계되어야 한다. ★

3 내부경비

01 내부경비의 의의

1. 내부경비의 특징

① 내부경비란 건물 자체에 대한 경비활동으로 창문·출입문에 대한 보호조치, 건물에 대한 출입통제 등을 말한다. ★ 기출 23
② 외곽경비에 의해 외부로부터 보호(외부 출입통제시스템)가 되어 있는 시설물의 경우 외부에서 내부로 들어오는 장소에는 출입통제 등의 절차(내부 출입통제시스템)가 필요하다. ★
③ 출입의 통제가 시설물의 이용을 불편하게 하거나 시설물의 이용 목적을 방해해서는 안 된다.
④ 내부에서 외부로의 반출뿐만 아니라 외부로부터의 내부 반입도 검색과 관리가 필요하다. 기출 24·22·11
⑤ 내부경비에 사용되고 있는 각종 잠금장치와 경보장치 등은 물리적 통제전략에 필요한 수단이다. 기출 23·11
⑥ 경비원 상호 간에 순찰정보를 교환하여야 한다. 기출 17
⑦ 시설물의 중요성 및 각각의 보호대상 시설에 따라 경비방법과 경비설계에 상당한 차이가 있으므로 건물내부의 중요구역 여부를 고려한 경비설계가 필요하다. 기출 24

2. 내부 출입통제의 목적 기출 17

외부인의 내부로의 불법침입이나 절도·도난 등을 막는 데 있다.

02 창 문

1. 창문의 취약점

대부분의 외부침입자들은 창문을 통해 건물내부로의 침입을 시도한다. 따라서 창문은 외부침입자에게 가장 취약한 부분이기도 하다.

2. 방호창문

① 안전유리 : 외부에서 눈에 쉽게 띄거나 접근하기 쉬운 창문에 사용하는 고강도 방호유리로 전문용어로는 UL-Listed 유리(안전유리)라고도 한다.
  ㉠ 안전유리의 장·단점 기출 17
    • 안전유리는 깨질 경우(작고 동그란 모양의 파편으로 쪼개짐)에 신체에 손상을 입히지 않는다. ★
    • 불연성 물질이기 때문에 화재 시에도 타지 않는다. ★
    • 가볍기 때문에 설치하기 쉽다. ★
    • 안전유리는 동일한 두께의 콘크리트 벽에 비해 충격에 강하고 외관상 미적 효과가 있다.
    • 반면, 가격이 비싸다는 단점이 있다.
  ㉡ 안전유리의 설치목적 : 외부에서 불법침입을 시도하는 도둑이 창문을 깨는 시간을 최대한 지연시킴으로써 그 사이에 경비원이나 경찰이 출동할 수 있는 시간적 여유를 갖게 하여 외부침입을 막고자 하는 데 있다. 기출 18·15

② 이중안전유리 : 일반유리에 폴리비닐부티컬을 첨가하여 보다 가볍게 이중으로 만든 안전유리로 두께는 일반유리와 같아 손쉽게 사용할 수 있다.
③ 창문경비에서는 방호창문과 함께 안전유리의 사용이 효율적이다. ★

3. 차폐시설

외부의 침입을 막기 위하여 창문에는 창살을 설치하여야 하는데, 지면으로부터 18피트(약 5.5m) 이내에 있는 창문이나 인접한 건조물 그리고 연못, 나무 등으로부터 14피트(약 4.3m) 이내에 붙어 있는 창문에는 반드시 일정한 안전장치(창살)가 설치되어야 한다.

03 출입문

1. 출입문의 구성재료

① 외부침입에 견고하게 견딜 수 있어야 하므로 목재는 가급적 피하고 철재를 사용하는 것이 좋다. ★
② 문과 문틀을 연결하는 부품은 볼트와 너트, 못 등을 사용하는 것보다는 용접하는 것이 효과적이다. ★

2. 출입문의 기능 파악

① 출입문을 설치한 직후에는 방화실험과 외부파손에 대한 강도 및 저항실험 등을 통하여 출입문 본래의 기능을 유지하고 있는지 파악해야 한다.
② 출입문은 1차적 예방기능이 있기 때문에 사내절도 등 범죄예방을 위하여 건물 내의 모든 직원은 허가된 문만 사용하도록 한다. ★
③ 사무실 등의 출입문은 관계자들의 편리성과 내구성을 고려하면서 통제관리가 필요하다. 기출 24

3. 비상구

① 화재 시 비상구로 사용되는 문은 반드시 외부에서 잘 보이도록 하고 비상등과 비상벨을 설치한다.
② 화재가 아닌 비상시에는 모든 문을 비상구로 사용하도록 한다. ★
③ 자주 사용하지 않는 창고문이라 하더라도 항상 철저히 감시하여 외부침입자에 대비하여야 한다. ★

4. 중요지역의 출입문 기출 24

① 보안을 유지해야 하는 중요 지역의 출입문은 보다 안전성을 갖게 설치하여야 한다.
② 외부 출입자의 수를 파악하여 적절하게 통제하고 보안체계를 갖춘 출입문을 설치해야 한다.
③ 출입문을 자동으로 통제하는 안전장치는 출입 대상자가 근거리에서 자신의 신분을 밝히도록 되어 있으므로, 그 장비의 효율성을 높이기 위해서는 출입 대상자의 접촉이 편리하도록 검토되어야 한다.

> **출입문의 안전장치 고려사항**
> 경비시설물의 출입문에 설치되는 안전장치는 경비구역의 중요성에 따라 달라진다. ★

04 자물쇠

1. 자물쇠의 기능 기출 17
자물쇠는 보호장치로서의 기능도 있지만 실제에 있어서 자물쇠는 범죄자의 침입시간을 지연시키는 시간지연장치로서의 역할이 강하다.

2. 자물쇠의 종류 기출 17
① 돌기 자물쇠(Warded Locks)
  ㉠ 가장 많이 사용되던 자물쇠로 열쇠의 구조가 간단하기 때문에 꼬챙이를 사용하면 쉽게 열린다. 기출 15
  ㉡ 단순철판에 홈이 거의 없는 것이 대부분이며, 안전도는 거의 0%이다.
② 판날름쇠 자물쇠(Disc Tumbler Locks) 기출 12
  ㉠ 열쇠의 홈이 한쪽 면에만 있으며, 열쇠구조가 복잡하여 맞는 열쇠를 꽂지 않으면 열리지 않는다.★
  ㉡ 일반적으로 가장 많이 사용되는 자물쇠이며, 이 자물쇠를 열기 위해서는 통상적으로 3분 정도가 소요된다.★
  ㉢ 돌기 자물쇠보다 발달된 자물쇠로 책상, 서류함, 패드록 등 경비산업에서 보편적으로 사용되고 있다.★
③ 핀날름쇠 자물쇠(Pin Tumbler Locks)
  ㉠ 일반 산업분야, 일반 주택에서도 널리 사용되는 것으로 열쇠의 모양은 자물쇠에 비해 복잡하다.★
  ㉡ 핀날름쇠 자물쇠는 열쇠의 양쪽 모두에 홈이 불규칙적으로 파여져 있는 형태이고, 보다 복잡하며 안전성을 제공할 수 있기 때문에 널리 사용된다.★ 기출 24・15
  ㉢ 핀날름쇠 자물쇠를 푸는 데는 약 10분 정도가 소요된다.
④ 전자식 자물쇠(Electromagnetic Locks) : 전자식 자물쇠는 자력에 의해 문을 잠그는 잠금장치로 1,000파운드(약 453.6kg)의 압력에도 견디어 내는 고강도문에 많이 사용되며 종업원들의 출입이 잦지 않은 제한구역에 주로 사용된다.★
⑤ 숫자맞춤식 자물쇠(Combination Locks)
  ㉠ 자물쇠에 달린 숫자조합을 맞춤으로써 열리는 자물쇠이다.
  ㉡ 외부침입이나 절도위협으로부터 효과적이다.★
⑥ 암호사용 자물쇠(Code Operated Locks) : 패널의 암호를 누름으로써 문이 열리는 전자제어 방식으로서 암호를 잘못 누르거나 모르는 경우에는 비상경고등이 켜지게 되는데, 일반적으로 전문적이고 특수한 경비 필요시에 사용한다.★
⑦ 카드작동 자물쇠(Card Operated Locks)
  ㉠ 전기나 전자기 방식을 활용한 것으로, 카드에 일정한 암호가 들어 있어서 카드를 꽂게 되면 곧바로 이 카드 내의 암호를 인식하여 자물쇠가 열린다. 기출 15
  ㉡ 중요한 물건이나 시설장비에 사용하고, 카드 열쇠는 신분증의 기능을 대신하며 종업원들의 출입이 잦지 않는 곳에 설치한다.
⑧ 지문인식 자물쇠
  ㉠ 내부에 초소형 컴퓨터가 설치되어 미리 입력된 지문인식을 통해 출입문이 열리도록 한 자물쇠이다.
  ㉡ 열쇠, 카드식, 비밀번호의 분실 및 도용문제를 극복하고 본인 확인을 통해 자유롭게 입・출입할 수 있다.★

05 패드록(Pad-Locks)

1. 의 의
① 패드록 장치는 시설물과 탈부착이 가능한 형태로 작동하고, 강한 외부 충격에도 견딜 수 있다. 자물쇠의 단점을 보완하고 경비의 안전성을 강화하기 위해 고안되었다. 기출 15
② 패드록은 자물쇠와 유사한 기능을 가지지만 문의 몸체 중간에 설치되어 키를 삽입하게 되면 문이 열리는 장치로, 현재 모든 아파트나 가정집의 문에 설치되어 있다.

2. 패드록 잠금장치의 종류 기출 19·15
① **기억식 잠금장치** : 문에 전자장치가 설치되어 있어서 일정 시간에만 문이 열리는 방식을 말한다. 은행금고나 박물관 등에서 주로 사용된다.
② **전기식 잠금장치** : 문이 열리고 닫히는 것이 전기신호에 의해 이루어지는 장치를 말한다. 원거리에서 문을 열고 닫도록 제어하는 장점이 있으며, 특히 마당이 있는 가정집 내부에서 스위치를 누름으로써 외부의 문이 열리도록 작동하는 보안잠금장치이다.★
③ **일체식 잠금장치** : 하나의 문이 잠길 경우에 전체의 문이 동시에 잠기는 방식을 말한다. 교도소 등 동시다발적 사고 발생의 우려가 높은 장소에서 사용된다.★
④ **카드식 잠금장치** : 전기나 전자기 방식으로 암호가 입력된 카드를 인식시킴으로써 출입문이 열리도록 한 장치이다.

06 금고 및 보관함

1. 금 고
① **방화용(문서보관용) 금고** : 불에 노출되었을 때 허용하는 내부 온도차에 따라 그 등급이 매겨진다.
② **물품보관용 금고** : 현금, 컴퓨터, 보석 및 기타 중요물품을 보관하는 금고로 보관물품의 특성에 따라 내화를 목적으로 하는 금고와 도난방지를 목적으로 하는 금고로 나뉜다.
③ **현금보관용 금고** : 금고의 보관용도와 목적에 따라서 용접의 크기를 결정하며, 외부로부터의 파괴에 대하여 견딜 수 있도록 강화금속을 사용한다.

2. 중요 물품보관실
① 금고를 방과 같이 크게 만든 형태로, 문만을 강화금속으로 만들고 다른 외벽은 강화 콘크리트로 만든다.★
② 보통 지하에 설치되기 때문에 통로는 가급적 비좁게 하여 장비 등을 사용하여 지하 물품보관실을 파괴할 수 없도록 하며 외벽에 벽감지기를 설치할 수도 있다.

07 통행절차

1. 직원의 통행절차

① 내부 직원과 외부 방문객, 고객 등을 구분할 수 있는 방문증이나 사원증 패용 등 신분확인 절차가 마련되어야 한다.
② 개개인의 정식 직원에게는 직원신분증이 발급되어야 하고, 육안으로 직원의 신분을 확인하지 못할 때에는 직원신분증을 확인하는 것이 편리하다.
③ 신분증은 위조가 불가능하게 제작 시 특수 인쇄를 하고, 최근 3개월 이내에 촬영한 컬러사진이 부착되어야 하며, 해당 직원이 출입 가능한 지역에 따라 색깔을 달리하는 것이 효과적이다.★
④ 모든 출입구에 근무하는 경비원은 상근직원이라 하더라도 세심한 주의를 기울여 신분증을 확인해야 한다.★ 기출 22

2. 방문객의 통행절차

① 어떠한 경우이든 방문객에게는 반드시 그 신원을 확인해야 하며, 담당 직원과 약속을 하고 사전에 통과절차를 밟아야 한다.★
② 신원이 확인되었다 하더라도 건물 내부로 출입시킬 때는 활동에 제한을 주기 위하여 이동 가능한 지역을 반드시 지정해 주어야 한다.★ 기출 22
③ 어떠한 경우에도 방문객에게 불쾌감을 주거나 업무에 방해를 받지 않도록 하는 것이 가장 바람직하다.
④ 통고 없이 방문객이 방문하는 경우에는 대기실에서 대기하도록 하는 것이 가장 효과적이다. 기출 22 대기실 이외의 이동 시 반드시 방문객임을 표시하는 징표를 몸에 부착하고 다니게 하며, CCTV 등을 통한 철저한 감시 및 통제가 필요하다. 기출 18

3. 차량의 통행절차

① 차량이 들어오는 것을 막기 위해서는 차량의 용도분류에 따른 출입허가증의 발급이 필요하고 주차스티커와 같은 것을 사용함으로써 출입하는 차량에 대한 통제를 효과적으로 할 수 있다.
② 출입증을 붙이지 않은 차량에 대해서는 일일이 그 용도와 목적을 확인하고 내부에서 이 차량들을 주차시킬 수 있는 지역도 한정해야 한다. 기출 18

4. 물품의 통행절차

① 물품이 내부로 반입되거나 허가 없이 외부로 반출되는 경우 반드시 철저한 조사를 한 후에 진행되도록 하고, 반·출입 내용은 항상 상부에 보고되어야 한다.★
② 화물에 대한 통제절차와 취급절차에 관련된 규정은 일반 직원이 충분히 숙지하고 있어야 한다.

08 경보장치

1. 경보장치의 의의
① 경보장치는 어떤 비정상적인 사건이 발생했을 때 중앙통제센터, 지령실 또는 경찰서 등 관계기관에 신호를 전달하는 장치를 말한다.
② 경보장치는 경비원이 미처 인식하지 못하는 감시 사각지역이나 경비 취약지역까지도 경비업무를 할 수 있도록 도와주는 2차적인 방어장치라 할 수 있다.★

> **경보장치의 핵심 역할**
> 침입사실을 외부에 알리고, 전달하는 역할

2. 경보장치의 종류(용도별 분류)
① **침입경보장치** : 외부로부터 불법적인 침입이 발생하면 센서가 작동하여 외부침입을 알리는 장치이다.
② **화재경보장치** : 화재의 위험이 높은 장소에 설치하며, 화재 발생 시 소화장치와 동시에 작동함으로써 초기 화재진압을 도와주는 장치이다.
③ **특별(수)경보장치** : 기계고장 또는 기계의 오작동의 발견을 주목적으로 사용하는 경보장치로 실내온도가 너무 높거나 낮아질 때 작동하는 경보장치, 기기고장을 알리는 경보장치, 기계작동이 너무 빠를 때 사용되는 경보장치 등이 있다.★

3. 경보체계(시스템)의 종류 [기출 20·19·12]
① **중앙관제시스템(중앙통제관리시스템)** [기출 19] : 일반적으로 활용하고 있는 경보체계로서 경계가 필요한 곳에 CCTV를 설치하여 활용하므로 사태파악이나 조치가 빠르고 오경보나 오작동에 대한 염려도 거의 없다.
② **다이얼 경보시스템** [기출 19·13] : 비상사태가 발생하였을 경우 사전에 입력된 전화번호(강도 등의 침입이 감지되는 경우는 112, 화재 발생 시는 119)로 긴급연락을 하는 시스템으로 설치가 간단하고 유지비가 저렴한 반면에, 전화선이 끊기거나 통화 중인 경우에는 전혀 연락이 되지 않는 단점이 있다.
③ **상주경비시스템** [기출 13·12] : 조직이 자체적으로 경비부서를 조직하고 경비활동을 실시하는 가장 고전적인 방법으로 각 주요 지점마다 경비원을 배치하여 비상시에 대응하는 방식이다. 즉각적인 대응이 가능하고 가장 신속한 대응방법이지만 많은 인력이 필요하다.
④ **제한적 경보시스템** [기출 20·19·13·12] : 사이렌이나 종, 비상등과 같은 제한된 경보장치를 설치한 시스템으로, 일반적으로 화재예방시설이 이 시스템의 전형이다. 사람이 없으면 대응할 수 없다는 단점이 있다.
⑤ **국부적 경보시스템** [기출 22·19] : 가장 원시적인 경보체계로서 일정 지역에 국한해 한두 개의 경보장치를 설치하여 단순히 사이렌이나 경보음이 울리게 하거나 비상 경고등이 켜지게 하는 방식이다.

⑥ 로컬경비시스템 : 경비원들이 시설물의 감시센터에 근무를 하면서 이상이 발견되거나 감지될 때 사고발생 현장으로 출동하여 사고에 대처하는 경비방식이다.
⑦ 외래경보시스템(외래지원 경보시스템) 기출 20·13·12 : 전용전화회선을 통하여 비상 감지 시에 직접 외부의 각 관계기관에 자동으로 연락이 취해지는 방식이다. 즉, 건물 각 지점에 감지기가 전화선에 연결되어 있기 때문에 화재, 외부침입, 유독가스발생 등의 사태 시 각각의 감지기에서 감지된 상황이 전화선을 통해 자동으로 해당기관에 전달되는 시스템이다.

4. 경보센서(감지기)의 종류

① 광전자식 센서 기출 15·12 : 일반적으로 레이저광선을 발사하여 비교적 넓은 범위에서 침입자를 탐지하는 장치로 레이저광선을 외부침입자가 건드리면 경보되는 감지기이다.
② 자력선식 센서 기출 15·12
  ㉠ 반도체와 두 단자 간의 전류를 활용하여 자장의 변화와 이동원리를 이용하는 장치로, 자력선(磁力線)을 발생하는 장치를 설치한 후에 자력선을 건드리는 물체가 나타나면 경보를 발하여 각 센서가 발사한 자기력에 조금이라도 이상이 감지되면 중앙관제센터에 알려짐과 동시에 경보나 형광불이 작동하게 된다.
  ㉡ 주로 교도소나 대규모 은행 등의 지붕, 천장, 담벼락 등에 설치한다.
③ 전자기계식 센서 기출 15·12
  ㉠ 접촉의 유무를 감지하는 가장 단순한 경비센서로 문틀과 문 사이에 접지극을 설치해 두고서 이것이 붙어 있을 경우에는 정상적으로 작동하고 문이 열리게 되면 회로가 차단되어 센서가 작동하게 된다.
  ㉡ 창문을 통한 침입을 감지하기 위해 이 장치가 설치되며 비용 면에서도 저렴하다.
④ 초음파 탐지장치 기출 19
  ㉠ 송신장치와 수신장치를 설치하여 양 기계 간에 진동파를 주고받는 과정에서 어떠한 물체가 들어오면 그 파동의 변화를 감지하는 장치이다.
  ㉡ 센서가 매우 민감하여 오경보 가능성이 높은 편이다. 기출 15
⑤ 압력반응식 센서 기출 20·15
  ㉠ 센서에 직·간접적인 압력이 가해지면 작동하는 센서로 침입자가 이 센서를 건드리거나 밟게 되면 그 즉시 센서가 작동하여 신호를 보내게 된다.
  ㉡ 주로 자동문이나 카펫 밑에 지뢰 매설식으로 설치한다.
⑥ 콘덴서 경보시스템 기출 12
  ㉠ 금고와 금고문, 각종 철제로 제작된 문, 담 등 모든 종류의 금속장치를 보호하기 위해 개발된 장치이다.
  ㉡ 전류의 흐름으로 외부충격을 파악하며 계속적인 전류의 흐름을 방해할 경우에 이를 외부에 의한 충격으로 간주하고 경보를 울리게 된다.

⑦ 진동탐지기 기출 20·19
　㉠ 진동탐지기는 보호대상인 물건에 직접적으로 센서를 부착하여 그 물건이 움직이게 되면 경보를 발생하는 장치로 물건 도난을 방지하는 목적으로 사용되기 때문에 오차율이 극히 적으며 그 정확성이 아주 높다.
　㉡ 일반적으로 고미술품이나 전시 중인 물건 보호에 사용한다. ★
⑧ 음파 경보시스템 기출 19 : 소음탐지 경보기, 음향 경보기, 가청주파수 경보기라고도 하며, 외부인이 침입한 경우 침입자의 소리를 감지하여 경보를 내는 장치이다.
⑨ 무선주파수 장치 : 레이저광선이 아닌 무선주파수를 사용하는 장치로, 침입자에게서 나오는 열에 의해 전파의 이동이 방해받으면 그 즉시 경보를 울리는 방식이다. ★
⑩ 전자파 울타리 기출 20 : 광전자식 센서를 보다 복잡하게 개발한 장치로서 레이저광선을 3가닥 내지는 9가닥 정도까지 쏘아서 하나의 전자벽(電子壁)을 만드는 것으로 오보율이 높다.
⑪ 적외선감지기 기출 19·15 : 사람 눈에 보이지 않는 근적외선을 쏘는 투광기와 이를 받는 수광기로 되어 있는데, 그 사이를 차단하면 감지하는 원리이다.
⑫ 자석감지기(마그네틱 감지기)
　㉠ 영구자석과 리드(Reed)스위치로 구성되며, 창이나 문이 열리면 동작하는 원리이다. 기출 15
　㉡ 감지장치로서 동작전원이 필요 없고 구조가 간단하여 쉽게 설치할 수 있다. 기출 11
⑬ 열감지기 기출 15 : 물체나 인체에서 발산하는 원적외선 에너지의 변화량을 감지하여 경보를 발생하는 장치이다.

빈칸 채우기

경보센서(감지기)의 종류
- 초음파 탐지장치 : 송신장치와 수신장치를 설치하여 양 기계 간에 진동파를 주고받는 과정에서 어떠한 물체가 들어오면 그 (❶)의 변화를 감지하는 장치
- 진동탐지기 : 보호대상인 물건에 직접적으로 (❷)를 부착하여 그 물건이 움직이게 되면 경보가 발생하는 장치
- 적외선감지기 : 사람 눈에 보이지 않는 근적외선을 쏘는 (❸)와 이를 받는 (❹)로 되어 있는데 그 사이를 차단하면 감지하는 장치
- 열감지기 : 물체나 인체에서 발산하는 (❺) 에너지의 변화량을 감지하여 경보를 발생하는 장치

정답 ❶ 파동 ❷ 센서 ❸ 투광기 ❹ 수광기 ❺ 원적외선

09 경비원의 순찰과 감시

1. 경비원의 순찰활동
① 직원들이 퇴근한 후에 경비원들의 순찰 및 조사가 이루어져야 한다.
② 순찰과정에서 문이나 자물쇠 등에 인식이나 표식을 함으로써 침입 흔적을 확인하고 경비원 상호 간에 순찰활동 결과에 대한 정보교환도 필요하다.

2. 감시기기에 의한 활동
① CCTV(CCTV ; Closed Circuit Television) 기출 23·16
  ㉠ 경비원의 감시범위를 확대하기 위해서 CCTV(폐쇄회로 텔레비전)를 각 복도나 입구, 창문, 금고, 귀중품 보관실 등의 정면이나 측면에 설치하여 자세히 관찰한다.
  ㉡ CCTV는 한 사람에 의해 여러 곳을 감시할 수 있을 뿐만 아니라 비용절감효과를 가져다주는 장점이 있는 반면에, 초기 설치비용이 많이 들어간다는 단점이 있다.★
  ㉢ CCTV의 사용으로 범죄를 범할 기회를 감소시킬 수 있고, 범죄자의 범법행위가 다른 장소나 대상으로 이동될 수 있다(전이효과).★
  ㉣ CCTV는 경비원을 대체할 수 있으며, 녹화된 CCTV의 자료는 증거로서의 역할을 할 수 있다.★

> **CCTV(폐쇄회로)의 장점**
> - 원거리에서 관찰이 가능하다.
> - 보이지 않는 지역도 관찰이 가능하다.
> - 사람의 접근이 불가능한 지역도 관찰이 가능하다.
> - 다수인에 의해 동시관찰이 가능하다.
> - 집중적으로 감시가 가능하다.
> - 비공개된 장소에서 비밀관찰이 가능하다.
> - 경비원이 일일이 가보지 않아도 된다.

② **연속촬영 카메라** : 고속의 16mm 필름과 신속렌즈를 사용하여 연속적인 사진을 촬영하는 기기이다. 이 기기는 침입자가 감지된 경우 센서의 신호를 받아 침입자의 사진을 연속적으로 촬영하는 기기이다.
③ **분할 영상카메라** : 화면을 4분할, 8분할, 16분할하여 각기 분할된 화면마다 다른 카메라로 촬영된 화면이 나타나며 어느 한 화면만을 지정해서 크게 볼 수도 있고 일정장소를 크게 확대하여 가까이 볼 수도 있다.

빈칸 채우기

감시기기에 의한 활동
→ (❶)의 사용으로 범죄자의 범법행위가 다른 장소나 대상으로 이동될 수 있는데, 이를 (❷)라고 한다.

❶ CCTV ❷ 전이효과 정답

10 내부절도 및 산업스파이

1. 내부절도의 개념
① 정의 : 산업스파이 활동을 포함하여 회사 조직 내 내부직원에 의해 이루어지는 절도행위를 말한다.
② 내부절도의 3요소 : 절도 원인, 절도 환경, 책임 불명확★

2. 산업스파이
① 정의 : 불법적으로 기업의 영업비밀, 즉 제품개발정보, 설계도 등을 유출하여 회사에 손실을 입히거나 경쟁회사에 관한 최신 산업정보를 입수하거나 교란시키는 공작 등을 전문으로 하는 사람을 말한다.
② 활동방법
  ㉠ 합법적인 방법으로 경쟁회사의 간행물, 상대회사의 직원이 발설한 내용, 공공기관의 조사보고서, 상대회사의 제품분석 등을 통해 정보를 수집·정리하는 것이다.
  ㉡ 도덕적인 문제가 생길 수 있는 방법으로 특정정보의 입수를 위한 상대회사 사원의 스카우트, 상대회사의 퇴직사원 포섭, 상대회사의 최근 동향에 관한 정보수집 등을 하는 것이다.
  ㉢ 불법행위로 상대회사에 잠입하여 매수·협박 또는 본인이 직접 기밀서류를 복사·절취·강탈하는 것이다.

3. 내부절도 방지 인사정책
① 채용 시 개인신원조사 [기출 18]
  ㉠ 신원조사 과정에서 검토해야 할 사항 : 지원자의 가족상황, 결혼 여부, 종교관, 동거인의 인적사항, 지원자의 학력·경력·전과·채무관계 여부
  ㉡ 면접사항 : 지원자의 대인관계, 심리적 안정성, 지나치게 자격이 우수한 자 또는 전직 경력이 불분명한 자인지의 여부
② 배경조사
  ㉠ 부정혐의가 있거나 중요한 지위로 승진하는 직원에 대해 별도로 시행하는 조사이다.
  ㉡ 채무관계, 재산관계, 애정관계와 같이 경제적 여건과 밀접한 관계를 갖는 내용을 조사한다.★
③ 인사정책 : 계획실행의 연속성과 직원 채용정책의 일관성은 매우 중요한 요소이자 내부절도를 근본적으로 해결하고자 하는 시발점이라 할 수 있다.★
④ 전과자의 고용정책과 사기진작
  ㉠ 전과자의 고용정책 : 기업의 직원을 채용하는 데 있어서 전과자를 전적으로 거부하는 것은 범죄자들의 재사회화 측면에서 바람직하지 못하므로, 채용 후 범행의 여지가 있는지를 면밀히 검토해 고용정책에 반영해야 한다.★
  ㉡ 직원의 사기진작 : 직원의 사기나 충성도는 내부절도를 좌우하는 중요한 요소가 되므로 소속감을 높여주고 애사심을 키워준다.

4. 내부절도의 경비요령

① 사내의 현금보관장소(금고)는 내부절도의 위험성이 높은 장소이므로 내부인의 직접적인 접근이 이루어지지 않도록 유의하여야 한다. 기출 18
② 직원의 채용단계에서부터 인사담당자와의 협조하에 신원조사를 실시한다.
③ 경비 프로그램을 수시로 변화시킨다.
④ 감사부서와의 협조하에 정기적으로 정밀한 회계감사를 실시하는 것도 한 방법이다. 기출 18
⑤ 고객특성 및 사업장 분위기에 맞는 업무스타일을 구축해야 하며 강도나 긴급대처에 대한 교육이 필요하다.
⑥ 주기적 순찰과 감시경비원 및 CCTV의 확충, 경비인력의 다중화(이중경비-사복·정복 혼합운영)가 필요하다. 기출 18

11 상점경비

1. 들치기(좀도둑)

① 들치기 방법
  ㉠ 훔친 물건을 가방이나 호주머니 등에 넣는 방법
  ㉡ 고가품에 저가품의 가격을 바꿔치기하는 수법
② 들치기 행위자★
  ㉠ **아마추어형** : 전문가와 큰 구별이 없으며 평균 범죄교육을 받은 자들로, 절도행위의 대부분은 경제적으로 가치가 있는 물건을 훔치며 감정적으로 만족을 얻으려고 하는 충동적인 행위들이 많다.
  ㉡ **전문가형** : 계획적이고 실질적이며 가게의 환경을 주의 깊게 살피면서 평범한 구매자로 가장하여 고가로 다시 팔 수 있는 가치 있는 상품을 선택한다.
  ㉢ **상습자형** : 어떤 강박관념에 빠져 그의 욕구를 채워줄 수 있는 대상을 추구하며, 병적이다.
  ㉣ **스릴러형** : 보통 10대 청소년들이 과시욕으로 행한다.

빈칸 채우기

내부절도의 경비요령

→ 사내의 현금보관장소는 내부절도의 위험성이 높은 장소이므로 (❶)의 직접적인 접근이 이루어지지 않도록 유의하여야 한다.
→ 직원의 채용단계에서부터 인사담당자와의 협조하에 (❷)를 실시한다.
→ 감사부서와의 협조하에 정기적으로 정밀한 (❸)를 실시한다.
→ 주기적 순찰과 감시경비원 및 (❹)의 확충, 경비인력의 다중화가 필요하다.

❶ 내부인 ❷ 신원조사 ❸ 회계감사 ❹ CCTV 정답

③ 들치기의 방어수단★
- ㉠ 감시 : 감시원의 감시활동으로 절도의욕을 감소시키는 방법이다.
- ㉡ 거울 : 평면거울을 사용하면 동작의 형태를 굴절 없이 감시할 수 있다.
- ㉢ 경고표시 : 구매자에게 다소 모욕적일 수 있지만 범죄유발 동기를 낮출 수 있다.
- ㉣ 상품전시 : 상품의 진열은 손님을 유도하는 효과와 도둑을 방지하는 이중적인 효과가 있다. 진열된 상품이 빠져 나가면 분실 여부를 식별하기가 쉽기 때문이다.
- ㉤ 물품금액계산 : 가격 바꿔치기 등이 있을 수 있으므로 계산대의 점원은 상품의 표시·가격변경 등을 확인해야 하며 상품포장이나 영수표시를 확실히 해야 한다.

④ 들치기 체포 시 주의할 점
- ㉠ 불법체포 : 대부분의 경우 현행범에 대해서는 체포할 권한이 부여되기 때문에 합법적이라고 할 수 있으나 재량권 이상의 권한행사에 대해서는 합법성에 있어서 문제가 제기된다.
- ㉡ 불법감금 : 자신의 의지에 반한 불법구속으로 자유를 박탈하는 어떤 힘에 의하거나 명백한 협박, 또는 원하지 않는 곳에 남아 있기를 강요당하는 감금상태를 의미한다.
- ㉢ 폭행(폭력) : 타인에게 해악을 가하기 위해 의도적으로 사용하는 물리력으로, 상인은 그의 재산을 신속히 되찾을 권한을 가지고 있으나 비합법적인 힘을 사용하면 안 되며, 더 나아가 재산에 관련한 문제가 아니라면 그 행위에 대해 법적인 책임을 져야 한다.
- ㉣ 부당한 기소 : 책임소재가 명확하지 않은 자를 기소하는 행위로 이와 같은 행위가 정당화될 수 있도록 증명하여야 한다.
- ㉤ 명예훼손(비방) : 명예훼손은 개인의 평판이나 생계수단 등에 편견을 가지고 악의에 찬 중상적인 말을 하는 행위로, 상인이 여러 사람 앞에서 행한 행위에 대하여 들은 사람이 있기만 하면 되는 것이다.

2. 절 도

① 절도의 표적
- ㉠ 절도의 대상은 대부분 고가품의 물품들만 해당되며, 특히 현금은 가장 우선적으로 절도 대상이 된다.★
- ㉡ 소매점에 대한 절도는 보통 급여일 전일에 이루어질 가능성이 크다.

② 절도 및 좀도둑의 책임통제
- ㉠ 절도의 대상 : 운송산업 경영자는 모든 상품들이 절도될 수 있다는 것을 인식한다.
- ㉡ 좀도둑의 특성 : 일반적으로 충동적인 범행이자 단독범행이며, 감지될 위험이 적은 경우에 발생한다.
- ㉢ 좀도둑의 억제 : 이동 중인 모든 단계마다 또는 보관 중인 상품에 대하여 책임통제를 하고, 물품보관창고 지역에서의 모든 소화물은 출입문이나 보관시설의 입구에 있는 통제지점에서 검사를 받아야 한다.

③ 절도방지 대책
- ㉠ 절도 예방 시스템의 개개요소가 각각의 상황에 효율적으로 적용되어 전체적인 통합 시스템으로 구축되어야 하며, 건물구조의 성질과 그 지역 교통유형을 고려해야 한다.
- ㉡ 상점 주인들은 이웃상점에 절도사건이 발생하였을 때 경찰의 대응효과나 출동시간 등을 면밀히 점검해 둘 필요가 있다.

3. 강도

① 강도의 특성
- ㉠ 강도범은 상점에 많은 현금이 있다고 판단되면 범행 대상으로 삼으므로, 상점 주인은 예견되는 상황에 대비하여 실질적으로 필요한 금액만 소지하도록 해야 한다.
- ㉡ 강도행위는 개점이나 폐점 시에 가장 많이 일어나므로 만일의 사태에 대비하여 개·폐점 시 직원은 관리인이 상점에 들어가고 나가는 동안 출입구에서 경비하는 것이 효과적이다. ★★

② 현금운반과 보관
- ㉠ 현금운반 : 무장호송차량에 의해 운송되는 방법이 안전하기는 하지만 비용이나 시설 등의 미비로 운송할 수 없을 때는 경찰에 보호요청을 해야 한다. 현금을 호송할 때는 운전자 외에 가스총 등을 휴대한 경비원을 동승시키며 자체 현금수송 시 청원경찰을 포함한 3인 이상이 해야 함이 원칙이다. ★★
- ㉡ 현금보관소 : 상점의 현금보관소(금고 등)는 타인의 접근이 직접적으로 이루어지지 않도록 하고, 현금보관소의 위치와 경보에 관한 기본적인 대책들이 보완되어야 한다.

12 운송화물의 경비

1. 화물운송의 책임

① 송장제도
- ㉠ 운송인의 책임문제는 주문을 받고 나서 이동하면서부터 시작된다.
- ㉡ 고객은 상품이 정상적인 송장형식에 기초하고 있을 때에만 적송화물로 인정해야 한다.

> **운송절차의 중요성**
> 상품이 집적되고 운반되는 것이 효율적으로 이루어지려면 운송절차에 기초하여야 한다.

② 운송기능별 책임분담
- ㉠ 송장제도 자체로는 선적하는 데 있어서 정확을 기하는 추가적 점검을 할 수 있게 해준다.
- ㉡ 화물운송에 있어서 화물이 이동하는 단계마다 꼭 지켜야 할 절차는 책임이다. 명확한 책임을 지우기 위해서는 물품을 선별하고, 취급하고, 선적하거나 확인하는 작업을 책임지는 개개인에게 서명날인(署名捺印)을 하도록 하거나, 적송화물과 함께 보내지는 송장(送狀)에 서명할 것을 요구하여야 한다. ★
- ㉢ 수령이 끝나는 시점에서 운송전표는 수령직원에게 주어져야 하며, 사전에 운송전표를 제시하지 않은 상품은, 수령한 상품의 총계를 확인할 수 있는 적절한 사람에 의해서만 하역되어야 한다.

2. 운송화물 경비수립

① **지역별 통제**(건물의 지정된 부분이나 시설 전체 작업지역의 구분) 🔑 통 > 제 > 배
  ㉠ **통제지역** : 허가된 개인과 차량을 제외한 모든 것의 출입과 행동이 제약을 받게 되는 지역으로, 일반 사무실, 화장실, 화물도착지, 개개인에 의해 사용될 수 있는 라커룸 등 제한된 한 지역 내에 위치한 모든 시설들을 통제지역으로 지정할 수 있다. ★
  ㉡ **제한지역** : 보다 세심한 정도의 안전이 요구되는 통제지역 내의 장소로, 여기에서는 파손된 물품, 저장탱크의 분류 및 처리, 그리고 컨테이너의 재수선 등이 이루어진다. ★
  ㉢ **배제지역** : 높은 가치의 화물만을 취급하고 보관하기 위한 곳으로서 일반적으로 제한지역 내의 조그마한 방, 금고실 등으로 구성되어 있다. 이 지역의 출입을 허가받은 사람의 수는 지극히 제한되어 있고, 항상 감시하에 있어야 한다. ★

② **차량관리**
  ㉠ 통제지역에 들어오는 모든 차량을 관련 서류에 의해 등록하고 확인해야 한다. ★
  ㉡ 화물로 가득찬 트레일러의 봉인, 지역에 들어오고 나갈 때의 시간, 운전사의 통행증을 검사하고, 싣고 내리는 것을 확인한다.
  ㉢ 지역을 떠나는 모든 차량은 선적서류와 비교해서 그들의 봉인을 확인받은 후 문을 통과시키고, 봉인이 되지 않은 차량은 검사대상이 된다.

③ **화물운송 중의 안전수칙**
  ㉠ 차를 잘 보이는 곳에 주차하고 누구에게도 자신의 운반물품에 대한 비밀을 노출해서는 안 된다.
  ㉡ 예정된 경로(經路)를 이탈해선 안 되며, 절도 등의 사건 발생 시 신속하게 대처할 수 있도록 비상연락 및 도로상황 등에 대한 안전수칙을 준수해야 한다.

---

4 시설물에 따른 경비

01 금융시설경비

1. 금융시설의 위험요소와 안전장치

① 금융시설에서 많이 발생하는 범죄에는 강도, 절도, 고객에 대한 공격, 납치강탈, 횡령, 사기(피싱, 신용카드사기, 통신망사기, 대출사기, 수수료사기 등), 서류위조 등이 있다.
② 기본적인 안전장치로는 ㉠ 현금과 귀중품을 보관할 수 있는 안전한 장소 확보, ㉡ 금고 보호대책 구축, ㉢ 신속한 경보체계 구축, ㉣ 외부 압력에 견디는 창문과 잠금장치 설치, ㉤ 내부직원 통제 등이 있다.
③ 미국은 금융시설의 강도 등 외부침입을 예방·대응하기 위하여 은행보호법을 제정·시행하고 있다.

2. 금융시설의 안전관리

① 경비책임자의 역할
- ㉠ 방범계획의 수립 및 안전관리 지도
- ㉡ CCTV 등 방범설비 안전점검 및 정비
- ㉢ 경찰과의 연락체계 구축 및 방범정보의 교환
- ㉣ 현금수송 경비계획의 수립 및 지도
- ㉤ 직원의 방범훈련 실시 및 방범기기 사용요령 교육
- ㉥ 업무종료(폐점) 이후 안전관리 강화대책 수립

② CCTV 안전관리
- ㉠ 점포 내 출입문 및 로비, 점포 외부 ATM에 설치
- ㉡ 점포규모에 따른 카메라 수, 녹화테이프 확보
- ㉢ 범인검거 및 수사를 위한 CCTV 화질 선명도 유지

③ 현금수송★★
- ㉠ 원칙적으로 현금수송 전문경비회사에 의뢰할 것
- ㉡ 자체 수송 시 가스총 등을 휴대한 청원경찰 포함 3명 이상 확보
- ㉢ 현금수송 시 통신수단 및 긴급 무선연락망 구축

④ 경비원의 근무요령 및 금융시설경비의 특징
- ㉠ 금융시설의 특성상 개·폐점 직후나 점심시간 등이 취약시간대로 분석되고 있다. 기출 11
- ㉡ 금융시설경비는 특수경비원보다는 자체경비에 해당하는 청원경찰 인력을 주로 활용하고 있다. 기출 11
- ㉢ 금융시설 내에 한정하지 않고 외부경계 및 차량감시도 경비활동의 대상에 포함된다. 기출 11
- ㉣ 경찰과 범죄예방정보의 교환이 매우 중요하다. 기출 11
- ㉤ 경비원의 위치는 고객 등의 출입이 완전히 확인되고, 경비원 측에서 먼저 의심스러운 자를 쉽게 발견할 수 있는 곳일 것
- ㉥ 경계근무는 가능한 한 2명 이상이 하는 것으로 하고, 점포 내 순찰, 출입자의 감시 등 구체적인 근무요령에 따라 실시★
- ㉦ 월말, 연말, 보너스 시기 등 다액의 현금이 입·출금되는 기간에는 특히 철저한 경계 실시
- ㉧ 이상거동자 발견 시 기선제압을 위해 큰소리를 외침과 동시에 상황에 따라 상급자 또는 경비책임자가 경찰에 지원요청

빈칸 채우기

금융시설경비의 특징
- 금융시설경비는 (❶)보다는 자체경비에 해당하는 (❷) 인력을 주로 활용하고 있다.
- 금융시설 내에 한정하지 않고 (❸)경계 및 (❹)감시도 경비활동의 대상에 포함된다.
- (❺)과 범죄예방정보의 교환이 매우 중요하다.

❶ 특수경비원 ❷ 청원경찰 ❸ 외부 ❹ 차량 ❺ 경찰 정답

02 의료시설경비

1. 의료시설의 중요성
① 종합병원, 병원 등 의료시설은 시설 자체의 특수성으로 인해 수많은 위험이 상존하고 있으며, 지속적으로 수용되는 환자 및 방문객 등의 출입으로 관리상의 어려움이 있기 때문에 사후통제보다는 위험요소의 사전예방에 초점을 두는 것이 바람직하다. 기출 13·11
② 의료시설에서 발생할 수 있는 위험에는 화재, 절도, 강도, 폭력, 천재지변 등이 있다.

2. 의료시설경비의 취약성
① 출입통제
  ㉠ 병원 등 의료시설은 환자, 방문객, 의사·간호사 등 의료인력 등의 출입이 잦기 때문에 출입통제가 매우 어렵다. 또한 대다수는 병원구조에 친숙하지 않다.
  ㉡ 대다수 병원들은 중요한 두 개의 문을 가지고 있는데, 하나는 중앙 출입구(경비원에 의해 관리됨)이고, 다른 하나는 통신센터이다.
② 화재대응
  ㉠ 의료시설은 특히 화재에 취약하다. 실제로 의료시설에 화재가 발생할 확률은 일반건물의 100배에 달한다고 한다.
  ㉡ 병원에는 수많은 전기기구, 산소통, 가연성 물질 등 병원 특유의 발화요인이 많고, 화재 발생 시 거동할 수 없는 환자들이 많기 때문에 대형 인재(人災) 가능성이 높다.

3. 의료시설의 안전관리
① 특히 의료시설 중 응급실의 안전관리가 매우 중요하다. 왜냐하면 응급실은 24시간 개방, 일반인의 통제 없는 접근가능, 생명의 긴박성에 따른 폭력 및 기타 위해요소, 다수의 환자수용에 따른 문제점 등 복합적 문제가 상존하기 때문이다. 기출 11
② 의료시설에서 응급실은 불특정다수인이 많이 왕래하는 등의 특성으로 인해 잠재적 위험성이 가장 높기 때문에 1차적 경비대책이 요구된다. 기출 13
③ 응급실 이외에 조제실 및 약품창고, 산부인과 및 소아과 등도 특별한 보호대상이다.
④ 출입구 배치나 출입제한구역 설정은 안전책임자와 병원관계자의 협의에 의해 이루어질 수 있다. 기출 11
⑤ 지속적으로 수용되는 환자 및 방문객 등의 출입으로 인한 관리상의 어려움이 많기 때문에 그에 맞는 출입통제 대책이 필요하다. 기출 13·11

빈칸 채우기

의료시설경비
→ (❶)보다는 위험요소의 (❷)에 초점을 두는 것이 바람직하다.
→ 불특정다수인이 많이 왕래하는 등의 특성으로 인해 잠재적 위험성이 가장 높은 (❸)의 안전관리가 매우 중요하다.
→ (❹) 배치나 출입제한구역 설정은 안전책임자와 병원관계자의 협의에 의해 이루어질 수 있다.

정답 ❶ 사후통제 ❷ 사전예방 ❸ 응급실 ❹ 출입구

4. 의료시설 안전책임자의 역할
특히 화재예방 및 화재발생 대비를 위한 안전관리에 중점을 둔다.
① 소화기, 소화전, 소화호스, 산소차단밸브의 상태점검
② 비상구 및 경보시스템의 상태점검
③ 금연구역이나 위험지역을 알리는 표시의 상태 및 적절한 부착위치 점검
④ 비상계단, 굴뚝탑으로의 이동 중 장애물의 점검
⑤ 중요시설지역의 지속적인 점검 및 감시
⑥ 발생가능한 잠재적 범죄에 대한 지속적인 감시 및 순찰 확인

03 숙박시설경비

1. 숙박시설경비의 중요성
① 국제화 및 국제행사의 증가로 내국인의 잦은 해외출장, 외국 바이어나 외국 주요인사들의 국내 체류가 증가함에 따라 숙박시설경비의 중요성이 커지고 있다.★
② 숙박시설 전반에 대한 안전관리뿐만 아니라 주요인사들에 대한 신변보호도 중요한 경비요소가 된다.★

2. 경비부서의 규모
① 숙박시설 내에 근무하는 경비원의 규모는 객실(room) 수 이외에도 시설의 물리적 크기(건물의 면적과 층수 등), 직원의 수 등의 비율을 함께 고려하여 결정하여야 한다.
② 또한 숙박시설이 있는 지역의 범죄발생률이 높다면, 시설 내부경비뿐만 아니라 외부로부터 불법침입자, 방범 및 시설 외부경비도 고려하여야 한다.
③ 경찰, 소방, 구급서비스 등 공공안전자원의 활용여부도 고려한다.

3. 숙박시설 경비원의 임무
① 시설 내부와 외부에 대한 순찰활동이 가장 기본적인 임무이다. 순찰활동에는 건물점검, 호텔로비 점검, 불법침입자 감시, 화재점검, 폭발물 점검, 기타 비상사태 점검 등이 있다.
② 경비활동에 대한 경비보고서를 작성하는 것이 좋은데, 여기에는 사건보고, 화재점검, 경비활동 및 교대근무 보고, 안전규칙 위반사항 등을 기록한다.

4. 숙박시설경비의 특징
① 숙박시설경비에서 특히 주안점을 두어야 할 부분은 절도와 매춘이다.★
② 경비원들에게 열쇠통제와 고객 사생활보호 교육을 실시한다.★

04 판매시설경비

1. 판매시설경비의 위해요소분석
① 고객 및 직원에 대한 기본적 통제
② 공공지역과 주차지역에 대한 통제
③ 재산범죄 및 폭력범죄의 위해분석
④ 공공지원 여부(공공안전자원의 활용도) 분석

2. 판매시설경비의 특징
① 가장 기본적인 경비형태는 경비원 또는 CCTV 감시체계이다. ★
② 들치기, 절도 등으로 인한 손실이 기업경영에 많은 영향을 준다. ★
③ 강도와 같은 잠재적인 범죄는 판매시설의 개점이나 폐점 시 발생할 가능성이 높기 때문에 이에 대한 대책 마련이 중요하다.
④ 내부직원의 현금등록기 불법조작, 물건의 가격바꾸기, 상품절도, 사기행위 등을 감시하는 것도 매우 중요하다.

05 교육시설경비

1. 교육시설경비의 의의
① 교육시설 보호 및 이용자 안전 확보를 목적으로 한다.
② 교육시설의 특별범죄 예방의 대상에는 컴퓨터와 관련된 정보절도, 사무실 침입절도 등이 포함된다.

2. 교육시설경비의 특징
① 교육시설의 위험요소 조사 시 교육시설과 지역사회와의 상호관계도 고려대상에 포함되어야 한다. ★
② 교육시설의 범죄예방활동은 계획 → 준비 → 실행 → 평가 및 측정의 순서로 이루어진다. ★

빈칸 채우기

교육시설경비
→ 교육시설 보호 및 이용자 (❶) 확보를 목적으로 한다.
→ 교육시설의 특별범죄 예방의 대상에는 컴퓨터와 관련된 (❷)절도, 사무실 (❸)절도 등이 포함된다.
→ 교육시설의 위험요소 조사 시 교육시설과 (❹)와의 상호관계도 고려대상에 포함되어야 한다.
→ 교육시설의 범죄예방활동은 (❺) → (❻) → 실행 → 평가 및 측정의 순서로 이루어진다.

정답 ❶ 안전 ❷ 정보 ❸ 침입 ❹ 지역사회 ❺ 계획 ❻ 준비

5 재해예방과 비상계획

01 화재예방

1. 화재의 개념

① 불과 화재
  ㉠ 불 : 가연물이 산소와 반응하여 열과 빛을 동반한 급격한 연소현상
  ㉡ 화재 : 자연 또는 사람의 고의나 과실로 인해 발생한 연소현상으로 소화설비 또는 동등 이상의 소방력을 동원하여 소화할 필요가 있는 재해
② 화재 발생의 3대 요소 [기출 14·13] : 열(熱), 재료(가연물), 산소의 세 가지로서, 이 가운데 어느 하나만이라도 제거하면 곧바로 화재는 진압된다.

2. 화재의 특성

① 화재는 열과 화염, 화재의 부산물로서 독가스나 유해가스, 연기 등을 발생시킨다.
② 화재에 의한 사망자 대다수가 연기에 질식 또는 중독되어 사망한다. ★
③ 열에 의해 팽창된 공기는 창문과 문 쪽으로 이동하는데 이때의 공기는 엄청난 힘으로 문과 창문을 부수고 외부로 빠져나가게 된다. → 현장접근의 어려움
④ 화재 발생 시 인체에 해로운 연소가스는 일산화탄소, 포스겐, 염화수소, 황화수소, 시안화수소 등이 있는데 그중 가장 많이 발생되는 것은 일산화탄소이다.
⑤ 일산화탄소는 혈액 속의 헤모글로빈(Hb)과 결합하여 산소결핍 현상을 일으킨다. ★
⑥ 일산화탄소와 이산화탄소 가스는 대부분이 상층의 밀폐된 부분으로 모이는데 이 부분이 사람이 많이 몰리는 곳이다.

빈칸 채우기

화재의 개념 및 특성

⋯ 불은 (❶)이 (❷)와 반응하여 열과 빛을 동반한 급격한 연소현상이다.
⋯ 화재 발생의 3대 요소는 (❸), (❶), (❷)로서, 이 가운데 어느 하나만이라도 제거하면 곧바로 화재는 진압된다.
⋯ 화재에 의한 사망자 대다수가 연기에 (❹) 또는 (❺)되어 사망한다.
⋯ 화재 발생 시 가장 많이 발생되는 연소가스인 (❻)는 혈액 속의 헤모글로빈과 결합하여 (❷)결핍 현상을 일으킨다.

❶ 가연물 ❷ 산소 ❸ 열 ❹ 질식 ❺ 중독 ❻ 일산화탄소 [정답]

3. 화재 발생의 단계 및 감지기 기출 11

구 분	내 용	감지원	적합한 감지기
초기 단계	약간의 열기만 감지할 수 있고 열과 연기, 빛이 나타나지 않은 발화상태로, 가연성 물질이 나온다.	가연성 물질	이온감지기
그을린 단계	불꽃은 보이지 않고 약간의 연기만 감지된다.	연 기	연기감지기, 광전자감지기
불꽃발화 단계	실제 불은 눈에 보이지 않지만 불꽃과 연기는 보이는 상태이다.	불 꽃	적외선감지기
열 단계	불꽃과 연기, 그리고 강한 열이 감지되면서 계속적으로 불이 외부로 확장되는 상태로, 공기는 가열되어 위험할 정도로 팽창되는 상태이다.	열	열감지기

① 이온감지기 : 화재 발생 초기단계에서 연기와 불꽃이 보이지 않고, 감지할 수 있는 열도 나타나지 않는 상태에서 미세한 연소물질이 노출되었을 때 작동하는 감지기이다.
② 광전자감지기 : 주위의 공기가 일정 농도 이상의 연기를 포함한 경우에 작동하는 감지기이다.
③ 적외선감지기 : 화재 발생 시 불꽃에서 나오는 적외선을 감지하여 내장된 MPU가 신호를 처리하는 것으로, 감지속도가 빠르고 확실하게 감지할 수 있으며 옥외에서도 사용할 수 있다.
④ 열감지기 : 일정 온도 이상으로 내부온도가 올라갔을 때 경보를 발하는 감지기이다.

4. 화재의 취약점
① 화재는 언제 어느 때라도 발생할 가능성이 있다. ★
② 일반 건물의 내부는 연소될 수 있는 물건이나 물질로 구성되어 있다.
③ 불연성 카펫과 벽지라도 먼지가 너무 많이 쌓여 있으면 화재가 발생할 수 있다. ★

> **불연성과 내화성**
> • 불연성 : 재료가 갖는 연소하지 않는 성질
> • 내화성 : 다른 재질에 비해서 불이 옮겨지지 않는 성질

빈칸 채우기

화재 발생의 단계 및 감지기
→ 초기 단계 : 약간의 열기만 감지할 수 있고 열과 (❶), 빛이 나타나지 않은 발화상태로, (❷) 물질이 나온다. (❸)감지기가 작동한다.
→ 그을린 단계 : 불꽃은 보이지 않고 약간의 (❶)만 감지된다. (❶)감지기, 광전자감지기가 작동한다.
→ 불꽃발화 단계 : 실제 불은 눈에 보이지 않지만 불꽃과 (❶)는 보이는 상태이다. (❹)감지기가 작동한다.
→ 열 단계 : 불꽃과 (❶), 그리고 강한 열이 감지되면서 계속적으로 불이 외부로 확장되는 상태로, 공기는 가열되어 위험할 정도로 (❺)되는 상태이다. 열감지기가 작동한다.

정답 ❶ 연기 ❷ 가연성 ❸ 이온 ❹ 적외선 ❺ 팽창

5. 화재의 대책 기출 11
① 화재는 열, 가연물, 산소 3가지 요소의 결합에 의해 발생하므로 각각의 성질을 파악해야 한다.
② 화재 발생 시 화염에 의한 사망자보다 연기와 유독가스에 의해 사망하는 경우가 많다.
③ 목재류보다는 화학제품에서 많은 연기와 유독가스가 발생한다.
④ 컴퓨터실은 정비소, 보일러실과 같은 시설보다 민감한 화재감지시스템을 설치하는 것이 바람직하다.

6. 화재의 유형 기출 19·16·15·12·11
① A형 화재(일반화재) : 종이, 쓰레기, 나무와 같이 일반적인 가연성 물질이 발화하는 경우로 백색연기를 발생하는 화재유형이다. 물을 사용하여 온도를 발화점 밑으로 떨어뜨려 진압하는 것이 가장 효과적이다.
② B형 화재(유류화재) : 휘발성 액체, 알코올, 기름, 기타 잘 타는 유연성 액체에 의한 화재로 물을 뿌리게 되면 더욱 화재가 확대되게 된다. 산소공급을 중단시키거나 불연성의 무해한 기체인 이산화탄소의 살포 등이 가장 효과적인 진화방법이다.
③ C형 화재(전기화재) : 전압기나 변압기, 기타의 전기설비에 의해 발생한 화재로 일반적인 소화방식으로 화재를 진압하지만 물을 사용할 때는 절연성의 방전복을 입는 것이 중요하다.
④ D형 화재(금속화재) : 마그네슘, 나트륨, 수소화물, 탄화알루미늄, 황린·금속분류와 알칼리금속의 과산화물 등이 포함된 물질에 화재가 발생한 경우로 건성분말의 화학식 화재진압이 효과적이다.
⑤ E형 화재(가스화재) : 취급자의 부주의와 시설불량으로 촉발되어 순식간에 대형화재로 발전한다.

7. 화재경보센서
① 연기센서
  ㉠ 이온화식 스포트형 : 주위의 공기가 일정 온도 이상의 연기를 포함한 경우에 작동하는 것으로 연기에 의한 이온전류의 변화에 의해 작동된다.
  ㉡ 광전식 스포트형 : 주위의 공기가 일정 농도 이상의 연기를 포함한 경우에 작동하는 것으로 광전소자에 의해 받는 빛의 양의 변화에 따라 작동된다.
  ㉢ 광전식 분리형 : 주위의 공기가 일정 농도 이상의 연기를 포함한 경우에 작동하는 것으로 광범위한 연기의 누적에 의해 광전소자가 받는 빛의 양에 따라 작동한다.
② 열센서
  ㉠ 차동식(差動式) 스포트형 : 주위 온도가 일정한 온도상승률 이상이 되었을 때에 작동하는 것으로 열효과에 의해 작동된다.
  ㉡ 차동식(差動式) 분포형 : 주위 온도가 일정한 온도상승률 이상이 되었을 때에 작동하는 것으로 열효과의 누적에 의해 작동된다.
  ㉢ 정온식(定溫式) 스포트형 : 주위 온도가 일정 온도 이상이 되었을 때에 작동하는 것으로 금속(金屬)의 팽창을 이용한다.
  ㉣ 정온식(定溫式) 감지선형 : 주위 온도가 일정 온도 이상으로 되었을 때에 작동하는 것으로 겉모습이 전선 모양인 것이다.
  ㉤ 보상식(補償式) 스포트형 : 차동식의 성능과 정온식의 성능을 가진 콤비네이션 타입으로, 두 가지 기능 중 한 가지만 작동하여도 화재신호를 발신한다.

화재센서의 설치기준
- 열센서는 설치장소의 아래쪽 0.3m 이내, 연기센서는 0.6m 이내의 위치에 설치한다.
- 공기의 배출구로부터 1.5m 이상 떨어진 장소에 설치한다.
- 다음과 같은 장소는 센서를 설치할 필요가 없다.
  – 설치장소의 높이가 20m 이상인 장소
  – 옥상이나 기타 공기가 유통하는 장소로서, 센서에 따라서는 그 장소의 화재발생을 효과적으로 감지할 수 없는 장소
  – 천장 안쪽의 높이가 0.5m 미만인 장소

③ **불꽃센서** : 화재 시에 불꽃에서 나오는 자외선이나 적외선, 혹은 그 두 가지의 일정량을 감지하여 내장된 MPU가 신호를 처리하는 것으로 감지속도가 빠르고 확실하게 감지할 수 있으며, 옥외에서도 사용할 수 있다.

화재경보센서 암기법
- 연기센서 : 이온화식, 광전식 → 두 **연화광전**
- 열센서 : 차동식, 정온식, 보상식 → 두 **열차정보**
- 불꽃센서 : 자외선, 적외선 → 두 **불자적**

8. 가스누출센서

① LPG용 센서
  ㉠ LPG는 공기보다도 비중이 무거우므로 바닥에 설치한다. ★
  ㉡ 작동원리는 도시가스용과 동일하지만 감지하는 가스의 농도가 다르다.

LPG의 특성
- 액화석유가스이다.
- 무색, 무취, 무미이다.
- 공기보다 무겁다.
- 주성분은 프로판과 부탄가스이다.

빈칸 채우기

LPG의 특성
→ LPG의 주성분은 (❶)과 (❷)이고, 무색·무취·무미이며, 공기보다 (❸).

정답 ❶ 프로판 ❷ 부탄가스 ❸ 무겁다

② LNG용 센서(도시가스용 센서)
  ㉠ 도시가스는 공기보다도 비중이 가벼우므로 천장에 설치한다. ★
  ㉡ 금속산화물 반도체에 가연성 가스가 흡착하면 공기저항이 일어나는 것을 응용하여 소정의 가스 농도에 의해 작동시킨다.

> **가스누출감지센서**
> - 반도체식 센서
> - LPG용 센서
> - LNG(도시가스)용 센서
> - 접촉연소식 센서
>
> **가스누출 시 조치사항**
> - 가스기기의 코크, 중간밸브, 용기밸브를 잠글 것
> - LPG가스의 경우 창문을 열고 바닥에 깔려 있는 가스를 밖으로 환기시킬 것
> - 주위에 점화원을 없앨 것 ★
> - 전기기구는 절대 사용하지 말 것 ★

9. 누전경보센서

① **기능** : 누전경보센서는 건물 내 교류(AC) 전선로가 피복이 벗겨져 누전되었을 때 경보를 하거나 해당 전선로의 차단기를 작동시켜 누전에 의한 화재를 예방하는 장치이다. ★
② **구성**
  ㉠ 변류기 : 누설전류를 검출하여 수신기로 송신
  ㉡ 수신기 : 송신된 누설전류를 분석하고 경보를 출력
  ㉢ 차단기 : 누전경보가 출력되면 해당 전선로의 전원을 차단

10. 비상경보설비

① **기능** : 감지된 화재를 신속하게 건물 내부에 있는 사람들에게 알려서 피난하게 하거나 초기 화재진압을 용이하게 하는 장치이다. ★
② **종류** : 비상벨설비, 자동식 사이렌, 단독형 화재경보기, 비상방송설비, 화재수신반 등이 있다.

11. 소화방법 기출 19

① **제거소화** : 가연물을 제거하여 소화하는 방법
② **질식소화** : 연소범위의 산소 농도를 저하시켜 연소가 되지 않도록 하는 방법 ★
③ **냉각소화** : 연소물을 냉각하여 그 온도를 발화점 이하로 떨어뜨려 소화하는 방법으로 물을 많이 사용한다. ★
④ **억제소화** : 연소의 연쇄반응을 부촉매 작용에 의해 억제하는 소화방법(할로겐화합물 소화약제) ★
⑤ **희석소화** : 산소나 가연성 기체의 농도를 연소범위 이하로 희석시켜 소화하는 방법

12. 소화설비

① 소화기 : 물양동이, 소화수통, 건조사, 팽창질석, 팽창진주암 등이 있다.
② 옥내 소화전설비 : 건물 내의 화재 시 발화 초기에 신속하게 소화작업을 감행할 수 있도록 되어 있는 고정식 소화설비이다.
③ 스프링클러설비(자동살수장치) : 방화대상물의 상부 또는 천장 면에 배수관을 설치하고 경보밸브를 통해 급수원 및 경보장치에 연결시켜 화재 발생 시 경보를 발하면서 급수관에 들어 있는 물이 방사되는 고정식 종합적 소화설비이다.
④ 물분무 소화설비 : 물을 분무상으로 분산 방사하여 분무수로 연소물을 덮어씌우는 소화설비이다.
⑤ 포말 소화설비 : 중조의 수용액에 아교 등의 접착성 물질을 섞은 혼합제와 황산알루미늄 용액제를 일정비율로 혼합해서 그 화학반응에 의해 발생하는 탄산가스를 둘러싸고 생기는 미세한 화학포말(Chemical Foam)을 연소 면에 끼얹어 덮어씌움으로써 산소의 공급을 차단하는 질식소화설비이다.
⑥ 불연성 가스 소화설비 : 불연성 가스를 방출함으로써 산소함유율을 저하시키는 질식소화설비이다.
⑦ 증발성 액체 소화설비 : 온도가 상승하면 바로 불연성의 무거운 기체로 변하는 증발성 액체(4염화탄소, 1염화, 1브롬화메탄)를 연소물에 방사함으로써 탄산가스 소화설비의 경우와 마찬가지로 산소함유율을 저하시켜 질식소화작용을 하는 동시에 증발열에 의한 냉각소화작용도 하는 화재진화설비이다.
⑧ 옥외 소화전설비 : 건물의 화재 발생에 대비하여 옥외에 설치하는 고정식 소화설비이다.
⑨ 동력 소방펌프 설비 : 화재 발생 시 수원으로부터 물을 끌어올리기 위한 동력펌프이다.
⑩ 분말 소화설비 : 중조의 미분말을 이용하여 만든 것으로 탄산가스를 발생시켜 질식소화작용을 하는 동시에 냉각소화(冷却消火) 효과를 포함하고 있는 소화설비이다.

빈칸 채우기

주요 소화설비

→ (❶)설비 : 건물 내의 화재 시 발화 초기에 신속하게 소화작업을 감행할 수 있도록 되어 있는 고정식 소화설비이다.
→ (❷)설비 : 방화내상물의 상부 또는 천장 면에 배수관을 설치하고 경보밸브를 통해 급수원 및 경보장치에 연결시켜 화재 발생 시 경보를 발하면서 급수관에 들어 있는 물이 방사되는 고정식 종합적 소화설비이다.
→ (❸)설비 : 화학포말을 연소 면에 끼얹어 덮어씌움으로써 산소의 공급을 차단하는 질식소화설비이다.

정답 ❶ 옥내 소화전 ❷ 스프링클러 ❸ 포말 소화

13. 소화기

① 소화기의 종류

㉠ 포말 소화기 : 화재의 규모가 작은 A·B형 화재에 효과적이다.

㉡ 소다-산 분사식 소화기 : A형 화재진압에 사용하나 다소 무겁고 다루는 데 어려움이 있다.

㉢ 물안개 분사기 : 스프링클러처럼 물을 분사하는 방식으로 특히 A·B형 화재진압에 효과적이다.

> **물안개 분사기의 특징**
> - 연료를 빨리 냉각시킨다.★
> - 유독성 물질이 외부로 나가는 것을 막고, 적은 양의 물로 화재진압이 가능하다.★
> - 열을 빨리 식혀 공기의 온도를 내림으로써 내부에 갇힌 사람이 보다 쉽게 탈출할 수 있도록 한다.
> - 내부온도를 빨리 식히기 때문에 외부의 신선한 공기를 유도할 수 있다.
> - 질식의 우려가 적다.★

㉣ 이산화탄소식 소화기 : 일반적으로 B·C형 화재에 사용되고 A형 화재진압을 위해 활용되지만 큰 화재에는 부적합하다.

㉤ 건식 화학소화기 : 소화기에서 분사되는 화학성분이 불꽃의 확산을 방지하고 냉각시키는 역할을 하기 때문에 A·B·C형 화재에 사용된다.

㉥ 사염화탄소식 소화기 : 불이 필요로 하는 산소를 없애버리면서 기화해 버리기 때문에 공개된 야외에서만 사용되며 밀폐된 공간에서 사용할 경우 인체에 치명적인 손상을 입힐 수 있다.

㉦ 건식 분말소화기 : 화재 시 유독성 가스가 발생하는 D형 화재에 주로 사용된다.

㉧ 할론 소화기 : 할로겐을 이용한 소화기로 B·C형 화재에 주로 이용된다. 사용 시 물체에 전혀 손상이 없으나 가격이 비싸고 최근에는 프레온과 같이 오존층을 파괴하는 물질로 규제되고 있다.

② 소화기 표시색 기출 16·15

구 분	A	B	C	D	E
화재의 유형	일반화재	유류화재	전기화재	금속화재	가스화재
표시색	백색	황색	청색	무색	황색

빈칸 채우기

소화기 표시색
→ A : 일반화재 - (❶)색
→ B : (❷)화재 - (❸)색
→ C : (❹)화재 - (❺)색
→ D : (❻)화재 - 무색
→ E : (❼)화재 - (❽)색

정답 ❶ 백 ❷ 유류 ❸ 황 ❹ 전기 ❺ 청 ❻ 금속 ❼ 가스

14. 화재안전교육과 화재대응활동

① 화재안전교육의 내용
   ㉠ 화재에 대비한 비상구 위치확인, 비상구의 작동요령 등 실질적인 교육훈련
   ㉡ 화재 발생의 신고와 경보체계의 중요성에 대한 교육
   ㉢ 화재 발생 시 본인의 역할에 대한 사전분담 교육
   ㉣ 화재경보시스템에 대한 교육
   ㉤ 화재 발생 시 정서적 안정성(침착성, 냉정성) 유지 교육
   ㉥ 화재 발생 시 엘리베이터 작동에 관한 교육
   ㉦ 화재진압장비의 사용법에 대한 교육
   ㉧ 연기나 불로 통로가 막힌 경우 대피방안에 관한 교육 등

② 직원의 화재대응활동
   ㉠ 자체소방단
   - 시설 내에서 유류나 폭발성 물질을 취급하는 경우 자체소방단을 사전에 구성한다.
   - 화재 발생 시 화재에 대한 초기진압과 소방관들에 대한 지원업무를 담당한다.★
   - 자체소방단은 경비원 등으로 구성될 수 있다. 경비원들은 평소 자신들이 관리하던 시설이므로 화재진압에 있어서 보조적인 조치나 기계장치의 조작 등을 쉽게 할 수 있다.★
   - 소방책임자와 부책임자를 두고 평소 화재예방에 대한 관리를 철저히 하고, 지휘명령체계도 갖추어야 한다.

   ㉡ 대피훈련
   - 대피훈련은 평소에 철저히 준비하고 화재 대피 시 침착성을 잃지 않는 것이 중요하다.
   - 화재 대피 시 우선순위 : 아동을 먼저 대피시키고, 노약자와 여성, 성인 남성 순으로 대피한다.★
   - 고층빌딩에서의 대피
     – 엘리베이터는 전혀 쓸모가 없으므로 별도의 비상구가 마련되어 있어야 한다.★
     – 고가사다리차의 경우 높은 층(7층)까지는 닿지 않기 때문에 가능하면 아래층으로 내려올 수 있도록 유도해야 한다. → 경비원의 대피유도 책임★

> **화재예방과 진압**
> - 자체소방단의 구성은 보다 큰 피해를 줄일 수 있다.
> - 자체소방책임자는 유사시 통일적인 명령지휘체계를 유지해야 한다.
> - 직장 내 화재 발생 시 직원들은 비상구로 빨리 대피해야 한다.
> - 자체소방단이 클 경우에도 별도로 부책임자나 보좌역을 두어 보다 효과적인 소방업무를 수행할 수 있어야 한다.

02 폭발물에 의한 테러 위협

1. 대응단계 [기출] 22·15
① 폭발물에 의한 테러 위협을 당하면 우선적으로 사람을 건물 밖으로 대피시켜야 한다. ★ [기출] 19
② 폭발물이 설치되어 있을 것으로 예상되는 지역을 전부 봉쇄한 다음 전문가를 동원하여 폭탄이 있는지의 여부를 탐색한다. ★
③ 폭발물이 발견되면 그 지역을 자주 출입하는 사람이나 출입이 제한된 사람들의 명단을 신속하게 파악한다. ★ [기출] 19

2. 경비원의 역할 [기출] 20·17·16·15
① 비상사태 발생 시 경비원은 비상요원으로서의 역할을 수행해야 한다.
② 건물 내 폭발물에 의한 위협이 발생되었을 때에는 경비책임자는 경찰과 소방서에 통보하고 후속조치를 기다려야 한다. ★ [기출] 19
③ 24시간 비상계획을 수립하여 만일의 폭발상황에 대비해야 한다. ★
④ 사고 후 수습대책을 사전에 마련해야 한다. ★

3. 협박전화 시 대응
① 항시 협박전화에 대비한 교육과 훈련이 이루어져야 한다.
② 경비책임자에게 보고하고 통화내용을 같이 들을 수 있도록 해야 한다. ★
③ 통화과정에서 느낄 수 있는 모든 상황과 상대방의 특징 그리고 주변의 잡음이나 소음들까지 모두 상세하게 기록해야 한다. ★

4. 폭발물 탐지활동 시 유의사항
① 천천히 움직이면서 되도록 발자국소리를 내지 않는다.
② 귀는 시계소리나 태엽소리에 집중하고, 평소 익숙한 주위 배경소리와 다른 소리가 나면 주의를 기울인다. ★
③ 방이나 밀폐된 공간의 경우에는 허리에서 눈, 눈에서 천장으로 공간을 이등분하여 조사한다. ★
④ 두 명이 서로 등을 맞댄 상태에서 방의 주변을 우선적으로 조사한 후에 중심으로 이동한다. ★
⑤ 의심나는 물체가 발견되면 즉시 보고하고, 폭발물이 위치하고 있는 반경 300피트(약 90m) 이내에 있는 모든 사람을 대피시켜야 하며, 오로지 폭탄전문가만이 이를 처리해야 한다. ★
⑥ 출동한 경찰관 또는 소방관은 해당 근무지역에 비교적 지리가 밝은 경비원과 함께 참여하는 것이 바람직하다. ★

5. 대피활동

① 폭발 위협이 있을 때 우선적으로 대피해야 하지만 폭발물이 실제로 설치된 경우 폭발물을 설치한 범인이 사람의 이동을 감지하여 그대로 폭파시킬 수 있으므로 대피는 매우 신중해야 한다.★
② 사람이 대피하여야 하는 경우에는 보안을 유지하면서 침착하게 사람들을 대피시켜야 한다.
③ 화재대피와 동일한 방법으로 대피해야 하며 엘리베이터의 사용은 금지한다.★
④ 폭발물의 폭발력을 약화시키기 위해서 모든 창문과 문은 열어두어야 한다.★ 기출 19

03 비상사태에 대한 대응

1. 비상사태 유형 및 대응

① 지진에 대한 대응 기출 19
  ㉠ 부상자와 사망자에 대한 조치가 가장 급선무이며, 부상자를 우선적으로 처리해야 한다. 기출 20
  ㉡ 지진발생 후 치안공백으로 인한 약탈과 방화행위에 대비하여야 하고 항시 자신이 관리하는 구역의 경비를 철저히 강화해야 한다.

② 홍수에 대한 대응 기출 19
  ㉠ 폭우의 예보 : 침수 가능한 지역의 배수시설과 하수구 등 수해대비 시설에 대한 점검을 해야 한다.
  ㉡ 지대가 낮은 지역 : 물건이나 장비를 고지대로 이동시켜야 하며, 습기로 인해 기계파손이나 손상의 우려가 있는 경우에는 비가 새지 않도록 사전조치를 취해야 한다.★

③ 건물붕괴에 대한 대응 기출 20・19
  ㉠ 건물이 붕괴되면 내부에 있는 모든 인명이 몰살될 뿐만 아니라 엄청난 재산피해를 가져온다.
  ㉡ 경비원은 자신이 관리하는 건물의 벽에 금이 가거나 균열이 있는지 확인하고 물이 새거나 지반이 내려 앉는지도 확인해야 한다.★

④ 비행기 충돌・추락
  ㉠ 비행기 충돌・추락 사고가 발생되면 탑승자 대부분이 사망하게 되는 특징을 보인다.
  ㉡ 이・착륙 과정에서 사고가 발생하는 경우에는 부상자가 대부분이므로 침착성을 잃지 않고 부상자를 안전한 장소로 옮기고 응급처치를 한다.

> **경비원의 비상시 임무** 기출 22・21・20
> - 비상사태에 대한 신속한 초동조치
> - 외부지원기관(경찰서, 소방서, 병원 등)과의 통신업무
> - 특별한 대상(장애인, 노약자 등)의 보호 및 응급조치
> - 경제적으로 보호해야 할 가치가 있는 것들에 대한 보호조치
> - 비상인력과 시설 내 이동통제★
> - 출입구・비상구 및 위험지역의 출입통제★

⑤ 공연장·행사장 안전관리 기출 13
  ㉠ 의 의
    • 안전관리는 재난이나 그 밖의 각종 사고로부터 사람의 생명·신체 및 재산의 안전을 확보하기 위하여 하는 모든 활동을 말한다.
    • 재난관리는 재난의 예방·대비·대응 및 복구를 위하여 하는 모든 활동을 말한다. 기출 13
  ㉡ 긴급구조기관 : 소방청, 소방본부 및 소방서를 말한다. 다만, 해양에서 발생한 재난의 경우에는 해양경찰청·지방해양경찰청 및 해양경찰서를 말한다. 기출 13
  ㉢ 특 징
    • 군중이 운집한 상황에서 돌발사태 등에 의해 정서의 충동성, 도덕적 모순성 등 이상군중심리가 발생된다. 기출 13
    • 화재, 붕괴, 폭발과 같은 사회재난은 국민의 생명·신체·재산과 국가에 피해를 주거나 줄 수 있는 것을 말한다. 기출 13
  ㉣ 안전관리업무의 민간위탁
    • 민간위탁으로 민간경비가 투입되면 경찰인력이 동원되지 않기 때문에 경비업무에 따른 경찰의 공적 경비업무 부담을 감소시키게 된다.
    • 민간경비업체는 행사 주최 측과 긴밀한 사전협의 및 협조를 통하여 질서를 유지하고 상황 발생 시 대처할 수 있어야 한다.
    • 민간경비업체는 상황에 따라 소방대 및 경찰지원을 요청하는 등 탄력성 있는 안전관리활동이 가능하여야 한다.
    • 민간경비업체는 이동 간 거리행사의 경우에 행사기획 단계부터 이동경로의 선택 및 참가예상인원의 파악 등의 업무도 가능하여야 한다.
⑥ 반달리즘(Vandalism)
  ㉠ 건물의 낙서를 비롯하여 무차별적으로 문화재 및 타인의 물건이나 건물, 시설물 등을 파괴하는 반사회적인 행동을 말한다. 기출 13
  ㉡ 어떠한 사전경고도 없으며, 목적 없이 무차별적으로 발생하므로 주의를 기울이는 것만이 최선의 예방책이다. ★
  ㉢ 대표적인 사건에는 숭례문(남대문) 방화사건, 탈레반의 바미안 석불 파괴사건 등이 있다. ★

빈칸 채우기

반달리즘(Vandalism)
⋯ 건물의 낙서를 비롯하여 무차별적으로 (❶) 및 타인의 (❷)이나 (❸), (❹) 등을 파괴하는 반사회적인 행동을 말한다.
⋯ 어떠한 사전경고도 없으며, 목적 없이 (❺)적으로 발생하므로 주의를 기울이는 것만이 최선의 예방책이다.

❶ 문화재 ❷ 물건 ❸ 건물 ❹ 시설물 ❺ 무차별 정답

노사분규에 대한 대응(노사분규 발생 시 경비요령)

- 경비원들에 대한 사전교육을 실시하고 규율을 확인·점검한다.
- 파업이 일어나면 모든 출입구를 봉쇄하고, 주변 시설물 내의 가연성 물질을 제거한다.
- 시위과정에서 무기로 사용될 수 있는 물건을 치운다.
- 시위근로자들을 자극하거나 직접적인 충돌을 피해야 한다.
- 일상적인 순찰활동을 통한 정기적인 확인·점검이 필요하다.★
- 파업에 참여하는 근로자로부터 모든 열쇠를 회수하고, 새로운 자물쇠나 잠금장치로 교체한다.★
- 시설 내 소화전, 스프링클러와 같은 방화시설을 점검한다.
- 평화적인 시위에 대해서는 이를 보호하려는 노력을 하여야 한다.
- 시위근로자들과의 연락망을 지속적으로 유지한다.
- 시위가 과격해질 경우를 대비하여 경찰에 지원을 요청하는 방안도 고려해야 한다.

사건(사고) 발생 시 현장보존 기출 23

의 의	• 현장보존은 살인이나 상해, 강도 등의 사건현장뿐만 아니라 교통사고, 화재 등의 사고현장을 그 상태대로 보존하여 경찰이나 소방당국의 채증활동 등에 협력하는 활동을 의미한다. • 현장에서 위험을 방지하는 등 필요한 조치를 강구하는 것이 우선이며, 현장보존은 어디까지나 2차적이다. 이 경우 2차 사고 발생에 주의해야 한다.
확보 방법	• 현장을 중심으로 가능한 한 넓은 범위를 보존범위로 정하여 확보하여야 한다.★ • 보존해야 할 범위를 명확하게 하기 위해 로프 등으로 출입제한선을 설정해야 한다. • 시설 내의 통로 등 통행을 금지할 수 없는 장소에 대해서는 가능한 한 통행을 제한해야 한다. • 현장보존의 범위에 있는 모든 사람을 신속히 퇴장시켜야 한다.★ • 소유자 등 관리권을 가진 자라고 하더라도 경찰관이 오기 전에 보존범위에 출입하는 것은 삼가야 한다. • 출입제한 전후에 현장에서 행동한 자의 성명, 시간, 기타 행동범위 등을 가능한 한 분명하게 기록해야 한다.
유의점	• 현장의 모든 물건에 손을 대서는 안 된다.★ • 현장의 물건 위치를 변경해서는 안 된다.★ • 현장을 움직이지 말고 그대로 두어야 한다.★ • 현장에 담배꽁초나 휴지를 버리거나 침을 뱉어서는 안 된다.★ • 옥외에 족적, 핏자국, 타이어 자국 등이 있는데, 비가 와서 유실될 우려가 있는 경우 비닐 등으로 덮어 자국이 변형되지 않도록 하여야 한다.

빈칸 채우기

사건(사고) 발생 시 현장보존

⋯ 현장보존은 살인, 상해, 강도 등의 사건현장뿐만 아니라 교통사고, 화재 등의 사고현장을 그 상태대로 보존하여 (❶)이나 (❷)당국의 채증활동 등에 협력하는 활동을 의미한다.
⋯ 현장에서 위험을 (❸)하는 등 필요한 조치를 강구하는 것이 우선이며, 현장보존 시 2차 사고 발생에 주의하여 현장보존의 범위에 있는 모든 사람을 신속히 퇴장시켜야 한다.
⋯ 현장을 중심으로 가능한 한 (❹) 범위를 보존범위로 정하여 확보하여야 한다.
⋯ 현장의 모든 물건은 증거확보를 위해 손대지 말고, 물건의 위치를 (❺)하지도 말아야 한다.

정답 ❶ 경찰 ❷ 소방 ❸ 방지 ❹ 넓은 ❺ 변경

2. 비상계획의 수립

① **비상계획의 방안** : 비상계획은 재난에서 생존할 수 있는 기회의 증가에 중점을 두어야 한다. 기출 13

② **비상계획서에 포함되어야 할 사항** 기출 16
  ㉠ 비상업무를 수행할 기관명, 명령지휘부 지정
  ㉡ 비상시 명령체계와 보고업무체계의 수립(전화번호, 기관)
  ㉢ 경비감독관은 비상위원회에 반드시 포함되어야 함★
  ㉣ 신속한 이동을 위한 비상팀의 훈련과 조직
  ㉤ 특별한 대상의 보호, 응급구조 조치
  ㉥ 비상시 사용될 장비, 시설의 위치 지정(목록, 위치, 수량, 설계도면 등)
  ㉦ 외부기관과의 통신수단 마련과 대중 및 언론에 대한 정보제공★

③ **지휘명령체계의 확립** : 비상사태 발생 시 초기에 사태대응을 보다 신속하게 할 수 있도록 가장 신속하게 명령을 내릴 수 있는 사람에게 명령권을 주어 미리 준비된 절차에 의해 명령체계가 효과적으로 발휘될 수 있도록 한다. 기출 13

④ **책임관계의 규정** : 비상사태나 경비업무에 책임을 지고 있는 자에게 상응하는 책임관계를 명확하게 규정해 주어야 한다.

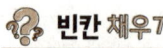 **빈칸 채우기**

비상계획의 수립
⋯▶ 비상계획은 재난에서 (❶)할 수 있는 기회의 증가에 중점을 두어야 한다.
⋯▶ (❷)은 비상위원회에 반드시 포함시켜야 한다.
⋯▶ 비상계획서에는 외부기관과의 (❸)수단 마련과 대중 및 언론에 대한 (❹)제공에 관한 사항이 포함되어야 한다.
⋯▶ 비상사태 발생 시 초기에 사태대응을 보다 신속하게 할 수 있도록 가장 신속하게 (❺)을 내릴 수 있는 사람에게 (❺)권을 주어 미리 준비된 (❻)에 의해 (❺)체계가 효과적으로 발휘될 수 있도록 한다.

❶ 생존 ❷ 경비감독관 ❸ 통신 ❹ 정보 ❺ 명령 ❻ 절차 정답

대부분의 사람은 마음먹은 만큼 행복하다.
― 에이브러햄 링컨 ―

1 컴퓨터 관리 및 안전대책

01 컴퓨터 관리
02 컴퓨터 안전대책
03 컴퓨터 보호대책

2 컴퓨터 범죄 및 예방대책

01 컴퓨터 범죄의 의의
02 컴퓨터 범죄의 유형 및 수법
03 컴퓨터 범죄의 예방대책

최다 출제 POINT & 학습목표

1. 컴퓨터 시스템의 안전대책이 왜 필요한지, 어떻게 하면 안전하게 시스템을 보호할 수 있는지를 상식적으로 생각하면서 이해한다.
2. 컴퓨터 범죄를 저지르는 과정에 대해서 잘 파악하고, 범죄 측면에서의 특징과 범죄행위 측면에서의 특징을 구분해서 학습한다.
3. 컴퓨터 범죄의 유형, 컴퓨터 바이러스, 해킹의 정의와 방법, 각종 사이버테러의 유형을 각 개념별로 완벽하게 외우고 컴퓨터 범죄의 다양한 예방대책에 관해서도 잘 정리해둔다.

CHAPTER 06

컴퓨터 범죄 및 안전관리

CHAPTER 06 컴퓨터 범죄 및 안전관리

01 책임성의 원칙, 인식성의 원칙, 윤리성의 원칙, 독자성의 원칙 중 정보보호의 기본원칙에 해당하지 않는 것은 독자성의 원칙이다. `기출 24` ( )

02 무결성이란 한 번 생성된 정보는 원칙적으로 수정되어서는 안 되며, 원래의 그 상태로 유지되어야 한다. 만약 수정이 필요할 경우, 허가받은 사람에 의해서 허용된 절차에 따라 수정되어야 함을 의미한다. `기출 21` ( )

03 정보보호의 목표는 무결성(Integrity), 비밀성(Confidentiality), 가용성(Availability), 적법성(Legality)이다. `기출 15·13` ( )

04 시설 내 중앙컴퓨터실은 화재 발생 시 그 피해가 심각하기 때문에 스프링클러(Sprinkler) 등 화재대응시스템을 구축해야 한다. `기출 21·11` ( )

05 컴퓨터보안을 위한 체계적 암호관리는 숫자·특수문자 등을 사용하고, 최소 암호수명을 설정하여 주기적으로 관리해야 한다. `기출 21` ( )

06 컴퓨터 범죄는 다른 범죄에 비해 증거인멸이 용이하며, 고의입증이 어렵다. `기출 21·20` ( )

07 컴퓨터 범죄는 단순한 유희나 향락을 목적으로 하기도 하나, 회사에 대한 개인적인 보복으로 범해지기도 한다. `기출 20` ( )

08 컴퓨터 부정조작의 경우 행위자가 조작방법을 터득하게 되면 임의로 사용이 가능하기 때문에 조작행위가 빈번할 가능성이 높다. `기출 20·11` ( )

09 트로이 목마란 실제로는 파일삭제 등 악의적인 목적을 가지고 있지만, 좋은 것처럼 가장하는 프로그램을 말한다. `기출 21` ( )

10 대규모 프로그램을 개발할 때 프로그램을 수정할 수 있는 명령어가 끼어 있고 프로그램 개발이 완성되면 명령어를 삭제해야 하나 고의 또는 과실에 의해 이를 삭제하지 않아 이 명령어를 이용하여 프로그램을 조작하는 것을 함정문 수법(trap door)이라 한다. `기출 24` ( )

11 컴퓨터의 일정한 작동 시마다 부정행위가 이루어질 수 있도록 프로그램을 조작하는 수법은 데이터 디들링(Data Diddling)이다. `기출 20·12` ( )

12 '9월의 카드 거래내역'이라는 제목의 이메일에서 안내하는 인터넷주소를 클릭하자 가짜 은행사이트에 접속되었고, 보안카드번호 전부를 입력한 결과 범행계좌로 자신의 돈이 무단이체되는 사건이 발생한 경우, 이를 피싱이라고 한다. 기출 21 ( )

13 악성코드에 감염된 사용자 PC를 조작하여 금융정보를 빼내는 수법은 스푸핑(Spoofing)이다. 기출 20·19 ( )

14 쓰레기통이나 주위에 버려진 명세서 또는 복사물을 찾아 습득하는 등 '쓰레기 주워 모으기'라고 불리는 컴퓨터 범죄수법은 스캐빈징(Scavenging)이다. 기출 20·18 ( )

15 거래기록 파일 등 데이터 파일에 대한 백업을 할 때는 내부와 외부에 이중으로 파일을 보관해서는 안 된다. 기출 20 ( )

16 컴퓨터 시스템의 보안성 유지를 위하여 프로그램 개발자와 컴퓨터 운영자를 통합하여 운용한다. 기출 20·15·13 ( )

17 악의적인 내용을 담은 전자우편을 인터넷상의 불특정 다수에게 무차별로 살포하여 온라인 공해를 일으키는 행위는 메모리 해킹(Memory Hacking)이다. 기출 23 ( )

18 스턱스넷(Stuxnet)은 인터넷을 이용하여 타인의 신상정보를 공개하거나 거짓 메시지를 남겨 괴롭히는 데 사용된다. 기출 22 ( )

▶ 정답과 해설 ◀   01 ○ 02 ○ 03 × 04 × 05 ○ 06 ○ 07 ○ 08 ○ 09 ○ 10 ○
                  11 × 12 ○ 13 × 14 ○ 15 × 16 × 17 × 18 ×

✔ 오답분석

03 정보보호의 목표는 비밀성·무결성·가용성이다.
04 컴퓨터실의 화재감지에는 화재를 초기에 감지할 수 있는 광전식이나 이온화식 감지기를 사용하고, 스프링클러 사용 시 컴퓨터에 심각한 부작용을 야기할 수 있으므로, 할로겐화합물 소화설비 등을 설치하는 것이 바람직하다.
11 데이터 디들링은 자료의 부정변개라고도 하며, 데이터를 입력하는 동안이나 변환하는 시점에서 최종적인 입력순간에 자료를 절취 또는 변경, 추가, 삭제하는 모든 행동을 말한다. 컴퓨터의 일정한 작동 시마다 부정행위가 이루어질 수 있도록 프로그램을 조작하는 수법은 논리폭탄(Logic Bomb)이다.
13 지문의 내용은 파밍(Pharming)에 관한 설명이다. 스푸핑은 어떤 프로그램이 마치 정상적인 상태로 유지되는 것처럼 믿도록 속임수를 쓰는 것을 말한다.
15 외부장소에 보관한 백업용 기록문서화의 종류는 최소한으로 하는 것이 좋으나, 거래기록 파일 등은 재해발생 시 컴퓨터 업무처리를 계속 유지하기 위한 기본적인 파일이므로, 내부와 외부에 이중으로 파일을 보관하여야 한다.
16 컴퓨터 시스템의 보안성 유지를 위해서는 프로그래머, 조작요원, 시험·회계요원, 유지보수요원 등 서로 간의 접촉을 최대한 줄이거나 차단시켜야 한다.
17 스팸(Spam)에 관한 설명이다. 전자우편 폭탄이라고도 한다.
18 스토킹(Stalking)에 관한 설명이다.

CHAPTER 06 컴퓨터 범죄 및 안전관리

1 컴퓨터 관리 및 안전대책

01 컴퓨터 관리

1. 컴퓨터의 개념
컴퓨터는 기억장치에 담긴 명령어들에 의해 조작되며 데이터를 받아들이고, 이 데이터를 가지고 산술적·논리적 연산을 수행하며 처리기로부터 결과를 생산하고, 이를 저장할 수 있도록 해주는 전자장치이다.

2. 컴퓨터 시스템
① 컴퓨터 시스템의 개념 : 컴퓨터 시스템은 데이터를 처리하는 컴퓨터를 포함한 각종 기기들의 집합을 말하며, 좀 더 포괄적으로는 컴퓨터를 통한 데이터 처리를 위해 필요한 모든 요소인 하드웨어(Hardware), 소프트웨어(Software), 데이터, 사용자(User)를 포함한다.
② 컴퓨터 시스템의 구성 요소
　㉠ 하드웨어 : 우리가 보통 컴퓨터라고 하는 것으로, 전자 부품으로 구성된 물리적 구성요소를 말한다. 하드웨어에는 중앙처리장치, 기억장치, 입출력장치, 저장 장치 등이 있다.
　㉡ 소프트웨어 : 일반적으로 프로그램이라고 한다. 소프트웨어는 전자적인 명령들의 집합으로서 하드웨어가 동작하도록 지시하고 통제하는 역할을 한다.
　㉢ 데이터 : 컴퓨터가 처리해야 할 가공되지 않은 사실들을 말한다. 데이터는 여러 가지 형태가 있지만 컴퓨터에 입력되면 숫자로 변환되어 처리된다.
　㉣ 사용자 : 컴퓨터를 사용하는 사람을 말한다. 컴퓨터 시스템은 사용자의 명령에 의해서만 작동되므로 사용자는 컴퓨터 시스템을 구성하는 매우 중요한 요소라 할 수 있다.
③ 포트(Port) 기출 14 : 네트워킹 용어로서 논리적인 접점, 즉 컴퓨터 통신 이용자들을 대형컴퓨터에 연결해 주는 일종의 접속구이자 정보의 출입구 역할을 하는 곳을 말한다.

> **포트(Port)의 특징**
> - 컴퓨터를 이용한 정보통신은 이것을 통해 이루어진다.
> - 네트워킹 용어로서 논리적인 접점을 말한다.
> - 네트워크상에서 특정 통신경로에 할당된 번호라고 할 수 있다.

02 컴퓨터 안전대책

1. 컴퓨터 안전대책의 필요성
① 기업경영에 있어서 컴퓨터에 대한 의존성이 지속적으로 증가하고 있으며, 축적된 자료의 양이 방대하기 때문에 자료의 손실을 방지하기 위해서는 비용이 들더라도 컴퓨터의 관리 및 보호조치가 반드시 이루어져야 한다.
② 안전대책으로 컴퓨터 보호프로그램은 컴퓨터 전문가가 관리해야 하며, 물리적 보호, 절차상 및 조작상의 보호, 접근의 통제, 비상시 계획 및 우발사고 시 절차, 직원교육 프로그램 및 컴퓨터 요원의 고용 시 신원조사 절차 등을 포함하여야 한다.

2. 정보보호에 관한 기본원칙 기출 24·16·14
① 정보보호를 통해 달성하고자 하는 목표는 비밀성·무결성·가용성이다. 기출 22·21·15
② 정보시스템 소유자, 공급자, 사용자 및 기타 관련자 간의 책임을 명확하게 해야 한다. 기출 22
③ 정보보호는 시간이 지남에 따라 정보보호의 요구사항이 변하므로 주기적으로 재평가되어야 한다. 기출 22
④ 정보시스템의 보안은 정보의 합법적 사용과 전달이 상호 조화가 이루어지도록 해야 한다. 기출 22
⑤ 정보시스템의 보안은 타인의 권리와 합법적 이익이 존중·보호되도록 운영되어야 한다.
⑥ 정보와 정보시스템의 사용을 허가받은 사람이 언제든지 사용할 수 있도록 보장해야 한다.

> **정보보호의 목표**
> - 비(기)밀성(Confidentiality) : 비인가된 접근이나 지능적 차단으로부터 중요한 정보를 보호하고, 허가받은 사람만이 정보와 시스템을 사용할 수 있도록 한다.
> - 무결성(Integrity) : 정보와 정보처리방법의 완전성·정밀성·정확성을 유지하기 위해 한 번 생성된 정보는 원칙적으로 수정되어서는 안 되고, 만약 수정이 필요한 경우에는 허가받은 사람에 의해 허용된 절차와 방법에 따라 수정되어야 한다.
> - 가용성(Availability) : 정보와 시스템의 사용을 허가받은 사람이 이를 사용하고자 할 경우, 언제든지 사용할 수 있도록 보장되어야 한다.

빈칸 채우기

정보보호에 관한 기본원칙
→ 정보보호를 통해 달성하고자 하는 목표는 (❶)성·(❷)성·(❸)성이다.
→ 정보시스템 소유자, 공급자, 사용자 및 기타 관련자 간의 (❹)을 명확하게 해야 한다.
→ 정보보호는 시간이 지남에 따라 정보보호의 요구사항이 변하므로 (❺)으로 재평가되어야 한다.
→ 정보시스템의 (❻)은 정보의 합법적 사용과 전달이 상호 조화가 이루어지도록 해야 한다.

정답 ❶ 비밀 ❷ 무결 ❸ 가용 ❹ 책임 ❺ 주기적 ❻ 보안

3. 컴퓨터 시스템 안전관리
① 암호는 특정시스템에 대한 접근권을 가진 이용자의 식별장치라 할 수 있다. `기출 13`
② 컴퓨터실의 화재감지는 초기단계에서 감지할 수 있는 감지기를 사용하도록 한다. `기출 13`
③ 컴퓨터 시스템의 보안성 유지를 위하여 프로그램 개발자와 컴퓨터 운영자 상호 간의 접촉을 가능한 한 줄이거나 없애야 한다. `기출 13·11`

4. 컴퓨터 시스템의 물리적 안전대책 `기출 17·12`
① 컴퓨터실 및 파일 보관장소는 허가된 사람에 의해서만 출입이 가능하도록 하고, 접근권한의 갱신은 정기적으로 검토될 필요가 있다. `기출 23·11`
② 컴퓨터실은 벽면이나 바닥을 강화 콘크리트 등으로 보호하고, 화재에 대비하여 불연재를 사용하여야 한다. ★
③ 컴퓨터실의 내부에는 화재방지장치를 설치해야 하며 정전에 대비하여 무정전장치를 설치해야 한다. ★
④ 컴퓨터실은 출입자기록제도를 시행하고 지정된 비밀번호는 주기적으로 변경해 주는 것이 좋다. ★
⑤ 불의의 사고에 대비해 시스템 백업은 물론 프로그램 백업도 이루어져야 하며, 오퍼레이팅시스템과 업무처리프로그램은 반드시 복제프로그램을 작성해두어야 한다. ★
⑥ 컴퓨터실 내부에는 예비전력장치·화재방지장치를 설치하여야 한다.
⑦ 컴퓨터실의 위치 선정 시 화재, 홍수, 폭발의 위험과 외부침입자에 의한 위험으로부터 안정성을 고려하여야 한다.

5. 외부침입에 대한 안전조치
① 부정한 수단이나 실력행사로 컴퓨터 센터에 침입하는 것을 예방하기 위해서는 건물 내부에 각종 안전관리 설비를 갖추고 출입구는 엄격히 통제되어야 한다.
② 화재로 불이 옮겨 붙는 위험을 막기 위하여 다른 건물과 충분히 거리를 두고 있어도 건물 내에는 각종 방화설비를 설치하는 것이 좋다.
③ 각 출입구마다 화재관련법규와 안전검사 절차를 갖춘 방화문이 설치되어야 한다. `기출 17`
④ 어떤 경우에라도 시설물 외부에는 컴퓨터 센터를 보호하는 담이나 장벽 같은 것이 설치되어야 하고, 컴퓨터 센터 내부에는 충분한 조명시설을 갖추어야 한다. `기출 17`
⑤ 외부침입자가 은폐물로 이용할 수 있는 장식적인 식수나 조경은 삼가야 한다. ★
⑥ 정사각형 모양의 환기용 창문, 쓰레기 낙하구멍, 공기 조절용 배관이나 배수구 등을 통한 침입을 차단할 수 있어야 한다. `기출 17`
⑦ 시설물 폭파 등에 의한 방법으로 침입할 수도 있기 때문에 이를 막기 위한 구조적 장치도 반드시 마련되어야 한다. `기출 17`

6. 경보장치의 설치

① 컴퓨터의 경비시스템에 관하여 가장 좋은 것은 모든 설비에 경보시스템을 설치하는 것이다.
② 컴퓨터 설비가 24시간 가동되는 경우를 제외하고는 중앙경보시스템이 반드시 설치되어야 한다(컴퓨터가 24시간 가동되는 경우에는 감지시스템을 이용하는 것이 효과적이다). ★★
③ 건물출입구와 전산실로 통하는 모든 출입구 및 컴퓨터 전·수신용 테이프 보관실에도 경보장치가 설치되어야 한다.
④ 컴퓨터 작동 스위치가 1개나 2개 있는 경우 컴퓨터의 동력을 차단하는 안전장치가 설치되어야 한다. ★

7. 컴퓨터에 대한 접근통제 [기출 23]

컴퓨터 시스템센터 출입에 있어서 허가된 직원의 행동제한이나 출입이 금지된 사람들에 대한 접근통제 절차를 수립하여야 한다. 컴퓨터 시스템센터에는 최소한의 출입구만 설치되어야 하고, 출입구에는 항상 안전장치가 되어 있어야 한다. 어떤 경우에도 출입 시에는 안전요원의 지시에 따라야 한다. ★

8. 방화대책

① **화재의 원인** : 화재의 주된 원인은 대부분 전기장치에 의한 오작동이다. 같은 건물 내부의 다른 곳이나 이웃한 건물에서 불이 옮겨오는 경우도 많다.
② 화재 발생 감지장치의 설치
  ㉠ 컴퓨터 시스템센터 시설을 건축할 때부터 화재 발생 감지기를 장치하는 것이 가장 경제적이다. ★
  ㉡ 감지기는 컴퓨터 시스템센터 시설의 완공에 관계없이 반드시 설치되어야 한다. ★
  ㉢ 감지기는 천장이나 전선 등이 지나가는 건물바닥 내부나 환기통 속에, 그리고 컴퓨터 설비 자체 또는 자료보관실에 반드시 설치한다.
③ **스프링클러 설치** : 스프링클러는 화재 발생 초기에 화재경보와 소화가 동시에 행해지는 자동소화설비로, 물을 분무상으로 방사시키므로 액체화재에 효과가 크다.

> **스프링클러 사용에 대한 견해** [기출 21]
> • Factory Mutual 계통의 미국보험회사들은 컴퓨터 설비장소에서의 스프링클러 사용을 권장하고 있다(기기에 대한 소화가 우선).
> • 컴퓨터 제조업체인 IBM은 컴퓨터 설비장소에서의 스프링클러 사용이 기계에 해로우므로 절대 사용하지 말 것을 권장하고 있다(기기에 대한 기능이 우선).

빈칸 채우기

방화대책
→ (❶)는 (❷) 시스템센터 시설의 완공에 관계없이 반드시 설치되어야 한다.
→ (❸)는 화재 발생 초기에 화재경보와 소화가 동시에 행해지는 자동소화설비로 물을 분무상으로 방사시키므로 (❹)화재에 효과가 크다.
→ (❷) 설비장소에서의 스프링클러 사용과 관련하여 사용을 권장하는 견해와 금지하는 견해가 대립하는데, 21년 제23회 시험에서는 금지하는 것으로 출제된 바 있다.

정답 ❶ 감지기 ❷ 컴퓨터 ❸ 스프링클러 ❹ 액체

④ 기타 소화설비
  ㉠ 할로겐화합물 소화기 : 무취, 비활성인 기체로 전도성이 없고 연소물 주위에 체류하여 질식소화작용과 동시에 냉각소화작용으로 소화시키며, 화재 진압에 매우 효율적이다.★
  ㉡ 이산화탄소 소화기 : 이산화탄소를 이용하는 방화시스템은 Halon 시스템만큼 효율적이나 일정농도에서는 치명적이기 때문에 살포하기 전에 모든 직원을 대피시켜야 한다.★

> **컴퓨터 기기의 소화장비**
> 컴퓨터 기기의 경우 물에 접촉하면 치명적인 손상을 가져오기 때문에 이산화탄소나 할론가스를 이용한 소화장비를 설치·사용하여야 한다.★

  ㉢ 분말 소화기 : 분해에 의한 냉각작용 및 불연가스, 수증기에 의한 질식작용, 발생이온의 부촉매작용에 의한 연쇄반응을 정지시키는 억제작용에 의해 소화시킨다.

03 컴퓨터 보호대책

1. 컴퓨터 설치장소
컴퓨터를 설치할 장소를 선택할 때는 이용의 편리함뿐만 아니라 장소에 영향을 미칠 수 있는 환경적·인적 요소를 함께 고려하는 것이 중요하다.★
① 화재 및 방범 문제 : 화재 발생 시 신속한 대처능력과 전체적인 효율성을 점검해야 한다.
② 유지관리시간 : 컴퓨터의 점검 및 보수 등 유지관리에 걸리는 시간을 고려해야 한다.
③ 접근의 용이성 : 컴퓨터 설치장소는 직원들이 쉽게 접근할 수 있는 곳에 위치해야 한다.
④ 주변 여건 : 범죄 다발지역은 바람직하지 않다.★
⑤ 환경오염문제 : 컴퓨터는 대기상태에 영향을 받기 때문에 환경적 오염 상황도 고려해야 한다.
⑥ 충분한 사용공간 : 컴퓨터의 기능을 충분히 발휘할 수 있도록 사용공간을 확보해야 한다.
⑦ 전력원 문제 : 전력회사의 신뢰성과 함께 정전사태에 대비한 효율적이고 신속한 대응을 점검해야 한다.
⑧ 자연재해 문제 : 홍수나 지진, 수해 등이 일어날 가능성이 있는 지역은 피하여 설치한다.

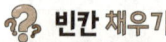
빈칸 채우기

> **컴퓨터 설치장소**
> → 컴퓨터를 설치할 장소를 선택할 때는 이용의 편리함뿐만 아니라 장소에 영향을 미칠 수 있는 (❶)·(❷) 요소를 함께 고려하는 것이 중요하다.
> → (❸)의 용이성 : 직원들이 쉽게 (❸)할 수 있는 곳에 위치해야 한다.
> → (❹)원 문제 : (❹)회사의 신뢰성과 함께 정전사태에 대비한 효율적이고 신속한 대응을 점검해야 한다.

❶ 환경적 ❷ 인적 ❸ 접근 ❹ 전력   정답

2. 백업(Back-up) 시스템(예비 · 대비 · 보안시스템)

① 의 의
  ㉠ 백업시스템은 주된 장치가 장애를 일으켰을 때 진행 중이던 작업을 완결시키거나 새로 시작할 수 있도록 설계된 장치를 말한다.★
  ㉡ 기업체의 모든 업무를 컴퓨터로 처리할 경우, 비상사태가 발생하여 컴퓨터에 의해 이루어지는 모든 업무가 마비되는 경우를 대비하여 비상계획을 수립하게 되는데 이러한 대비시스템을 백업시스템(Back-up System)이라 한다.
  ㉢ 백업시스템은 비상사태가 발생하였을 때 시스템의 재구축 및 복구절차를 지원하는 모든 요소를 예측하여 마련한다.

> **백업(Back-up) 대책**
> - 컴퓨터 기기에 대한 백업 : 컴퓨터 시스템 사용이 불가능하게 될 경우를 대비하여 백업용 컴퓨터 기기를 준비해 둔다.
> - 프로그램에 대한 백업 : 오퍼레이팅시스템과 업무처리프로그램의 경우에 반드시 복제프로그램을 준비해 둔다.
> - 도큐멘테이션(Documentation)에 대한 백업 : 오퍼레이팅시스템의 추가선택 기능에 대한 설명 및 오퍼레이팅시스템의 갱신 및 기록, 사용 중인 업무처리프로그램의 설명서, 주요파일의 구성 · 내용 및 거래코드 설명서, 오퍼레이팅 매뉴얼, 사용자 매뉴얼 등이 포함되어야 한다.
> - 데이터 파일에 대한 백업 : 데이터 파일, 변경 전의 마스터 파일, 거래기록 파일 등은 기본적으로 백업을 해두어야 한다.

  ㉣ 컴퓨터 작동불능의 원인은 기계의 오작동, 정전, 자연재해, 화재, 불법적인 해킹, 절도 및 파괴활동, 바이러스 침투, 빌딩 수리 작업 등 다양하므로 이에 대비한 보안시스템이 마련되어야 한다.

② 비상계획 수립 시 고려해야 할 사항
  ㉠ 동일 모델의 컴퓨터나 동일 기종을 가진 컴퓨터를 배치하고 상호협조 및 지원계약을 맺는다. 이때 호환성 여부의 확인과 충분한 검토를 한다.★
  ㉡ 시스템 간의 지속적인 호환성 유무를 확인하기 위해 정기적으로 시험가동이 수행되어야 한다.★
  ㉢ 제3자에 의한 핫 사이트(Hot site)를 구비한다.★

> **핫 사이트(Hot site)**
> - 실시간으로 데이터 및 시스템과 환경을 원격지에 복제하여 이중화하는 시스템 재해복구 방식이다.
> - 재해 발생 시 최단 시간 내에 데이터를 유실 없이 복구할 수 있다.

빈칸 채우기

백업(Back-up) 시스템
- 백업시스템은 주된 장치가 (❶)를 일으켰을 때 진행 중이던 작업을 (❷)시키거나 새로 (❸)할 수 있도록 설계된 장치를 말한다.
- (❹) 모델의 컴퓨터나 (❹) 기종을 가진 컴퓨터를 배치하고 상호협조 및 지원계약을 맺는다. 이때 (❺)성 여부의 확인과 충분한 검토를 한다.

정답 ❶ 장애 ❷ 완결 ❸ 시작 ❹ 동일 ❺ 호환

② 비상사태를 대비하여 다수의 기업체와 공백 셸[Empty Shell(cold)] 계약방식에 의한 계약체결을 고려하고 컴퓨터를 설치할 때는 분산 형태의 보완시스템이 갖춰진 컴퓨터를 구비한다. ★

> **공백 셸 계약방식**
> 전원시설, 공조기, 통신선로 등을 갖추고, 재해 발생 시 하드웨어, 소프트웨어 설치가 가능하도록 공간을 확보하는 방식이다. 핫 사이트에 비해 비용은 적게 들지만 백업처리를 준비하는 데 많은 시간이 소요된다. ★
>
> **분산 형태의 보완시스템**
> 2대의 컴퓨터 가운데 1대는 예비용으로 사용되는 시스템

3. 외부저장에 의한 보호

① 외부저장의 의의 : 모든 업무처리를 컴퓨터로 전환시킨 기업체는 어떤 다른 곳에 똑같은 자료를 가지고 있는 장치를 설치해 두게 되는데 이를 외부저장이라 한다.

② 외부저장의 방법과 방식
  ㉠ 기업체의 현재 상태를 잘 알 수 있도록 주기적으로 데이터의 갱신이 계속 이루어져야 한다.
  ㉡ 오늘날 대부분의 기업체들은 데이터를 디스크에 보관하고 반드시 별개의 파일형태로 할 필요는 없는 데이터베이스 관리시스템을 사용하고 있다.

4. 무단사용에 대처하기 위한 보호조치

무단사용이란 회사 컴퓨터 사용에 전혀 권한이 없는 자가 컴퓨터 시설에 잠입하거나 원격단말장치를 사용하여 컴퓨터를 조작하는 것을 말한다. 이에 대한 보호조치는 다음과 같다.

① 패스워드(Password) 방법
② 권한 등급별 접근 허용(Graduated access) 방법
③ 원격 단말장치 사용에 대한 안전조치(Remote terminal security) 방법
④ 정보접근 권한 및 절차(Check & Audits)

빈칸 채우기

무단사용에 대처하기 위한 보호조치
- 무단사용 : 회사 컴퓨터 사용에 전혀 (❶)이 없는 자가 컴퓨터 시설에 잠입하거나 (❷)를 사용하여 컴퓨터를 조작하는 것
- 보호조치 : (❸) 방법, (❶) 등급별 접근 허용 방법, (❷) 사용에 대한 안전조치 방법, 정보접근 (❶) 및 절차

정답 ❶ 권한 ❷ 원격단말장치 ❸ 패스워드

⑤ 암호화(Encryption)
  ㉠ 암호(Password) : <u>특정시스템에 대한 접근권을 가진 이용자의 식별장치라 할 수 있다.</u>★
  ㉡ 암호시스템 : 암호화되지 않은 상태의 원문을 암호문으로 만드는 암호화 과정, 그 반대 과정인 암호문을 원문으로 변화시키는 복호화 과정, 그리고 이 과정 속에 사용되는 암호화 키와 그 관리 등을 일컫는 일련의 프로세스들을 말한다.
  ㉢ 특 징 기출 21·17·11
    • 허가받지 않은 접근을 차단하여 정보의 보안성을 확보하기 위한 것이다.
    • 암호설정은 단순 숫자조합보다는 특수문자 등을 사용하여 조합하는 것이 바람직하다.
    • 보안을 위해서는 가능한 한 암호수명(Password age)을 짧게 하고, 자주 변경하는 것이 좋다.

5. 컴퓨터 에러(Error) 방지 대책 기출 19
  ① 시스템 작동 재검토 : 적절한 컴퓨터 언어를 사용했는지 여부를 검토한다.
  ② 자격을 갖춘 전문요원의 활용 : 자격을 가진 컴퓨터 취급자만 컴퓨터 운용에 투입되도록 한다.
  ③ 데이터 갱신을 통한 지속적인 시스템의 재검토 : 컴퓨터를 효율적으로 사용하기 위해서는 프로그램 운용과 관련한 시스템이 개발되어야 하며 계속적으로 데이터 갱신이 이루어져야 한다.
  ④ 절차상의 재평가 : 컴퓨터 관리자는 정해진 절차대로 프로그램이 실행되는지를 검토해야 하고, 어떠한 절차가 효율적인지를 합리적으로 재평가한 후 비효율성이 발견되면 이를 재검토하여야 한다.

빈칸 채우기

암호화
→ 암호는 특정시스템에 대한 (❶)권을 가진 이용자의 식별장치라 할 수 있다.
→ 암호화는 허가받지 않은 (❶)을 차단하여 정보의 (❷)을 확보하기 위한 것이다.
→ 암호설정은 단순 숫자조합보다는 (❸) 등을 사용하여 조합하는 것이 바람직하다.
→ 보안을 위해서는 가능한 한 (❹)을 짧게 하고, 자주 변경하는 것이 좋다.

정답 ❶ 접근 ❷ 보안성 ❸ 특수문자 ❹ 암호수명

2 컴퓨터 범죄 및 예방대책

01 컴퓨터 범죄의 의의

1. 컴퓨터 범죄의 정의

컴퓨터를 행위의 수단 또는 목적으로 하여 형사처벌되거나 형사처벌대상이 되는 모든 범죄행위로서, 사이버 범죄라고도 한다.

2. 컴퓨터 범죄의 동기

컴퓨터 범죄의 동기는 주로 금전적 이득, 회사에 대한 불만, 정치적 목적, 산업 경쟁 혹은 지적 모험심 등에 의해서 발생한다.

3. 컴퓨터 범죄의 특징 기출 24·20·16·13·12·11

① 컴퓨터 시스템상의 특징
  ㉠ 정당한 이용이나 부정한 이용에 대한 구별이 없이 똑같은 능력을 발휘한다.
  ㉡ 이용자가 소수인이거나 다수인이거나 상관없이 단시간 내에 대량의 데이터 처리가 가능하다.
  ㉢ 범죄시간의 측정이 몇 천분의 일 초, 몇 십 억분의 일 초 단위로 되므로 시간개념이 기존 범죄와 다르다.
  ㉣ 장소, 국경 등에 관계없이 컴퓨터 침입이 가능하며 증거가 남지 않고 증거인멸이 용이하기 때문에 범죄의 발견이 어렵다. 기출 15

② 컴퓨터 이용 면에서의 특징
  ㉠ 컴퓨터의 기술개발 측면에만 연구를 집중하고 컴퓨터 사고 방지와 범죄 방지 측면에는 소홀한 면이 있다.★
  ㉡ 컴퓨터 전반에 걸쳐 정통한 전문가보다는 특수하고 전문화된 일정기술에만 정통한 기술자들이 대다수이다.★

빈칸 채우기

컴퓨터 범죄
- 컴퓨터를 행위의 수단 또는 목적으로 하여 (❶)되거나 (❶)대상이 되는 모든 범죄행위로서, (❷)라고도 한다.
- 장소, 국경 등에 관계없이 컴퓨터 침입이 가능하며 (❸)가 남지 않고 (❸)인멸이 용이하기 때문에 범죄의 발견이 어렵다.
- 컴퓨터의 기술개발 측면에만 연구를 집중하고 컴퓨터 사고 (❹)와 범죄 (❹) 측면에는 소홀한 면이 있다.
- 컴퓨터 전반에 걸쳐 정통한 전문가보다는 (❺)하고 (❻)화된 일정기술에만 정통한 기술자들이 대다수이다.

❶ 형사처벌 ❷ 사이버범죄 ❸ 증거 ❹ 방지 ❺ 특수 ❻ 전문   정답

③ 범죄 면에서의 특징
  ㉠ 범죄동기 측면 기출 20
    - 단순한 유희나 향락 추구★
    - 지적 탐험심의 충족욕★
    - 정치적 목적이나 산업경쟁 목적
    - 회사에 대한 사적 보복 목적★
  ㉡ 범죄행위자 측면
    - 컴퓨터 전문가 : 컴퓨터 시스템이나 회사 경영조직에 전문적인 지식을 갖춘 자들이 범죄를 저지른다.
    - 범죄의식 희박 : 컴퓨터에 의한 조작기술을 즐기는 것으로 생각하여 그 자체의 범죄성과 반사회적 성향의 행동에 대하여 옳고 그름을 느끼지 못하는 경우가 많다. 기출 20
    - 연소화 경향 : 컴퓨터 지식을 갖춘 비교적 젊은 층의 컴퓨터 범죄자들이 많다.★
    - 초범성 : 컴퓨터 범죄행위는 대부분 초범자들이 많다.★
    - 완전범죄 : 대부분 내부인의 소행이며, 단독범행이 쉽고 완전범죄의 가능성이 높으며, 범행 후 도주할 수 있는 시간적 여유가 충분하다.★
  ㉢ 범죄행위 측면 기출 24 · 23 · 21 · 20 · 18 · 15 · 13
    - 범행의 연속성 : 컴퓨터 부정조작의 경우 행위자가 조작방법을 터득하면 범행이 연속적이며 지속적으로 이루어질 수 있다.
    - 범행의 광역성과 자동성
      - 광역성(광범위성) : 컴퓨터 조작자는 원격지에서 단말기를 통하여 단시간 내에 대량의 데이터를 처리하므로 광범위하게 영향을 미친다.
      - 자동성 : 불법한 프로그램을 삽입한 경우나 변경된 고정자료를 사용할 때마다 자동적으로 범죄를 유발하게 된다.
    - 발각과 증명의 곤란 : 데이터가 그 대상이 되므로 자료의 폐쇄성, 불가시성, 은닉성 때문에 범죄사건의 발각과 증명이 어렵다.
    - 고의의 입증 곤란 : 단순한 데이터의 변경, 소멸 등의 형태에 불과할 경우 범죄의 고의성을 입증하기 어렵다. 기출 24

빈칸 채우기

범죄 면에서의 특징
⋯ 범죄(❶) 측면 : 단순한 유희나 향락 추구, 지적 탐험심의 충족욕, 정치적 목적이나 산업경쟁 목적, 회사에 대한 사적 (❷) 목적
⋯ 범죄행위자 측면 : 컴퓨터 전문가, (❸)의식 희박, 연소화 경향, 초범성, 완전(❸)
⋯ 범죄행위 측면 : 범행의 (❹)성, 범행의 광역성과 자동성, 발각과 증명의 (❺), 고의의 입증 (❺)

정답 ❶ 동기 ❷ 보복 ❸ 범죄 ❹ 연속 ❺ 곤란

02 컴퓨터 범죄의 유형 및 수법

1. 컴퓨터 범죄의 유형 기출 24·22·17·14·13·12

① 컴퓨터의 부정조작
  ㉠ 의의 : 행위자가 컴퓨터의 처리결과나 출력인쇄를 변경시켜서 타인에게 손해를 끼쳐 자신이나 제3자의 재산적 이익을 얻도록 컴퓨터 시스템 자료처리 영역의 정상적인 운영을 방해하는 행위를 말한다.
  ㉡ 종 류 기출 24·23·13·04

입력 조작	불법적인 목적을 달성하기 위해 입력될 자료를 조작하여 컴퓨터로 하여금 거짓처리 결과를 만들어내게 하는 행위로 천공카드, 천공테이프, 마그네틱테이프, 디스크 등의 입력매체를 이용한 입력장치나 입력타자기에 의하여 행하여진다.
프로그램 조작	프로그램을 구성하는 개개의 명령을 변경 혹은 삭제하거나 새로운 명령을 삽입하여 기존의 프로그램을 변경하는 것이다.★
콘솔 조작	컴퓨터의 시동·정지, 운전상태 감시, 정보처리 내용과 방법의 변경·수정의 경우 사용되는 콘솔을 거짓으로 조작하여 컴퓨터의 자료처리과정에서 프로그램의 지시나 처리될 기억정보를 변경시키는 것을 말한다.★
출력 조작	특별한 컴퓨터 지식 없이도 할 수 있는 방법으로 올바르게 출력된 출력인쇄를 사후에 변조하는 것이다.

② 컴퓨터 파괴 : 컴퓨터 자체, 프로그램, 컴퓨터 내·외부에 기억되어 있는 자료를 개체로 하는 파괴행위를 말한다.
③ 컴퓨터 스파이 : 컴퓨터 시스템의 자료를 권한 없이 획득하거나 불법이용 또는 누설하여 타인에게 재산적 손해를 야기시키는 행위로, 자료와 프로그램의 불법획득과 이용이라는 두 가지 행위로 이루어진다.★ 컴퓨터 스파이 수법으로는 쓰레기 주워 모으기(스캐빈징), 자료누출수법, 선로도청방법(부정접속), 비동기성 공격 등이 있다.
④ 컴퓨터 부정사용(권한 없는 자의 사용) : 컴퓨터에 관한 업무에 대해 전혀 권한이 없는 자가 컴퓨터가 있는 곳에 잠입하거나 원격단말장치를 사용하는 방법으로 컴퓨터를 자기 목적 달성을 위하여 일정한 시간 동안 사용하는 행위로서, 시간절도라고도 한다.★
⑤ CD(Cash Dispenser) 범죄 : 현금자동지급기를 중심으로 하는 범죄를 말한다.

2. 컴퓨터 바이러스 기출 21

컴퓨터 바이러스는 "사용자 몰래 다른 프로그램에 침투하여 자기 자신을 복제하고 컴퓨터를 감염시키는 프로그램"이라고 정의할 수 있으며, 더 정확하게는 "컴퓨터의 프로그램이나 실행 가능한 부분을 변형하여, 여기에 자기 자신 또는 자기 자신의 변형을 복제하는 명령어들의 조합"이라고 할 수 있다.

3. 멜웨어(Malware) 기출 20·14

① 멜웨어[Malware ; Malicious Software(악의적인 소프트웨어)의 약어]는 시스템을 파괴하거나 정보를 유출하기 위해 개발된 프로그램이나 파일을 총칭한다.
② 사이버공격의 유형으로는 멜웨어 공격, 서비스거부 공격 등이 있는데, 대표적인 멜웨어 공격으로는 바이러스, 트로이 목마, 버퍼 오버플로 공격, 스파이웨어, 악성 웹 기반 코드 등이 있으며, (분산) 서비스거부 공격에는 마이둠(MyDoom), 슬래머(Slammer) 등이 있다.
③ 스턱스넷(Stuxnet)

의 의	공항, 발전소, 철도 등 기간시설을 파괴할 목적으로 제작된 컴퓨터 웜(Worm) 바이러스이다.
특 징	• 2010년 6월 컴퓨터 보안회사(VirusBlokAda)에 의해 처음 발견되었다. • MS 윈도우 운영체제의 제로데이 취약점을 통해 감염된다. • 스턱스넷은 목표물을 감염시키기 위해 직접 침투해야 하며, 주로 USB와 같은 이동식 저장매체를 통하여 감염된다. • 모든 시스템을 대상으로 하는 것이 아닌 산업시설의 전반적인 현황을 감시하고 제어할 수 있는 스카다(SCADA)시스템만을 노린다. • 웜(Worm) 바이러스의 일종이기에 자기복제 기능도 있다.

4. 해 킹 기출 18·16·14·13·12

① 정의 : 어떤 목적에서건 시스템 관리자가 구축해 놓은 보안망을 무력화시켰을 경우 이와 관련된 모든 행동을 말하며, 시스템 관리자의 권한을 불법적으로 획득한 경우, 또 이를 악용해 다른 사용자에게 피해를 주는 경우도 해당한다.
② 해킹의 방법
　㉠ 트로이 목마(Trojan Horse) 기출 21·20·16·12
　　• 프로그램 속에 은밀히 범죄자만 아는 명령문을 삽입하여 이를 범죄자가 이용하는 수법을 말한다.
　　• 상대방이 눈치 채지 못하게 몰래 숨어드는 것으로 정상적인 프로그램에 부정 루틴이나 명령문을 삽입해 정상적인 작업을 수행하나 부정한 결과를 얻어내고 즉시 부정 루틴을 삭제하기 때문에 발견이 어렵게 된다.
　　• 시스템 프로그래머, 프로그램 담당 관리자, 오퍼레이터, 외부프로그램 용역자가 저지르며 시스템 로그인 테이프와 운용 기록이 있는 프로그램 리스트를 확보한 후 정상적인 프로그램 실행 결과와 의심스런 프로그램 결과를 비교하는 일이 예방책이다.

빈칸 채우기

트로이 목마
→ 프로그램 속에 은밀히 범죄자만 아는 (❶)을 삽입하여 이를 범죄자가 이용하는 수법을 말한다.
→ 상대방이 눈치 채지 못하게 몰래 숨어드는 것으로 정상적인 프로그램에 (❷)이나 (❶)을 삽입해 정상적인 작업을 수행하나 부정한 결과를 얻어내고 즉시 (❷)을 삭제하기 때문에 발견이 어렵게 된다.

정답　❶ 명령문　❷ 부정 루틴

ⓒ 비동기성 공격(Asynchronous Attacks)
- 컴퓨터 중앙처리장치 속도와 입·출력장치 속도가 다른 점을 이용해 Multi-programming을 할 때 Check-point를 써서 자료를 입수하는 방법이다.
- 어떤 자료와 프로그램이 누출된 것 같은 의심이 생기거나 컴퓨터 성능과 출력 자료가 정상이 아닐 때 시스템 로그인 테이프를 분석해 작업 지시서와 대조해 지시 없이 작업을 수행한 기록이 있는지 조사해 봐야 한다.

ⓒ 쓰레기 주워 모으기(Scavenging) 기출 20·13
- 컴퓨터실에서 작업하면서 쓰레기통에 버린 프로그램 리스트, 데이터 리스트, 카피 자료를 얻는 방법이다.
- 많은 사람들이 자신이 버리는 쓰레기가 다른 사람들의 손에 들어갈 경우 자신을 위협할 수 있는 무기가 된다는 사실을 인식하지 못하기 때문에 이러한 일이 발생한다. 따라서 중요한 것은 꼭 알아볼 수 없도록 폐기해야 한다.

ⓔ 살라미 기법(Salami Techniques, 부분잠식수법) 기출 21·20·16·13
- 어떤 일을 정상적으로 수행하면서 관심을 두지 않는 조그마한 이익들을 긁어모으는 수법이다.
- 금융기관의 컴퓨터시스템에서 이자계산이나 배당금 분배 시 단수 이하의 적은 금액을 특정계좌로 모으는 수법이다.
- 뚜렷한 피해자가 없어 특별히 검사해 보는 제도를 두지 않으면 알 수 없고 일단 제작되면 별도 수정 없이는 범행상태가 계속된다.
- 은행직원이나 외부인 등 전산망에 접근할 수 있는 자라면 누구나 저지를 수 있으며 계좌 중에 아주 작은 금액이 계속적으로 입금된 사실이 있는지 검사하는 프로그램을 작성해 수행시켜 보는 방법 등을 통해 예방한다.

> **살라미 기법**
> 눈치 채지 못할 정도의 적은 금액을 많은 사람들로부터 빼내는 컴퓨터 사기수법의 하나로, 이탈리아 음식인 살라미소시지(햄의 일종으로 공기 중에 말려 발효시키는 음식)를 조금씩 얇게 썰어 먹는 모습을 연상시킨다고 해서 붙은 이름이다.

빈칸 채우기

쓰레기 주워 모으기(Scavenging)
→ (❶)실에서 작업하면서 (❷)에 버린 프로그램 리스트, 데이터 리스트, 카피 자료를 얻는 방법이다.

살라미 기법(Salami Techniques)
→ (❸)의 컴퓨터시스템에서 이자계산이나 배당금 분배 시 (❹) 이하의 적은 금액을 특정계좌로 모으는 수법이다.

❶ 컴퓨터 ❷ 쓰레기통 ❸ 금융기관 ❹ 단수 정답

ⓜ IP 스푸핑(IP Spoofing) : 인터넷 프로토콜인 TCP/IP의 구조적 결함, 즉 TCP 시퀀스번호, 소스라우팅, 소스 주소를 이용한 인증(Authentication) 메커니즘 등을 이용한 방법으로서 인증 기능을 가지고 있는 시스템에 침입하기 위해 침입자가 사용하는 시스템을 원래의 호스트로 위장하는 방법이다.

ⓗ 패킷 스니퍼링(Packet Sniffering)
- 최근 널리 쓰이고 있는 대표적인 방법으로 Tcpdump, Snoop, Sniffer 등과 같은 네트워크 모니터링 툴을 이용해 네트워크 내에 돌아다니는 패킷의 내용을 분석해 정보를 알아내는 것이다.
- 이 방법은 네트워크에 연동되어 있는 호스트뿐만 아니라 외부에서 내부 네트워크로 접속하는 모든 호스트가 위험 대상이 된다.

ⓢ 데이터 디들링(Data Diddling) 기출 21·20
- '자료의 부정변개'라고도 하며, 데이터를 입력하는 동안이나 변환하는 시점에서 최종적인 입력순간에 자료를 절취 또는 변경, 추가, 삭제하는 모든 행동을 말한다.
- 원시서류 자체를 변조·위조해 끼워 넣거나 바꿔치기하는 수법으로 자기 테이프나 디스크 속에 엑스트라 바이트를 만들어 두었다가 데이터를 추가하는 수법이다.
- 자료를 코드로 바꾸면서 다른 것으로 바꿔치기하는 수법인데 원시자료 준비자, 자료 운반자, 자료 용역처리자 그리고 데이터와 접근이 가능한 내부인이 주로 저지른다.
- 예방하려면 원시서류와 입력 데이터를 대조해 보고 컴퓨터 처리 결과가 예상 결과와 같은지 검토하며, 시스템 로그인 파일과 수작업으로 작성된 관련 일지를 서로 비교 검토하는 작업을 정기적으로 실시하여야 한다.

ⓞ 슈퍼 재핑(Super Zapping, 운영자 가장수법) 기출 22·20·13
- 컴퓨터가 고장으로 가동이 불가능할 때 비상용으로 쓰이는 프로그램이 슈퍼 잽이며 슈퍼 잽 수행 시에 호텔의 만능키처럼 패스워드나 각종 보안장치 기능을 상실시켜 컴퓨터의 기억장치에 수록된 모든 파일에 접근해 자료를 복사해 가는 것이다.
- 예방하려면 외부에서 출입해 수리를 할 경우 입회하여 지키고 테이프나 디스크팩, 디스켓 반출 시에 내용을 확인하고 고장 내용이 수록된 파일을 복사해 가지고 나갈 경우 내용을 복사해 증거물을 남기는 법이 최선책이다. 이 방법은 거의 직접적인 수법이기에 계속 지키고 확인하는 수밖에 없다.

빈칸 채우기

데이터 디들링(Data Diddling, 자료의 부정변개)
데이터를 입력하는 동안이나 변환하는 시점에서 (❶)적인 입력순간에 자료를 (❷) 또는 (❸), (❹), (❺)하는 모든 행동을 말한다.

정답 ❶ 최종 ❷ 절취 ❸ 변경 ❹ 추가 ❺ 삭제

ⓧ 트랩도어(Trap Door, 함정문수법) 기출 24·13·12
- OS나 대형 응용 프로그램을 개발하면서 전체 시험실행을 할 때 발견되는 오류를 쉽게 하거나 처음부터 중간에 내용을 볼 수 있는 부정루틴을 삽입해 컴퓨터의 정비나 유지보수를 핑계 삼아 컴퓨터 내부의 자료를 뽑아 가는 행위로, 프로그래머가 프로그램 내부에 일종의 비밀통로를 만들어 두는 것이다.
- 대규모 프로그램을 개발할 때 프로그램을 수정할 수 있는 명령어를 삽입하는데, 프로그램 개발이 완성되면 명령어를 삭제해야 하나 고의 또는 과실에 의해 이를 삭제하지 않아 이 명령어를 이용하여 프로그램을 조작하는 것이다.
- 자신만이 드나들 수 있게 하여 자료를 빼내는 방법으로 실제로 프로그램을 수행시키면서 중간에 이상한 것이 출력되지 않는지와 어떤 메시지가 나타나지 않았나 살펴보고 이상한 자료의 누출이나 어카운트에는 계산된 것이 없는데 기계시간이 사용된 경우 추적하여 찾아내야 한다.

ⓧ Sendmail 버그
- Sendmail은 거의 모든 유닉스 기종에서 사용되는 메일 전송 프로그램이다.
- 보안상의 허점(Security Hole)이 발견되면 그 여파가 대단히 크게 나타난다.

㉠ 버퍼 오버플로(Buffer Overflow) 기출 22·20·14 : 메모리에 할당된 버퍼(프로그램 처리 과정에 필요한 데이터가 일시적으로 저장되는 공간)의 양을 초과하는 데이터를 입력하여 프로그램의 복귀 주소를 조작, 궁극적으로 해커가 원하는 코드를 실행하게 하는 시스템 해킹의 대표적인 공격방법이다.

해커(Hacker)와 크래커(Cracker)
- 해커 : 컴퓨터 시스템과 네트워크 분야에 대한 전문적인 지식을 가지고 있으면서, 고의로 네트워크를 통해 다른 시스템에 접근하여 자유자재로 조작하는 사람들을 일반적으로 가리키며, 그러한 행위를 해킹이라 한다.
- 크래커 : 주로 복사방지 소프트웨어 등을 불법으로 변경하여 원래의 프로그램에 영향을 주는 행위를 하는 사람을 뜻한다. 또한 시스템에서 보안의 허점을 찾아 불법적인 행위를 하는 사람도 크래커라고 불린다.

빈칸 채우기

트랩도어(Trap Door, 함정문수법)
→ 대규모 프로그램을 개발할 때 프로그램을 수정할 수 있는 (❶)를 삽입하는데, 프로그램 개발이 완성되면 (❶)를 삭제해야 하나 고의 또는 과실에 의해 이를 삭제하지 않아 이 (❶)를 이용하여 프로그램을 조작하는 것이다.

버퍼 오버플로(Buffer Overflow)
→ (❷)에 할당된 (❸)(프로그램 처리 과정에 필요한 데이터가 일시적으로 저장되는 공간)의 양을 초과하는 데이터를 입력하여 프로그램의 복귀 주소를 조작, 궁극적으로 해커가 원하는 코드를 실행하게 하는 시스템 (❹)의 대표적인 공격방법이다.

❶ 명령어 ❷ 메모리 ❸ 버퍼 ❹ 해킹 정답

5. 신종금융범죄(전자금융사기) 기출 23

① **피싱(Phishing)** : 개인정보(Private Data)와 낚시(Fishing)의 합성어로, 금융기관으로 가장하여 이메일 등을 발송하고, 그 이메일 등에서 안내하는 인터넷주소를 클릭하면 가짜 사이트로 접속을 유도하여 은행계좌정보나 개인신상정보를 불법적으로 알아내 이를 이용하는 수법을 말한다. 기출 21

② **스미싱(Smishing)** : 문자메시지(SMS)와 피싱(Phishing)의 합성어로, '무료쿠폰 제공, 모바일 청첩장, 돌잔치 초대장' 등을 내용으로 하는 문자메시지를 발송하고, 그 문자메시지 내 인터넷 주소를 클릭하면 스마트폰에 악성코드가 설치되어 소액결제 피해를 발생시키거나(소액결제 방식으로 돈을 편취하거나) 개인의 금융정보를 탈취하는 수법을 말한다. 기출 20 · 18

③ **파밍(Pharming)** : PC가 악성코드에 감염되어 정상 사이트에 접속해도 가짜 사이트로 유도되고, 이를 통해 금융정보를 빼돌리는 수법을 말한다. 기출 20 · 19 · 17

④ **메모리 해킹(Memory Hacking)** : PC의 메모리에 상주한 악성코드로 인해 정상 은행사이트에서 보안카드 번호 앞뒤 2자리만 입력해도 부당인출되는 수법을 말한다. 기출 20

 빈칸 채우기

신종금융범죄(전자금융사기)

- (❶) : 금융기관으로 가장하여 이메일 등을 발송하고, 그 이메일 등에서 안내하는 인터넷주소를 클릭하면 가짜 사이트로 접속을 유도하여 은행계좌정보나 개인신상정보를 불법적으로 알아내 이를 이용하는 수법
- (❷) : PC의 메모리에 상주한 악성코드로 인해 정상 은행사이트에서 보안카드번호 앞뒤 2자리만 입력해도 부당인출되는 수법
- (❸) : 문자메시지 내 인터넷 주소를 클릭하면 스마트폰에 악성코드가 설치되어 소액결제 피해를 발생시키거나 개인의 금융정보를 탈취하는 수법
- (❹) : PC가 악성코드에 감염되어 정상 사이트에 접속해도 가짜 사이트로 유도되고, 이를 통해 금융정보를 빼돌리는 수법

정답 ❶ 피싱 ❷ 메모리 해킹 ❸ 스미싱 ❹ 파밍

6. 컴퓨터의 각종 사이버테러

① **논리폭탄(Logic Bomb)** 기출 20·19·17·16·15·12 : 13일의 금요일 등 컴퓨터에 일정한 사항이 작동할 때마다 부정행위가 일어날 수 있도록 프로그램을 조작하는 수법으로, 일정한 조건이 충족되면 자동으로 컴퓨터 파괴활동을 시작하여 논리폭탄이 작동되면 컴퓨터의 모든 정보가 삭제되거나 인터넷 등 온라인 정보사용이 어렵게 된다.

② **허프건(Huffgun)** 기출 22·19·17·15 : 고출력 전자기장을 발생시켜 컴퓨터의 자기기록 정보를 파괴시키는 사이버테러용 무기이다. 전자회로로 구성되어 있는 컴퓨터는 고출력 전자기파를 받으면 오작동하거나 정지되기 때문에 기업들의 핵심 정보가 수록된 하드디스크(HDD)가 허프건의 주요 공격 목표가 된다.

③ **스팸(Spam)** 기출 23·20·17 : 악의적인 내용을 담은 전자우편을 인터넷상의 불특정 다수에게 무차별로 살포하여 컴퓨터 시스템을 마비시키거나 온라인 공해를 일으키는 행위이다. 전자우편 폭탄이라고도 한다.

④ **플레임(Flame)** 기출 22·17·15
   ⊙ 네티즌들이 공통의 관심사를 논의하기 위해 개설한 토론방에 고의로 가입하여 개인 등에 대한 악성 루머를 유포하여 개인이나 기업을 곤경에 빠뜨리는 수법이다.★
   ⊙ 플레임은 불꽃을 의미하지만 인터넷에서는 악성 루머 때문에 촉발·과격화된 온라인 토론을 말한다.★

⑤ **서비스거부(Denial of Service)★** 기출 21·19 : 정보 시스템의 데이터나 자원을 정당한 사용자가 적절한 대기 시간 내에 사용하는 것을 방해하는 행위이다. 주로 시스템에 과도한 부하를 일으켜 정보 시스템의 사용을 방해하는 공격방식이다.

⑥ **스토킹(Stalking)** 기출 17 : 인터넷을 이용하여 타인의 신상정보를 공개하고 거짓 메시지를 남겨 괴롭히는 행위이다.

⑦ **스누핑(Snuffing)** 기출 15 : 인터넷상에 떠도는 IP(Internet Protocol) 정보를 몰래 가로채는 행위를 말한다.

⑧ **스푸핑(Spoofing)★** 기출 20·19 : 어떤 프로그램이 마치 정상적인 상태로 유지되는 것처럼 믿도록 속임수를 쓰는 것을 말한다.

⑨ **전자폭탄(Electronic Bomb)** 기출 15 : 약 1백억 와트의 고출력 에너지로 순간적으로 마이크로웨이브파를 발생시켜 컴퓨터 내의 전자 및 전기회로를 파괴한다.

⑩ **온라인 폭탄** : 대용량의 메일을 동시에 다량으로 송부하여 대형 컴퓨터 시스템에 과부하가 걸리도록 하여 업무를 마비시키거나 장애를 초래하는 이메일 폭탄을 말한다.

빈칸 채우기

논리폭탄(Logic Bomb)
→ 컴퓨터에 일정한 사항이 작동할 때마다 (❶)가 일어날 수 있도록 프로그램을 조작하는 수법이다.

스팸(Spam)
→ 악의적인 내용을 담은 (❷)을 인터넷상의 (❸) 다수에게 무차별로 살포하여 컴퓨터 시스템을 마비시키거나 온라인 공해를 일으키는 행위이다. (❷) 폭탄이라고도 한다.

정답 ❶ 부정행위 ❷ 전자우편 ❸ 불특정

03 컴퓨터 범죄의 예방대책

1. 컴퓨터 범죄의 예방절차

① 프로그래머, 조작요원, 시험 및 회계요원, 유지보수 요원들 간의 접촉을 줄이거나 없애야 한다. ★
② 모든 프로그램을 개발할 때마다 문서화할 것을 주지시켜야 한다. ★
③ 프로그래머들은 작업실 외부에 머물게 해야 한다. ★
④ 컴퓨터 작동의 모든 면에 있어 업무일지를 작성해야 한다. ★
⑤ 컴퓨터 사용에 대한 회계감사나 사후평가를 면밀히 해야 한다. 기출 13
⑥ 프로그램 채택 후 정기적으로 점검해야 한다. 기출 13

> **컴퓨터 활용에 잠재된 위험 요소** 기출 19
> - 컴퓨터를 통한 사기·횡령
> - 프로그램 작성상의 부정 및 프로그램에 대한 침투
> - 조작자의 실수
> - 입력상 에러
> - 프로그램 자체의 에러
> - 비밀정보의 절취 등

2. 컴퓨터 시스템 안전대책 기출 18·16·15·13

① 물리적 대책 기출 15
   ㉠ 건물에 대한 안전조치 : 컴퓨터실의 위치를 선정할 때는 화재나 홍수, 폭발 등 주변의 위험과 외부 불법침입자에 의한 위험으로부터 벗어난 안전한 장소를 고려한다. 기출 20
   ㉡ 물리적 재해에 대한 보호조치
      - 효과적인 백업시스템을 준비하여 신속하게 복구하는 것이 최선의 방안이다.
      - 컴퓨터실은 가급적 지하에 설치하지 말고, 스프링클러를 사용하는 경우에는 사전에 방수커버를 덮어야 한다.
   ㉢ 출입통제 : 컴퓨터실과 파일보관 장소는 허가받은 사람만 출입할 수 있도록 통제하여야 한다.
   기출 24·22

> **물리적 대책**
> - 출입통제 : 통제구역 설정, 비인가자 접근 통제, 컴퓨터실 및 파일보관 장소에 대한 통제
> - 시설물 보호 : 방화시설·방재시설·CCTV 설치, 경비시설 확충, 건물에 대한 안전조치, 물리적 재해에 대한 보호조치
> - 시스템 보호 : 운영체제(OS)와 프로그램 및 데이터백업시스템 구축
> ※ 거래기록 파일 등 데이터 파일에 대한 백업을 할 때에는 내부와 외부에 이중으로 파일을 보관하여야 한다. 기출 20

② 관리적(인적) 대책 기출 24·23·22·18
　㉠ 직무권한의 명확화와 상호 분리 원칙 : 프로그래머와 오퍼레이터의 직무권한을 철저히 준수한다.
　　기출 23
　㉡ 프로그램 개발통제 : 프로그램 작성 전에 견제기능을 가진 특수 루틴(Routine)을 삽입하여 설계하고, 필요한 프로그램은 빠짐없이 감사팀의 심의를 거치도록 한다.
　㉢ 도큐멘테이션 철저 : 업무흐름과 프로그램의 내용이 다르면 부정의 소지가 있기 때문에 일치되도록 한다.
　㉣ 스케줄러(Scheduller)의 점검 : 컴퓨터의 각 운용자에게 할당된 기억장치와 입력장치의 상황을 프로그래머에게 건네고 프로그래머는 프로그램의 테이프와 디스크 내용을 면밀히 검토하여 부정의 여지가 없는지 점검한다. 기출 23
　㉤ 액세스 제한제도(Graduated Access)의 도입 : 데이터의 경우 특정직급 이상이어야만 해독할 수 있도록 키나 패스워드 등을 부여하여 권한등급별로 접근을 허용한다. 기출 23·22
　㉥ 패스워드의 철저한 관리 : 패스워드의 경우 권한 없는 사람이 해독할 수 없도록 관리한다.
　㉦ 레이블링(Labeling)에 의한 관리 : 극비의 경영자료 등이 수록된 파일이나 중요한 상품의 프로그램이 수록되어 있는 테이프나 디스크 파일에는 별도의 명칭을 부여한다.
　㉧ 감사증거기록 삭제 방지 : 콘솔시트에는 컴퓨터 시스템의 사용일자와 취급자의 성명, 프로그램 명칭 등이 기록되므로 임의로 파괴해 버릴 수 없는 체제를 도입함으로써 부당사용 후 흔적을 없애는 사태를 방지한다.
　㉨ 배경조사 : 근무자들에 대하여 정기적으로 배경조사를 실시한다. 기출 22
　㉪ 안전관리 : 각종 회의를 통하여 컴퓨터 안전관리의 중요성을 인식시킨다.
　㉫ 기능분리 : 회사 내부의 컴퓨터기술자, 사용자, 프로그래머의 기능을 각각 분리한다. 기출 22·15
　㉬ 기타 : 고객과의 협력을 통한 감시체제, 현금카드 운영의 철저한 관리, 컴퓨터 시스템의 감사 등이 있다.

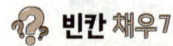 빈칸 채우기

관리적(인적) 대책
⋯ 근무자들에 대하여 정기적으로 (❶)를 실시한다.
⋯ (❷)과 프로그램의 내용이 다르면 부정의 소지가 있기 때문에 일치되도록 한다.
⋯ (❸)의 경우 권한 없는 사람이 해독할 수 없도록 관리한다.
⋯ 프로그래머와 오퍼레이터의 (❹)을 철저히 준수한다.
⋯ 회사 내부의 컴퓨터기술자, 사용자, 프로그래머의 기능을 각각 (❺)한다.

❶ 배경조사　❷ 업무흐름　❸ 패스워드　❹ 직무권한　❺ 분리　정답

③ **기술적 대책** 기출 13 : 컴퓨터 데이터의 취급자를 규제 또는 견제하여 컴퓨터 데이터를 보호하는 컴퓨터 대책을 말한다.

   ㉠ **암호화** 기출 24·23
   - 암호화는 데이터를 특수처리하여 비인가자가 그 내용을 알 수 없도록 하는 것으로 시스템에 대한 개별적 암호화를 통해 데이터의 가로채기(Interception)를 예방할 수 있다.
   - 암호시스템은 암호화 형식에 따라 비밀키(대칭형) 암호시스템과 공개키(비대칭형) 암호시스템으로 구분할 수 있다.

   ㉡ **방화벽(침입차단시스템)** 기출 24
   - 방화벽은 정보의 악의적인 흐름이나 침투 등을 방지하고, 비인가자나 불법침입자로 인한 정보의 손실·변조·파괴 등의 피해를 보호하거나 최소화시키는 총체적인 안전장치를 말한다.
   - 방화벽은 외부로부터 내부망을 보호하기 위한 네트워크 구성 요소 중의 하나로서 외부의 불법 침입으로부터 내부의 정보자산을 보호하고 외부로부터 유해정보 유입을 차단하기 위한 정책과 이를 지원하는 하드웨어 및 소프트웨어를 총칭한다.
   - 방화벽은 네트워크의 보안 사고나 위협이 더 이상 확대되지 않도록 막고 격리하는 것이라고 할 수 있는데, 특히 어떤 기관의 내부 네트워크를 보호하기 위해 외부에서의 불법적인 트래픽이 들어오는 것을 막고, 허가하거나 인증된 트래픽만 허용하는 적극적인 방어 대책이라고 할 수 있다.

   ㉢ **침입탐지시스템(IDS ; Intrusion Detection System)**
   - 시스템상의 침입자를 색출하는 프로그램으로 시스템과 네트워크작업을 분석하여 권한이 없는 사용자가 로그인하거나 악의성 작업이 있는지 찾아내는 활성 프로세스 또는 장치를 말한다.
   - IDS는 네트워크 활동을 감시하고 네트워크와 시스템 설정에 취약점이 있는지 확인하며 데이터 무결성을 분석하는 등의 다양한 작업을 수행할 수 있다.

> **컴퓨터 범죄의 관리상 안전대책**
> - 예기치 못한 사고에 대해 예방하는 것이므로 사전에 이에 대한 대책이 우선적으로 수립되어야 한다.
> - 지속적이고 장기적인 대책수립이 필요하다.
> - 예기치 못한 사고에 대비하기 위해 시스템 백업과 프로그램 백업이 필요하다.
> - 네트워크의 취약성으로 발생하는 문제는 방화벽 설치 등 기술적 안전대책으로 해결해야 한다.

빈칸 채우기

컴퓨터 시스템의 기술적 안전대책
- 방화벽(침입차단시스템) : 방화벽은 정보의 악의적인 흐름이나 침투 등을 (❶)하고, 비인가자나 불법침입자로 인한 정보의 손실·변조·파괴 등의 피해를 (❷)하거나 (❸)화시키는 총체적인 (❹)를 말한다.
- 침입탐지시스템(IDS) : 시스템상의 침입자를 (❺)하는 프로그램으로 시스템과 네트워크작업을 분석하여 권한이 없는 사용자가 로그인하거나 악의성 작업이 있는지 찾아내는 활성 프로세스 또는 (❻)를 말한다.

정답 ❶ 방지 ❷ 보호 ❸ 최소 ❹ 안전장치 ❺ 색출 ❻ 장치

3. 입법적 대책

① 현행 형법상 규정

- ㉠ **컴퓨터 업무방해죄** : 컴퓨터등 정보처리장치 또는 전자기록등 특수매체기록을 손괴하거나 정보처리장치에 허위의 정보 또는 부정한 명령을 입력하거나 기타 방법으로 정보처리에 장애를 발생하게 하여 사람의 업무를 방해한 자는 5년 이하의 징역 또는 1천500만원 이하의 벌금에 처한다(형법 제314조 제2항). 기출 19

- ㉡ **컴퓨터등 사용사기죄** : 컴퓨터등 정보처리장치에 허위의 정보 또는 부정한 명령을 입력하거나 권한 없이 정보를 입력·변경하여 정보처리를 하게 함으로써 재산상의 이익을 취득하거나 제3자로 하여금 취득하게 한 자는 10년 이하의 징역 또는 2천만원 이하의 벌금에 처한다(형법 제347조의2). 기출 19

- ㉢ **전자기록 손괴죄** : 타인의 재물, 문서 또는 전자기록등 특수매체기록을 손괴 또는 은닉 기타 방법으로 기 효용을 해한 자는 3년 이하의 징역 또는 700만원 이하의 벌금에 처한다(형법 제366조).

- ㉣ **전자기록의 위작·변작** : 사무처리를 그르치게 할 목적으로 권리·의무 또는 사실증명에 관한 타인의 전자기록등 특수매체기록을 위작 또는 변작한 자는 5년 이하의 징역 또는 1천만원 이하의 벌금에 처한다(형법 제232조의2). 기출 21·19

- ㉤ **비밀침해죄** : 봉함 기타 비밀장치한 사람의 편지, 문서, 도화 또는 전자기록등 특수매체기록을 기술적 수단을 이용하여 그 내용을 알아낸 자는 3년 이하의 징역이나 금고 또는 500만원 이하의 벌금에 처한다(형법 제316조 제2항). 기출 19

② 기타 규제법률

- ㉠ **컴퓨터 통신망 보호** : 정보통신망 이용촉진 및 정보보호 등에 관한 법률
- ㉡ **통신침해** : 전기통신기본법, 전기통신사업법, 전파법
- ㉢ **개인정보 침해** : 개인정보보호법, 신용정보의 이용 및 보호에 관한 법률
- ㉣ **소프트웨어의 보호** : 소프트웨어진흥법, 저작권법, 특허법
- ㉤ **도청행위** : 통신비밀보호법
- ㉥ **전자문서** : 정보통신망 이용촉진 및 정보보호 등에 관한 법률, 물류정책기본법

컴퓨터 범죄 담당기관의 설립연혁
- 1997년 : 컴퓨터범죄 수사대 창설
- 1999년 : 사이버범죄 수사대로 개편
- 2000년 7월 : 사이버테러대응센터 창설
- 2007년 : 전국 경찰서 사이버수사팀 확대 구축
- 2010년 : 해킹·악성코드 분석실 구축
- 2012년 : 국제사이버범죄 연구센터 창설
- 2014년 : 경찰청 사이버안전국 창설

실패하는 길은 여럿이나 성공하는 길은 오직 하나다.

– 아리스토텔레스 –

1 한국 민간경비산업의 문제점

01 민간경비산업의 문제와 개선방안
02 경비업법과 청원경찰법의 이원적 운영에 따른 문제점
03 이원적 운용체제의 통합·단일화

2 민간경비산업의 전망 등

01 민간경비업의 전문성 제고
02 협력방범체제의 구축
03 4차 산업혁명 및 융합보안
04 민간경비산업의 전망

최다 출제 POINT & 학습목표

1. 현재 우리나라 민간경비산업의 문제점과 해결방안에 대해 이해하도록 한다.
2. 청원경찰과 민간경비업 간의 운용에 있어 발생하는 여러 가지 문제점에 대해 잘 구분하여 숙지하고, 이러한 이원적 운용체제의 통합·단일화에 관한 필요성과 방안을 학습한다.
3. 민간경비산업의 전문성을 제고하기 위한 다양한 방법을 파악하고 경찰과의 협력체제 구축, 4차 산업혁명 및 융합보안, 민간경비산업의 전망과 발전 형태에 대해 학습한다.

CHAPTER 07

민간경비산업의 과제와 전망

CHAPTER 07 민간경비산업의 과제와 전망

01 경비업법과 청원경찰법의 일원화는 민간경비산업의 문제점을 야기한다. 기출 19 ( )

02 청원경찰에게 총기휴대가 금지되어 있어 실제 사태발생 시 큰 효용을 거두지 못하고 있다. 기출 20 ( )

03 보험회사들의 민간경비업에 대한 이해부족은 보험상품 개발을 꺼리는 요인이 되고 있다. 기출 20 ( )

04 경비업체들이 활동할 수 있는 경비업종이 다른 국가에 비해 다양하게 되어 있다. 기출 18 ( )

05 민간경비원의 교육과정은 교육과목이 많고 내용도 비현실적이라는 지적이 있다. 기출 20 ( )

06 인간관계론적 관점에서 등장한 동기부여이론은 조직 내 구조적인 면보다는 인간적 요인을 중요시한다. 기출 21 ( )

07 허즈버그(F. Herzberg)의 동기-위생이론 중 동기요인은 조직정책, 감독, 급여, 근무환경 등과 관련된다. 기출 21 ( )

08 맥그리거(D. McGregor)의 X·Y이론 중 Y이론은 인간잠재력의 능동적 발휘와 관련된다. 기출 21 ( )

09 매슬로우(A. Maslow)의 욕구계층이론 중 안전욕구는 2단계 욕구에 해당한다. 기출 21 ( )

10 공공관계 개선은 관련 정책 및 프로그램을 통한 민간경비의 이미지 향상을 의미한다. 기출 21 ( )

11 민간경비는 장애인·알코올중독자 등 특별한 상황에 처한 사람들의 특성을 잘 이해하고 있어야 한다. 기출 21 ( )

12 민간경비의 언론관계는 기밀유지 등을 위해 무반응적(Inactive) 대응이 원칙이다. 기출 21 ( )

13 민간경비는 특정고객에게 경비서비스를 제공하지만 일반시민과의 관계개선도 중요하다. 기출 21 ( )

14 물리적 보안요소(CCTV, 출입통제장치 등), 기술적 보안요소(불법출입자 정보인식시스템 등), 관리적 보안요소(조직·인사관리 등)를 상호 연계하여 시큐리티의 효율성을 높이고자 하는 접근방법을 융합(Convergence) 시큐리티라고 한다. 기출 21·20 ( )

15 융합보안은 출입통제, 접근감시, 잠금장치 등을 통하여 보안의 효과성을 높이는 활동이다. 기출 19 (   )

16 특수경비업은 우리나라 경비업의 가장 큰 비중을 차지하는 분야로 향후 이러한 증가추세는 계속될 전망이다. 기출 18 (   )

17 인구고령화 추세에 따른 긴급통보시스템, 레저산업 안전경비 등 각종 민간경비 분야가 발전할 것으로 전망된다. 기출 21 (   )

18 호송경비업은 외국 기업인과 가족들의 장기체류 등으로 수요가 증가하고 있으며, 최근 사회불안이 가중되고 개인의 삶의 질이 높아짐에 따라 이러한 증가추세는 계속될 전망이다. 기출 18 (   )

19 융합보안은 물리보안요소와 정보보안요소를 상호 연계하여 보안의 효과성을 높이는 활동인데, 정보보안요소에는 출입통제, 접근감시, 잠금장치 등이 있다. 기출 23 (   )

20 인력경비산업 육성을 위한 기계경비산업의 축소는 민간경비산업의 발전방안이다. 기출 22 (   )

21 민간경비와 청원경찰제도의 일원화, 방범서비스산업에 대한 규제 강화, 민간경비와 경찰의 협업체계 구축, 경비관련 자격증제도의 도입을 통한 전문화 중 우리나라 민간경비업의 발전방안에 해당하지 않는 것은 방범서비스산업에 대한 규제 강화이다. 기출 24 (   )

▶ 정답과 해설 ◀ 01 ✕   02 ✕   03 ○   04 ✕   05 ○   06 ○   07 ✕   08 ○   09 ○   10 ○
11 ○   12 ✕   13 ○   14 ○   15 ✕   16 ✕   17 ○   18 ✕   19 ✕   20 ✕
21 ○

✔ 오답분석
01 경비업법과 청원경찰법의 일원화는 민간경비산업의 전문성 제고방안에 해당한다.
02 청원경찰법령상 청원경찰의 총기휴대는 금지되어 있지 않다(청원경찰법 시행규칙 제16조). 다만, 총기취급에 대한 전반적인 교육훈련 부족으로 총기사용을 극히 제한하고 있는 실정이다.
04 영국과 미국에서의 경비산업은 안전산업이라는 개념하에 시설경비 외에도 다양한 안전 관련 산업을 포괄하고 있다. 이러한 관점에서 볼 때 한국의 경비산업은 안전산업의 한 분야에 불과하다고 볼 수 있다.
07 허즈버그(F. Herzberg)의 동기-위생이론 중 동기요인은 도전감, 성취감, 인정, 책임감, 성장·발전, 일 그 자체 등 직무내용과 관련되고, 위생요인은 조직의 정책·관리·감독, 임금, 보수, 지위, 안전 등 근무환경과 관련된다.
12 민간경비의 언론관계(Press Relations)는 신문, 잡지, TV나 라디오 뉴스 등의 보도기능에 대응하는 활동으로, 언론과의 우호적인 관계형성을 위한 반응적(Active) 대응이 필요하다.
15 융합보안은 출입통제, 접근감시, 잠금장치 등의 물리보안요소와 불법침입자 정보인식시스템 등의 정보보안요소를 상호 연계하여 보안의 효과성을 높이는 활동이다.
16 우리나라 경비업에서 가장 큰 비중을 차지하는 분야는 시설경비업이다.
18 지문의 내용은 신변보호업에 관한 설명이다. 호송경비업무란 운반 중에 있는 현금·유가증권·귀금속·상품 그 밖의 물건에 대하여 도난·화재 등 위험발생을 방지하는 업무를 말한다(경비업법 제2조 제1호 나목).
19 출입통제, 접근감시, 잠금장치 등은 융합보안 중 물리보안요소에 해당한다.
20 인력경비 중심이 아닌 기계경비 중심의 민간경비산업의 지향을 민간경비산업의 발전방안으로 볼 수 있다.

CHAPTER 07 민간경비산업의 과제와 전망

1 한국 민간경비산업의 문제점

01 민간경비산업의 문제와 개선방안 기출 21·20·19·14·12·11

1. 민간경비산업의 문제점 개관 기출 20·19
① 민간경비산업은 양적 팽창을 이뤄냈지만, 인력경비 중심의 영세한 경호·경비업체의 난립으로 민간경비의 발전에 걸림돌로 작용하고 있으며, 일부 업체를 제외하고는 대체로 영세한 편이다.★
② 경비 분야의 전문 연구인력이 부족하다.
③ 경비 입찰단가가 비현실적이다.
④ 민간경비원의 자질 및 전문성이 문제되고 있는 실정이다(민간경비원의 교육과정은 교육과목이 많고 내용도 비현실적이라는 지적이 있다).
⑤ 아직까지 기계경비보다 인력경비에 치중되어 있는 실정이다.★
⑥ 경비업법과 청원경찰법으로 이원화되어 있어 경비의 효율성 등에 장애요인으로 작용한다.★
⑦ 보험회사들의 민간경비업에 대한 이해부족으로 인하여 보험상품 개발이 활발하지 못하다.

2. 민간경비산업의 현황 기출 19
① 민간경비의 수요 및 시장규모가 일부 지역에 편중되어 있다.★
② 경찰 및 교정업무의 민영화 추세는 민간경비업 확장의 한 요인이 된다.★
③ 최근에 인력경비를 줄이고 기계경비 중심으로 변화하면서 민간경비의 질적 향상이 도모되고 있다.★

3. 경비업의 허가기준
① **현행 경비업법**(경비업법 제4조) : 경비업을 하고자 하는 법인은 도급받아 행하고자 하는 경비업무를 특정하여 당해 법인의 주사무소의 소재지를 관할하는 시·도 경찰청장의 허가를 받아야 한다(경비업법 제4조 제1항 전문). 그러나 실제 경비업의 허가기준은 사전적·사후적 절차가 미흡하다.
② **개선방안**
   ㉠ **허가사항 변경신고** : 허가변경신고는 의무적으로 규정하고 있으나 위반에 대한 규제력이 미약하여 이에 대한 규제를 보다 엄격하게 적용할 필요가 있다.
   ㉡ **경비업의 허가요건** : 경비업을 허가받고자 하는 자에 대해서는 경비업무에 관련된 경력이나 이 분야의 학력 등에 대한 일정한 제한을 둘 필요가 있다.

4. 경비원 자질 향상을 위한 국가검정제도의 실시 [기출 24]
국가가 각 경비원들에게 전문기술과 지식을 검정하는 국가검정제도를 실시하여 경비원들의 자질을 향상시킬 필요가 있다.

5. 장비의 현대화 방안
① **현행 경비업법**(경비업법 제16조·제16조의2) : 경비업법은 경비원의 복장·장비 등을 규정하고 있으며, 구체적으로 경비원이 근무 중 휴대할 수 있는 장비의 종류는 경적·단봉·분사기 등 행정안전부령으로 정하고 있다. 특히 분사기는 「총포·도검·화약류 등의 안전관리에 관한 법률」에 따라 미리 소지허가를 받아야만 직무수행 시 휴대할 수 있도록 하고 있다.
② **개선방안** : 경비활동을 보다 더 향상시키고 자신의 신체적 위협에 대비하기 위해서는 외국에서 거의 보편화되어 있는 휴대하기 편리한 무전기, 가스 분사기 등의 휴대가 보편화되어야 한다.

6. 민간경비원의 형사상 법적 문제 [기출 16·12]
① 민간경비원의 법적 지위는 일반 사인과 같으므로 현행범에 대한 체포권한만 있으며, 법적 제재는 가할 수 없다. ★
② 민간경비원은 수사권이 없다. ★
③ 민간경비원의 모든 업무행위가 위법성이 결여되는 것이 아니라 정당방위, 자구행위, 정당행위 등에서 형법상 위법성이 결여된다. ★

7. 손해배상제도
① **현행 경비업법**(경비업법 제26조) : 고객들에 대한 경비업자들의 손해배상제도는 현재 공제사업과 같은 제도가 운영되고 있는데 이와 같은 제도들은 고객들을 보호하기 위한 사후적 보장제도이지 경비업자들을 보호하기 위한 사후적 보장제도는 되지 못하고 있다. ★
② **개선방안** : 경비시설물이나 보험가입 고객에 따라 손해배상제도 외에도 별도의 손해배상 보험을 가입하도록 고객들이 요구하고 있어 경비업자들에게 이중적 부담을 주고 있는 실정이다. 따라서 경비업자들의 부담도 덜어 주고 일반 고객들에게도 충분한 손해배상이 이루어질 수 있도록 보험회사 측에서 경비 관련 보험상품을 다양하게 개발하여야 할 것이다. ★

빈칸 채우기

경비원의 장비
→ 경비원이 근무 중 휴대할 수 있는 장비의 종류는 (❶)·(❷)·(❸) 등 행정안전부령으로 정하고 있다.

정답 ❶ 경적 ❷ 단봉 ❸ 분사기

8. 우수인력 채용 방안

우수한 경비인력의 확보와 경비업체의 신뢰도를 높이기 위해 경비원의 선발과정절차를 엄격하게 제도화시킬 필요가 있다.

① **임용 전 조사** : 면접의 경우 대부분 지원동기, 경력, 직업에 대한 전문지식, 그리고 다른 직업과의 관계 등을 알아보는 것이 대부분이고, 신원조회는 단순히 연락처나 소정양식의 서류를 제출하는 형식적인 수준에서 머물고 있다. 그러나 다소간의 비용이 발생하더라도 상설조사기관을 두어 전과조회, 능력이나 성격, 자질 등을 조사할 제도적 장치가 필요하다.

② **적정 보수규정** : 우수한 경비인력을 확보하기 위해서는 경비원이 배치되어 있는 경비시설물의 도급에 관계없이 개인의 경비능력, 경력, 교육수준, 기술, 책임감 그리고 자격증 유무에 따라 보수규정을 전체적으로 체계화하는 방안을 강구할 필요가 있다.

③ **경비업자들 간의 정보교환** : 경비인력의 채용과정에서 지원자의 신원정보에 대하여 경비업자들 상호 간에 교환이 이루어진다면 보다 효율적으로 우수한 경비인력을 확보할 수 있다. 또한 경비업체나 경비협회를 지도·감독하는 정부기관에서 전체 경비원들의 인적사항을 관리한다면 더욱 효과적으로 우수한 인력을 관리할 수도 있다.

④ **여성 경비원의 고용 확대** : 현재 여성 경비원들의 경비업무는 안내역할이나 여성고객 검색 등에 한정되고 있으나 점차 경비업무 분야를 확대하고 고급 여성인력들을 적극적으로 참여시켜 경비인력의 부족현상을 해결할 수도 있다.

9. 경비전문학교의 설립 방안(경비원 교육훈련의 내실화)

① **현재의 실정** : 민간경비 관련 학문은 미국이나 일본의 단편적인 지식에 의존하고 있고, 몇몇 업체들만이 시찰이나 교류를 통하여 경험이나 지식을 습득하고 있으며, 나머지 대부분은 군이나 경찰에서의 경비실무 경험을 바탕으로 경비업무를 실시하고 있어 학문적 바탕이 매우 취약함을 알 수 있다.

② **개선방안**
 ㉠ 경비원뿐만 아니라 경비업자 그리고 경비지도사들의 자질향상을 위한 교육훈련, 훈련계획, 교과편성 그리고 교육훈련의 사후 평가 등과 같은 일련의 모든 과정을 총괄하는 경비업무 교육훈련 전담기관(= 경비전문교육학교)이 필요하다.★
 ㉡ 교육의 종류는 경비원의 신임교육, 직무교육, 전공과목교육, 경비지도사·경비업자 교육 등으로 실시할 수 있다.

빈칸 채우기

우수인력 채용 방안
- 적정 보수규정 : 개인의 경비능력, 경력, 교육수준, 기술, 책임감 그리고 자격증 유무에 따라 (❶)을 전체적으로 (❷)하는 방안을 강구할 필요가 있다.
- 경비업자들 간의 정보교환 : 경비인력의 채용과정에서 지원자의 (❸)에 대하여 경비업자들 상호 간에 교환이 이루어진다면 보다 효율적으로 우수한 경비인력을 확보할 수 있다. 또한 경비업체나 (❹)를 지도·감독하는 (❺)에서 전체 경비원들의 인적사항을 관리한다면 더욱 효과적으로 우수한 인력을 관리할 수도 있다.

정답 ❶ 보수규정 ❷ 체계화 ❸ 신원정보 ❹ 경비협회 ❺ 정부기관

10. 경찰과 민간경비의 협력 증진 방안(대응체제의 제도적 보완) 기출 24·23·22·19·16

① 문제점
  ㉠ 선진 외국에서는 오래전부터 국가차원의 공경비인 경찰과 민간차원의 민간경비와의 긴밀한 상호협조체제를 구축하여 방범활동의 효율성을 극대화시켜 왔지만 한국의 경우 대부분의 방범활동은 국가 정책적으로 경찰조직 위주로 수립·추진되어 왔기 때문에 민간경비와 경찰의 협조체제가 별다른 진전이 없어 왔다.
  ㉡ 민간경비와 경찰은 그동안 상호 정보교환의 부재, 불신의식, 경쟁의식, 역할 기준의 불명확성 등으로 갈등을 겪어왔다.★
  ㉢ 민간경비와 경찰은 상호 지원체제의 미흡, 범죄예방과 홍보활동의 부족, 범죄에 대한 예방활동을 위한 정책빈곤, 업무에 대한 상호 간의 이해부족 등으로 상호 협조체제를 구축하는 데 있어서 문제가 있었다.★

② 개선방안
  ㉠ **책임자 간담회**
    • 경찰 조직과 민간경비 조직 상호 간의 교류를 통하여 새로운 경험을 하고 관련 정보를 적극적으로 교환하여 상대방의 입장을 이해하도록 노력한다.
    • 책임자 간담회를 정기적으로 개최하여 경찰 조직과 민간경비 조직의 방범능력 향상을 위한 발전적 방안을 마련한다.
  ㉡ **전임책임자제도와 합동순찰제도** : 민간경비와 경찰 간의 접촉이나 연락과정을 공식화시킬 전담책임제도와 업무의 실질적인 협력 증진 방안으로 합동순찰제도를 둘 수 있다.
    • **전임책임자제도** : 경찰 조직과 민간 경비조직의 접촉을 공식화하여 양 조직의 무분별한 접촉으로 발생할 수 있는 부정적 요소를 방지하고 상호 신뢰하는 관계를 지속적으로 유지할 수 있도록 경찰 측에서는 민간경비와의 접촉을 전담하는 공식연락관을, 민간경비 측에서는 경찰과 접촉을 전담하는 연락담당자를 공식적으로 임명하는 제도이다.
    • **합동순찰제도** : 경찰 조직과 민간경비 조직의 실질적인 협력 증진 방안으로 관할지역 내에서 업무의 이해와 능률을 증진시키고 경비인력을 적절히 배분하기 위해서 고려되며, 외국의 경우 일반시민들까지 참여시키고 있다.
  ㉢ **상호 업무기준 설정** : 경찰 조직과 민간경비 조직 간의 마찰해소와 업무 수행의 효율성을 높이기 위한 차원에서 기본적인 업무기준 설정이 이루어져야 한다.
  ㉣ **상호 비상연락망 구축** : 범죄 신고절차의 신속화로 범죄 예방률과 범인 검거율을 높이기 위해 경찰관서와 민간경비업체와의 비상연락망 구축은 정책적으로 권장하여 나아갈 필요가 있다.
  ㉤ **경비자문서비스센터 운영** : 민간경비와 경찰이 공동체 의식을 갖고 지역사회의 범죄 예방을 위해 모든 민간경비업체명과 경비상품의 목록을 시민들에게 배부하는 경비자문서비스센터를 공동으로 운영할 수도 있다.

> **경찰의 C.I.제도**
> 명령(Command), 통제(Control), 전달(Communication), 정보체제(Intelligence)의 약자로 서울 시내 전역에 방범순찰차, 형사기동대, 지구대가 하나의 무선망으로 온라인(on-line)화하여 112 신고접수 후 5분 이내에 현장에 도착할 수 있도록 하는 범죄대응·적응시스템

11. 민간경비의 전담기구 설치 방안

① 각국의 실정
  ㉠ 일본의 경우 : 민간경비의 중요한 정책사항은 국가공안위원회에서 모두 관장하고 있다. ★ 기출 22
  ㉡ 미국의 경우 : 각 주별로 규제위원회(Regulatory Board)라는 민간경비 전담기구를 두어 교육을 포함한 민간경비의 중요한 정책사항들을 결정하고 있다. ★
  ㉢ 한국의 경우 : 그동안 민간경비업체가 그렇게 큰 규모도 아니었고, 기타 제반사항들이 국가적 차원에서 처리하여야 할 만큼 비중 있게 다루어지지도 못하였기 때문에 경찰청 경비국에서 전반적으로 취급하여 왔다.

② 개선방안
  ㉠ 민간경비의 지속적인 발전과 육성을 위해서는 국가적 차원에서의 민간경비 전담기구가 필요하다. ★
  ㉡ 민간경비시장의 확대에 따른 적절하고 효율적인 통제를 위해서는 우선적으로 경찰청 내에 민간경비를 담당하는 전담 '과'를 설치하고 일본과 같이 '경찰위원회'가 민간경비의 전체적인 규율을 관장하는 기관으로서 역할을 수행할 수 있도록 해야 한다.

12. 민·경 협력 범죄예방

① 언론매체는 범죄예방활동에 효과적이다. ★
② 지역사회 경찰활동의 핵심은 경찰과 지역주민이 함께 지역사회의 문제해결에 노력해야 한다는 것이다.
③ 경찰은 지역주민들의 자발적인 참여를 이끌어내기 위하여 지속적인 홍보활동을 해야 한다.
④ 자율방범대의 경우 자원봉사자인 지역주민이 지구대 등 경찰관서와 협력관계를 갖고 범죄예방활동을 행한다.

13. 민간경비의 공공관계(PR) 개선 기출 21

① 공공관계 개선은 관련 정책 및 프로그램을 통한 민간경비의 이미지 향상을 의미한다.
② 민간경비는 특정고객에게 경비서비스를 제공하지만 일반시민과의 관계개선도 중요하다.
③ 민간경비는 장애인·알코올중독자 등 특별한 상황에 처한 사람들의 특성을 잘 이해하고 있어야 한다.
④ 민간경비의 언론관계(Press Relations)는 신문, 잡지, TV나 라디오 뉴스 등의 보도기능에 대응하는 활동으로, 언론과의 우호적인 관계형성을 위한 반응적(Active) 대응이 필요하다.

빈칸 채우기

민간경비의 공공관계(PR) 개선
- 공공관계 개선은 관련 (❶) 및 프로그램을 통한 민간경비의 이미지 향상을 의미한다.
- 민간경비는 (❷)에게 경비서비스를 제공하지만 (❸)과의 관계개선도 중요하다.
- 민간경비는 (❹)·알코올중독자 등 특별한 상황에 처한 사람들의 특성을 잘 이해하고 있어야 한다.
- 민간경비의 언론관계(Press Relations)는 신문, 잡지, TV나 라디오 뉴스 등의 보도기능에 대응하는 활동으로, 언론과의 우호적인 관계형성을 위한 (❺) 대응이 필요하다.

❶ 정책 ❷ 특정고객 ❸ 일반시민 ❹ 장애인 ❺ 반응적 정답

02 경비업법과 청원경찰법의 이원적 운영에 따른 문제점 기출 24

1. 활동영역과 문제점

① 민간경비의 활동영역
  ㉠ 청원경찰과 민간경비 모두 범죄예방활동을 주요 임무로 하고 있다.
  ㉡ 활동영역에 있어 청원경찰은 기관장이나 시설주(청원주)의 요구에 의하여 공공적 또는 준공공적인 분야에서 방범활동이 이루어지고 있으나, 민간경비는 고객(도급계약자)의 요구에 의해서 사적인 분야에서 범죄예방활동이 이루어지고 있다.
  ㉢ 청원경찰은 경비구역 내에서 경찰관직무집행법에 의해 경찰관의 직무를 수행할 수 있지만(청원경찰법 제3조), 민간경비는 시설주가 요구하는 경비시설물 내에서 경비업무를 수행한다(경비업법 제7조 제1항). ★

② **청원경찰과 민간경비운용에 있어서 문제점** : 청원경찰과 민간경비는 같은 근무지역 내에서 역할이나 기능, 추구하는 목표가 거의 동일함에도 불구하고 지휘체계, 보수, 법집행 권한, 무기휴대, 책임의 한계 등에 있어서 차이가 있다. 또한 민간경비원은 청원경찰보다 직업안정성이 낮고 이직률이 높은 편이다. ★
  ㉠ **청원경찰법** : 외적인 공권력 관계는 잘 규정되어 있으나, 내적인 지휘체계나 운영 면에서는 문제점이 있다.
  ㉡ **경비업법** : 내적인 경영이나 관리측면은 잘 규정되어 있으나, 외적인 공권력 분야나 업무집행에 있어서는 문제점이 있다.

2. 지휘체계에 대한 문제점

① **지휘 및 감독** : 민간경비나 청원경찰 모두 관할 경찰서장의 지도하에 감독하고 교육훈련을 실시하도록 하고 있지만, 실질적인 근무의 지휘 및 감독은 민간경비의 경우 경비지도사가, 청원경찰의 경우 청원주가 지정한 유능한 자에 의해 실시된다. 청원경찰은 경찰공무원도 경비원도 아닌 이중적인 법적 지위 때문에 업무 수행에서 혼란 등을 겪을 수 있다.
② **청원경찰에 의한 경비와 민간경비가 동시에 실시되는 경우** : 청원주는 청원경찰에 대한 근무배치 및 감독에 관한 권한의 일부를 경비업자에게 위임한 경우 감독권을 보장하는 징계 등의 권한이 없으므로 실질적인 지휘 및 감독이 행해지지 못하는 것이다. ★
③ **신속한 대응과 책임** : 경비의 효율화를 위하여 청원경찰의 근무배치 및 감독권을 경비업자에게 위임하였으나, 실질적인 지휘 및 감독이 행해지지 못하기 때문에 사건 발생 시 신속하고 책임 있는 대응조치를 취할 수 없다.

3. 배치와 비용에 대한 문제점

① 청원경찰법
- ㉠ 시설주(청원주)가 청원경찰의 배치를 받고자 하면 소재지를 관할하는 경찰서장을 거쳐 시·도 경찰청장에게 청원경찰배치신청서를 제출하고, 시·도 경찰청장은 그 청원경찰의 배치 또는 중지·폐지·감축 등을 명할 수 있다.
- ㉡ 시·도 경찰청장은 청원경찰의 배치가 필요하다고 인정되는 기관의 장 또는 시설·사업장의 경영자에게 청원경찰의 배치를 요청할 수 있다.
- ㉢ 청원주의 입장에서 볼 때 유사한 경비업무를 담당하면서도 민간경비가 청원경찰보다 경비요금이 저렴하며, 경비담당자의 관리라는 측면에서도 민간경비를 채택하는 것이 청원경찰보다 관리가 수월하기 때문에 민간경비를 선호한다.

② 경비업법
- ㉠ 허가받은 법인이면 누구나 고객의 요청에 의해 경비업을 영위할 수 있으므로 경비업자는 고객과의 계약에 따라 경비원을 배치할 수 있다.
- ㉡ 경비업자가 경비원을 배치하거나 배치를 폐지한 경우에는 관할 경찰관서장에게 신고하여야 한다.★

③ 청원경찰과 민간경비의 차이점
- ㉠ 비용의 경제성
  - 청원경찰은 봉급, 제수당, 피복비, 교육비, 보상금, 퇴직금 등 청원경찰경비의 최저부담기준액을 경찰청장이 매년 12월 중에 경찰관인 순경의 것에 준하여 고시·지급받도록 되어 있으나, 민간경비의 경우는 경비업체와 시설주(고객)와의 자유로운 경비도급계약에 의하여 결정되며 실제로도 청원경찰보다 적은 금액을 받고 있다.
  - 청원경찰과 민간경비원은 보수 면에서 상당한 차이가 발생하여 청원주가 청원경찰의 배치를 기피하는 경향이 있다.★
- ㉡ 배치의 신속성 : 청원경찰을 새롭게 배치하고자 하는 경우 실제 청원경찰이 배치되는 것은 시·도 경찰청장의 배치승인이 난 후에 가능하나, 민간경비의 경우에는 계약과 동시에 경비업무가 이루어지기 때문에 경비업무가 신속하게 행해지고 그만큼 청원경찰보다 만족감을 부여할 수 있다.
- ㉢ 관리의 용이성 : 청원경찰이 점차 직원화됨에 따라 관리의 어려움을 느끼고 있으나, 민간경비는 경비업무의 수행 및 경비원의 관리를 경비업체에 위임하기 때문에 관리상의 문제가 발생하지 않는다.
- ㉣ 이중의 부담 : 청원경찰이 의무적으로 배치되어야 할 중요시설물에 기술상의 문제로 기계경비를 운용하게 되어 시설주인 청원주에게 이중의 부담이 있다.

4. 임용과 직무에 대한 문제점

① 임 용
  ㉠ 청원경찰이나 경비원의 임용절차에 있어서 임용자격이나 결격사유, 해임 등의 규정에서 별다른 차이점이 없다.
  ㉡ 임용자격의 연령기준에 있어서 청원경찰은 18세 이상인 사람인 반면, 일반경비원은 18세 이상, 특수경비원은 18세 이상 60세 미만으로 다소 차이를 보인다(청원경찰법 시행령 제3조, 경비업법 제10조).

② 직무 : 청원경찰과 경비는 직무에 있어서 그 종류나 범위가 몇몇 특수한 경비시설물을 제외하고는 거의 같은 수준에서 운영되고 있으며, 오히려 경비업무가 갈수록 세분화되고 전문화되는 경향이 있다.

5. 복장 및 장구에 대한 문제점

① 청원경찰법
  ㉠ 제복 착용 : 청원경찰은 근무 중 제복을 착용하여야 한다(청원경찰법 제8조 제1항). ★
  ㉡ 특수복장 착용 : 청원경찰이 그 배치지의 특수성 등으로 특수복장을 착용할 필요가 있을 때에는 청원주는 시·도 경찰청장의 승인을 받아 특수복장을 착용하게 할 수 있다(청원경찰법 시행령 제14조 제3항).

② 경비업법
  ㉠ 경비업자는 경찰공무원 또는 군인의 제복과 색상 및 디자인 등이 명확히 구별되는 소속 경비원의 복장을 정하고 이를 확인할 수 있는 사진을 첨부하여 주된 사무소를 관할하는 시·도 경찰청장에게 행정안전부령으로 정하는 바에 따라 신고하여야 한다(경비업법 제16조 제1항). ★
  ㉡ 경비업자는 경비업무 수행시 경비원에게 소속 경비업체를 표시한 이름표를 부착하도록 하고, 신고된 동일한 복장을 착용하게 하여야 하며, 복장에 소속 회사를 오인할 수 있는 표시를 하거나 다른 회사의 복장을 착용하게 하여서는 아니 된다. 다만, 집단민원현장이 아닌 곳에서 신변보호업무를 수행하는 경우 또는 경비업무의 성격상 부득이한 사유가 있어 관할 경찰관서장이 허용하는 경우에는 그러하지 아니하다(경비업법 제16조 제2항). ★

③ 문제점 : 청원경찰법과 경비업법의 규정 자체에 대한 비현실성으로 인해 복장의 색상과 디자인을 달리하고 있어 법과 현실 사이에 괴리가 있다. 따라서 두 조직의 비현실적이고 일률적인 복장 및 장구를 경비시설 대상에 따라 탄력적으로 운용하게 하여 민간경비업에 대한 이미지를 개선시키고 업무수행능력을 향상시켜 나가야 한다.

빈칸 채우기

특수복장 착용
→ 청원경찰이 그 (❶)의 특수성 등으로 특수복장을 착용할 필요가 있을 때에는 (❷)는 (❸)의 승인을 받아 특수복장을 착용하게 할 수 있다.

정답 ❶ 배치지 ❷ 청원주 ❸ 시·도 경찰청장

6. 무기휴대에 대한 문제점

① **청원경찰법**
  ㉠ **청원경찰의 무기휴대에 대한 근거 규정** : 시·도 경찰청장은 청원경찰이 직무를 수행하기 위하여 필요하다고 인정하면 청원주의 신청을 받아 관할 경찰서장으로 하여금 청원경찰에게 무기를 대여하여 지니게 할 수 있다(청원경찰법 제8조 제2항). ★
  ㉡ 무기대여의 절차와 무기관리상황의 점검에 대하여 규정(청원경찰법 시행령 제16조)
  ㉢ 대여받은 무기 및 탄약의 관리수칙, 무기관리사항 점검, 손질 등에 관한 사항을 규정(청원경찰법 시행규칙 제16조)
  ㉣ **분사기 휴대 규정** : 청원주는 총포·도검·화약류 등의 안전관리에 관한 법률에 따른 분사기의 소지허가를 받아 청원경찰로 하여금 그 분사기를 휴대하여 직무를 수행하게 할 수 있다(청원경찰법 시행령 제15조).

② **경비업법** : 특수경비원에 대해서만 무기를 휴대할 수 있도록 하였다(경비업법 제14조). ★

③ **문제점** 기출 20 : 청원경찰에게 총기휴대를 법으로 허용하고 있지만 총기취급에 따른 전반적인 교육훈련 부족으로 총기사용을 극히 제한하고 있는 실정이다. 따라서 청원경찰의 총기소지에 대한 효용성과 존속의 필요성에 대하여 검토할 필요가 있다.

7. 교육훈련에 대한 문제점

① **청원경찰법** : 청원경찰의 경우 신임교육은 경찰교육기관에서 2주 동안 76시간, 직무교육은 경비시설물 또는 경비지역 내에 배치되어 매월 4시간 이상 받도록 되어 있다(청원경찰법 시행규칙 제6조·동법 시행규칙 [별표 1]·동법 시행규칙 제13조 제1항). ★

② **경비업법** : 경비원의 경우 신임교육은 24시간, 직무교육은 각 경비회사 자체적으로 매월 2시간 이상 받도록 되어 있다(경비업법 시행규칙 [별표 2], 동법 시행령 제18조 제3항, 동법 시행규칙 제13조 제1항). ★

③ **문제점** : 양 법은 교육훈련을 의무적으로 실시하도록 되어 있지만, 교육장소·교육시설·교육기자재 그리고 교관 등의 부족으로 실질적이고 효율적인 교육훈련을 실시하지 못하고 있어 경비원들의 자질과 경비서비스의 질이 저하되고 있다.

8. 손해배상에 대한 문제점

① **청원경찰법** : 청원경찰의 불법행위에 대한 배상책임에 대하여 "청원경찰(국가기관이나 지방자치단체에 근무하는 청원경찰 제외)의 직무상 불법행위에 대한 배상책임에 관하여서는 민법의 규정을 따른다"라고 규정하고 있다(청원경찰법 제10조의2). ★

② **경비업법**
  ㉠ 경비업자는 경비원이 업무수행 중 고의 또는 과실로 경비대상에 손해가 발생하는 것을 방지하지 못한 때에는 그 손해를 배상하여야 한다(경비업법 제26조 제1항). ★
  ㉡ 경비업자는 경비원이 업무수행 중 고의 또는 과실로 제3자에게 손해를 입힌 경우에는 이를 배상하여야 한다(경비업법 제26조 제2항). ★

③ 문제점
  ㉠ 청원경찰
    • 청원주가 손해배상책임의 당사자인 동시에 피해자이기 때문에 손해를 발생시킨 청원경찰에게 물질적 배상책임보다는 신분상의 책임을 묻고 있는 실정이다.★
    • 청원경찰은 손해배상에 있어서는 민간인 신분, 형사책임에 있어서는 공무원의 신분을 적용받으므로 업무 수행에 있어 책임의 한계와 신분상의 갈등을 겪고 있다.★
  ㉡ 민간경비 : 경비원의 경비근무 잘못으로 발생한 손해에 대한 배상책임은 대부분 경비업자가 고객과 경비계약 당시에 손해배상책임의 한계를 미리 약정해 두고 있기 때문에 별다른 문제가 없지만, 고객과 경비원 사이에 누구의 잘못으로 사건이 발생하였는지에 대한 책임한계와 책임소재에 대하여 문제가 발생되고 있다.

9. 신분에 대한 문제점

① 청원경찰은 신분상 공무원이 아니지만 벌칙 적용에 있어서는 공무원 신분을 적용하여 불이익을 당하고 있다.★
② 손해배상 문제에 있어서는 민간인 신분을 적용받고, 형사책임에 있어서는 공무원 신분을 적용받고 있어 신분상 책임한계와 불이익을 받고 있다.★

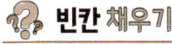 빈칸 채우기

청원경찰의 신분에 대한 문제점
⋯ 청원경찰은 신상상 (❶)이 아니지만 벌칙 적용에 있어서는 (❶) 신분을 적용하여 불이익을 당하고 있다.
⋯ 손해배상 문제에 있어서는 (❷) 신분을 적용받고, 형사책임에 있어서는 (❶) 신분을 적용받고 있어 신분상 (❸)한계와 불이익을 받고 있다.

정답 ❶ 공무원 ❷ 민간인 ❸ 책임

03 이원적 운용체제의 통합·단일화

1. 통합·단일화의 필요성
① 분리운영의 비효율성·비합리성
② 전문성 확보·경비업의 능률성 제고
③ 보수수준의 향상

2. 통합·단일화 방안
① 제1안 : 청원경찰법을 유지하고 경비업법을 폐지하여 단일화하는 방안
  ㉠ 긍정적인 측면
   - 국가안보적 측면에서 중요시설의 경비에 대한 우려를 상대적으로 감소시킬 수 있다.
   - 경비원의 자질을 향상시키는 데 기여한다.
   - 경비원의 임금이 상향조정될 수 있다.
  ㉡ 부정적인 측면
   - 민간경비의 기능이 경비 중심에서 방범 중심으로 급속히 전환되고 있는 현실을 외면할 수 있다.
   - 민간기업의 참여가 봉쇄됨으로써 장기적으로 기계경비업의 발전을 저해한다.
② 제2안 : 경비업법을 유지하고 청원경찰법을 폐지하여 단일화하는 방안
  ㉠ 긍정적인 측면
   - 민간경비분야가 완전 민영화됨으로써 보다 전문화가 촉진되고 탄력적 운영이 실현된다.
   - 민·관 간의 방범업무에 대한 역할분담의 확립에 기여하고 경비비용이 절약될 수 있다.
   - 기계경비업의 발전이 촉진되어 시장개방에 대비한 대외경쟁력 강화에 기여한다.
   - 민간인에 의한 총기휴대가 불가능해지므로 총기휴대에서 초래되는 우려가 감소된다.
  ㉡ 부정적인 측면
   - 국가주요시설 보호에 대한 우려를 낳을 수 있다.
   - 청원경찰의 준경찰적 기능과 총기소지제도가 폐지됨으로써 일반예방효과에 대한 막연한 불안을 일으킬 수 있다.
   - 청원경찰에 대한 사후대책이 마련되어야 한다.
   - 민간경비원의 임금수준이 저하될 우려가 있다.
③ 제3안 : 두 법을 모두 폐지한 후 새로운 단일 법안을 제정하는 방안
  ㉠ 기존의 청원경찰법과 경비업법, 보완이 시급한 기계경비 분야, 그리고 일반기업이나 공동주택단지에서 자체적으로 이루어지는 자체경비 등을 포괄하는 종합적 입법이 되어야 한다.
  ㉡ 기본방향은 새로운 유형의 방범 수요에 따라 세계적이고(세계화), 전문적이며(민영화), 지역 특성에 맞는 경비서비스(지역 사회화)를 제공해야 할 것이다.

2 민간경비산업의 전망 등

01 민간경비업의 전문성 제고

① 민간경비와 청원경찰제도의 단일화
② 기계경비업 및 방범장비산업의 육성
③ 경비인력의 전문화
④ 국가적 시책화

02 협력방범체제의 구축 기출 20·19

1. 경찰과 민간경비 역할의 조정★

경찰과 민간경비업체 간의 마찰을 해소하고 업무 수행의 효율성을 높이기 위하여 상호 역할과 책임에 대한 명확한 기준의 설정과 실질적인 협력을 유도하기 위한 양자 간의 노력이 필요하다.

2. 상호협력체제 구축★

① 일선경찰과 경비업자 및 경비업자 상호 간의 원활한 협조체제를 이룩하기 위해서는 조정기구와 같은 제도적 장치가 필요하다.
② 시·도 경찰청 단위로 관할구역 내의 민간경비회사들과 경찰의 접촉을 공식화하는 협의기구를 만들어 정기적 모임, 학술세미나 등을 통해 상호 간의 입장을 이해하기 위한 노력이 병행되어야 한다.

> **상호협력방안**
> - 지역방범 및 정보교환 네트워크 구축
> - 관련 전문지식, 교육훈련 등의 지속적 교환
> - 민간경비의 오경보(false alarm) 감소를 위한 상호노력
> - 치안수요의 다양성과 전문성에 효율적으로 대응하기 위한 상호 협력 필요
> - 경찰과 민간경비의 협력은 국가예산 절감에 기여

3. 경찰과 민간경비의 동반자 의식 확립

치안수요의 다양성과 전문성에 효과적으로 대응하기 위해서는 양자가 상호역할의 중요성과 필요성을 인식하고 치안서비스의 공동생산의 동반자관계를 정립해 나가는 것이 양자에 도움이 되고 양자가 발전할 수 있을 것이다.

03 4차 산업혁명 및 융합보안

1. 4차 산업혁명

① 등장배경
  ㉠ 4차 산업혁명이라는 용어는 본래 2010년 발표된 독일의 「High-tech Strategy 2020」의 10대 프로젝트 중 하나인 「Industry 4.0」에서 등장하였다.
  ㉡ 「Industry 4.0」은 독일의 강점인 제조업에 ICT 기술을 융합하여 생산성과 효율성을 극대화하는 스마트 팩토리 중심의 산업혁신과 이를 통한 새로운 성장동력을 만들기 위한 국가전략을 의미한다.

② 개 념
  ㉠ 4차 산업혁명의 정의는 다양하나 클라우스 슈밥(Klaus Schwab)에 의하면, "유전자, 나노, 컴퓨팅 등 모든 기술이 융합하여 물리학, 디지털, 생물학 분야가 상호 교류하여 파괴적 혁신을 일으키는 혁명"이라고 한다.
  ㉡ 한국정보통신기술협회에 따르면 4차 산업혁명은 "인공지능, 사물인터넷, 빅데이터, 모바일 등 첨단 정보통신기술이 경제·사회 전반에 융합되어 혁신적인 변화가 나타나는 차세대 산업혁명"으로 정의되고 있다.

〈출처〉 박승빈, 「4차 산업혁명 주요 테마 분석」, 2017년 하반기 연구보고서 제Ⅲ권 제3장, P. 229

③ 주요 특징 : 4차 산업혁명을 이끄는 기술적 혁신은 전면적 디지털화에 따른 초연결화, 초지능화, 융복합화이다.
  ㉠ 초연결화 : 초연결화는 전면적 디지털화에 기초한 전면적 온라인화에 따른 현실과 가상의 경계 소멸 및 데이터베이스화를 의미한다.
  ㉡ 초지능화 : 데이터 분석 및 기계학습을 통한 인공지능의 발전, 이를 통한 전면적 기계-자율의 확대가 초지능화의 핵심이라 할 수 있다.
  ㉢ 융복합화 : 초연결과 초지능의 확대는 결과적으로 기존에 분리되어 있던 다양한 영역들의 융복합으로 이어지게 된다.

빈칸 채우기

4차 산업혁명의 주요 특징
- (❶) : 전면적 디지털화에 기초한 전면적 온라인화에 따른 현실과 가상의 경계 소멸 및 데이터베이스화를 의미한다.
- (❷) : 데이터 분석 및 기계학습을 통한 인공지능의 발전, 이를 통한 전면적 기계-자율의 확대가 핵심이다.
- (❸) : 초연결과 초지능의 확대는 결과적으로 기존에 분리되어 있던 다양한 영역들의 융복합으로 이어지게 된다.

❶ 초연결화 ❷ 초지능화 ❸ 융복합화 정답

2. 융합보안 기출 24·23·22·21·20·19

① 개 념
  ㉠ 우리나라의 융합보안 개념
    • 정부가 지식정보 보안산업을 정보보안, 물리보안, 융합보안 등 3가지로 분류하면서 제시한 융합보안의 개념이 일반적으로 사용되고 있다.
    • 이에 의하면 물리보안과 정보보안의 융합이라는 통합보안 관점과 비 IT 산업에 보안을 적용하는 복합보안 관점 등을 통칭하여 융합보안이라고 한다.
  ㉡ 해외의 융합보안 개념
    • 가트너는 융합보안을 "물리적 보안과 정보보호가 IT 위험을 관리하기 위해 비슷해지거나, 연계되거나, 동일한 프로세스와 기능을 갖추는 것"이라고 정의하고 있다.
    • COSO 온라인에서는 융합보안을 "비용 효율적으로 전사적 차원의 위험을 관리하기 위해 전통적인 운영적 위험관리의 기능을 통합하는 것으로, 여기서 통합이란 인적자원 보안, 사업 연속성, 재난복구, 위험 관리 등을 논리적, 물리적으로 결합하는 것을 의미한다"고 정의하고 있다.
  ㉢ 국내·외 융합보안의 정의를 고려하면 결국 융합보안은 "비용감소, 운영의 효과성 및 효율성 향상, 전사적 차원의 위험을 관리하기 위해 조직의 보안요소들을 점진적으로 통합하여 상호 협력하도록 하는 체계라고 할 수 있다.

〈출처〉남기효, 「융합보안 기술 동향 및 이슈」, 주간기술동향 제1672호, 2014

② 특 징
  ㉠ 융합보안은 출입통제, 접근감시, 잠금장치 등의 물리보안요소와 불법침입자 정보인식시스템 등의 정보보안요소를 상호 연계하여 보안의 효과성을 높이는 활동이다. 즉, 물리적·기술적·관리적 보안요소를 상호 연계하여 보안의 효과성을 높이는 것을 내용으로 한다.
  ㉡ 융합보안은 보안산업의 새로운 트렌드로 자리 잡은 광역화·통합화·융합화의 사회적 요구를 수용하기 위해 각종 내외부적 정보침해에 따른 대응으로서 침입탐지, 재난재해 방지, 접근통제, 관제·감시 등을 포함한다.
  ㉢ 전통 보안산업은 물리영역과 정보(IT)영역으로 구분되어 성장해 왔으나, 현재는 출입통제, CCTV, 영상보안 등의 물리적 환경에서 이뤄지는 전통 보안산업과, 네트워크상 정보를 보호하는 정보보안을 접목한 융합보안이 차세대 고부가가치 보안산업으로서 급부상하고 있다.
  ㉣ 최근 융합보안기술의 주요 이슈는 소프트웨어 개발보안, 모듈화, 표준화, 클라우드 컴퓨팅, 신뢰 컴퓨터 기반(TCB ; Trusted Computing Base), 지능형 알고리즘, IOT(Internet of Thing)서비스 보안 등을 들 수 있다.

빈칸 채우기

융합보안
→ 융합보안은 출입통제, 접근감시, 잠금장치 등의 (❶)와 불법침입자 정보인식시스템 등의 (❷)를 상호 (❸)하여 보안의 효과성을 높이는 활동이다.

정답 ❶ 물리보안요소 ❷ 정보보안요소 ❸ 연계

04 민간경비산업의 전망 기출 18·17·12

1. 민간경비산업의 변화 요인
① 인구의 고령화 : 노인인구의 증가로 고령화 사회에 진입하게 되면 노인인구와 관련된 경비서비스는 점점 증가하며 독거노인, 간병을 필요로 하는 노인에 대한 긴급통보 시큐리티 시스템이 실시될 것이다.
② 안전관리서비스 : 컴퓨터 시스템이 광범위하게 보급됨으로써 안전관리서비스를 제공하는 경비서비스가 증가할 것이다.
③ 라이프스타일(Life-style)의 변화 : 라이프스타일의 변화로 휴일이 증가하고 레저산업이 발전함에 따라 홈 시큐리티(Home Security) 분야가 크게 변화하면서 시큐리티 시스템의 운영이 요구될 것이다.

> **시큐리티 시스템**
> 시큐리티 시스템은 인력경비와 기계경비로 구분되며, 인력경비는 경비원만으로 경비업무를 제공하는 것을 말하고, 기계경비는 전자통신기술을 이용한 네트워크 시스템을 구성하여 무인경비를 실현하는 경비체제를 말한다.

④ 인텔리전트(Intelligent)화 : 건축물이 인텔리전트화되면서 민간경비는 이에 맞춘 새로운 시스템 개발과 예방적인 시큐리티 시스템을 운용할 필요가 있다.
⑤ 사이버 범죄(Cyber Criminal)의 증가 : 컴퓨터와 인터넷의 발달로 사이버상의 범죄가 날로 증가하고 있다. 사이버 범죄는 해킹과 컴퓨터바이러스 유포 등 '사이버테러'를 통해 대규모 피해를 야기시키므로 이에 대응하기 위한 민간경비의 전문인력 확충과 국제적 협력체제를 갖추어야 한다.
⑥ 토탈 시큐리티(Total Security)의 확립 : 정보화 사회에 따른 정보통신기술의 발달로 사회적 경비수요의 증가와 추세에 대응한 기계경비시스템 및 보안시스템을 통합한 토탈 시큐리티(Total Security) 산업으로 나아갈 것이다. 기출 17

2. 민간경비산업의 발전 형태
① 일반적인 경향 기출 15
  ㉠ 산업화와 정보화 시대로 접어들면서 경찰인력의 부족, 경찰장비의 부족, 경찰업무의 과다로 인해 민간경비업은 급속히 발전할 것이다.
  ㉡ 지역 특성과 경비수요에 맞는 민간경비 상품의 개발이 요구될 것이다.
  ㉢ 민간경비업의 홍보활동이 적극적으로 전개될 것이다.
  ㉣ 21세기에는 인력경비보다 기계경비업의 성장속도가 훨씬 빠를 것이다.
  ㉤ 기계경비산업의 육성과 발전을 위해서는 형식승인제도의 도입, 비용효과분석 실시, 기계경비의 보급 확대 등이 이루어져야 한다.
② 구체적인 발전 형태
  ㉠ 물리보안과 사이버보안을 하나로 묶는 토탈 시큐리티 서비스(Total Security Service)
  ㉡ 사이버 범죄(Cyber Criminal)에 대응한 예방사업
  ㉢ 쾌적하고 안전한 주거환경을 제공하기 위한 가정용 기계경비시스템인 홈 시큐리티(Home Security)
  ㉣ 단독주택이 아닌 지역단위의 타운 시큐리티(Town Security)

홈 시큐리티와 타운 시큐리티	
홈 시큐리티	외부의 침입이나 화재 및 가스누출과 같은 비상경보기가 탐지한 정보를 경비회사에 전송하면 경비회사는 이상 유무를 확인하여 경찰서, 소방서, 가스회사에 통보하고 출동하는 시스템으로, ① 주로 기계경비시스템을 중심으로 서비스를 제공하며, ② 고령화시대에 노인들의 안부를 확인하고 위급상황에 대비할 수 있는 점, ③ 풍부한 부가가치를 창출할 수 있다는 점, ④ 광케이블을 사용하는 CCTV를 통해 쌍방향 정보를 주고받을 수 있다는 장점이 있다.
타운 시큐리티	개별빌딩이나 단독주택 단위가 아닌 지역단위의 방범활동이라는 점에서 가장 큰 특징이 있으며 선진국에서는 일반화되고 있는 추세이다. 타운 시큐리티 시스템은 아파트나 연립 공동주택의 방범에 대단히 유용한 시스템으로 인식되고 있다.

ⓜ 무인화 기계경비시스템[LPG 안전관리시스템, CD(ATM)경비, 온실관리, 주차장 무인감시시스템 등]
ⓑ 대형 고층 건물의 인텔리전트화에 따른 시큐리티 시스템(Security System)
ⓢ 의료원격지원 통합서비스 및 사회 간접서비스를 접목한 경비시스템
ⓞ 기업경영자나 연예인 등의 신변을 보호하는 에스코트(경호) 산업의 발달

③ 민간경비산업의 발전방안★ 기출 22·19

국가정책적 육성방안	• 경비관련 자격증제도의 전문화 • 기계경비 중심의 민간경비산업 지향 • 민간경비 관련 법규 정비 • 민간경비체제의 다양화 및 업무의 다양화 • 경찰체제의 개편 및 첨단경비의 개발 • 국가전담기구의 설치와 행정지도 • 세제상 및 금융지원을 통한 민간경비업체의 보호 육성
민간경비회사 자체의 육성방안	• 우수인력의 확보와 홍보활동의 강화 • 영세업체의 자생력 향상 • 경비협회활동의 활성화 • 경찰조직과의 협조체제 구축 • 손해배상체제의 보완 및 산업재해에 대한 예방

빈칸 채우기

민간경비산업의 발전방안 중 국가정책적 육성방안
⋯ 경비관련 (❶)제도의 전문화
⋯ (❷)경비 중심의 민간경비산업 지향
⋯ 민간경비체제의 (❸) 및 업무의 (❸)
⋯ (❹)체제의 개편 및 첨단경비의 개발
⋯ 국가전담기구의 설치와 (❺)

정답 ❶ 자격증 ❷ 기계 ❸ 다양화 ❹ 경찰 ❺ 행정지도

 혼자 공부하기 힘드시다면 방법이 있습니다.
시대에듀의 동영상 강의를 이용하시면 됩니다.
www.sdedu.co.kr → 회원가입(로그인) → 강의 살펴보기

시대에듀 경비지도사 독자지원 네이버카페

경비지도사 독자지원카페

Naver Cafe

https://cafe.naver.com/sdsi

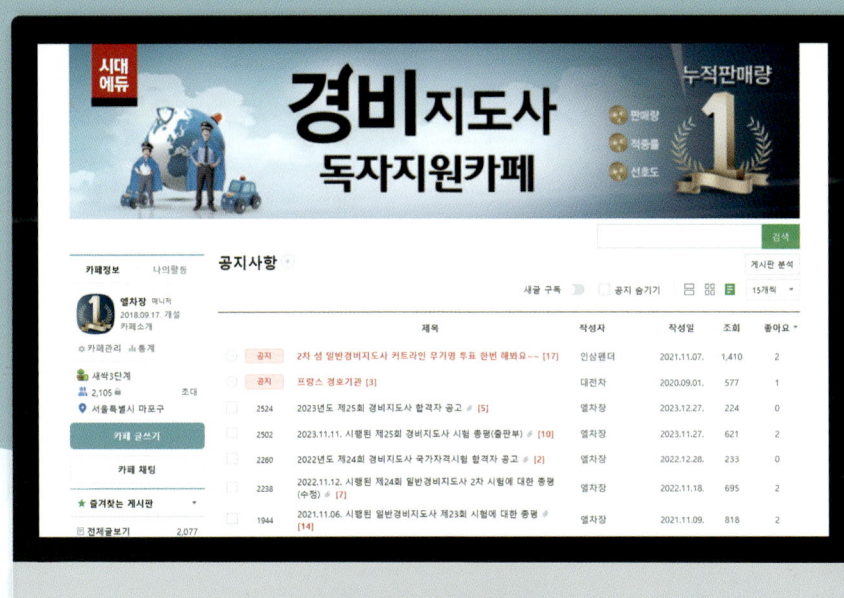

혜택 1
**정상급 교수진의 명품강의!
시대에듀가 독자님의 학습을
지원해드립니다.**

- 시험/자격정보
- 출제경향 및 합격전략
- 무료 기출문제 해설 특강(회원가입 필요)

혜택 2
**시대에듀 경비지도사 편집팀이
독자님과 함께 소통하며 궁금증을
해결해드리겠습니다.**

- 과목별 독자문의 Q&A
- 핵심요약/정리자료
- 과년도 기출문제
- 최신 법령정보
- 도서 정오표/추록
- DAILY TEST

A SUCCESSFUL PROJECT

경비지도사
민간경비론
1차 [일반·기계경비]

2025
A SUCCESSFUL PROJECT

PROJECT

2025년 제27회 시험 대비
온라인 모의고사 무료 제공

최신 기출문제 무료 해설 강의

경비지도사
민간경비론
1차 [일반 · 기계경비]
문제편

시대에듀

시대에듀 최강교수진!

합격에 최적화된 수험서와 최고 교수진의 名品 강의를 확인하세요!

시대에듀만의 경비지도사 수강혜택

| 1:1 맞춤 학습 제공 | 모바일강의 서비스 제공 | 기출문제 특강 제공 |

한눈에 보이는 경비지도사 동영상 합격 커리큘럼

1차	
기본이론	과목별 필수개념 수립
문제풀이	예상문제를 통한 실력 강화
모의고사	동형 모의고사로 실력 점검
기출특강	기출문제를 통한 유형 파악
마무리특강	시험 전 최종 마무리

2차	
기본이론	과목별 필수개념 수립
문제풀이	예상문제를 통한 실력 강화
모의고사	동형 모의고사로 실력 점검
기출특강	기출문제를 통한 유형 파악
마무리특강	시험 전 최종 마무리

※ 과정별 커리큘럼 및 강사진은 내부사정에 따라 변경될 수 있습니다.

민간경비론

심화문제

CHAPTER 01 민간경비 개설
CHAPTER 02 세계 각국의 민간경비
CHAPTER 03 민간경비의 환경
CHAPTER 04 민간경비의 조직
CHAPTER 05 경비와 시설보호의 기본원칙
CHAPTER 06 컴퓨터 범죄 및 안전관리
CHAPTER 07 민간경비산업의 과제와 전망

1 민간경비와 공경비
2 민간경비와 공경비의 제관계
3 민간경비 성장의 이론적 배경

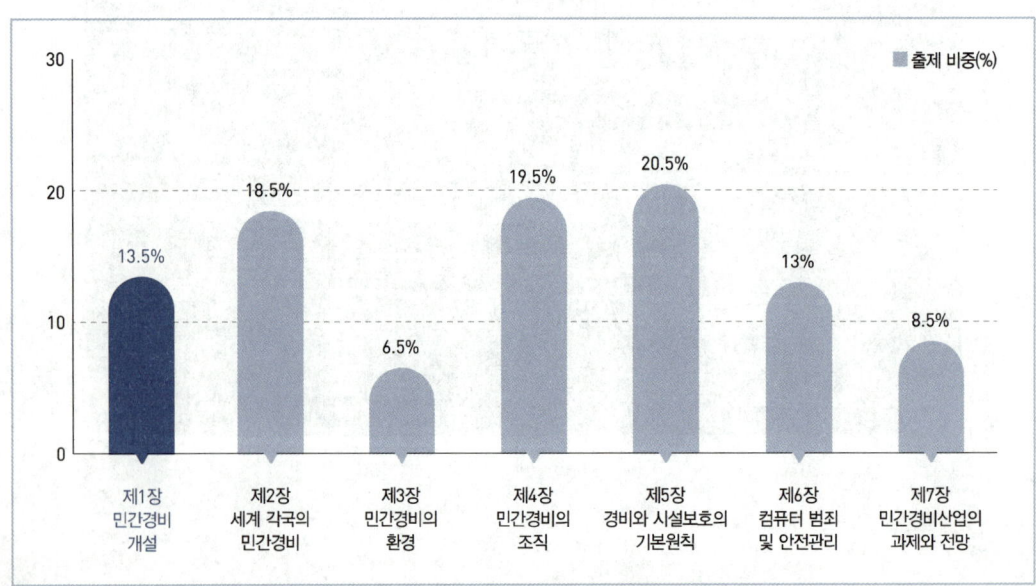

CHAPTER 01

민간경비 개설

CHAPTER 01 민간경비 개설

1 민간경비와 공경비

01   CHECK ○△×

민간경비의 개념에 관한 설명으로 옳지 않은 것은? 기출 24

☑ 실질적 개념 : 민간경비는 경찰이 수행하는 경비활동과 본질적으로 차이가 있다.
② 형식적 개념 : 경비의 주체를 공적 주체와 사적 주체로 명확하게 구분한다.
③ 대륙법계 개념 : 민간경비는 국가의 지도·감독하에 제한적인 기능만을 담당한다.
④ 영미법계 개념 : 민간경비의 업무범위가 경찰과 유사하나 집행 권한에 차이가 있다.

해설

① (×) 실질적 개념의 민간경비는 고객의 생명과 신체에 대한 위해를 방지하고 재산을 보호하는 제반활동으로 인식되므로 공공의 안녕과 질서유지 등 공경비가 수행하는 경비활동과 본질적인 차이가 없다. 다만, 경비활동의 주체가 민간과 국가라는 차이만 있을 뿐이다.
② (○) 형식적 개념의 민간경비는 경비업법에 의해 허가받은 법인이 경비업법상의 업무를 수행하는 활동을 의미하고, 임무수행 주체에 따라 공경비와 민간경비를 명확하게 구별한다.
③ (○) 대륙법계는 전통적으로 국가권력의 우월적 지위를 인정하므로 민간경비는 국가(경찰)의 지도·감독하에 관련법규에 한정된 소극적 역할을 맡았고 사전적·예방적 기능만을 제한적으로 담당한다.
④ (○) 영미법계는 실질적 개념의 민간경비로 이해하고 민간경비와 공경비의 업무범위가 유사하나, 법 집행 권한에 대한 차이가 있다고 하였다. 일반적으로 영미법계 민간경비원은 대륙법계 민간경비원에 비해 그 권한이 많다고 할 수 있다.

02

민간경비의 개념에 관한 설명으로 옳지 않은 것은? 기출 22

① 형식적 개념은 공경비와 민간경비가 명확히 구분된다.
② 실질적 개념은 자율방범대 및 개인적 차원의 범죄예방활동도 포함한다.
③ 협의의 개념은 주요 기능으로 방범·방재·방화를 들고 있다.
④ 광의의 개념에서 공경비와 민간경비는 본질적 차이가 없다고 본다.

[해설]
주요 기능으로 방범·방재·방화를 들고 있는 것은 민간경비의 광의의 개념이다.

> **핵심만콕 민간경비의 개념★**
>
> - 협의의 개념 : 고객의 생명·신체·재산보호, 질서유지를 위한 개인 및 기업(조직)의 범죄예방활동(방범활동)을 의미한다.
> - 광의의 개념 : 공경비를 제외한 경비의 3요소인 방범·방재·방화를 포함하는 포괄적 경비활동을 의미한다. 최근에는 산업보안 및 정보보안 그리고 사이버보안에 이르기까지 광범위하고 첨단화된 범죄예방기능을 포함하는 개념으로 사용되고 있다.
> - 실질적 개념 : 고객의 생명·신체·재산보호, 사회적 손실 감소와 질서유지를 위한 일체의 활동을 의미하는데, 실질적 개념에서 경찰과 민간경비는 그 주체가 국가와 민간이라는 점에서 차이가 있을 뿐, 본질적으로는 차이가 없다.
> - 형식적 개념 : 실정법인 경비업법에 의해 허가받은 법인이 동법에서 규정하고 있는 업무를 수행하는 활동을 의미하는데, 형식적 개념에서 경찰과 민간경비는 명확하게 구별된다.

03

민간경비의 실질적 개념에 관한 설명으로 옳지 않은 것은? 기출 21

① 경비업법에 의하여 허가받은 법인이 경비업법상 규정된 업무를 수행하는 경비활동이다.
② 민간경비뿐만 아니라 지역 내 자율방범대 및 개인적 차원 등에서 이루어지는 범죄예방 관련 제반활동이다.
③ 민간차원에서 수행하는 개인 및 집단의 생명과 신체에 대한 위해방지, 재산보호 등과 관련된 활동이다.
④ 정보보호, 사이버보안은 실질적 개념의 민간경비에 속한다.

[해설]
①은 민간경비의 형식적 개념에 관한 설명이다.

04

민간경비의 개념에 관한 설명으로 옳지 않은 것은? 기출 20

① 실질적 개념의 민간경비는 고객의 생명과 신체에 대한 위해를 방지하고 재산을 보호하는 제반활동으로 인식된다.
② 형식적 개념의 민간경비는 경비관련 제반활동의 특성과 관계없이 실정법에서 규정하는지의 유무에 따른다.
③ 형식적 개념은 공경비와 민간경비가 명확히 구별된다.
④ ✓ 광의의 개념은 국민의 생명과 재산을 보호하기 위하여 일정한 비용을 지불한 특정고객에게 안전관리 서비스를 제공하는 개인만을 의미한다.

[해설]
광의의 민간경비는 공경비를 제외한 경비의 3요소인 방범·방재·방화를 포함하는 포괄적 경비활동을 의미하나, 협의의 민간경비는 일정한 비용을 지불한 특정고객에게 안전관리 서비스(범죄예방활동)를 제공하는 개인 및 기업(조직)의 활동을 의미한다.

05

민간경비의 개념에 관한 설명으로 옳은 것은? 기출 18

① ✓ 형식적 개념은 공경비와 민간경비가 명확히 구별된다.
② 광의의 개념은 국민의 생명과 재산을 보호하기 위하여 일정한 비용을 지불한 특정고객에게 안전 관련 서비스를 제공하는 개인만을 의미한다.
③ 협의의 개념은 주체면에서 민간과 국가를 포함한다.
④ 실질적 개념은 실정법인 경비업법에서 규정하는 허가를 받고 경비업무를 수행하는 활동을 말한다.

[해설]
① (○) 형식적 의미에서 민간경비 개념은 공경비와 명확히 구별되나 실질적 의미에서 민간경비 개념은 공경비와 유사하다.
② (×) 광의의 민간경비는 공경비를 제외한 경비의 3요소인 방범·방재·방화를 포함하는 포괄적 경비활동을 의미하나, 협의의 민간경비는 일정한 비용을 지불한 특정고객에게 안전관리 서비스(범죄예방활동)를 제공하는 개인 및 기업(조직)의 활동을 의미한다.
③ (×) 민간이 주체가 되는 모든 경비활동을 협의의 민간경비라고 한다.
④ (×) 실정법인 경비업법에서 규정하는 허가를 받고 경비업무를 수행하는 활동은 형식적 개념의 민간경비이다.

06

민간경비의 개념에 관한 설명으로 옳지 않은 것은? 기출 17

① 공공기관에 의한 공경비활동을 제외한 모든 경비활동은 광의의 개념이다.
② 민간이 주체가 되는 모든 경비활동은 협의의 개념이다.
③ 고객의 생명과 신체 및 재산을 보호하는 활동은 최협의의 개념이다.
❹ **우리나라 경비업법에 의한 개념은 실질적 의미의 개념이다.**

[해설]
경비업법에 의해 허가받은 업무를 수행하는 경비활동은 형식적 의미의 민간경비이다.

07

민간경비의 개념에 관한 설명으로 옳지 않은 것은? 기출 12

① 광의적 개념은 방범, 방재, 방화 등을 포함한다.
❷ **실질적 개념은 공공의 안녕과 질서유지 등의 경찰활동과 본질적으로 차이가 있다.**
③ 협의적 개념은 고객의 생명과 신체 그리고 재산보호, 질서유지 및 범죄예방활동을 의미한다.
④ 형식적 개념은 경비업법에 규정하는 업무를 수행하는 활동을 의미한다.

[해설]
실질적 의미의 민간경비 개념은 공경비와 유사하다.

08

경비의 3대 주요 기능으로 보기 어려운 것은? 기출 10

① 방 범
② 방 재
③ 방 화
☑ 방 풍

해설

경비의 3요소(3대 주요 기능)는 방범, 방재, 방화이다.

09

민간경비에 관한 설명으로 옳은 것은? 기출 18

☑ 영리성을 갖는다.
② 불특정다수의 시민이 수혜대상이다.
③ 사전예방과 법집행을 한다.
④ 공권력을 추구한다.

해설

민간경비업은 영리성(경제적 이익)을 그 특징으로 하지만 공공성도 요구된다. 또한 특정고객을 수혜대상으로 하며, 사전예방적 기능을 주요 임무로 하나 법집행은 공경비의 영역이다.

10

민간경비조직의 특수성으로 옳지 않은 것은? 기출 17

① 위험성
② 돌발성
③ 기동성
☑ 고립성

해설

민간경비조직의 특수성에는 위험성, 돌발성, 기동성, 조직성 등이 있으며, 이러한 특수성은 민간경비 업무의 특성이기도 하며, 이러한 특수성에 맞게 민간경비가 조직화되어야 한다. 고립성은 권력성, 정치성, 보수성과 더불어 공경비인 경찰 조직이 지니는 특수성과 관련된 요소들이다.

11

민간경비에 관한 설명으로 옳지 않은 것은? 기출 15

① 공공성, 공익성, 비영리성을 특징으로 한다.
② 계약자 등 특정인을 수혜대상으로 한다.
③ 공경비에 비해 한정된 권한을 가지며 각종 제약을 받는다.
④ 시설주의 시설물 보호, 특정고객의 생명·재산보호 등을 목적으로 한다.

해설
공공성, 공익성, 비영리성은 공경비의 특징이다. 민간경비는 공공성, 공익성, 영리성을 특징으로 한다.

12

민간경비의 개념에 관한 설명으로 옳지 않은 것은? 기출 14

① 민간경비는 일반통치권에 근거하는 활동이다.
② 민간경비와 공경비는 모두 범죄예방 역할을 수행한다.
③ 현재 우리나라에는 경찰관 신분을 가진 민간경비원이 없다.
④ 국가는 민간경비의 제공 주체에 포함되지 않는다.

해설
공경비는 일반통치권에 근거하며, 민간경비는 위탁자의 사권에 근거하는 활동이다.

13

민간경비의 의의에 관한 설명으로 옳지 않은 것은? 기출 09

① 서구에서는 민간경비를 논의할 때 영리를 목적으로 하는 계약경비뿐만 아니라 자체경비도 포함시키는 경향이 있다.
② 민간경비산업을 계약경비산업으로 한정하면 자체경비는 이러한 민간경비산업에서 제외된다.
③ 실정법에서 규정하고 있는 민간경비는 개념적으로 실질적인 의미의 민간경비에 해당된다.
④ 민간경비는 주로 일정한 비용을 지불하는 특정고객을 대상으로 한다.

해설
실정법에서 규정하고 있는 민간경비는 개념적으로 형식적인 의미의 민간경비에 해당된다. 이와 반대로 실질적 의미의 민간경비는 국민의 생명과 신체 그리고 재산보호, 사회적 손실감소와 질서유지를 위한 일체의 활동을 말한다.

〈출처〉 서진석, 민간경비론, 백산출판사, 2008

14

현대 민간경비의 의의에 대한 설명 중 틀린 것은? 기출 08

① 민간경비서비스는 일정한 비용을 지불하는 특정고객에 한해서 제공된다.
❷ 민간경비의 활동 영역을 범주화하는 데 있어서 자체경비는 제외시키는 것이 일반적이다.
③ 민간경비와 공경비의 공통점은 범죄예방이다.
④ 민간경비는 각 나라마다 차이가 있으며, 형식적인 민간경비와 실질적인 민간경비는 차이가 있다.

[해설]
민간경비의 활동 영역을 범주화하는 데 있어서 자체경비(自體警備)를 포함시키는 것이 일반적이다. 민간경비의 유형에는 자체경비와 계약경비, 인력경비와 기계경비 등으로 나뉜다. ★

15

다음 중 민간경비에 대한 설명으로 틀린 것은? 기출 06

① 민간경비의 목적은 범죄예방에 있다.
❷ 민간경비의 수혜대상은 일반시민이다.
③ 우리나라에서는 경찰관이 부업으로 민간경비원의 업무를 수행할 수 없다.
④ 민간경비의 업무로는 시설경비, 호송경비, 신변보호, 기계경비, 특수경비 등이 있다.

[해설]
일반시민을 경비수혜의 대상으로 하는 것은 공경비이고, 민간경비는 일정한 비용을 지불하는 계약자 등 특정고객을 수혜대상으로 한다.

16

민간경비업의 개념에 관한 설명으로 틀린 것은? 기출 04

① 민간경비업은 영리성을 그 특징으로 한다.
② 민간경비라는 용어는 경찰조직에서의 경비와 그 의미에서 차이가 있다.
③ 민간경비종사자는 사인신분으로 특정고객에게 계약사항 내에서의 서비스를 제공한다.
❹ 우리나라 경비업법상 경비업에는 시설경비, 호송경비, 신변보호, 기계경비, 특수경비, 민간정보조사업무가 있다.

[해설]
경비업법 제2조는 경비업무의 유형으로 시설경비업무, 호송경비업무, 신변보호업무, 기계경비업무, 특수경비업무, 혼잡·교통유도경비업무를 규정하고 있다. 따라서 민간정보조사업무는 경비업법상의 경비업무가 아니다.

17

민간경비의 경우 급료지불의 주체는 누구인가? 기출문제

① **고 객**
② 경 찰
③ 청원주
④ 시 민

해설
민간경비란 사회의 각종 위험으로부터 개인의 이익이나 생명·신체·재산을 보호하기 위하여 계약자(특정의뢰인)로부터 대가(보수)를 받고 개인·기업·단체가 경비 및 안전에 대한 서비스를 제공하는 것이다. 따라서 민간경비의 급료지불의 주체는 고객이다.

18

민간경비의 주요 임무로 옳지 않은 것은? 기출 21

① 질서유지활동
② **범죄수사활동**
③ 위험방지활동
④ 범죄예방활동

해설
민간경비의 주요 임무는 범죄예방업무, 질서유지업무, 위험방지업무 기타 경비업법상 경비업무이다. 범죄수사활동은 공경비의 주요 임무로, 민간경비와 가장 구별되는 임무 중 하나이다.

19

민간경비업무에 관한 내용으로 옳지 않은 것은? 기출 20

① **시설경비를 실시함으로써 절도, 강도 등의 범죄 억제효과 및 수사를 통한 피해회복**
② 대규모 행사장의 혼잡을 적절하게 해소하여 참가자의 안전 확보에 기여
③ 국내외의 정치·경제·체육계 요인 등을 경호함으로써 사회불안과 혼란을 미연에 방지
④ 국가중요시설의 경비업무를 담당하여 국민의 불안을 경감하고 불법 가해행위를 미연에 방지

해설
민간경비의 경우, 시설경비를 실시함으로써 절도, 강도 등의 범죄 억제효과를 가질 수 있으나, 범죄수사 등 법집행 권한이 없어 수사를 통한 피해회복은 불가능하다.

20

우리나라 민간경비의 주요 임무가 아닌 것은? 기출 19

① 범죄예방
② 위험방지
✓ ③ 증거수집
④ 질서유지

해설
민간경비의 주요 임무에는 범죄예방업무, 질서유지업무, 위험방지업무, 기타 경비업법상 경비업무가 있다. 증거수집은 공경비의 임무에 해당한다.

21

다음의 내용 중 민간경비의 주요 활동에 해당하지 않는 것은 어느 것인가?

✓ ① 범인의 체포
② 범죄예방
③ 특정고객보호
④ 고객의 재산보호

해설
범죄수사, 범인의 체포 등 법을 집행할 권리 · 의무는 공경비(경찰)에게 있다.

22

다음 중 민간경비의 목적으로 보기 어려운 것은 어느 것인가?

① 시설주의 시설물보호
✓ ② 국영 사업체의 이익보호
③ 고객의 생명보호
④ 고객의 신체에 대한 경비

해설
국영 사업체의 이익보호는 민간경비의 목적이 아닌 청원경찰 또는 공경비의 목적이다(청원경찰법 제2조, 경찰관직무집행법 제2조 참조).

23

경비업무 중 '경비를 필요로 하는 시설 및 장소에서의 도난·화재 그 밖의 혼잡 등으로 인한 위험발생 방지업무'에 해당하는 것은? 기출 21

① 호송경비업무
☑ 시설경비업무
③ 특수경비업무
④ 기계경비업무

해설

경비업법상 경비업무는 시설경비업무, 호송경비업무, 신변보호업무, 기계경비업무, 특수경비업무, 혼잡·교통유도경비업무 6종으로(경비업법 제2조 제1호), 설문은 시설경비업무에 대한 내용이다.

관계법령 정의(경비업법 제2조)

이 법에서 사용하는 용어의 정의는 다음과 같다. 〈개정 2024.1.30.〉
1. "경비업"이라 함은 다음 각목의 1에 해당하는 업무(이하 "경비업무"라 한다)의 전부 또는 일부를 도급받아 행하는 영업을 말한다.
   가. 시설경비업무 : 경비를 필요로 하는 시설 및 장소(이하 "경비대상시설"이라 한다)에서의 도난·화재 그 밖의 혼잡 등으로 인한 위험발생을 방지하는 업무
   나. 호송경비업무 : 운반 중에 있는 현금·유가증권·귀금속·상품 그 밖의 물건에 대하여 도난·화재 등 위험발생을 방지하는 업무
   다. 신변보호업무 : 사람의 생명이나 신체에 대한 위해의 발생을 방지하고 그 신변을 보호하는 업무
   라. 기계경비업무 : 경비대상시설에 설치한 기기에 의하여 감지·송신된 정보를 그 경비대상시설 외의 장소에 설치한 관제시설의 기기로 수신하여 도난·화재 등 위험발생을 방지하는 업무
   마. 특수경비업무 : 공항(항공기를 포함한다) 등 대통령령이 정하는 국가중요시설(이하 "국가중요시설"이라 한다)의 경비 및 도난·화재 그 밖의 위험발생을 방지하는 업무
   바. 혼잡·교통유도경비업무 : 도로에 접속한 공사현장 및 사람과 차량의 통행에 위험이 있는 장소 또는 도로를 점유하는 행사장 등에서 교통사고나 그 밖의 혼잡 등으로 인한 위험발생을 방지하는 업무

24

경비업법상 경비업무로 명시되어 있지 않은 것은? 기출 20

① 신변보호업무
② 시설경비업무
✓ ③ 인력경비업무
④ 호송경비업무

해설

경비업법상 경비업무로 명시되어 있는 것은 시설경비업무, 호송경비업무, 신변보호업무, 기계경비업무, 특수경비업무, 혼잡·교통유도경비업무에 한정된다(경비업법 제2조 제1호). 따라서 경비업법상 경비업무로 명시되어 있지 않은 것은 인력경비업무이다.

25

경비업법상 규정된 경비업무에 관한 설명으로 옳지 않은 것은? 기출 19

✓ ① 특수경비업무 : 운반 중에 있는 현금·유가증권·귀금속·상품 그 밖의 물건에 대하여 도난·화재 등 위험발생 방지
② 시설경비업무 : 경비를 필요로 하는 시설 및 장소에서의 도난·화재 그 밖의 혼잡 등으로 인한 위험발생 방지
③ 신변보호업무 : 사람의 생명이나 신체에 대한 위해의 발생을 방지하고 그 신변을 보호
④ 기계경비업무 : 경비대상시설에 설치한 기기에 의하여 감지·송신된 정보를 그 경비대상시설 외의 장소에 설치한 관제시설의 기기로 수신하여 도난·화재 등 위험발생 방지

해설

①은 특수경비업무가 아니라 호송경비업무에 대한 설명이다.

26

경비업법에 규정된 업무 유형이 아닌 것은? 기출 17

① 특수경비업무
② 기계경비업무
③ **민간조사업무** ✓
④ 호송경비업무

> **해설**
> 경비업법상 규정된 경비업무는 시설경비업무, 호송경비업무, 신변보호업무, 기계경비업무, 특수경비업무, 혼잡·교통유도경비업무이다. 경비업법상 민간조사업무는 경비업무의 한 영역이라 보기 어려우며, 경비업법상 민간조사원이 별도로 규정되어 있지 않다. 또한 우리나라에서는 민간조사제도도 하나의 정형화된 형식을 갖추고 제도적으로 정착되어 운영되고 있지 않다.

27

민간경비의 특성으로 옳지 않은 것은? 기출 17

① **영리성을 추구하지만 공공성은 배제된다.** ✓
② 국가마다 제도적 차이가 있다.
③ 범죄발생의 사전 예방적 기능을 주요 임무로 한다.
④ 서비스 제공 책임은 고객과의 계약관계를 통해 형성된다.

> **해설**
> 민간경비업은 영리성(경제적 이익)을 그 특징으로 하지만 공공성이 요구된다. 민간경비가 수행하는 치안서비스가 공공서비스로서 원래는 국가가 수행하여야 하나 민간부문이 대신하여 치안서비스를 제공함으로서 공공성을 가지고 있다는 것을 의미한다.

28

우리나라 민간경비서비스의 특성에 관한 설명으로 옳지 않은 것은? 기출 14

① 제공 대상은 비용을 지불할 수 있는 특정고객에 한정된다.
② 제공 내용은 특정고객의 이익을 만족시키기 위한 것이다.
③ 제공 책임은 특정고객과의 계약관계를 통해서 형성된다.
❹ 제공 주체가 되려는 자는 관할관청에 신고하여야 한다.

해설

민간경비업의 설립은 처음부터 허가제였고 지금도 허가제를 유지하고 있다. 경비업법 제4조 제1항에서 경비업을 영위하고자 하는 법인은 도급받아 행하고자 하는 경비업무를 특정하여 그 법인의 주사무소의 소재지를 관할하는 시·도 경찰청장의 허가를 받아야 한다고 규정하고 있다.

29

민간경비에 관한 설명으로 옳지 않은 것은? 기출 13

① 공경비에 비해 한정된 권한을 가지고 있다.
② 민간경비의 중요한 역할은 범죄예방 및 손실예방이다.
❸ 정보보호, 사이버보안은 실질적 의미의 민간경비 분야에서 제외된다.
④ 민영화이론은 국가독점에 의한 비효율성을 극복하고자 시장경쟁논리를 도입한 이론이다.

해설

실질적 의미의 민간경비란 고객(개인 및 단체)의 생명·신체·재산보호 및 사회적 손실감소와 질서유지를 위한 일체의 활동을 말한다. 따라서 정보보호, 사이버보안도 민간경비 분야에 포함된다.

30

민간경비의 특징에 관한 설명으로 옳지 않은 것은? 기출 12

① 계약자 등 특정인이 수혜대상이다.
② 범죄예방기능을 주요 임무로 한다.
③ 공경비와 상호관련성을 가지고 있다.
❹ 영리성보다 공익성을 우선시한다.

해설

민간경비는 공익성보다는 영리성을 우선으로 한다.

31

한국 민간경비와 청원경찰의 특징에 관한 설명으로 옳지 않은 것은? 기출 11

① 협의의 개념으로 민간경비는 고객의 생명·신체·재산보호를 위한 범죄예방활동을 의미한다.
❷ 실질적 개념으로 민간경비는 경비업법에서 규정하는 업무를 수행하는 활동을 의미한다.
③ 청원경찰은 무기를 사용할 수 있다.
④ 학교 등 육영시설에도 청원경찰을 배치할 수 있다.

해설

형식적 개념으로 민간경비는 경비업법에서 규정하는 업무를 수행하는 활동을 의미하고, 실질적 개념으로 민간경비는 고객의 생명과 신체, 재산보호, 사회적 손실감소와 질서유지를 위한 일체의 활동을 의미한다.

32

우리나라 민간경비에 관한 설명 중 가장 올바른 것은? 기출문제

① 경비원의 자격에는 아무런 제한이 없다.
❷ 민간경비원의 지위는 일반인에 비해 크게 다르지 않다.
③ 기계경비제도는 외국에 비해 크게 발달되어 있다.
④ 경찰과 상호협력체제가 잘 구축되어 있다.

해설

우리나라의 민간경비원은 권한이 극히 한정되어 있고 각종 제약을 받는 것이 보통이다. 따라서 일반인과 유사한 지위를 가지며, 신분적으로 민간인과 같이 취급된다. 경비원의 자격에는 제한이 있으며, 기계경비제도는 미국, 일본 등보다 발달되어 있지 않으며, 경찰과 상호협력체제가 잘 구축되어 있지도 않다.

33

공경비의 주요 임무로 보기 어려운 것은? 기출문제

① 사회 전반적인 질서유지 임무
② 시민의 생명과 재산보호 임무
③ 범죄수사 및 범인의 체포 임무
☑ 안전에 관련된 특정인에 대한 경비서비스 임무

해설
특정한 계약당사자(고객)를 대상으로 특정한 범위 내에서 임무를 수행하는 것은 민간경비원의 임무다.

34

다음 중 조선시대의 공경비가 아닌 것은?

① 내시위
☑ 시위부
③ 내금위
④ 별시위

해설
② (×) 시위부 : 신라의 궁성 경비, 왕실 행차 수행을 담당하였다.
① (○) 내시위 : 태종 9년, 내금위·별시위와 같은 양반 출신으로 시험에 의해 선발되었고 왕의 시위를 담당하였다.
③ (○) 내금위 : 태종 7년, 궁중숙위(왕의 호위)를 해오던 내상직을 개편하여 조직되었다. 무예를 갖춘 외관 자제로 충당되었으나, 세종 5년부터 시험에 의하여 선발하였고 장번(장기간 궁중 근무) 군사였다.
④ (○) 별시위 : 태종 원년, 고려 말 성중애마가 폐지되고 신설된 시험에 의하여 선발된 특수군이다.

35

순수공공재 이론에서 "치안서비스라는 재화는 이용 또는 접근에 대해서 제한할 수 없다"는 내용에 해당하는 것은? 기출 21

① 비경합성
② **비배제성** ✓
③ 비거부성
④ 비순수성

해설

머스그레이브(Musgrave)는 순수공공재의 기준으로서 비경합성, 비배제성, 비거부성을 제시하였는데, 설문은 비배제성에 대한 내용이다.

> **핵심만콕** 순수공공재 이론의 특성(기준)
>
> - 비경합성(공동소비) : 어떤 서비스를 소비할 때 한 사람이 그 서비스를 소비하더라도 다른 사람의 소비기회가 줄어들지 않음을 의미하는데, "치안서비스의 이용에 있어서 추가이용자의 추가비용이 발생하지 않는다"는 것을 내용으로 한다.
> - 비배제성 : 어떤 서비스를 소비할 때 생산비를 부담하지 않은 사람이라 해도 그 서비스의 소비에서 배제시킬 수 없음을 의미하는데, "치안서비스라는 재화는 이용 또는 접근에 대해서 제한할 수 없다"는 것을 내용으로 한다.
> - 비거부성 : 어떤 서비스가 공급될 때 모든 사람이 자신의 의지와는 상관없이 그 서비스를 소비하게 됨을 의미하는데, "치안서비스의 객체인 시민들은 서비스의 이용에 대한 선택권이 없다"는 것을 내용으로 한다.

36

치안서비스의 순수공공재 이론 중 다음 내용에 해당되는 특성은? 기출 15

> 치안서비스의 이용에 있어서 '추가 이용자의 추가 비용이 발생하지 않는다.'

① 비배제성
② **비경합성** ✓
③ 비거부성
④ 비한정성

해설

제시된 내용에 해당되는 특성은 비경합성으로, 어떤 서비스를 소비할 때 한 사람이 그 서비스를 소비하더라도 다른 사람의 소비기회가 줄어들지 않음을 의미한다.

2 민간경비와 공경비의 제관계

37

CHECK ○ △ ×

민간경비와 공경비를 구분하는 기준으로서 경비서비스 항목이 아닌 것은? 기출 24

① 기 능
② 역 할
③ 전달조직
④ **적법성**

해설

민간경비와 공경비를 구분하는 기준으로서 경비서비스 항목은 투입, 역할 및 기능, 서비스 대상, 전달조직, 산출이 있다. 적법성은 민간경비와 공경비를 구분하는 기준으로서 경비서비스 항목에 해당하지 않는다.

핵심만콕 공경비와 민간경비의 관계

경비서비스	공경비	민간경비
투 입	시 민	고 객
역할 및 기능	범죄대응	범죄예방
서비스 대상	일반시민	특정고객
전달조직	정 부	영리기업
산 출	법 집행 및 범인체포	손실감소 및 재산보호

〈출처〉 이윤근, 「민간경비원론」, 엑스퍼트, 2001, P. 5(김두현·박형규, 「신민간경비론」, 솔과학, 2018, P. 17에서 재구성)

38

민간경비와 공경비의 관계에 관한 다음 대화 중 옳은 설명을 한 사람은? 기출 24

- 김하나 : 공경비의 주체는 영리 기업이야.
- 배성진 : 민간경비는 모든 시민을 상대로 경비업무를 수행하지.
- 박서연 : 아니야, 민간경비는 특정고객을 대상으로 경비업무를 수행해.
- 정수혁 : 민간경비는 법 집행 및 범죄 수사를 하지.

① 김하나
② 배성진
③ 박서연 ✔
④ 정수혁

[해설]
- 박서연 : (○), 배성진 : (×) 공경비는 일반시민(모든 시민)을 상대로 경비업무를 수행하고 민간경비는 특정고객을 상대로 경비업무를 수행한다.
- 김하나 : (×) 공경비의 주체는 정부(경찰)이고 민간경비의 주체는 영리 기업이다.
- 정수혁 : (×) 공경비는 법 집행 및 범죄 수사(범인체포)를 하고 민간경비는 손실감소 및 재산보호를 한다.

39

민간경비와 공경비에 관한 내용으로 옳지 않은 것은? 기출 23

① 민간경비와 공경비의 영역이 뚜렷하고 확실하게 구분되는 것은 아니다.
② 범죄와 관련한 치안서비스를 제공한다는 점에서 민간경비와 공경비의 역할은 유사하다.
③ 민간경비와 공경비 모두 의뢰자로부터 받은 대가 내지 보수만큼만 자신의 역할과 기능을 수행한다. ✔
④ 사회가 다원화되면서 민간경비의 중요성이 강조되고 있다.

[해설]
공경비는 주로 공공의 이익을 위해 행해지나, 민간경비는 특정한 의뢰인을 위해 행해진다.

40

민간경비와 공경비에 관한 설명으로 옳지 않은 것은? 기출 22

① 민간경비는 공경비와 상호관련성을 가진다.
❷ 경비업법상 공항 등(항공기 포함하지 않음) 국가중요시설의 경비 및 도난·화재 그 밖의 위험발생을 방지하는 것은 민간경비의 업무이다.
③ 영미법계 국가의 민간경비원이 대륙법계 민간경비원보다 폭넓은 권한을 행사한다.
④ 민간경비는 범죄예방을 임무로 하지만, 경비대상이 공경비와 구별된다.

해설

경비업법상 법인이 수행할 수 있는 민간경비의 업무는 시설경비업무, 호송경비업무, 신변보호업무, 기계경비업무, 특수경비업무, 혼잡·교통유도경비업무를 들 수 있다. 이 중 특수경비업무는 공항(항공기를 포함한다) 등 대통령령이 정하는 국가중요시설(이하 "국가중요시설"이라 한다)의 경비 및 도난·화재 그 밖의 위험발생을 방지하는 업무를 말한다(경비업법 제2조 제1호 라목).

핵심만콕 공경비와 민간경비의 비교★★

구 분	공경비(경찰)	민간경비(개인 또는 경비업체)
대 상	일반국민(시민)	계약당사자(고객)
임 무	범죄예방 및 범죄대응	범죄예방
공통점	범죄예방 및 범죄감소, 위험방지, 질서유지	
범 위	일반(포괄)적 범위	특정(한정)적 범위
주 체	정부(경찰)	영리기업(민간경비회사 등)
목 적	법집행(범인체포 및 범죄수사·조사)	개인의 재산보호 및 손실감소
제약조건	강제력 있음	강제력 사용에 제약 있음
권한의 근거	통치권	위탁자의 사권(私權)

41

민간경비와 공경비의 관계에 관한 설명으로 옳지 않은 것은? 기출 22

① 민간경비원의 신분은 민간인과 동일하게 취급한다.
② 공경비의 한계는 민간경비 성장의 발판이 되었다.
❸ 민간경비는 공익보호를 목적으로 하며 법령에 의한다.
④ 민간경비는 공경비에 비해 사전적·특정적·제한적 활동을 하는 특징을 가진다.

해설

민간경비는 사익보호(개인의 재산보호 및 손실감소)를 목적으로 하며, 민간경비의 법률관계는 경비 도급계약에 의한다.

42

민간경비와 공경비의 차이점에 관한 설명으로 옳지 않은 것은? 기출 21

① 민간경비의 주체는 민간기업이고, 공경비의 주체는 정부이다.
② 민간경비는 고객지향적 서비스이고, 공경비는 시민지향적 서비스이다.
③ 민간경비의 목적은 고객의 범죄예방 및 손실보호이고, 공경비의 목적은 국민의 안녕과 질서유지이다.
④ **민간경비의 임무는 범죄예방이고, 공경비의 임무는 범죄대응에 국한된다.**

[해설]
공경비의 임무에는 범죄대응뿐만 아니라 범죄예방 등도 포함된다.

43

민간경비에 관한 설명으로 옳지 않은 것은? 기출 20

① 민간경비의 역할은 범죄예방 및 손실감소이다.
② 민간경비원은 현행범을 영장 없이 체포할 수 있다.
③ 민간경비의 주체는 영리기업이다.
④ **민간경비업자는 불특정 다수인에게 경비서비스를 제공할 의무가 있다.**

[해설]
민간경비는 불특정 다수인이 아니라 계약 당사자인 특정고객에게 경비서비스를 제공할 의무가 있다.

44

다음 설명 중 옳지 않은 것은? 기출 19

① 공경비의 대상은 국민이고, 민간경비는 특정 의뢰인이다.
② 공경비의 목적은 법집행이고, 민간경비는 의뢰자의 보호 및 손실 감소이다.
③ 공경비의 주체는 정부이고, 민간경비는 영리기업이다.
④ **공경비의 임무는 범죄의 예방과 대응이고, 민간경비는 범죄의 예방과 피해회복이다.**

[해설]
공경비의 임무는 범죄의 예방과 범죄대응이고, 민간경비는 범죄의 예방이 주임무이다.

45

민간경비와 공경비의 공통적 임무가 아닌 것은? 기출 18

① 질서유지
☑ ② 범죄수사
③ 범죄예방
④ 재산보호

해설
법집행(범인체포 및 범죄수사·조사) 유무는 민간경비와 공경비의 가장 큰 차이점이다.

46

민간경비와 공경비에 관한 설명으로 옳은 것은? 기출 17

① 민간경비는 강제력 사용에 제약을 받지 않는다.
② 공경비의 주체는 영리기업이다.
③ 민간경비의 주체는 지방자치단체이다.
☑ ④ 민간경비는 고객의 재산보호와 손실감소를 목적으로 한다.

해설
④ (○) 공경비의 목적은 주로 법집행 및 범인체포에 있으나, 민간경비의 목적은 개인(고객)의 재산보호와 손실감소에 있다.
① (×) 민간경비는 각종 강제력 사용 권한이 극히 한정되어 있고, 각종 제약을 받는다.
② (×), ③ (×) 공경비의 주체는 정부(경찰)이나, 민간경비의 주체는 영리기업(민간경비회사)이다.

47

민간경비와 공경비에 관한 설명으로 옳지 않은 것은? 기출 16

① 민간경비원은 현행범을 영장 없이 체포할 수 있다.
☑ ② 민간경비의 역할은 범죄의 예방, 진압 및 수사가 포함된다.
③ 경비업자는 불특정 다수인에게 경비서비스를 제공할 의무가 없다.
④ 민간경비의 목적은 사익보호이고, 공경비의 목적은 공익 및 사익보호이다.

해설
민간경비의 업무로 범죄예방은 포함되나, 진압 및 수사는 공경비에 해당된다.

48

민간경비와 경찰의 차이점으로 옳은 것은? 기출 16

① 전달조직 : 민간경비는 정부, 경찰은 정부 및 영리기업
② 권력 : 민간경비는 권력보유, 경찰은 원칙적 권력 미보유
❸ 권한의 근거 : 민간경비는 위탁자의 사권(私權), 경찰은 통치권
④ 역할 : 민간경비는 범죄예방 및 범죄진압, 경찰은 범죄예방 및 손실예방

[해설]
③ (○) 민간경비와 경찰의 권한의 근거에 관한 옳은 내용이다.
① (×) 전달조직 : 민간경비는 영리기업, 경찰은 정부
② (×) 권력 : 민간경비는 권력 미보유, 경찰은 원칙적 권력보유
④ (×) 역할 : 민간경비는 범죄예방 및 손실예방, 경찰은 범죄예방 및 범죄진압

49

민간경비와 공경비의 제관계에 관한 설명으로 옳지 않은 것은? 기출 15

① 민간경비의 주체는 민간영리기업이고, 공경비는 국가(지방자치단체)이다.
② 민간경비 법률관계의 근거는 경비계약이고, 공경비는 법령이다.
❸ 민간경비의 역할은 범죄예방과 범죄진압이고, 공경비는 범죄예방과 손실예방이다.
④ 민간경비의 직접적인 목적은 사익보호이고, 공경비는 공익 및 사익보호이다.

[해설]
민간경비의 역할은 범죄예방과 손실예방이고, 공경비의 역할은 범죄예방 및 범죄진압이다. 특히 공권력과 관련되는 범죄진압이나 법집행은 공경비에만 해당된다.

50

민간경비와 공경비에 관한 설명으로 옳지 않은 것은? 기출 14

① 민간경비원은 현행범을 영장 없이 체포할 수 있다.
② 공경비의 대상은 일반국민이다.
③ 민간경비업자는 불특정 다수인에게 경비서비스를 제공할 의무가 없다.
❹ 민간경비는 법집행을 통하여 공공의 이익을 추구한다.

해설

민간경비와 공경비의 가장 큰 차이점은 강제력행사(법집행) 여부이다. 민간경비는 법집행권이 없으나, 공경비는 법집행권이 있다.

51

공경비와 민간경비의 관계에 관한 설명으로 옳지 않은 것은? 기출 12

① 우리나라의 치안 메커니즘은 크게 공경비와 민간경비 양축으로 구성된다.
② 공경비 분야에서 나타난 한계와 비생산성은 민간경비가 등장하는 계기가 되었다.
③ 오늘날 민간경비의 도움 없이 공경비만으로 공동체의 안전과 질서를 유지하기는 어렵다.
❹ 민간경비 서비스는 공경비 서비스와 같이 소비자의 경제능력과 상관없이 이용할 수 있다.

해설

민간경비 분야는 대표적인 수익자부담의 원리가 적용되는 분야이나, 경찰력과 같은 공경비는 국민의 세금으로 운용된다.

52

민간경비와 공경비에 관한 설명으로 옳지 않은 것은? 기출 10

① 민간경비와 공경비는 공통적으로 범죄예방, 질서유지, 위험방지의 역할을 한다.
② 민간경비는 특정고객을 대상으로 한다.
❸ 공경비의 범위는 특정적, 제한적이다.
④ 민간경비는 손해감소 및 재산보호를 목적으로 한다.

해설

공경비는 일반시민을 대상으로 하므로, 일반적·포괄적일 수밖에 없다. 반면, 민간경비는 특정고객만을 대상으로 하므로, 특정적·제한적이다.

53

민간경비와 공경비의 공통적인 목적으로 맞는 것은? 기출 04

① 공공기관보호, 시민단체옹호, 영리기업보존
❷ **범죄예방, 범죄감소, 사회질서유지**
③ 범죄대응, 체포와 구속, 초소근무 철저경비
④ 일반시민보호, 정책결정, 공사경비 철저

해설
민간경비와 공경비의 공통적인 목적으로는 범죄예방, 범죄감소, 사회질서유지가 있다.

54

민간경비와 공경비의 역할이 각각 알맞게 연결된 것은?

① 민간경비 : 시민지향적 서비스, 공경비 : 사회지향적 서비스
② 민간경비 : 개인지향적 서비스, 공경비 : 집단지향적 서비스
❸ **민간경비 : 고객지향적 서비스, 공경비 : 시민지향적 서비스**
④ 민간경비 : 집단지향적 서비스, 공경비 : 시민지향적 서비스

해설
민간경비의 역할은 고객지향적 서비스이고, 공경비의 역할은 시민지향적 서비스이다.

55

민간경비와 공경비에 대한 설명으로 맞는 것은? 기출문제

① 민간경비는 공경비와 적대적·대립적인 관계이다.
② 민간경비의 대상은 특정인과 일반시민들이다.
❸ **민간경비에 비해 공경비는 강제력을 갖고 있다.**
④ 민간경비의 주된 임무는 범죄예방과 범인구인이다.

해설
민간경비와 공경비는 개념상 차이점이 많지만, 적대적·대립적인 관계로 보지 않고 협조적·보완적 관계로 보는 것이 일반적이다. 민간경비의 대상은 특정인이고, 강제력은 민간경비와 공경비를 구별하는 기준이 되며, 민간경비의 주된 임무에 범인구인은 제외된다.

3 민간경비 성장의 이론적 배경

56
CHECK ○△×

민간경비의 성장에 관한 이론적 설명으로 옳지 않은 것은? 기출 23

① 경제환원이론은 경기변동의 영향을 받아 민간경비가 성장한다는 이론이다.
② 공동생산이론은 경찰과 민간이 치안서비스를 공동으로 생산한다는 이론이다.
③ 공동화이론은 공경비 자원의 한계로 발생하는 치안서비스 수요의 공백을 민간경비가 채워준다는 이론이다.
④ 이익집단이론은 공동화이론과 유사하나 공경비가 독립적 행위자로서의 고유영역을 가진다는 점을 강조한 이론이다.

[해설]
이익집단이론은 경제환원론적 이론이나 공동화이론을 부정하는 입장에서 '그냥 내버려두면 보호받지 못한 채로 방치될 만한 재산을 민간경비가 보호한다'는 이론으로, 민간경비도 자신의 집단적 이익을 극대화하기 위해 규모를 팽창시키고 새로운 규율이나 제도를 창출시키는 등의 노력을 해야 한다고 주장한다.

핵심만콕 민간경비 성장의 이론적 배경★★

- **경제환원론** : 특정한 사회현상이 직접적으로는 경제와 무관한 것임에도 불구하고 그 발생원인을 경제문제에서 찾으려는 이론으로, 경기침체로 인해 실업자가 늘어나면 자연적으로 범죄가 증가하고, 이에 민간경비가 직접 범죄에 대응하게 됨으로써 민간경비시장이 성장·발전한다고 주장한다.
- **공동화이론** : 경찰이 수행하고 있는 경찰 본연의 기능이나 역할을 민간경비가 보완·대체한다는 이론으로, 경찰의 범죄예방능력이 국민의 욕구를 충족시키지 못할 때의 공동상태(Gap)를 민간경비가 보충함으로써 민간경비시장이 성장한다고 주장한다.★
- **이익집단이론** : 경제환원론적 이론이나 공동화이론을 부정하는 입장에서 '그냥 내버려 두면 보호받지 못한 채로 방치될 만한 재산을 민간경비가 보호한다'는 이론으로, 민간경비도 자신의 집단적 이익을 극대화하기 위해 규모를 팽창시키고 새로운 규율이나 제도를 창출시키는 등의 노력을 해야 한다고 주장한다.★
- **수익자부담이론** : 자본주의사회에 있어 경찰의 공권력 작용은 원칙적으로 거시적 측면에서 질서유지나 체제수호 등과 같은 역할과 기능으로 한정시키고, 사회구성원 개개인 차원이나 여타 집단과 조직 등의 안전과 보호는 결국 해당 개인이나 조직이 담당하여야 한다는 인식에 기초한 이론이다.★
- **민영화이론** : 1980년대 이후 복지국가의 이념에 대한 반성으로서 국가독점에 의한 비효율성을 극복하고자 시장경쟁논리를 도입한 이론으로, 민영화는 공공지출과 행정비용의 감소효과를 유발하기 위한 방법이다.
- **공동생산이론** : 민간경비를 공경비의 보조적 차원이 아닌 주체적 차원으로 인식하는 이론으로, 경찰이 안고 있는 한계를 일부 극복하고, 시민의 안전욕구를 증대시키기 위해 민간부문의 능동적 참여를 다각적으로 유도한다.

57

甲과 乙의 대화내용에 해당하는 민간경비의 이론적 배경이 올바르게 연결된 것은? 기출 22

> 甲 : "경찰의 역할 수행은 사실상 근본적으로 한정적일 수밖에 없어."
> 乙 : "그래. 이제는 민간경비도 자체적인 고유한 영역을 가져야 한다고 생각해."

> ㄱ. 민영화이론
> ㄴ. 경제환원론
> ㄷ. 이익집단이론
> ㄹ. 수익자부담이론
> ㅁ. 공동생산이론

① 甲 - ㄱ, 乙 - ㄷ
② 甲 - ㄱ, 乙 - ㅁ
③ 甲 - ㄴ, 乙 - ㄱ
④ 甲 - ㅁ, 乙 - ㄷ ✓

[해설]
甲은 경찰이 안고 있는 한계를 일부 극복하고, 시민의 안전욕구를 증대시키기 위해 민간부문의 능동적 참여를 다각적으로 유도하는 공동생산이론(ㅁ)과 연결되며, 乙은 민간경비도 자신의 집단적 이익을 극대화하기 위해 규모를 팽창시키고 새로운 규율이나 제도를 창출시키는 등의 노력을 해야 한다고 주장하는 이익집단이론(ㄷ)과 연결된다.

58

민간경비의 성장이론과 그 내용의 연결이 옳지 않은 것은? 기출 20

① ✓ 비용공동부담이론 - 경기 침체로 인해 실업자가 증가하면 범죄율이 증가하고 민간경비의 발전으로 이어진다는 이론
② 수익자부담이론 - 경찰의 공권력 작용은 질서유지나 체제수호 등과 같은 거시적 역할에 한정하고 개인이나 집단의 안전과 보호는 해당 개인이나 집단이 담당하여야 한다는 이론
③ 공동화이론 - 경찰이 수행하고 있는 본연의 기능이나 역할을 민간경비가 보완하거나 대체하면서 성장했다는 이론
④ 이익집단이론 - '그냥 내버려두면 보호받지 못한 채로 방치될 재산을 민간경비가 보호한다'는 시각에서 출발한 이론

[해설]
경기 침체로 인해 실업자가 증가하면 범죄율이 증가하고 민간경비의 발전으로 이어진다는 이론은 경제환원론에 대한 내용이다. 비용공동부담이론은 민간경비의 성장이론과 직접적인 관련이 없는 이론이다.

59

민간경비 성장이론에 관한 설명으로 옳은 것은? 기출 15

① 공동화이론은 경제적 관점의 이론이다.
② 경제환원이론은 사회적 관점의 이론이다.
❸ 공동생산이론은 경찰이 안고 있는 한계를 일부 극복하고 시민의 안전욕구를 증대시키기 위하여 민간부문의 능동적 참여를 다각적으로 유도하는 이론이다.
④ 공동화이론은 그냥 내버려두면 보호받지 못한 채로 방치될 재산을 민간경비가 보호한다는 이론이다.

[해설]
③ (○) 민간경비와 경찰의 권한의 근거에 관한 옳은 내용이다.
① (×) 공동화이론은 사회적 관점의 이론이다.
② (×) 경제환원이론은 경제적 관점의 이론이다.
④ (×) 이익집단에 대한 설명이다. 공동화이론은 경찰이 수행하고 있는 경찰 본연의 기능이나 역할을 민간경비가 보완·대체한다는 이론이다.

60

민간경비산업 성장의 이론적 배경에 관한 설명으로 옳지 않은 것은? 기출 12

❶ 수익자부담이론 - 그냥 내버려두면 보호받지 못한 채로 방치될 재산을 민간경비가 보호한다.
② 공동화이론 - 경찰에게 부여된 범죄예방이나 통제능력이 감소됨으로써 생겨난 공백을 민간경비가 메워준다.
③ 공동생산이론 - 경찰이 근본적으로 안고 있는 한계를 일부 극복하고, 시민의 안전욕구를 증대시키기 위하여 민간부문의 능동적인 참여를 다각적으로 유도한다.
④ 경제환원론적 이론 - 경기침체로 인하여 실업이 증가하면 범죄가 증가하고, 이에 대응하기 위해 민간경비산업이 성장한다.

[해설]
그냥 내버려두면 보호받지 못하는 재산을 민간경비가 보호한다는 이론은 이익집단이론이다. 이는 민간경비도 자신의 집단적 이익을 극대화하기 위하여 규모를 팽창시키고, 새로운 규율이나 제도를 창출시키는 등의 노력을 기울인다는 것을 말한다.

61

다음 중 민간경비의 4대 이론이 아닌 것은? 기출문제

① 경제환원론적 이론
② 공동화이론
③ 이익집단이론
④ **공급자부담이론** ✓

해설
민간경비의 성장이론은 공급자부담이론이 아니라 수익자부담이론이다.

62

민간경비 성장의 이론적 배경에 대한 설명으로 틀린 것은? 기출문제

① 경제환원론은 거시적 차원에서 범죄증가 원인을 실업의 증가에서 찾으려고 한다.
② **공동화이론은 공경비와 민간경비와의 관계는 경쟁과 협조보완의 두 측면에서 이루어진다고 본다.** ✓
③ 수익자부담이론은 경찰의 공권력 작용은 질서유지, 체제수호와 같은 거시적 측면에서 이루어진다고 본다.
④ 수익자부담이론은 결국 개인의 안전과 보호는 해당 개인이 책임져야 한다는 자본주의체제하에서 주장되는 이론이다.

해설
공동화이론은 공경비와 민간경비의 성격을 협조적·상호보완적 관계에 있다고 보는 입장을 기초로 한다. ★★

63

경제환원론에 관한 설명으로 옳지 않은 것은? 기출 18

① **민간경비가 성장함에 따라 민간경비 기업들은 하나의 이익집단을 형성한다고 본다.** ✓
② 민간경비시장의 성장을 범죄의 증가에 따른 직접적인 대응이라는 전제하에서 출발한다.
③ 거시적 차원에서 범죄의 증가를 실업의 증가에서 그 원인을 찾으려고 한다.
④ 민간경비시장의 성장을 경제전반의 상태와 운용에 연결시켜서 설명한다.

해설
경제환원론에 대한 설명은 ②·③·④이며, ①은 이익집단이론에 대한 설명이다.

64

민간경비의 성장이론 중 경제환원론에 관한 설명으로 옳지 않은 것은?

① 거시적 차원에서 범죄의 증가원인을 실업의 증가에서 찾는다.
❷ 경제침체와 민간경비 부문의 수요증가의 관계를 인과적 성격으로 보고 있다.
③ 경제침체기 미국 민간경비 시장의 성장과정에 대한 경험적 관찰에 기초한 이론이다.
④ 사회현상이 직접적으로 경제와 무관하더라도 발생원인을 경제문제에서 찾고자 한다.

해설

경제환원론은 경제침체와 민간경비 부문의 수요증가의 관계를 인과적 성격이 아닌 단순한 상관관계적 성격으로 보고 있는데, 이는 특정한 현상이 경제와 직접적인 관련이 없음에도 그 발생원인을 경제적인 측면에서 설명하려는 데서 나타난다. ★

65

다음 글에 해당하는 민간경비의 성장배경이론은?

> 민간경비산업의 성장 원인을 실업의 증가에서 찾는 견해가 있다. 이 견해는 민간경비산업의 성장을 범죄의 증가에 따른 직접적 대응이라는 전제하에서 출발하고 있으며, 특히 거시적 차원에서 범죄의 증가는 실업의 증가가 그 원인이라는 것이다. 이러한 견해에 대해서 모든 원인을 경제문제로 몰아가는 단순논리에 비롯되었다는 비판이 있으며, 또한 경기침체와 민간경비의 성장과는 직접적인 관련성이 적다는 주장도 제기되고 있다.

① 공동화이론
② 이익집단이론
❸ 경제환원이론
④ 수익자부담이론

해설

민간경비의 성장과 수요증가를 경기침체와 실업의 증가로 보는 경제환원이론에 관한 글이다.

66

특정한 현상을 설명함에 있어 그 현상이 경제와 직접적으로 무관한 성격임에도 불구하고, 그 원인을 경제문제에서 찾으려는 이론은? 기출 10

① 이익집단이론
② 공동화이론
③ 공동생산이론
④ **경제환원론** ✓

해설

경제환원론은 특정한 사회현상이 직접적으로는 경제와 무관한 것임에도 불구하고 그 발생원인을 경제문제에서 찾으려는 이론으로, 경기침체로 인해 실업자가 늘어나면 자연적으로 범죄가 증가하고, 이에 민간경비가 직접 범죄에 대응하게 됨으로써 민간경비시장이 성장·발전한다고 주장한다.

67

다음 중 경제환원론적 이론의 내용이 아닌 것은?

① 특정한 경제현상에서 민간경비 이론을 찾으려고 했다.
② 범죄의 증가원인을 실업의 증가에서 찾으려 한다.
③ **공경비 이론의 배경으로도 설명된다.** ✓
④ 민간경비 시장의 성장을 경제전반의 상태와 운용에 연결시켰다.

해설

경제환원론적 이론은 특정한 사회현상이 직접적으로는 경제와 무관한 것임에도 불구하고 그 발생원인을 경제문제에서 찾으려는 이론으로, 경기침체로 인해 실업자가 늘어나면 자연적으로 범죄가 증가하고, 이에 민간경비가 직접 범죄에 대응하게 됨으로써 민간경비시장이 성장·발전한다고 주장한다.★

68

민간경비의 이론적 배경 중 공동화이론에 관한 설명으로 옳은 것은? 기출 24

① 민간경비 시장의 성장을 범죄의 증가에 따른 직접적 대응으로 보았다.
❷ 경찰과 민간경비는 상호보완적 관계에 있다.
③ 개인이나 집단과 조직 등의 안전과 보호는 해당 개인이나 조직이 담당하여야 한다.
④ 치안서비스의 생산과 공급에 민간의 역할을 증대시킨다.

해설

② (○) 공동화이론은 경찰이 수행하고 있는 경찰 본연의 기능이나 역할을 민간경비가 보완·대체한다는 이론으로 공경비와 민간경비는 상호갈등이나 경쟁관계가 아니라 상호보완적·협조적·역할분담적 관계에 있다고 보는 입장이다.
① (×) 경기침체로 인해 실업자가 늘어나면 자연적으로 범죄가 증가하고, 이에 민간경비가 직접 범죄에 대응하게 됨으로써 민간경비시장이 성장·발전한다고 주장하는 경제환원론적 이론에 관한 설명이다.
③ (×) 경찰의 공권력 작용은 질서유지, 체제수호와 같은 거시적 측면에서 이루어지고, 개인의 안전과 보호는 해당 개인이 책임져야 한다는 수익자부담이론에 관한 설명이다.
④ (×) 정부의 역할을 줄이는 대신 민간의 역할을 증대시키는 민영화이론에 관한 설명이다.

69

공동화이론에 관한 설명으로 옳지 않은 것은? 기출 21

① 경찰이 수행하는 경찰 본연의 기능·역할을 민간경비가 보완한다.
❷ 경찰은 거시적 질서유지기능을 하고 개인의 신체와 재산보호는 개인비용으로 부담해야 한다.
③ 민간경비와 공경비의 관계는 상호 갈등·경쟁관계가 아니라, 상호 보완적·역할분담적 관계를 갖는다.
④ 범죄증가에 비례해 경찰력이 증가해야 하지만, 현실적으로 어려워 그 공백을 메우기 위해 민간경비가 발전한다.

해설

②는 수익자부담이론에 관한 설명이다. 수익자부담이론은 자본주의사회에 있어 경찰의 공권력 작용은 원칙적으로 거시적 측면에서 질서유지나 체제수호 등과 같은 역할과 기능으로 한정시키고, 사회구성원 개개인 차원이나 여타 집단과 조직 등의 안전과 보호는 결국 해당 개인이나 조직이 담당하여야 한다는 인식에 기초한 이론이다.

70

다음 중 민간경비가 경찰이 수행하고 있는 경찰 본연의 기능이나 역할을 보완·대체한다는 것과 관련되는 이론은? 기출문제

① 이익집단이론
② 경제환원론
③ 공동화이론
④ 수익자부담이론

해설

설문이 설명하는 내용은 공동화이론이다. 공동화이론이란 민간경비가 경찰의 인적·물적 측면의 감소로 인한 공동상태를 대신 메워준다는 내용, 즉 민간경비는 공경비가 갖는 제한적 능력으로 인한 공백을 메울 수 있다고 하는 이론이다.

71

다음 중 공동화이론의 내용과 거리가 먼 것은?

① 민간경비는 경찰 인력의 부족을 보완하면서 발전한다.
② 이익을 최우선으로 하는 민간경비 성장이론이다.
③ 범죄에 대한 현실적 불안감의 증대에서 민간경비가 성장한다고 보았다.
④ 공경비와 민간경비는 상호협조·보완의 관계에 있다.

해설

②는 이익집단이론에 관한 내용이다.

72

경찰과 민간경비의 관계에 있어서 "민간경비는 경찰이 수행하고 있는 치안활동의 한계를 보충 내지 보조한다."는 입장에서 출발하고 있는 이론은?

① 경제환원론
② 이익집단이론
✓ ③ 공동화이론
④ 수익자부담이론

해설

공동화이론은 경찰이 수행하고 있는 경찰 본연의 기능이나 역할을 민간경비가 보완·대체한다는 이론이다.

73

경찰이 범죄예방이나 통제와 같은 서비스를 제공할 수 있는 능력이 감소됨으로써 발생한 '사각지대'를 민간경비가 보완해준다는 것과 관련된 이론은? 기출 18

① 비용공동부담이론
✓ ② 공동화이론
③ 민영화이론
④ 지역사회활동이론

해설

경찰의 범죄예방능력이 국민의 욕구를 충족시키지 못할 때의 공동상태를 민간경비가 보충함으로써 민간경비가 성장한다는 이론은 공동화이론이다.

74

민간경비의 성장이론 중 이익집단이론에 관한 설명으로 옳은 것은?

① 그냥 내버려 두면 보호받지 못한 채로 방치될 재산 등을 민간경비가 보호한다. ✓
② 공경비의 힘이 미치지 못하는 치안환경의 사각지대를 민간경비가 메워주어야 한다.
③ 정부의 비용절감을 위하여 공경비의 역할을 줄이는 대신 민간경비의 역할이 확대된다.
④ 사회구성원 개개인 차원의 안전과 사유재산의 보호는 해당 개인이나 집단이 담당하여야 한다.

해설
이익집단이론에 관한 설명으로 옳은 것은 ①이다. ②는 공동화이론, ③은 민영화이론, ④는 수익자부담이론에 관한 설명이다.

75

민간경비의 이론적 배경 중 "그냥 내버려 두면 보호받지 못한 채로 방치될 재산을 민간경비가 보호한다"는 시각에서 출발한 이론은?

① 경제환원론
② 공동생산이론
③ 이익집단이론 ✓
④ 수익자부담이론

해설
이익집단이론은 경제환원론적 이론이나 공동화이론을 부정하는 입장에서 '그냥 내버려 두면 보호받지 못한 채로 방치될 만한 재산을 민간경비가 보호한다'는 이론으로, 민간경비도 자신의 집단적 이익을 극대화하기 위해 규모를 팽창시키고 새로운 규율이나 제도를 창출시키는 등의 노력을 해야 한다고 주장한다.

76

다음 중 민간경비 등장의 이론적 배경으로 경제환원론적 이론이나 공동화이론을 부정하면서 집단적 이익을 극대화를 주장한 학자는?

① **Flavel** ✓
② Robert peel
③ Allan Pinkerton
④ Henry Fielding

[해설]
Flavel은 이익집단론을 주장하였는데 민간경비는 경제환원론이나 공동화이론에 따라 발전하는 것이 아니라 각각의 이익집단의 현실적 필요에 의해 발전하는 것이라고 하였다.

77

수익자부담이론에 관한 설명으로 옳지 않은 것은? 기출 23

① 경찰의 근본적 역할 및 기능은 개인의 안전과 사유재산의 보호에 있다는 일반적 통념에 의문을 제기하면서 출발한다.
② 자본주의 사회에서 경찰의 공권력 작용은 질서유지와 체제수호와 같은 거시적 역할 및 기능에 한정시켜야 한다고 주장한다.
③ 사회구성원으로서의 개인이나 집단의 안전과 보호는 결국 해당 개인이나 집단이 담당하여야 한다고 주장한다.
④ **경기침체에 따른 국민소득 감소 및 치안비용 부담의 증가와 함께 주장되었다.** ✓

[해설]
수익자부담이론은 민간경비의 발전을 전반적인 국민소득의 증가, 경비개념에 대한 사회적인 인식의 변화, 실질적인 범죄의 증가, 민간경비 제도나 서비스의 유용성에 대한 인식변화 등이 갖추어졌을 때 가능하다고 본다.

78

자본주의사회에서 공경비가 갖는 근본적인 성격과 역할 및 기능에 관한 통념적 인식에 의문을 제기하면서 출발하고 있는 이론은? 기출 18

① 공동생산이론
② 공동화이론
③ 비용공동분담이론
④ **✓ 수익자부담이론**

[해설]
수익자부담이론은 경찰의 공권력 작용은 질서유지, 체제수호와 같은 거시적 측면에서 이루어지고, 개인의 안전과 보호는 해당 개인이 책임져야 한다는 자본주의체제하에서 주장되는 이론이다.

79

수익자부담이론에 관한 설명으로 옳지 않은 것은? 기출 15

① **✓ 회사 등의 안전과 보호는 국가가 담당해야 한다.**
② 경찰은 체제수호 등과 같은 역할과 기능에 한정되어야 한다.
③ 사회구성원 개개인 차원의 안정과 보호는 해당 개인이 담당해야 한다.
④ 경찰의 공권력 작용은 거시적 측면에서 수행되어야 한다.

[해설]
수익자부담이론은 국민의 세금으로 운용되는 경찰의 역할은 국민의 생명과 재산을 보호하는 것이라는 일정한 제한이 있으므로, 개인적 편익을 위한 비용부담은 수익자(해당 개인이나 단체) 자신이 부담하여야 한다는 이론이다. 따라서 회사 등의 안전과 보호는 국가가 아닌 그 회사가 담당해야 한다.

80

다음 내용이 설명하고 있는 민간경비의 이론적 배경은? 기출 14

> 경찰의 공권력 작용은 원칙적으로 거시적인 측면에서 체제수호 등과 같은 역할과 기능에 한정되고, 사회 구성원 개개인 차원이나 집단과 조직의 안전과 보호는 결국 해당 개인이나 조직이 담당하여야 한다.

① 경제환원론
② 공동화이론
❸ 수익자부담이론
④ 이익집단이론

해설
수익자부담이론에 따르면, 경찰의 공권력 작용은 질서유지, 체제수호와 같은 거시적 측면에서 이루어지므로, 개인의 신체나 재산의 보호는 개인적 비용의 지출에 의해 담보받을 수밖에 없다(예 은행이나 프로야구 경기장의 경비원 등).

81

수익자부담이론의 관점에서 볼 때, 민간경비의 성장요인에 관한 설명으로 옳은 것은? 기출 10

① 경찰이 수행하고 있는 경찰 본연의 기능이나 역할을 민간경비가 보완하거나 대체하면서 민간경비가 성장했다.
❷ 공경비는 질서유지와 체제수호 등의 역할을 담당하고, 개인이나 조직의 안전과 보호는 해당 개인이나 조직이 스스로 담당하여야 한다는 인식을 바탕으로 민간경비가 성장했다.
③ 치안서비스 생산과정에서 경찰과 같은 공공부분의 역할수행과 민간부분의 공동참여를 통해서 민간경비가 성장했다.
④ 경제침체로 실업자가 증가하고 그로 인한 자연스런 범죄증가를 해결하기 위해서 민간경비가 성장했다.

해설
②는 수익자부담이론, ①은 공동화이론, ③은 공동생산이론, ④는 경제환원론에 관한 설명에 해당한다.

82

다음 중 수익자부담이론을 전제로 민간경비가 특정한 시기에 급증하기 위한 부수적 조건으로 볼 수 없는 것은 어느 것인가?

① 실제적인 범죄의 증가
② **첨단 경비장비의 새로운 개발 및 응용** ✓
③ 국민 전체의 전반적인 소득증가
④ 경비개념에 대한 사회의 새로운 인식변화

해설

수익자부담이론의 입장에서 민간경비가 급성장할 수 있는 조건으로는 ①・③・④ 외에도 민간경비 제도나 서비스의 유용성에 대한 인식변화를 들 수 있다.

83

민간경비의 민영화에 관한 설명으로 옳지 않은 것은? 기출 23

① 국가권력의 시장개입을 비판하고 작은 정부를 지향하는 신자유주의적 흐름을 반영한다.
② 공경비의 일부 활동을 민간에 이전하여 민간경비로 전환하는 것도 민영화이다.
③ **민영화는 모든 부문에서의 배타적 자율화를 의미하며 국가권력의 개입이 전적으로 배제된다.** ✓
④ 대규모 행사의 안전관리에 참여하여 공권력의 부담을 감소시키는 것도 민영화이다.

해설

민영화는 모든 부문에서의 배타적 자율화를 의미하지는 않으며, 국가권력의 개입이 전적으로 배제되지도 않는다.

84

민영화이론에 관한 설명으로 옳은 것은? 기출 21

① **복지국가 확장의 부작용에 따른 재정위기를 극복하기 위해 국가의 역할범위를 축소하고 재정립한다.**
② 그냥 내버려 두면 보호받지 못한 채로 방치될 만한 재산을 민간경비가 보호한다.
③ 경기침체에 따른 실업자의 증가로 범죄가 증가함으로써 민간경비시장이 성장·발전한다.
④ 경찰의 치안서비스 제공과정에서 시민과 민간경비의 능동적 참여를 다각적으로 유도한다.

해설

① (○) 민영화이론은 1980년대 이후 복지국가의 이념에 대한 반성으로서 국가독점에 의한 비효율성을 극복하고자 시장경쟁논리를 도입한 이론으로, 현재까지 세계적인 추세로 받아들여지고 있다.
② (×) 이익집단이론에 관한 설명이다.
③ (×) 경제환원론에 관한 설명이다.
④ (×) 공동생산이론에 관한 설명이다.

85

민영화이론에서 말하는 민영화의 내용에 관한 설명으로 옳지 않은 것은? 기출 20

① 자원이용의 효율성을 높일 수 있다.
② 민간의 활동이 활성화될 수 있다.
③ **공공지출과 행정비용의 증가효과를 유발하기 위한 방법이다.**
④ 재화나 서비스의 생산이 공공분야에서 민간분야로 이전되는 것이다.

해설

민영화이론은 공공지출과 행정비용의 감소효과를 유발하기 위한 방법으로서 제시되었다.

86

국가독점에 의한 비효율성을 극복하기 위해 시장경쟁논리를 도입하여 효율성을 증대시키고자 하는 민간경비이론은? 기출 19

① 경제환원이론
② 이익집단이론
③ 수익자부담이론
☑ 민영화이론

해설
설문은 민영화이론에 대한 내용이다.

87

민영화이론에 관한 설명으로 옳지 않은 것은? 기출 15

☑ 2000년대 이후 복지국가의 이념을 구현하고자 등장한 이론이다.
② 2010년 최초로 설립된 민영교도소는 민영화의 사례이다.
③ 공공지출과 행정비용의 감소효과를 유발하기 위한 방법이다.
④ 국민들이 서비스공급에 참여할 수 있으며, 서비스선택의 폭을 확대시켜 준다.

해설
민영화이론은 1980년대 이후 복지국가의 이념에 대한 반성으로서 국가독점에 의한 비효율성을 극복하고자 시장경쟁논리를 도입한 이론이다.

88

민영화이론의 목적과 등장배경으로 옳지 않은 것은?

① 국민들이 공공부문의 재화나 서비스를 선택할 수 있는 폭을 확대시켜 준다.
② 비대해진 정부조직의 비능률과 낭비를 줄이고, 시장과 민간의 역할을 증대해 준다.
☑ 경찰의 공권력 작용은 원칙적으로 거시적인 측면에서 체제수호 등과 같은 역할과 기능에 한정되어야 한다.
④ 다원화 시대에서 정부는 작지만 효율적인 정부를 지향하므로 민영화로 이를 달성할 수 있다.

해설
③은 민영화이론이 아니라 수익자부담이론의 내용이다.

89

현대에서 민영화의 다양한 정의가 언급되고 있는데, 이러한 내용과 가장 거리가 먼 것은?

① 정부규제 축소, 정부지출 감소
② 정부의 역할을 줄이고 민간의 역할을 증대시키는 것
③ 재화나 서비스의 생산이 공공부문에서 민간부문으로 이전되는 것
④ 공공재의 생산을 저소득층에게 이전하여 사회적 형평을 달성하는 것

해설

민영화는 정부의 역할을 줄이고 민간의 역할을 증대시킴으로써 자원이용의 효율성을 달성하는 것이지만, 그렇다고 해서 공공재의 생산을 저소득층에게 이전하여 사회적 형평을 달성하는 것을 목적으로 하는 개념은 아니다.

90

민간경비 활동에 있어서 '서비스주체의 다원화'에 초점을 맞추고 등장한 이론은? 기출 24

① 이익집단이론
② 공동생산이론
③ 경제환원이론
④ 수익자부담이론

해설

공동생산이론은 치안서비스 생산과정에서 경찰의 역할수행과 민간경비의 공동참여로 인해 민간경비가 성장했으며, 민간경비가 독립된 주체로서 참여한다는 이론으로서 민간경비를 공경비의 보조적 차원이 아닌 주체적 차원으로 인식한다. 미국·영국 등에서는 치안활동에 대한 접근에 있어서 서비스주체의 다원화에 초점을 두고 있다. 치안활동에 있어서 다원화는 경찰이 독자적으로 치안서비스를 수행하는 것이 아니라 민간부문이 하나의 독립된 주체로서 참여하게 되었다는 것이다.

91

치안서비스 공동생산이론에 관한 내용으로 옳지 않은 것은? 기출 20

① 자율방범대 운용의 활성화
☑ **민간경비는 공경비의 보조적 차원의 역할 수행**
③ 민간경비의 적극적 참여 유도
④ 목격한 범죄행위 신고, 증언행위의 중요성 강조

해설

공동생산이론에 따르면, 치안서비스 생산과정에서 민간경비는 독립된 주체로서 참여하므로, 공경비의 보조적 차원이 아닌 주체적 차원으로 인식된다.

> **핵심만콕** 치안서비스 공동생산이론★
> - 치안서비스 생산과정에서 공공부분의 역할수행과 민간부분의 공동참여로 인해 민간경비가 성장했으며, 민간경비가 독립된 주체로서 참여한다는 이론이다.
> - 민간경비를 공경비의 보조적 차원이 아닌 주체적 차원으로 인식하는 이론이다.
> - 공동생산이론은 경찰이 안고 있는 한계를 일부 극복하고, 시민의 안전욕구를 증대시키기 위해 민간부문의 능동적 참여를 다각적으로 유도한다.

92

다음 글에 해당하는 민간경비의 성장배경이론은?

> 치안서비스의 생산과정에서 경찰과 같은 공공부문의 역할수행과 민간부문의 공동참여를 통해서 민간경비가 성장했다는 이론으로, 민간경비를 공경비의 보조적 차원이 아니라 주체적 차원으로 인식하는 민간경비이론이다.

① 공동화이론
☑ **공동생산이론**
③ 이익집단이론
④ 수익자부담이론

해설

공동생산이론은 민간경비를 공경비의 보조적 차원이 아닌 주체적 차원으로 인식하는 이론으로, 경찰이 안고 있는 한계를 일부 극복하고, 시민의 안전욕구를 증대시키기 위해 민간부문의 능동적 참여를 다각적으로 유도한다.

93

치안서비스 공동생산이론에 관한 설명으로 옳지 않은 것은? 기출 17

① 민간경비는 집단적 이익의 실현을 위해 규모를 팽창시킨다.
② 민간경비를 공경비의 보조적 차원이 아닌 주체적 차원으로 인식한다.
③ 치안서비스 제공은 경찰의 역할수행과 민간경비의 공동참여로 이루어진다.
④ 시민의 안전욕구를 증대시키기 위해 민간부문의 능동적 참여를 다각적으로 유도한다.

[해설]
민간경비가 자신의 집단적 이익을 극대화하기 위하여 규모를 팽창시키고, 새로운 규율이나 제도를 창출시키는 등의 노력을 한다는 이론은 이익집단이론이다.

94

민간경비의 성장요인으로 옳지 않은 것은? 기출 15

① 범죄 및 손실문제의 증가
② 개인 및 조직의 안전의식 증대
③ 국가(공권력)의 한계인식
④ 개인주의의 확산

[해설]
현대산업사회의 기계화·도시화 등으로 범죄가 증가함에 따라 경비수요의 급증, 경찰력의 부족과 공권력의 한계, 첨단화·지능화되어 가는 범죄현상으로 과학적인 인력경비나 기술에 대한 수요 증가, 경찰보다는 내 자신은 스스로 지키자는 자구의식의 의식전환 등으로 민간경비의 필요성이 증가하게 되었다.

95

현대 자본주의사회에서 민간경비의 수요가 급증하는 원인으로 가장 거리가 먼 것은?

① 경찰력의 확충
② 경비기술의 발달
③ 국민소득의 증가
④ 범죄의 급격한 증가

[해설]
현대 자본주의사회에서 민간경비의 수요가 급증하는 원인으로는 전반적인 국민소득의 증가, 범죄의 급격한 외부적 증가, 이에 따른 민간경비제도의 필요성에 대한 사회인식의 변화 등을 들 수 있다. 다른 원인들은 민간경비의 수요증가와 관련되지만, 경찰력의 확충은 민간경비의 수요를 감소시킬 수 있으므로 가장 거리가 멀다.

나는 젊었을 때, 10번 시도하면 9번 실패했다.
그래서 10번씩 시도했다.

- 조지 버나드 쇼 -

1. 각국 민간경비의 역사적 발전
2. 각국 민간경비산업 현황
3. 각국 민간경비의 법적 지위

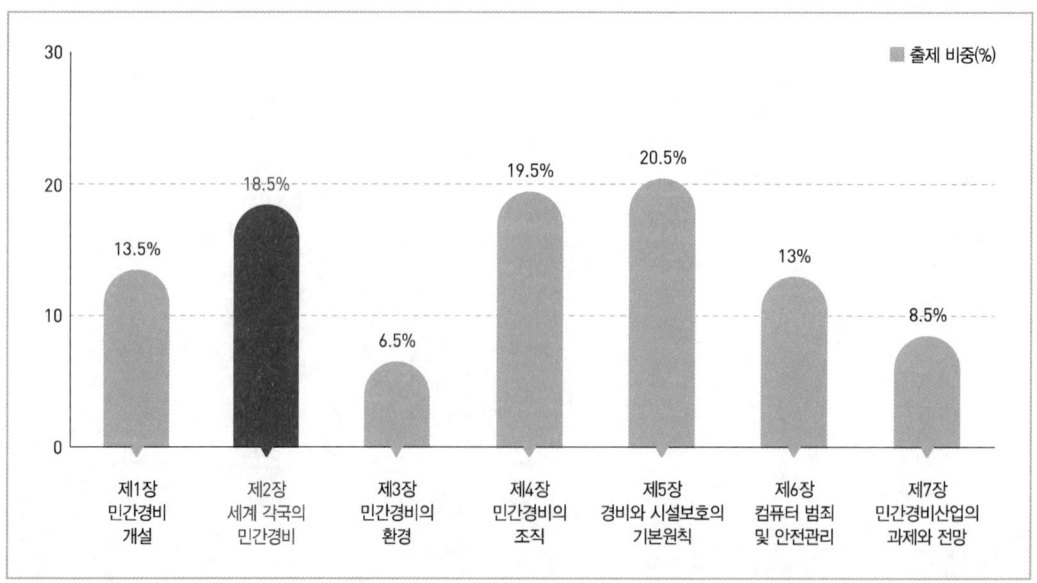

CHAPTER 02

세계 각국의 민간경비

CHAPTER 02 세계 각국의 민간경비

1 각국 민간경비의 역사적 발전

01
CHECK ○△×

고대 민간경비에 관한 설명으로 옳지 않은 것은? 기출 24

① 고대 그리스 도시국가에서는 최초의 국가경찰로 추정되는 자경단원(Vigilance man)제도가 있었다.
② 함무라비 시대에는 정부가 법 집행을 할 수 있고 개인에게 책임을 부여할 수 있었다.
③ 고대 로마 시대에는 지배자가 통치하는 군대가 운영되었으며, 이들은 최초의 비무장 수도경찰로 간주된다.
④ 원시시대의 대표적인 경비 형태는 절벽 동굴이나 수상가옥 등 주거지를 이용한 방법이다.

해설

① (×), ③ (○) 기원전 27년 고대 로마시대 아우구스투스 황제는 법 집행을 위해 최초의 국가경찰인 자경단원이라고 불리는 수천 명의 비무장군대를 각 관할 구역의 질서유지를 위해서 임명하였다. 이는 역사상 최초의 비무장 수도경찰로 간주된다.
② (○) 고대 바빌론 왕 함무라비에 의해 법집행 개념이 최초로 명문화되었다. 세계 최초로 문서화된 법령에 의하여 정부가 법집행을 할 수 있었고, 또 개인에게 책임을 부여할 수 있었으며, 이때부터 개인차원의 민간경비의 개념과 국가차원의 공경비의 개념이 분리되기 시작하였다.
④ (○) 원시시대의 대표적인 경비형태로 절벽에 위치한 동굴, 땅에서 사다리를 타고 나무에 올라가는 주거형태나 수상가옥 등이 있다.

02

고대 민간경비에 관한 설명으로 옳은 것은? 기출 22

① 원시시대에는 동해보복형(同害報復形)의 처벌을 하였다.
② **공경비와 민간경비가 분리된 시대는 함무라비 시대이다.**
③ 그리스시대에는 법 집행을 위해 최초의 국가경찰인 자경단원제도를 운영하였다.
④ 로마시대에는 최초의 무장 수도경찰을 운영하였고, 민간경비가 크게 성장하여 경비책임이 개인에게 귀속되었다.

해설

② (○) 함무라비왕 시대부터 개인차원의 민간경비의 개념과 국가차원의 공경비의 개념이 분리되기 시작하였다.
① (×) 고대 바빌로니아의 함무라비왕에 의해 제정된 함무라비법전에 "눈에는 눈, 이에는 이"라는 말과 같이 같은 피해에는 같은 방법으로 보복을 하는 동해보복형(同害報復形)의 처벌을 규정하고 있었다.
③ (×) 법 집행을 위해 최초의 국가경찰인 자경단원제도를 운영한 것은 기원전 27년 고대 로마시대 아우구스투스 황제이다.
④ (×) 고대 로마시대에는 최초의 비무장 수도경찰을 운영하였다. 즉, 국가적 차원의 경비가 실시되었다. 그러나 로마제국의 몰락 시기(동로마·서로마 분리 : 서기 395년)에는 경비책임이 다시 국가적 차원에서 개인적 차원으로 귀속되었다.

03

고대 민간경비에 대한 설명 중 틀린 것은? 기출 08

① **경비제도를 역사적으로 볼 때 공경비가 민간경비보다 앞서 있다.**
② 개인의 생명과 재산을 보호하는 경비는 인류 역사상 가장 오래된 과제 중 하나이다.
③ 대표적인 경비형태로 절벽에 위치한 동굴, 땅에서 사다리를 타고 나무에 올라가는 주거형태나 수상가옥 등이 있다.
④ 고대 문헌이나 성서와 같은 많은 자료에서 개인의 안전과 재산을 지키기 위해 야간감시자나 신변보호요원을 이용했음을 발견할 수 있다.

해설

경비제도를 역사적으로 볼 때 민간경비가 공경비보다 앞서 있다. 민간경비 개념과 공경비 개념이 분리된 것은 함무라비왕 시대부터이다. ★

04

고대의 민간경비에 대한 다음 설명 중 옳지 않은 것은?

① 고대 바빌론 왕 함무라비에 의해 법집행 개념이 최초 명문화되었다.
☑ 고대 그리스 도시국가에서는 자경단원이라고 불리는 수천 명의 비무장군대를 각 관할 구역의 질서유지를 위해서 임명하였다.
③ 스파르타에서는 일찍부터 법을 집행하기 위한 치안책임자를 임명하는 제도가 발달하였으며, 이는 최초의 국가경찰의 발달을 의미한다.
④ 개인차원의 민간경비의 개념과 국가차원의 공경비의 개념이 분리되기 시작한 것은 함무라비왕 시대이다.

해설
고대 로마의 통치자 아우구스투스 황제는 자경단원이라고 불리는 수천 명의 비무장군대를 각 관할 구역의 질서유지를 위해서 임명하였다. 이는 역사상 최초의 비무장 수도경찰로 간주된다.

05

범죄자에 대한 처벌은 국왕에 의해서 처벌되어야 한다는 의미로 다음 주장을 한 사람은? 기출 20

> 모든 범죄는 더 이상 개인에 대한 위법이 아니라 국왕의 평화에 대한 도전이다.

① 헨리 필딩(Henry Fielding)
② 함무라비(Hammurabi) 국왕
③ 로버트 필(Robert Peel)
☑ 헨리(Henry) 국왕

해설
④ (○) 제시된 내용은 헨리 국왕의 주장이다.
① (×) 헨리 필딩은 영국에서 급료를 받는 민간경비제도를 제안했으며, 보우가의 주자(외근기동대)(The Bow Street Runners) 등을 만드는 데 기여하였다.
② (×) 함무라비왕 시대에 개인차원의 민간경비의 개념과 국가차원의 공경비의 개념이 분리되기 시작하였다.
③ (×) 로버트 필은 영국 내무성 장관이던 1829년에 수도경찰법을 의회에 제출하고, 주야간 경비제도를 통합하여 수도경찰을 창설하였으며, 형법의 개혁안을 처음 만들어 사형을 감형하고, 근대적 경찰제도의 기초를 확립하였다.

핵심만콕 헨리 국왕의 법령(Legis Henrici)
- 원칙적으로 어떠한 범죄도 더 이상 개인에 대한 위법이 아니라 국왕의 평화에 대한 도전이라 명시하고 있다.★
- 중죄(felony)와 경범죄(misdemeanor)에 대한 법률적인 구분을 내렸다는 점에서 큰 의의를 가지고 있다.

06

다음 내용이 설명하는 것은?

> 모든 사람은 자신의 행동뿐만 아니라 이웃의 행동에 대해서도 책임이 있음을 명시하고, 범죄가 발생하면 고함소리를 지르고 사람을 모아 그 지역에 침범한 범죄자를 추적하는 것이 시민 각자의 임무라고 하였으며, 만일 범죄자를 체포하지 못하면 모든 사람은 국왕으로부터 벌금이 부과되었다. 건장한 모든 사람들은 범법자 체포에 참여하여야 하는데, 이것은 현대 사회에 있어 '시민체포'의 발상이라고 할 수 있다.

① 레지스 헨리시법(The Legis Henrici Law)
② 상호보증제도(Frank Pledge System)
③ 윈체스터법(The Statute of Winchester)
④ **규환제도(Hue and Cry)** ✓

해설
제시문이 설명하는 것은 규환제도이다. 영국의 규환제도(Hue and Cry)는 개인 차원의 경비개념이 보다 확대된 것으로 볼 수 있으며, 치안에 대한 개인과 집단의 공동책임을 강조하였다. 이 제도는 현대 사회의 '시민체포'의 발상이 되었다.

07

영국의 Hue and Cry(규환제도) 시대에 대한 설명 중 틀린 것은?

① 개인 각자가 침입자를 추적·체포하는 것이 임무였다.
② 개인과 집단이 치안에 대해 공동책임을 진 것으로 인식되었다.
③ 현대적 의미의 '시민체포'의 발상이 되었던 시대이다.
④ **노르만의 정복 이전에 성립한(법제화된) 제도이다.** ✓

해설
규환제도가 실시된 것은 1066년 노르망디 정복 이전이나 최초로 명문화된 시기는 노르망디 정복 후인 1285년이다. ★

08

다음 중 영국 헨리왕의 King's peace 시대에 관한 올바른 내용으로 볼 수 없는 것은 어느 것인가?

① 레지스 헨리시법을 공포한 시기이다.
❷ 공법에서 사법으로 법 개념의 변천이 이루어졌다.
③ 경찰의 공복으로서의 역할이 보다 강조된 시기이다.
④ 그 당시 범죄는 개인에 대한 위법이 아닌 국왕의 평화에 대한 도전으로 간주했다.

[해설]
'국왕의 평화에 대한 의지'를 강화하기 위해 범죄추방에 대한 의사결정을 내리는 데 있어 사회는 반사회적 행위, 부당행위 처벌의 방법 등에 대해서 명문화하기 시작했는데, 이러한 조치는 사법(私法)에서 공법(公法)으로 법 개념이 변천하는 과정을 기록한 것으로 볼 수 있다.

09

영국의 경우 민간경비차원에서 실시되던 경비활동을 국가적 치안개념으로 발전시킨 것은?

① 규환제도(Hue and Cry)
② 상호보증제도(Frank Pledge System)
③ 윈체스터법(The Statute of Winchester)
❹ 레지스 헨리시법(The Legis Henrici Law)

[해설]
레지스 헨리시법(The Legis Henrici Law)은 헨리국왕 집권 때인 1116년경에 국왕이 경비책임을 국가적 치안개념으로 발전시킨 법으로, 민간경비차원의 경비개념에서 공경비차원의 경비개념으로 바뀌게 된 중요한 역사적 사실이 되었다.

10

민선행정관인 보안관(Sheriff)의 무능함을 견제하기 위해 영국의 국왕이 치안판사직을 신설했던 시대는?

① 보우가의 주자
② 크롬웰 집권기
❸ 주야 감시원 시대
④ King's Peace시대

해설

주야 감시원 시대에 국왕은 법집행이 점차 정부책임으로 되어감에 따라 지역경찰에 대해 철저한 통제를 하는 과정에서 주의 보안관(Sheriff)의 무능함을 견제하기 위해 치안판사직을 신설하였다.

11

영국 민간경비의 발달에 관한 내용으로 옳지 않은 것은? 기출 15

① 민간경비가 크게 성장한 시기는 산업혁명시대이다.
② 규환제도는 개인 각자가 침입자를 추적·체포하는 것이 임무이다.
③ 민간경비차원의 경비개념에서 공경비차원의 치안개념으로 발전시킨 것은 레지스 헨리시법(The Legis Henrici Law)이다.
❹ 최초의 형사기동대에 해당하는 범죄예방조직을 만든 사람은 올리버 크롬웰(Oliver Cromwell)이다.

해설

1785년경 최초의 형사기동대에 해당하는 범죄예방조직 창설에 기여한 사람은 헨리 필딩(Henry Fielding)이다. 올리버 크롬웰은 강력한 중앙정부가 지방정부를 통제해야 한다고 하여 영국의 경찰모델 형성에 영향을 미쳤다.

12

범죄예방을 위해서는 시민 스스로가 단결해야 한다는 개념을 확립하고, 보우가의 외근기동대(The Bow Street Runners)를 창설하는데 공헌한 사람은? 기출 14

① 리처드 메인(Richard Mayne)
② 앨런 핑커톤(Allan Pinkerton)
③ 로버트 필(Robert Peel)
❹ 헨리 필딩(Henry Fielding)

[해설]
영국의 헨리 필딩(Henry Fielding)은 보우가(The Bow Street)의 타락하고 무질서한 당시의 치안을 바로잡기 위해 시민들 중 지원자를 중심으로 소규모 단위의 범죄예방조직을 만들어 보수를 지급하였으며, 이러한 활동은 1785년경 인류 역사상 최초의 형사기동대라고 할 수 있는 '보우가 주자(Bow Street Runners)' 창설로 이어졌다.

13

영국 헨리 필딩(Henry Fielding)이 시민들 중 지원자에 의한 소규모 단위의 범죄예방조직을 만들어 보수를 지급하고 1785년경 인류 역사상 최초의 형사기동대에 해당하는 조직을 만든 시대는? 기출 08

① 주야감시원시대
❷ 보우가의 주자(Bow Street Runner)시대
③ 산업혁명시대
④ 헨리왕의 King's Peace 시대

[해설]
영국의 헨리 필딩은 "The Bow Street Runner"로 그 이름이 알려졌으며, 이는 인류 역사상 최초의 형사기동대에 해당한다. 또한 그 범위가 교회 내로 한정된 교구경찰을 창설한 이외에도 도보경찰, 기마경찰, 특별조사관, 경찰법원 등을 만드는 데에도 공헌하였다. ★

14

영국의 로버트 필(Robert Peel)이 행한 경찰개혁에 관한 내용으로 옳지 않은 것은? 기출 22

☑ 경찰은 헌신적이고 윤리적이며, 중앙정부로부터 봉급을 받는 요원들이어야 한다고 주장하였다.
② 수도경찰법을 의회에 제출하여 수도경찰을 창설하였다.
③ 범죄와 혼란을 바로잡기 위해서는 엄격하게 선발되고 훈련된 사람으로 조직된 기관이 필요하다고 하였다.
④ 교구경찰, 수상경찰, 상인경찰 등을 능률적인 유급경찰로 통합하였다.

해설

로버트 필은 경찰은 헌신적이고 윤리적이며, 지방정부의 봉급을 받는 요원들이어야 한다고 주장하였다.

핵심만콕 로버트 필(Robert Peel)

- 내무부장관이었던 로버트 필은 1829년 수도경찰법을 의회에 제출하여 런던수도경찰을 창설하였다.
- 범죄방지와 사회혼란을 바로잡기 위해 엄격하게 선발·훈련된 사람으로 조직된 기관의 필요성을 인식하였다.
- 교구경찰, 주야간 경비대, 수상경찰, 보우가 경찰대 등을 하나의 능률적인 유급경찰로 통합하여 경찰은 헌신적이어야 하며 훈련되고 윤리적이며 지방정부의 봉급을 받는 요원들이어야 한다고 주장하였다.
- 형법의 개혁안을 처음 만들고, Peeler(Peel의 사람) 또는 Bobbies(순경이라는 뜻의 구어)라고 불리는 수도경찰을 재조직하였다.
- 로버트 필의 형법개혁안(Peelian Reform)은 현대적 경찰 조직의 시초가 되었으며 영국과 다른 경찰부서의 모델이 되었다.

15

로버트 필(Robert Peel)의 업적에 관한 설명으로 옳지 않은 것은? 기출 19

① 영국 수도경찰을 창설하였다.
☑ 교구경찰, 주·야간경비대, 수상경찰, 보우가경찰대 등으로 경찰조직을 더욱 세분화하였다.
③ Peelian Reform(형법개혁안)은 현대적 경찰조직 설립의 시초가 되었다.
④ 경찰은 훈련되고 윤리적이며, 정부의 봉급을 받는 요원이어야 한다고 주장하였다.

해설

교구경찰, 주·야간경비대, 수상경찰, 보우가경찰대 등으로 경찰조직을 더욱 세분화한 것은 헨리 필딩의 활동에 해당한다.

16

영국 근대경찰의 탄생에 있어서 1829년 수도경찰법을 의회에 제출하여 수도경찰을 창설하였으며, 경찰은 헌신적이어야 하며 훈련되고 윤리적이며 지방정부의 봉급을 받는 요원들이어야 한다고 주장한 사람은? 기출 13

① ✓ 로버트 필(Robert Peel)
② 콜크혼(Colguhoun)
③ 헨리 필딩(Henry Fielding)
④ 에드워드(Edward) 1세

해설
영국 내무성 장관이었던 로버트 필(Sir. Robert Peel)은 1829년 수도경찰법을 의회에 제출하고, 주야간 경비제도를 통합하여 수도경찰을 창설하였으며, 형법의 개혁안을 처음 만들어 사형을 감형하고, 근대적 경찰제도의 기초를 확립하였다.

17

다음 중 영국의 Robert Peel의 업적이 아닌 것은?

① 영국 형법개혁안을 최초로 만들었다.
② Peeler 또는 Bobbies라는 애칭으로 불리는 수도경찰을 재조직하였다.
③ 런던수도경찰을 창설하였다.
④ ✓ 보우가의 주자라는 제도를 도입하였다.

해설
로버트 필은 영국의 형법개혁안을 처음으로 만들었고, "Bobbies" 또는 "Peeler"라고 불리는 수도경찰을 재조직하였다. 보우가의 주자라는 제도를 도입한 사람은 헨리 필딩이다.

18

다음 중 영국에서 민간경비와 공경비의 발달을 가져온 시기는? 기출 06

① **산업혁명시대**
② 헨리국왕시대
③ 보우가(Bow Street)의 주자시대
④ 주야감시시대

해설

영국에서 민간경비와 공경비의 발달을 가져온 때는 1800년대로서, 산업혁명으로 인한 농민의 도시이동이 요인이 되었다. ★

19

다음의 내용에 해당하는 민간경비와 관련된 인물은? 기출 24

> 야간경비회사인 방호회사를 설립하여 최초의 중앙감시방식 방호서비스를 시작하였다.

① 딘글(J. Dingle)
② 핑커톤(A. Pinkerton)
③ 헨리 필딩(Henry Fielding)
④ **에드윈 홈즈(Edwin Holmes)**

해설

④ (O) 1858년 에드윈 홈즈(Edwin Holmes)가 야간 경비회사로서 홈즈 방호회사(Holms Protection Inc.)를 설립하여 최초의 중앙감시방식의 경보서비스 사업을 시작하였다.
① (×) 딘글(J. Dingle)은 시설물의 물리적 통제시스템 구축과 관련하여 보호가치가 높은 자산일수록 보다 많은 방어공간을 구축해야 한다는 동심원영역론(Concentric Zone Theory)을 제시하였다. 동심원영역론은 환경설계를 통한 범죄예방(CPTED; Crime Prevention Through Environmental Design)의 접근방법 중 하나라고 볼 수 있다.
② (×) 시카고 경찰국의 최초의 탐정인 핑커톤(A. Pinkerton)은 새로 구성된 시카고 경찰에서 물러나 1850년 탐정사무소를 설립한 후, 1857년에 핑커톤 국가탐정회사(Pinkerton National Detective Agency)로 회사명을 바꾸고 철도수송 안전 확보에 일익을 담당하였다.
③ (×) 헨리 필딩(Henry Fielding)은 영국에서 급료를 받는 민간경비제도를 제안했으며, 보우가의 주자(외근기동대)(The Bow Street Runners) 등을 만드는 데 기여하였다.

20

미국의 민간경비 발전과정에 기여한 인물을 모두 고른 것은? 기출 23

ㄱ. 포프(A. Pope)
ㄴ. 브링크(W. Brink)
ㄷ. 허즈버그(F. Herzberg)
ㄹ. 웰즈(H. Wells)

① ㄱ, ㄷ
② ㄱ, ㄴ, ㄹ ✓
③ ㄴ, ㄷ, ㄹ
④ ㄱ, ㄴ, ㄷ, ㄹ

[해설]

제시된 인물 중 미국의 민간경비 발전과정에 기여한 인물은 ㄱ, ㄴ, ㄹ이다.

ㄱ. (○) 포프(A. Pope)는 1853년 최초로 전자 도난방지 경보시스템의 특허를 받았으며, 이를 에드윈 홈즈(E. Holmes)에게 판매하였다.
ㄴ. (○) 브링크(W. Brink)는 전 세계 귀중품 운송서비스로 유명한 다국적 기업인 브링크스 주식회사를 설립하였다.
ㄹ. (○) 웰즈(H. Wells)는 파고(W. Fargo)와 1852년 Wells Fargo and Company를 설립하여 미주리주의 서부지역에서 형사 및 보호서비스를 제공하였다.
ㄷ. (×) 허즈버그(F. Herzberg)는 2요인 이론을 발표하여 위생요인과 동기요인을 중심으로 동기부여를 설명하였다.

21

미국 민간경비의 발전에 관한 설명으로 옳은 것을 모두 고른 것은? 기출 18

> ㄱ. 건국 초기부터 영국식의 강력한 중앙집권적 경찰조직이 발전하였다.
> ㄴ. 서부개척시대 철도운송의 발달과 함께 민간경비가 획기적으로 발전하였다.
> ㄷ. 핑커톤(A. Pinkerton)은 경찰당국의 자료요청에 응하여 경찰과 민간 경비업체의 바람직한 관계를 정립하는 데 공헌하였다.
> ㄹ. 2001년 9·11 테러와 같은 국가적 위기상황은 민간경비가 발전하는 중요한 계기가 되었다.
> ㅁ. 현재 산업보안자격증인 CPP(Certified Protection Professional) 제도를 연방정부 차원에서 시행하고 있다.

① ㄱ, ㄴ, ㄷ
② ㄱ, ㄹ, ㅁ
③ ㄴ, ㄷ, ㄹ ✓
④ ㄷ, ㄹ, ㅁ

해설

제시된 내용 중 옳은 것은 ㄴ, ㄷ, ㄹ이다.
ㄱ. (×) 건국 초기 미국 국민들은 영국왕실의 권위주의적인 통치방식을 싫어하고 자치적인 지방분권주의적 통치방식을 선호하였으며, 범죄에 대응하는 방식에 있어서도 강력한 경찰조직보다는 자치경비조직의 형태를 추구하였다.
ㅁ. (×) CPP는 일종의 공인경비사 자격제도로 연방정부 차원이 아닌 민간경비업체가 시행하면서 전국적인 수준으로 발전시킨 것이다. 현재 미국산업안전협회에서 시행하고 있으며, 주정부 관할하에 주정부별로 CPP제도를 시행하고 있다.★

22

핑커톤(Allan Pinkerton)의 업적에 관한 설명으로 옳지 않은 것은? 기출 19

① 미국 철도수송경비의 발전에 기여했다.
② 오늘날 프로파일링(profiling) 수사기법에 영향을 주었다.
③ 남북전쟁 당시 링컨 대통령의 경호업무를 수행하였다.
④ 최초의 중앙감시방식 경보서비스 회사를 설립하였다. ✓

해설

최초의 중앙감시방식의 경보서비스 회사를 설립한 사람은 에드윈 홈즈이다.

23

핑커톤(Allan Pinkerton)에 관한 설명으로 옳지 않은 것은? 기출 16

① 위폐사범 일당을 검거하는데 결정적 공헌을 하여 부보안관으로 임명되었다.
② 범죄자를 유형별로 정리하여 프로파일링(profiling) 수사기법의 전형을 세웠다.
❸ 1858년에 최초의 경보회사(Central-Station Burglar Alarm Company)를 설립하였다.
④ 경찰당국의 자료요청에 응하여 경찰과 민간경비업체의 바람직한 관계를 정립하였다.

해설

1858년 최초의 경보회사를 설립한 사람은 에드윈 홈즈이다. 에드윈 홈즈는 야간 경비회사로서 홈즈방호회사를 설립하여 최초의 중앙감시방식의 경보서비스 사업을 시작하였다. ★

24

핑커톤(Allan Pinkerton)에 관한 설명으로 옳은 것은? 기출 20

① 보우가의 주자(Bow Street Runner)에 영향을 주었다.
❷ 서부개척시대에 치안의 공백을 메우는 역할을 수행하였다.
③ 링컨대통령의 경호를 담당하는 것은 남북전쟁 종료 이후부터이다.
④ 프로파일링 수사기법과는 무관하다.

해설

미국 연방정부는 서부개척시대에 철도경찰법을 제정하여 일정한 구역 내에서 경찰권한을 부여한 민간경비조직을 설치하였으며, 그 대표적인 조직이 핑커톤 경비조직이다. 따라서 서부개척시대에 치안의 공백을 메우는 역할을 수행하였다고 할 수 있다.

핵심만콕 핑커톤 경비조직

- 시카고 경찰국의 최초의 탐정인 핑커톤은 새로 구성된 시카고 경찰에서 물러나 1850년 탐정사무소를 설립한 후 1857년에 핑커톤 국가탐정회사(Pinkerton National Detective Agency)로 회사명을 바꾸고 철도수송 안전 확보에 일익을 담당하였다.
- 남북전쟁 당시에는 링컨 대통령의 경호업무를 담당하기도 하였고 '육군첩보부'를 설립하여 북군의 경제 교란작전으로 대량 발행된 위조화폐에 대한 적발임무를 수행하는 데 결정적 공헌을 하여 부보안관으로 임명되었다.
- 1883년에는 보석상 연합회의 위탁을 받아 도난보석이나 보석절도에 관한 정보를 집중관리하는 조사기관이 되었다.
- 경찰당국의 자료요청에 응하여 경찰과 민간경비업체의 바람직한 관계를 정립하였다.
- 범죄자를 유형별로 정리하는 방식은 오늘날 프로파일링 수사기법에 영향을 주었다.
- 20세기에 들어와 FBI 등 연방법집행기관이 이러한 범죄자(犯罪者) 정보를 수집·관리하게 되었기 때문에 핑커톤 회사가 수집·관리할 수 있는 정보는 민간대상의 정보에 한정되었다.

25

미국 민간경비 역사에서 핑커톤(A. Pinkerton)에 관한 설명으로 옳지 않은 것은? 기출 14

① 남북전쟁 당시에 링컨 대통령의 경호업무를 담당하기도 하였다.
❷ 마약사범 일당을 검거하는 데 결정적인 공헌을 하여 뉴욕경찰의 일원이 되었다.
③ 범죄자를 유형별로 정리하는 방식은 오늘날 프로파일링 수사기법에 영향을 주었다.
④ 핑커톤 국가탐정회사(Pinkerton National Detective Agency)를 설립하여 철도수송 안전 확보에 일익을 담당하였다.

해설

핑커톤(A. Pinkerton)은 마약사범 일당을 검거하는 것과는 관련이 없다.

핵심만콕 핑커톤 경비조직

1850년 핑커톤은 새로 구성된 시카고 경찰에서 물러나 열차강도사건만을 전문적으로 처리하는 사설 탐정사무소를 차려 서부개척시대 미국 철도수송의 경비를 담당하였다. 이 핑커톤 탐정사무소는 가장 유명한 탐정회사 중 하나가 되었다. 그는 70만 달러에 이르는 애덤스속달회사 절도사건의 주모자들을 체포했으며, 링컨은 그런 핑커톤을 신뢰하여 남북전쟁 기간 내내 핑커톤 탐정사무소의 탐정들을 고용해 자신의 경호를 맡겼을 정도였다. 1861년 2월 볼티모어에서 링컨 대통령의 암살 음모를 사전에 제지했으며 남북전쟁 시대에는 육군첩보부(위조화폐 적발임무를 담당)를 설립하여 활약하였고 링컨이 암살될 당시에는 잠시 핑커톤 탐정사무소가 아니라 미 육군이 경호를 맡고 있었던 탓에 아이러니컬하게도 핑커톤 탐정사무소의 명성은 더욱 높아졌다. 핑커톤 탐정사무소에서 근무했던 유대인 Isaacson형제가 합류해 Kreizler 박사의 심리학 이론에 신체비례법의 베트리용기법과 첨단 수사기법(프로파일링), 지문법 등을 도입하여 빠른 수사를 전개하여 과학적인 수사와 경비의 개념을 최초로 정립했다는 평가를 받는다. 전쟁이 끝난 뒤 그는 다시 탐정일을 계속했다. 1873~76년 그의 아래에서 일한 탐정 중 한 사람인 제임스 맥팔렌은 펜실베이니아 광부들의 비밀조직인 '몰리 머과이어'에 침투해 이 조직이 테러 활동을 벌이고 있는 증거를 확보함으로써 조직이 와해되도록 했다. 1877년의 파업사태 때는 노동조합에 대해 가혹한 대응을 했는데, 노동조합과 맞선 그의 태도가 노동자들을 위한 것이라는 핑커톤의 주장에도 불구하고 노동계로부터 혹독한 비난을 받았다. 그는 1885년 북서부 치안기구 설립에 영향을 미쳤으며, 1892년 홈스테드(Homestead)사건의 결과로 '핑커톤 법(Pinkerton Law)'이 제정되어 미국의 정부기관들은 민간경비 요원들을 고용하지 못하게 됨으로써 민간경비업 성장에 제동이 걸리기도 하였다.

26

다음 중 Allan Pinkerton과 관계가 없는 내용은 어느 것인가? 기출문제

① 1885년 북서부 치안기구 설립
② 시카고 경찰국의 최초의 탐정
③ 철도수송의 안전을 담당하는 경비회사 설립
④ 미국은행협회를 위한 독자적인 수사기관 설립

해설

미국은행협회를 위한 독자적인 수사기관을 설립한 사람은 William J. Burns이다. ★

27

미국의 민간경비 발전과정에 관한 설명으로 옳지 않은 것은? 기출 16

① 철도경찰의 설립과 민간경비의 발전에 큰 역할을 한 사람은 헨리 필딩(Henry Fielding)이다.
② 제1차 세계대전 직전까지의 산업화·도시화에 따른 산업시설 보호와 스파이 방지를 위하여 자본가들의 민간경비 수요가 증가하였다.
③ 제2차 세계대전 이후에는 군사, 산업시설의 안전보호와 군수물자 및 장비 또는 기밀 등의 보호를 위한 경비수요의 증가가 민간경비 발전의 토대가 되었다.
④ 1800년대 서부지역 개발과 관련하여 철도가 운행되고, 철도는 사람들이 거주하지 않는 불모지를 통과하는 경우가 많아 민간경비산업이 발전하였다.

해설

철도경찰의 설립과 민간경비의 발전에 큰 역할을 한 사람은 앨런 핑커톤이다. 영국의 헨리 필딩(Henry Fielding)은 보우가 주자시대의 치안판사로 재직하면서 타락한 보우가의 치안을 바로잡기 위해 방범대를 구성한 인물이다.

28

건국 초기 미국의 민간경비 발달과정에서 노예의 탈출과 소요사태 등을 통제하기 위해 도망노예송환법을 제정한 지역은? 기출 13

① **남부지역**
② 서부지역
③ 동부지역
④ 북부지역

해설

도망노예송환법이란 어떤 주에서 다른 주나 연방의 준주로 도망간 노예를 체포하여 원래의 주로 돌려주도록 규정한 법률로 1793년과 1850년에 남부지역에서 제정된 법률이다. 남북전쟁 시작 즈음까지는 적용되다 1864년 6월 28일 폐지되었다.★

29

미국 민간경비의 역사적 발전에 관한 내용으로 옳지 않은 것은? 기출 12

① 식민지시대의 대표적 법집행기관에는 보안관(Sheriff), 치안관(Constable), 경비원(Watchman) 등이 있다.
② **현대적 의미의 민간경비는 1850년 로버트 필(Robert Peel)이 설립한 사설경비업체가 시초이다.**
③ 남캐롤라이나의 찰스턴 시경비대(A City Guard of Armed Officers)는 1846년 시경찰국으로 발전하였다.
④ 제2차 세계대전 이후에 전자, 기계, 전기공업의 발달로 기계경비산업의 발전적 토대를 마련하였다.

해설

현대적 의미의 민간경비는 1850년 핑커톤(Pinkerton)이 설립한 탐정사무소가 시초이다. 로버트 필(Sir. Robert Peel)은 영국에서 수도경찰을 창설하고 근대적 경찰제도의 기초를 확립한 사람이다.★

30

경비원의 역량을 강화시키기 위해서 전문자격증 제도가 필요하다고 주장한 사람은? 기출 10

① 헨리 필딩
② 로버트 필
❸ 러셀 콜링
④ 알란 핑커톤

해설
러셀 콜링은 미국 병원 경비협회의 책임자로서 경비원의 기능을 통제하고 향상시키기 위해서는 경비원 전문자격증제도가 필요하다고 주장하였다.

31

미국 민간경비의 역사적 발전과정에 관한 설명으로 옳지 않은 것은? 기출 09

① 19세기 중엽 위조화폐나 각종 범죄에 대처할 수 있는 사설탐정기관 등이 발전되었다.
② 19세기 말엽 노동자들의 격렬한 사회운동은 민간경비를 성장시키는 계기가 되었다.
③ 20세기 중엽 은행보호법이 제정됨으로써 기계경비가 발전되었다.
❹ 18세기 헨리 필딩(Henry Fielding)에 의해 결성된 보우가의 주자(The Bow Street Runners)는 대표적인 사설경비업체이다.

해설
④는 영국 민간경비에 대한 내용이다.

32

미국에서 금괴수송을 위한 철도경비가 강화되어 민간경비가 획기적으로 발달되었던 시대는? 기출 09

① 노동자운동시대
② 제1차 세계대전시대
❸ 서부개척시대
④ 제2차 세계대전시대

해설

미국에서 민간경비가 본격적으로 출현한 것은 1800년대 산업혁명과 19세기 중엽 서부개척시대이다.

33

미국의 민간경비 발전과정에 대한 설명으로 틀린 것은? 기출 06

① 민간경비 발전 초기 위조화폐 단속
② 제2차 세계대전으로 인한 군수산업의 발전
❸ 권위주의적인 경찰통제
④ 18세기 금광개발로 인한 금괴수송을 위한 철도경비

해설

미국 민간경비의 발전요인으로는 양대 세계대전으로 인한 전자공학과 기술혁신, 대규모의 산업 스트라이크, 국민들의 경비개념에 대한 새로운 인식변화, 사경비 조직의 효율성 그리고 모든 직종에 대한 기술혁신과 전문화 추세 등을 들 수 있다.

34

미국 민간경비의 역사적 배경과 관련하여 옳지 않은 것은?

☑ ① 초기 미국의 국민들은 강력한 연방 중심의 중앙집권적 통치방식을 선호하였다.
② 18세기 무렵 신개척지에 거주하고 있던 주민들을 보호하기 위해 밤에만 활동하는 야간경비원이 생겨났다.
③ 1845년 미국 최초의 현대적 경찰인 뉴욕시 주·야간경찰 조직이 생겨났다.
④ 서부의 개척지에서는 상설경찰이라 해도 시가지화한 읍이나 촌의 경찰에 불과했고 그 이외의 지역에서도 실효력 있는 경찰은 아직 존재하지 않았었다.

해설

초기 미국의 국민들은 영국에서 이주하였기 때문에 영국 왕실의 권위주의적인 통치방식을 싫어하고 자치적인 지방분권주의적 통치방식을 선호하였다.

35

다음 중 미국에서 최초의 현대적 경찰조직이 설립된 곳은 어디인가? 기출문제

☑ ① 뉴 욕
② 필라델피아
③ 시카고
④ LA

해설

1845년 뉴욕에서 최초의 현대적 의미의 경찰조직이 생겨났다.

36

다음 중 미국에서 미국 사법행정과 법집행의 지원단체로 1965년 설립된 기관의 명칭은?

① NASSD
② SEIA
③ **LEAA** ✓
④ IANS

해설

LEAA(Law Enforcement Assistance Administration ; 연방정부 법집행기관원조국)는 1965년 미국에서 설립되어 법집행절차의 개선을 위한 주와 정부 간 기금지원 등 민간경비의 발전에 커다란 영향 및 도움을 주었다.

37

일본의 민간경비에 관한 내용 중 옳지 않은 것은? 기출 24

① 일본은 제2차 세계대전 이후에 현대적 민간경비업의 출현을 맞이하게 되었다.
② **일본의 민간경비는 1964년 오사카 만국박람회(EXPO) 기간 최초로 투입되었으며, 그 역할이 대단한 것으로 평가되고 있다.** ✓
③ 1980년대 초 한국에 진출하였고 그 후반에는 중국에까지 진출하였다.
④ 일본의 민간경비는 시설경비·공항보안뿐 아니라 핵연료물질 운반 등 폭넓은 분야로 발전하였다.

해설

② (×) <u>1964년 동경 올림픽의 선수촌 경비를 계기로 민간경비의 활약과 역할을 널리 인식하였다</u>. 1970년의 오사카 EXPO 개최 시 대회장 내에서의 시설관리, 관람객들의 안전관리, 질서유지 등에 민간경비가 투입되어 하나의 경비산업으로 자리 잡았다.
① (○) 일본에서 전업(專業) 경비업자가 출현한 것은 제2차 세계대전 후 1962년 7월에 일본경비보장주식회사(SECOM의 전신으로 스웨덴의 경비회사와 제휴)가 설립된 것에서 비롯되었다.
③ (○) 일본은 1950~1960년대 미국으로부터 민간경비제도를 도입하면서 일본 최대 성장산업으로 발전하였고, 더불어 한국(1980년대 초)과 중국(1988년)에까지 진출하게 되었다.
④ (○) 한국 민간경비산업과 비교해 볼 때 일본 민간경비산업의 가장 큰 특징은 시설경비, 혼잡경비, 공항보안, 핵연료물질운반 등 전문화된 민간경비업무 분야 구축과 사회 전반으로 확산된 민간경비산업의 사회적 역량 및 시장규모라 하겠다.

38

일본의 민간경비 발전과정에 관한 설명으로 옳지 않은 것은? 기출 21

☑ ① 1960년대에 한국과 중국으로 진출하면서 비약적인 발전을 하였다.
② 1964년 동경올림픽 선수촌 경비를 계기로 민간경비의 역할이 널리 인식되었다.
③ 1970년 오사카 만국박람회(EXPO) 개최 시 민간경비가 투입되었다.
④ 경비업법 제정 당시 신고제로 운영하였으나, 그 후 허가제로 바뀌었다.

해설
일본의 민간경비는 1980년대에 한국(1980년대 초)과 중국(1988년)으로 진출하면서 비약적인 발전을 하였다.

39

일본의 민간경비에 관한 설명으로 옳지 않은 것은? 기출 15

☑ ① 제2차 세계대전 이전에는 야경, 순시, 보안원 등의 이름으로 계약경비를 실시하여 왔다.
② 1964년 동경올림픽 선수촌 경비를 계기로 민간경비의 역할이 널리 인식되었다.
③ 1970년 오사카 만국박람회(EXPO) 개최 시 민간경비가 투입되었다.
④ 일본 민간경비는 1980년대에 한국과 중국에 진출하였다.

해설
제2차 세계대전 이전에는 야경, 수위, 순시, 보안원 등의 이름으로 자체경비를 실시하여 왔다. ★

40

일본 민간경비에 관한 설명으로 옳지 않은 것은? 기출 09

☑ ① 19세기 후반부터 산업화, 도시화 등으로 인해 범죄환경이 악화되어 현대적인 민간경비가 발전되는 계기가 되었다.
② 1964년 도쿄올림픽을 계기로 민간경비가 발전되었다.
③ 제2차 세계대전 후 전문적인 민간경비업체가 출현하였다.
④ 1970년 오사카 만국박람회를 계기로 민간경비가 하나의 경비산업으로 자리 잡았다.

해설
①은 일본과는 관계가 없는 설명이며, ②·③·④의 내용은 옳은 내용이다.

41

우리나라의 민간경비에 관한 내용 중 옳지 않은 것은? 기출 24

① 용역경비업법에 근거하여 미8군부대 용역경비를 실시한 것이 민간경비의 효시라 할 수 있다.
② 용역경비업법이 경비업법으로 변경됨으로써 포괄적인 개념의 전문경비제도를 도입하는 계기가 되었다.
③ 1980년대 이후 기계경비시스템이 점차적으로 도입되었다.
④ 경비협회의 업무는 경비업법에 규정되어 있다.

해설

① (×) 한국의 용역경비는 1950년대부터 미군 군납형태로 제한적으로 실시하게 되었으며[1953년 용진보안공사, 1958년 영화기업(주), 1959년 신원기업(주)], 1962년 화영기업과 경원기업이 미8군부대의 용역경비를 담당한 것이 현대적 의미의 민간경비의 효시라 할 수 있다. 용역경비업법은 1976년에 제정되었으므로 용역경비업법에 근거하여 미8군부대 용역경비를 실시하였다는 설명은 옳지 않다.
② (○) 1999년 3월에 "용역경비업법"의 명칭을 "경비업법"으로 바꾸어 포괄적 개념의 전문경비제도를 도입하는 계기가 되었다.
③ (○) 1980년대(아시안게임, 서울올림픽) 이후 외국 경비회사와의 합작이나 기술제휴로 기계경비시대가 본격적으로 시작되어 일반 국민들도 기계경비의 필요성과 효율성을 인식하는 단계에 이르러 경비업무의 기계화 및 과학화가 활성화되었다.
④ (○) 경비업법 제22조 제3항은 경비협회의 업무에 대하여 규정하고 있다.

42

우리나라 민간경비의 발전과정에 관한 설명으로 옳지 않은 것은? 기출 23

① 1950년대 주한미군에 대한 군납경비의 형태로 태동하였다.
② 1960년대 국가중요시설에 대한 경비문제가 중요하게 대두되면서 청원경찰법이 제정되었다.
③ 1970년대 용역경비업법이 제정되면서 민간경비는 제도적 틀에서 보호받기 시작하였다.
④ 1980년대 대기업이 민간경비산업에 진출하면서 무인경비시설이 확대되기 시작하였다.

해설

④ (×) 우리나라에서 무인경비(無人警備)는 1990년대 은행자동화코너로 최초 개시되었다.
① (○) 한국의 용역경비는 1950년대부터 미국의 군납형태로 제한적으로 실시하게 되었으며[1953년 용진보안공사, 1958년 영화기업(주), 1959년 신원기업(주)], 1962년 화영기업과 경원기업이 미8군부대의 용역경비를 담당한 것이 현대적 의미의 민간경비의 효시라 할 수 있다.
② (○) 국가중요시설에 대한 경비문제가 중요하게 대두되어 1962.4.3. 청원경찰법을 제정하였다.
③ (○) 청원경찰법(1962)과 용역경비업법(1976)이 제정되어 제도적인 발전의 기틀을 마련하였다.

43

경비업법 개정과 관련된 내용으로 옳지 않은 것은? 기출 23

① 1999년 용역경비업법에서 경비업법으로 변경되었다.
② 2001년 특수경비업무가 추가되었다.
③ 2009년 특수경비원 연령상한을 58세에서 60세로 연장하였다.
❹ 2013년 누구든지 경비원으로 채용되기 전에도 개인적으로 일반경비원 신임교육을 받을 수 있도록 하였다.

해설

④ (×) 2016.1.26. 경비업법은 경비원이 되려는 사람은 대통령령으로 정하는 교육기관에서 미리 일반경비원 신임교육을 받을 수 있도록 하는 규정을 신설하였다(경비업법 제13조 제2항).
① (○) 1999.3.31. 용역경비업법 개정 시 법명을 경비업법으로 변경하였다.
② (○) 2001.4.7. 경비업법 전면개정 시 경비업의 종류에 특수경비업무가 추가되었다.
③ (○) 2009.4.1. 경비업법 개정 시 특수경비원 연령상한을 58세에서 60세로 연장하였다.

44

한국 민간경비의 역사적 발전과정에 관한 설명으로 옳지 않은 것은? 기출 21

① 1977년 설립된 한국경비실업은 경비업 허가 제1호를 취득하였다.
② 1989년 용역경비업법은 용역경비업자가 대통령령으로 정하는 기계경비시설을 설치·폐지·변경한 경우 허가관청에 신고하여야 한다고 규정하였다.
❸ 2001년 경비업법이 전면개정되면서 경비업의 종류에 신변보호업무가 추가되었다.
④ 2013년 경비업법 개정으로 집단민원현장에 배치된 경비원의 지도·감독 규정이 강화되었다.

해설

③ (×) 2001년 경비업법이 전면개정되면서 경비업의 종류에 명시적으로 기계경비업무가 추가되고, 특수경비업무가 신설되었다. 나아가 기계경비산업이 급속히 발전하여 기계경비업무를 신고제에서 허가제로 변경하였으며, 특수경비원제도를 도입하였다.
① (○) 한국경비실업(韓國警備實業)은 1977년 설립되어 내무부장관(현 행정안전부장관) 경비업 허가 제1호를 취득하였고, 이듬해 한국경비보장(韓國警備保障)으로 회사명을 변경하였다. 이후 1980년 삼성그룹이 일본의 경비업체 세콤(SECOM)과의 합작을 통해 한국경비보장을 인수하였고, 1991년 한국안전시스템(韓國安全시스템)으로, 그 후 1996년 에스원(S1)으로 회사명을 변경하였다.
② (○) 용역경비업법 제4조 제2항 제4호
④ (○) 2013년 경비업법상 경비지도사의 직무로서 집단민원현장에 배치된 경비원에 대한 지도·감독이 추가되었다.

45

우리나라 민간경비의 역사적 발전에 관한 설명으로 옳은 것은? 기출 20

① 1972년 용역경비업법이 제정되어 법적 기반이 마련되었다.
❷ **1978년 사단법인 한국용역경비협회가 설립되었다.**
③ 1995년 경찰청에서는 용역경비의 담당을 방범과에서 경비과로 이관했다.
④ 2001년 경비업법의 개정으로 청원경찰이 도입되었다.

해설

② (○) 우리나라 민간경비의 역사적 발전에 관한 설명으로 옳은 내용은 ②이다.
① (×) 1976년 용역경비업법이 제정되었다.
③ (×) 1995년 9월 22일 용역경비에 관한 연구·지도를 경찰청 경비국 경비과에서 방범국 방범기획과로 이관하였다(경찰청과 그 소속기관 등 직제 제11조 제3항 제2호, 제14조 제3항 제7호 참고). 현재는 범죄예방대응국 국장이 경비업에 관한 연구 및 지도를 담당하고 있다(경찰청과 그 소속기관 직제 제10조의3 제3항 제3호).
④ (×) 청원경찰제도는 1962.4.3. 청원경찰법의 제정으로 도입되었다.

46

우리나라 민간경비업의 발전과정에 관한 설명으로 옳지 않은 것은? 기출 15

❶ **용역경비업법은 1962년 주한 미8군의 용역경비를 실시하기 위하여 제정되었다.**
② 1960~1970년대에 청원경찰에 의한 국가 주요 기간산업체의 경비가 주류를 이루었다.
③ 1980년대 대기업의 참여로 민간경비산업은 본격적으로 발전하기 시작하였다.
④ 2001년 경비업법 개정으로 특수경비원제도가 도입되었으며, 청원경찰과 민간경비의 이원화문제가 대두되었다.

해설

용역경비업법이 제정된 시기는 1976년이다.

47

우리나라 민간경비의 발전과정에 관한 설명으로 옳지 않은 것은? 기출 13

① 1976년에는 용역경비업법이 제정되었다.
② 초창기 용역경비는 미군의 군납형태로 제한적으로 실시되었다.
❸ 1980년부터 기계경비업이 경비업의 한 형태로 제도화되었다.
④ 2001년부터 특수경비원 제도가 실시되었다.

해설

1976년 12월 용역경비업법 제정 당시에는 시설경비와 호송경비의 두 가지 업무만 규정되어 있었다. 그러다가 1989년 12월 용역경비업법에 최초로 '기계경비'라는 단어가 등장한다. 다만 당시의 기계경비는 지금처럼 독립된 '기계경비업무'가 아니었으며, 허가사항이 아니라 신고사항이었다. 그리고 1995년 12월 30일 신변보호업무가 경비업무의 하나로 도입된다. 'ㅇㅇ경비업무'처럼 독립된 제목을 부여한 것은 2001년 4월 전부개정이다. 그리고 이 개정을 통해 기계경비를 시설경비에서 분리하여 허가업무로 독립시킨다. 오보가 많고 출동체제를 구축하지 않은 업체가 많은 점을 고려하여 기계경비업무를 독립시켜 허가를 받게 하는 한편, 관제시설 및 대처차량 등 대응체제 구축을 의무화한다. 그리고 특수경비업무를 신설하였다.

〈출처〉 박병식, 경비업법의 현안과 해결방안, 한국경호경비학회, 2011

48

우리나라 민간경비의 역사적 배경에 관한 설명으로 옳지 않은 것은? 기출 12

① 고대는 부족이나 촌락단위의 공동체 성격을 가진 자체경비조직을 활용하였다.
② 삼국시대는 지방의 실력자들이 해상을 중심으로 사적 경비조직을 활용하였다.
③ 고려시대는 지방호족이나 중앙의 세도가들이 무사를 고용하는 등 다양한 형태의 경비조직이 출현하였다.
❹ 조선시대는 권력자나 재력가들로 인해 민간경비조직의 활성화를 가져왔다.

해설

조선시대에는 공경비조직이 다양하게 존재하였으며 상대적으로 민간경비조직은 미약했다. ★

49

민간경비의 역사적 발전과정에 관한 설명으로 옳지 않은 것은? 기출 23

① 규환제도(Hue and Cry)는 범죄 대응 시 시민의 도움을 의무화하였다.
② 레지스 헨리시 법(The Legis Henrici Law)은 모든 범죄를 국왕의 안녕질서에 대한 도전으로 보았다.
③ 보우가 주자들(Bow Street Runners)의 운영을 통해 범죄예방에 있어서 시민의 자발적 단결이 중요시되었다.
④ 핑커톤(A. Pinkerton)은 민간경비회사가 노사분규에 지속적으로 개입하는 것을 정당화하고 지지하였다.

해설

출제자는 「핑커톤(A. Pinkerton)은 민간경비회사가 노사분규에 지속적으로 개입하는 것을 정당화하고 지지하지는 않았다」고 보아 옳지 않은 내용으로 판단하였다. 참고로 ④와 같은 내용을 문헌에서는 직접적으로 확인할 수는 없는데, 역사적으로 핑커톤(1819~1884)은 남북전쟁(1861~1865) 종료 후 노동자 파업을 저지하는 업무를 맡았으며, 파업에 대한 과격한 진압으로 인하여 악명이 높았다. 다만, 핑커톤이 노동조합의 극단적인 행동을 막기 위하여 노동조합의 파업 등에 적극적으로 개입하였다고 주장하는 해석이 있는데, 이에 의하면 민간경비회사가 노사분규에 지속적으로 개입하는 것을 정당화하고 지지하지는 않았다고 평가할 수 있는 측면이 있어 보인다.

50

각국의 민간경비에 관한 설명으로 옳지 않은 것은? 기출 22

① 영국의 윈체스터 법에는 주·야간 감시제도, 15세 이상 60세 미만 남자의 무기비치 의무화가 규정되었다.
② 미국의 민간경비는 남북전쟁시대에 금괴수송을 위한 철도경비를 강화하면서 획기적으로 발전했다.
③ 독일의 민간경비업체는 개인회사, 주식회사, 중소기업 형태로 다양하다.
④ 일본의 공안위원회는 민간경비에 대한 주요 정책을 다루고 있다.

해설

미국의 민간경비는 19세기 중엽의 서부개척시대 이주민의 자위(自衛)와 금괴수송을 위한 자경조직 설치, 역마차회사, 철도회사가 동서 간의 철도경비를 위해 자체경비조직을 갖게 되면서 민간경비 발달의 획기적인 계기가 되었다. 남북전쟁(1861~1865년) 전후 국가경찰 조직이 미흡한 상태에서 위조화폐 단속을 위한 사설탐정기관이 발달하였다. 특히 1850년 핑커톤이 탐정사무소를 설립하였는데 이는 현대적 의미의 민간경비의 시초이다.

51

민간경비산업이 급성장한 계기를 연결한 것으로 옳지 않은 것은? 기출 19

① 한국 - 1986년 아시안게임, 1988년 서울올림픽
② 미국 - 제1차 세계대전, 제2차 세계대전
❸ 영국 - 제2차 세계대전, 1948년 런던올림픽
④ 일본 - 1964년 동경올림픽, 1970년 오사카만국박람회

해설
영국의 민간경비는 18세기 후반 산업혁명시대에 크게 성장하였다.

52

민간경비에 관련된 인물과 내용 중 옳지 않은 것은? 기출 17

① 로버트 필(Robert Peel) : 1829년 수도경찰법을 의회에 제출하여 영국 수도경찰 창설
② 헨리 필딩(Henry Fielding) : 영국에서 급료를 받는 민간경비제도를 제안했으며, 보우가의 주자(The Bow Street Runners) 등을 만드는 데 기여
③ 헨리(Henry)국왕 : 민간경비 차원에서 공경비 차원의 경비개념으로 바뀌게 되는 「레지스 헨리시법(The legis Henrici Law)」 공포
❹ 에드윈 홈즈(Edwin Holmes) : 시카고 경찰국 최초 형사로 임명되었으며, 철도수송 경비회사 설립

해설
1858년 에드윈 홈즈가 야간경비회사로서 홈즈방호 회사를 설립하여 최초의 중앙감시방식 경보서비스 사업을 시작하였다. 미국의 핑커톤(Pinkerton) 조직은 시카고 경찰의 최초 형사출신인 앨런 핑커톤이 설립하여 1850년 남북전쟁 직후 위폐수사를 위해 사설탐정소 설립, 1855년 철도경비, North West Police Agency를 1885년에 설립 등의 활동을 하였다.

53

각국 민간경비의 발전과정에 관한 설명으로 옳은 것은? 기출 17

① 영국은 공경찰활동이 사경찰활동보다 먼저 존재하여 사경찰 도입의 필요성을 불러오는 계기가 되었다.
② 미국의 민간경비산업은 소규모화되고 있으며, 변화속도가 느려지는 특징을 가진다.
❸ 일본 경비업체 세콤(SECOM)은 스웨덴 경비회사 SP(Security Patrol)와 제휴하여 경비시스템을 도입하였다.
④ 한국은 1972년 청원경찰법과 1980년 용역경비업법을 제정하여 경비업이 정착되었다.

[해설]

③ (○) 일본에서 전업(專業) 경비업자가 출연한 것은 제2차 세계대전 후 1962년 7월에 일본경비보장주식회사(SECOM의 전신으로 스웨덴의 경비회사와 제휴)가 설립된 것에서 비롯되었다.
① (×) 영국에서는 사설 경찰활동이 공적인 경찰활동보다 먼저 존재하였으며, 다양한 범죄에 대한 개인권리 보호의 미흡으로 인하여 공경찰의 도입 필요성을 제기하는 계기가 되었다. ★
② (×) 미국 민간경비산업은 거대화가 진행되고 있으며, 변화속도가 빨라지고 있다.
④ (×) 한국은 1962년 청원경찰법이 제정되었으며, 1976년 용역경비업법이 제정되었다. ★

54

각국의 민간경비제도 발전에 관한 설명으로 옳지 않은 것은? 기출 16

① 미국에서 항공교통량의 급증에 따른 항공기납치는 민간경비산업의 성장에 영향을 끼쳤다.
② 한국은 청원경찰과 민간경비 간 지휘체계, 신분보장 등 이원화와 관련된 문제가 대두되고 있는 실정이다.
❸ 일본과 한국은 국가가 관리·규제하는 공인탐정제도를 도입하기 위한 입법적 노력을 지속적으로 펼치고 있다.
④ 미국에서 19세기 말 유럽사회의 사회주의, 무정부주의의 영향을 받은 노동자운동은 민간경비산업의 발달에 영향을 주었다.

[해설]

한국의 경우, 지난 2020년 신용정보법의 개정으로 정보원, 탐정, 그 밖에 이와 비슷한 명칭을 사용하는 일을 금지하는 조항이 삭제되어 탐정업 자체가 불법은 아니게 되었다. 그러나 후속 법안이 마련되지 않아 탐정업이 체계적으로 관리되고 있다고는 보기 어려운 실정이다. 반면, 일본의 경우에는 2006년 6월에 「탐정업법」이 제정되어 운용 중에 있으며, 현재 약 6만 명의 탐정들이 활동하고 있고 최근까지도 일본에서 탐정업은 자유업인 일반서비스업종의 하나로 취급되고 있다. ★

55

각국의 민간경비 발전과정에 관한 설명으로 옳지 않은 것은? 기출 15

① 우리나라는 한국전쟁 이후 주한미군에 대한 군납경비를 통해 민간경비산업이 태동하게 되었다.
❷ 우리나라는 경비지도사 시험을 1995년 제1회부터 매년 정기적으로 실시하고 있다.
③ 일본에서 현대 이전의 민간경비는 헤이안(平安)시대에 출현한 무사계급에서 뿌리를 찾을 수 있다.
④ 미국에서 핑커톤(A. Pinkerton)은 1850년대에 탐정사무소를 설립하였다.

해설

우리나라 경비지도사 시험은 1997년 2월 23일에 제1회 시험을 실시하였고, 제2회 시험은 1999년, 제3회 시험은 2001년 실시하였다. 2002년 11월 10일 제4회 시험부터 매년 실시하고 있다.

56

각국의 민간경비의 역사적 발전과정에 관한 설명으로 옳지 않은 것은? 기출 15

① 일본의 경비택시제도는 긴급사태 발생 시 택시가 출동하여 관계기관에 연락하거나 가까운 의료기관에 통보하는 제도이다.
② 미국은 경찰관 신분을 가진 민간경비원이 활동하는 경우가 있다.
❸ 우리나라는 1960년대 이후 경제성장에 따른 산업시설의 증가와 더불어 영미법상의 제도인 청원경찰제도가 도입되었다.
④ 식민지시대 미국의 법집행과 관련된 기본적 제도는 영국의 영향을 받은 보안관(sheriff), 치안관(constable), 경비원(watchman) 등이 있다.

해설

우리나라는 1960년대부터 1970년대에는 청원경찰에 의한 국가 주요 기간산업체의 경비가 주류를 이루었는데 우리나라의 청원경찰제도는 경찰과 민간경비를 혼용한 것으로 외국에서는 볼 수 없는 특수한 제도이다.

57

각국의 경비지도사 관련제도에 관한 설명으로 옳지 않은 것은? 기출 13

① 일본은 국가공안위원회에서 경비원지도교육책임자 제도를 도입·시행하고 있다.
② 미국은 주정부 차원에서 CPP(Certified Protection Professional)제도를 도입·시행하고 있다.
③ 우리나라 경비지도사는 금고 이상의 형의 집행유예선고를 받고 그 유예기간 중에 있는 자는 경비지도사가 될 수 없다.
④ 우리나라 경비지도사는 경찰기관 및 소방기관과의 연락방법에 대한 지도 등의 직무를 수행하도록 하고 있다.

해설

② (×) CPP 제도는 미국 산업경비협회(ASIS, American Society for Industrial Security)가 시행하는 공인경비사 자격제도로서 국가적인 차원이 아닌 민간경비업체가 민간경비의 질적 향상을 위해 전국적인 수준으로 발전시킨 것이다.★★
① (○) 일본의 경비원지도교육책임자는 국가공안위원회에서 관리한다.
③ (○) 경비업법 제10조 제1항 제4호
④ (○) 경비업법 제12조 제2항 제3호

58

각국의 민간경비 역사적 발전과정에 관한 설명으로 옳지 않은 것은? 기출 12

① 미국의 민간경비산업은 2001년 9·11테러 이후 국토안보부의 신설 등 정부역할의 확대로 공항경비 등에서의 매출과 인력이 축소되었다.
② 일본에서 현대 이전의 민간경비는 헤이안(平安)시대에 출현한 무사계급에서 그 뿌리를 찾을 수 있다.
③ 독일은 1990년 통일 후 구 동독사회의 질서유지역할을 민간경비가 수행하여 시민의 지지를 얻게 되었다.
④ 우리나라는 한국전쟁 이후 국내에 주둔하게 된 주한미군에 대한 군납경비를 통해 민간경비산업이 처음 태동하게 되었다.

해설

미국은 2001년 9·11 테러사건 이후 공항, 항만, 은행 등 금융기관, 백화점, 호텔, 운동경기장 등 주요시설과 건물들이 테러의 주요대상으로 되면서 민간경비는 사회 안전망의 중요한 축이 되었다.

2 각국 민간경비산업 현황

59
CHECK ○△✕

우리나라 민간경비업의 문제점으로 옳지 않은 것은? 기출 23

① 최근 기계경비 시장의 성장으로 인해 인력경비는 많은 비중을 차지하지 않는다. ✓
② 민간경비업체는 충분한 자본을 바탕으로 꾸준한 매출을 올리는 소수를 제외하고는 대체로 영세성을 면하지 못하고 있다.
③ 경비업체의 대다수가 수도권에 편중되어 지역불균형이 심각한 상태이다.
④ 경비분야에 있어서 유능한 연구인력과 경비원이 부족한 실정이다.

해설
최근 기계경비 시장의 성장에도 불구하고 여전히 인력경비에 대한 의존성이 높다. 즉, 기계경비업의 성장속도가 인력경비의 성장속도보다 빠르지만 기계경비가 인력경비의 시장규모를 넘지 못하고 있다.

60
CHECK ○△✕

민간조사제도에 관한 설명으로 옳지 않은 것은? 기출 23

① 경찰을 비롯한 형사사법기관의 업무부담을 경감시킬 수 있다.
② 우리나라는 민간조사업무가 경비업법에 규정되어 있지 않아 민간조사활동은 불법이다. ✓
③ 사생활 침해 등 개인의 인권과 권익을 침해할 수 있다.
④ 의뢰인은 국가기관의 복잡한 절차를 거치지 않고 민간조사기관에 의뢰해서 서비스를 제공받을 수 있다.

해설
우리나라의 경우 아직까지 민간조사업무가 정형화된 형식을 갖추고 법적·제도적으로 정착되어 운영되고는 있지 않으나, 관할관청에 서비스업으로 신고함으로써 민간조사 유사 업무를 수행할 수 있으므로, 민간조사활동 자체가 불법인 것은 아니다. 현재 민간조사와 관련된 다수의 직업군이 존재한다.

61

우리나라 민간경비의 현황에 관한 설명으로 옳은 것은? 기출 22

① 민간조사업을 하고자 하는 사람은 관할 시·군·구청의 승인을 얻어야 한다.
❷ 기계경비의 수요가 늘고 있으나, 아직까지 인력경비의 의존도가 높다.
③ 특수경비원은 청원경찰제도가 도입되면서 상호 대등한 입지를 갖게 되었다.
④ 공경비에 비해 민간경비산업은 성장에 많은 어려움을 겪고 있다.

해설

② (○) 기계경비의 필요성과 효율성의 인식으로 기계경비의 수요가 늘고 있으나, 아직까지는 인력경비에 대한 의존도가 높다.
① (×) 민간조사업은 아직까지 하나의 정형화된 형식을 갖추고 제도적으로 정착되어 운영되는 것은 아니다. 이에 따라 민사조사와 관련하여 유사한 업무를 수행하기를 원하는 자는 특별한 법규정 없이도 관할 관청에 서비스업으로 신고만 하면 가능하다.
③ (×) 2001년 경비업법의 개정으로 특수경비원 제도가 도입되어, 청원경찰의 입지가 축소되었다.
④ (×) 민간경비산업은 공경비에 비해 양적으로는 크게 성장을 하였으나, 여러 가지 질적 문제점들이 노출되고 있다.

62

우리나라 민간경비제도에 관한 설명으로 옳지 않은 것은? 기출 21

① 1976년 용역경비업법이 제정되면서 본격적인 민간경비가 실시되었다.
② 1997년 제1회 경비지도사 자격시험이 실시되었다.
③ 1999년 용역경비업법이 경비업법으로 변경되었다.
❹ 2021년 국가경찰과 자치경찰의 조직 및 운영에 관한 법률을 통해 경찰관 신분을 가진 민간경비원이 합법화되었다.

해설

2021.1.1. 시행된 국가경찰과 자치경찰의 조직 및 운영에 관한 법률의 입법취지는, 경찰법을 개정하여 경찰사무를 국가경찰사무와 자치경찰사무로 나누고, 각 사무별 지휘·감독권자를 분산하여 시·도자치경찰위원회가 자치경찰사무를 지휘·감독하도록 하는 등, 자치경찰제 도입의 법적 근거를 마련함으로써 경찰권 비대화의 우려를 해소하는 동시에, 지방행정과 치안행정의 연계성을 확보하여 주민수요에 적합한 양질의 치안서비스를 제공하는 한편, 국가 전체의 치안역량을 효율적으로 강화할 수 있도록 하기 위함이다. 따라서 경찰관 신분을 가진 민간경비원의 합법화와는 관계없다.

63

외국에서는 찾아보기 어려운 우리나라의 제도로 경찰과 민간경비의 과도기적 시기에 만들어진 제도는? 기출 20

① 특수경비원제도
② 전문경비제도
✓ ③ 청원경찰제도
④ 기계경비업무

해설
우리나라의 청원경찰제도는 경찰과 민간경비를 혼용한 것으로 외국에서는 볼 수 없는 특수한 제도이다.

64

우리나라 민간경비산업에 관한 설명으로 옳지 않은 것은? 기출 20

① 1993년 대전엑스포에서는 민간경비업체가 경비업무에 참여하였다.
② 민간조사제도는 아직까지 법제화되지 못했다.
③ 초기 국내 기계경비산업은 외국과의 합작 또는 기술제휴 방식으로 이루어졌다.
✓ ④ 현재 경비원에 대한 교육시설은 각 광역지방자치단체장이 지정하여 고시하고 있다.

해설
④ (×) 경찰청장은 제13조 제1항부터 제3항까지에 따른 경비원에 대한 신임교육(이하 "신임교육"이라 한다)의 효율성을 제고하기 위하여 전문인력 및 시설 등을 갖춘 기관 또는 단체를 경비원 교육기관(이하 "경비원 교육기관"이라 한다)으로 지정할 수 있다(경비업법 제13조의2 제1항).
① (○) 우리나라의 민간경비산업은 1986년 아시안게임, 1988년 서울올림픽, 1993년 대전엑스포 등 각종 국제행사를 치르면서 급성장하였다.
② (○) 우리나라에서 민간조사제도는 제도적으로 정착되어 운영되고 있지는 않다.
③ (○) 초기 국내 기계경비산업은 외국과의 합작 또는 기술제휴 방식으로 이루어졌다. 1981년 한국종합기계경비는 일본종합경비보장회사와, 대한중앙경비보장은 일본 Central사와, 한국보안공사는 미국 Adam사와 각각 제휴하였다.

65

우리나라 민간경비산업에 관한 설명으로 옳지 않은 것은? 기출 19

① 1976년 용역경비업법이 제정되었고, 1978년 한국용역경비협회가 설립되었다.
② 인건비 절감을 위해서 인력경비보다 기계경비의 성장이 가속화될 것이다.
③ 2001년 경비업법 개정으로 특수경비업무가 도입되어 청원경찰의 입지가 축소되었다.
❹ 비용절감 등의 정책시행으로 인하여 계약경비보다 자체경비가 발전하고 있다.

[해설]
비용절감 등의 정책시행으로 인하여 자체경비보다 계약경비가 발전하고 있다.

66

우리나라 민간경비산업의 발전 및 특징에 관한 설명으로 옳지 않은 것은? 기출 18

① 1986년 아시안게임, 1988년 올림픽, 1993년 엑스포 등 국제행사를 치르면서 크게 발전하였다.
② 기계경비가 활성화되고 있으나 아직까지는 인력경비에 대한 의존도가 높다.
❸ 계약경비보다는 상대적으로 비용이 저렴한 자체경비가 발전하고 있다.
④ 2001년 경비업법 개정으로 특수경비원제도가 도입되어 청원경찰의 입지가 축소되었다.

[해설]
비용절감 등의 효과로 인하여 자체경비보다는 계약경비가 발전하고 있다.★

67

우리나라의 민간경비 관련 제도에 관한 설명으로 옳지 않은 것은? 기출 18

① 1962년 청원경찰법과 1976년 용역경비업법이 제정되면서 민간경비의 법적·제도적 기틀이 마련되었다.
② 우리나라의 청원경찰제도는 외국에서 흔히 볼 수 없는 제도이다.
③ 민간조사제도는 경비업법상 규정되어 있지 않다.
❹ 경비지도사의 직무는 경찰관직무집행법에 구체적으로 규정되어 있다.

[해설]
경비지도사의 직무는 경비업법 제12조 제2항에서 규정하고 있다.

68

우리나라의 민간경비제도에 관한 설명으로 옳지 않은 것은? 기출 17

① 청원경찰제도는 우리나라에만 있는 독특한 제도이다.
② 경비지도사는 경비원들의 지도·감독 및 교육을 임무로 한다.
❸ 2000년 경비업법이 개정되어 특수경비업무가 도입되었다.
④ 1999년 용역경비업법이 경비업법으로 변경되었다.

[해설]
경비업법 전면개정으로 특수경비업무가 도입된 것은 2001년이다.

> **핵심만콕** 2001년 개정 경비업법 주요 내용
> - 기계경비업무를 경비업의 종류로 명시적으로 추가하면서, 신고제에서 허가제로 변경함(참고로 '기계경비'라는 단어는 1989.12.27. 용역경비업법에 최초로 등장)★
> - 국가중요시설의 경비를 담당하는 특수경비업무를 경비업의 종류로 신설함★
> - 경비업 허가의 실효성을 확보하기 위하여 경비업 허가를 5년마다 갱신하도록 함★
> - 국가중요시설을 경비하는 특수경비업자는 부득이한 사유로 경비업무를 계속할 수 없는 경우에 대비하여 경비대행업자를 지정하도록 함
> - 기계경비업자는 경비대상시설에 대한 경보를 수신한 때에는 신속하게 대응조치를 취하도록 하고, 계약상대방에게 기기사용요령 등을 설명하도록 함
> - 특수경비원의 복종의무 및 경비구역 이탈금지의무와 무기안전수칙을 준수할 의무를 구체적으로 명시함
> - 특수경비원의 단체행동권을 금지하고, 무기 오남용을 방지하기 위하여 무기안전수칙을 구체적으로 명시함★

69

우리나라 민간경비에 관한 설명으로 옳지 않은 것은? 기출 16

① 1999년에 용역경비업법을 경비업법으로 법률명을 변경하였다.
❷ 민간경비서비스 제공 주체가 되려는 자는 관할관청에 신고하여야 한다.
③ 1978년 내무부장관의 승인으로 사단법인 한국용역경비협회가 설립되었다.
④ 경찰은 사회 전반의 범죄대응역량을 강화하기 위해 민간경비업을 적극적으로 지도·육성하고 있다.

[해설]
경비업을 영위하고자 하는 법인(민간경비서비스의 제공 주체가 되려는 자)은 도급받아 행하고자 하는 경비업무를 특정하여 그 법인의 주사무소의 소재지를 관할하는 시·도 경찰청장의 허가를 받아야 한다(경비업법 제4조 제1항).

70

우리나라 민간경비산업에 관한 설명으로 옳지 않은 것은? 기출 16

① 2001년 경비업법의 개정으로 기계경비업무가 허가제에서 신고제로 변경되었다.
② 우리나라의 민간경비산업은 1986년 아시안게임, 1988년 서울올림픽, 1993년 대전엑스포를 계기로 급성장하였다.
③ 1970년대 후반부터 일부 업체는 미국이나 일본 등지에서 방범기기를 구입하거나 종합적인 경비시스템 구축을 위한 노하우를 도입하였다.
④ 우리나라의 민간경비산업은 양적 팽창을 이뤄냈지만 인력경비 중심의 영세한 경호·경비업체의 난립으로 민간경비의 발전에 걸림돌로 작용하고 있다.

[해설]
2001년 경비업법이 전면개정되면서 경비업의 종류에 명시적으로 기계경비업무가 추가되고, 특수경비업무가 신설되었다. 나아가 기계경비산업의 급속한 발전으로 기계경비업무를 신고제에서 허가제로 변경하였다. ★

71

우리나라 민간경비산업 현황에 관한 설명으로 옳지 않은 것은? 기출 16

① 청원경찰 제도는 외국에서는 보기 어려운 특별한 제도이다.
② 민간경비업의 경비인력 및 업체 수가 일부지역에 편중되어 있다.
③ 비용절감 등의 효과로 인하여 자체경비보다 계약경비가 발전하고 있다.
④ 경비회사의 수나 인원 면에서 아직까지 기계경비에 대한 의존도가 높다.

[해설]
우리나라의 경우, 기계경비가 많이 발전하였음에도 불구하고 아직까지 많은 경비업체가 인력경비 위주의 영세성을 벗어나지 못하고 있으며, 인력경비 없이 기계경비 시스템만으로는 경비활동의 목표달성이 가능한 수준에 이르지 못하고 있다.

72

우리나라 민간경비산업에 관한 설명으로 옳지 않은 것은? 기출 15

① 경비회사의 수나 인원 면에서 기계경비보다 인력경비에 대한 의존도가 높다.
② 국가중요시설의 효율성 제고방안으로 특수경비원제도가 도입되어 청원경찰의 입지가 축소되었다.
❸ 2000년대 어려움을 겪던 기존의 영세한 민간경비업체들이 대기업의 경비시장 진출을 환영하였다.
④ 경찰은 사회 전반의 범죄대응 역량을 강화하기 위해 민간경비업을 적극적으로 지도·육성하고 있다.

해설

영세한 민간경비업체들은 대기업의 경비시장 진출로 시장에서의 입지가 더욱 축소되고 있었기에 대기업의 진출을 반기지 않았다.

73

우리나라의 민간경비 연혁을 역사적 순서에 따라 배열하는 경우에 세 번째에 해당하는 것은? 기출 14

> ㉠ 용역경비업법 제정
> ㉡ 특수경비원제도 도입
> ㉢ 청원경찰법 제정
> ㉣ 한국경비협회 설립

① ㉠
② ㉡
③ ㉢
❹ ㉣

해설

청원경찰법 제정(1962년 4월 3일) - 용역경비업법 제정(1976년 12월 31일) - 한국경비협회 설립(1978년 9월) - 특수경비원제도 도입(2001년 4월 7일 제정, 시행 2001년 7월 8일) 순이다.

74

우리나라 민간조사제도에 관한 설명으로 옳지 않은 것은? 기출 14

① 민간조사제도가 하나의 정형화된 형식을 갖추고 제도적으로 정착되어 운영되고 있지 않다.
② 경비업법상 민간조사원이 별도로 규정되어 있지 않다.
❸ 민간조사 관련 분야에 종사하고자 하는 자는 관할관청에서 서비스업으로 허가를 받아야 한다.
④ 경비업법상 민간조사업무는 경비업무의 한 영역이라고 보기 어렵다.

[해설]
민간조사업은 현재 법제화되지 않았기 때문에 허가를 받아야 하는 사항과는 관련이 없다. 별도의 민간조사업이 법제화되는 경우 한국표준산업분류표에 따른 업종으로 분류될 것이다. 또한 민간조사업무는 성질상의 차이로 경비업무의 한 영역이라고 보기는 어려우며 경비업법상 경비업은 6가지 종류로 구분한다. 🔑 시·호·신·기·특·혼

75

우리나라 민간경비에 관한 설명으로 옳지 않은 것은? 기출 13

① 1962년 청원경찰의 법적근거가 마련되었다.
② 1978년 내무부장관의 승인으로 사단법인 한국용역경비협회가 설립되었다.
❸ 1990년 시큐리타스(Securitsas) 등 미국 민간경비회사의 기술제휴를 통해 성장하였다.
④ 최근 들어 인력경비 위주에서 기계경비로 발전하고 있다.

[해설]
현 에스원(S1)이 1980년 일본 경비업체 세콤(SECOM)과 합작함으로써 외국 경비기술이 국내로 유입되었고, 1981년 한국종합기계경비는 일본종합경비보장회사와, 대한중앙경비보장은 일본 Central사와, 한국보안공사는 미국 Adam사와 각각 제휴하였다.

76

한국 민간경비의 발전과정에 대한 설명 중 틀린 것은? 기출 08

① 1960~1970년대에 청원경찰에 의한 국가 주요 기간산업체의 경비가 주류를 이루었다.
② 현대적 의미의 최초 민간경비는 1962년에 주한 미8군부대의 용역경비를 실시하면서부터 시행되었다.
③ 민간경비산업은 1980년대 중반부터 본격적으로 발전하기 시작하였다.
❹ 2001년 경비업법의 개정으로 특수경비원제도가 도입되어, 청원경찰의 입지가 확대되었다.

해설
2001년 경비업법의 개정으로 특수경비원제도가 도입되어, 청원경찰의 입지가 축소되었다.

77

다음 중 우리나라 경비산업에 대한 설명으로 가장 올바르지 못한 것은? 기출 06

① 기계경비산업이 점차 활성화되고 있다.
❷ 민간경비산업이 공경비에 비하여 성장하지 못하고 있다.
③ 국가중요시설의 효율성 제고 방안으로 특수경비무가 신설되었다.
④ 경비업법은 경비업의 육성, 발전과 그 체계적 관리로 경비업의 건전한 운영에 이바지함을 목적으로 하고 있다.

해설
우리나라의 민간경비사업은 1976년 용역경비업법이 제정되고, 1986년 아시안게임, 1988년 서울올림픽, 1993년 대전 EXPO 등 국제적인 행사를 무사히 치르며, 1997년부터 경비지도사 국가 전문자격 시험제도를 시행하는 등 매년 성장을 이어오고 있다.

78

한국에서 외국 경비회사와의 기술제휴로 기계경비시대가 본격적으로 열린 시기는? 기출 06

① 1940~1950년대
② 1960년대 이후
③ 1970년대
✔ 1980년대

[해설]
1980년대(아시안게임, 서울올림픽) 이후 외국 경비회사와의 합작이나 기술제휴로 기계경비시대가 본격적으로 시작되었다.

79

한국의 민간경비산업에 대한 설명 중 옳은 것은? 기출 04

① 2001년 경비업법 개정은 시설경비업무를 더욱 강화하였다.
② 경비회사의 수나 인원 면에서 기계경비에 대한 의존도가 매우 높다.
③ 일반국민들이 기계경비의 필요성과 효율성을 인식하는 단계에까지는 아직 이르지 못했다.
✔ 한국 민간경비업계는 1986년 아시안게임, 1988년 서울올림픽, 1993년 대전엑스포를 계기로 급성장하였다.

[해설]
④ (○) 한국 민간경비산업에 대한 설명으로 옳다.
① (×) 2001년 개정 경비업법은 경비업의 종류에 명시적으로 기계경비업무를 추가하고, 특수경비업무를 신설하였다. 나아가 기계경비산업의 급속한 발전으로 기계경비업무를 신고제에서 허가제로 변경하는 등 제도의 운영상 나타난 미비점을 개선하였다.
② (×) 시설경비가 차지하는 비율이 압도적으로 높다.
③ (×) 1980년대 기계경비가 본격적으로 도입된 이후 기계경비에 대한 수요가 크게 늘고 있는 추세이다(계약 및 업체 수의 증가).

80

한국의 민간경비산업의 특징이 아닌 것은? 기출문제

① 한국의 청원경찰제도는 외국에서는 볼 수 없는 특별한 제도이다.
② 1976년 용역경비업법이 제정되었고 1978년 사단법인 한국용역경비협회가 설립되었다.
③ 현대적 의미의 한국 민간경비제도는 1960년대부터이다.
④ **1993년 대전엑스포 박람회를 계기로 한국에 기계경비가 도입되었다.**

해설

한국에서 기계경비시스템이 본격적으로 도입되기 시작한 것은 1980년대(아시안게임, 서울올림픽) 이후이다. ★

81

민간경비산업의 발전과 관련이 없는 것은? 기출문제

① 고수준의 교육·훈련
② 방범·경비서비스 기능의 강화
③ 경비업무의 전문화
④ **법집행·통제기능의 강화**

해설

법집행·통제기능의 강화와 민간경비산업의 발전과는 관계가 없다.

82

미국의 민간경비산업에 관한 설명으로 옳지 않은 것은? 기출 21

① 현재 계약경비업체가 자체경비업체보다 비약적인 발전을 보이고 있다.
❷ 경찰과 민간경비는 업무수행에 있어 상명하복의 관계가 명확하다.
③ 제2차 세계대전 이후 민간경비산업이 급속히 발전하였다.
④ 2001년 9.11테러 이후 국토안보부를 설치하였으며, 이는 공항경비 등 민간경비산업이 발전하는 중요한 계기가 되었다.

[해설]
현재 미국에서 경찰과 민간경비는 범죄예방활동을 위해 긴밀한 상호 협조체계를 유지하고 있다. 각 주마다 약간의 차이는 있지만, 직업소개소 역할을 하는 경찰노조를 통해 경찰의 50% 정도가 민간경비회사에서 부업을 하고 있을 만큼, 상호 간의 신분이나 직위 그리고 보수 등에 큰 차이 없이 함께 범죄예방활동을 수행한다. 따라서 경찰과 민간경비는 업무수행에 있어 상명하복의 관계가 명확하다는 표현은 옳다고 보기 어렵다.

83

미국의 경찰과 민간경비원의 관계에 관한 설명으로 옳지 않은 것은? 기출 16

① 범죄예방활동을 위하여 상호 간 긴밀한 협조관계를 유지하고 있다.
❷ 경비원 선발을 위한 배경조사에 있어서 상호협력이 되고 있지 않다.
③ 주(州)마다 차이는 있지만 경찰관 신분으로 민간경비회사에서 part-time job을 하기도 한다.
④ 주(州)마다 차이는 있지만 경찰과 민간경비원 상호 간에 보수, 신분상의 차이를 느끼지 않는다.

[해설]
경비원 선발을 위한 배경조사에 있어서도 상호협력이 잘 이루어지고 있다. 우선 경비원의 신원확인을 하고자 하는 경비업주는 민간경비원의 배경조사를 위한 전과조회에 대한 규정을 명시하고 있는 「민간경비고용인가법」에 의해 미국 법무부 장관의 면허를 받아야 한다. 면허를 받은 민간경비원의 고용주는 경비원이 되고자 하는 사람으로부터 동의서를 받고 그 사람의 지문을 채취(전자지문도 가능)하여 주(州)의 신원식별국(SIB)에 보내고, SIB에서 대상자에 대한 주단위의 전과기록을 조회한다.

핵심만콕   미국의 경찰과 민간경비원의 관계

미국의 민간경비시장은 엄청난 성장을 거듭하여 왔다. 현재 경찰과 민간경비와의 관계는 범죄예방활동을 위하여 긴밀한 상호협조체제를 유지하고 있고 각주(州)마다 약간의 차이는 있지만 경찰이 민간경비회사에 Part time Job을 실시할 만큼 상호 간의 직위, 보수, 신분상의 커다란 차이를 느끼지 않으면서 함께 범죄예방활동을 실시해 오고 있는 것이다. 이러한 관점에서 미국 사회의 범죄예방(Crime Prevention)은 민간경비 및 주(州)경찰에서 담당하며 또한 각각의 주(州)마다 운영하고 있는 범죄예방단체에서 실시하기도 한다고 볼 수 있다.

84

미국의 경비산업이 크게 발전한 이유로 볼 수 없는 것은? 기출문제

① 캘리포니아에서 금광의 발견에 따른 역마차 및 철도 운송경비 수요의 증가
② 19세기 말부터 20세기 초에 걸친 대규모 산업 스트라이크
❸ 1892년의 홈스테이트의 파업분쇄사건
④ 제2차 대전 후 산업경비의 필요성에 대한 인식 증대

해설

1800년대 산업혁명과 19세기 중엽 서부개척시대의 금괴수송을 위하여 발달한 동서 간의 철도경비가 민간경비 발달의 획기적인 계기가 되었다. 홈스테이트의 파업분쇄사건 이후 연방정부는 어떠한 일이 있어도 경비회사로부터 사람을 고용해서는 안 된다는 "반 핑커톤 법률"을 제정하였으므로, 홈스테이트 파업분쇄사건은 미국 경비산업의 발전에 부정적인 영향을 주었다고 할 수 있다.

85

미국의 민간경비산업에 대한 설명으로 옳은 것은?

① 자체경비업체가 계약경비업체보다 비약적으로 발전하고 있다.
❷ 미국에서 항공교통량의 급증에 따른 항공기 납치는 민간경비산업의 성장에 영향을 끼쳤다.
③ 민간경비원의 불법행위는 일반인의 불법행위와 동일한 민사책임을 지지 않는다.
④ 미국의 교통유도원 제도는 민간봉사활동 차원에서 이루어져 체계적인 관리는 이루어지지 않고 있다.

해설

② (○) 미국의 민간경비산업에 관한 옳은 설명이다.
① (×) 계약경비업체가 자체경비업체보다 비약적으로 발전하고 있다.
③ (×) 민간경비원의 불법행위는 일반인의 불법행위와 동일한 민사책임을 부담하도록 하고 있다. 불법행위법은 민간경비원에게 특별한 권한을 부여하고 있지 않으며, 민간경비원의 행위에 대하여 어느 정도 제한을 규정하고 있다.
④ (×) 미국의 교통유도원 제도는 각 주에서 다양한 방법 및 기관을 통해 교육과정을 개설하고 있으며, 일부 주에서는 필기 및 실기시험을 통과한 후 인증서를 발급하여 유도원 채용 시 반드시 인증서를 제출하도록 하는 등 체계적으로 관리하고 있다.

86

미국과 일본의 민간경비산업 현황에 관한 설명으로 옳은 것은? 기출 18

① 미국에서 경찰과 민간경비는 상명하복 관계에 있다.
② 홀크레스트(Hallcrest) 보고서에 의하면 2000년대 이후 미국의 민간경비인력은 경찰인력의 절반 수준으로 성장하고 있다.
❸ 일본에서 민간경비원의 교통유도경비는 경찰관의 교통정리와 같은 법적 강제력이 없다.
④ 일본의 민간경비는 2000년대 이후부터 한국과 중국에 진출을 시도하면서 인력경비가 급속히 성장하고 있다.

해설

③ (○) 일본에서 민간경비원의 교통유도경비는 법적 강제력이 없다.
① (×) 긴밀한 상호협조체계를 유지하고 있다.
② (×) 경찰인력의 2배 이상에 달하고 있다.★
④ (×) 일본 민간경비는 기계경비를 중심으로 하여 새로운 시장을 개척하고 있다.★

87

각국의 민간경비제도에 관한 설명으로 옳지 않은 것은? 기출 24

① 미국에서는 경찰관 신분을 가지고 민간경비분야에서 부업을 하고 있는 경우가 있다.
② 일본에는 교통유도경비에 관한 검정제도가 있다.
❸ 한국의 청원경찰은 경비구역에서 발생한 범죄에 대하여 범죄수사를 할 수 있다.
④ 영국의 로버트 필(Robert Peel) 경은 수도경찰법을 의회에 제출하여 수도경찰을 창설하였다.

해설

③ (×) 청원경찰은 청원주와 배치된 기관·시설 또는 사업장 등의 구역을 관할하는 경찰서장의 감독을 받아 그 경비구역만의 경비를 목적으로 필요한 범위에서 「경찰관직무집행법」에 따른 경찰관의 직무를 수행한다(청원경찰법 제3조). 청원경찰이 법 제3조에 따른 직무를 수행할 때에는 경비 목적을 위하여 필요한 최소한의 범위에서 하여야 하고, 「경찰관직무집행법」에 따른 직무 외의 수사활동 등 사법경찰관리의 직무를 수행해서는 아니 된다(청원경찰법 시행규칙 제21조).
① (○) 일반경찰관이 비번일 때 민간경비회사의 직원으로 일하는 경우가 있다. 주마다 차이는 있지만 비번일 때에도 근무 때와 똑같은 법적 권한과 지위(경찰관 신분)를 가지기도 한다.
② (○) 일본의 최초 경비원에 대한 검정은 교통유도경비, 귀중품운반경비업무, 공항보안경비업무, 핵연료물질 등 위험물 운반경비업무의 4종에 대한 검정이 이루어졌으며, 「경비원 등의 검정에 관한 규칙」에 의해 현재 교통유도경비, 귀중품운반경비, 공항보안경비, 시설경비, 핵연료물질 등 위험물 운반경비, 혼잡경비의 6종류에 대한 민간경비 자격검정제도를 시행하고 있다.
④ (○) 내무부장관이었던 로버트 필(Robert Peel)은 범죄문제를 해결하는 데 있어 책임이 분리되어서는 경찰활동을 조직적으로 운영할 수 없다고 하면서 1829년 수도경찰법을 의회에 제출하여 수도경찰을 창설하였다.

88

각국의 민간경비산업에 관한 설명으로 옳지 않은 것은? 기출 23

① 미국은 제2차 세계대전 중 전쟁수요에 힘입어 한층 더 확대되었다.
② 일본은 1964년 동경올림픽과 1970년 오사카만국박람회 개최 후 급속하게 발전하였다.
❸ 한국은 1960년대 경제발전과 더불어 급속하게 성장하였다.
④ 독일은 1990년대 통일 후 치안수요의 증가로 인해 양적으로 확산되었다.

해설

③ (×) 한국의 민간경비산업은 1980년대 중반(1986년 아시안게임, 1988년 서울올림픽)부터 본격적으로 발전하기 시작하였다.
① (○) 미국은 제2차 세계대전으로 군수산업이 발전하였으며, 이후에 전자, 기계, 전기공업의 발달로 기계경비산업의 발전적 토대를 마련하였다.
② (○) 일본의 민간경비산업은 1964년 동경올림픽과 1970년 오사카만국박람회를 계기로 급성장하였다.
④ (○) 독일은 통일 직후 구 동독지역의 치안수요의 증가로 인하여 서독지역에서 성업 중이던 민간회사들이 대거 진출하기 시작하면서 민간경비산업이 양적으로 성장하였다.

89

민간경비업무의 자격증제도에 관한 설명으로 옳지 않은 것은? 기출 23

① 미국은 대다수 주에서 민간경비 서비스에 대한 자격증제도를 두고 있으며 점차 증가 추세에 있다.
② 일본은 6개 경비업무 영역에 걸쳐 자격증제도를 운영하고 있다.
❸ 한국은 청원경찰제도를 운영하고 있으며, 청원경찰이 되기 위해서는 경비지도사 자격증을 소지하여야 한다.
④ 민간경비업무 관련 자격증제도는 경비원의 업무능력 유무를 공식적으로 인정하는 것으로 적절한 경비업무를 수행할 수 있도록 한다.

해설

한국은 1962.4.3. 청원경찰법을 제정하여 청원경찰제도를 도입·운영하고 있다. 청원경찰이 되기 위해서 경비지도사 자격증을 소지하여야 하는 것은 아니다.

90

각국의 민간경비산업 현황에 관한 설명으로 옳은 것은? 기출 20

① 미국의 민간경비산업은 계약경비시스템에서 상주경비시스템으로 변화하며 성장하고 있다.
☑ 일본의 민간경비산업은 다양한 영역에서 운영되고 있으며, 전문자격증제도를 운영하고 있다.
③ 영국의 민간경비산업은 제1차 세계대전을 계기로 크게 발전하였다.
④ 독일의 민간경비산업의 시장은 유럽에서 가장 낮은 비중을 차지하고 있다.

해설

② (○) 일본의 민간경비산업은 다양한 영역에서 운영되고 있으며, '경비원 지도교육책임자제도', '기계경비업무 관리자제도', '경비원 검정제도' 등과 같은 전문자격증 제도를 두고 있다.
① (×) 미국의 경비업체는 크게 계약경비업체와 자체경비업체로 나눌 수 있는데, 그중에서도 <u>계약경비업체가 크게 성장하고 있는 추세</u>이다.
③ (×) 영국의 민간경비산업의 발전은 <u>1800년대 산업혁명의 영향이 크다</u>고 볼 수 있다.
④ (×) 유럽에서 보기 드물 정도로 일찍이 독일에서는 1901년 최초의 민간경비회사가 설립되었으며, <u>통합 후 현재까지 치안수요의 급격한 증가추세에 힘입어 민간경비산업은 고속성장을 거듭해 오고 있다.</u> 참고로 2001년 독일 전체 민간경비 관련시장 규모는 약 92억 유로(한화 11조 4백억원)였다.

〈출처〉 김재광, 「민간경비 관련법제의 개선방안 연구」, 한국법제연구원, 2004, P. 123

91

각국의 민간경비 발전과정에 관한 설명으로 옳지 않은 것은? 기출 16

① 일본은 경비업법 제정 당시에는 신고제로 운영되었다가 1982년 허가제로 바뀌었다.
② 한국은 청원경찰법, 용역경비업법이 제정되어 제도적인 발전의 기틀을 마련하였다.
☑ 일본은 1972년에 경비업법을 제정하여 민간경비의 규제보다는 보호 및 자율적 성장을 위한 계기를 마련하였다.
④ 미국연방정부는 서부개척시대에 철도경찰법을 제정하여 일정한 구역 내에서 경찰권한을 부여한 민간경비조직을 설치하였다.

해설

일본에서는 1972년 경비업법 제정 이래 경찰이 일관되게 경비업을 규제의 대상으로 보아 왔다. 하지만 2003년의 '긴급치안대책 프로그램'을 통해 민간경비의 규제보다는 보호 및 자율적 성장을 위한 계기를 마련하였다.★

92

교통유도경비에 관한 설명으로 옳지 않은 것은? 기출 16

① 일본의 경우 민간경비원이 실시하는 교통유도경비업무는 경찰관이 실시하는 교통정리와 마찬가지로 법적 강제력이 있다.
② 교통유도경비업무란 도로에 접속한 공사현장 및 사람과 차량을 통행에 위험이 있는 장소 또는 도로를 점유하는 행사장에서 부상 등 사고 발생을 방지하는 업무이다.
③ 일본 경비업법에서 정의하고 있는 경비업무 중에는 '사람 혹은 차량의 혼잡한 장소와 통행에 위험이 있는 장소에서의 부상 등의 사고 발생을 경계하여 방지하는 업무'를 포함한다.
④ 미국의 교통유도원(flagger) 제도는 각 주에서는 다양한 방법 및 기관을 통해 교육과정을 개설하고 있으며, 일부 주에서는 필기 및 실기시험을 통과한 후 인증서를 발급하여 유도원 채용 시 반드시 인증서를 제출하도록 하는 등 체계적으로 관리하고 있다.

해설

일본의 경우 교통유도경비업무는 차량으로 혼잡한 장소 또는 차량의 통행으로 위험 발생 가능 장소에 대하여 부상 등의 사고 발생을 경계하고 방지하는 업무로써, 주로 차량 및 보행자를 유도하여 안전을 확보하는 것을 말한다. 교통유도경비를 실시하고 있는 경비원을 교통유도원이라고 하며, 경찰관이나 교통순경이 실시하는 교통정리와 달리 법적 강제력은 없다.★

93

민간경비원 관리와 감독관련 자격증제도에 관한 설명으로 옳지 않은 것은? 기출 15

① CPP는 미국산업안전협회에서 시행하는 공인경비사자격제도이다.
② 우리나라는 2013년 경비업법상 경비지도사의 직무로 집단민원현장에 배치된 경비원에 대한 지도・감독이 추가되었다.
③ 일본의 경비원지도교육책임자는 국가공안위원회에서 관리한다.
④ 우리나라의 경비지도사 자격증은 3년마다 갱신해야 한다.

해설

우리나라의 경비지도사 자격증은 일정한 기간을 정하여 갱신하는 절차가 없다.

94

각국 민간경비의 발전에 관한 설명으로 옳지 않은 것은? 기출 14

① 과거 영국에서는 규환제도(Hue and Cry)를 통하여 범죄가 발생하면 사람들이 고함을 지르고 범죄자를 추적하도록 의무를 부과하였다.
② 미국의 민간경비는 제1차 세계대전 당시 군수공장을 보호하는 임무를 수행하기도 하였다.
❸ 일본에서는 '장병위'라는 이름의 직업군인이 출현하여 민간경비의 발전에 장애가 되었다.
④ 우리나라는 1960년대 초 미군부대의 용역경비를 담당한 것이 현대적 민간경비의 시초라고 할 수 있다.

[해설]
장병위는 일본의 도쿠가와시대의 일종의 직업경비업자라고도 할 수 있으며, 민간경비의 발전에 기여하였다. 이들은 노동자 공급이나 경비업무를 실시하였고 도쿠가와시대 이후에는 경비업무의 범위를 넓혀 호상들의 저택경비나 물품 및 귀중품 운반까지 전문적인 직업 경비꾼들에 의하여 실시되었다.

95

현대 민간경비에 관한 설명으로 옳은 것은? 기출 09

① 현대 민간경비는 주로 사회지배계층의 이익보호를 위해서 존재하고 있다.
② 한국의 경우 아직까지 민간경비가 하나의 산업형태로 발전하지 못하고 있다.
③ 민간경비의 주요 대상은 민간시설에 국한되며 공공시설에는 적용되지 않는다.
❹ 미국의 9·11테러와 같은 국가적 위기상황은 민간경비의 중요한 발전 계기가 된다.

[해설]
④ (○) 2001년 9·11 테러사건 이후 주요시설과 건물들이 테러의 주요 대상으로 되면서 민간경비는 사회안전망의 중요한 축을 담당하고 있다.
① (×) 민간경비는 특정한 의뢰자의 이익보호를 위하여 행해진다.
② (×) 한국에서 민간경비업은 1986년 아시안게임, 1988년 서울올림픽, 1993년 대전엑스포를 계기로 급성장하였다.
③ (×) 특수경비의 주요 대상에는 주요 공공시설이 포함된다.

3 각국 민간경비의 법적 지위

96

민간경비와 공경비의 개념에 관한 내용으로 옳지 않은 것은? 기출 24

① 공경비는 일반 국민들을 위하여 관할 구역 내에서 법 집행의 권한을 가진다.
② 비렉(A. J. Bilek)은 민간경비원의 법적 지위를 크게 3가지 유형으로 구분하였다.
③ **우리나라의 청원경찰은 경찰관 신분을 가진 민간경비원으로 강제력 행사가 가능하다.**
④ 제한된 근무지역 내에서 경찰권을 일부 행사할 수 있는 민간경비원도 있다.

해설

우리나라의 청원경찰은 비렉(A. J. Bilek)의 민간경비원의 법적 지위 유형 구분에 의하면 <u>특별한 권한이 있는 민간경비원</u>에 해당한다고 할 수 있다.

핵심만콕 민간경비원의 법적 지위 유형(A. J. Bilek의 분류)

경찰관 신분을 가진 민간경비원	• 경찰관 신분으로서 민간경비 분야에서 부업을 하고 있는 자 • 1980년대 중반부터 미국사회에서 문제시됨
특별한 권한이 있는 민간경비원	• 제한된 근무지역인 학교, 공원지역이나 주지사, 보안관 시당국, 정부기관에 의해 특별한 경찰업무를 위임받은 민간경비원 • 우리나라의 청원경찰과 같은 개념
일반시민과 같은 민간경비원	• 공공기관으로부터 임명이나 위임, 자격을 받지 못한 상태에서 경비업무를 수행하는 경비원 • 우리나라 대부분의 민간기업체의 경비원이 이에 해당

97

미국 민간경비원의 법적 지위에 관한 설명으로 옳지 않은 것은? 기출 17

① **민간경비원의 불법행위는 일반인의 불법행위와 동일한 민사책임을 지지 않는다.**
② 경찰관이 행하는 수색과 민간경비원이 행하는 수색에는 상당한 차이가 있다.
③ 빌렉(A. J. Bilek)은 민간경비원의 유형을 '경찰관 신분을 가진 민간경비원', '특별한 권한이 있는 민간경비원', '일반시민과 같은 민간경비원'으로 구분한다.
④ 민간경비원에 의한 심문 또는 질문에 대해서 일반시민이 반드시 응답하여야 할 규정은 없다.

해설

민간경비원의 불법행위는 일반인의 불법행위와 동일한 민사책임을 부담하도록 하고 있다. 불법행위법은 민간경비원에게 특별한 권한을 부여하고 있지 않으며, 민간경비원의 행위에 대하여 어느 정도 제한을 규정하고 있다.

98

빌렉(A. J. Bilek)이 제시한 민간경비원의 법적 지위의 유형이 아닌 것은? 기출 10

① **청원주의 권한을 가진 민간경비원**
② 특별한 권한을 가진 민간경비원
③ 경찰관 신분을 가진 민간경비원
④ 일반시민과 같은 민간경비원

해설
빌렉(A. J. Bilek)이 제시한 민간경비원의 법적 지위는 ②·③·④ 3가지이다.

99

다음에서 설명하는 것은 빌렉이 분류한 민간경비원의 법적 지위 유형 중 어느 유형인가?

> 제한된 근무지역인 학교, 공원지역이나, 주지사, 보안관 시당국, 정부기관에 의해 특별한 경찰업무를 위임받은 민간경비원이며, 우리나라의 청원경찰과 같은 개념이다.

① 경찰관 신분을 가진 민간경비원
② **특별한 권한이 있는 민간경비원**
③ 일반시민과 같은 민간경비원
④ 군인 신분을 가진 민간경비원

해설
특별한 권한이 있는 민간경비원에 대한 설명이다.

100

미국 민간경비원의 법적 지위에 관한 설명으로 옳지 않은 것은?

① 민간경비원의 불법행위도 일반인의 불법행위와 동일한 민사책임을 부담하도록 하고 있다.
② 민간경비원이 경찰과의 협조하에 활동하거나 준경찰로 활동하는 경우를 제외하고는 어떠한 행위도 일반사인과 동일하다.
③ 경찰관이 행하는 수색과 민간경비원이 행하는 수색에는 상당한 차이가 있다.
④ 계약법상 민간경비원의 권한범위와 전문적인 민간경비업체에 의해서 제공되는 경비서비스의 활동영역에 대하여서는 엄격하게 규제하고 있지 않다.

해설

계약법상 민간경비원의 권한범위와 전문적인 민간경비업체에 의해서 제공되는 경비서비스의 활동영역에 대하여서는 엄격하게 규제하고 있다.

101

일본 민간경비원의 법적 지위에 관한 설명으로 옳은 것은? 기출 21

① 민간인 지위 이상의 특권이나 권한을 부여받는다.
② 현행범 체포는 위법성이 조각되지 않는다.
③ 정당방위는 위법성이 조각된다.
④ 긴급피난은 정당성이 인정되지 않는다.

해설

③ (O), ④ (×) 일본 민간경비원의 정당방위와 긴급피난은 위법성이 조각된다.
① (×) 일본 민간경비원은 사인(私人)으로서의 지위 이상의 특권이나 권한을 부여받지 않는다.
② (×) 현행범인은 누구라도 체포장 없이 이를 체포할 수 있다(일본형사소송법 제213조).

102

일본 민간경비원의 법적 지위에 관한 설명으로 옳은 것은? 기출 09

① 경비지도원은 경비구역에 한해서 수색이나 무기의 사용 등 경찰사법권을 가진다.
② 경비원은 심문, 수색, 범죄의 예방과 제지를 할 수 있다.
③ 경비원은 범죄의 수사를 할 수 있다.
④ **경비원은 정당방위, 긴급피난, 자구행위, 현행범 체포 등을 할 수 있다.**

해설
민간경비원은 정당방위, 긴급피난, 자구행위, 현행범 체포를 고객관리권의 합법적인 행사라고 인정되는 범위 안에서 행할 수 있다.

103

민간경비원의 법적 지위와 권한에 관한 설명 중 옳지 않은 것은? 기출 24

① 민간경비원이 수집한 증거가 법정에서 원용될 경우 증거능력이 인정된다.
② 민간경비원의 정당방위나 긴급피난은 위법성이 조각된다.
③ 민간경비원은 현행범을 체포할 수 있다.
④ **민간경비원은 범인을 검거하기 위하여 압수·수색을 할 수 있다.**

해설
④ (×) 체포·구속·압수 또는 수색을 할 때에는 적법한 절차에 따라 검사의 신청에 의하여 법관이 발부한 영장을 제시하여야 한다(헌법 제12조 제3항). 형사소송법 제215조는 검사와 사법경찰관은 원칙적으로 검사가 지방법원판사에게 청구하여 발부받은 영장에 의하여 압수·수색·검증할 수 있음을 규정하고 있는바, 민간경비원이 범인을 검거하기 위하여 압수·수색을 할 수는 없다.
① (○) 민간경비원의 활동에 의한 증거는 소송법상 직접적인 규정이 없고, 다만 법정에서 증거로서 원용될 경우 이에 대한 증거력은 인정된다.
② (○) 정당행위(형법 제20조), 정당방위(형법 제21조), 긴급피난(형법 제22조), 자구행위(형법 제23조)는 위법성 조각사유에 해당한다.
③ (○) 형사소송법 제212조는 "현행범인은 누구든지 영장 없이 체포할 수 있다."고 규정하고 있으므로 민간경비원도 현행범을 체포할 수 있다.

104

우리나라 민간경비원의 법적 권한에 관한 설명으로 옳지 않은 것은? 기출 22

① 현행범에 대한 체포권한이 있다.
② 범죄수사권이 없다.
✅ 자구행위는 위법성이 조각되지 않는다.
④ 현행범에 대해서 수색할 권한은 없다.

해설

민간경비원은 자구행위를 할 수 있으며, 위법성이 조각된다.

105

특수경비원과 청원경찰에 관한 내용으로 옳은 것은? 기출 22

① 특수경비원이 휴대할 수 있는 무기종류는 권총·소총과 도검 등이다.
② 특수경비원은 특정한 경우 사법경찰권한이 허용된다.
③ 청원경찰의 임용은 관할 경찰서장이 승인한다.
✅ 청원경찰은 형법이나 기타 벌칙을 적용할 때에는 공무원으로 간주된다.

해설

④ (○) 청원경찰 업무에 종사하는 사람은 형법이나 그 밖의 법령에 따른 벌칙을 적용할 때에는 공무원으로 본다(청원경찰법 제10조 제2항).
① (×) 특수경비원이 휴대할 수 있는 무기종류는 권총 및 소총으로 한다(경비업법 시행령 제20조 제5항).
② (×) 민간경비는 범죄예방활동을 주 임무로 하므로 경비원에게 사법경찰권을 부여해서는 안 된다.
③ (×) 청원경찰은 청원주가 임용하되, 임용을 할 때에는 미리 시·도 경찰청장의 승인을 받아야 한다(청원경찰법 제5조 제1항).

106

우리나라 민간경비원이 합법적으로 수행할 수 있는 업무는? 기출 18

✅ 현행범 체포
② 긴급체포
③ 압수·수색
④ 감 청

해설

민간경비원의 법적 지위는 일반시민과 동일하다. 민간경비원과 일반시민은 현행범을 체포할 수 있으나, 수사권이 인정되지는 않는다. 현행범 이외의 범인을 체포하는 행위는 형법상 체포죄(형법 제276조 제1항) 등에 해당하여 처벌을 받을 수 있다.

107

민간경비원의 법적 지위와 권한에 관한 설명으로 옳지 않은 것은? 기출 16

① 민간경비원은 정당방위나 자구행위를 할 수 있다.
② 민간경비원의 법적 지위는 일반시민과 같은 사인(私人)에 불과하다.
③ 특수경비원은 인질·간첩 또는 테러사건에 있어서 은밀히 작전을 수행하는 부득이한 경우에는 경고 없이 소총을 발사할 수 있다.
④ 특수경비원은 배치된 기관·시설 또는 사업장 등의 구역을 관할하는 시·도 경찰청장의 감독을 받아 그 경비구역만의 경비를 목적으로 경찰관직무집행법에 따른 경찰관의 권한을 행사한다.

해설

청원경찰은 배치된 기관·시설 또는 사업장 등의 구역을 관할하는 경찰서장의 감독을 받아 그 경비구역만의 경비를 목적으로 경찰관직무집행법에 따른 경찰관의 권한을 행사한다.

108

민간경비원의 권한관계에 관한 설명으로 옳지 않은 것은? 기출 15

① 민간경비원은 자구행위를 할 수 있다.
② 민간경비원은 현행범을 체포할 수 없다.
③ 특수경비원이 휴대할 수 있는 무기종류는 권총 및 소총으로 한다.
④ 청원경찰은 경비구역 내에서 경비목적을 위해 필요한 경우 불심검문 및 무기 사용을 할 수 있다.

해설

민간경비원의 법적 지위는 일반 사인과 같으므로, 현행범에 대한 체포권한은 있으나(형사소송법 제212조), 법적 제재는 가할 수 없다.

109

민간경비원의 임용과 직무에 관한 설명으로 옳은 것은? 기출수정 14

☑ ① 일반경비원은 시설경비, 호송경비, 신변보호, 기계경비, 혼잡·교통유도경비업무를 수행한다.
② 특수경비원은 국가중요시설 등 경비구역 내에서 경비목적을 위해 어떠한 경우에도 무기휴대 및 사용을 할 수 없다.
③ 청원경찰은 경비구역 내에서 경비목적을 위해 필요한 경우, 불심검문, 무기사용 등 경찰공무원법에 따른 경찰관의 직무를 수행할 수 있는 권한을 갖는다.
④ 청원경찰은 시·도 경찰청장이 임용하되, 청원주의 승인을 받아야 한다.

해설

① (○) 경비업법 제2조 제3호 가목
② (×) 시·도 경찰청장은 국가중요시설에 대한 경비업무의 수행을 위하여 필요하다고 인정하는 때에는 관할경찰관서장으로 하여금 시설주의 신청에 의하여 시설주로부터 국가에 기부채납된 무기를 대여하게 하고, <u>시설주는 이를 특수경비원으로 하여금 휴대하게 할 수 있다</u>(경비업법 제14조 제4항 전문).
③ (×) 청원경찰은 제4조 제2항에 따라 청원경찰의 배치 결정을 받은 자(이하 "청원주"라 한다)와 배치된 기관·시설 또는 사업장 등의 구역을 관할하는 경찰서장의 감독을 받아 그 경비구역만의 경비를 목적으로 필요한 범위에서 <u>경찰관직무집행법에 따른 경찰관의 직무를 수행한다</u>(청원경찰법 제3조).
④ (×) 청원경찰은 <u>청원주가 임용</u>하되, 임용을 할 때에는 미리 <u>시·도 경찰청장의 승인</u>을 받아야 한다(청원경찰법 제5조 제1항).

110

민간경비의 법적 관계에 관한 설명으로 옳은 것은? 기출 13

☑ ① 특수경비원은 국가중요시설의 경비를 위하여 필요한 한도 내에서 무기사용권한이 있다.
② 경비업은 과거 신고제에서 현재 허가제로 전환된 것이 특징이다.
③ 경비업은 자본금 1억원 이상이면 법인과 개인 모두 영위할 수 있다.
④ 청원경찰은 근무지 밖 100미터 이내에서 경찰관직무집행법을 준용하여 근무한다.

해설

① (○) 경비업법 제14조
② (×) 경비업을 영위하고자 하는 법인은 도급받아 행하고자 하는 경비업무를 특정하여 그 법인의 주사무소의 소재지를 관할하는 <u>시·도 경찰청장의 허가를 받아야 한다</u>(경비업법 제4조 제1항 전문). 민간경비업의 설립은 <u>처음부터 허가제였고 지금도 허가제를 유지</u>하고 있다.
③ (×) <u>경비업은 법인이 아니면 이를 영위할 수 없다</u>(경비업법 제3조). 또한 <u>특수경비업무를 수행하는 법인의 경우에는 3억원 이상의 자본금</u>을 보유하여야 한다(경비업법 시행령 [별표 1] 제5호).
④ (×) 청원경찰은 제4조 제2항에 따라 청원경찰의 배치 결정을 받은 자(이하 "청원주"라 한다)와 배치된 기관·시설 또는 사업장 등의 구역을 관할하는 경찰서장의 감독을 받아 그 <u>경비구역만의 경비를 목적으로 필요한 범위</u>에서 경찰관직무집행법에 따른 경찰관의 직무를 수행한다(청원경찰법 제3조).

111

민간경비원의 권한 범위에 관한 설명으로 옳지 않은 것은? 기출 12

① **일반경비원은 사인(私人)적 지위와 특별한 권한을 갖는다.**
② 일반경비원은 고용주의 관리권 범위 내에서 경비업무만을 수행할 수 있다.
③ 청원경찰은 경비구역 내에서 경비목적을 위해 필요한 경우 불심검문 및 무기사용을 할 수 있다.
④ 특수경비원은 국가중요시설 등 경비구역 내에서 경비목적을 위해 필요한 경우 무기휴대 및 사용이 가능하다.

해설

일반경비원은 경비업의 허가를 받은 법인(경비업자)이 채용한 피고용인으로 시설경비업무, 호송경비업무, 신변보호업무, 기계경비업무, 혼잡·교통유도경비업무의 5가지 종류의 경비업무를 수행하는 자를 말한다. 일반경비원의 권한은 사인과 같으며 특별한 권한을 갖지 않는다. 다만 정당방위, 긴급피난, 자구행위가 가능하며 현행범 체포가 가능하다.

112

민간경비의 법적 근거 및 규제에 관한 설명으로 옳지 않은 것은? 기출 09

① 개인은 자신의 신체와 재산을 보호하기 위하여 타인의 권리를 침해하지 않는 범위 내에서 민간경비원을 고용할 수 있다.
② **민간경비의 규제와 관련하여 일본에서는 신고제를 취하고 있지만, 우리나라에서는 허가제를 취하고 있어 이에 대한 규제가 보다 엄격하다.**
③ 모든 민간경비원을 전형적인 공무수탁사인(公務受託私人)으로 보기는 어렵지만, 경비업법상의 특수경비원의 직무는 공무수탁사인의 한 형태로 볼 수 있다.
④ 민간경비의 활동영역은 경비업법 외에도 청원경찰법, 재난 및 안전관리 기본법 등과도 관련된다.

해설

민간경비의 규제와 관련하여 일본과 우리나라 모두 허가제를 취하고 있다. ★

113

우리나라의 경찰관과 민간경비원에 대한 비교 설명 중 틀린 것은? 기출 08

① 경찰관은 법적으로 범죄자를 체포할 권한이 있다.
② 민간경비원은 원칙적으로 현행범을 제외하고는 범죄자에 대한 체포 권한이 없다.
③ 경찰관의 경비활동으로 인한 손해에 대해서는 손실보상이나 손해배상을 하여야 한다.
❹ 경비업자는 경비원이 고의로 경비대상 등에 손해를 입힌 경우에만 그 손해를 배상한다.

해설

경비업자는 경비원이 업무수행 중 고의 또는 과실로 경비대상에 손해가 발생하는 것을 방지하지 못한 때에는 그 손해를 배상하여야 한다. 경비업자는 경비원이 업무수행 중 고의 또는 과실로 제3자에게 손해를 입힌 경우에는 이를 배상하여야 한다(경비업법 제26조).

114

우리나라의 민간경비원에 대한 설명으로 틀린 것은? 기출 04

① 직무범위는 일정한 사적 영역이고 운송 및 혼잡경비도 가능하다.
② 특수경비원은 국가중요시설 경비업무수행 중 국가중요시설의 정상적인 운영을 해치는 행동을 해서는 안 된다.
③ 시설주의 관리권 행사 범위 안에서 경비업무를 수행한다.
❹ 담당하는 경비구역에서는 경찰관직무집행법에 의한 직무를 수행할 수 있다.

해설

민간경비원은 사인에 불과하므로 범인체포 등의 행위는 형법상 체포·감금죄에 해당한다. 그러나 자기 또는 타인의 법익에 대한 현재의 부당한 침해를 방위하기 위한 행위로서 정당방위, 긴급피난, 자구행위가 될 때와 소송법상의 현행범 체포는 정당행위로써 위법성이 조각된다. 즉, 경찰관직무집행법에 의한 직무를 수행할 수 없다.

115

우리나라의 민간경비업과 민간경비원의 법적 지위에 관한 설명으로 틀린 것은? 기출문제

✔ ① 민간경비원의 활동은 일반통치권에 의한 작용이므로 사인적 지위와는 다르다.
② 민간경비원의 범인 체포 등의 행위는 형법상의 체포, 감금죄가 성립된다.
③ 경비업법은 민간경비원이 업무 수행 중에 고의 또는 과실로 경비대상에 발생하는 손해를 방지하지 못할 때에는 경비업자가 이를 배상하도록 규정하고 있다.
④ 경비업체는 법인으로 제한되어 있다.

해설
① (×) 우리나라 민간경비원은 사인적 지위에 불과하다.
② (○) 현행범 체포가 아닌 한 민간경비원의 범인 체포 등의 행위는 체포, 감금죄가 성립할 수 있다.
③ (○) 경비업법 제26조 제1항
④ (○) 경비업법 제3조

116

다음 중 청원경찰이 그 직무를 수행함에 있어 직권을 남용하여 국민에게 해를 끼칠 때의 벌칙으로 맞는 것은?

① 1년 이하의 징역이나 금고
② 3개월 이하의 징역이나 금고
✔ ③ 6개월 이하의 징역이나 금고
④ 9개월 이하의 징역이나 금고

해설
청원경찰이 직무를 수행할 때 직권을 남용하여 국민에게 해를 끼친 경우에는 6개월 이하의 징역이나 금고에 처한다(청원경찰법 제10조 제1항).

117

민간경비원의 직무 및 형사상 법적 문제에 관한 설명으로 옳은 것은? 기출문제

① 민간경비원의 지위는 일반시민과 동일하다.
② 민간경비원의 모든 업무행위는 위법성이 조각된다.
③ 근무구역 내에서 경찰관직무집행법에 따라 직무를 행한다.
④ 민간경비원도 공권력을 가지고 수사를 할 수 있다.

해설

민간경비원은 사인(일반인)에 불과하다.

> **핵심만콕** 민간경비원의 법적 지위
>
> 민간경비원은 사인에 불과하므로 범인 체포 등의 행위는 형법상 체포·감금죄에 해당한다. 그러나 정당방위, 긴급피난, 자구행위가 될 때와 소송법상의 현행범 체포는 정당한 행위로서 위법성이 조각된다. 또한 민간경비원의 활동에 의한 증거는 법정에서 원용될 경우 증거능력이 인정된다.

118

다음 중 우리나라 민간경비에 관한 법규정에 대한 설명으로 옳은 것은?

① 우리나라에서 경비업의 허가대상은 법인으로 제한한다.
② 우리나라에서 경비원의 임용 결격사유에 대한 내용이 없다.
③ 우리나라에서 경비업의 허가권자는 지역에 구애됨이 없이 시·도 경찰청장이다.
④ 우리나라에서 1976년 12월 31일 경비업법이 제정된 후로 지금껏 개정된 적이 없다.

해설

① (○) 경비업은 법인이 아니면 이를 영위할 수 없다(경비업법 제3조).
② (×) 경비업법 제10조에서 경비원의 결격사유에 대하여 규정하고 있다.
③ (×) 경비업을 영위하고자 하는 법인은 도급받아 행하고자 하는 경비업무를 특정하여 그 법인의 주사무소의 소재지를 관할하는 시·도 경찰청장의 허가를 받아야 한다. 도급받아 행하고자 하는 경비업무를 변경하는 경우에도 또한 같다(경비업법 제4조 제1항).
④ (×) 1976년 12월에 용역경비업법이 제정된 이후 경비업법은 개정이 지속적으로 이루어지고 있다.

119

각국 민간경비의 법적 관계에 관한 설명으로 옳지 않은 것은? 기출 23

① 미국은 주정부 또는 지방자치단체 차원에서 규제가 이뤄지다 보니 주에 따라 민간경비업의 규제방식과 실태가 다르다.
② 일본은 경비업법 제정을 통하여 민간경비업에 대한 규제사항을 정립하고 안전사회의 기반을 형성하는 산업으로 발전하였다.
③ ✔ 호주는 독립된 '민간경비산업위원회(Security Industry Authority)'를 통하여 민간경비업을 통합 및 규제한다.
④ 한국에서 민간경비원은 사법(私法)적 규율의 대상이므로 사인(私人)적 지위에 불과하다.

해설

'민간경비산업위원회'(SIA : Security Industry Authority)는 2001년 영국에서 제정된 '민간경비산업법'(PSIA : Private Security Industry Act)에 근거하여 설치된 기구이다. 이 위원회는 일종의 '비정부공공기관'(NDPB : Non Departmental Public Body)으로서 내무부에 보고하는 독립된 관리감독기관으로서의 성격을 가지며, 두 가지 중요한 책무를 가지고 있다. 첫째, 민간경비산업 관련분야에서 활동하는 종사자들에 대해 강제적·의무적 자격증을 취득하도록 하는 것이며, 둘째, '계약경비를 하는 경비업체에 대한 인증제도'(ACS : Approved Contractor Scheme)를 위원회가 관리함으로써 종래 관련업체들이 독립적으로 평가기준을 설정하는 것을 조정·통제하는 것이다.

〈출처〉 최선우, 한국공안행정학회회보 제23권 제2호, 2014, P. 241~264

120

각국 민간경비원의 법적 지위와 권한에 관한 설명으로 옳지 않은 것은? 기출 22

① ✔ 미국에서 경찰관이 행하는 수색과 민간경비원이 행하는 수색에는 차이가 없다.
② 미국에서 민간경비원이 경찰과 협력 또는 기소를 목적으로 증거를 수집하여 경찰에 제공하는 대리인으로 활동한 경우 헌법적 제한이 따른다.
③ 일본에서 민간경비원은 업무의 특수성으로 인해 헌법에 규정된 국민의 권리를 침해할 우려가 있으므로 주의가 필요하다.
④ 한국에서 민간경비원이 증거를 수집할 수 있는 형사소송법상의 규정은 없다.

해설

민간경비원의 수색은 경찰과의 협조하에 활동하거나 준경찰로 활동하는 경우를 제외하고는 일반 사인과 동일하므로 경찰관이 행하는 수색과 민간경비원이 행하는 수색에는 상당한 차이가 있다.

121

각국의 경비업 허가에 관한 설명으로 옳은 것은? 기출 20

☑ ① 미국은 대부분 주정부 차원에서 경비업 허가가 이루어지므로 주에 따라 규제방식과 실태가 다르다.
② 독일에서는 국가경찰청장이 경비업의 허가권자이다.
③ 일본에서 경비업을 하고자 하는 자는 경시청에 신고하여야 한다.
④ 우리나라에서는 법인이 아니라도 경비업 허가대상이 될 수 있다.

[해설]

① (○) 미국은 대부분 주정부 차원에서 경비업 인·허가 및 면허증·자격증 발급과 관련된 법규를 제정하고 있다. 따라서 주에 따라 규제방식과 실태가 다르다고 할 수 있다.
〈참고〉 김두현·박형규, 「신민간경비론」, 솔과학, 2018, P. 100
② (×) 독일의 일반적인 경찰행정은 주 관할하에 놓여 있고, 경찰법과 질서유지에 관한 입법은 각 주에서 하고 있다. 경비업 허가의 경우에도 국가경찰청장이 아닌 각 주의 경찰청장이 허가권자이다.
③ (×) 일본의 경우 경비업 제정 당시에는 신고제로 운영되었으나, 1982년에 허가제로 바뀌었다.
④ (×) 우리나라는 경비업은 법인이 아니면 이를 영위할 수 없다(경비업법 제3조).

122

각국 민간경비원의 실력행사에 관한 설명으로 옳은 것은? 기출 20

① 미국의 민간경비원은 타인의 재산에 대한 침해를 막을 수 있는 경우에만 예외적으로 정당성을 인정받는다.
☑ ② 일본의 민간경비원은 형사법상 문제발생 시 일반 사인(私人)과 동일하게 취급된다.
③ 독일은 민간경비원의 실력행사에 관한 명시적 규정을 두고 있으며, 예외적인 경우 공권력의 행사로 인정받는다.
④ 한국의 민간경비원은 법률상 실력행사에 관한 특별한 권한을 가지고 있다.

[해설]

② (○) 일본의 민간경비원에 대한 법적 지위는 미국과는 달리 사인(私人)으로서의 지위 이상의 특권이나 권한을 부여하고 있지 않다. 따라서 민간경비원의 법집행 권한은 사인의 재산관리권 범위 내에서만 정당화될 수 있으며, 민·형사상 책임에 있어서는 사인과 동일한 지위에서 취급된다.
〈출처〉 김두현·박형규, 「신민간경비론」, 솔과학, 2018, P. 110
① (×) 미국의 민간경비원에 의한 실력행사는 특권이나 동의 없이 타인의 권리에 대한 침해가 민간경비원에 의해서 발생한 경우 그에게 책임이 발생할 수 있다. 다만, 동의가 없더라도 일반적으로 재산소유자가 자신의 재산에 대한 침해를 막을 수 있는 재산보호라는 자기방어의 경우와, 신체적 해악을 가하려는 의도가 명백한 타인에 대하여 정당한 실력행사를 할 수 있는 경우에는 경비활동에 정당성을 부여할 수 있다.
〈출처〉 김두현·박형규, 「신민간경비론」, 솔과학, 2018, P. 101~102
③ (×) 독일 민간경비원의 무력행사에 권한을 부여하는 명시적인 법적 근거는 없다.
〈참고〉 김두현·박형규, 「신민간경비론」, 솔과학, 2018, P. 111
④ (×) 한국의 민간경비원은 법률상 실력행사에 관한 특별한 권한을 가지고 있지 않다. 따라서 민간경비원의 범인체포 등의 행위는 현행범 체포를 제외하고는 체포, 감금죄(형법 제276조)를 구성하게 된다. 다만, 정당성이 있는 경우에는 위법성이 조각될 수 있다.

123

각국 민간경비원의 법적 지위에 관한 설명으로 옳지 않은 것은? 기출 18

① 미국에서 민간경비원의 불법행위는 일반인의 불법행위와 동일한 민사책임을 지지 않는다.
② 미국에서 민간경비원의 심문 또는 질문에 일반시민이 응답해야 할 의무는 없다.
③ 일본에서 형사법상 정당방위나 긴급피난에 의해 이루어진 민간경비원의 행위는 위법성이 조각된다.
④ 우리나라에서 국가중요시설에 근무하는 특수경비원은 필요한 경우 무기 휴대가 가능하지만 수사권은 인정되지 않는다.

[해설]
미국에서 민간경비원의 불법행위는 일반인의 불법행위와 동일한 민사책임을 부담하도록 하고 있다. 불법행위법은 민간경비원에게 특별한 권한을 부여하고 있지 않으며, 민간경비원의 행위에 대하여 어느 정도의 제한 규정을 두고 있다.

124

민간경비원의 법적 지위에 관한 설명으로 옳지 않은 것은? 기출 13

① 영미법계 국가의 민간경비원은 대륙법계 국가의 민간경비원보다 폭넓은 권한을 행사하고 있다.
② 민간경비원은 현행범 체포, 정당방위, 긴급피난에 있어 일반시민과 동일한 권한을 행사하고 있다.
③ 지방자치단체에 근무하는 청원경찰의 직무상 불법행위에 대한 배상책임은 국가배상법이 적용된다.
④ 범죄예방 등의 서비스를 제공하는 민간경비원은 일반적으로 공무수탁사인으로서 지위를 가지고 있다.

[해설]
모든 민간경비원을 전형적인 공무수탁사인으로 보기는 어렵지만 경비업법상의 특수경비원의 직무는 공무수탁사인의 한 형태로 볼 수 있다.

125

각국의 민간경비원의 법적 지위에 관한 설명으로 틀린 것은? 기출 04

① 일본의 민간경비원은 형사법상 문제발생 시 사인과 동일하게 취급된다.
② 미국의 민간경비원은 주의 위임입법이나 지방조례 등에서 예외적으로 특정조건 하에서 특별한 권한을 부여하고 있다.
✅ 한국의 민간경비원은 업무수행 중 고의 또는 과실로 경비대상에 발생한 손해를 방지하지 못한 때에는 그 손해를 직접 배상해야 한다.
④ 한국의 민간경비원은 영장 없이 현행범을 체포할 수 있다.

[해설]
경비업법 제26조 제1항에서는 민간경비원이 업무수행 중에 고의 또는 과실로 경비대상에 발생하는 손해를 방지하지 못하였을 때는 민간경비업자가 배상하도록 규정하고 있다(사용자책임). 또 이를 더욱 강화하기 위하여 이행보증보험계약을 보험회사와 체결하도록 강제하고 있다.

126

다음 중 경비원이 경비업무를 수행하는 도중 불가항력적인 경우가 아닌 사고가 발생하였을 때의 1차적인 책임자는? 기출문제

① 시설주
✅ 경비회사
③ 해당 경비원
④ 관할 경찰서장

[해설]
경비원이 업무를 수행하는 도중 불가항력적인 경우가 아닌 사고가 발생했을 때의 1차적 책임자는 경비회사이다.

127

다음 중 민간경비에 있어서 허가주의를 채택한 이유는 어느 것인가?

① 법인의 설립과 운영에 대한 법적 제재를 강화하기 위해
② 특별한 자격을 갖춘 자에게만 허가를 주어서 관리체계를 강화하기 위해
③ 허가주의를 채택해서 법적 규제를 가하여 국가의 권위를 인식시키기 위해
④ **민간경비업이 상업성과 더불어 국민의 생명·신체를 담보로 하는 업무상의 특징을 가지고 있기 때문에**

[해설]
민간경비업에 대해 허가주의를 채택한 이유는 민간경비업이 국민의 생명과 신체를 담보로 하므로 무자격자가 고용되거나 부실 업체가 발생하면 국민이 입는 피해가 심각해질 가능성이 높기 때문이다.

128

청원경찰제도에 관한 설명으로 옳지 않은 것은? 기출 23

① **청원경찰은 무기휴대가 불가능하다.**
② 청원경찰의 경비는 청원주가 부담한다.
③ 청원경찰은 우리나라에만 있는 제도이다.
④ 배치된 시설 또는 기관의 장이나 지역을 관할하는 경찰서장의 감독을 받아 해당 경비구역 내에서 직무를 수행한다.

[해설]
① (×) 청원경찰법 제8조 제3항, 동법 시행령 제16조에 따라 청원경찰은 무기휴대가 가능하다.
② (○) 청원주는 청원경찰에게 지급할 봉급과 각종 수당, 청원경찰의 피복비, 교육비, 보상금 및 퇴직금을 부담하여야 한다(청원경찰법 제6조 제1항).
③ (○) 한국의 청원경찰제도는 경찰과 민간경비제도를 혼용한 것으로 외국에서는 볼 수 없는 특별한 제도이다.
④ (○) 청원경찰은 청원경찰의 배치결정을 받은 자(청원주)와 배치된 기관, 시설 또는 사업장 등의 구역을 관할하는 경찰서장의 감독을 받아 그 경비구역만의 경비를 목적으로 필요한 범위에서 경찰관직무집행법에 따른 경찰관의 직무를 수행한다(청원경찰법 제3조).

129

우리나라 청원경찰과 민간경비원의 민·형사상 책임에 관한 설명으로 옳은 것을 모두 고른 것은?

기출 18

> ㄱ. 경비원에게 경비업무의 범위를 벗어난 행위를 하게 할 경우 징역 또는 벌금형에 처해진다.
> ㄴ. 청원경찰이 직권을 남용하여 국민에게 해를 끼친 경우 징역이나 금고형에 처해진다.
> ㄷ. 청원경찰의 신분은 공무원이고, 형법이나 기타 벌칙을 적용할 때에는 사인의 신분으로 본다.

① ㄱ
② ㄱ, ㄴ ✓
③ ㄱ, ㄷ
④ ㄴ, ㄷ

해설

제시된 내용 중 옳은 것은 ㄱ과 ㄴ이다.
ㄱ. (○) 경비업법 제28조 제2항 제9호
ㄴ. (○) 청원경찰법 제10조 제1항
ㄷ. (×) 청원경찰 업무에 종사하는 사람은 형법이나 그 밖의 법령에 따른 벌칙을 적용할 때에는 공무원으로 본다(청원경찰법 제10조 제2항), 청원경찰(국가기관이나 지방자치단체에 근무하는 청원경찰은 제외한다)의 직무상 불법행위에 대한 배상책임에 관해서는 민법의 규정을 따른다(청원경찰법 제10조의2).

130

경비업법령상 무기관리수칙에 대한 설명 중 옳지 않은 것은?

① 탄약고는 무기고와 사무실 등의 시설과 떨어진 곳에 설치하여야 한다.
② 관할 경찰관서장이 정하는 바에 의하여 무기의 관리실태를 매월 파악하여 다음 달 3일까지 관할 경찰관서장에게 통보하여야 한다.
③ 시설주는 자체계획을 수립하여 보관하고 있는 무기를 매주 2회 이상 손질할 수 있게 하여야 한다. ✓
④ 무기고 및 탄약고는 단층에 설치하고 환기·방습·방화 및 총받침대 등의 시설을 설치하여야 한다.

해설

③ (×) 시설주는 자체계획을 수립하여 보관하고 있는 무기를 매주 1회 이상 손질할 수 있게 하여야 한다(경비업법 시행규칙 제18조 제1항 제8호).
① (○) 경비업법 시행규칙 제18조 제1항 제3호
② (○) 경비업법 시행규칙 제18조 제1항 제5호
④ (○) 경비업법 시행규칙 제18조 제1항 제2호

131

CHECK ○△×

경비업법령상 국가중요시설의 시설주 또는 관리책임자의 무기관리수칙에 관한 설명으로 옳지 않은 것은? 기출 14

① 관할 경찰관서장이 정하는 바에 의하여 무기의 관리실태를 매월 파악하고 다음 달 3일까지 관할 경찰관서장에게 통보하여야 한다.
② 대여받은 무기를 빼앗기거나 대여받은 무기가 분실·도난 또는 훼손되는 등의 사고가 발생한 때에는 관할 경찰관서장에게 그 사유를 지체 없이 통보하여야 한다.
③ 대여받은 무기를 빼앗기거나 대여받은 무기가 분실·도난 또는 훼손된 때에는 경찰청장이 정하는 바에 의하여 그 전액을 배상하여야 한다. 다만, 전시·사변, 천재·지변 그 밖의 불가항력의 사유가 있다고 시·도 경찰청장이 인정하는 때에는 그러하지 아니하다.
❹ 자체계획을 수립하여 보관하고 있는 무기를 매달 1회 이상 손질할 수 있게 하여야 한다.

[해설]

④ (×) 시설주는 자체계획을 수립하여 보관하고 있는 무기를 매주 1회 이상 손질할 수 있게 하여야 한다(경비업법 시행규칙 제18조 제1항 제8호).
① (○) 경비업법 시행규칙 제18조 제1항 제5호
② (○) 경비업법 시행규칙 제18조 제1항 제6호
③ (○) 경비업법 시행규칙 제18조 제1항 제7호

132

CHECK ○△×

다음의 청원경찰과 민간경비의 내용 중 옳지 않은 것은?

① 민간경비원은 직무수행시 민간인 신분이다.
② 청원경찰은 근무지역 내에서만 무기휴대가 가능하다.
❸ 민간경비원은 어떠한 경우에도 무기휴대가 불가능하다.
④ 청원경찰은 근무경비구역 내에서 경찰관직무집행법에 의한 직무수행을 한다.

[해설]

민간경비원 중 특수경비원은 필요한 경우 무기(소총·권총 등)를 휴대할 수 있다.

관계법령 특수경비원의 직무 및 무기사용 등(경비업법 제14조 제8항)

특수경비원은 국가중요시설의 경비를 위하여 무기를 사용하지 아니하고는 다른 수단이 없다고 인정되는 때에는 필요한 한도 안에서 무기를 사용할 수 있다. 다만, 다음 각호의 어느 하나에 해당하는 때를 제외하고는 사람에게 위해를 끼쳐서는 아니 된다.
1. 무기 또는 폭발물을 소지하고 국가중요시설에 침입한 자가 특수경비원으로부터 3회 이상 투기 또는 투항을 요구받고도 이에 불응하면서 계속 항거하는 경우 이를 억제하기 위하여 무기를 사용하지 아니하고는 다른 수단이 없다고 인정되는 때
2. 국가중요시설에 침입한 무장간첩이 특수경비원으로부터 투항을 요구받고도 이에 불응한 때

133

청원경찰법상의 내용으로 옳지 않은 것은? 기출 14

✓ 청원경찰은 청원경찰의 배치 결정을 받은 자와 배치된 기관·시설 또는 사업장 등의 구역을 관할하는 시·도경찰청장의 감독을 받아야 한다.
② 청원경찰의 임용자격, 임용방법 등에 관하여는 대통령령으로 정한다.
③ 청원주는 청원경찰의 봉급과 수당 등의 청원경찰경비를 부담해야 한다.
④ 국가공무원법상의 결격사유에 해당하는 사람은 청원경찰로 임용될 수 없다.

해설
① (×) 청원경찰은 청원경찰의 배치 결정을 받은 자와 배치된 기관·시설 또는 사업장 등의 구역을 관할하는 경찰서장의 감독을 받아야 한다(청원경찰법 제3조).
② (○) 청원경찰법 제5조 제3항
③ (○) 청원경찰법 제6조 제1항
④ (○) 청원경찰법 제5조 제2항

134

청원경찰과 민간경비원에 대한 설명으로 틀린 것은? 기출 04

✓ 민간경비원은 특수경비원을 포함하여 총기휴대가 불가능하다.
② 민간경비원은 고객과 도급계약을 맺고 사적인 범죄예방활동을 한다.
③ 청원경찰은 기관장이나 청원주의 요청에 의해 근무활동이 이루어진다.
④ 청원경찰과 민간경비원의 주요임무는 범죄예방활동이다.

해설
특수경비원은 국가중요시설의 경비를 위하여 무기를 사용하지 아니하고는 다른 수단이 없다고 인정되는 때에는 필요한 한도 안에서 무기를 사용할 수 있다(경비업법 제14조 제8항).

135

다음 중 청원경찰이 소내근무 중 특이한 사항이 발생할 때에는 지체 없이 누구에게 보고하고 그 지시에 따라야 하는가?

① 청원주
② 관할경찰서장
❸ 청원주 또는 관할경찰서장
④ 시설관리책임자

해설

업무처리 및 자체경비를 하는 소내근무자는 근무 중 특이한 사항이 발생하였을 때에는 지체 없이 청원주 또는 관할경찰서장에게 보고하고 그 지시에 따라야 한다(청원경찰법 시행규칙 제14조 제2항).

136

다음 중 청원경찰(국가기관이나 지방자치단체에 근무하는 청원경찰은 제외한다)의 직무상 불법행위에 대한 배상책임에 관하여 옳은 것은?

① 국가가 모든 책임을 진다.
② 손해배상책임이 발생하지 않는다.
③ 국가배상법의 규정을 따른다.
❹ 민법의 규정을 따른다.

해설

청원경찰(국가기관이나 지방자치단체에 근무하는 청원경찰은 제외한다)의 직무상 불법행위에 대한 배상책임에 관하여는 민법의 규정을 따른다(청원경찰법 제10조의2).

1 국내 치안여건의 변화
2 국내 경찰의 역할과 방범실태

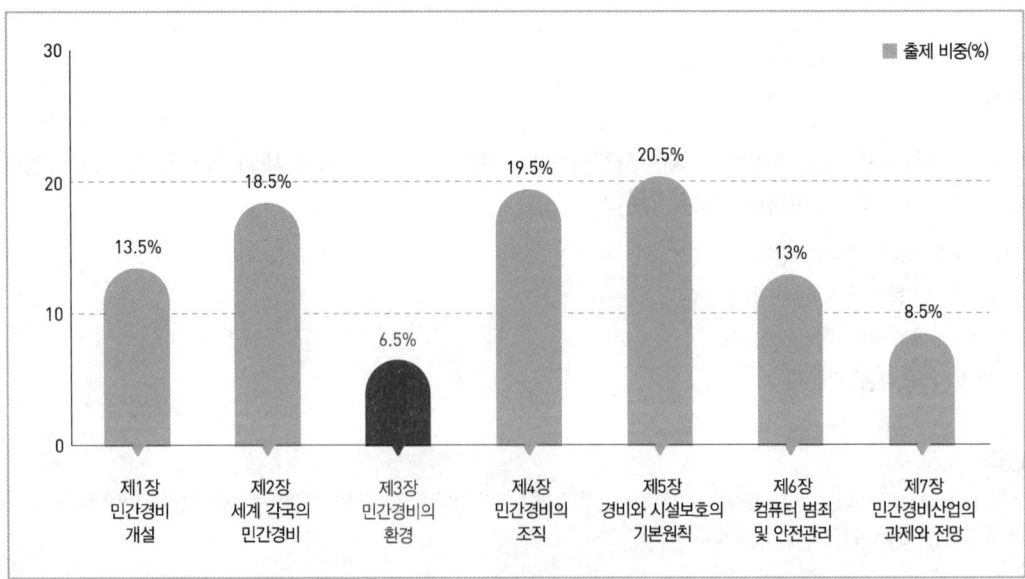

CHAPTER 03

민간경비의 환경

CHAPTER 03 민간경비의 환경

1 국내 치안여건의 변화

01　　　　　　　　　　　　　　　　　　　　　　　　　　　　CHECK ☐△✗

최근 민간경비의 치안환경변화에 관한 설명으로 옳지 않은 것은? 기출 24

① 국제화·개방화에 따라 내국인의 해외범죄, 외국인의 국내범죄가 증가하고 있다.
② 인터넷 등 컴퓨터통신망의 발달에 따라 해킹 등 첨단사이버범죄가 대폭 증가하고 있다.
❸ 치안환경이 변화되면서 보이스피싱 등 신종사기범죄는 많이 줄어들었다.
④ 청소년에 의한 마약범죄 증가가 사회문제로 대두되었다.

해설

③ (✗) 치안환경이 악화되면서 보이스피싱 등 신종범죄가 증가하고 있다. 특히 금융, 보험, 신용카드, 컴퓨터등과 관련된 범죄의 지능화·전문화로 인하여 피해규모가 더욱 확대되고 있다.
① (○) 국제화·개방화로 인해 내국인의 해외범죄, 외국인의 국내범죄, 밀수, 테러 등의 국제범죄가 증가하고 있다.
② (○) 과학기술의 발달, 무선인터넷과 스마트폰 등의 보급 확대로 인해 사이버범죄가 날로 지능화·전문화되어 더욱 증가하고 있다.
④ (○) 과거에 비해 인터넷, 클럽, SNS 등 마약류의 구입경로 다양화와 저렴한 신종마약류 증가로 인하여 청소년이 마약류에 쉽게 노출되었고 청소년을 대상으로 한 마약범죄 및 청소년에 의한 마약범죄가 증가하였다.

02　　　　　　　　　　　　　　　　　　　　　　　　　　　　CHECK ☐△✗

우리나라 치안환경의 변화로 옳지 않은 것은? 기출 23

① 인구의 고령화로 인하여 노인범죄 및 노인대상범죄가 증가하고 있다.
❷ 전체적으로 도시와 농촌 간의 범죄 발생차이가 적어 통일적인 치안활동이 요구된다.
③ 다문화 사회 및 인구구조의 글로벌화로 외국인 근로자 및 불법체류자 등에 의한 범죄가 증가하고 있다.
④ 빈부격차의 심화와 사회 해체적 범죄 양상이 나타나고 있다.

해설

전체적으로 도시와 농촌 간의 범죄 발생차이가 상당하므로 차별화된 치안활동이 요구된다.

03

우리나라 치안환경에 관한 설명으로 옳은 것은? 기출 22

① 이기주의로 인한 집단행동이 감소하고 있다.
② 다문화가정에 대한 치안수요는 감소하고 있다.
③ **금융・보험, 컴퓨터등과 관련된 화이트칼라 범죄가 증가하고 있다.** ✓
④ 인구의 탈도시화 현상으로 범죄가 감소하게 되어 도시 유형에 맞는 치안활동의 필요성이 줄어든다.

[해설]

③ (○) 금융・보험, 신용카드, 컴퓨터등과 관련된 지능화・전문화된 화이트칼라 범죄가 증가하고 있다.
① (×) 집단이기주의로 인한 불법적 집단행동이 증가되고 있다.
② (×) 외국인노동자, 다문화가정의 증가 등으로 인하여 새로운 치안수요가 발생하고 있다.
④ (×) 인구의 도시집중에 따른 개인주의적 경향으로 인간소외현상, 범죄발생 등 심각한 사회문제가 예상된다.

04

우리나라 치안여건의 변화에 관한 설명으로 옳지 않은 것은? 기출 21

① **과거에 비해 인터넷, 클럽, SNS 등 마약류의 구입경로가 다양하지만 마약범죄는 감소추세에 있다.** ✓
② 무선인터넷과 스마트폰 보급의 확대로 사이버범죄가 증가하고 있다.
③ 노령인구 증가로 노인범죄가 사회문제시되고 있다.
④ 금융, 보험, 신용카드 등과 관련된 지능화・전문화된 범죄가 증가하고 있다.

[해설]

국내 마약류 사범은 2000년대 이래로 지속적으로 역대 최다치를 기록하고 있으며, 마약류 압수량 또한 지속적인 증가세를 보여 확산세가 매우 심각한 상황이다.

〈출처〉 대검찰청 마약조직범죄부, 「2023년 마약류 범죄백서」, P. 32

> **핵심만콕** 국내 치안환경의 변화
> - 고령화로 인해 소외된 노인들의 범죄가 계속 증가하여 심각한 사회문제로 대두되고 있다.
> - 인구증가로 인해 치안수요는 점점 늘어날 것이다.
> - 인구의 도시집중에 따른 개인주의적 경향으로 인간소외, 범죄발생 등의 심각한 사회문제가 예상된다.
> - 집단이기주의로 인한 불법적 집단행동은 증가될 것이다.
> - 국제화・개방화로 인해 내국인의 해외범죄, 외국인의 국내범죄, 밀수, 테러 등의 국제범죄가 증가하고 있다.
> - 치안환경이 악화되면서 보이스피싱 등 신종범죄가 대두되고 있다.
> - 범죄연령이 저연령화(연소화)되는 추세이며, 청소년범죄가 흉포화되고 있다.
> - 무선인터넷과 스마트폰 등의 보급확대로 인해 사이버범죄가 증가하고 있다.
> - 과학기술의 발달로 인해 사이버범죄가 날로 지능화・전문화되어 더욱 증가하고 있다.
> - 경제적 양극화의 심화로 인해 다양한 유형의 범죄가 발생하고 있다.

05

우리나라의 치안환경에 관한 설명으로 옳지 않은 것은? 기출 20

① 우리나라 인구구조의 특징상 혼자 사는 여성들이 범죄에 노출될 가능성이 높다.
✓ ② 1인 가구 증가로 조직범죄가 줄어들고 있다.
③ 청소년범죄가 흉포화되고 있다.
④ 고령화 현상으로 생계형 노인범죄가 사회적 문제로 대두되고 있다.

해설
1인 가구 증가로 이들을 대상으로 하는 조직범죄 및 여성범죄 등이 증가하고 있다.

06

현대사회 범죄의 양상으로 옳지 않은 것은? 기출 20

① 외국인범죄의 증가
② 마약범죄의 증가
③ 저연령화
✓ ④ 경제범죄의 감소

해설
현대사회 범죄는 경제범죄가 증가하는 추세이다.

07

민간경비의 국내·외 치안환경변화에 관한 설명으로 옳지 않은 것은? 기출 18

① 양극화된 이념체제가 붕괴되면서 다극화된 경제실리체제로 변모하였다.
② 국제화, 개방화로 인하여 국제범죄조직과 국제테러조직의 국내잠입 및 활동이 우려되고 있다.
✓ ③ 지역별, 권역별 경제공동체인 EU, 북미자유경제권 등이 붕괴되었다.
④ 외국인노동자, 다문화가정 등으로 인하여 새로운 치안수요가 발생하고 있다.

해설
지역별 또는 권역별 경제공동체인 EU, 북미자유경제권 등이 활성화되고 있다.

08

최근 범죄의 변화 양상에 관한 설명으로 옳지 않은 것은? 기출 18

① 무선인터넷과 스마트폰 등의 보급 확대로 인하여 사이버범죄가 증가하고 있다.
② 노령인구가 증가하면서 노인범죄가 사회문제로 대두되고 있다.
③ 청소년범죄가 흉포화되고 있다.
④ 범죄행위 및 방법이 지역화, 기동화, 조직화, 집단화되고 있다.

[해설]
교통, 통신시설 등의 급격한 발달로 범죄가 광역화·기동화·조직화·대형화되고 있다.

09

국내 치안환경의 변화로 옳지 않은 것은? 기출 17

① 경찰의 단속으로 마약범죄 감소
② 고령화로 인한 노인범죄의 사회문제 대두
③ 과학기술의 발달로 사이버 범죄 증가
④ 경제적 양극화 심화로 다양한 유형의 범죄 발생

[해설]
국내 마약류 사범은 2000년대 이래로 지속적으로 역대 최다치를 기록하고 있으며, 마약류 압수량 또한 지속적인 증가세를 보여 확산세가 매우 심각한 상황이다.

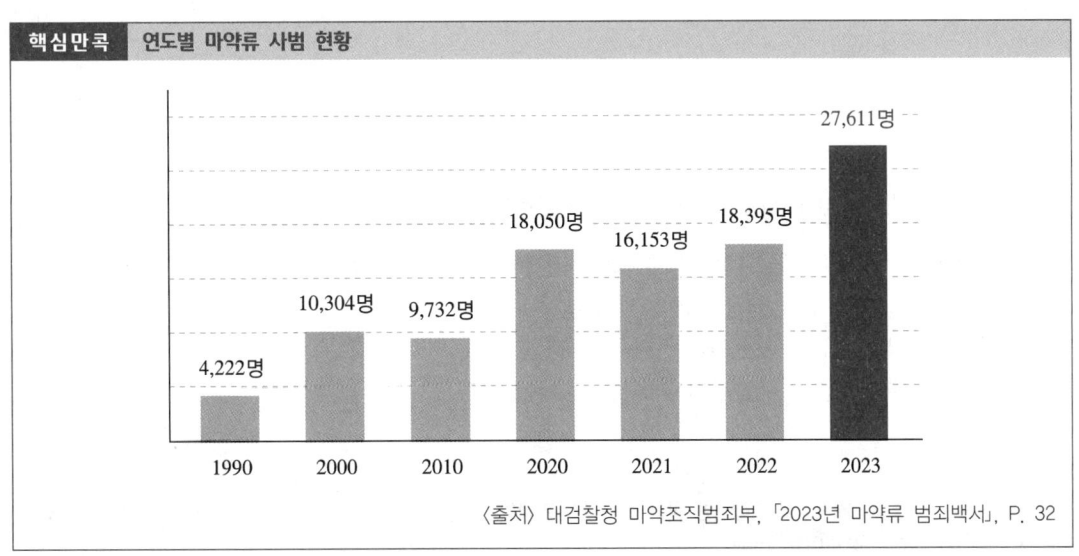

핵심만콕 연도별 마약류 사범 현황

〈출처〉 대검찰청 마약조직범죄부, 「2023년 마약류 범죄백서」, P. 32

10

우리나라 치안환경에 관한 설명으로 옳지 않은 것은? 기출 13

① 국제화·개방화로 인해 외국인 범죄가 증가하고 있다.
② 고령화로 인한 노인범죄가 심각한 사회문제로 대두되고 있다.
③ 치안환경이 악화되면서 보이스피싱 등 신종범죄가 대두되고 있다.
✅ 청소년범죄가 증가하고 있으며 범죄연령이 높아지는 추세이다.

해설
청소년범죄가 증가하고 있으며, 범죄연령이 점점 낮아지고 있다.

11

현대사회 범죄현상의 특징이 아닌 것은? 유사 13

① 범죄의 조직화
✅ 범죄의 국지화
③ 범죄의 사회화
④ 범죄의 기동화

해설
현대사회 범죄현상의 특징은 범죄의 조직화·국제화·사회화·기동화이다.

12

국내 치안환경과 관련된 내용으로 옳지 않은 것은? 기출 12

✅ 인구의 도시집중에 따른 개인주의적 경향으로 조직범죄가 감소하고 있다.
② 고령화로 인한 노인범죄가 심각한 사회문제로 대두되고 있다.
③ 사이버범죄가 날로 지능화, 전문화되어 더욱 증가되고 있다.
④ 도시화와 빈부격차 심화로 다양한 유형의 범죄를 낳고 있다.

해설
국내의 치안환경은 교통·통신시설의 급격한 발달로 범죄가 광역화, 기동화, 조직화, 흉포화되고 있으며, 총 범죄의 발생은 매년 계속적인 증가추세를 보이고 있다.

13

국내 치안여건과 경찰의 역할에 관한 설명으로 옳지 않은 것은? 기출 10

① 범죄의 양적·질적 심화로 인해 경찰은 역할한계에 직면하고 있다.
② **한국은 자치경찰제도를 운영하고 있지 않다.**
③ 경찰 1인당 담당하는 시민의 비율이 선진국에 비해 높은 편이다.
④ 경찰은 민간경비와 마찬가지로 1차적으로 범죄예방에 초점을 두고 대응하고 있다.

해설

한국은 2006년부터 제주특별자치도에서 자치경찰제도를 도입하여 실시 중이다.

14

최근 국내 치안여건의 변화에 대한 설명으로 틀린 것은? 기출 04

① 교통, 통신시설의 급격한 발달로 범죄가 광역화·기동화·조직화되고 있다.
② 청소년범죄가 늘고 있으며 범죄연령이 점점 낮아지고 있다.
③ **국내의 총범죄 발생건수는 시민 질서의식의 정착, 경찰의 적절한 방범대책 등으로 점차 줄어들고 있다.**
④ 국제화·개방화에 따라 국내인의 해외범죄, 외국인의 국내범죄, 밀수, 테러 등의 국제범죄가 증가하고 있다.

해설

인구의 도시집중화 현상과 IMF 구제금융 이후 경제적 어려움에 따른 경제사범의 증가, 구조조정에 따른 실업률 증가 등은 사회적인 문제로 대두되었으며, 특히 WTO체제 출범 이후 농촌피폐화 현상은 대도시 인구집중으로 인한 범죄발생의 증가로 이어지고 있고, 사회범죄의 기동화·대형화·지능화·광역화·흉포화 등 범죄는 증가하고 있다.

15

한반도를 둘러싼 경비환경과 관련된 설명으로 옳지 않은 것은?

① 사이버 범죄나 보이스피싱 범죄가 급증하고 있다.
② **강력한 범죄조직 통제로 국제 범죄조직이 침투할 가능성은 높지 않다.**
③ 체류 외국인의 증가로 외국인 범죄에 대한 대비책이 필요하다.
④ 범죄의 국제화로 그 피해 규모나 파급효과가 급격하게 증가하고 있다.

해설

국제 범죄조직이 세력 확장에 나서면서 우리나라에도 국제 범죄조직이 침투할 가능성이 증가하고 있다.

16

다음은 국제정세에 따라 최근의 한반도 치안상태의 변화를 설명한 것이다. 적절하지 못한 것은?

① 4.27 판문점 선언을 통해 남과 북은 한반도 비핵화를 실현한다는 공동의 목표를 확인하였다.
② 국제사회에서의 위상과 정세에 따라 한국 경찰의 역할은 점점 증가할 것이다.
③ 국제적인 테러나 범죄에 대응하기 위해서는 공조수사체제가 크게 요구되고 있다.
④ **외국인에 의한 범죄가 점차 감소하고 있다.**

해설

국제화 시대에는 내국인의 해외범죄, 외국인의 국내범죄 등의 국제범죄가 급증되고 있다.

2 국내 경찰의 역할과 방범실태

17

방범경찰의 특징이 아닌 것은?

① 대상의 유동성
☑ ② 소극적 자세의 필요성
③ 주민과의 접촉성
④ 업무의 전반성

[해설]
방범경찰(생활안전경찰)은 생활안전법규의 충분한 이해와 집행에 있어서의 적극적인 자세가 없으면 각종 사범이 사회의 이면에 방치되는 경우가 많다.

18

방범경찰의 특성이 아닌 것은?

① 대상의 복잡성
② 대상의 광범성
☑ ③ 업무의 즉효성
④ 대상의 유동성

[해설]
방범경찰은 범죄의 예방이 기본업무로서 다른 부서에 비해 업무의 긴박성·즉효성은 가지고 있지 않다.

핵심만콕	방범경찰의 특성 ★
• 임무의 전반성(작용 및 대상의 광범성)
• 대상의 유동성(비고정성)
• 업무의 비긴박성(비즉효성)
• 최일선에서의 주민과의 접촉성(외근경찰)
• 관계법령의 다양성·전문성

19

방범경찰의 수사업무는 다양하여 수사·형사과뿐만 아니라 경찰서의 각 관련기능에서 이루어지고 있다. 수사기능이 없는 분야는?

① 교 통
☑ 정 보
③ 보 안
④ 방 범

해설

경찰의 수사는 원칙상 수사·형사에서 하나 경찰서의 각 관련기능에서도 수사하는 경우가 있다. 예컨대 방범(청소년비행), 교통(교통사고), 보안(간첩 등 좌익사범), 외사이다. 그러나 수사기능이 없는 부서는 정보, 경비, 경무이다.★

20

다음 중 경찰을 분류할 때 방범경찰에 해당하지 않는 것은?

① 행정경찰이다.
② 보안경찰이다.
③ 예방경찰이다.
☑ 협의의 행정경찰이다.

해설

업무의 독자성에 따른 구분에 의할 때 협의의 행정경찰은 방범경찰에 해당하지 않으며, 보안경찰이 방범경찰에 해당한다.

핵심만콕 방범경찰(생활안전경찰)

- 행정경찰 ↔ 사법경찰 : 경찰의 목적에 따른 구분이다.
- 보안경찰 ↔ 협의의 행정경찰 : 업무의 독자성에 따른 구분이다.
- 예방경찰 ↔ 진압경찰 : 범죄발생 전·후 또는 경찰권 발동시점에 따른 구분이다.
- 국가경찰 ↔ 자치경찰 : 권한과 책임소재에 따른 구분이다.
- 질서경찰 ↔ 봉사경찰 : 경찰활동의 질과 내용에 따른 구분이다.

21

방범경찰(생활안전과 중 지역경찰)에 대한 설명 중 가장 바르지 못한 것은?

① 방범경찰의 특성으로 그 대상의 유동성, 임무의 전반성, 주민과의 접촉성 등을 들 수 있고 다른 부서와는 달리 범죄예방이 기본업무이므로 업무의 긴박성이나 즉효성은 지니지 않는다고 보아야 한다.
② 방범경찰은 단속대상이 광범위한 만큼 관계법령도 다양하다고 보아야 한다.
❸ **방범경찰은 그 작용의 성질상 사안의 초동조치에 그치는 경우가 많으므로 전담경찰 업무와 엄격하게 분리하는 것이 바람직하다.**
④ 현대의 방범경찰 경향은 범죄 발생 후의 범인검거보다는 범죄 발생의 원인을 억제하는 예방활동을 더 중요시한다.

[해설]
방범경찰작용은 성질상 사안의 초동조치에 그치는 경우가 많으므로 각 기능 등의 전담경찰과 상호지원하고 협조체제를 유지하여야 한다.

22

국가경찰과 자치경찰의 조직 및 운영에 관한 법률상 경찰의 사무에 관한 내용으로 옳지 않은 것은?

기출 21

① 지역 내 교통활동에 관한 사무는 자치경찰이 담당한다.
② 공공안녕에 대한 위험의 예방과 대응을 위한 정보의 수집·작성 및 배포에 관한 사무는 국가경찰이 담당한다.
③ 학교폭력 등 소년범죄에 해당하는 수사사무는 자치경찰이 담당한다.
❹ **가정폭력, 아동학대범죄에 해당하는 수사사무는 국가경찰이 담당한다.**

[해설]
④ (×) 가정폭력, 아동학대범죄에 해당하는 수사사무는 자치경찰이 담당한다[국가경찰과 자치경찰의 조직 및 운영에 관한 법률 제4조 제1항 제2호 라목 2)].
① (○) 국가경찰과 자치경찰의 조직 및 운영에 관한 법률 제4조 제1항 제2호 나목
② (○) 국가경찰과 자치경찰의 조직 및 운영에 관한 법률 제3조 제5호
③ (○) 국가경찰과 자치경찰의 조직 및 운영에 관한 법률 제4조 제1항 제2호 라목 1)

관계법령

경찰의 임무(국가경찰과 자치경찰의 조직 및 운영에 관한 법률 제3조)
경찰의 임무는 다음 각호와 같다.
1. 국민의 생명·신체 및 재산의 보호
2. 범죄의 예방·진압 및 수사
3. 범죄피해자 보호
4. 경비·요인경호 및 대간첩·대테러작전 수행
5. 공공안녕에 대한 위험의 예방과 대응을 위한 정보의 수집·작성 및 배포
6. 교통의 단속과 위해의 방지
7. 외국 정부기관 및 국제기구와의 국제협력
8. 그 밖에 공공의 안녕과 질서유지

경찰의 사무(국가경찰과 자치경찰의 조직 및 운영에 관한 법률 제4조)
① 경찰의 사무는 다음 각호와 같이 구분한다.
1. 국가경찰사무 : 제3조에서 정한 경찰의 임무를 수행하기 위한 사무. 다만, 제2호의 자치경찰사무는 제외한다.
2. 자치경찰사무 : 제3조에서 정한 경찰의 임무범위에서 관할지역의 생활안전·교통·경비·수사 등에 관한 다음 각목의 사무
   가. 지역 내 주민의 생활안전활동에 관한 사무
      1) 생활안전을 위한 순찰 및 시설의 운영
      2) 주민참여 방범활동의 지원 및 지도
      3) 안전사고 및 재해·재난 시 긴급구조 지원
      4) 아동·청소년·노인·여성·장애인 등 사회적 보호가 필요한 사람에 대한 보호업무 및 가정폭력·학교폭력·성폭력 등의 예방
      5) 주민의 일상생활과 관련된 사회질서의 유지 및 그 위반행위의 지도·단속. 다만, 지방자치단체 등 다른 행정청의 사무는 제외한다.
      6) 그 밖에 지역주민의 생활안전에 관한 사무
   나. 지역 내 교통활동에 관한 사무
      1) 교통법규 위반에 대한 지도·단속
      2) 교통안전시설 및 무인 교통단속용 장비의 심의·설치·관리
      3) 교통안전에 대한 교육 및 홍보
      4) 주민참여지역 교통활동의 지원 및 지도
      5) 통행허가, 어린이 통학버스의 신고, 긴급자동차의 지정신청 등 각종 허가 및 신고에 관한 사무
      6) 그 밖에 지역 내의 교통안전 및 소통에 관한 사무
   다. 지역 내 다중운집행사 관련 혼잡교통 및 안전관리
   라. 다음의 어느 하나에 해당하는 수사사무
      1) 학교폭력 등 소년범죄
      2) 가정폭력, 아동학대범죄
      3) 교통사고 및 교통 관련 범죄
      4) 「형법」 제245조에 따른 공연음란 및 「성폭력범죄의 처벌 등에 관한 특례법」 제12조에 따른 성적 목적을 위한 다중이용장소 침입행위에 관한 범죄
      5) 경범죄 및 기초질서 관련 범죄
      6) 가출인 및 「실종아동 등의 보호 및 지원에 관한 법률」 제2조 제2호에 따른 실종아동 등 관련 수색 및 범죄

23

국가경찰과 자치경찰의 조직 및 운영에 관한 법률에 규정된 자치경찰사무에 해당하지 않는 것은?

① 주민참여 방범활동의 지원 및 지도
❷ 외국 정부기관 및 국제기구와의 국제협력
③ 지역 내 다중운집 행사 관련 혼잡 교통 및 안전 관리
④ 안전사고 및 재해·재난 시 긴급구조지원

해설

② (×) 외국 정부기관 및 국제기구와의 국제협력은 국가경찰사무에 해당한다(국가경찰과 자치경찰의 조직 및 운영에 관한 법률 제3조 제7호·제4조 제1항 제1호).
① (○) 국가경찰과 자치경찰의 조직 및 운영에 관한 법률 제4조 제1항 제2호 가목 2)
③ (○) 국가경찰과 자치경찰의 조직 및 운영에 관한 법률 제4조 제1항 제2호 다목
④ (○) 국가경찰과 자치경찰의 조직 및 운영에 관한 법률 제4조 제1항 제2호 가목 3)

24

경찰법상 국가경찰의 임무가 아닌 것은?

① 범죄의 예방·진압 및 수사
❷ 공공안녕에 대한 위험의 예방과 대응을 위한 정보의 수집 및 서비스 제공
③ 외국정부기관 및 국제기구와의 국제협력
④ 교통 단속과 교통 위해 방지

해설

공공안녕에 대한 위험의 예방과 대응을 위한 정보의 수집·작성 및 배포가 국가경찰의 임무이다.★

25

검문검색의 법적 근거가 아닌 것은?

① 경찰관직무집행법
② 형사소송법
☑ **형 법**
④ 주민등록법

[해설]

검문검색의 법적 근거에는 경찰관직무집행법, 형사소송법, 주민등록법이 있다.★

26

다음 중 경찰관의 무기사용 근거는 어느 법에 의해서인가? 기출문제

① 경찰법 제4조
② 청원경찰법 제2조
☑ **경찰관직무집행법 제10조의4**
④ 경찰관직무집행법 시행령 제2조

[해설]

경찰관직무집행법 제10조의4에 경찰관의 무기사용 근거가 명시되어 있다.★

관계법령   무기의 사용(경찰관직무집행법 제10조의4)

① 경찰관은 범인의 체포, 범인의 도주 방지, 자신이나 다른 사람의 생명·신체의 방어 및 보호, 공무집행에 대한 항거의 제지를 위하여 필요하다고 인정되는 상당한 이유가 있을 때에는 그 사태를 합리적으로 판단하여 필요한 한도에서 무기를 사용할 수 있다. 다만, 다음 각호의 어느 하나에 해당할 때를 제외하고는 사람에게 위해를 끼쳐서는 아니 된다.
  1. 「형법」에 규정된 정당방위와 긴급피난에 해당할 때
  2. 다음 각목의 어느 하나에 해당하는 때에 그 행위를 방지하거나 그 행위자를 체포하기 위하여 무기를 사용하지 아니하고는 다른 수단이 없다고 인정되는 상당한 이유가 있을 때
     가. 사형·무기 또는 장기 3년 이상의 징역이나 금고에 해당하는 죄를 범하거나 범하였다고 의심할 만한 충분한 이유가 있는 사람이 경찰관의 직무집행에 항거하거나 도주하려고 할 때
     나. 체포·구속영장과 압수·수색영장을 집행하는 과정에서 경찰관의 직무집행에 항거하거나 도주하려고 할 때
     다. 제3자가 가목 또는 나목에 해당하는 사람을 도주시키려고 경찰관에게 항거할 때
     라. 범인이나 소요를 일으킨 사람이 무기·흉기 등 위험한 물건을 지니고 경찰관으로부터 3회 이상 물건을 버리라는 명령이나 항복하라는 명령을 받고도 따르지 아니하면서 계속 항거할 때
  3. 대간첩 작전 수행 과정에서 무장간첩이 항복하라는 경찰관의 명령을 받고도 따르지 아니할 때
② 제1항에서 "무기"란 사람의 생명이나 신체에 위해를 끼칠 수 있도록 제작된 권총·소총·도검 등을 말한다.
③ 대간첩·대테러작전 등 국가안전에 관련되는 작전을 수행할 때에는 개인화기(個人火器) 외에 공용화기(共用火器)를 사용할 수 있다.

27

경범죄처벌법상 통고처분을 할 수 있는 사람은?

① 범칙행위를 상습적으로 하는 사람
② 피해자가 있는 행위를 한 사람
③ 18세 미만인 사람
④ ✔ 공무원 원조요구에 불응한 사람

해설

통고처분에 의한 범칙자가 될 수 없는 자는 범칙행위를 상습적으로 하는 사람, 피해자가 있는 행위를 한 사람, 18세 미만인 사람, 죄를 지은 동기나 수단 및 결과를 헤아려볼 때 구류처분을 하는 것이 적절하다고 인정되는 사람이다.

28

경범죄처벌법에 관한 기술 중 틀린 것은?

① 구류와 과료는 병과할 수 있다.
② ✔ 형의 면제는 할 수 없다.
③ 방조범은 정범에 준하여 처벌한다.
④ 주거 또는 신원이 확실하지 않은 자에게는 통고처분할 수 없다.

해설

② (×), ① (○) 경범죄의 종류에 따라 사람을 벌할 때에는 그 사정과 형편을 헤아려서 그 형을 면제하거나 구류와 과료를 함께 과(科)할 수 있다(경범죄처벌법 제5조).
③ (○) 경범죄처벌법 제4조
④ (○) 경범죄처벌법 제7조 제1항 단서 제2호

29

종합방범활동으로 분류하기 어려운 것은?

① 특정범죄방범활동
② 지역방범활동
✓ **특별방범활동**
④ 계절범죄방지활동

해설
종합방범활동의 예로는 계절방범활동, 지역방범활동, 특정범죄방범활동 등이 있다. ③은 방범활동의 분류(종류)에 해당한다.

30

다음 중 외근경찰이 행하는 범죄활동의 방범을 주목적으로 하는 활동은?

✓ **일반방범활동**
② 특별방범활동
③ 자위방범활동
④ 종합방범활동

해설
일반방범활동이 범죄활동의 방범을 주목적으로 하며 이 중 상대적으로 순찰이 가장 기본적인 것이다.

31

방범경찰의 간접적인 봉사업무에 해당하는 것은?

☑ ① 순 찰
② 지리안내
③ 긴급구조 및 보호
④ 청소년의 선도 및 보호

[해설]
방범경찰의 기본근무 중에 순찰이 있는데 순찰은 범죄예방의 핵심적 수단의 일례로서 그 법적 성격은 비권력적 사실행위이다. 즉, 서비스(급부)행정에 해당한다.

핵심만콕	방범경찰의 직·간접적 봉사업무★
• 간접적인 봉사업무 : 순찰, 방범진단
• 직접적인 봉사업무 : 지리안내, 긴급구조 및 보호, 미아 및 가출인 찾아주기, 청소년의 선도 및 보호

32

다음 중 방범활동의 성격이 다른 것은?

☑ ① 생활방범
② 방범홍보
③ 방범진단
④ 현장방범

[해설]
①은 자위방범활동의 일례이다. ②·③·④는 특별방범활동에 해당한다.

핵심만콕	경찰방범활동의 유형★	
일반방범활동	경찰의 범죄예방활동 중 특히 범죄의 기회와 유발요인을 감소시키는 활동 예 지역경찰의 일상적인 근무인 순찰, 불심검문, 보호조치, 경고, 제지, 출입, 입초, 경계, 기타 보호활동 등
특별방범활동	경찰의 범죄예방활동 중 일상근무를 통한 일반방범활동 이외의 특별한 대상 또는 상황에 관하여 수행하는 활동 예 방범정보수집, 우범지역의 설정, 시설방범, 방범지도, 방범진단, 현장방범, 방범상담, 방범홍보, 방범단체와의 협조 등
자위방범활동	지역주민, 사회단체 또는 기관 등이 스스로 범죄의 발생을 저지하기 위하여 방범의식을 높이고 방범시설을 강화하며 자체 방범직원을 배치하여 자위적으로 수행하는 활동 예 민간경비, 자율방범대 활동, 생활방범 등
종합방범활동	특정지역 또는 대상에 대하여 경찰생활안전 활동과 병행하여 모든 관계기관 및 단체 등의 활동을 결합하여 유기적인 협조로 일관된 계획하에 종합적으로 실시하는 활동 예 지역방범활동, 특정범죄방범활동, 계절방범활동 등

33

범죄예방 및 안전사고 방지를 위하여 관내 주택, 고층빌딩, 금융기관 등에 대한 방범시설 및 안전설비의 설치상황, 자위방범역량 등을 점검하여 문제점을 보완하는 경찰활동에 해당하는 것은? 기출 21

① 문안순찰
☑ ② 방범진단
③ 방범홍보
④ 경찰방문

해설

② (○) 설문은 현장방범활동 중 방범진단에 대한 내용이다.
① (×) 문안순찰이란 경찰이 일반시민과의 대화를 통해 친밀한 관계를 유지하기 위한 활동으로, 관내 지역주민들의 요구를 청취하고 불편·애로사항을 해결해 주는 활동을 말한다.
③ (×) 방범홍보란 지역경찰의 활동, 각종 경찰업무에 대한 사항 및 민원사항, 중요시책 등을 매스컴 등을 통해 관내 지역주민들에게 널리 알려 방범의식을 고양하는 동시에 범죄방지를 도모하는 활동을 말한다.
④ (×) 경찰방문이란 경찰이 관내 각 가정, 상가 기타 시설 등을 방문하여 청소년을 선도하고, 소년소녀가장 및 독거노인·장애인 등 사회적 약자를 보호하며, 안전사고 방지 등의 지도·상담·홍보와 함께 민원사항을 청취하고, 필요시 지역주민의 협조를 받아 방범진단을 하는 등의 활동을 말한다.

34

경찰이 관내의 각 가정, 기업체, 기타 시설을 방문하여 범죄예방, 선도, 안전사고 방지 등에 대해 지도·계몽하는 활동은? 기출 20

☑ ① 방범심방
② 임의동행
③ 방범단속
④ 불심검문

해설

① (○) 방범심방이란 경찰관이 관내의 각 가정, 기업체, 기타 시설을 방문하여 범죄예방, 청소년 선도, 안전사고 방지 등의 지도계몽과 상담 및 연락 등을 행하고 민원사항을 청취하며 주민의 협력을 얻어 예방경찰상의 기초 자료를 수집하는 활동을 말한다.
② (×) 임의동행(任意同行)이란 경찰이 용의자나 참고인을 당사자의 동의하에 검찰청, 경찰서 등에 연행하는 것을 말한다.
③ (×) 방범단속은 형사사범, 경찰법규 위반행위 또는 각종 사고를 예방하거나 단속하기 위하여 방범지도, 불심검문, 경고, 제지, 출입, 조사 또는 검사하는 근무로 범죄가 발생하지 않도록 미리 그 원인을 제거하고 피해확대를 방지하는 방범활동의 일환이다.

〈출처〉 한국형사정책연구원, 파출소단위 방범활동의 개선방안 연구, 1990, P. 32

④ (×) 불심검문(不審檢問)은 경찰관직무집행법 제3조에 따라 경찰관이 거동이 수상한 자를 발견한 때에 이를 정지시켜 조사하는 행위를 말한다.

35

각종 경찰업무에 대한 사항과 민원사항, 중요시책 등을 매스컴 등을 통해 주민에게 널리 알려서 방범의식을 고양하는 동시에 각종 범죄를 방지하기 위한 경찰활동은? 기출 17

① 경찰방문
② 방범진단
③ **방범홍보** ✓
④ 생활방범

해설
설문은 방범홍보에 대한 내용이다. 방범홍보활동은 지역경찰관의 지역경찰활동과 매스컴 등을 통해 각종 경찰업무에 대한 사항과 민원사항, 중요시책 등을 주민에게 널리 알려서 방범 의식을 고양하는 동시에 각종범죄를 방지하기 위한 지도활동을 말한다.

36

다음 중 경찰방문에 대한 설명으로 옳지 않은 것은?

① **경찰방문은 비권력적 사실행위인 동시에 권력적 사실행위의 성격을 가진다.** ✓
② 경찰방문 시 방범진단카드를 휴대하여 필요한 내용을 기재하여야 한다.
③ 방범진단카드는 담당구역별로 방문순서대로 편철하여 3년간 보관한다.
④ 경찰방문은 방문요청이 있거나 경찰서장 또는 지구대장이 필요하다고 인정할 때 상대방의 동의를 얻어 실시한다.

해설
경찰방문은 상대방의 동의를 얻어 실시할 수 있는 것으로 주민으로부터 협조·조언을 받거나 지도·홍보하는 비권력적 사실행위인 행정지도의 성격을 갖기 때문에 이를 명령·강제할 수 있는 권력적 사실행위의 성격은 없다.

37

경찰방문에 대한 설명으로 옳지 않은 것은?

① 비권력적 사실행위로서의 행정지도이다.
② 방문시간은 일출 후부터 일몰 시간 전에 함이 원칙이다.
❸ 별도의 법적 근거에 의해서만 경찰방문이 가능하다.
④ 매 분기 1회 이상의 방문은 상대방의 동의를 얻어 수시로 실시한다.

해설

경찰방문은 경찰방문 및 방범진단 규칙, 지역경찰조직 및 운영에 관한 규칙에 근거하는 행정지도이며, 별도의 법적 근거가 없어도 경찰방문은 가능하다.

38

다음 중 경찰관직무집행법상의 불심검문에 관한 내용이 틀린 것은 어느 것인가? 기출문제

① 그 장소에서 질문하는 것이 당해인에게 불리할 때 동행을 요구할 수 있다.
② 그 장소에서 질문하는 것이 교통에 방해가 될 때 동행을 요구할 수 있다.
❸ 불심검문 중인 자를 동행하려 할 때에는 구태여 동행 장소를 밝힐 필요까지는 없다.
④ 불심검문 중인 자를 동행할 경우 경찰관은 당해인에게 자신의 신분을 표시하는 증표를 제시하면서 소속과 성명을 밝히고 그 목적과 이유를 설명해야 한다.

해설

불심검문 중인 자를 동행하려 할 때에는 동행 장소를 밝혀야 한다.

39

다음 중 경찰관이 임의동행을 요구했을 때 임의동행의 최장시간은 얼마 동안인가? 기출문제

① 4시간
☑ 6시간
③ 8시간
④ 10시간

해설

경찰관은 동행한 사람을 6시간을 초과하여 경찰관서에 머물게 할 수 없다(경찰관직무집행법 제3조 제6항).★

40

청원경찰의 운영지도를 담당하는 경찰청의 부서장은? 기출수정 14

☑ 대테러위기관리과장
② 경비과장
③ 경호과장
④ 생활안전과장

해설

청원경찰의 운영 및 지도는 경찰청 경비국 소속의 대테러위기관리과장의 분장 사무이다(경찰청과 그 소속기관 직제 시행규칙 제10조 제4항 제9호).

관계법령 경비국(경찰청과 그 소속기관 직제 시행규칙 제10조)

① 경비국에 경비과·대테러위기관리과·경호과 및 항공과를 둔다. 〈개정 2024.7.31.〉
④ 대테러위기관리과장은 다음 사항을 분장한다. 〈개정 2024.7.31.〉
  1. 대테러 종합대책 연구·기획 및 지도
  2. 대테러 관련 법령의 연구·개정 및 지침 수립
  3. 테러대책기구 및 대테러 전담조직 운영 업무
  4. 대테러 종합훈련 및 교육
  5. 경찰작전과 경찰 전시훈련에 관한 계획의 수립 및 지도
  6. 비상대비계획의 수립 및 지도
  7. 중요시설의 방호 및 지도
  8. 예비군 무기·탄약관리의 지도
  9. 청원경찰의 운영 및 지도
  10. 민방위 업무의 협조에 관한 사항
  11. 재난·위기 업무에 대한 지원 및 지도
  12. 안전관리·재난상황 및 위기상황 관리기관과의 연계체계 구축·운영
  13. 지역 내 다중운집행사 안전관리 지도
  14. 비상업무에 관한 계획의 수립 및 집행

41

만 19세 미만의 남자에게 성적 접대를 시켰을 경우에 적용할 법령은?

☑ 청소년보호법
② 아동·청소년의 성보호에 관한 법률
③ 아동복지법
④ 식품위생법

해설

만 19세 미만의 청소년에게 성적 접대를 시킨 경우에는 청소년보호법의 청소년유해행위의 금지에 의해 처벌한다(청소년보호법 제30조 제1호).

42

풍속영업의 규제에 관한 법률이 적용되지 않는 업소는?

① 이용업
② 노래방
☑ 카 페
④ 무도장

해설

카페는 풍속영업의 규제에 관한 법률이 적용되지 않는다.

핵심만콕 풍속영업의 범위(풍속영업의 규제에 관한 법률 제2조)

게임산업진흥에 관한 법률	게임제공업, 복합유통게임제공업
영화 및 비디오물의 진흥에 관한 법률	비디오물감상실업
음악산업진흥에 관한 법률	노래연습장업
공중위생관리법	숙박업, 목욕장업, 이용업
식품위생법	단란주점영업, 유흥주점영업
체육시설의 설치·이용에 관한 법률	무도학원업, 무도장업
그 밖에 선량한 풍속을 해치거나 청소년의 건전한 성장을 저해할 우려가 있는 영업으로 대통령령으로 정하는 것	청소년 출입·고용금지업소에서의 영업 (청소년보호법)

43

풍속영업의 단속법규가 아닌 것은?

☑ ① 경찰관직무집행법
② 풍속영업의 규제에 관한 법률
③ 형 법
④ 경범죄처벌법

[해설]
풍속영업의 단속법규는 풍속영업의 규제에 관한 법률, 형법, 경범죄처벌법 등이 있다.

44

방범경찰활동의 한계요인으로 옳지 않은 것은? 기출 24

① 치안수요 증가로 인한 경찰인력의 부족
☑ ② 지역사회 문제해결을 위한 경찰과 지역주민의 협력
③ 경찰의 민생치안부서 근무 기피현상
④ 경찰활동에 대한 주민들의 이해부족

[해설]
② (×) 경찰과 지역주민의 협력은 방범경찰활동의 한계요인이 아니라 경찰의 방범활동 한계를 극복하기 위한 방법·대책이라 할 수 있다. 경찰과 지역주민의 협력은 치안서비스 공동생산, 자율방범대 등으로 나타날 수 있다.
① (○) 경찰관 1인이 담당해야 할 인구수가 많고, 매년 범죄 증가율이 경찰인력 증가율보다 높아 경찰인력 부족현상이 더욱 심화되고 있다.
③ (○) 민생치안부서의 업무량 과다 및 인사 복무상 불리한 근무여건 등으로 근무 기피현상이 나타나고 있다.
④ (○) 경찰에 대한 부정적 이미지나 불신 등의 이유로 주민과 경찰과의 관계 개선이 어려우며, 범죄 발생 시 신고 등의 협조가 미비하다.

핵심만콕 경찰방범활동의 장애요인

- 경찰인력의 부족
- 경찰방범장비의 부족 및 노후화
- 경찰의 민생안전부서 근무기피현상
- 타 부처의 업무협조 증가
- 경찰의 주민들에 대한 고정관념으로 인한 이해부족 등

45

경찰 범죄예방능력의 한계에 관한 설명으로 옳지 않은 것은? 기출 18

① 경찰인력이 부족하다.
② 타 부처와의 업무협조가 과중하다.
③ 경찰장비가 부족하고 노후하다.
④ 의사결정구조가 수평적이다. ✓

해설
수평적 의사결정구조가 경찰 범죄예방능력의 한계와 관련이 있다고 보기는 어렵다.

46

경찰방범활동의 장애요인으로 옳지 않은 것은? 기출 16

① 경찰인력의 부족
② 민간경비업체의 증가 ✓
③ 타 부처의 업무협조 증가
④ 경찰관의 민생안전 부서 근무 기피

해설
경찰방범활동의 장애(한계)요인에는 경찰인력의 부족, 경찰장비의 부족 및 노후화, 경찰의 민생치안부서 근무기피현상, 타 부처 업무협조의 증가, 경찰에 대한 주민들의 고정관념으로 인한 이해부족 등을 꼽을 수 있는데, ②를 통해서 이러한 장애요인을 극복할 수 있다.

47

경찰의 범죄예방능력 한계가 발생하는 원인에 관한 설명으로 옳지 않은 것은? 기출 14

① 경찰활동에 대한 주민들의 이해부족
② 경찰장비의 부족 및 노후화
③ 경찰과 민간경비의 과도한 치안공조 ✓
④ 타 부처 협조업무의 과중

해설
경찰의 범죄예방능력 한계의 발생원인으로 경찰과 민간경비의 치안공조가 미흡한 실정이다. 이는 현재 경찰과 민간경비의 치안공조에 대한 법적근거가 미약하기 때문이다.

48

CHECK ○△✕

경찰의 역할과 방범활동에 관한 설명으로 옳지 않은 것은? 기출 12

① 범죄예방은 범죄가 발생하지 않도록 사전에 그 원인을 제거하는 활동이다.
② 일선경찰관들이 직접적으로 사용하는 개인장비의 표준화와 보급 및 관리는 지속적으로 개선되어야 한다.
❸ 경찰 1인당 담당하는 시민의 비율이 선진국에 비해 낮은 편이다.
④ 현재 경찰의 이미지 및 경찰활동에 대한 국민들의 인식을 높이고자 노력하고 있다.

[해설]
우리나라는 경찰 1인당 담당하는 시민의 비율이 선진국에 비해 높은 편이다. 매년 범죄 증가율이 경찰인력 증가율보다 높은 점과 경찰관 1인이 담당해야 할 인구가 증가함에 따라 경찰인력 부족현상이 더욱 심화되고 있다.

49

CHECK ○△✕

우리나라의 경찰방범능력의 한계로서 적절하지 않은 것은? 기출문제

① 경찰인력 부족
② 경찰방범장비 부족 및 노후화
③ 타 부처 협조업무 증가
❹ 경찰에 대한 주민들의 협조 원활

[해설]
경찰에 대한 주민들의 협조가 미비하거나 회피적이다.

핵심만콕 경찰방범능력 한계의 원인
• 경찰에 대한 부정적 이미지(권위적 · 강압적) • 일반인의 협조 미비와 회피 등(신뢰성 떨어짐) 신고율 저조, 경찰불신, 힘들고 좋지 못한 직업으로 인식하여 전체적 이미지 하락과 그에 따른 신뢰도 추락

50

민간에 의한 방범활동으로 옳지 않은 것은? 기출 24

① 자율방범대에 의한 방범활동
☑ 교통단속과 교통위해의 방지활동
③ 시민단체에 의한 방범활동
④ 언론매체에 의한 방범활동

해설

민간방범활동의 형태로는 자율방범대, 시민단체에 의한 방범활동, 언론매체에 의한 방범활동, 민간경비업 등의 방범활동이 있다. 교통의 단속과 위해의 방지는 경찰의 임무에 해당한다(국가경찰과 자치경찰의 조직 및 운영에 관한 법률 제3조 제6호).

51

민간방범활동의 필요성과 관련된 다음 설명 중 옳지 않은 것은?

① 매년 범죄 증가율이 경찰인력 증가율보다 높기 때문에 경찰인력의 부족현상이 나타난다.
☑ 경찰관 1인이 담당해야 할 인구가 감소함에 따라 경찰인력의 부족현상이 더욱 완화되고 있다.
③ 경찰인력의 부족은 경찰방범활동의 한계요인으로 작용한다.
④ 특수한 상황에서 경찰인력이 시국치안에 동원되는 경우 실질적으로 민생치안에 근무하게 되는 경찰인력은 더욱 감소하게 된다.

해설

경찰관 1인이 담당해야 할 인구가 증가함에 따라 경찰인력의 부족현상이 더욱 심화되고 있다.

52

치안서비스 공동생산에 대한 설명으로 옳지 않은 것은?

① 경찰의 역할증대와 더불어 민간의 참여를 활성화시키려는 움직임의 일환이다.
☑ 경찰이 치안서비스의 공급자이고 시민이 수혜자라는 접근에서 시작한다.
③ 민간경비분야를 치안서비스 공동생산의 주체로 인식한다.
④ 주민신고체제의 확립, 금융기관 방범시설의 확충 등이 치안서비스 공동생산의 예이다.

해설

치안서비스의 공동생산이론은 경찰이 치안서비스의 공급자이고, 시민은 수혜자라는 접근에서 탈피하여 치안서비스의 생산에 시민들을 적극적으로 참여시켜야 한다는 접근법을 취하고 있다.

53

다음의 경우에 해당하는 치안서비스 공동생산의 유형은? 기출 14

> 시민 A는 이웃감시활동, 시민자율순찰대와 같은 주민들이 공동으로 펼치는 자율방범활동에 참여하였다.

① 개인적, 소극적 공동생산
② 개인적, 적극적 공동생산
③ 집단적, 소극적 공동생산
✔ 집단적, 적극적 공공생산

해설
시민 A는 적극적으로 참여하여 집단적으로 자율방범활동을 실시한 경우이다.

54

개인적 차원에서 자신과 가족의 안전에 대한 예방활동을 하는 것을 말하며, 방범장비의 휴대, 각종 첨단경보장치의 설치, 귀가 중인 자녀의 안전을 위한 마중 등과 같이 개인적으로 이루어지는 자율방범활동은 치안서비스 공동생산의 유형 중 어느 유형에 속하는가?

✔ 개별적 · 소극적 공동생산(제Ⅰ유형)
② 개별적 · 적극적 공동생산(제Ⅱ유형)
③ 집단적 · 소극적 공동생산(제Ⅲ유형)
④ 집단적 · 적극적 공동생산(제Ⅳ유형)

해설
설문은 개별적 · 소극적 공동생산에 속하는 자율방범활동에 대한 내용이다.

55

치안서비스 공동생산의 유형 중 제Ⅳ유형(집단적 · 적극적 자율방범활동)에 대한 설명을 모두 고른 것은?

> ㄱ. 시민자율순찰대 활동
> ㄴ. 주민공동의 경비원 고용
> ㄷ. 목격한 범죄행위 신고 · 증인 행위
> ㄹ. 이웃안전감시단 활동

① ㄱ, ㄹ ✓
② ㄱ, ㄷ
③ ㄴ, ㄹ
④ ㄴ, ㄷ

[해설]
제시된 내용 중 집단적 · 적극적 자율방범활동에 해당하는 것은 ㄱ과 ㄹ이다. ㄴ은 제Ⅲ유형, ㄷ은 제Ⅱ유형에 해당한다.

56

민 · 경 협력 범죄예방에 관한 다음 내용에 해당하는 것은? [기출 22]

> 경찰이 방범활동에 대한 주민의 의견을 직접 들어 치안활동에 반영하는 것으로 치안행정상 주민참여와 관련이 있다.

① 아동안전지킴이
② 자율방범대
③ 방범리콜제도 ✓
④ 경찰홍보

[해설]
③ (○) 제시문은 방범리콜제도에 관한 설명에 해당한다.
① (×) 아동안전지킴이 제도는 아동의 범죄피해 방지를 위해 경찰청 주관으로 전국에서 운영되고 있는 협력치안 프로그램이다.
② (×) 자율방범대는 자원봉사자를 중심으로 지역주민이 지역단위로 조직하여 관할 지구대와 상호 협력관계를 갖고 방범활동을 하는 자율봉사 조직이다.
④ (×) 경찰홍보는 경찰이 하는 일을 국민과 쌍방향 커뮤니케이션을 통해 널리 알림으로써 경찰에 대한 신뢰와 지지를 확보하기 위한 제반활동이다.

57

다음 중 민경협력방범체제의 발전방안에 대한 내용으로 옳지 않은 것은?

① 자율방범운용 활성화 - 지역사회 경찰활동의 도입, 중개식 전화점검 실시
② 범죄신고망제도 운용개선 - 컴퓨터 자동신고망 설치확대, 이웃간 비상벨 설치확대, 112전화 활용
❸ 금융기관 자율방범 역량강화 - 방범책임자의 지정, 방범취약요소의 보완의무 부과, 금융기관 직원에 대한 방범교육
④ 방범단체 지도·육성 - 경비협회와 협조체제 유지, 청소년보호위원회·청년회 등의 운용활성화

해설

금융기관 자율방범 강화책으로 CCTV 등의 방범시설을 완비, 자율방범의 책임자 지정, 방범교육의 강화 등이 있다. 방범취약요소의 보완의무 부과는 강제적 조치로서 주민의 자발적 참여의 측면에는 적절하지 못하다 할 것이다. ★

58

경찰이 긴밀한 지역사회관계를 형성하기 위해서는 주민들의 불만에 적절히 대처하고 해소시키는 노력이 중요한데, 다음 중 경찰이 주민들의 의견수렴을 위해 발족시킨 기구로 보기 어려운 것은?

① 경찰서 행정발전위원회
❷ 경찰위원회
③ 민원봉사실
④ 치안행정협의회

해설

오늘날은 범죄발생 이전에 범죄예방 측면이 강조되고 있다. 따라서 지역경찰인 방범경찰의 중요성이 대두되고 있는데 지역경찰이 충분치 않으므로 지역사회공동체의 모든 분야와 협력하여 범죄예방과 범죄로부터 피해를 줄이는 것에 주안점을 두는 것이 지역사회 경찰활동이므로 상대적으로 볼 때 지역성이 적은 경찰위원회가 정답이 된다(경찰위원회는 중앙에 있다).

59

경찰업무의 민영화에 대한 설명으로 가장 옳은 것은? 기출문제

☑ 비범죄적이고 경찰의 보조적 업무성격을 가지는 분야를 민간경비분야로 이관시키는 것
② 주민들에게 강제적인 동원으로 방범순찰대를 형성하는 것
③ 경찰관이 일과 후 경비회사에서 부업하는 것
④ 범죄행위를 민간차원에서 수사하는 행위

해설
① (○) 경찰업무의 민영화에 대한 내용으로 옳다.
② (×) 주민들의 자발적인 참여로 방범순찰대를 형성하는 것이다.
③ (×) 경찰관은 국가공무원법상 겸직, 즉 부업을 할 수 없다.
④ (×) 민간경비원은 민간인의 신분으로 범죄수사를 할 수 없다.

60

민경협력방범체제의 발전방안으로서 틀린 것은?

① 범죄신고망 제도의 운영개선
☑ 금융기관에 경찰관 배치
③ 자율방범운영의 활성화
④ 지역사회 경찰활동의 도입

해설
금융기관에 경찰관을 배치하는 것은 전통적 경찰활동의 패러다임을 말하며, 오늘날은 범죄발생 이후 범죄예방을 강조하는 시점에서 지역경찰의 부족 등으로 인한 민경협력방범(지역사회 경찰활동)의 차원에서는 금융기관 등도 자율적으로 방범체계(CCTV 설치 등, 청원경찰배치 등)를 구축·강화하여 경찰과 협력해야 할 것이다. ★

61

방범리콜제도에 대한 설명으로 거리가 먼 것은?

① 일선기관의 권한과 재량의 폭이 넓어져야만 효과적으로 활용할 수 있다.
② 고객지향행정의 최종목표는 고객이 만족하는 행정서비스의 제공에 있다.
③ 잘못된 행정서비스에 대한 불만제기권을 시민에게 부여하고 이를 시정하는 장치이다.
❹ 행정과정에의 주민참여와는 관계가 없다.

[해설]
방범리콜제도는 행정과정에의 주민참여와 관계가 깊다. 방범리콜제도는 방범활동과 관련한 주민의 건의사항을 방범시책에 반영함으로써 주민의 치안참여를 확대하기 위한 제도라 볼 수 있다.

62

다음 설명 중 틀린 것은? 기출 08

① 범죄예방이란 범죄를 미연에 방지하는 것으로 범죄가 발생하지 않도록 미리 그 원인을 제거하고 피해 확대를 방지하는 활동을 말한다.
❷ 최근 경찰은 지구대 도입을 통해 경찰의 인력 부족 문제를 해결하였다.
③ 방범경찰은 광의로는 공공의 안녕과 질서유지, 범죄예방 등 모든 경찰활동을 말하는 것으로 생활안전이라는 개념에 포함시킬 수 있다.
④ 방범리콜제도는 치안행정상 주민참여와 관련이 있다.

[해설]
경찰의 인력 부족 문제는 여전히 해결되지 않은 상태이다.

1 민간경비의 유형
2 경비원 교육 등
3 경비원 직업윤리
4 경비위해요소 분석과 조사업무

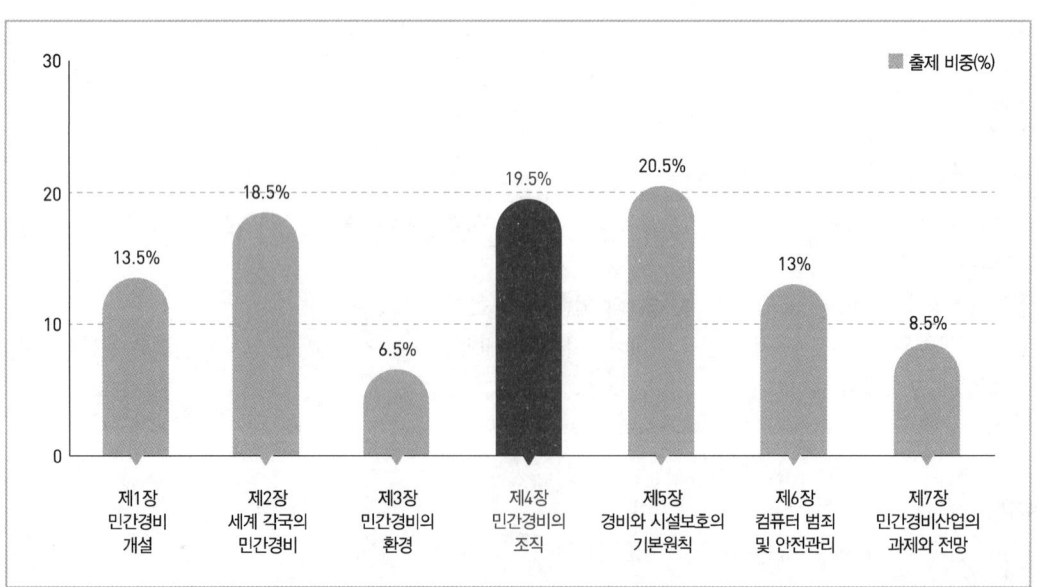

CHAPTER 04
민간경비의 조직

CHAPTER 04 민간경비의 조직

1 민간경비의 유형

01
CHECK ☐△✕

자체경비와 계약경비에 관한 설명으로 옳지 않은 것은? 기출 24

① 자체경비는 계약경비보다 자신을 고용한 회사나 고용주에 대한 충성도가 상대적으로 높다.
② 자체경비는 계약경비보다 결원의 보충 및 추가인력의 배치가 상대적으로 어렵다.
③ 계약경비는 자체경비보다 상대적으로 전문성이 높다.
❹ 계약경비는 자체경비보다 정해진 절차에 따라 소신 있는 경비업무수행이 상대적으로 곤란하다.

[해설]
④ (✕) 계약경비원은 고용주(사용자)를 의식하지 않고 소신껏 경비업무를 수행할 수 있고, 자체경비원보다 고용주(사용자)의 요구에 객관적으로 응할 수 있다. <u>소신 있는 업무수행은 계약경비의 장점</u>이라고 할 수 있다.
① (O) 자체경비원은 계약경비원보다 고용주(사용자)에 대한 충성심이 더 높고, 자체경비원은 고용주에 의해 조직의 구성원으로 채용됨으로써 안정적이기 때문에 고용주로부터 업무수행능력을 인정받기를 원하며, 자기발전과 자기개발을 위한 노력을 아끼지 않는다.
② (O) 자체경비는 계약경비에 비해 해임이나 감원, 충원 등이 필요한 경우에 탄력성이 떨어진다.
③ (O) 계약경비는 고용주의 요구에 맞는 경비서비스를 제공함으로써 경비프로그램 전반에 걸쳐 전문성을 갖춘 경비인력을 쉽게 제공할 수 있다.

02

자체경비와 계약경비의 장단점에 관한 설명으로 옳지 않은 것은? 기출 21

① 계약경비는 자체경비보다 다양한 경비분야에 전문성을 갖춘 경비인력을 쉽게 제공할 수 있다.
❷ **자체경비는 신분보장의 불안정성과 저임금으로 계약경비보다 이직률이 높다.**
③ 계약경비는 경비인력의 추가 및 감축에 있어 자체경비보다 탄력적 운용이 가능하다.
④ 자체경비는 계약경비보다 고용주에게 높은 충성심을 갖는 경향이 있다.

해설

신분보장의 불안정성과 저임금으로 이직률이 상대적으로 높은 것은 계약경비이다.

핵심만콕 자체경비와 계약경비의 비교

구 분	자체경비	계약경비
장 점	• **자체경비는 계약경비에 비해 임금이 높고 안정적이므로, 이직률이 낮은 편이다.** • 시설주가 경비원들을 직접 관리함으로써 경비원들에 대한 통제를 강화할 수 있다. • **비교적 높은 급료를 받을 뿐만 아니라, 경비원에 대한 위상이 높기 때문에 자질이 우수한 사람들이 지원한다.** • **계약경비원보다 고용주에 대한 충성심이 더 높다.** • 자체경비는 고용주(사용자)의 요구에 신속하게 대처할 수 있다. • 자체경비원은 고용주에 의해 조직의 구성원으로 채용됨으로써 안정적이기 때문에 고용주로부터 업무수행 능력을 인정받기를 원하며, 자기발전과 자기개발을 위한 노력을 아끼지 않는다. • 자체경비원은 경비부서에 오래 근무함으로써 회사의 운영·매출·인사 등에 관한 지식이 높다. • 시설주의 필요에 따라 적절하게 교육·훈련과정의 효율성을 쉽게 측정할 수 있다.	• 고용주의 요구에 맞는 경비서비스를 제공함으로써 경비프로그램 전반에 걸쳐 전문성을 갖춘 경비인력을 쉽게 제공할 수 있다. • 봉급, 연금, 직무보상, 사회보장, 보험, 장비, 신규모집, 직원관리, 교육훈련 등의 비용을 절감할 수 있어 비용면에서 저렴하다(경제적이다). • **자체경비에 비해 인사관리 차원에서 결원의 보충 및 추가인력의 배치가 용이하다.** • 고용주를 의식하지 않고 소신껏 경비업무에 전념할 수 있다. • 경비수요의 변화에 따라 기존 경비인력을 감축하거나 추가적으로 고용을 확대할 수 있다. • 질병이나 해임 등으로 구성원의 업무수행상 문제가 발생했을 경우, 인사이동과 대처(대책)에 따라 행정상 문제를 쉽게 해결할 수 있다.
단 점	• 계약경비에 비해 다른 부서의 직원들과 지나치게 친밀한 관계를 형성함으로써 효과적인 직무수행을 하지 못할 수 있다. • 신규모집계획, 선발인원의 신원확인 및 훈련프로그램에 대한 개발과 관리를 자체적으로 실시하므로, 인사관리 및 행정관리가 힘들고 비용이 많이 소요된다. • **계약경비에 비해 해임이나 감원, 충원 등이 필요한 경우에 탄력성이 떨어진다.**	• **자체경비에 비해 조직(시설주)에 대한 충성심이 낮은 것이 일반적이다.** • **자체경비에 비해 급료가 낮고 직업적 안정감이 떨어지기 때문에 이직률이 높은 편이다.** • 회사 내부의 기밀이나 중요정보가 외부에 유출될 가능성이 더 높은 편이다.

03

계약경비와 자체경비에 관한 설명으로 옳은 것은? 기출 23

① 자체경비는 경비부서에서 오래 근무함으로써 회사운영, 매출, 인사 등에 관한 지식이 높아 여러 부분에서 계약경비보다 비용이 적게 든다.
② 계약경비는 자체경비에 비해 고용주나 회사에 대하여 상대적으로 충성심이 높다.
❸ **계약경비는 자체경비에 비해 비상시 인적자원을 탄력적으로 운영할 수 있다.**
④ 자체경비는 인사관리 측면에서 결원의 보충이 용이하다.

해설

③ (○) 비상시 인적자원을 탄력적으로 운영할 수 있는 것은 계약경비의 장점이다.
① (×) 자체경비의 경우 경비부서에서 오래 근무함으로써 회사운영, 매출, 인사 등에 관한 지식이 높다는 장점이 있으나, 계약경비보다는 인사관리 및 행정관리가 힘들고 비용이 많이 든다는 단점이 있다.
② (×) 자체경비가 계약경비에 비해 고용주나 회사에 대하여 상대적으로 충성심이 높다.
④ (×) 인사관리 측면에서 결원의 보충이 용이한 것은 계약경비의 장점이다.

04

자체경비와 계약경비에 관한 설명으로 옳은 것은? 기출 20

① 계약경비는 자체경비보다 상대적으로 이직률이 낮은 편이다.
❷ **계약경비는 자체경비보다 사용자의 비용부담이 상대적으로 저렴하다.**
③ 자체경비는 경비회사로부터 훈련된 경비원을 파견받아서 운용한다.
④ 계약경비는 자체경비보다 사용자에 대한 충성심이 높은 편이다.

해설

계약경비가 자체경비보다 사용자에게 비용부담 측면에서 상대적으로 저렴하다.

05

계약경비와 비교하여 자체경비의 장점으로 옳지 않은 것은? 기출 16

① 이직률이 낮은 편이다.
② 자질이 우수한 사람들이 지원한다.
③ **인사관리 및 행정관리가 용이하다.** ✓
④ 경비원 등에 대한 통제를 강화할 수 있다.

[해설]
자체경비는 신규모집계획, 선발인원의 신원확인 및 훈련프로그램에 대한 개발과 관리를 자체적으로 실시하므로, 인사관리 및 행정관리가 힘들고 비용이 많이 소모된다.

06

민간경비의 조직형태에 관한 설명으로 옳은 것은 모두 몇 개인가? 기출 15

- 자체경비는 개인 및 기관, 기업 등이 중요하다고 판단되는 자신들의 보호 대상을 보호하기 위하여 자체적으로 관련 업무를 수행할 수 있는 경비부서를 조직화하는 것이다.
- 계약경비는 개인 및 기관, 기업 등이 중요하다고 판단되는 자신들의 보호 대상을 보호하기 위하여 외부와의 계약을 통해서 경비인력 또는 경비 시스템을 도입·운영하는 것이다.
- 청원경찰은 자체경비의 일종이다.
- 현행 경비업법은 계약경비를 전제로 한 것이다.

① 1개
② 2개
③ 3개
④ 4개 ✓

[해설]
질문은 민간경비의 조직형태이지만, 실제 지문들은 자체경비와 계약경비에 관한 문제이다. 자체경비와 계약경비의 개념을 잘 나타내고 있고, 청원경찰은 기관, 시설·사업장 등이 배치하는 자체경찰로 볼 수 있으므로 자체경비의 일종이다. 또한 현행 경비업법은 도급계약을 전제로 한다. 따라서 제시된 내용은 모두 옳은 지문이므로 정답은 4개이다.★

07

계약경비서비스 유형에 관한 설명으로 옳지 않은 것은? 기출 13

① 경비업법상 기계경비는 오늘날 가장 많이 행하여지고 있는 경비유형이다.
② 순찰서비스는 고객의 시설물들을 내·외곽에서 순찰하는 형태이다.
③ 경보응답서비스는 보호하는 지역 내 설치된 경보감지장비 및 이와 연결된 중앙통제시스템과 연결되어 있다.
④ 사설탐정은 개인·조직의 정보와 관련된 서비스의 제공을 주 업무로 하는데, 현재 우리나라에서는 제도적으로 시행되고 있지 않다.

[해설]
우리나라의 경우, 기계경비가 많이 발전하였음에도 불구하고 아직까지 많은 경비업체가 인력경비 위주의 영세성을 벗어나지 못하고 있으며, 인력경비 없이 기계경비 시스템만으로는 경비활동의 목표달성이 가능한 수준에 이르지 못하고 있다.

08

계약경비와 자체경비의 장단점에 관한 내용으로 옳지 않은 것은? 기출 12

① 계약경비는 신규모집, 직원관리, 교육훈련 등에 대한 비용부담이 적은 편이다.
② 계약경비는 고용주를 의식하지 않고 소신껏 경비업무에 전념할 수 있다.
③ 자체경비는 계약경비에 비하여 임금이 높고 안정적이므로 이직률이 낮다.
④ 계약경비는 고용주의 직접적인 관리 및 통제가 유리하다.

[해설]
자체경비는 시설주가 경비원들을 직접관리함으로써 경비원들에 대한 통제를 강화할 수 있다. 따라서 자체경비는 고용주의 요구에 신속하게 대처할 수 있다.

핵심만콕 계약경비와 자체경비의 장단점★

구 분	계약경비	자체경비
장 점	• 전문성을 갖춘 인력을 쉽게 제공한다. • 인사관리에서의 비용이 절감된다. • 결원보충, 추가인력 배치가 용이하다. • 경비수요 변화에 따른 대처가 용이하다. • 질병이나 해임 등으로 구성원의 업무수행상 문제가 발생했을 경우, 인사이동과 대처(대책)에 따라 행정상 문제를 쉽게 해결할 수 있다.	• 계약경비에 비해 이직률이 낮은 편이다. • 경비원에 대한 통제를 강화할 수 있다. • 자질이 우수한 사람들이 지원한다. • 고용주에 대한 충성심이 높다. • 고용주의 요구를 신속히 반영한다. • 자기개발을 위한 노력을 다한다.
단 점	• 조직(시설주)에 대한 충성심이 낮다. • 급료가 낮고 이직률이 높은 편이다. • 외부에 정보유출 가능성이 높다.	• 인사관리가 힘들고 비용이 많이 든다. • 계약경비에 비해 해임이나 감원, 충원 등이 필요한 경우에 탄력성이 떨어진다.

09

자체경비와 계약경비에 관한 설명으로 옳지 않은 것은? 기출 10

① 자체경비는 기업체 등이 조직 내에 자체적으로 경비인력을 조직화하여 운용하는 것을 말한다.
② 계약경비는 산업시설 또는 기업시설의 경비에 있어서 경비서비스를 전문으로 하는 경비업체와 계약을 체결하여 운용하는 것을 말한다.
❸ 자체경비는 비상사태에 있어서 인적 자원의 탄력적인 운영이 가능하다.
④ 자체경비는 계약경비에 비해 사용자에게 높은 충성심을 갖는다.

[해설]
비상사태에 있어서 인적 자원의 탄력적인 운영이 가능한 것은 계약경비이다.

10

자체경비와 계약경비의 선택기준 중 가장 중요한 것은? 기출 06

① 경비에 사용되는 인력의 비교
② 경비에 사용되는 장비의 비교
③ 경비에 사용되는 경비(經費)의 비교
❹ 경비가 요구되는 경비 특성의 검토

[해설]
자체경비와 계약경비의 선택기준 중 가장 중요한 것은 경비가 요구되는 경비 특성의 검토이다.

11

기업에서 자체경비조직의 유지 및 기능 확장의 필요성을 평가할 때 고려사항이 아닌 것은? 기출 06

① 경비안전의 긴급성
② 예상되는 경비활동
③ 회사성장의 잠재성
❹ 경비회사와의 협력체제

[해설]
경비회사와의 협력체제는 고려사항이 아니다.

12

다음 중 계약경비서비스의 장점이 아닌 것은? 기출 04

① 고용주의 요구에 맞는 경비서비스를 제공함으로써 경비프로그램 전반에 걸쳐 전문성을 갖춘 경비인력을 쉽게 제공할 수 있다.
❷ 시설주가 경비원들을 직접 관리함으로써 경비원 등에 대한 통제를 강화할 수 있다.
③ 계약경비는 고용, 훈련, 보험 등의 비용을 절감할 수 있어 비용 면에서 저렴한 장점을 갖는다.
④ 구성원 중에 질병이나 해임 등으로 인해 업무수행상의 문제가 발생했을 때 인사이동과 대처에 따른 행정상의 문제를 쉽게 해결할 수 있다.

해설
계약경비원들은 임금을 사용자가 아닌 자신의 회사로부터 직접 받기 때문에 사용자들과 특별한 인간관계를 요하지 않고, 사용자를 의식하지 않으며, 소신껏 경비업무에 임할 수 있는 장점이 있다. ②는 자체경비서비스의 장점이다.

13

자체경비에 대한 설명으로 옳은 것은? 기출문제

① 자체경비의 운영은 계약경비에 비해 봉급, 연금, 직무보상, 사회보장, 보험, 장비, 교육훈련 등에서 보다 비용이 적게 든다.
② 계약경비에 비해 인사관리 차원에서 결원의 보충 및 추가인력의 배치가 용이하다.
❸ 계약경비에 비해 다른 부서의 직원들과 지나치게 친밀한 관계를 형성함으로써 효과적인 직무수행을 하지 못할 수 있다.
④ 계약경비에 비해 조직에 대한 충성심이 낮은 것이 일반적이다.

해설
계약경비원들은 임금을 사용자가 아닌 자신의 회사로부터 직접 받기 때문에 사용자들과 특별한 인간관계를 요하지 않고, 사용자를 의식하지 않으며, 소신껏 경비업무에 임할 수 있는 장점이 있다.

14

상주경비와 계약경비를 결정하기 이전에 맨 먼저 실시하여야 할 사항은?

☑ ① 경비실시의 필요성 측정
② 경비인력의 규모 측정
③ 경비인력의 자질 측정
④ 고객과의 경비비용 산출

해설

상주경비는 해당 조직(사업장)이 자체적으로 경비부서를 조직하고 경비활동을 지시하는 것이고, 계약경비는 용역의뢰인과 전문용역업체가 계약을 통해 경비서비스를 업무를 제공하는 형태이다. 따라서 이러한 경비는 많은 비용이 소요되므로 먼저 경비실시의 필요성이 측정되어야 한다.

15

필요한 경비인력을 직접 고용하거나 경비회사에서 파견된 인력을 시설물의 특성에 맞게 독자적으로 운영하는 경비서비스는?

① 회사경비서비스
② 용역경비서비스
③ 계약경비서비스
☑ ④ 자체경비서비스

해설

당해 조직이 자체적으로 경비부서를 조직하고 경비활동을 실시하는 경비형태는 자체경비이다.

16

기계경비의 장·단점에 관한 설명으로 옳지 않은 것은? 기출 23

☑ 기계경비를 운영하는 경우 잠재적 범죄자에 대한 예방 효과는 미미하다.
② 장기적으로 경비 소요비용의 절감효과를 가져온다.
③ 기계경비를 너무 맹신하였을 때 범죄자에게 역이용될 가능성이 있다.
④ 외부 침입을 정확하게 탐지하고 신속하게 대응할 수 있다.

해설
기계경비를 운영하는 경우 잠재적 범죄자에 대한 예방 효과(경고 효과)가 크다.

17

인력경비와 기계경비에 관한 설명으로 옳은 것은? 기출 22

① 인력경비는 넓은 장소를 효과적으로 감시할 수 있다.
② 기계경비는 고객과의 친밀한 관계형성이 용이하다.
③ 인력경비는 장기적으로 경비비용의 절감 효과가 있다.
☑ 기계경비는 유지보수에 전문인력이 요구된다.

해설
④ (○) 기계경비의 단점에 관한 설명으로 옳다.
① (×) 기계경비의 장점에 해당한다.
② (×) 인력경비의 장점에 해당한다.
③ (×) 기계경비의 장점에 해당한다.

18

기계경비의 단점에 관한 설명으로 옳지 않은 것은? 기출 22

☑ 24시간 지속적으로 감시할 수 있다.
② 고장 시 신속한 대응이 어렵다.
③ 오경보 및 허위경보의 위험성이 크다.
④ 초기 설치비용이 많이 든다.

해설
24시간 지속적으로 감시할 수 있다는 것은 기계경비의 장점에 해당한다.

19

CHECK ○ △ ×

기계경비의 장점에 관한 설명으로 옳지 않은 것은? 기출 21

① 장기적으로 운영비용의 절감효과를 기대할 수 있다.
② 화재예방과 같은 다른 예방시스템과 통합운용이 가능하다.
③ 24시간 동일한 조건으로 지속적 감시가 가능하다.
❹ 기계경비를 잘 아는 범죄자에게 역이용당할 우려가 있다.

해설

④는 기계경비의 단점에 관한 설명이다.

핵심만콕 인력경비와 기계경비 ★

구 분	인력경비	기계경비
장 점	• 경비업무 이외에 안내, 질서유지, 보호·보관업무 등을 하나로 통합한 통합서비스가 가능 • 인력이 상주함으로써 현장에서 상황이 발생했을 때 신속한 조치가 가능 • 인적 요소이기에 경비업무를 전문화할 수 있고, 고용창출 효과와 고객접점서비스 효과가 있음	• 24시간 경비가 가능 • 장기적으로 소요비용이 절감되는 효과가 있음 • 감시지역이 광범위하고 정확성을 기할 수 있음 • 시간적 취약대인 야간에도 효율성이 높아 시간적 제약을 적게 받음 • 화재예방시스템 등과 동시에 통합운용이 가능 • 강력범죄와 화재, 가스 등으로 인한 인명사상을 예방하거나 최소화할 수 있음 • 기록장치에 의해 사고발생 상황이 저장되어 증거보존의 효과와 책임한계를 명확히 할 수 있음 • 오작동(오경보)률이 낮을 경우 범죄자에게는 경고의 효과가 있고, 사용자로부터는 신뢰를 얻을 수 있음
단 점	• 인건비의 부담으로 경비에 많은 비용이 소요 • 사건이 발생했을 때 인명피해의 가능성이 있음 • 상황연락이 신속하게 이루어지지 않아 사건의 전파에 장애가 발생 • 야간에는 경비활동의 제약을 받아 효율성이 감소 • 경비원이 저임금, 저학력, 고령일 경우 경비의 질 저하가 우려	• 사건 발생 시 현장에서의 신속한 대처가 어려우며, 현장에 출동하는 시간이 필요 • 최초의 기초 설치비용이 많이 소요 • 허위경보 및 오경보 등의 발생률이 비교적 높음 • 전문인력이 필요하며, 유지보수에 비용이 많이 소요 • 고장 시 신속한 대처가 어려움 • 방범 관련 업무에만 가능하며, 경비시스템을 잘 알고 있는 범죄자들에게 역이용당할 우려가 있음

20

기계경비의 장점에 관한 설명으로 옳지 않은 것은? 기출 20

① 24시간 지속적인 감시가 가능하다.
② 장기적으로는 운용비용의 절감효과가 있다.
❸ **사건 발생 시 현장에서의 신속한 대처가 용이하다.**
④ 야간에는 경비의 효율성이 더욱 증대된다.

해설

사건 발생 시 현장에서 신속한 대처가 용이한 것은 인력경비이다.

21

기계경비의 단점에 관한 설명으로 옳지 않은 것은? 기출 19

① 오경보로 인한 불필요한 출동은 경찰력 운용의 효율성에 장애요인이 된다.
❷ **야간에는 경비활동의 제약을 받아 효율성이 저하된다.**
③ 오경보 방지를 위한 유지·보수에 많은 비용이 발생한다.
④ 계약상대방에게 기기 사용요령 및 운영체계 등에 관하여 설명해야 하는 번거로움이 있다.

해설

야간에 경비활동의 제약을 받아 효율성이 저하되는 것은 인력경비의 단점이다.

22

주체에 따른 경비업무의 유형 중 성격이 다른 하나는? 기출 18

① 상주경비
❷ **무인기계경비**
③ 신변보호경비
④ 순찰경비

해설

민간경비의 유형을 주체에 따라 분류하면 인력경비와 기계경비로 분류할 수 있다. 인력경비는 다시 상주경비, 순찰경비, 요인경호(신변보호경비), 혼잡경비로 구분되고, 기계경비는 무인기계경비와 혼합경비로 구분할 수 있다.

23

기계경비와 인력경비에 관한 설명으로 옳지 않은 것은? 기출 17

① 기계경비는 순수무인기계경비와 혼합기계경비 두 종류로 나눌 수 있다.
② CCTV를 통한 불법침입자 감지는 기계경비의 대표적인 사례라고 할 수 있다.
❸ 인력경비는 야간 경비활동의 효율성이 증가하는 장점이 있다.
④ 일정구역을 정기적으로 순찰하여 범죄 등으로부터 고객의 인적·물적 안전을 확보하는 경비활동은 인력경비의 일종이다.

해설
③은 기계경비에 대한 설명이다. 기계경비는 시간적 취약대인 야간에는 더욱 경비효율이 증대된다.

24

인력경비와 비교하여 기계경비의 장점으로 옳지 않은 것은? 기출 16

① 인명피해를 예방할 수 있다.
② 장기적으로 비용절감 효과를 가져올 수 있다.
③ 잠재적인 범죄자 등에 대해 경고 효과가 크다.
❹ 상황 발생 시 현장에서 신속하게 대응할 수 있다.

해설
기계경비는 상황 발생 시 현장에서의 신속한 대처가 어려우며, 현장에 출동하는 시간이 필요하다는 단점이 있다.

25

기계경비에 관한 장·단점으로 옳은 것은? 기출 15

① 유지보수에 적지 않은 비용과 전문인력이 요구된다.
② 단기적으로 설치비용이 적게 든다는 장점이 있다.
③ 시간적 취약대인 야간에 경비효율이 현저히 감소한다고 볼 수 있다.
④ 감시장치의 경우 감시기록유지가 어려워 사후에 범죄의 수사 단서로 활용하기 어렵다.

해설

① (O) 유지보수에 적지 않은 비용과 전문인력이 요구되는 것은 기계경비의 단점에 해당한다.
② (×) 단기적으로 설치비용이 많이 드나, 장기적으로 소요비용이 절감된다.
③ (×) 시간적 취약대인 야간에도 기계경비시스템이 작동하기 때문에 경비효율이 높다. 24시간 감시가 가능하다.
④ (×) 감시장치의 경우 감시기록유지가 용이하므로 사후에 범죄의 수사 단서로 활용하기 쉽다.

26

기계경비시스템에 관한 설명으로 옳지 않은 것은? 기출 14

① 기계경비업자는 경비대상시설에 관한 경보를 수신한 때에는 신속하게 그 사실을 확인하는 등 필요한 대응조치를 취하여야 하며, 이를 위한 대응체제를 갖추어야 한다.
② 기계경비업자는 관제시설 등에서 경보를 수신한 때에는 경보를 수신한 때부터 늦어도 20분 이내에는 도착시킬 수 있는 대응체제를 갖추어야 한다.
③ 기계경비시스템의 구성요소는 경비대상시설, 관제시설, 기계경비원(관제경비원, 출동경비원) 등이다.
④ 기계경비시스템의 운용목적은 도난·화재 등 위험에 대한 예방 및 대응이라고 할 수 있다.

해설

기계경비업무를 수행하는 경비업자(기계경비업자)는 관제시설 등에서 경보를 수신한 때에는 경보를 수신한 때부터 늦어도 25분 이내에는 도착시킬 수 있는 대응체제를 갖추어야 한다(경비업법 시행령 제7조).

27

기계경비에 관한 설명으로 옳지 않은 것은? 기출 17

① 장기적으로 볼 때 운영비용의 절감효과를 기대할 수 있다.
❷ 적용대상은 상주경비, 요인경호, 혼잡경비 등이다.
③ 화재예방과 같은 다른 예방시스템과 통합적 운용이 가능하다.
④ 기계경비시스템의 3대 기본요소는 불법침입에 대한 감지 및 경고, 침입정보의 전달, 침입행위에 대한 대응이다.

해설

상주경비, 요인경호, 혼잡경비 등은 인력경비의 대표적인 적용대상에 해당한다. 인력경비란 인력을 통해 각종 위해(범죄·화재·재난)로부터 인적·물적 가치를 보호하는 경비를 말하는 것으로서 경비기기를 수단으로 하는 기계경비와 구분된다.

28

기계경비시스템의 범죄 대응과정에 관한 설명으로 옳은 것은? 기출 15

❶ 경찰관서에 직접 연결하는 경비시스템의 오작동은 경찰력의 낭비가 발생할 수 있다.
② 대처요원에게 신속하게 연락하며, 각종 물리적 보호장치가 작동되도록 하는 것은 침입에 대한 정보전달과정이다.
③ 경비업법령상 관제시설에서 경보를 수신한 경우 늦어도 30분 이내에 도착할 수 있는 대응체계를 갖추어야 한다.
④ 기계경비시스템은 '불법 침입에 대한 감지 및 경고 → 침입에 대한 대응 → 침입정보의 전달'과정을 거친다.

해설

① (O) 경비시스템의 오작동으로 경찰력의 낭비가 발생하지 않도록 각종 기기를 관리하여야 한다.
② (×) 대처요원에게 신속하게 연락하고 각종 물리적 보호장치가 작동되도록 하는 것은 침입에 대한 대응과정이다.
③ (×) 늦어도 25분 이내에는 도착시킬 수 있는 대응체제를 갖추어야 한다(경비업법 시행령 제7조).
④ (×) 기계경비시스템은 불법 침입에 대한 감지 및 경고 → 침입정보의 전달 → 침입에 대한 대응 과정을 거친다.

29

기계경비 오경보의 폐해에 관한 설명으로 옳지 않은 것은? 기출 14

① 실제 상황이 아님에도 불구하고 기계장치의 자체결함, 이용자의 부적절한 작동, 미세한 환경변화 등에 민감하게 작동하는 경우가 있다.
② 오경보로 인한 헛출동은 경찰력 운용의 효율성에 장애가 되고 있다.
③ 오경보를 방지하기 위한 유지·보수에도 적지 않은 비용이 들며, 이를 위해 전문인력이 투입되어야 한다.
❹ 오경보를 줄이기 위하여 경찰청은 경찰관서에 직접 연결하는 기계경비시스템의 운용을 확대하도록 감독명령을 발령하였다.

해설

경찰청장 감독명령 제2012-1호, 제2013-1호, 제2017-1호는 「경비업법」상의 기계경비업자와 기계경비업체에 선임된 기계경비지도사를 대상으로 기계경비업체의 오경보로 인한 불필요한 경찰신고를 방지하고 기계경비업체의 출동대응 등 의무를 명확히 하여 기계경비업의 건전한 발전을 도모함을 목적으로 발령되었으며, 이 감독명령에는 선별신고제도(확인신고와 긴급신고)와 기계경비업자의 의무 등이 포함되어 있다. 참고로 감독명령 제2012-1호는 제2013-1호의 발령으로, 감독명령 2013-1호는 제2017-1호의 발령으로 각각 폐지되었다.★

30

인력경비와 비교하여 기계경비의 장점으로 볼 수 없는 것은? 기출 14

① 장기적으로 비용절감 효과를 가져 올 수 있다.
② 넓은 장소를 효과적으로 감시할 수 있다.
③ 24시간 동일한 조건으로 지속적인 감시가 가능하다.
❹ 고객과의 친밀한 관계형성이 용이하다.

해설

기계경비는 기계경비시스템을 통하여 각종 위해(범죄, 화재, 재난)로부터 인적·물적 가치를 보호하는 경비시스템을 말하기 때문에 고객과의 접촉가능성이 낮고 관계형성이 용이하지 않다.

31

기계경비에 관한 설명으로 옳지 않은 것은? 기출 13

① **과학기술의 발달로 오경보 문제가 해결되었다.**
② 화재예방과 같은 다른 예방시스템과 통합적 운용이 가능하다.
③ 인력경비에 비해 사건 발생 시 현장에서의 신속한 대처가 어렵다.
④ 인력경비에 비해 외부환경에 영향을 받지 않고 감시가 가능하다.

해설
과학기술이 발달하기는 했으나 아직까지 허위경보 및 오경보 등의 발생률이 비교적 높다.

32

기계경비의 특징으로 볼 수 없는 것은? 기출 12

① 24시간 감시가 가능하다.
② **감시지역이 광범위하기 때문에 정확성을 기할 수 없다.**
③ 장기적으로 볼 때 운영비용의 절감효과를 기대할 수 있다.
④ 화재예방과 같은 다른 시스템과 통합적으로 운용이 가능하다.

해설
감시지역이 광범위하고 정확성을 기할 수 있다는 것이 기계경비의 특징이다.

핵심만콕 기계경비의 특징
- 24시간 경비가 가능하다.
- 장기적으로 소요비용이 절감되는 효과가 있다.
- 감시지역이 광범위하고 정확성을 기할 수 있다.
- 시간적 취약대인 야간에도 효율성이 높아 시간적 제약을 적게 받는다.
- 화재예방시스템 등과 동시에 통합운영이 가능하다.

33

절도, 화재, 분실, 파괴, 기타 범죄 내지 피해로부터 개인이나 기업의 인적·물적 안전을 확보하기 위한 노동집약적 경비활동은? 기출 12

① 상주경비
② 혼잡경비
✅ ③ 인력경비
④ 기계경비

해설

인력경비는 화재, 절도, 분실, 파괴 등 기타 범죄 내지 피해로부터 기업의 인적·물적 안전을 확보하기 위하여 경비원 등 인력으로 경비하는 것을 말한다. 인력경비의 종류로는 상주경비, 순찰경비, 요인경호, 혼잡경비가 있다.

34

기계경비에 관한 설명으로 옳지 않은 것은? 기출 10

① 인력경비보다 경제적
② 사고 발생 시 인명피해를 줄임
✅ ③ 현장에서의 신속한 조치가 가능
④ 사고현장의 기록이 용이

해설

기계경비는 현장에서의 신속한 대처(조치)가 어려우며 현장에 출동하는 시간이 필요하다. 반면, 인력경비는 현장에서의 신속한 대처가 가능하다.

35

순찰경비요원은 감독자 책임하에 있는 노선과 구역을 따라 순찰을 실시하고 순찰에 필요한 여러 가지 절차와 정책을 충분히 숙지하고 있어야 한다는 것은 경비원의 고용절차 중 어느 것에 해당하는가?

① 경비원의 의무
✅ ② 경비담당구역과 순찰
③ 경비원의 자질
④ 경비원의 교육훈련

해설

설문은 경비담당구역과 순찰에 대한 내용이다.

36

순찰경비에 관한 설명으로 옳지 않은 것은? 기출 21

① **복수순찰은 단독순찰에 비해 인원의 경제적 배치가 가능하고 여러 지역을 분산하여 순찰할 수 있다.**
② 난선순찰은 경비원의 판단에 따라 경로를 선택하는 순찰이다.
③ 자동차순찰은 넓은 지역을 신속하게 순찰할 수 있다.
④ 실내순찰은 순찰경로가 경비대상시설의 내부로 한정되는 순찰이다.

[해설]
순찰경비는 인력경비의 종류 중 하나로, 정기적으로 일정 구역을 순찰하여 범죄 등으로부터 고객의 안전을 확보하거나, 도보나 차량을 이용하여 정해진 노선을 따라 시설물의 상태를 점검하는 경비활동을 말한다. 순찰경비는 순찰인원 수에 따라 단독순찰과 복수순찰로 구분되는데, 복수순찰은 2인 이상이 팀을 이루어 순찰하므로, 여러 지역을 분산하여 순찰하거나 다수의 범죄자에 대한 대처가 가능하다는 장점이 있으나, 단독순찰보다 경제적 부담이 크다는 단점이 있다.

37

순찰경비요원은 안정된 성격의 소유자이어야 하며, 적절한 판단을 할 수 있는 풍부한 역량을 지녀야 한다는 것은 경비원의 고용절차의 내용 중 어느 것에 해당하는가?

① 경비원의 의무
② 경비담당구역과 순찰
③ **경비원의 자질**
④ 경비원의 교육훈련

[해설]
설문은 경비원의 자질에 대한 내용이다.

38

경비원의 순찰업무에 대한 설명으로 틀린 것은? 기출문제

① 예비인력은 고정배치, 근무자나 순찰근무자의 경비수행업무상 필요한 지원사항들을 신속하게 처리하기 위해 확보해 둔다.
❷ **예비인력은 휴식시간에도 특별한 사항이 없으면 순찰자와 함께 주기적으로 순찰활동을 수행한다.**
③ 도보나 차량을 이용하여 정해진 순찰노선을 따라 경비구역 및 시설물의 상태를 점검한다.
④ 경우에 따라서는 창고지역, 야외보관소 주변에 있는 울타리를 순찰한다.

해설
예비인력은 특별한 상황이 없으면 휴식을 취하면서 대기해야 한다.

39

다음 경비원의 경비순찰활동 중 건물의 출입구나 로비 등 특히 위험하다고 판단되는 곳에서 경비업무를 실시하는 경비형태는?

① 순찰근무
❷ 고정근무
③ 예비근무
④ 상근근무

해설
건물의 출입구나 로비 등 특히 위험하다고 판단되는 지역에서 실시하는 경비업무 형태는 고정근무이다.

핵심만콕 경비원의 경비순찰활동 형태
• 고정근무 : 시설물 내외의 인적·물적 가치 보호, 일반시설·고층빌딩·금융시설 등의 건물의 출입구나 로비 등 특히 위험하다고 판단되는 지역의 경비업무 형태
• 순찰근무 : 도보나 순찰 차량으로 1인 또는 팀으로 근무지역 내에서 정해진 코스를 순찰하는 형태

40

다음 중 인력경비의 적용대상에 해당하는 것은?

① **순찰경비**
② 침입정보의 전달
③ 불법침입에 대한 감지
④ CCTV의 운용

해설
인력경비의 적용대상(종류)은 상주경비, 순찰경비, 요인경호, 혼잡경비이다.

41

기계경비에 관한 설명으로 옳지 않은 것은? 기출 09

① 장기적으로 볼 때 운영비용의 절감효과를 기대할 수 있다.
② 현장에서의 신속한 대처가 어려우며 현장에 출동하는 시간이 필요하다.
③ 화재예방과 같은 다른 예방시스템과 통합적 운용이 가능하다.
④ **과학기술의 발달로 그동안 문제시되었던 오경보 문제는 대부분 해결되었다.**

해설
허위경보 및 오경보 등의 발생률이 비교적 높다.

42

다음 중 우리나라의 인력경비와 기계경비의 실정에 대한 설명으로 틀린 것은? 기출 06

① 아직까지 많은 경비업체가 인력경비 위주의 영세성을 벗어나지 못하고 있는 부분도 있다.
② 인력경비 없이 기계경비시스템만으로도 경비활동의 목표달성이 가능한 수준에 이르고 있다.
③ 이들 양자 가운데 어디에 비중을 둘 것인가 하는 문제는 경비대상의 특성과 관련된다.
④ 최근 선진국과 기술제휴 등을 통한 첨단 기계경비시스템의 개발뿐만 아니라 국내 자체적으로도 새로운 기술이 개발되고 있다.

[해설]
우리나라의 경비는 기계경비보다 인력경비가 많은 경향이다. 따라서 인력경비 없이 기계경비시스템만으로는 경비활동의 목표달성이 쉽지 않다.

43

기계경비시스템의 3대 기본구성요소에 포함되지 않는 것은? 기출 04

① 불법침입에 대한 감지
② 침입정보의 전달
③ 침입행위의 대응
④ 광범위한 감시효과

[해설]
기계경비란 기계경비시스템을 통하여 각종 위해(범죄·화재·재난)로부터 인적·물적 가치를 보호하는 경비로, 3대 구성요소에는 불법침입에 대한 감지 - 침입정보의 전달 - 침입행위의 대응을 들 수 있다.

44

인력경비와 기계경비에 관한 설명 중 틀린 것은? 기출수정

① 인력경비는 현장에서 사건 발생 시 신속한 대응조치가 가능하다.
② 기계경비는 주로 방범 관련 업무에서 가능하며, 범죄자들에게 역이용당할 우려가 있다.
③ 인력경비는 야간의 경우 경비활동에 제약을 받는다.
❹ 기계경비는 화재예방시스템 등과는 통합운용이 어렵다.

해설

기계경비는 화재예방시스템 등과 동시에 통합운용이 가능하다는 장점이 있다.

> **핵심만콕** 인력경비와 기계경비
>
> 경비는 경비의 수단에 따라 인력경비와 기계경비로 구분할 수 있다. 기계경비는 경비기기에 의존하여 이루어지는 경비활동을 말하며, 사람에 의해 직접적으로 이루어지는 인력경비와 대비된다. 즉, 경비기기를 수단으로 하여 경비업무를 효과적으로 수행할 수 있게 하는 역할을 한다. 침입행위를 막기 위해 물리적 보호장치를 설치하거나 벽이나 울타리, 출입문, 창문 등과 같은 곳에 침입방지장치를 설치하여 범행이 진행되고 있다는 것을 경고하여 범행을 예방하거나 조기에 조치를 취할 수 있다.

45

다음 중 시설물의 경비를 기계경비회사에 위탁하는 목적은?

① 사용자의 인명보호
② 사용자의 재산보호
❸ 기업의 원가절감
④ 시설물의 화재예방

해설

시설물에 기계경비를 설치하는 가장 큰 목적은 상주경비 인원의 감축으로 인한 기업의 대폭적인 원가절감이다.

46

경비요원들의 활동형태가 아닌 것은?

① 고정근무
② 순찰업무
③ 예비대
❹ 기동타격업무

해설
경비요원들의 활동 형태로는 고정근무, 순찰업무, 예비대가 있다.

47

주거시설경비에 대한 설명 중 틀린 것은? 기출 08

① 최근에는 방범, 구급안전, 화재 등으로부터 보호하기 위한 주택용 방범기기의 수요가 급속히 증가하고 있다.
❷ 주거시설경비는 점차 기계경비에서 인력경비로 변화하고 있다.
③ 주거침입의 예방대책은 건축 초기부터 설계되어야 한다.
④ 타운경비는 일반 단독주택이나 개별 빌딩 단위가 아닌 대규모 지역단위의 방범활동이다.

해설
주거시설경비는 점차 인력경비에서 기계경비로 변화하고 있다.

48

다음 중 숙박시설 경비요령으로 틀린 것은? 기출 04

① 순찰 중 시설점검, 범죄예방, 화재점검, 기타 비상사태 점검 등을 실시한다.
② 경비원들에게 열쇠통제와 고객 사생활보호 교육을 실시한다.
❸ 내부 자체적인 경비보다는 외부 및 주변에서 발생할 수 있는 문제점을 중시한다.
④ 경비원의 규모는 객실 수, 건물의 크기를 고려한다.

해설

외부 및 주변에서 발생할 수 있는 문제점도 중시해야 하나, 내부 자체적인 경비도 중시해야 한다.

49

국가중요시설경비에 관한 설명으로 옳지 않은 것은? 기출 19

① 국가중요시설이란 공공기관, 공항・항만, 주요 산업시설 등 적에 의하여 점령 또는 파괴되거나 기능이 마비될 경우 국가안보와 국민생활에 심각한 영향을 주게 되는 시설을 말한다.
❷ 3지대 방호개념은 제1지대-주방어지대, 제2지대-핵심방어지대, 제3지대-경계지대이다.
③ 국가중요시설은 중요도와 취약성을 고려하여 제한지역, 제한구역, 통제구역으로 보호지역을 설정하고 있다.
④ 국가중요시설의 통합방위사태는 갑종사태, 을종사태, 병종사태로 구분된다.

해설

3지대 방호개념은 제1지대는 경계지대, 제2지대는 주방어지대, 제3지대는 핵심방어지대이다.

50

국가중요시설 경비에 관한 설명으로 옳지 않은 것은? 기출 13

① 국가중요시설은 국가안전에 미치는 중요도에 따라 분류된다.
② 3지대 방호개념은 제1지대는 경계지대, 제2지대는 주방어지대, 제3지대는 핵심방어지대이다.
❸ **국가중요시설의 통합방위사태는 갑종사태, 을종사태, 병종사태, 정종사태로 구분된다.**
④ 국가중요시설은 공공기관 등 적에 의하여 점령 또는 파괴되거나 기능이 마비될 경우 국가안보와 국민생활에 심각한 영향을 주는 시설을 의미한다.

[해설]
국가중요시설의 통합방위사태는 갑종사태, 을종사태, 병종사태로 구분된다(통합방위법 제2조 제3호).

51

국가중요시설의 통합방위사태로서 '적의 침투·도발이 예상되거나 소규모의 적이 침투한 때에 시·도 경찰청장의 지휘·통제하에 통합방위작전을 수행하여 단기간 내에 치안이 회복될 수 있는 사태'는 무엇에 해당하는가? 기출 09

① 갑종사태
② 을종사태
❸ **병종사태**
④ 정종사태

[해설]
설문은 통합방위사태 중 병종사태에 대한 내용에 해당한다.

52

국가보안목표로 지정된 중요시설경비의 일반적인 안전대책으로 틀린 것은?

① 평상시 주요취약지점에 경비인력을 중점배치하여 시설 내외의 위험요소를 제거한다.
② 주요 방호지점 접근로에 제한지역, 제한구역, 통제구역 등을 설정하여 출입자를 통제하며 계속적인 순찰 및 경계를 실시한다.
③ 주요 방호지점 접근로의 출입자 명단을 빠짐없이 작성하여 추후 수사자료로 삼는다.
④ 상황 발생 시에는 즉시 인근부대 및 경찰관서 등에 통보한다.

해설

중요시설경비의 일반적인 안전대책으로 제한지역, 제한구역, 통제구역으로 구분하여 출입자를 체크하여야 한다.★

53

민간경비를 활용한 국가중요시설경비의 효율화 방안으로 틀린 것은?

① 전문경비자격증제도 도입
② 경비원의 최저임금 보장
③ 경비전문화를 위한 교육훈련의 강화
④ 인력경비의 확대와 기계경비시스템의 최소화

해설

기계경비시스템을 확대하고 인력경비를 줄이는 것이 민간경비를 활용한 국가중요시설경비의 효율화 방안이다.

54

민간경비의 유형 중 한국의 경비업법상 인정되지 않는 경비형태는? 기출 10

① 신변보호
② 호송경비
③ 특수경비
✅ ④ 민간조사

해설
경비업법상 경비형태는 시설경비, 호송경비, 신변보호, 기계경비, 특수경비, 혼잡·교통유도경비가 있다(경비업법 제2조 제1호).

55

우리나라 호송경비업무에 관한 설명으로 옳은 것은? 기출 23

① 1995년 경비업법 개정으로 도입되었다.
② 경비인력 기준은 무술유단자인 일반경비원 3명 이상, 경비지도사 1명 이상이다.
✅ ③ 운반 중에 있는 현금·유가증권·귀금속·상품 그 밖의 물건에 대하여 도난·화재 등 위험발생을 방지하는 업무를 의미한다.
④ 업무수행을 위해 관할경찰서의 협조를 얻고자 하는 때에는 현금 등의 운반을 위한 도착 전일까지 도착지의 경찰서장에게 호송경비통지서(전자문서로 된 통지서를 포함한다)를 제출하여야 한다.

해설
③ (○) 경비업법 제2조 제1호 나목
① (×) 호송경비업무의 내용은 1976.12.31. 용역경비업법 제정 시부터 도입되었으나, '호송경비업무'라는 명칭으로는 1995.12.30. 법 개정 시부터 실시되었다.
② (×) 호송경비업무의 경우 경비인력 기준은 무술유단자인 일반경비원 5명 이상, 경비지도사 1명 이상이다(경비업법 시행령 [별표 1] 제2호).
④ (×) 호송경비업무를 수행하기 위하여 관할경찰서의 협조를 얻고자 하는 때에는 현금 등의 운반을 위한 출발 전일까지 출발지의 경찰서장에게 별지 제1호 서식의 호송경비통지서(전자문서로 된 통지서를 포함한다)를 제출하여야 한다(경비업법 시행규칙 제2조).

56

다음에 해당하는 호송경비의 방식은? 기출 19

> 운송업자 A가 고가미술품을 자신의 트럭에 적재하여 운송하고, 이 적재차량의 경비는 경비업자 B가 무장경비차량 및 경비원을 통해 경비하였다.

① 통합호송방식
❷ 분리호송방식
③ 휴대호송방식
④ 동승호송방식

[해설]
호송대상 물건인 고가미술품은 운송업자 A의 트럭으로 운송하고, 경비업자 B가 무장경비차량과 경비원을 투입하여 A의 트럭을 경비하였으므로 분리호송방식에 해당한다.

57

호송경비 시 위해발생의 대응요령에 대한 설명으로 옳지 않은 것은? 기출 14

① 위해 발생 시 인명 및 신체의 안전을 최우선시 한다.
❷ 위해 발생 시 신속하게 차량용 방범장치를 해제한 후 탑재물품을 차량에서 분리시켜 보호한다.
③ 경비원이 소지하는 분사기와 경봉은 정당한 범위 내에서 적절하게 사용한다.
④ 습격사고 발생 시에는 큰소리, 확성기, 차량용 경보장치 등으로 주변에 이상상황을 알린다.

[해설]
위해 발생 시 신속하게 차량용 방범장치를 해제해서는 안 되고, 방범장치를 이용하여 탑재물품을 차량 내에서 보호한다.★

58

혼잡경비에 관한 설명으로 옳지 않은 것은? 기출수정 23

① 일본은 경비업법 제2조 제2호 업무에 혼잡경비를 규정하고 있다.
② 한국은 경비업법에서 혼잡・교통유도경비업무를 경비업무의 한 유형으로 규정하고 있다.
③ 혼잡경비는 각종 행사를 위해 모인 불특정 군중에 의해 발생되는 혼란 상태를 사전에 예방・경계하고, 위험한 사태가 발생한 경우에 신속하게 조치해 확대를 방지하는 경비활동이다.
✔ 혼잡경비업무의 대상은 장소와 시설에 국한된다.

해설
혼잡경비는 경비대상에 따라 여러 가지 유형으로 분류할 수 있는데, 대표적으로 교통유도경비와 이벤트경비(86아시안게임, 88서울올림픽, 93대전엑스포, 2002한・일 공동월드컵 등)가 있다. 이 중 이벤트 경비업무는 크게 이벤트 행사에 참석한 '참가자를 대상으로 한 경비'와 '시설과 장소를 대상으로 한 경비'로 구분할 수가 있다. 이에 따라 혼잡경비업무의 대상은 장소와 시설에 국한되지 않는다고 볼 수 있다.

〈참고〉 박성수, 「민간경비론」, 윤성사, 2021, P. 202~203

59

혼잡경비의 대상에 해당하는 것은? 기출 08

✔ 각종 스포츠 경기
② 현금운송
③ 국가중요시설
④ 중요인사의 경호

해설
①은 혼잡경비(경비업법상 시설경비), ②는 호송경비, ③은 특수경비, ④는 신변보호경비에 해당한다.

60

다음 중 우리나라의 민간경비업체 업무 중에서 민간경비원이 무기를 소지할 수 있는 경비업무의 종류는?

① 시설경비업무
② 호송경비업무
③ 신변경비업무
④ **특수경비업무** ✓

해설

경비원 중 특수경비원은 특별한 경우에는 무기를 휴대할 수 있다(경비업법 제14조 제8항).

61

다음 중 사람의 생명이나 신체에 대한 위협을 방지하고 그 신변을 보호하는 업무를 뜻하는 것은?

① 시설경비업무
② 호송경비업무
③ **신변보호업무** ✓
④ 특수경비업무

해설

③ (○) 경비업법 제2조 제1호 다목
① (×) 시설경비업무는 경비를 필요로 하는 시설 및 장소(이하 "경비대상시설"이라 한다)에서의 도난·화재 그 밖의 혼잡 등으로 인한 위험발생을 방지하는 업무를 말한다(경비업법 제2조 제1호 가목).
② (×) 호송경비업무는 운반 중에 있는 현금·유가증권·귀금속·상품 그 밖의 물건에 대하여 도난화재 등 위험발생을 방지하는 업무를 말한다(경비업법 제2조 제1호 나목).
④ (×) 특수경비업무는 공항(항공기를 포함한다) 등 대통령령이 정하는 국가중요시설(이하 "국가중요시설"이라 한다)의 경비 및 도난·화재 그 밖의 위험발생을 방지하는 업무를 말한다(경비업법 제2조 제1호 마목).

62

총체적 경비에 관한 설명으로 옳은 것은? 기출 19

① A경비회사는 2019년 1월에 시설경비원을 고용하여 단일 예방체제를 구축하였다.
② B경비회사는 손실예방을 위해 전체적인 계획 없이 2019년 9월(1개월간)에만 필요하여 단편적으로 경비체제를 추가하였다.
③ C경비회사는 2019년 10월에 특정한 손실이 발생하여 이에 대응하기 위해 경비체제를 마련하였다.
④ D경비회사는 2020년 1월부터는 언제 발생할지 모를 상황에 대비하고 각종 위해요소를 차단하기 위해 인력경비와 기계경비를 종합한 표준화된 경비체제를 갖출 것이다.

해설
총체적 경비(종합적 경비)에 대한 설명으로 옳은 것은 ④이다.

> **핵심만콕** 경비실시방식에 따른 분류
> - 1차원적 경비 : 경비원에 의한 경비 등과 같이 단일 예방체제에 의존하는 경비형태를 말한다.
> - 단편적 경비 : 포괄적·전체적 계획 없이 필요할 때마다 단편적으로 손실예방 등의 역할을 수행하기 위해 추가되는 경비형태를 말한다.
> - 반응적 경비 : 단지 특정한 손실이 발생할 때마다 그 사건에만 대응하는 경비형태를 말한다.
> - 총체적 경비(종합적 경비) : 모든 상황에 대비하기 위하여 인력경비와 기계경비를 종합한 경비형태를 말한다. 특정의 위해요소와 관계없이 언제 발생할지도 모르는 상황에 대비하여 인력경비와 기계경비를 종합한 표준화된 경비형태를 말한다.

63

경비실시방식 중 단지 특정한 손실이 발생할 때마다 그 사건에만 대응하는 경비형태는?
기출 12·10·04

① 1차원적 경비
② 단편적 경비
③ 반응적 경비
④ 총체적 경비

해설
반응적 경비는 특정한 손실이 발생할 때마다 그 사건에만 대응하는 경비형태를 말한다.

64

경비실시의 형태 중 포괄적이고 전체적인 계획 없이, 필요할 때마다 손실 및 예방 등의 역할을 수행하기 위해 추가되는 경비형태는? 기출 08

☑ ① 단편적 경비
② 1차원적 경비
③ 반응적 경비
④ 총체적 경비

해설
단편적 경비에 대한 내용이다.

65

다음 설명 중 타당하지 않은 것은? 기출 06

① 1차원적 경비란 경비원과 같은 단일예방체제에 의존하는 경비를 말한다.
☑ ② 단편적 경비란 포괄적이고 전체적인 계획하에 필요할 때마다 손실예방 등의 역할을 수행하는 경비이다.
③ 반응적 경비란 단지 특정한 손실이 발생하는 사건에만 대응하는 경비이다.
④ 총체적 경비란 특정의 위해요소와 관계없이 언제 발생할지도 모르는 사항에 대비하여 인적경비와 기계경비를 종합한 표준화된 경비형태이다.

해설
단편적 경비란 포괄적이고 종합적인 계획 없이 필요할 때마다 손실예방의 역할을 수행하기 위해 추가되는 경비형태를 말한다.

66

다음 중 경비원에 의한 경비 등과 같이 단일 예방체제에 의존하는 경비형태는? 기출문제

① 반응적 경비
② 총체적 경비
③ 단편적 경비
☑ ④ 1차원적 경비

해설
1차원적 경비는 경비원에 의한 경비 등과 같이 단일 예방체제에 의존하는 경비형태를 말한다.

67

다음 보기의 ㉠, ㉡에 들어갈 알맞은 말을 바르게 묶은 것은?

- 경비업무 형태를 (㉠)에 따라 분류하면 1차원적 경비, 단편적 경비, 반응적 경비, 총체적 경비로 나눌 수 있다.
- (㉡)는 특정의 위해요소와 관계없이 언제 발생할지도 모르는 상황에 대비하여 인적 경비와 기계경비를 종합한 표준화된 경비 행태를 말한다.

① ㉠ : 경비실시방식, ㉡ : 반응적 경비
② ㉠ : **경비실시방식**, ㉡ : **총체적 경비** ✓
③ ㉠ : 경비투입요소, ㉡ : 반응적 경비
④ ㉠ : 경비투입요소, ㉡ : 총체적 경비

[해설]
( ) 안에 들어갈 내용은 ㉠ 경비실시방식, ㉡ 총체적 경비이다.

68

다음 설명에 관한 경비부서 관리자의 역할은? 기출 19

> 경비원에 대한 감독, 순찰, 화재와 경비원의 안전, 교통통제, 출입금지구역에 대한 감시

① 관리상의 역할
② 조사상의 역할
③ **예방상의 역할** ✓
④ 경영상의 역할

[해설]
제시문의 내용은 예방상의 역할에 해당한다.

핵심만콕	경비부서 관리자의 역할
예방상의 역할	경비원에 대한 감독, 순찰, 화재와 경비원의 안전, 교통통제, 출입금지구역에 대한 감시
관리상의 역할	예산과 재정상의 감독, 경비문제를 관할하는 정책의 설정, 사무행정, 조직체계와 절차
경영상의 역할	기획의 조직화, 조정, 채용, 혁신, 지도·감독
조사상의 역할	경비의 명확성, 감시, 회계, 회사규칙의 위반과 모든 손실에 대한 조사, 일반 경찰관서와 소방관서와의 유대관계, 관련 문서의 확인

69

경비관리 책임자의 조사상 역할로 옳은 것은?

① 기획의 조직화
② 예산과 재정상의 감독
③ 사무행정
✅ **감시, 회계, 회사규칙의 위반 확인**

해설

감시, 회계, 회사규칙의 위반 확인이 경비관리 책임자의 조사상 역할에 해당한다. ①은 경영상의 역할, ②·③은 관리상의 역할에 해당한다.

70

경비부서 관리자 역할 중 '관리상 역할'에 해당되는 것은?

① 관련 문서의 분류, 감시, 회계
② 화재와 경비원의 안전, 경비원에 대한 감독, 순찰
③ 조직화, 기획, 채용
✅ **예산과 재정상의 감독, 사무행정**

해설

경비부서 관리자 역할 중 관리상 역할로는 예산과 재정상의 감독, 경비문제를 관할하는 정책의 설정, 사무행정, 조직체계와 절차의 개발, 경비부서 직원에 대한 교육·훈련과정의 개발, 고용인에 대한 경비교육, 다른 부서와의 의사소통과 협조 등이 있다.

71

다음 중 경비부서 책임자의 경비의 명확성, 회사규칙의 위반과 이에 따르는 모든 손실에 대한 조사 등의 임무를 수행하는 역할의 명칭은?

① 관리상의 역할
✅ **조사상의 역할**
③ 경영상의 역할
④ 예방상의 역할

해설

조사상의 역할(조사활동)은 경비의 명확성 및 회사규칙의 위반 및 모든 발생손실에 대한 조사와 감사 및 회계, 경찰서와 소방서 등과의 원만한 유대관계의 유지 및 관련 문서 등의 분류의 역할이다.

72

다음 중 경비관리자의 역할 중 예방상의 역할에 해당되는 것은?

① 경비의 명확성
❷ 경비장비 점검
③ 지 도
④ 조직체계와 절차의 발전

해설

예방상의 역할은 경비원에 대한 감독, 순찰, 화재와 경비원의 안전, 출입금지 구역에 대한 감시, 경비활동에 대한 규칙적인 감사, 경비원들에 대한 이해와 능력개발, 교통 통제, 경보시스템, 조명, 울타리, 출입구, 창문, 열쇠, 담장, 통신장비 등과 같은 모든 경비장비들의 상태 점검 등의 역할이다.

73

다음 중 경비부서의 최우선적 목표는? 기출문제

❶ 기업체의 이익 추구
② 기업체의 경영 활성화
③ 기업체의 운영 효율화
④ 기업체의 손실의 최소화

해설

경비부서의 최우선적 목표는 절도범의 색출과 기업체의 공동목표인 이익추구에 있다. ★

74

경비부서 조직화에 관한 설명으로 옳지 않은 것은? 기출 22

① 최고관리자는 중간관리자에게 책임의 범위 내에서 업무를 수행할 수 있도록 재량권을 부여하여야 한다.
❷ 경비인력 수요는 일반적으로 해당 경비시설물의 규모에 반비례한다.
③ 상급자의 통솔범위는 부하의 자질이 높을수록 넓다.
④ 경비원은 자신을 직접 관리하고 있는 경비책임자로부터 지시를 받아야 하고, 항상 그 책임자에게 보고해야 한다.

해설

일반적으로 경비인력의 수요는 해당 경비시설물의 규모에 비례한다.

75

다음 중 경비부서의 조직화에 대한 올바른 설명은 어느 것인가?

① 대규모 경비부서의 조직구조는 소규모 조직과는 근본적으로 상이하다.
② 일반조직과 같이 특수경비부서의 경우에도 조직유형의 제시가 비교적 쉽다.
③ **조직의 목표달성을 위하여 조직구성원의 책임과 의무의 적정한 배분에 힘써야 한다.**
④ 비교적 소규모 조직의 경우 명확한 보고수준 및 명령계통의 확립은 반드시 필요하지는 않다.

[해설]
목표달성을 위하여 조직구성원의 책임과 의무의 적정한 배분이 가장 중요하다.

76

민간경비의 조직화 및 관리과정에 관한 설명으로 옳지 않은 것은? 기출 09

① 민간경비의 조직화 과정에서 위험성, 돌발성, 기동성 등 경비업무의 특수성을 고려해야 한다.
② **자체경비와 계약경비로 구분할 때 편의점, 소규모 상점 등 보호대상시설의 규모가 작을수록 자체경비를 운용하는 경우가 많다.**
③ 민간경비부서를 독립적으로 설치하지 않고 다른 관리부서와 연계시켜 통합적으로 설치하게 되면 전문성은 저하된다.
④ 보호대상의 특성에 따라 인력경비와 기계경비를 운용할 수 있는데, 일반적으로 순수한 형태의 기계경비는 존재하지 않는다.

[해설]
편의점, 소규모 상점 등 보호대상시설의 규모가 작을수록 계약경비를 운용하는 경우가 많다.

77

경비조직화에 관한 설명으로 옳지 않은 것은? 기출 09

① 최고관리자가 중간관리자에게 경비업무를 위임하면 책임 또한 위임되어야 한다.
② 최고관리자는 중간관리자에게 책임의 범위 내에서 업무를 수행할 수 있도록 재량권을 부여하여야 한다.
③ 통솔범위란 한 사람의 관리자가 효과적으로 관리할 수 있는 최대한의 부하의 수를 말한다.
❹ 경비인력 수요는 일반적으로 해당 경비시설물의 규모에 반비례한다.

[해설]
경비인력 수요는 일반적으로 해당 경비시설물의 규모에 비례한다.

78

다음에 해당하는 민간경비 조직편성의 원리는? 기출 24

> 조직의 공동목표를 달성하기 위해 하위조직들이 수행하고 있는 업무가 통일성 내지 조화를 이루도록 해야 한다.

❶ 조정·통합의 원리
② 전문화의 원리
③ 계층제의 원리
④ 명령통일의 원리

[해설]
① (○) 조직의 공동목표를 달성하기 위해 각 조직구성원들을 통합하고, 집단의 노력을 질서 있게 배열하여 조직의 안정성과 효율성을 도모하는 원리를 말한다.
② (×) 조직구성원에게 한 가지 업무를 전담시켜 전문적인 지식·기술을 습득케 함으로써 전문화를 유도하고, 능률향상을 기대할 수 있는 원리로, 분업 – 전문화의 원리라고도 한다.
③ (×) 조직구성원 간에 상하 등급, 즉 계층을 설정하여 각 계층 간에 권한과 책임을 배분하고, 명령계통과 지휘·감독체계를 확립하는 원리를 말한다.
④ (×) 각 조직구성원은 한 사람의 관리자로부터만 명령을 받아야 한다는 원리로, 경호학에서는 지휘권단일화원칙이라고도 한다.

79

경비원이 다른 부서의 관리자들로부터 명령을 받게 된다면 업무수행에 차질이 생길 것이다. 이 문제를 방지하기 위한 민간경비 조직편성의 원리는? 기출 21

① 계층제의 원리
② 통솔범위의 원리
✓ ③ 명령통일의 원리
④ 조정·통합의 원리

해설
설문은 민간경비조직의 운영원리 중 명령통일의 원리에 대한 내용이다.

핵심만콕 민간경비조직의 운영원리★

- 명령통일의 원리 : 각 조직구성원은 한 사람의 관리자로부터만 명령을 받아야 한다는 원리로, 경호학에서는 지휘권단일화 원칙이라고도 한다.
- 전문화의 원리 : 조직구성원에게 한 가지 업무를 전담시켜 전문적인 지식·기술을 습득케 함으로써 전문화를 유도하고, 능률향상을 기대할 수 있는 원리로, 분업-전문화의 원리라고도 한다.
- 계층제의 원리 : 조직구성원 간에 상하 등급, 즉 계층을 설정하여 각 계층 간에 권한과 책임을 배분하고, 명령계통과 지휘·감독체계를 확립하는 원리를 말한다.
- 통솔범위의 원리 : 한 사람의 관리자가 통제할 수 있는 부하 또는 조직단위의 수는 그 관리자의 통솔범위 내로 한정되어야 한다는 원리를 말한다.
- 조정·통합의 원리 : 조직의 공동목표를 달성하기 위해 각 조직구성원들을 통합하고, 집단의 노력을 질서 있게 배열하여 조직의 안정성과 효율성을 도모하는 원리를 말한다.

80

민간경비조직의 운영원리에 관한 설명으로 옳지 않은 것은? 기출 18

① 명령통일의 원리 : 직속상관에게 지시를 받고 보고함으로써 책임소재를 명확히 해야 한다.
② 계층제의 원리 : 권한과 책임에 따라 직무를 등급화함으로써 상하 간 지휘·감독 관계를 수립하여야 한다.
✓ ③ 조정·통합의 원리 : 조직의 목표 달성을 위해 업무의 조화를 추구한다는 원리로서 전문화·분업화된 조직일수록 그 필요성이 감소한다.
④ 통솔범위의 원리 : 통솔범위는 한 사람의 관리자가 효과적으로 관리할 수 있는 최대한의 직원 수를 말하는 것으로서 계층의 수가 적을수록 통솔범위가 넓다.

해설
전문화·분업화된 조직일수록 조정·통합의 원리의 필요성이 증가한다.

81

민간경비 조직편성의 원리 중 한 사람의 관리자가 효율적으로 관리할 수 있는 최대한의 부하의 수를 의미하는 것은? 유사 17·13

✔ 통솔범위
② 계층제
③ 전문화
④ 명령통일

해설
설문은 통솔범위에 대한 내용이다.

82

민간경비조직의 운영원리로 옳지 않은 것은? 기출 16

✔ 일반화의 원리
② 명령통일의 원리
③ 계층제의 원리
④ 조정·통합의 원리

해설
일반화의 원리는 민간경비조직의 운영원리에 해당하지 않는다.

83

다음에 해당하는 민간경비의 조직 운영원리는? 기출 15

> 상관은 부하에게 권한의 일부를 위임하고 그 부하는 자기의 권한보다 작은 권한을 바로 밑의 부하에게 위임하는 등급화 과정을 거치게 되며, 이를 통해 명령·복종관계를 명확히 하고 명령이 조직의 정점에서부터 최하위에까지 도달하도록 한다.

① 전문화의 원리
☑ **계층제의 원리**
③ 명령통일의 원리
④ 통솔범위의 원리

[해설]
제시된 내용은 민간경비의 조직 운영원리 중 계층제의 원리에 해당한다. 계층제의 원리란 조직구성원 간에 상하 등급, 즉 계층을 설정하여 각 계층 간에 권한과 책임을 배분하고, 명령계통과 지휘·감독체계를 확립하는 원리를 말한다.

84

민간경비조직에서 통솔범위의 결정요인으로 옳지 않은 것은? 기출 14

① 직무의 성질
② 시간적 요인
☑ **계급의 수**
④ 참모와 정보관리체계

[해설]
계층제의 수로 통솔범위를 구분할 수 있는데, 계층제의 수가 적을수록 통솔범위가 넓다.

핵심만콕 통솔범위 결정요인

구 분	내 용	통솔범위
시간적 요인	신설조직보다 구조직일수록	넓 다
장소적 요인	지역적 분산이 적을수록	
직무의 성질	직무의 성질이 단순할수록	
리더의 능력	리더의 능력이 탁월할수록	
구성원의 능력	구성원의 능력이 탁월할수록	
참모기관과 정보관리체계	발달할수록	
교통·통신의 발달	교통 및 통신기술이 발달할수록	
계층제의 수	계층제의 수가 적을수록	

85

경비조직화를 하는 경우 통솔범위의 결정요인에 대한 설명 중 틀린 것은? 기출 08

① 신설조직 책임자가 기존조직 책임자보다 통솔범위가 넓다.
② 여러 장소에 근무하는 사람들을 통솔하는 책임자는 한 곳에 근무하는 사람들을 통솔하는 책임자보다 통솔범위가 좁다.
③ 계층의 수가 적을수록 상관의 통솔범위가 넓다.
④ 부하의 자질이 높을수록 상관의 통솔범위가 넓다.

[해설]
신설조직 책임자가 기존조직 책임자보다 통솔범위가 좁다.

핵심만콕	대표적인 통솔범위의 결정요인

- 관리자의 능력이 높을수록 관리자의 통솔범위가 넓다.
- 기존조직 관리자가 신설조직 관리자보다 통솔범위가 넓다. ★
- 계층의 수가 적을수록 관리자의 통솔범위가 넓다. ★
- 부하직원의 자질이 높을수록 관리자의 통솔범위가 넓다.
- 업무가 비전문적이고 단순할수록 관리자의 통솔범위가 넓다.
- 막료부서의 지원능력이 클수록 관리자의 통솔범위가 넓다.
- 지리적 분산 정도가 작을수록 관리자의 통솔범위가 넓다. ★

86

부하는 한 지도자로부터 명령·지시를 받고 그에게만 보고하도록 해야 한다는 원칙과 가장 관련이 깊은 것은?

① 통솔범위의 원리
② 통제의 원리
③ 계층의 원리
④ 명령통일의 원리

[해설]
설문은 명령통일의 원리에 대한 내용이다. 명령통일의 원리가 지켜지지 않으면, 관리자의 권위가 실추되고, 질서유지문제가 대두되며, 명령체계의 혼란으로 조직의 전체적 안정감이 위협받게 된다.

87

민간경비의 조직 운영원리와 관련하여 다음에 해당하는 것은? 기출 08

> 민간경비부서에서 근무하는 경비원은 자신을 직접 관리하고 있는 경비책임자로부터 지시를 받아야 하고, 항상 그 상관에게 보고해야 한다. 만약 관련 경비원이 계통이 다른 부서의 여러 관리자들로부터 지시를 받게 된다면 업무수행에 차질이 생기고 결과적으로 상황을 악화시킬 가능성이 높게 될 것이다. 또한 지휘계통이 다원화되어 있다면 결과에 대한 책임 소재가 불분명하게 될 것이다.

① 전문화의 원리
② 계층제의 원리
✓ ③ 명령통일의 원리
④ 통솔범위의 원리

해설
제시된 내용은 민경경비의 조직 운영원리 중 명령통일의 원리에 해당한다. 명령통일의 원리란 각 조직구성원은 한 사람의 관리자로부터만 명령을 받아야 한다는 원리로, 경호학에서는 지휘권단일화원칙이라고도 한다.

88

다음 중 관리자가 직접 감독할 수 있는 통솔의 범위에 해당되는 최대의 인원수로서 알맞은 것은?

✓ ① 10~12명
② 30명 이내
③ 20명 이내
④ 4~5명 이내

해설
일반적으로 경비관리자의 통솔가능 인원은 4~5명이나, 최대 10~12명의 인원을 통솔할 수가 있다.

89

민간경비의 조직 운영원리로 가장 거리가 먼 것은?

① 계층화의 원리
✓ ② 행동범위의 원리
③ 전문화의 원리
④ 명령통일의 원리

해설

민간경비의 조직 운영원리에는 명령통일의 원리, 전문화의 원리, 계층제의 원리, 통솔범위의 원리, 조정·통합의 원리 등이 있다.

90

조직구성원들에게 한정된 활동에 대해서만 책임을 지고 수행하도록 업무를 분담함으로써 숙련도를 높이고 능률향상을 도모하는 민간경비의 조직 운영원리는?

① 통솔범위의 원리
② 계층제의 원리
③ 조정·통합의 원리
✓ ④ 분업·전문화의 원리

해설

전문화의 원리란 조직구성원에게 한 가지 업무를 전담시켜 전문적인 지식·기술을 습득케 함으로써 전문화를 유도하고, 능률향상을 기대할 수 있는 원리로, 분업-전문화의 원리라고도 한다.

91

조직의 보고체계가 이원화되어 있어 부하들이 보고를 하는 데 혼란을 겪고 있다면, 이러한 경우에 가장 필요한 민간경비의 조직 운영원리는?

① 통솔범위의 원리
✓ ② 명령통일의 원리
③ 계층제의 원리
④ 조정·통합의 원리

해설

명령통일의 원리란 각 조직구성원은 한 사람의 관리자로부터만 명령을 받아야 한다는 원리로, 명령통일의 원리가 지켜지지 않으면, 관리자의 권위가 실추되고, 질서유지문제가 대두되며, 명령체계의 혼란으로 조직의 전체적 안정감이 위협받게 된다.

92

통솔범위에 관한 설명으로 옳지 않은 것은?

① 업무의 성질, 시간, 장소, 그 밖의 환경요인에 따라 통솔범위를 정한다.
② 통솔범위란 1인의 상관이 직접 통솔할 수 있는 부하의 수를 말한다.
③ 단순하고 표준화된 업무일 때는 통솔범위는 확대된다.
④ 계층의 수가 많아지면 통솔범위는 넓어진다.

[해설]
계층의 수와 통솔범위는 반비례하므로, 계층의 수가 많아질수록 통솔범위는 좁아진다.

93

자기의 임무를 부하직원에게 배분하여 일의 효율을 높이는 것은?

① 권한의 위임
② 통솔범위
③ 인력수요
④ 비용

[해설]
관리자가 업무의 일부를 그 책임과 함께 부하직원에게 위임하여 일의 효율을 높이는 것을 권한의 위임이라고 한다.

94

조직구조와 관계 있는 것이 아닌 것은?

① 권한의 위임
✓ ② 보상의 수준
③ 통솔의 범위
④ 인력의 수요

[해설]
조직구조의 내용은 권한의 위임, 통솔의 범위, 인력의 수요에 대한 사항을 포함하고 있다.

95

경비원의 자질문제에 관한 설명으로 옳지 않은 것은? 기출 09

① 경비원에 대한 사회적 존중과 지원은 유능한 인적 자원을 유입하게 한다.
② 경비원의 윤리성 확립을 위해서는 직업적 전문화가 중요하다.
✓ ③ 일본과 한국이 1983년부터 시행하고 있는 경비지도사 제도는 젊고 유능한 지원자들을 민간경비에 유입시키는 좋은 제도이다.
④ 경비원의 자질향상과 업무수행능력을 개선하기 위해서는 교육훈련의 기회를 지속적으로 제공해야 한다.

[해설]
우리나라의 경비지도사 제도는 1995년 경비업법의 개정으로 규정되어 1997년부터 시행되었다.

96

다음 중 신규직원의 채용 시 임용 전 여과과정으로 볼 수 없는 것은 어느 것인가?

① 면 접
② 심리테스트
③ 적성검사
✓ ④ 수습과정

[해설]
일정기간의 수습과정은 임용 후의 여과과정이다.

2 경비원 교육 등

97

경비원 등의 교육에 관한 설명 중 옳지 않은 것은?(단, 신임교육 면제 대상자는 제외) 기출 24

✔ 경비지도사는 경비지도사시험에 합격하고 38시간의 기본교육을 받아야 한다.
② 일반경비원은 24시간의 신임교육을 받아야 한다.
③ 특수경비원은 80시간의 신임교육을 받아야 한다.
④ 청원경찰로 임용된 사람은 2주간 76시간의 교육을 받아야 한다.

해설
① (×) 경비지도사는 결격사유에 해당하지 아니하는 자로서 경찰청장이 시행하는 경비지도사시험에 합격하고 경찰청장이 실시하는 40시간 이상의 기본교육을 받아야 한다(경비업법 제11조 제1항, 동법 시행령 제15조의2 제1항).
② (○) 경비업법 시행령 제18조 제5항, 동법 시행규칙 제12조 제1항·[별표 2]
③ (○) 경비업법 시행령 제19조 제4항, 동법 시행규칙 제15조 제1항·[별표 4]
④ (○) 청원경찰법 시행령 제5조 제3항, 동법 시행규칙 제6조·[별표 1]

98

일반경비원 신임교육 제외 대상이 아닌 사람은? 기출 24

✔ 교정직 공무원으로 근무한 경력이 있는 사람
② 경찰공무원으로 근무한 경력이 있는 사람
③ 경비지도사 자격이 있는 사람
④ 대통령 등의 경호에 관한 법률에 따른 경호공무원으로 근무한 경력이 있는 사람

해설
① (×) 「공무원임용령」에 따른 행정직군 교정직렬 공무원으로 7년 이상 재직한 사람에 대하여 경비지도사 제1차 시험을 면제한다는 규정은 있지만(경비업법 시행령 제13조 제8호), 교정직 공무원으로 근무한 경력이 있는 사람이 일반경비원 신임교육 제외 대상에 해당한다는 경비업법령상 규정은 존재하지 않는다.
② (○) 경비업법 시행령 제18조 제2항 제2호
③ (○) 경비업법 시행령 제18조 제2항 제5호
④ (○) 경비업법 시행령 제18조 제2항 제3호

99

민간경비의 교육훈련에 관한 설명으로 옳지 않은 것은? 기출 23

① 직무수행에 필요한 지식과 기술 습득, 일반능력 개발, 가치관의 발전적 변화를 촉진하는 계획적 활동이다.
② **조직적 통제와 조정의 필요성을 증가시키게 된다.**
③ 경영적 측면에서는 경영전략의 전개에 필요한 인력의 확보, 기업문화의 전승을 위해서 실시되는 것이다.
④ 개인적 측면에서는 개개인이 보유한 잠재능력을 개발·육성하고, 직장생활 능력 및 사회적 능력을 향상시키는 전인교육을 지향해야 한다.

[해설]
민간경비원에 대한 체계적인 교육훈련이 실시되는 경우 민간경비원이 조직규범을 잘 숙지하고, 스스로 업무를 잘 수행할 수 있으므로, 조직적 통제와 조정의 필요성은 감소하게 된다.

100

경비업법상 경비원 교육에 관한 설명으로 옳지 않은 것은? 기출 23

① **특수경비원의 교육 시 관할 시·도 경찰청 소속 경찰공무원이 교육기관에 입회하여 대통령령이 정하는 바에 따라 지도·감독하여야 한다.**
② 경비업자는 경비업무를 적정하게 실시하기 위하여 경비원으로 하여금 대통령령으로 정하는 바에 따라 경비원 신임교육 및 직무교육을 받게 하여야 한다.
③ 경비원이 되려는 사람은 대통령령으로 정하는 교육기관에서 미리 일반경비원 신임교육을 받을 수 있다.
④ 특수경비업자는 대통령령으로 정하는 바에 따라 특수경비원으로 하여금 특수경비원 신임교육과 정기적인 직무교육을 받게 하여야 한다.

[해설]
① (×) 특수경비원의 교육 시 관할경찰서 소속 경찰공무원이 교육기관에 입회하여 대통령령이 정하는 바에 따라 지도·감독하여야 한다(경비업법 제13조 제4항).
② (○) 경비업법 제13조 제1항 본문
③ (○) 경비업법 제13조 제2항
④ (○) 경비업법 제13조 제3항 전단

101

경비업법령상 경비원 A가 일반경비원 신임교육을 받아야 하는 시간은? 기출수정 22

> 경비원 A는 일반경비원 신임교육을 받은 지 5년이 지난 후 일반경비원으로 채용되었다(단, 채용 전 다른 경비업무 종사이력은 없다).

① 교육면제
② 20시간
❸ 24시간
④ 40시간

[해설]

경비원 A는 채용 전 다른 경비업무 종사이력이 없고, 일반경비원 신임교육대상에서 제외할 수 있는 신임교육 유효기간(3년)이 지난 상태이므로 일반경비원으로 채용 시 신임교육(24h)을 이수하여야 한다(경비업법 제13조 제1항, 동법 시행령 제18조 제2항·제5항, 동법 시행규칙 제12조 제1항·[별표 2]).

102

경비업법령상 특수경비원 교육에 관한 사항으로 옳지 않은 것은? 기출수정 22

① 특수경비업자는 특수경비원을 채용한 경우 특수경비업자 부담으로 특수경비원에게 특수경비원 신임교육을 받도록 하여야 한다.
② 특수경비업자는 소속 특수경비원에게 매월 3시간 이상의 직무교육을 받도록 하여야 한다.
❸ 특수경비원의 교육 시 관할 시·도 경찰청 소속 경찰공무원이 교육기관에 입회하여 지도·감독하여야 한다.
④ 특수경비업자는 특수경비원 신임교육을 받지 아니한 자를 특수경비업무에 종사하게 하여서는 안 된다.

[해설]

③ (×) 특수경비원의 교육 시 관할 경찰서 소속 경찰공무원이 교육기관에 입회하여 대통령령이 정하는 바에 따라 지도·감독하여야 한다(경비업법 제13조 제4항).
① (○) 경비업법 시행령 제19조 제1항
② (○) 경비업법 시행령 제19조 제3항, 동법 시행규칙 제16조 제1항
④ (○) 경비업법 제13조 제3항 후단

103

경비업법령상 경비원의 교육에 관한 설명으로 옳지 않은 것은? 기출수정 21

① 경비원이 되려는 사람은 대통령령으로 정하는 교육기관에서 미리 일반경비원 신임교육을 받을 수 있다.
☑ 일반경비원 신임교육은 44시간이다.
③ 특수경비원 신임교육은 80시간이다.
④ 일반경비원의 교육실시에 필요한 사항은 행정안전부령으로 정한다.

[해설]
② (×) 일반경비원 신임교육은 24시간이다(경비업법 시행규칙 [별표 2]).
① (○) 경비업법 제13조 제2항
③ (○) 경비업법 시행규칙 [별표 4]
④ (○) 경비업법 시행령 제18조 제5항

104

경비업법령상 다음 사례에서 甲과 乙이 각각 이수하여야 하는 신임교육의 시간을 모두 합한 숫자는? 기출수정 20

> 甲은 일반경비원으로 A경비회사에, 乙은 특수경비원으로 B경비회사에 취업을 하게 되었다(단, 甲과 乙은 경비원 신임교육 제외 대상이 아님).

☑ 104
② 112
③ 122
④ 132

[해설]
甲은 일반경비원으로 24시간의 신임교육(경비업법 시행규칙 [별표 2] 참고)을, 乙은 특수경비원으로서 80시간의 신임교육(경비업법 시행규칙 [별표 4] 참고)을 각각 이수하여야 한다. 따라서 甲과 乙이 이수하여야 할 신임교육 시간의 합은 104시간이다.

105

경비업법령상 일반경비원의 신임교육 과목에 해당되지 않는 것은?

① 범죄예방론
❷ 사 격
③ 체포·호신술
④ 직업윤리 및 인권보호

[해설]
사격은 특수경비원(경비업법 시행규칙 [별표 4])과 청원경찰(청원경찰법 시행규칙 [별표 4])의 신임교육 과목에 해당한다. ★

106

경비업법령상 특수경비원의 교육에 관한 설명으로 옳지 않은 것은?

① 특수경비업자는 특수경비원 신임교육을 받지 아니한 자를 특수경비업무에 종사하게 해서는 안 된다.
② 특수경비원으로 채용되기 전 3년 이내에 특수경비업무에 종사했던 경력이 있는 사람은 신임교육 대상에서 제외될 수 있다.
③ 특수경비업자는 소속 특수경비원에 대하여 매월 3시간 이상의 직무교육을 실시해야 한다.
❹ 특수경비원의 교육시 특수경비업자의 요청이 있을 경우 관할경찰서 소속 경찰공무원이 교육기관에 입회하여 지도·감독할 수 있다.

[해설]
특수경비원의 교육시 관할경찰서 소속 경찰공무원이 교육기관에 입회하여 대통령령이 정하는 바에 따라 지도·감독하여야 한다(경비업법 제13조 제4항). ★

107

민간경비의 교육훈련 목적으로 옳지 않은 것은?

① 조직 경영전략의 전개에 필요한 인력 확보
② 조직 통제와 조정 문제의 감소
❸ 경비원의 업무상 실수에 대한 제재 수단
④ 조직의 안정성과 융통성 확보

[해설]
교육훈련을 통해 경비원들의 업무 숙달은 빨라질 것이며, 업무가 숙달되면 직무수행상 능력부족으로 저지르게 되는 사고나 과오를 방지할 수 있고, 따라서 그로 인한 인적·물적 낭비를 줄일 수 있다. 업무상 실수를 사전에 줄이는 수단으로 이용하는 것이지, 실수에 대한 제재 수단으로 이용하는 것은 아니다.

108

경비업법상 경비원의 교육에 관한 설명으로 옳지 않은 것은? 기출 16

① 경비원이 되려는 사람은 교육기관에서 미리 일반경비원 신임교육을 받을 수 있다.
② 일반경비원의 교육시 관할경찰서 소속 경찰공무원이 교육기관에 입회하여 지도·감독하여야 한다.
③ 특수경비업자는 특수경비원 신임교육을 받지 아니한 자를 특수경비업무에 종사하게 하여서는 아니 된다.
④ 경비업자는 경비업무를 적정하게 실시하기 위하여 경비원으로 하여금 경비원 신임교육 및 직무교육을 받게 하여야 한다.

해설

② (×) 특수경비원의 교육시 관할경찰서 소속 경찰공무원들이 교육기관에 입회하여 지도·감독하여야 한다(경비업법 제13조 제4항). ★
① (○) 경비업법 제13조 제2항
③ (○) 경비업법 제13조 제3항 후단
④ (○) 경비업법 제13조 제1항 본문

109

경비업법령상 특수경비원의 교육훈련 및 감독에 관한 설명으로 옳지 않은 것은? 기출수정 14

① 특수경비업자는 특수경비원을 채용한 경우 특수경비원의 부담으로 신임교육을 받도록 할 수 있다.
② 채용 전 3년 이내에 특수경비업무에 종사하였던 경력이 있는 사람을 특수경비원으로 채용한 경우에는 신임교육대상에서 제외할 수 있다.
③ 특수경비업자는 소속특수경비원에 대하여 매월 3시간 이상 직무교육을 실시하여야 한다.
④ 관할경찰관서장은 시설주 및 특수경비원의 무기관리상황을 매월 1회 이상 점검하여야 한다.

해설

① (×) 특수경비업자는 특수경비원을 채용한 경우 해당 특수경비원에게 특수경비업자의 부담으로 특수경비원 교육기관에서 실시하는 특수경비원 신임교육을 받도록 해야 한다(경비업법 시행령 제19조 제1항). ★
② (○) 경비업법 시행령 제19조 제2항
③ (○) 경비업법 시행령 제19조 제3항, 동법 시행규칙 제16조 제1항
④ (○) 경비업법 시행령 제21조

110

경비원에 대한 신임교육 시 교육이수증 교부권자는?

① 경찰청장
② 시·도 경찰청장
③ 경찰서장
❹ 일반경비원 교육기관의 장

[해설]
일반경비원 교육기관의 장은 일반경비원 신임교육과정을 마친 사람에게 신임교육이수증을 교부하고 그 사실을 신임교육이수증 교부대장에 기록해야 한다(경비업법 시행규칙 제12조 제4항).

111

경비지도사에 관한 설명으로 옳은 것은? 기출 21

① 일반경비지도사와 특수경비지도사로 구분한다.
② 경비현장에 배치된 경비원 순회점검 직무를 행정안전부령이 정하는 바에 따라 성실하게 수행하여야 한다.
③ 경비지도사제도는 경비업법 제7차 개정 때 도입되었다.
❹ 경비원을 지도·감독·교육하는 현장책임자라 할 수 있다.

[해설]
④ (○), ① (×) "경비지도사"라 함은 경비원을 지도·감독 및 교육하는 자를 말하며 일반경비지도사와 기계경비지도사로 구분한다(경비업법 제2조 제2호).
② (×) 선임된 경비지도사는 경비현장에 배치된 경비원에 대한 순회점검 및 감독의 직무를 대통령령이 정하는 바에 따라 성실하게 수행하여야 한다(경비업법 제12조 제2항 제2호·제3항).
③ (×) 경비지도사제도는 1995.12.30. 용역경비업법 제5차 개정 때 도입되었다.

112

경비업법령상 일반경비지도사 시험에 합격하고 받아야 하는 기본교육 과목으로 옳은 것은? 기출 24

☑ 일반경비 현장실습
② 일반조사론
③ 기계경비 현장실습
④ 민간조사론

해설

일반조사론과 민간조사론은 경비지도사 기본교육의 과목에 해당하지 않고, 기계경비 현장실습은 기계경비지도사의 기본교육 과목에만 해당한다.

관계법령 경비지도사 기본교육의 과목 및 시간(경비업법 시행규칙 [별표 1]) <개정 2024.8.14.>

구 분 (교육시간)	과 목		시 간
공통교육 (22시간)	「경비업법」, 「경찰관직무집행법」, 「도로교통법」 등 관계법령 및 「개인정보보호법」에 따른 개인정보보호지침 등		4
	실무 I		4
	실무 II		3
	범죄·테러·재난 대응요령 및 화재 대처법		2
	응급처치법		2
	직업윤리 및 인권보호		2
	체포·호신술		2
	입교식, 평가 및 수료식		3
자격의 종류별 교육 (18시간)	일반경비 지도사	시설경비	3
		호송경비	2
		신변보호	2
		특수경비	2
		혼잡·다중운집 인파 관리	2
		교통안전 관리	2
		일반경비 현장실습	5
	기계경비 지도사	기계경비 운용관리	4
		기계경비 기획 및 설계	4
		인력경비개론	5
		기계경비 현장실습	5
계			40

비고 : 다음 각호의 사람이 기본교육을 받는 경우 공통교육은 면제한다.
1. 일반경비지도사 자격을 취득한 후 3년 이내에 기계경비지도사 시험에 합격한 사람
2. 기계경비지도사 자격을 취득한 후 3년 이내에 일반경비지도사 시험에 합격한 사람

113

경비업법령상 일반경비지도사 자격취득 교육과목으로 옳지 않은 것은? 기출수정 23

① 특수경비
② 체포·호신술
③ 교통안전 관리
✅ ④ 인력경비개론

[해설]

인력경비개론은 기계경비지도사의 자격취득 교육과목이다.

관계법령 경비지도사 교육의 과목 및 시간(경비업법 시행규칙 [별표 1]) <개정 2024.8.14.>

구분(교육시간)		과 목
공통교육 (22h)		「경비업법」, 「경찰관직무집행법」, 「도로교통법」 등 관계법령 및 「개인정보보호법」에 따른 개인정보보호지침 등(4h), 실무Ⅰ(4h), 실무Ⅱ(3h), 범죄·테러·재난 대응요령 및 화재대처법(2h), 응급처치법(2h), 직업윤리 및 인권보호(2h), 체포·호신술(2h), 입교식, 평가 및 수료식(3h)
자격의 종류별 교육 (18h)	일반경비지도사	시설경비(3h), 호송경비(2h), 신변보호(2h), 특수경비(2h), 혼잡·다중운집 인파관리(2h), 교통안전 관리(2h), 일반경비 현장실습(5h)
	기계경비지도사	기계경비 운용관리(4h), 기계경비 기획 및 설계(4h), 인력경비개론(5h), 기계경비 현장실습(5h)
계		40h

※ 비고 : 다음 각호의 사람이 기본교육을 받는 경우 공통교육은 면제한다.
1. 일반경비지도사 자격을 취득한 후 3년 이내에 기계경비지도사 시험에 합격한 사람
2. 기계경비지도사 자격을 취득한 후 3년 이내에 일반경비지도사 시험에 합격한 사람

114

경비업법령상 기계경비지도사 자격취득을 위하여 경찰청장이 시행하는 경비지도사 시험에 합격하고 받아야 하는 '행정안전부령이 정하는 교육'의 과목에 해당하지 않는 것은? 기출수정 20

✅ ① 교통안전 관리
② 기계경비 기획 및 설계
③ 인력경비개론
④ 기계경비 현장실습

[해설]

교통안전 관리는 일반경비지도사가 받아야 하는 교육에 해당한다(경비업법 시행규칙 [별표 1]).

115

경비업법령상 경비지도사에 관한 설명으로 옳은 것은? 기출 24

① 일반경비지도사와 특수경비지도사로 구분한다.
② 특수경비원은 특수경비지도사만이 지도·감독·교육을 할 수 있다.
❸ 소방기관과의 연락방법에 대한 지도는 경비지도사의 직무이다.
④ 경비지도사는 경비원의 지도교육과 순회감독을 분기별 1회 실시하여야 한다.

[해설]

③ (○) 경비업법 제12조 제2항 제3호
①(×), ②(×) "경비지도사"라 함은 경비원을 지도·감독 및 교육하는 자를 말하며 일반경비지도사와 기계경비지도사로 구분한다(경비업법 제2조 제2호). 경비업법령상 특수경비지도사가 따로 있는 것이 아니므로 특수경비원은 특수경비지도사만이 지도·감독·교육을 할 수 있다는 설명은 옳지 않다.
④ (×) 경비지도사는 경비원의 지도·감독·교육에 관한 계획의 수립·실시 및 그 기록의 유지와 경비현장에 배치된 경비원에 대한 순회점검 및 감독을 월 1회 이상 수행하여야 한다(경비업법 제12조 제2항 제1호·제2호, 동법 시행령 제17조 제2항).

116

경비업법상 경비지도사의 직무로 명시되어 있지 않은 것은? 기출 20

① 집단민원현장에 배치된 경비원에 대한 지도·감독
② 경비원의 지도·감독·교육에 관한 기록의 유지
③ 소방기관과의 연락방법에 대한 지도
❹ 의뢰인의 요구사항을 파악하여 지도

[해설]
'의뢰인의 요구사항을 파악하여 지도'는 경비업법령상 경비지도사의 직무로 명시되어 있지 않다.

관계법령 **경비지도사의 선임 등(경비업법 제12조)**

① 경비업자는 대통령령이 정하는 바에 따라 경비지도사를 선임하여야 한다.
② 제1항의 규정에 의하여 선임된 경비지도사의 직무는 다음과 같다.
  1. 경비원의 지도·감독·교육에 관한 계획의 수립·실시 및 그 기록의 유지
  2. 경비현장에 배치된 경비원에 대한 순회점검 및 감독
  3. 경찰기관 및 소방기관과의 연락방법에 대한 지도
  4. 집단민원현장에 배치된 경비원에 대한 지도·감독
  5. 그 밖에 대통령령이 정하는 직무

경비지도사의 직무 및 준수사항(경비업법 시행령 제17조)
① 법 제12조 제2항 제5호에서 "대통령령이 정하는 직무"란 다음 각호의 직무를 말한다.
  1. 기계경비업무를 위한 기계장치의 운용·감독(기계경비지도사의 경우에 한한다)
  2. 오경보방지 등을 위한 기기관리의 감독(기계경비지도사의 경우에 한한다)

117

경비업법령상 경비지도사에 관한 내용으로 옳지 않은 것은? 기출수정 18

① 경비지도사의 기본 교육시간은 40시간이다.
② 기계경비지도사는 오경보방지 등을 위하여 기기관리의 감독을 한다.
③ 경호현장에 배치된 경호원에 대한 순회점검 및 감독을 월 1회 이상 실시한다.
❹ 경비지도사는 경비원 직무교육 실시대장에 그 내용을 기록하여 1년간 보존하여야 한다.

[해설]
경비지도사는 경비원에 대한 교육을 실시하고, 직무교육 실시대장에 그 내용을 기록하여 2년간 보존하여야 한다(경비업법 시행령 제17조 제3항).

118

경비업법상 경비지도사의 직무가 아닌 것은? 기출 14

① 경비원 교육기록의 유지
② 경비현장에 배치된 경비원에 대한 감독
❸ 경비원 후생·복지실태 점검
④ 집단민원현장에 배치된 경비원에 대한 지도

[해설]
경비원 후생·복지실태 점검은 경비업법상 경비지도사의 직무에 해당되지 않는다. 이는 경비협회의 업무이다(경비업법 제22조 제3항 제3호).

119

경비업법상 특수경비원의 결격사유로 명시되어 있지 않은 것은? 기출 20

① 18세 미만인 사람
② 금고 이상의 형의 집행유예선고를 받고 그 유예기간 중에 있는 자
③ 파산선고를 받고 복권되지 아니한 자
❹ 피특정후견인

해설

피특정후견인은 경비업법 제10조 제2항의 결격사유에 해당하지 않는다. ①은 경비업법 제10조 제2항 제1호, ②(경비업법 제10조 제1항 제4호)와 ③(경비업법 제10조 제1항 제2호)은 경비업법 제10조 제2항 제3호에 해당하여 특수경비원 결격사유에 해당한다.

관계법령 | **특수경비원의 결격사유(경비업법 제10조)**

② 다음 각호의 어느 하나에 해당하는 자는 특수경비원이 될 수 없다.
  1. 18세 미만이거나 60세 이상인 사람 또는 피성년후견인
  2. 심신상실자, 알코올 중독자 등 대통령령으로 정하는 정신적 제약이 있는 자

  > **특수경비원의 결격사유(경비업법 시행령 제10조의2)**
  > 법 제10조 제2항 제2호에서 "심신상실자, 알코올 중독자 등 대통령령으로 정하는 정신적 제약이 있는 자"란 다음 각호의 사람을 말한다.
  >   1. 심신상실자
  >   2. 마약·대마·향정신성의약품 또는 알코올 중독자
  >   3. 「치매관리법」 제2조 제1호에 따른 치매, 조현병·조현정동장애·양극성정동장애(조울병)·재발성우울장애 등의 정신질환이나 정신 발육지연, 뇌전증 등이 있는 사람. 다만, 해당 분야 전문의가 특수경비원으로서 적합하다고 인정하는 사람은 제외한다.

  3. 제1항 제2호부터 제8호까지의 어느 하나에 해당하는 자
  4. 금고 이상의 형의 선고유예를 받고 그 유예기간 중에 있는 자
  5. 행정안전부령으로 정하는 신체조건에 미달되는 자

120

청원경찰법령상 청원경찰의 신임교육과목이 아닌 것은?

① 형사법
② 대공이론
❸ 경비업법
④ 경범죄처벌법

해설

경비업법은 교육과목에 포함되지 않는다(청원경찰법 시행규칙 [별표 1]).

121

청원경찰의 교육에 대한 설명으로 옳은 것은?

① 경찰교육기관의 교육계획상 부득이하다고 인정할 때에는 우선 배치하고 임용 후 1년 이내에 교육을 받게 할 수 있다.
② 경찰공무원 또는 청원경찰에서 퇴직한 사람이 퇴직한 날부터 5년 이내에 청원경찰로 임용되었을 때에는 교육을 면제할 수 있다.
③ 청원주는 청원경찰에 대하여 행정안전부령이 정하는 시간(6시간) 이상의 직무교육을 실시하여야 한다.
④ 경찰청장은 필요하다고 인정하는 경우에는 청원경찰이 배치된 사업자에 소속공무원을 파견하여 직무집행에 필요한 교육을 실시할 수 있다.

해설

① (○) 청원경찰법 시행령 제5조 제1항 단서
② (×) 3년 이내에 임용되었을 때에는 교육을 면제할 수 있다(청원경찰법 시행령 제5조 제2항).
③ (×) 청원주는 소속 청원경찰에 대하여 그 직무집행에 관하여 필요한 교육을 매월 4시간 이상 실시하여야 한다(청원경찰법 시행규칙 제13조 제1항).
④ (×) 경찰청장이 아닌 관할 경찰서장이 필요하다고 인정하는 경우이다(청원경찰법 시행규칙 제13조 제2항).

122

청원경찰의 교육에 관한 설명 중 옳지 않은 것은?

① 청원주는 소속 청원경찰에게 그 직무집행에 필요한 교육을 매월 6시간 이상 실시하여야 한다.
② 청원경찰의 신임교육의 기간은 2주로 한다.
③ 교육과목으로 정신교육, 형사법, 체포술 및 호신술 등이 있다.
④ 관할 경찰서장은 필요한 경우 청원경찰이 배치된 사업장에 소속공무원을 파견하여 직무집행에 필요한 교육을 할 수 있다.

해설

① (×) 청원주는 소속 청원경찰에게 그 직무집행에 필요한 교육을 매월 4시간 이상 하여야 한다(청원경찰법 시행규칙 제13조 제1항).
② (○) 청원경찰법 시행규칙 제6조
③ (○) 청원경찰법 시행규칙 [별표 1]
④ (○) 청원경찰법 시행규칙 제13조 제2항

3 경비원 직업윤리

123
민간경비원의 윤리의식 제고방안으로 옳지 않은 것은? 기출 23
- ✅ ① 선발기준 완화
- ② 직업윤리의 법제화
- ③ 법령 준수의식 제고
- ④ 직무교육 강화

해설
선발기준 강화가 민간경비원 윤리의식 제고방안이다.

124
민간경비의 윤리에 관한 설명으로 옳지 않은 것은? 기출 21
- ① 민간경비의 윤리가 확립되지 않으면 고객 및 국민으로부터 신뢰를 얻을 수 없다.
- ✅ ② 민간경비의 윤리문제는 민간경비 자체에 한정된다.
- ③ 경찰과 시민의 민간경비에 대한 인식전환이 필요하다.
- ④ 자격증제도의 도입 등을 통한 전문화는 민간경비의 윤리성을 제고시킬 수 있다.

해설
민간경비의 윤리문제는 민간경비 자체에 한정되지 않고, 제도적 문제 및 사회 전반의 여건과 밀접한 관련이 있다.

125

다음 중 경비원의 바람직한 근무자세에 대한 내용으로 옳지 않은 것은?

① 청렴하고 도덕성을 지녀야 한다.
② 서비스정신에 입각한 근무자세가 필요하다.
③ **고객의 안전을 중시하기 위해 자신의 안전은 고려하지 않는다.**
④ 강한 책임감과 소명의식을 갖고 전문성을 갖도록 하여야 한다.

해설
고객의 안전도 중요하지만 경비원 자신의 안전도 고려해서 근무를 하는 것이 경비원의 바람직한 근무자세이다.

126

다음 중 경비원의 직업윤리에 관한 내용으로 옳지 않은 것은?

① **정치적 논리를 지향하고, 경비환경에 따라 경비력 배치를 탄력적으로 운영하여야 한다.**
② 성희롱 유발요인을 철저히 분석하고, 예방교육을 강화해야 한다.
③ 경비임무수행과 위기관리 대응력을 구비하여야 한다.
④ 경비원 채용 시 인성평가 방법 강화 및 자원봉사활동을 활성화시킬 필요가 있다.

해설
정치적 논리에 따라 경중을 따지지 않아야 하므로, 지향이 아닌 지양이 옳다.

4 경비위해요소 분석과 조사업무

127
CHECK ☐ △ ✕

경비위해요소에 관한 설명으로 옳지 않은 것은? 기출 24

① 자연적 위해는 자연현상에 의해 야기되는 자연재해이다.
② 특정한 위해는 특정 시설물 및 국가 등에 따라 성질이나 유형이 다양하게 나타나는 위해이다.
❸ 경비위해요소 분석의 첫 번째 단계는 경비위해요소의 위험도를 서열화하는 것이다.
④ 경비위해요소의 유형에는 자연적 위해, 인위적 위해, 특정한 위해가 있다.

해설

③ (✕) 경비위해요소 분석의 첫 번째 단계는 경비위험요소 인지이다. 이 단계에서는 개인 및 기업의 보호영역에서 손실을 일으키기 쉬운 취약부분을 확인하는 작업이 먼저 이루어져야 한다.
① (○) 화재, 폭풍, 지진, 홍수 기타 건물붕괴, 안전사고 등 자연적 현상에 의해 일어나는 위해를 말한다(대규모의 인적·물적 피해를 발생시킨다). 여기서 화재나 안전사고는 많은 부분에서 인위적일 수 있다.
② (○) 위해에 노출되는 정도가 시설물 또는 각 지역, 각 국가 등 특정 상황에 따라 다양하게 나타나는 위해를 말한다. 예컨대, 화재나 폭발의 위험은 화학공장에서 더 크게 나타나고, 강도나 절도는 소매점이나 백화점에서 더 크게 나타난다.
④ (○) 경비위해요소의 유형에는 자연적 위해, 인위적 위해(사람들의 실수 또는 부주의에 의해 발생하는 재난 및 신체를 위협하는 범죄, 절도, 좀도둑, 사기, 횡령, 폭행, 태업, 시민폭동, 폭탄위협, 화재, 안전사고, 기타 특정상황에서 공공연하게 발생하는 위해), 특정한 위해가 있다.

128
CHECK ☐ △ ✕

경비위해요소에 관한 설명으로 옳지 않은 것은? 기출 23

① 자연적 위해에는 홍수, 폭풍, 지진 등이 있다.
② 경비위해요소 분석단계는 위해요소 인지, 손실발생 예측, 위해정도 평가, 비용-효과 분석 순이다.
❸ 인위적 위해란 특정 지역 및 국가 등에 따라 성질이나 유형이 다양하게 나타나는 위해이다.
④ 효과적인 경비프로그램을 실행하기 위해서는 경비위해요소 조사와 분석이 선행되어야 한다.

해설

특정한 위해에 관한 설명이다.

핵심만콕 경비위해요소의 형태

자연적 위해	자연현상에 의해 야기되는 위해를 말한다. 대량의 인명피해와 재산피해를 야기한다. 예 폭풍, 지진, 홍수, 폭염, 폭설 등
인위적 위해	사람들의 작위 또는 부작위에 의하여 야기되는 위해를 말한다. 예 신체를 위협하는 범죄, 절도, 좀도둑, 사기, 횡령, 폭행, 태업, 시민폭동, 폭탄위협, 화재, 안전사고, 기타 특정 상황에서 공공연하게 발생하는 폭력 등
특정한 위해	특정 시설물 또는 지역, 국가 등에 따라 성질이나 유형이 다양하게 나타나는 위해를 말한다. 예 원자력발전소의 방사능 누출 위험, 화학공장의 화학적 화재나 폭발의 위험, 백화점의 들치기나 내부 절도에 의한 잠재적 손실 등

129

폭발·화재의 위험은 화학공장이 더 크고, 절도·강도에 의한 잠재적 손실은 소매점에서 더욱 크게 나타난다는 설명과 관련된 위해는? 기출 19

① 자연적 위해
② 인위적 위해
☑ 특정한 위해
④ 지형적 위해

해설
설문은 특정한 위해에 대한 내용이다.

130

다음 중 경비위해 요소의 형태의 종류가 아닌 것은?

① 자연적 위해
② 인위적 위해
③ 특정한 위해
☑ 일반적 위해

해설
경비위해요소의 유형에는 자연적 위해, 인위적 위해, 특정한 위해가 있다.

131

다음 중 자연적 현상으로 인한 화재, 폭풍, 홍수, 지진 기타 건물붕괴, 안전사고 등은 경비위해요소의 형태 중 어느 것에 해당하는가?

☑ 자연적 위해
② 인위적 위해
③ 특정한 위해
④ 일반적 위해

해설
화재, 폭풍, 홍수, 지진 기타 건물붕괴, 안전사고 등은 자연적 위해에 해당된다.

132

다음에 해당하는 경비위해 분석단계는? 기출 22

> 경비의 위해요소 분석에 있어서 가장 선행되어야 하는 것으로, 경비대상시설이 안고 있는 경비상의 취약점을 파악하는 단계

① 위험요소의 분류
❷ 경비위해요소의 인지
③ 경비위험도의 평가
④ 경비비용효과의 분석

해설
제시문은 경비위해요소의 인지단계에 해당하는 설명이다.

핵심만콕 경비위해요소의 분석단계

경비위해요소 인지단계	개인 및 기업의 보호영역에서 손실을 일으키기 쉬운 취약부분을 확인하는 단계
손실발생 가능성 예측단계	경비보호대상의 보호가치에 따른 손실발생 가능성을 예측하는 단계
경비위험도(손실) 평가단계	특정한 손실이 발생하였다면 얼마나 심각한 영향을 미쳤는가를 고려하는 단계
경비비용효과 분석단계	범죄피해로 인한 인적·물적 피해의 정도, 고객의 정신적 안정성, 개인 및 기업체의 비용 부담 정도 등을 고려하는 단계

133

경비위해요소 분석에 관한 설명으로 옳지 않은 것은? 기출 22

① 경비위해요소란 경비대상의 안전성에 위험을 끼치는 제반요소를 의미한다.
② 모든 시설물마다 표준화된 인력경비시스템을 적용하는 것은 아니다.
❸ 총체적 경비는 특정한 손실이 발생할 때마다 그 사건에만 대응하는 경비형태이다.
④ 손실예방을 위한 최적의 방어책을 세우기 위해서는 위해요소에 대한 인지와 평가가 우선적으로 선행되어야 한다.

해설
반응적 경비에 관한 설명이다. 총체적 경비는 특정의 위해요소와 관계없이 언제 발생할지도 모르는 상황에 대비하여 인력경비와 기계경비를 종합한 표준화된 경비형태를 말한다.

134

경비위해요소 분석에 관한 설명으로 옳지 않은 것은? 기출 21

① 경비위해요소 분석은 경비대상의 취약점을 파악하여 범죄, 화재, 재난 등으로부터 안전하게 보호하기 위한 계획을 수립하기 위함이다.
② 지진, 폭풍, 홍수 등 자연적 위해요소는 대규모의 인적·물적 피해를 발생시킨다.
❸ 비용효과 분석은 투입 대비 산출규모를 비교하여 적정한 경비수준을 결정하는 과정으로 절대적 기준이 있다.
④ 경비위해요소 분석자료는 경비계획에 있어서 경비조직 등의 규모를 판단하는 근거가 된다.

해설

비용효과 분석은 투입 대비 산출규모를 비교하여 적정한 경비수준을 결정하는 과정으로, 절대적 잣대(기준)가 있다고 할 수 없다. 왜냐하면 개인 및 시설물에 대한 범죄예방과 질서유지활동인 경비활동의 특성상 이를 단순히 경제적 가치로만 평가할 수는 없기 때문이다. 따라서 경비활동의 비용효과 분석 시에는 해당 지역의 범죄발생률 이외에도 범죄피해로 인한 인적·물적 피해의 정도, 고객의 정신적 안정성, 개인 및 기업체의 비용부담 정도 등을 고려하고, 아울러 타 지역 내지 전국적으로 집계된 범죄사건 등을 함께 비교해야 한다.

135

경비위해요소 분석에 관한 설명으로 옳은 것은? 기출 20

① 경비위해요소 분석단계는 '비용효과 분석 → 위해요소 손실발생 예측 → 위해요소 인지 → 위해정도 평가'이다.
② 경비위해요소의 형태는 인위적 위해만을 말한다.
❸ 효과적인 경비프로그램을 실행하기 위해서는 경비위해요소 분석과 조사가 선행되어져야 한다.
④ 모든 경비대상 시설물에 대해 동일하게 표준화된 인력경비와 기계경비시스템을 적용하여야 한다.

해설

③ (○) 각종 사고로부터 손실을 예방하고 최적의 안전을 확보하기 위해서는 경비위해요소에 대한 분석과 조사가 선행되어야 한다.
① (×) 경비위해요소 분석단계는 '경비위해요소 인지단계 → 손실발생 가능성 예측단계 → 경비위험도 평가단계 → 경비비용효과 분석단계'로 구분할 수 있다.
② (×) 경비위해요소의 형태는 자연적 위해, 인위적 위해, 특정한 위해로 분류할 수 있다.
④ (×) 위험요소의 인지에서 취약요소가 확인되면 위험요소들을 각 대상별로 추출해 성격을 파악하여 각각의 요소마다 보호수단을 다르게 적용해야 한다.

136

경비위해요소 분석에 관한 설명으로 옳지 않은 것은? 기출 19

① ✓ 경비계획 수립 시 모든 시설물마다 인력경비와 기계경비시스템을 동일하게 적용해야만 한다.
② 손실이 크게 예상되지 않는 소규모 경비시설물은 손쉬운 손실예방책인 성능이 우수한 잠금장치를 사용할 수 있다.
③ 기업의 손실영역이 증가하고 복잡해지면 1차원적 경비형태만으로 대응하기 어렵다.
④ 손실예방을 위해 최적의 방어책을 세우기 위해서는 위해요소에 대한 인지와 평가가 우선적으로 선행되어야 한다.

해설
위험요소의 인지에서 취약요소가 확인되면 위험요소들을 각 대상별로 추출해 성격을 파악하여 각각의 요소마다 보호수단을 다르게 적용해야 한다.

137

특정한 손실 발생 시 회사에 얼마나 심각한 영향을 미치는지를 고려하고, 손실에 의한 위험의 빈도를 조사하는 경비위해요소 분석단계는? 기출 19

① 경비위해요소 인지
② 손실발생 가능성 예측
③ ✓ 손실(경비위험도) 평가
④ 경비활동 비용효과 분석

해설
설문은 손실(경비위험도) 평가에 해당한다.

138

경비위해분석에 관한 설명으로 옳지 않은 것은? 기출 18

① 경비활동의 대상이 되는 위험요소들을 파악하는 경비진단 활동이다.
② 위험요소의 척도화는 대상물이 갖고 있는 인지된 사실들의 환경을 고려하여 무작위로 배열하는 것이다.
③ 비용효과분석은 투입비용 대비 산출효과를 비교하여 적정한 경비수준을 결정하는 과정이다.
④ 위험요소분석에 있어서 가장 선행되어야 하는 것은 위험요소를 인지하는 것이다.

[해설]
인식된 위험요소의 척도화는 인지된 사실들을 경비대상물이 갖고 있는 환경을 고려하여 위험성이 큰 순서대로 서열화하는 것을 말한다.

139

경비위해요소 분석에 관한 설명으로 옳지 않은 것은? 기출 17

① 경비계획에 있어 가장 먼저 실시해야 하는 것은 경비위해 요소분석이다.
② 경비위해요소 중 화학공장의 화학적 화재나 폭발 위험은 인위적 위해에 해당한다.
③ 경비위해요소 분석단계는 '경비위험요소 인지 → 손실발생 가능성 예측 → 경비위험도 평가 → 경비비용효과 분석'의 순이다.
④ 경비비용효과 분석은 투입비용에 대한 산출효과를 비교하여 적절한 경비수준을 결정하는 과정을 말한다.

[해설]
경비위해요소 중 화학공장의 화학적 화재나 폭발 위험은 특정한 위해에 해당한다. 여기에서 특정한 위해란 위해에 노출되는 정도가 시설물 또는 특정상황이나 장소에서 더욱 다양하게 나타나는 위해를 말한다. 예컨대, 화재나 폭발의 위험은 화학공장에서 더 크게 나타나고, 강도나 절도는 소매점이나 백화점에서 더 크게 나타난다. ★

140

경비위해요소의 분석단계로 옳은 것은? 기출 16

① 위해요소 인지 → 위해요소 손실발생 예측 → 위해정도 평가 → 비용효과 분석
② 위해요소 손실발생 예측 → 위해요소 인지 → 위해정도 평가 → 비용효과 분석
③ 위해요소 인지 → 위해요소 손실발생 예측 → 비용효과 분석 → 위해정도 평가
④ 위해요소 손실발생 예측 → 위해요소 인지 → 비용효과 분석 → 위해정도 평가

[해설]
경비위해요소의 분석은 경비위해요소의 인지 → 경비위해요소의 손실발생 가능성 예측 → 예상된 손실에 대한 평가 → 경비활동의 비용효과분석 순으로 이루어진다.

141

경비위해분석에 관한 내용으로 옳지 않은 것은? 기출 12

① 경비위해분석이란 경비활동의 대상이 되는 위험요소들을 대상별로 추출하여 성격을 파악하는 경비진단활동을 말한다.
② 비용효과분석은 투입비용 대 산출효과를 비교하여 적정한 경비수준을 결정하는 과정이다.
③ 위험요소분석에 있어서 가장 선행되어야 하는 것은 위험요소를 인지하는 것이다.
④ 인식된 위험요소의 척도화는 인지된 사실들을 경비대상물이 갖고 있는 환경을 고려하여 무작위로 배열하는 것이다.

[해설]
인식된 위험요소의 척도화는 인지된 사실들을 경비대상물이 갖고 있는 환경을 고려하여 위험성이 큰 순서대로 배열하는 것이다.

142

경비위해요소에 관한 내용으로 옳지 않은 것은? 기출 13

① 경비위해요소 분석의 첫 번째 단계는 위해요소를 인지하는 것이다.
② 많은 손실이 예상되는 경비대상에는 종합경비시스템이 설치되도록 해야 한다.
③ 각종 사고로부터 최적의 안전확보를 위해서는 경비위해요소의 인지, 평가 등이 중요하다.
④ 경비위해요소의 평가 및 분석에 있어서 경비활동의 비용효과 분석은 제외한다.

[해설]
경비위해요소란 경비대상의 안전성에 위험을 끼치는 모든 제반요소를 의미하는 것으로, 경비위해요소의 분석에는 위험요소의 인지 및 평가, 경비의 비용효과 분석이 포함된다.

143

경비위해요소에 관한 설명으로 옳지 않은 것은? 기출 09

☑ ① 경비위해요소의 분석시 모든 시설물에 있어서 표준화된 시스템을 적용한다.
② 각종 사고로부터 최적의 안전확보를 위해서는 경비위해요소의 인지와 평가가 중요하다.
③ 경비위해요소의 분석결과에 따라 장비와 인원 등의 투입이 결정된다.
④ 많은 손실이 예상되는 경비대상에는 종합경비시스템이 설치되도록 해야 한다.

[해설]
경비위해요소를 분석할 때는 경비활동의 대상이 되는 위험요소들을 각 대상별로 추출해 성격을 파악하여 각각의 요소마다 보호수단을 다르게 적용해야 한다.★

144

위험관리(risk management)의 과정을 순서대로 나열한 것은? 기출 15

ㄱ. 우선순위의 설정
ㄴ. 위험요소의 분석
ㄷ. 안전성·보안성의 평가
ㄹ. 위험요소의 감소
ㅁ. 위험요소의 확인

① ㄴ - ㄱ - ㅁ - ㄷ - ㄹ
② ㄴ - ㄷ - ㄱ - ㄹ - ㅁ
③ ㅁ - ㄱ - ㄴ - ㄷ - ㄹ
☑ ④ ㅁ - ㄴ - ㄱ - ㄹ - ㄷ

[해설]
위험관리는 위험요소의 확인 → 위험요소의 분석 → 우선순위의 설정 → 위험요소의 감소 → 안전성·보안성의 평가로 이루어진다.★

145

위험관리(risk management)에 관한 설명으로 옳지 않은 것은? 기출 13

① 기본적으로 위험요소의 확인 → 위험요소의 분석 → 우선순위의 결정 → 위험요소의 감소 → 보안성·안전성 평가 등의 순서로 이루어진다.
❷ 위험관리의 대상이 되는 인적·물적 보호대상의 우선순위를 설정하기보다는 포괄적으로 접근하는 것이 바람직하다.
③ 위험관리가 효율적으로 이루어지기 위해서는 관련 절차에 관한 표준운영절차(SOP ; Standard Operational Procedures)를 개발하는 것이 바람직하다.
④ 확인된 위험에 대한 대응은 위험의 제기, 회피, 감소, 분산, 대체, 감수 등의 방법이 적용된다.

해설

경비위해요소를 분석할 때는 경비활동의 대상이 되는 위험요소들을 각 대상별로 추출해 성격을 파악하여 각각의 요소마다 보호수단을 다르게 적용하여야 한다.

146

확인된 위험의 대응방법에 관하여 옳게 연결된 것은? 기출 19

> ㄱ. 물리적·절차적 관점에서 위험요소를 감소시키거나 최소화시키는 방법을 강구한다.
> ㄴ. 범죄 및 손실이 발생할 기회를 전혀 제공하지 않는 것과 관련된다.

❶ ㄱ : 위험의 감소, ㄴ : 위험의 회피
② ㄱ : 위험의 감소, ㄴ : 위험의 분산
③ ㄱ : 위험의 제거, ㄴ : 위험의 감수
④ ㄱ : 위험의 제거, ㄴ : 위험의 대체

해설

제시된 내용 중 ㄱ은 위험의 감소, ㄴ은 위험의 회피에 해당된다.

핵심만콕 확인된 위험의 대응방법

위험의 제거	위험관리에서 최선의 방법은 확인된 모든 위험요소를 제거하는 것이다.
위험의 회피	범죄 및 손실이 발생할 기회를 아예 제공하지 않는 것이다.
위험의 감소	물리적·절차적 관점에서 위험요소를 감소시키거나 최소화시키는 방법이다.
위험의 분산	위험성이 높은 보호대상을 한 곳에 집중시키지 않고 여러 곳에 분산시키는 것이다.
위험의 대체	직접적으로 위험을 제거하거나 감소 및 최소화하는 것보다 보험과 같은 대체수단을 통해서 손실을 전보하는 방법이다.

147

확인된 위험의 대응방법에 대한 설명으로 옳지 않은 것은? 기출 14

① 위험의 제거 : 위험관리에서 최선의 방법은 확인된 모든 위험요소를 제거하는 것이다.
② 위험의 회피 : 범죄 및 손실이 발생할 기회를 아예 제공하지 않는 것이다.
❸ 위험의 감소 : 위험성이 높은 보호대상을 한 곳에 집중시키지 않고 여러 곳에 분산시키는 것이다.
④ 위험의 대체 : 직접적으로 위험을 제거하거나 감소 및 최소화시키기보다는 보험과 같은 대체수단을 통해서 손실을 전보하는 방법이다.

해설

위험성이 높은 보호대상을 한 곳에 집중시키지 않고 여러 곳에 분산시키는 것은 위험의 분산이고, 위험의 감소는 완벽한 위험의 제거 내지 위험의 회피가 불가능하다면 가장 현실적인 최선의 대응방법은 물리적·절차적 관점에서 위험요소를 감소시키거나 최소화시키는 방법을 강구하는 것이다.

148

경비시설물에 대해 민간경비 조사업무를 실시하는 근본목적이 아닌 것은? 기출 04

❶ 정보수집으로 범죄자를 조기에 색출한다.
② 경비시설물에 대한 경비의 취약점을 도출한다.
③ 조사업무를 통해 종합적인 경비계획을 수립한다.
④ 조사업무를 통해 조직 내의 구성원들과 경비와 관련하여 협력을 구한다.

해설

정보수집으로 범죄자를 조기 색출하는 것은 경찰의 업무이다.

핵심만콕 조사업무의 목적

경비 관련 조사는 경비업무의 효율적인 수행을 위한 적절한 예산의 집행과 시설물 내에 있는 모든 구성원들의 협조 체제를 갖추기 위한 목적으로 최고경영자 수준에서 이루어진다.

149

경비조사업무를 실시하는 목적이 아닌 것은?

① 경비시설물 내에 있는 모든 구성원에게 경비와 관련된 협력을 얻기 위하여
② 경비업무 수행에 소요되는 예산의 정확한 산출과 확보를 위하여
❸ 회사의 현재 재정상태를 파악하기 위하여
④ 종합적인 경비계획을 수립하기 위하여

해설
경비조사업무의 목적은 ①·②·④ 외에 경비시설물에 대한 경비의 취약점을 찾아낼 수 있다는 점이다.

150

경비조사활동(업무)에 관한 설명으로 옳지 않은 것은? 기출 22

① 경비위해요소와 경비대상에 대한 다양한 정보를 수집하는 활동이다.
② 경비상태의 취약점을 보완할 수 있는 종합적인 경비프로그램을 만들기 위한 객관적인 분석방법이 사용되어야 한다.
❸ 경비전문가에 의한 조사는 경비위해 분석이 조직내부 관계자에 의하여 영향을 받지 않기 때문에 조직 내 타 부서의 협조가 용이하다.
④ 경비조사보고서는 유용한 자료이므로 정기적으로 정리하면 특정 계절에 발생하는 경비문제를 확인할 수 있는 장점이 있다.

해설
경비전문가에 의한 조사는 경비위해 분석에 있어 내부 관계자의 영향을 받지 않기 때문에 조사가 객관적이며 전문성을 띠어 현 상태에 대한 더욱 정확한 평가가 가능하다는 장점이 있는 반면, 내부 업무에 대한 숙지도가 낮고 타 부서와의 협조가 어렵다는 단점이 있다.

151

경비진단을 위한 물리적 사전조사의 착안사항으로 옳지 않은 것은? 기출 21

① ✓ 위험을 야기할 수 있는 인물의 유무
② 경비대상시설의 형태와 용도
③ 시설 내의 예측할 수 있는 침입경로
④ 주변 구조물 등의 상황

해설

경비진단은 경비조사와 경비위해분석을 포함하는데, 여기서 경비조사란 경비위해분석을 위한 선행절차로서 경비위해요소와 경비대상에 대한 다양한 정보를 수집하는 활동을 의미한다. 경비(요소)조사는 일반시설물 조사(물리적 조사)와 업무 관련 조사로 구분할 수 있으며, 이때 위험을 야기할 수 있는 인물의 유무는 경비진단을 위한 물리적 조사사항에 해당하지 않는다.

152

경비조사의 과정을 순서대로 나열한 것은? 기출 19

ㄱ. 경비대상의 현 상태 점검
ㄴ. 경비방어상 취약점 확인
ㄷ. 보호의 정도 측정
ㄹ. 경비활동 전반에 걸친 객관적 분석
ㅁ. 종합적인 경비프로그램의 수립

① ✓ ㄱ - ㄴ - ㄷ - ㄹ - ㅁ
② ㄴ - ㄷ - ㄹ - ㄱ - ㅁ
③ ㄷ - ㄹ - ㄱ - ㄴ - ㅁ
④ ㄹ - ㄱ - ㄴ - ㄷ - ㅁ

해설

경비대상의 현상태 점검(ㄱ) → 경비방어상의 취약점 확인(ㄴ) → 요구되는 보호의 정도 측정(ㄷ) → 경비활동 전반에 걸친 객관적 분석(ㄹ) → 종합적인 경비프로그램의 수립(ㅁ) 순이다.

153

경비요소 조사에 대한 설명 중 틀린 것은? 기출 08

① 내부적 담당자에 의한 조사는 조직 내 타부서와 경비부서의 협조체제가 용이하다.
② 경비전문가에 의한 조사는 현 상태에 대한 더욱 정확한 평가가 가능하다.
③ 경비요소조사는 경비책임자가 우선적으로 고려해야 할 사항이다.
④ 내부적 담당자에 의한 조사는 평가기준이 더욱 객관적이다.

해설
내부적 담당자에 의한 조사는 평가기준이 다른 조사보다는 더 주관적이라고 할 수 있다.

154

경비조사업무에 있어 조사자들이 갖추어야 할 요건이 아닌 것은? 기출 06

① 관련 분야의 높은 지식을 가지고 있을 것
② 조사대상 시설물과 집행절차를 숙지하고 있을 것
③ 조사진행의 각 단계에 대한 사전계획을 수립할 것
④ 조사대상 시설물에서 경비근무를 해본 경험이 있을 것

해설
조사대상 시설물에서의 경비근무 경험은 경비조사업무에 있어 조사자들이 갖추어야 할 요건과는 무관하다.

155

경비위해요소의 분석과 조사업무 실시의 항목 중 일반시설물에 대한 조사의 경우가 아닌 것은?

① 화재관련 확인
② 경비보호대상 확인
③ 주차장 확인
☑ 수취 및 지불계정의 안전성 확인

해설
일반시설물 조사는 경비문제와 관련된 것으로 수취 및 지불계정의 안전성 확인과는 관련이 없다.

156

일반시설물 조사업무에 대한 설명으로 옳지 않은 것은?

① 18피트 이하의 모든 창문과 문은 열린 채로 안전유무 조사
② 자동차 절도와 파괴행위로부터의 보호 유무 조사
③ 금연표지의 지정 유무 조사
☑ 경비원 유무 및 창고지역 경비를 담당하는 인원 확인

해설
경비원 유무 및 창고지역 경비를 담당하는 인원 확인은 반·출입물 관리 업무조사에 속한다.

1 경비계획의 수립
2 외곽경비
3 내부경비
4 시설물에 따른 경비
5 재해예방과 비상계획

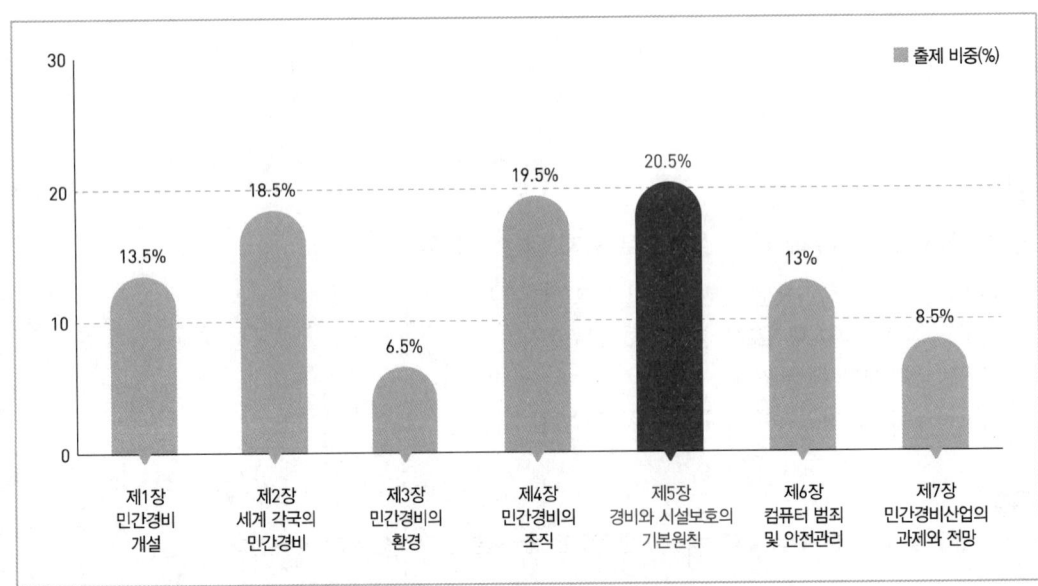

CHAPTER **05**

경비와 시설보호의 기본원칙

CHAPTER 05 경비와 시설보호의 기본원칙

1 경비계획의 수립

01
CHECK ○△×

경비계획에 관한 내용으로 옳지 않은 것은? 기출 12

① 경비계획은 계약처가 요구하는 경비내용을 구체적으로 실시할 방법을 정하는 것이다.
② 경비계획서는 사전조사를 통한 경비진단에서 파악된 내용을 기초로 작성한다.
③ 사전조사는 현장청취와 현장조사로 이루어진다.
④ **현장청취는 관련 정보를 확인하고 실제 조사를 통해 잠재된 위험을 찾아내는 업무이다.**

[해설]
④는 현장청취가 아니라 현장조사에 대한 내용이다. 즉, 현장조사는 관련 정보를 확인하고, 실제 조사를 통해 잠재된 위험을 찾아내는 업무이다.★

02
CHECK ○△×

경비계획 및 평가의 순환과정으로 가장 옳은 것은?

① 경비평가 → 경비계획 → 경비 조직관리·실행
② 경비계획 → 경비평가 → 경비 조직관리·실행
③ 경비 조직관리·실행 → 경비평가 → 경비계획
④ **경비계획 → 경비 조직관리·실행 → 경비평가**

[해설]
경비계획 및 평가의 순환과정은 경비계획 → 경비 조직관리·실행 → 경비평가 순이다.

03

경비계획에 관한 내용으로 옳지 않은 것은?

① 경비계획이란 경비실시의 과정을 구체적으로 결정하는 계획을 말한다.
② 경비계획은 계약처가 요구하는 경비내용을 구체적으로 실시할 방법을 정하는 것이다.
③ 경비계획은 경비부서의 조직관리·실행과정과 평가과정의 관계 속에서 역동적으로 작용하고 있다.
④ 현장조사는 직접 현장에 가서 시설물의 상태를 확인하고 실무자들의 의견을 청취하여 잠재된 위험을 찾아내는 업무이다.

[해설]
④는 현장조사가 아니라 현장청취에 대한 내용이다.

04

경비의 중요도에 따른 경비수준에 관한 설명 중 ( )에 들어갈 용어로 옳은 것은? 기출 24

- (ㄱ) - 전혀 패턴이 없는 외부와 내부의 이상행동 및 침입을 감지하고 저지, 방어, 대응공격을 위한 경비수준
- (ㄴ) - 대부분의 패턴이 없는 외부 및 내부의 행동을 발견·저지·방어·예방하도록 계획되어진 것으로, 교도소나 제약회사 또는 전자회사 등에서 이루어지는 경비수준

① ㄱ : 최고수준경비(Level Ⅴ),   ㄴ : 상위수준경비(Level Ⅳ)
② ㄱ : 최고수준경비(Level Ⅴ),   ㄴ : 하위수준경비(Level Ⅱ)
③ ㄱ : 중간수준경비(Level Ⅲ),   ㄴ : 상위수준경비(Level Ⅳ)
④ ㄱ : 상위수준경비(Level Ⅳ),   ㄴ : 중간수준경비(Level Ⅲ)

[해설]
ㄱ : 최고수준경비(Level Ⅴ) - 전혀 패턴이 없는 외부와 내부의 이상행동 및 침입을 감지하고 저지, 방어, 대응공격을 위한 경비수준으로서 모든 Level의 계획이 결합되고 최첨단 경보시스템과 현장에서 즉시 대응할 수 있는 24시간 무장체계 등을 갖추고 있다. 핵시설물, 중요교도소, 중요군사시설, 정부의 특별연구기관, 외국대사관 등이 대표적인 예이다.
ㄴ : 상위수준경비(Level Ⅳ) - 대부분의 패턴이 없는 외부 및 내부의 행동을 발견·저지·방어·예방하도록 계획되어진 것으로, CCTV·경계경보시스템·고도로 훈련받은 무장경비원·고도의 조명시스템·경비원과 경찰의 협력시스템 등을 갖추고 있으며, 교도소나 제약회사 또는 전자회사 등에서 이루어지는 경비수준

05

일정한 형식이 전혀 없는 외부와 내부의 이상행동 및 침입을 감지하고 저지, 방어, 대응공격을 위한 경비수준은? 기출 23

① 하위수준경비(Level-Ⅱ)
② 중간수준경비(Level-Ⅲ)
③ 상위수준경비(Level-Ⅳ)
☑ 최고수준경비(Level-Ⅴ)

해설
최고수준경비(Level-Ⅴ)에 관한 설명이다.

핵심만콕 경비의 중요도에 따른 경비수준(경비계획의 수준) ★

최저수준경비 (Level Ⅰ)	일정한 패턴이 없는 불법적인 외부침입을 방해할 수 있도록 계획된 경비시스템으로, 보통 출입문, 자물쇠를 갖춘 창문과 같은 단순한 물리적 장벽이 설치된다(예 일반가정 등).
하위수준경비 (Level Ⅱ)	일정한 패턴이 없는 불법적인 외부침입을 방해하고 탐지할 수 있도록 계획된 경비시스템으로, 일단 최저수준경비의 단순한 물리적 장벽이 설치되고, 거기에 보강된 출입문, 창문의 창살, 보다 복잡한 수준의 자물쇠, 조명시스템, 기본적인 경보시스템 및 안전장치가 설치된다(예 작은 소매상점, 저장창고 등).
중간수준경비 (Level Ⅲ)	대부분의 패턴이 없는 불법적인 외부침입과 일정한 패턴이 없는 일부 내부침입을 방해·탐지·사정할 수 있도록 계획된 경비시스템으로, 경계지역의 보다 높은 수준의 물리적 장벽, 보다 발전된 원거리 경보시스템, 기본적인 의사소통장비를 갖춘 경비원 등을 갖추고 있다(예 큰 물품창고, 제조공장, 대형 소매점 등).
상위수준경비 (Level Ⅳ)	대부분의 패턴이 없는 외부 및 내부의 침입을 발견·저지·방어·예방할 수 있도록 계획된 경비시스템으로, CCTV, 경계경보시스템, 고도의 조명시스템, 고도로 훈련받은 무장경비원, 경비원과 경찰의 협력시스템 등을 갖추고 있다(예 교도소, 제약회사, 전자회사 등).
최고수준경비 (Level Ⅴ)	일정한 패턴이 전혀 없는 외부 및 내부의 침입을 발견·억제·사정·무력화할 수 있도록 계획된 경비시스템으로, 최첨단의 경보시스템과 현장에서 즉시 대응할 수 있는 24시간 무장체계 등을 갖추고 있다(예 핵시설물, 중요 군사시설 및 교도소, 정부의 특별연구기관, 일부 외국 대사관 등).

06

일정한 패턴이 전혀 없는 외부 및 내부의 침입을 발견, 억제, 사정, 무력화할 수 있도록 계획된 시스템을 갖춘 경비수준은? 기출 18

☑ 최고수준경비(Level Ⅴ)
② 상위수준경비(Level Ⅳ)
③ 중간수준경비(Level Ⅲ)
④ 하위수준경비(Level Ⅱ)

해설
최고수준경비(Level Ⅴ)에 대한 설명이다.

07

중요도에 따라 분류한 경비수준으로 다음 내용에 해당하는 것은? 기출 22

- 기본적으로 의사소통장비를 갖춘 경비원에 의한 경비
- 대부분의 패턴이 없는 외부행동과 일정 패턴이 없는 내부행동을 발견, 방해하도록 계획된 경비
- 물품창고, 제조공장, 대형소매점 수준의 경비

① 최저수준경비
② 하위수준경비
③ **중간수준경비** ✓
④ 상위수준경비

해설
제시문은 중간수준경비에 관한 내용에 해당한다.

08

다음 설명에 해당하는 경비수준은? 기출 21

일정한 형식이 없는 외부와 내부의 이상행동을 감지하여 저지·방어하기 위한 첨단시스템장치를 구비하고, 고도로 훈련받은 무장경비원이 배치되어 경비하는 시스템이다.

① 최저수준경비(Level-1)
② 하위수준경비(Level-2)
③ 중간수준경비(Level-3)
④ **상위수준경비(Level-4)** ✓

해설
제시된 내용은 경비계획의 수준 중 상위수준경비에 대한 설명에 해당한다.

09

경비의 중요도에 따른 분류 중 상위수준경비(Level Ⅳ)에 해당하는 설명은? 기출 20

① 전혀 패턴이 없는 외부 및 내부의 활동을 발견·억제하고 문제를 해결하도록 하는 경비이다.
② 중요교도소, 중요군사시설, 정부의 특별연구기관 등에서 시행되고 있는 수준의 경비이다.
❸ 대부분의 패턴이 없는 외부 및 내부활동을 발견·방해하도록 계획된 경비이다.
④ 단순한 물리적 장벽과 자물쇠가 설치되고 보강된 출입문 등이 설치된 수준의 경비이다.

[해설]
상위수준경비(Level Ⅳ)는 대부분의 패턴이 없는 외부 및 내부의 침입을 발견·저지·방어·예방할 수 있도록 계획된 경비시스템으로, CCTV, 경계경보시스템, 고도로 훈련받은 무장경비원, 고도의 조명시스템, 경비원과 경찰의 협력시스템 등을 갖추고 있다(예 교도소, 제약회사, 전자회사 등).

10

경비의 중요도에 따른 분류 중 중간수준경비(Level Ⅲ)에 해당하는 대상은? 기출 17

❶ 물품창고, 제조공장 수준의 경비
② 교도소, 제약회사, 전자회사 수준의 경비
③ 정부의 특별연구기관, 외국대사관 수준의 경비
④ 작은 소매상점, 저장창고 수준의 경비

[해설]
①은 중간수준경비(Level Ⅲ), ②는 상위수준경비(Level Ⅳ), ③은 최고수준경비(Level Ⅴ), ④는 하위수준경비(Level Ⅱ)대상에 해당한다.

11

다음에 설명하는 경비수준으로 옳은 것은? 기출 16

이 수준의 경비는 불법적인 외부침입과 일부 내부침입을 방해·탐지·사정할 수 있도록 계획된 경비시스템으로, 보다 발전된 원거리 경보시스템, 경계지역의 보다 높은 수준의 물리적 장벽, 기본적인 의사소통장비를 갖춘 경비원 등이 조직되는 수준이다. 여기에는 큰 물품창고, 제조공장, 대형 소매점 등이 해당된다.

① 최저수준경비(Level Ⅰ : Minimum Security)
❷ 중간수준경비(Level Ⅲ : Medium Security)
③ 상위수준경비(Level Ⅳ : High-Level Security)
④ 하위수준경비(Level Ⅱ : Low-Level Security)

해설
중간수준경비에 대한 설명이다.

12

다음에 해당하는 경비중요도에 따른 분류는? 기출 16

일정한 패턴이 없는 외부의 행동을 방해하고 탐지할 수 있도록 계획된 체계라 할 수 있다. 단순한 물리적 장벽과 자물쇠가 설치되고 거기에 보강된 출입문, 창문의 창살, 보다 복잡한 수준의 자물쇠, 조명시스템, 기본적 경보시스템, 기본적 안전 장벽 등이 설치될 수 있다. 작은 소매상점, 저장창고 등이 해당된다.

① 최저수준경비(Level Ⅰ)
❷ 하위수준경비(Level Ⅱ)
③ 중간수준경비(Level Ⅲ)
④ 상위수준경비(Level Ⅳ)

해설
② (○) 제시문의 내용은 하위수준경비에 대한 것이다.
① (×) 최저수준경비는 일정한 패턴이 없는 불법적인 외부침입을 방해할 수 있도록 계획된 경비시스템을 말한다.
③ (×) 중간수준경비는 대부분의 패턴이 없는 불법적인 외부침입과 일정한 패턴이 없는 일부 내부침입을 방해·탐지·사정할 수 있도록 계획된 경비시스템을 말한다.
④ (×) 상위수준경비는 대부분의 패턴이 없는 외부 및 내부의 침입을 발견·저지·방어·예방할 수 있도록 계획된 경비시스템을 말한다.

13

경비수준에 관한 설명으로 옳지 않은 것은? 기출 10

① 최저수준경비(Level Ⅰ)는 보통 출입문과 자물쇠를 갖춘 창문과 같은 단순한 물리적 장벽으로 구성된다.
② 하위수준경비(Level Ⅱ)는 작은 소매상점, 저장창고 등에 대한 경비를 말한다.
③ 중간수준경비(Level Ⅲ)는 보다 발전된 원거리 경보시스템, 경계지역의 보다 높은 물리적 수준의 장벽 등이 조직되어진다.
❹ 상위수준경비(Level Ⅳ)는 최첨단의 경보시스템과 24시간 즉시대응체제가 갖춰진 경비체계를 말한다.

[해설]
최첨단의 경보시스템과 24시간 즉시대응체제가 갖춰진 경비체계는 최고수준경비(Level Ⅴ)에 해당한다.

14

고도의 조명시스템으로 관계기관과의 조정계획 등을 갖춘 제조공장이나 대형상점에서 필요로 하는 경비수준은? 기출 06

① 최저수준경비
❷ 중간수준경비
③ 상위수준경비
④ 최고수준경비

[해설]
중간수준경비(Level Ⅲ)는 발전된 원거리 경보시스템, 경계지역의 보다 높은 수준의 물리적 장벽, 기본적 의사소통장비를 갖춘 경비원 등을 갖추고 있다(큰 물품창고, 제조공장, 대형 소매점 등).

15

경비계획을 수립함에 있어 고려해야 할 사항으로 옳지 않은 것은? 기출 23

① 건물에는 정교하면서도 파손되기 어려운 잠금장치를 설치해야 한다.
② **경비실은 출입구와 비상구에 인접한 곳에 설치해야 한다.**
③ 경비계획 과정에는 관련 분야나 계층의 충분한 참여가 이루어져야 한다.
④ 경비진단결과 나타난 손실발생의 가능성을 고려해야 한다.

[해설]
출입구와 비상구에 인접한 곳에 설치해야 하는 것은 경비원 대기실이다. 경비실은 가능한 한 건물에서 통행이 많은 곳에 설치해야 한다.

16

경비계획 수립의 기본원칙으로 옳지 않은 것은? 기출 22

① 잠금장치는 정교하고 쉽게 파손되지 않도록 만들어져야 한다.
② **직원 출입구는 주차장으로부터 가까운 곳에 위치해야 한다.**
③ 경비관리실은 가능한 한 건물에서 통행이 많은 곳에 설치한다.
④ 경비원 대기실은 시설물 출입구와 비상구에 인접하도록 한다.

[해설]
직원의 출입구는 주차장으로부터 가급적 멀리 떨어진 곳에 위치해야 한다.

핵심만콕   경비계획 수립의 기본원칙

- 직원의 출입구는 주차장으로부터 가급적 멀리 떨어진 곳에 위치해야 한다.
- 경비원의 대기실은 시설물의 출입구와 비상구에서 인접한 곳에 위치해야 한다.
- 경비관리실은 출입자 등의 통행이 많은 곳에 설치해야 한다.
- 경계구역과 건물출입구 수는 안전규칙의 범위 내에서 최소한으로 유지되어야 한다.
- 경비원 1인이 경계해야 할 구역의 범위는 안전규칙상 적당해야 한다.
- 건물 외부의 틈으로 접근·탈출이 가능한 지점 및 경계구역(천장, 공기환풍기, 하수도관, 맨홀 등)은 보호되어야 한다.
- 잠금장치는 정교하고 파손이 어렵게 만들어져야 하고 열쇠를 분실할 경우에 대비하여 적절한 조치를 취해야 한다.
- 비상시에만 사용하는 외부출입구에는 경보장치를 설치해야 하고, 외부출입구의 통행은 통제가 가능해야 한다.
- 항구·부두지역은 차량운전자가 바로 물건을 창고지역으로 움직이지 못하도록 하고, 경비원에게 물건의 선적이나 하차를 보고할 수 있도록 설계되어야 한다.
- 효과적인 경비를 위해서는 안전경비조명이 설치되어야 하고, 물건을 선적하거나 수령하는 지역은 분리되어야 한다.
- 외딴 곳이나 비상구의 출입구는 경보장치를 설치해 둔다.
- 유리창이 지면으로부터 약 4m 이내의 높이에 설치되어 있는 경우에는 센서, 강화유리 등 안전장치를 설치해야 한다.

17

경비계획 수립의 기본원칙으로 옳은 것은? 기출 21

① 건물출입구 수는 안전규칙범위 내에서 최대한으로 유지되어야 한다.
② 경비관리실은 건물 내부에서 통행이 가급적 적은 곳에 설치하여야 한다.
❸ 정상적인 출입구 외에 건물 외부와 연결되는 천장, 환풍기, 하수도관 등에 대한 안전확보방안을 강구하여야 한다.
④ 효과적인 경비를 위해서는 물건을 선적하거나 수령하는 지역은 동일 지역에서 이루어지도록 설계되어야 한다.

해설

건물 외부의 틈으로 접근·탈출이 가능한 지점 및 경계구역(천장, 공기환풍기, 하수도관, 맨홀 등)은 보호되어야 한다.

18

경비계획 수립의 기본원칙으로 옳은 것은? 기출 15

① 건물출입구 수는 안전규칙의 범위 내에서 최대한으로 유지되어야 한다.
❷ 통행이 많은 곳에 경비실을 설치하고, 직원들의 출입구는 주차장에서 가급적 멀리 떨어진 곳에 설치한다.
③ 항구·부두 지역 등은 운전자가 바로 물건을 창고지역으로 차량을 움직이도록 하고, 경비원에게 물건의 선적이나 하자를 확인할 수 있도록 설계되어야 한다.
④ 효과적인 경비를 위해서는 안전조명이 설치되어야 하고 물건의 선적지역과 수령지역은 통합되어야 한다.

해설

② (○) 경비계획 수립의 기본원칙에 관한 옳은 내용이다.
① (×) 경계구역과 건물출입구 수는 안전규칙의 범위 내에서 최소한으로 유지되어야 한다.
③ (×) 항구, 부두지역은 차량이 바로 물건을 창고지역으로 움직이지 못하게 해야 하고 경비원에게 선적이나 하차를 보고하여야 한다.
④ (×) 효과적인 경비를 위해서는 안전조명이 설치되어야 하고 물건을 선적하거나 받는 지역은 넓게 분리되어야 한다.

19

경비계획에 관한 설명으로 옳지 않은 것은? 기출 13

① 능률성과 효과성을 모두 고려하여 접근하는 것이 바람직하다.
② 수립된 경비계획은 환류과정을 거쳐 실행하는 것이 바람직하다.
③ **경비업체의 자체 판단하에 구체적으로 경비내용을 실시할 방법을 강구하는 것이다.**
④ 문제의 인지 → 목표의 설정 → 위해요소의 조사·분석 → 전체계획 검토 → 최적안 선택 등의 과정을 거쳐 수립된다.

[해설]
경비계획이란 경비업무의 전반적인 방향과 성패를 좌우하는 가장 기초적인 활동으로, 관련 분야의 충분한 의견을 수렴해야 한다.★

20

경비계획의 기본원칙에 대한 설명 중 틀린 것은? 기출 08

① 건물 외부의 틈으로 접근 및 탈출 가능한 지점 및 경계 구역(천장, 공기환풍기, 하수도관, 맨홀 등)은 보호되어야 한다.
② 효과적인 경비를 위해서는 안전경비조명이 설치되어야 하고 물건을 선적하거나 수령하는 지역은 분리되어야 한다.
③ 잠금장치는 정교하고 파손이 어렵게 만들어져야 하고 열쇠를 분실할 경우에 대한 적절한 조치를 취해야 한다.
④ **경비원 대기실은 시설물 출입구와 비상구에서 가급적이면 멀리 떨어져 있어야 한다.**

[해설]
경비원의 대기실은 시설물의 출입구와 비상구에서 인접한 곳에 위치해야 한다.

21

경비계획 수립 시 기본원칙에 어긋나는 것은? 기출문제

① 경비시설물 전반에 대한 안전조명시설을 설치한다.
② 외딴 곳이나 비상구의 출입구는 경보장치를 설치하여 둔다.
❸ 직원들의 건물 내 출입구와 주차장은 가까이 설치할수록 좋다.
④ 직원대기실은 직원 출입구와 비상구 근처에 위치해야 한다.

해설

사내절도를 예방하기 위하여 직원들의 건물 내 출입구와 주차장은 멀리하는 것이 좋다.

22

시설물에 대한 경비계획 수립 시 고려해야 할 기본원칙이 아닌 것은?

① 경비원 1인이 경계해야 할 구역의 범위는 안전규칙상 적당해야 한다.
② 천장, 하수도관, 맨홀 등 외부로부터의 접근 또는 탈출이 가능한 지점 및 경계구역도 포함해야 한다.
③ 잠금장치는 비교적 정교하고 파손이 곤란하도록 제작해야 한다.
❹ 경비관리실은 출입자 등의 통행이 적은 곳에 설치하여야 한다.

해설

경비관리실은 출입자 등의 통행이 많은 곳에 설치하여야 한다.

23

경비실시과정 중 우선적으로 수행되어야 하는 것은? 기출 08

❶ 경비진단
② 경비계획 수립
③ 경비실시
④ 경비평가

해설

경비실시는 경비진단(경비대상조사, 문제의 인지 및 확인) → 경비계획 수립 → 경비조직관리 및 실행(경비실시) → 경비평가 → 피드백(경비계획)로 진행된다.

24

경비계획 수립의 순서로 옳은 것은? 기출 24

✓ 경비문제의 인지 → 경비목표 설정 → 경비위해요소의 조사·분석 → 최종안 선택 → 경비실시·평가
② 경비위해요소의 조사·분석 → 경비문제의 인지 → 경비목표 설정 → 경비실시·평가 → 최종안 선택
③ 경비목표 설정 → 경비위해요소의 조사·분석 → 경비문제의 인지 → 경비실시·평가 → 최종안 선택
④ 경비문제의 인지 → 경비위해요소의 조사·분석 → 경비목표 설정 → 경비실시·평가 → 최종안 선택

[해설]

경비계획 수립은 <u>경비문제의 인지</u> → <u>경비목표의 설정</u> → 자료 및 정보의 수집분석(<u>경비위해요소의 조사·분석</u>) → 계획전체의 검토 → 대안의 작성 및 비교·검토 → <u>최종안 선택</u> → <u>경비의 실시 및 평가</u> → 피드백의 순서로 이루어진다.

25

경비계획의 수립과정에 맞게 ( )에 들어갈 내용을 순서대로 옳게 나열한 것은? 기출 20

(ㄱ) → (ㄴ) → 자료 및 정보의 분석 → (ㄷ) → (ㄹ) → 최선안 선택 → 실시 → 평가

① ㄱ : 목표의 설정,   ㄴ : 문제의 인지,   ㄷ : 전체계획 검토,   ㄹ : 비교검토
② ㄱ : 문제의 인지,   ㄴ : 전체계획 검토,   ㄷ : 비교검토,   ㄹ : 목표의 설정
✓ ㄱ : 문제의 인지,   ㄴ : 목표의 설정,   ㄷ : 전체계획 검토,   ㄹ : 비교검토
④ ㄱ : 비교검토,   ㄴ : 문제의 인지,   ㄷ : 목표의 설정,   ㄹ : 전체계획 검토

[해설]

경비계획의 수립과정은 문제의 인지 → 목표의 설정 → 경비위해요소 조사·분석 → 전체계획 검토 → 경비계획안 비교검토 → 최선안 선택 → 실시 → 평가 순으로 진행된다. 따라서 ㄱ : 문제의 인지, ㄴ : 목표의 설정, ㄷ : 전체계획 검토, ㄹ : 비교검토가 들어간다.

26

재해예방과 비상계획 수립과정으로 옳은 것은? 기출 18

> ㄱ. 문제의 인지
> ㄴ. 목표의 설정
> ㄷ. 경비계획안 비교검토
> ㄹ. 전체계획 검토
> ㅁ. 경비위해요소 조사·분석
> ㅂ. 최선안 선택

① ㄱ → ㄴ → ㄷ → ㄹ → ㅁ → ㅂ
② ㄱ → ㄴ → ㄹ → ㅁ → ㄷ → ㅂ
❸ ㄱ → ㄴ → ㅁ → ㄹ → ㄷ → ㅂ
④ ㄱ → ㄷ → ㅁ → ㄹ → ㄴ → ㅂ

[해설]
경비계획의 수립 시 문제의 인지 → 목표의 설정 → 경비위해요소 조사·분석 → 전체계획 검토 → 경비계획안의 작성 및 비교·검토 → 최선안 선택 → 경비의 실시 및 평가 → 피드백의 과정을 거친다.

27

시설경비시 직접적으로 고려해야 할 사항이 아닌 것은? 기출 12

① 시설물의 용도 및 내부 귀중품
② 시설물 내부 구성원의 업무 형태 및 행태
③ 주변 경찰관서, 소방관서, 병원 등의 위치
❹ 시설물 주변 주민들의 경제적 수준

[해설]
시설경비시 주변 주민들의 경제적 수준은 직접적인 고려사항이라고 볼 수 없다.

28

시설경비에 관한 설명으로 옳지 않은 것은? 기출 13

① 의료시설에서 응급실은 불특정다수인이 많이 왕래하는 등의 특성으로 인해 잠재적 위험성이 가장 높기 때문에 1차적 경비대책이 요구된다.
☑ 국가중요시설은 시설의 중요도와 취약성을 고려하여 감시구역, 제한구역, 통제구역으로 보호지역을 설정하고 있다.
③ 미국은 금융시설의 강도 등 외부침입을 예방·대응하기 위하여 은행보호법을 제정·시행하고 있다.
④ 의료시설은 지속적으로 수용되는 환자 및 방문객 등의 출입으로 관리상의 어려움이 있기 때문에 사후통제보다는 사전예방에 초점을 두는 것이 바람직하다.

해설
국가중요시설은 시설의 중요도와 취약성을 고려하여 제한지역, 제한구역, 통제구역으로 보호지역을 설정하고 있다.

29

일반시설물의 경비계획에 관한 설명 중 옳은 것은? 기출 04

☑ 경비계획 수립은 시설물에 대한 기본적 경비조사를 실시하여 각 대상물의 특수성을 고려해야 한다.
② 낡은 시설물의 경우 시설물의 보수에 치중하여 경비계획을 세울 필요가 있다.
③ 이웃 건물과 가로지르는 옥상이나 사용하지 않고 방치된 문 등은 시설물 경비계획에서 제외된다.
④ 현대식 건물의 경우 안전요소를 고려하여 설계되므로 일반시설물 경비계획의 대상에 해당하지 않는다.

해설
낡은 시설물, 이웃 건물과 가로지르는 옥상이나 사용하지 않고 방치된 문, 현대식 건물 등도 경비계획에 포함되어야 한다. 경비계획 수립자는 시설물의 보수에 치중하여 경비 계획을 세우는 것이 아니라 시설물에 대한 기본적인 경비조사를 마친 후 시설물이 가지고 있을지 모르는 위험에 대비해 시설물의 모든 이력을 중심으로 위험요소를 파악하여 경비계획을 세워야 한다.★

CHAPTER 05 | 경비와 시설보호의 기본원칙

30

보호지역 중 비밀 또는 주요 시설에 대한 비인가자의 접근을 방지하기 위하여 안내를 받아 출입하여야 하는 장소는? 기출 23

① 제한지역
② 제한구역 ✓
③ 통제지역
④ 통제구역

해설

제한구역에 관한 설명이다.

핵심만콕 보호지역(보안업무규정 시행규칙 제54조 제1항)

제한지역	비밀 또는 국·공유재산의 보호를 위하여 울타리 또는 방호·경비인력에 의하여 영 제34조 제3항에 따른 승인을 받지 않은 사람의 접근이나 출입에 대한 감시가 필요한 지역(제1호)
제한구역	비인가자가 비밀, 주요시설 및 Ⅲ급 비밀 소통용 암호자재에 접근하는 것을 방지하기 위하여 안내를 받아 출입하여야 하는 구역(제2호)
통제구역	보안상 매우 중요한 구역으로서 비인가자의 출입이 금지되는 구역(제3호)

31

중요시설의 방호를 위하여 비인가자의 출입이 일체 금지되는 보안상 극히 중요한 구역은? 기출문제

① 제한지역
② 제한구역
③ 통제구역 ✓
④ 보안지역

해설

설문의 내용은 통제구역에 대한 것이다. 즉, 통제구역은 비인가자의 출입제한, 즉 허가된 개인과 차량을 제외한 모든 것의 출입과 행동이 제한받는 지역을 말한다.

32

국가중요시설 경비에 관한 설명으로 옳지 않은 것은? 기출 21

① 국가중요시설 중요도에 따라 가급, 나급, 다급, 라급, 마급으로 분류된다.
② 국가중요시설 내 보호지역은 제한지역, 제한구역, 통제구역으로 구분된다.
③ 국가중요시설은 국방부장관이 관계 행정기관의 장 및 국가정보원장과 협의하여 지정한다.
④ 국가중요시설 경비의 효율화를 위해서는 교육훈련 강화를 통한 경비전문화가 필요하다.

해설

① (×) 국가중요시설은 시설의 기능·역할의 중요성과 가치의 정도에 따라 "가"급, "나"급, "다"급으로 구분한다.
② (○) 보안업무규정 제34조 제2항
③ (○) 통합방위법 제21조 제4항
④ (○) 국가중요시설의 경비효율화 측면에서 경비원들의 자질향상 및 전문성 확보는 필수적이므로, 이를 위한 지속적인 전문 교육훈련이 필요하다.

핵심만콕 국가중요시설의 분류기준★

구 분	국가중요시설의 분류기준	
	중앙경찰학교 2009, 경비	국가중요시설 지정 및 방호 훈령
가급 중요시설	국방·국가기간산업 등 국가안전보장에 고도의 영향을 미치는 행정 및 산업시설	• 적에 의하여 점령 또는 파괴되거나, 기능마비 시 광범위한 지역의 통합방위작전 수행이 요구되고, 국민생활에 결정적인 영향을 미칠 수 있는 시설 • 대통령집무실(용산 대통령실), 국회의사당, 대법원, 정부중앙(서울)청사, 국방부, 국가정보원 청사, 한국은행 본점
나급 중요시설	국가보안상 국가경제·사회생활에 중대한 영향을 끼치는 행정 및 산업시설	• 적에 의하여 점령 또는 파괴되거나, 기능마비 시 일부 지역의 통합방위작전 수행이 요구되고, 국민생활에 중대한 영향을 미칠 수 있는 시설 • 중앙행정기관 각 부(部)·처(處) 및 이에 준하는 기관, 대검찰청, 경찰청, 기상청 청사, 한국산업은행, 한국수출입은행 본점
다급 중요시설	국가보안상 국가경제·사회생활에 중요하다고 인정되는 행정 및 산업시설	• 적에 의하여 점령 또는 파괴되거나, 기능마비 시 제한된 지역에서 단기간 통합방위작전 수행이 요구되고, 국민생활에 상당한 영향을 미칠 수 있는 시설 • 중앙행정기관의 청사, 국가정보원 지부, 한국은행 각 지역본부, 다수의 정부기관이 입주한 남북출입관리시설, 기타 중요 국·공립기관
기타급 중요시설	중앙부처의 장 또는 시·도지사가 필요하다고 지정한 행정 및 산업시설	-

33

국가중요시설경비에 관한 설명으로 옳은 것은? 기출 20

① 국가중요시설의 분류에 따라 국가보안상 국가경제, 사회생활에 중대한 영향을 미치는 행정시설을 가급으로 분류한다.
☑ 경비구역 제3지대(핵심방어지대)는 시설의 가동에 결정적으로 영향을 미치는 특성을 갖는 구역이다.
③ 제한구역은 비인가자의 출입이 일체 금지되는 보안상 극히 중요한 구역이다.
④ 통합방위사태는 4단계(갑·을·병·정)로 구분된다.

해설

② (○) 3지대 방호개념에서 제1지대는 경계지대, 제2지대는 주방어지대, 제3지대는 핵심방어지대라고 한다. 이 중 제3지대인 핵심방어지대는 시설의 가동에 결정적으로 영향을 미치는 특성을 갖는 구역에 해당한다.
① (×) 국가중요시설의 분류에 따르면 국가보안상 국가경제, 사회생활에 중대한 영향을 끼치는 행정 및 산업시설을 나급으로 분류한다.
③ (×) 비인가자의 출입이 일체 금지되는 보안상 극히 중요한 구역은 통제구역이다. 제한구역은 비인가자가 비밀, 주요시설 및 Ⅲ급 비밀 소통용 암호자재에 접근하는 것을 방지하기 위하여 안내를 받아 출입하여야 하는 구역이다(보안업무규정 시행규칙 제54조 제1항 제2호·제3호).
④ (×) 국가중요시설의 통합방위사태는 갑종사태, 을종사태, 병종사태로 구분된다(통합방위법 제2조 제3호).

34

다음에서 설명하는 시설은 무엇인가?

> 공공기관, 공항 항만, 주요산업시설 등 적에 의하여 점령 또는 파괴되거나 기능이 마비될 경우 국가안보와 국민생활에 심각한 영향을 미치는 시설

① 국가기관
② 국가시설
③ 국가최고시설
☑ 국가중요시설

해설

제시문은 국가중요시설에 대한 내용이다. 즉, 국가중요시설이라 함은 공공기관, 공항, 항만, 주요산업시설 등 적에 의하여 점령 또는 파괴되거나 기능이 마비될 경우 국가안보와 국민생활에 심각한 영향을 주게 되는 시설을 말한다(통합방위법 제2조 제13호).

35

시설의 기능·역할의 중요성과 가치의 정도에 따라 국가중요시설을 분류할 때, "기능 마비 시 일부 지역의 통합방위 작전수행이 요구되고, 국민생활에 중대한 영향을 미칠 수 있는 시설"은 어디에 해당되는가?

① 가급
☑ ② 나급
③ 다급
④ 라급

해설

적에 의하여 점령 또는 파괴되거나, 기능 마비 시 일부 지역의 통합방위 작전수행이 요구되고, 국민생활에 중대한 영향을 미칠 수 있는 시설은 '나급 중요시설'이다.

36

국가중요시설 분류 중 "다"급에 해당하지 않는 것은?

① 한국은행 각 지역본부
② 중앙행정기관의 청사
☑ ③ 대검찰청
④ 국가정보원 지부

해설

대검찰청은 "나급"에 속하는 국가중요시설이다.

2 외곽경비

37
외벽, 자물쇠, 쇠창살 등의 주요 목적은? 기출 08

① 침입의 완벽한 방지
☑ **침입 시간의 지연**
③ 침입의 보고
④ 화재 방지

[해설]
외벽, 자물쇠, 쇠창살 등은 보호장치의 기능도 하지만, 주요 목적은 침입 시간을 지연시키는 것이다.

38
다음 중 외곽경비의 기본목적은? 기출문제

☑ **범죄자의 불법침입을 지연시킨다.**
② 범죄자의 불법침입 욕구를 사전에 차단한다.
③ 범죄자의 불법침입을 쉽게 한다.
④ 범죄자의 불법침입을 완전히 차단한다.

[해설]
외곽경비의 목적은 자연적 장애물 또는 인공적인 구조물 등을 이용하여 범죄자의 침입을 어렵게 하고, 침입시간을 지연시킴으로써 시설을 보호하는 등 1차적 보호시스템으로서의 역할 수행이다.

39

다음 중 시설물 경비에 있어서 1차적인 방어수단이 아닌 것은? 기출문제

① 외곽방호시설물
② 울타리
❸ 경보장치
④ 담 장

해설

경보장치는 외부의 침입자를 감지하여 경찰서, 경비회사 등에 침입사실을 알리는 2차적 방어수단이다. 시설물경비의 효율화를 위해 1차 외부출입통제(원하지 않는 방문자 통제)와 2차 내부출입통제(내부침입과 절도·도난방지)를 체계화시키고 사전조사를 통해 경비요소들을 적절하게 배치해야 한다. ★

40

외곽시설물 경비의 2차적 방어수단은? 기출 19

❶ 경보장치
② 외 벽
③ 울타리
④ 외곽방호시설물

해설

경보장치가 외곽시설물 경비의 2차적 방어수단에 해당한다. 외곽방호시설물, 울타리, 담장, 외벽은 1차적 방어수단에 해당한다.

핵심만콕	외곽경비 수행 순서
외곽경비는 장벽, 출입구, 건물 자체 순으로 수행된다.	

41

외곽경비에 관한 설명으로 옳지 않은 것은? 기출 24

① 하수구, 배수관, 맨홀 뚜껑 등의 점검은 경비계획에 포함시켜야 한다.
② 외곽경비는 자연적 장애물과 인공적 구조물 등을 이용하여 시설을 보호한다.
③ 콘서티나 철사는 빠른 설치의 장점을 가지고 있다.
④ 비상시에만 사용하는 출입구는 평상시에 개방되어 있어야 한다.

해설

④ (×) 일정기간이나 비상시에만 사용하는 출입구는 평상시에는 폐쇄하고 잠겨 있어야 하며, 잠금장치는 특수하게 만들어져야 하고 외견상 즉시 확인할 수 있어야 한다.
① (○) 하수구, 배수로, 배수관, 사용하는 터널, 배기관, 공기 흡입관, 맨홀 뚜껑, 낙하 장치, 엘리베이터 등도 출입구와 같은 차원에서 경비계획에 포함시켜야 한다.
② (○) 외곽경비는 자연적 장애물(자연적인 장벽, 수목 울타리 등)과 인공적인 구조물(창문, 자물쇠, 쇠창살 등) 등을 이용하여 범죄자의 침입을 어렵게 하고, 침입시간을 지연시킴으로써 시설·물건 및 사람을 보호한다.
③ (○) 콘서티나(Concertina) 철사는 가시철선을 6각형 모양으로 만든 철사로 강철철사의 코일형이며, 이는 빠른 설치의 필요성 때문에 주로 군부대에서 많이 사용하고 있다.

42

외곽경비에 관한 설명으로 옳은 것은? 기출 23

① 경비조명은 시설물에 대한 감시활동보다는 미적인 효과가 더 중요하다.
② 건물의 측면이나 후면 등 눈에 잘 띄지 않는 건물외벽에는 주기적인 순찰과 함께 CCTV 등 감시장치를 설치해야 한다.
③ 건물자체에 대한 경비활동으로 건물에 대한 출입통제, 출입문·창문에 대한 보호조치 등을 말한다.
④ 각종 잠금장치를 활용하여 범죄자의 침입시간을 지연시킨다.

해설

② (○) 외곽경비에 관한 옳은 설명이다.
① (×) 경비조명은 미적 효과보다는 시설물에 대한 감시활동이 더 중요하다.
③ (×) 건물자체에 대한 경비활동은 내부경비에 해당한다.
④ (×) 자연적 장애물과 인공적인 구조물 등을 이용하여 범죄자의 침입시간을 지연시키는 것이 외곽경비의 목적이고, 각종 잠금장치를 활용하여 범죄자의 침입시간을 지연시키는 것은 내부경비에 관한 설명이다.

43

외곽경비에 관한 설명으로 옳지 않은 것은? 기출 22

① 기본 목적은 범죄자의 불법침입을 지연시키는 것이다.
❷ **시설물의 일상적인 업무활동에서 벗어난 곳에 위치한 폐쇄된 출입구는 정기적인 확인이 필요 없다.**
③ 담장의 설치는 시설물 내의 업무활동을 은폐하고, 내부 관찰이 불가능하도록 해야 한다.
④ 가시지대 내에서 감시활동이 이루어질 때에는 잠금장치가 설치된 문을 주의 깊게 살펴야 한다.

[해설]
폐쇄된 출입구도 정기적인 확인이 필요하다.

44

외곽경비에 관한 설명으로 옳지 않은 것은? 기출 21

① 시설물의 경계지역은 시설물 자체의 특성과 위치에 의해 결정된다.
② 담장을 설치할 경우 가시지대를 넓히기 위해 주변 장애물을 제거해야 한다.
③ 경계구역 내 옥상이 없는 건물이나 외곽지역도 경비활동의 대상으로 고려되어야 한다.
❹ **경비조명은 시설물에 대한 감시활동보다는 미적인 효과가 더 중요하다.**

[해설]
경비조명은 미적인 효과보다는 시설물에 대한 감시활동이 더 중요하다.

45

외곽경비에 관한 설명으로 옳은 것은? 기출 20

① 비상구나 긴급목적을 위한 출입구의 경우 평상시에는 개방되어 있어야 한다.
② 자연적 방벽에는 인공적인 구조물을 설치해서는 안 된다.
③ 폐쇄된 출입구의 경우 확인이 필요하지 않다.
❹ 외곽경비의 근본 목적은 내부의 시설·물건 및 사람을 보호하기 위한 것이다.

해설

④ (○) 외곽경비의 근본 목적은 불법침입을 지연시켜 내부의 시설·물건 및 사람을 보호하는 것이다.
① (×) 비상구나 긴급목적을 위한 출입문은 평상시 외부의 침입으로부터 열리지 않도록 하는 특별한 장치를 갖추고 있어야 한다.
② (×) 자연적 방벽은 침입에 대한 적극적인 예방대책이 아니므로, 추가적인 경비장치가 필요하다. 따라서 인공적인 구조물을 설치하여 보강할 수 있다.
③ (×) 폐쇄된 출입구도 정기적인 확인이 필요하다.

46

외곽경비에 관한 설명으로 옳지 않은 것은? 기출 19

① 경계구역 내 가시지대를 가능한 한 넓히기 위해 모든 장애물을 양쪽 벽으로부터 제거하여야 한다.
② 지붕은 침입자가 지붕을 통하여 창문으로 들어올 수 있는 취약지점이기 때문에 주의하여야 한다.
③ 일정기간이나 비상시에만 사용하는 출입구의 경우 평상시에는 폐쇄하고 잠겨 있어야 한다.
❹ 건물 자체에 대한 경비활동으로 건물에 대한 출입통제, 출입문·창문에 대한 보호조치 등을 말한다.

해설

내부경비에 대한 설명이다.

47

외곽경비에 관한 설명으로 옳지 않은 것은? 기출 18

① 외곽경비는 자연적 장애물과 인공적 구조물 등을 이용하여 시설을 보호한다.
② 모든 출입구의 수를 파악하고 공기흡입관, 배기관 등은 경비계획에 포함시켜야 한다.
❸ **안전유리의 설치목적은 침입자의 침입시도를 완벽하게 저지하는 것이다.**
④ 차량출입구는 평상시에는 양방향을 유지하지만 특별하게 차량통제에 대한 필요성에 맞추어 일방으로 통행을 제한할 수 있다.

[해설]
안전유리의 설치는 건물 자체에 대한 경비활동의 하나로 외곽경비가 아닌 내부경비에 포함되는 것이고, 안전유리의 설치목적은 침입자의 침입시도를 완벽하게 저지하는 것이 아니라 침입시간을 지연시킴으로써 시설을 보호하는 데 있다.

48

외곽경비에 관한 설명으로 옳지 않은 것은? 기출 17

① 기본 목적은 범죄자의 불법침입 지연이다.
❷ **비상시에만 사용되는 문은 평상시에 개방되어 있어야 한다.**
③ 철책, 도로상의 방책, 차폐물은 인위적 방벽에 해당된다.
④ 모든 출입구의 수를 파악하고, 엘리베이터 등도 외곽경비계획에 포함시켜야 한다.

[해설]
비상시에만 사용되는 문은 평상시에는 잠겨 있어야 한다.

49

외곽경비에 관한 설명으로 옳지 않은 것은? 기출 16

① 배기관, 맨홀 뚜껑은 경비계획에 포함시킬 필요가 없다.
② 비상시에만 사용하는 문은 평상시에는 잠겨 있어야 한다.
③ 상품판매시설은 직원용 출입구와 고객용 출입구를 구분하는 것이 좋다.
④ 일정기간 동안 또는 비상시에만 사용하는 문의 잠금장치는 특수하게 만들어야 한다.

해설

모든 출입구 수를 파악하고 배기관, 맨홀 뚜껑 등도 경비계획에 포함시켜야 한다.

50

외곽경비에 관한 설명으로 옳지 않은 것은? 기출 16

① 자연적인 장벽에는 강, 절벽 등이 해당된다.
② 담장 위에 철조망을 설치하면 방범 효율이 증대된다.
③ 외곽경비는 장벽, 출입구, 건물 자체 순으로 수행된다.
④ 경계구역 내에서는 가시지대를 넓히기 위해 모든 장애물을 제거할 필요는 없다.

해설

외부의 불법침입에 대비하여 가시적인 범위 내에서의 감시가 가능하도록 양쪽 벽면을 유지시키고, 경계구역 내에서 가시지대를 가능한 한 넓히기 위하여 모든 장애물을 양쪽 벽으로부터 제거한다.

51

외곽경비에 관한 설명으로 옳은 것은? 기출 15

☑ 외곽경비의 기본 목적은 불법침입을 지연시키는 것이다.
② 모든 출입구 수를 파악하고 공기흡입관, 배기관 등은 경비계획에 포함시킬 필요가 없다.
③ 안전유리의 설치목적은 침입자의 침입시도를 완벽하게 저지하는 것보다는 침입시간을 지연시키는 데 있다.
④ 차량출입구는 충분히 넓혀야 하며 평상시에는 한쪽 방향으로만 유지한다.

해설

① (○) 외곽경비의 기본 목적은 자연적 장애물과 인공적인 구조물 등을 이용하여 범죄자의 침입을 어렵게 하고, 침입시간을 지연시킴으로써 시설·물건 및 사람을 보호하는 데 있다.
② (×) 모든 출입구 수를 파악하고 공기흡입관, 배기관 등도 경비계획에 포함시켜야 한다.
③ (×) 안전유리의 설치목적은 침입시간을 지연시키는 것이므로, 문장 자체가 틀렸다고는 볼 수 없다. 다만, 질문이 외곽경비를 묻고 있는데, 안전유리는 내부경비에 속하기 때문에 틀린 내용이 된다. 이런 식의 출제가 가끔 있기 때문에 주의해야 한다.
④ (×) 차량출입구는 시설물의 차량 유형에 따라 충분히 넓혀야 하며, 평상시에는 양방향을 유지하지만 차량통제에 대한 필요성이 특별하게 생기면 해당시간에 맞추어 일방으로 통행을 제한할 수 있다.

52

외곽경비에 관한 설명으로 옳지 않은 것은? 기출 14

① 경계구역 감시를 할 경우 구역 내의 가시지대를 넓히기 위해서 장애물을 제거해야 한다.
☑ 폐쇄된 출입구의 잠금장치는 특수하게 만들고, 외견상 즉시 확인할 수 없어야 한다.
③ 담장은 시설물 내의 업무활동을 은폐하기 위해서 설치될 수 있다.
④ 긴급목적을 위한 출입문은 외부의 침입으로부터 열리지 않도록 하는 특별한 장치를 갖추고 있어야 한다.

해설

폐쇄된 출입구 통제에 있어서 일정기간이나 비상시에만 사용하는 문은 평상시에는 폐쇄하고 잠겨 있어야 하며, 잠금장치는 특수하게 만들고, 외견상 즉시 확인할 수 있어야 한다.

53

외곽경비에 관한 내용으로 옳지 않은 것은? 기출 12

① 시설경비에 있어서 경보장치는 2차적 통제방법이다.
② 외곽경비의 기본 목적은 불법침입을 지연시키는 것이다.
❸ 침입자들은 주로 출입문을 통해 침입하며 일반 유리창문은 가시성으로 인해 침입이 드물다.
④ 외곽방호시설은 자연적 장벽과 인공적 장벽을 적절히 사용한다.

[해설]
창문은 시설물에 있어서 가장 중요한 부분이기도 하나 외부의 침입자에게 가장 취약한 부분이기도 한다. 외부의 침입자들은 주로 창문을 통해 침입하며 일반 유리창은 높은 가시성으로 침입이 빈번하다.

54

시설물의 외곽경비에 대한 설명 중 틀린 것은? 기출 08

① 외곽경비의 제1차적인 경계지역은 건물 주변이다.
② 강, 절벽 등 자연적인 장벽만으로는 외부침입을 방지하는 데 문제점이 있는 경우, 인위적인 구조물을 설치하여야 한다.
❸ 울타리 중 철조망은 내부에서 외부침입자를 쉽게 적발할 수 있으나, 설치비용이 많이 든다.
④ 담장은 외부에서 내부 관찰이 불가능하도록 하기 위해 주로 사용된다.

[해설]
철조망의 경우에는 내부에서 외부침입자를 쉽게 적발할 수 있고 설치비용도 적게 든다.

55

빠른 설치의 필요성 때문에 주로 군부대에서 많이 사용하는 6각형 모양의 가시철선은? 기출문제

① 가시철사
✓ ② 콘서티나 철사
③ 철조망
④ 구리철사

해설

콘서티나 철사는 가시철선을 6각형 모양으로 만든 철사로 강철철사의 코일형이며, 이는 빠른 설치의 필요성 때문에 군부대에서 많이 사용하고 있다.

56

외곽경비에 관한 설명으로 옳지 않은 것은?

① 모든 출입구의 수를 파악하고 하수구, 배수로 등도 출입구와 같은 차원에서 경비계획에 포함시켜야 한다.
② 외곽경비의 기본 목적은 불법침입을 지연시키는 것이다.
③ 콘서티나 철사는 빠른 설치의 필요성 때문에 주로 군부대에서 많이 사용하고 있다.
✓ ④ 외곽경비는 장벽, 건물 자체, 출입구 순으로 수행된다.

해설

외곽경비의 수행순서는 장벽, 출입구, 건물 자체 순으로 진행된다.

57

외곽시설물경비에서 경계구역 감시에 해당되는 것은? 기출 04

① 철조망
② 폐쇄된 출입구 통제
✓ ③ 가시지대
④ 옥상, 일반외벽

해설

가시지대에서는 외부의 불법침입에 대비하여 가시적인 범위 내에서의 감시가 가능하도록 양쪽 벽면을 유지시키고, 경계구역 내에는 가시지대를 가능한 한 넓히기 위하여 모든 장애물을 양쪽 벽으로부터 제거한다.

58

외곽감지시스템에 관한 설명으로 옳지 않은 것은? 기출 24

① 광케이블감지시스템은 광케이블의 충격과 절단을 감지한다.
❷ 적외선변화감지시스템은 침입에 따른 적외선의 증가량을 감지한다.
③ 장력변화감지시스템은 철선이나 광케이블의 장력변화를 감지한다.
④ 펜스충격감지시스템은 울타리를 침입할 때 발생되는 충격을 감지한다.

해설

② (×) 적외선변화감지시스템은 사람 눈에 보이지 않는 근적외선을 쏘는 투광기와 이를 받는 수광기로 되어 있는데, 그 사이를 차단하면 감지하는 원리이다.
① (○) 광케이블감지시스템은 펜스에 설치된 광케이블의 충격과 절단을 감지한다. 낙뢰에 의한 오작동이 있을 수 있고, 펜스 밑이나 위로 침입하는 경우에 대책이 필요하다.
③ (○) 장력변화감지시스템은 물체에 작용하는 힘과 운동의 관계를 이용하여 일정하게 형성된 철선이나 광케이블의 장력의 변화(절단 포함)를 감지한다.
④ (○) 펜스충격감지시스템은 울타리 침입 시 발생되는 진동, 충격을 감지한다. 지형변화로 펜스 밑으로 침입할 경우 감지하지 못하고, 바람에 의한 충격이나 통행차량에 의한 오작동의 단점이 있다.

59

경비시설물의 물리적 통제시스템에 관한 설명으로 옳지 않은 것은? 기출 18

① 최근에는 첨단과학기술을 이용한 감지시스템이 개발되어 적용되고 있다.
❷ 경비시설물 내에 존재하는 내부 자산에 대한 경비보호계획은 별도로 수립하지 않아도 된다.
③ 비상시에만 사용하는 외부출입구에는 경보장치를 설치하여야 한다.
④ 시설물에 대한 물리적 통제는 기본적으로 경계지역, 건물 외부지역, 건물 내부지역이라는 세 가지 방어선으로 구분된다.

해설

시설물 내에 존재하는 내부 자산들은 그 가치가 다르기 때문에 별도로 경비보호계획을 수립하여 대응하여야 한다.

60

CHECK O △ X

시설물의 물리적 통제시스템에 관한 설명으로 옳은 것은? 기출 13

① 출입문의 경첩(hinge)은 출입문 바깥쪽에 설치하여 보안성을 강화해야 한다.
② 외부침입시 경비시스템 중 1차 보호시스템은 내부 출입통제 시스템이고, 2차 보호시스템은 외부 출입통제시스템이다.
❸ 체인링크(chain link)는 콘크리트나 석재 담장과 유사한 보호기능을 하면서도 저렴하다는 장점이 있다.
④ 안전유리(security glass)는 동일한 두께의 콘크리트 벽에 비해 충격에는 약하나 외관상 미적 효과가 있다.

[해설]

③ (O) 철사를 다이아몬드 형으로 엮은 울타리인 체인링크(Chain link)는 상대적으로 외관이 깔끔하고 설치가 용이하며 콘크리트나 석재 담장과 유사한 보호기능을 하면서도 저렴하다는 장점이 있다.
① (×) 경첩은 외부로 노출되면 파손가능성이 있으므로 되도록 내부에 설치해야 하며, 연결핀은 유동적이어야 한다.
② (×) 외부출입통제가 1차 보호시스템이고, 내부통제가 2차 보호시스템이다.
④ (×) 안전유리는 동일한 두께의 콘크리트 벽에 비해 충격에 강하고 외관상 미적 효과가 있다.

61

CHECK O △ X

환경설계를 통한 범죄예방(Crime Prevention Through Environmental Design)에 관한 설명으로 옳은 것은? 기출 24

① 범죄의 원인을 환경적 요인보다는 개인적 요인에서 찾는다.
② CPTED의 기본전략은 자연적인 접근통제와 감시, 영역성의 완화에서 출발한다.
❸ 물리적 환경을 개선하여 범죄를 억제하고 주민의 불안감을 해소하고자 하는 이론이다.
④ 뉴만(O. Newman)의 방어공간 개념과는 무관하다.

[해설]

③ (O) CPTED는 물리적 환경을 개선함으로써 범죄를 억제하고 주민의 불안감을 해소하는 제도로, 환경적인 요소가 인간의 행동 및 심리적 성향을 자극하여 범죄를 예방하는 환경행태적인 이론과 모든 인간이 잠재적 욕망을 가지고 있다는 진제하에 사전에 범행기회를 차단한다는 것에 기초를 두고 있다.
① (×) 개인의 본래 활동을 방해하지 않으면서 범죄예방효과를 극대화시키는 데 목표를 두고, 범죄의 원인을 개인적 요인보다는 환경적 요인에서 찾는다.
② (×) CPTED의 기본전략은 자연적인 접근통제와 감시, 영역성의 강화에서 출발한다.
④ (×) 뉴만이 확립한 방어공간(Defensible Space) 개념으로부터 제퍼리(Jeffery)가 CPTED의 개념을 제시하였다.

62

환경설계를 통한 범죄예방(CPTED)에 관한 설명으로 옳지 않은 것은? 기출 22

① 물리적 환경을 개선하여 범죄를 억제하고 주민의 불안감을 해소하는 제도이다.
② 시야가 차단된 폐쇄형 담장을 투시형 담장으로 바꾸는 것은 자연적 감시이다.
③ 범죄의 원인을 환경적 요인에서 찾으며 모든 인간은 잠재적 범죄욕망을 가진다고 보았다.
❹ 딘글(J. Dingle)이 주장한 방어공간이론은 보호가치가 높은 자산일수록 보다 많은 물리적 통제 공간을 형성해야 한다는 것이다.

해설

딘글(Dingle)은 시설물의 물리적 통제시스템 구축과 관련하여 보호가치가 높은 자산일수록 보다 많은 방어공간을 구축해야 한다는 동심원영역론(Concentric Zone Theory)을 제시하였다. '방어공간(Defensible Space)이론'은 뉴만(Newman)이 정립한 이론이다.

핵심만콕

환경설계를 통한 범죄예방(Crime Prevention Through Environmental Design)
- 의의 : 물리적 환경을 개선함으로써 범죄를 억제하고 주민의 불안감을 해소하는 제도이다.
- 연혁 : 뉴만(Newman)이 확립한 방어공간(Defensible Space) 개념으로부터 제퍼리(Jeffery)가 CPTED의 개념을 제시하였다.
- 목표 : 개인의 본래 활동을 방해하지 않으면서 범죄예방효과를 극대화시키는 데 목표를 두고, 범죄의 원인을 개인적 요인보다는 환경적 요인에서 찾는다.
- 전통적 CPTED와 현대적 CPTED : 전통적 CPTED는 단순히 외부공격으로부터 보호대상을 강화하는 THA(Target Hardening Approach)방법을 사용하여 공격자가 보호대상에 접근하지 못하도록 할 뿐이었지만, 현대적 CPTED는 시민들의 삶의 질 향상까지 고려한다.
- CPTED의 전략
  - 1차적 기본전략 : 자연적인 접근통제와 감시, 영역성 강화
    일정한 지역에 접근하는 사람들을 정해진 공간으로 유도하거나 외부인의 출입을 통제하도록 설계하여 접근에 대한 심리적 부담을 증대시키고(자연적 접근통제), 건축물 설계 시 가시권을 최대한 확보하며(자연적 감시), 사적인 공간에 대해 경계를 표시하여 주민의 책임의식을 증대시킨다(영역성 강화).
  - 2차적 기본전략 : 조직적 통제(경비원), 기계적 통제(자물쇠), 자연적 통제(공간구획)
- 동심원영역론(Concentric Zone Theory) : 시설물의 물리적 통제시스템 구축과 관련하여 보호가치가 높은 자산일수록 보다 많은 방어공간을 구축해야 한다는 이론으로, 딘글(Dingle)이 제시하였으며, CPTED의 접근방법 중 하나라고 볼 수 있다. 참고로 동심원영역론은 1단계 - 2단계 - 3단계로 정리한다.

범죄예방 구조모델론
- 브랜팅햄(P. J. Brantingham)과 파우스트(F. L. Faust)가 주장한 이론이다.
- 범죄예방의 접근방법 및 과정★

구 분	대 상	내 용
1차적 범죄예방	일반시민	일반적 사회환경 중에서 범죄원인이 되는 조건들을 발견·개선하는 예방활동
2차적 범죄예방	우범자 및 우범집단	잠재적 범죄자를 초기에 발견하고 이들의 범죄행위를 저지하기 위한 예방활동
3차적 범죄예방	범죄자	실제 범죄자(전과자)를 대상으로 더 이상 범죄가 발생하지 않도록 하는 예방활동

〈참고〉 최선우, 「민간경비론」, 진영사, 2015, P. 395

63

환경설계를 통한 범죄예방(CPTED)에 관한 설명으로 옳지 않은 것은? 기출 21

① 브랜팅햄(P. Brantingham)과 파우스트(F. Faust)의 범죄예방 구조모델 개념과 관련된다.
② 뉴만(O. Newman)의 방어공간 개념과 관련된다.
③ 지역의 환경을 개선하여 범죄자의 범법심리를 억제하고, 주민의 범죄에 대한 두려움을 줄이는 기법을 말한다.
④ 범죄의 원인을 환경적 요인보다는 개인적 요인에서 찾는다.

해설

환경설계를 통한 범죄예방(CPTED)은 범죄의 원인을 개인적 요인보다는 환경적 요인에서 찾는다.

64

환경설계를 통한 범죄예방(CPTED)에 관한 설명으로 옳지 않은 것은? 기출 19

① 범죄의 원인을 환경적 요인에서 찾고자 한다.
② 동심원영역론(Concentric Zone Theory)은 CPTED의 접근방법 중 하나이다.
③ 2차적 기본전략은 자연적 접근방법을 통해 범죄예방 효과를 극대화하고자 한다.
④ 모든 인간은 잠재적 범죄욕망을 가지고 있기 때문에 사전에 범행기회를 차단하고자 한다.

해설

자연적 접근방법을 통해 범죄예방 효과를 극대화하고자 하는 것은 1차적 기본전략이다.

65

환경설계를 통한 범죄예방(CPTED)에 관한 설명으로 옳지 않은 것은?

① 환경의 효율적인 이용을 통해 범죄예방의 목적을 달성하기 위하여 자연적 전략에서 조직적·기계적 전략으로 그 중심을 바꾸는데 기여하였다.
② 기본 전략은 자연적인 접근통제, 자연적인 감시, 영역성의 강화라는 세 가지 차원에서 출발한다.
③ 동심원 영역론(concentric zone theory)도 CPTED의 접근방법의 하나라고 볼 수 있다.
④ 범죄원인을 개인적 요인보다는 환경적 요인에서 찾고 있다.

해설

셉테드(CPTED)는 물리적 환경설계를 통해 범죄예방의 목적을 달성하는 것으로, 도시시설 등을 건축할 때 설계단계부터 범죄예방이 가능한 환경을 조성하는 기법이다. CPTED의 기본전략은 자연적 전략, 조직적 전략, 기계적 전략이 모두 종합되어 있으므로, ①에서 CPTED가 자연적 전략에서 조직적·기계적 전략으로 그 중심을 바꾸는 데 기여하였다는 말은 틀린 설명이다.

핵심만콕 환경설계를 통한 범죄예방(Crime Prevention Through Environmental Design)

- 물리적 환경을 개선함으로써 범죄를 억제하고 주민의 불안감을 해소하는 제도
- 건물과 가로등, 감시장비 등을 범죄를 줄이는 방향으로 설계·건축하는 기법
- 1970년대 미국에서 유래하여 1980년대부터 캐나다·영국·호주·일본 등 선진국의 건축 관계법령에 반영됨

66

환경설계를 위한 범죄예방(CPTED)에 관한 설명으로 옳지 않은 것은?

① 뉴만(O. Newman)은 방어공간(defensible space)이라는 개념을 확립하였다.
② CPTED는 범죄 원인을 개인적 요인보다는 환경적 요인에서 찾고 있다.
③ 전통적 CPTED는 단순히 외부 공격으로부터 보호 대상을 강화하는 THA(Target Hardening Approach)방법을 사용하였다.
④ CPTED는 기계적 통제와 감시는 고려하지 않고, 자연적 접근방법을 통해 범죄예방효과를 극대화시키는 전략이다.

해설

CPTED의 1차적 기본전략은 자연적 접근통제, 자연적 감시, 영역성 강화이고, 2차적 기본전략은 조직적 통제(경비원), 기계적 통제(자물쇠), 자연적 통제(공간구획)이다. 따라서 기계적 통제와 감시는 고려하지 않는다는 표현은 옳지 않다.

67

브랜팅햄(P. J. Brantingham)과 파우스트(F. L. Faust)가 주장한 범죄예방 구조모델론 중 다음에 해당하는 것은? 기출 17

> 일반적 사회환경 중 범죄의 원인이 되는 조건들을 발견, 개선하는 예방활동

① 상황적 범죄예방
❷ 1차적 범죄예방
③ 2차적 범죄예방
④ 3차적 범죄예방

[해설]
1차적 범죄예방에 해당하는 내용이다.

68

경비조명에 관한 설명으로 옳지 않은 것은? 기출 22

① 보안조명은 타인의 사생활을 방해하도록 설치되어서는 안 된다.
② 보안조명은 경계구역의 안과 밖을 비출 수 있도록 적당한 밝기와 높이에 설치한다.
③ 외부조명은 경계대상물이 경계선에서 가깝거나 건물 자체가 경계선의 일부분일 경우 건물을 직접적으로 비추도록 해야 한다.
❷ 가스방전등은 매우 높은 빛을 빨리 발산하기 때문에 경계구역과 사고 발생지역에 사용하기가 유용하다.

[해설]
석영등에 관한 설명에 해당한다. 가스방전등은 수은등(푸른색의 강한 빛을 방출하며, 백열등보다 수명이 길어 효과적)과 나트륨등(연한 노란색의 빛을 발하며, 안개가 자주 끼는 지역에 사용)이 있다.

69

경비조명에 관한 설명으로 옳지 않은 것은? 기출 20

① 프레이넬등은 특정한 지역에 빛을 집중시키거나 직접적으로 비출 필요가 있을 때 사용하는 등이다.
② 상시조명은 장벽이나 벽의 외부를 비추는 데 사용되며, 감옥이나 교정기관에서 주로 이용되어 왔다.
③ 조명시설의 위치가 경비원의 시야를 방해해서는 안 되며, 가능한 한 그림자가 생기지 않도록 설치해야 한다.
④ 조명은 침입자의 침입의도를 사전에 포기하도록 하는 심리적 압박작용을 한다.

해설

특정한 지역에 빛을 집중시키거나 직접적으로 비출 필요가 있을 때 사용하는 등은 투광조명등이다.

핵심만콕 경비조명등의 종류와 조명장비의 형태★★

경비조명등		조명장비	
백열등		• 가정집에서 주로 사용되는 조명으로 점등과 동시에 빛을 방출 • 경비조명으로 광범위하게 이용	가로등	• 설치 장소와 방법에 따라 대칭적인 방법과 비대칭적인 방법으로 설치 • 대칭적인 가로등은 빛을 골고루 발산하며, 특별히 높은 지점의 조명을 필요로 하지 않는 넓은 지역에서 사용되며, 설치 위치도 보통 빛이 비춰지는 지역의 중앙에 위치한다. • 비대칭적인 가로등은 조명이 필요한 지역에서 다소 떨어진 장소에 사용된다.
가스방전등	수은등 : 푸른색의 강한 빛, 긴 수명	투광조명등	• 300W~1,000W까지 사용 • 특정지역에 빛을 집중시키거나 직접적으로 비추는 광선의 형태로 상당히 밝은 빛을 만들 수 있다.
	나트륨등 : 연한 노란색의 빛을 내며 안개지역에 사용	프레이넬등	• 300W~500W까지 사용 • 넓은 폭의 빛을 내는 조명으로 경계구역에의 접근방지를 위해 길고 수평하게 빛을 확장하는데 유용하게 사용 • 수평으로 약 180°, 수직으로 15~30° 정도의 폭이 좁고 긴 빛을 투사 • 비교적 어두운 시설물에서 침입을 감시하는 경우 유용하게 사용
석영수은등	• 매우 밝은 하얀 빛 • 경계구역과 사고발생 다발지역에 사용 • 가격이 비쌈	탐조등	• 250W~3,000W까지 다양하게 사용 • 사고우려지역을 정확하게 관찰하기 위해 사용하는데 백열등이 자주 이용된다. • 휴대가 가능 • 외딴 산간지역이나 작은 배로 쉽게 시설물에 접근할 수 있는 위치에 설치

70

경계구역의 경비조명에 관한 설명으로 옳지 않은 것은? 기출 19

① 조명시설의 위치는 경비원의 눈을 부시게 하는 것을 피해야 한다.
❷ 경비조명은 가능한 한 그림자가 넓게 생기도록 하여야 한다.
③ 경계조명시설물은 경계구역에서 이용되며, 진입등은 경계지역 내에 위치하여야 한다.
④ 경비조명은 경계구역 내 모든 부분을 충분히 비출 수 있도록 적당한 밝기와 높이로 설치한다.

해설
경비조명은 가능한 한 그림자가 생기지 않도록 설치해야 한다.

> **핵심만콕** 경비조명 설치의 일반원칙
> - 경비조명은 경계구역의 안과 밖을 비출 수 있도록 적당한 밝기와 높이로 설치한다.
> - 경계대상물이 경계선에서 가깝거나 건물 자체가 경계선의 일부분일 경우에 조명을 직접적으로 건물에 비추도록 한다. 이런 건물의 출입구는 다른 조명에 의해 생기는 그림자를 제거하기 위해 별도로 조명시설을 설치해야 한다.
> - 조명시설의 위치가 경비원의 시야를 방해해서는 안 되며, 가능한 한 그림자가 생기지 않도록 설치해야 한다.
> - 경비조명은 위험발생 가능성이 있는 지역에 직접적으로 비춰야 하며, 보호하고자 하는 지역으로부터 일정거리 이상이 유지되어야 한다.

71

조명등의 종류와 그 특징에 관한 설명으로 옳지 않은 것은? 기출 17

① 백열등 : 가정집에서 보편적으로 사용되지만 수명이 짧다.
❷ 수은등 : 주황빛을 띠고 약한 빛을 방출하나, 백열등보다 수명이 길다.
③ 나트륨등 : 연한 노란색을 발하며, 안개가 많은 지역에 효과적이다.
④ 석영등 : 매우 밝은 하얀빛을 빠르게 발산하므로 경계구역과 사고발생 다발지역에 유용하다.

해설
수은등은 푸른색의 매우 강한 빛을 방출하며, 수명이 길기 때문에 백열등보다 효과적이다.★

72

경비조명에 관한 설명으로 옳지 않은 것은? 기출 16

① 조명시설의 위치가 경비원의 시야를 방해해서는 안 된다.
② 보안조명은 타인의 사생활을 방해하도록 설치되어서는 안 된다.
❸ 석영등은 노란 빛을 내며 매우 강한 빛을 방출하여 안개 발생지역에서도 식별 가능하도록 할 수 있는 등이다.
④ 프레이넬등은 넓은 폭의 빛을 내는 조명등으로서 비교적 어두운 시설물에 침입을 감시하는 경우 유용하게 사용되는 등이다.

[해설]
석영등은 백열등처럼 매우 밝은 하얀 빛(1,500~2,000W)을 발하며 빨리 빛을 발산하므로 매우 밝은 조명을 요하는 곳, 경계구역과 사고발생 다발지역에 사용하기에 매우 유용하지만 가격이 비싸다.

73

조명등에 관한 설명으로 옳지 않은 것은? 기출 12

① 석영등은 매우 밝은 하얀 빛을 발하며 빛의 발산이 빠르다.
② 나트륨등은 노란색을 띠고 있으며 안개가 발생하는 지역에 사용된다.
❸ 프레이넬등은 특정지역에 빛을 집중시키거나 직접적으로 비추는 형태로, 경계지역 및 건물주변지역 등에 사용된다.
④ 탐조등은 사고발생 잠재가능성이 높은 지역의 원거리표적을 효과적으로 조명하기 위하여 사용된다.

[해설]
투광조명등은 빛을 집중시키거나 직접적으로 비추는 광선의 형태로 상당히 밝은 빛을 만들 수 있다. 프라이넬등은 경계구역에의 접근을 방지하기 위해 길고 수평하게 빛을 확장하는 데 주요하게 사용된다.★

74

상당히 밝은 빛을 만들어 주기 때문에 특정지역에 빛을 집중시키거나 직접적으로 비추는 데 사용되는 조명은? 기출 10

☑ ① 투광조명등
② 프레이넬등
③ 탐조등
④ 가로등

해설

상당히 밝은 빛을 만들어 주기 때문에 특정지역에 빛을 집중시키거나 직접적으로 비추는 데 사용되는 조명은 투광조명등이다.

75

보안조명 설치의 일반원칙에 해당되지 않는 것은? 기출 09

① 보안조명은 경계구역의 안과 밖을 비출 수 있도록 적당한 밝기와 높이로 설치한다.
☑ ② 경계대상물이 경계선에서 가깝거나 건물 자체가 경계선의 일부분일 경우에는 외부 조명은 건물에 간접적으로 비추도록 해야 한다.
③ 조명시설의 위치가 경비원의 시야를 방해해서는 안 되며, 가능한 한 그림자가 생기지 않도록 설치해야 한다.
④ 보안조명은 위험발생 가능성이 있는 지역에 직접적으로 비춰야 하며, 보호하고자 하는 지역으로부터 일정거리 이상이 유지되어야 한다.

해설

경계대상물이 경계선에서 가깝거나 건물 자체가 경계선의 일부분일 경우에 조명을 직접적으로 건물에 비추도록 한다. 이런 건물의 출입구는 다른 조명에 의해 생기는 그림자를 제거하기 위해 별도로 조명시설을 설치해야 한다.

76

원거리에 길고 수평하게 넓은 폭의 빛을 비추고, 특히 눈부심이 없기 때문에 경계지역의 조명에 주로 사용되는 조명장비는? 기출 09

☑ ① 프레이넬등
② 투광조명등
③ 가로등
④ 탐조등

해설

프레이넬등은 길고 수평하게 넓은 폭의 빛을 원거리까지 비출 수 있어 경계지역의 조명에 주로 사용된다.

77

백열등과 마찬가지로 매우 밝은 하얀 빛을 발하며, 빨리 빛을 발산하고, 매우 높은 빛을 내기 때문에 경계 구역과 사고발생 지역에 사용하기에 매우 유용하지만, 가격이 비싸다는 단점을 갖고 있는 조명은? 기출 08

① 가스방전등
☑ 석영등
③ 투광조명등
④ 프레이넬등

해설

석영등(석영수은등)은 백열등처럼 매우 밝은 하얀 빛(1,500~2,000W)을 발하며 빨리 빛을 발산하므로 매우 밝은 조명을 요하는 곳, 경계구역과 사고발생 다발지역에 사용하기에 매우 유용하나 가격이 비싼 것이 흠이다.

78

경비조명 설치 시 유의사항으로 틀린 것은? 기출 06

① 보호조명은 경계구역 내의 지역과 건물에 적합하도록 설계되어야 한다.
② 경비조명은 침입자의 탐지 외에 경비원의 시야를 확보하는 기능이 있으므로 경비원의 감시활동, 확인점검활동을 방해하는 강한 조명이나 각도, 색깔 등을 고려해야 한다.
③ 인근지역을 너무 밝게 하거나 영향을 미침으로써 타인의 사생활을 침해하지 않도록 해야 한다.
☑ 도로, 고속도로, 항해수로 등에 인접한 시설물의 조명장치는 통행에 영향을 미치더라도 모든 부분을 구석구석 비출 수 있도록 설치되어야 한다.

해설

조명은 직접적으로 사고발생 지역에 비춰져야 하며, 보호하고자 하는 지역에서 떨어져 있어야 한다. 조명시설의 위치는 경비원의 눈을 부시게 하는 것을 피하며, 그림자가 생기지 않도록 해야 한다.

79

다음 중 연한 노란색을 띠며, 안개가 자주 끼는 지역에 주로 사용되는 것은? 기출 06

☑ 나트륨등
② 수은등
③ 석광수은등
④ 백열등

해설

나트륨등은 노란빛을 띠며, 그 특성상 터널 안이나 안개가 자주 끼는 지역에 주로 사용된다.

80

푸른빛을 내고, 매우 강한 빛을 방출하며, 수명이 오랫동안 지속되는 조명은 무엇인가?

① ✓ 수은등
② 가스방전등
③ 나트륨등
④ 백열등

해설

수은등은 푸른색의 매우 강한 빛을 방출하며 수명이 길기 때문에 백열등보다 효과적이다.

81

다음은 어떤 경비조명에 대한 설명인가? 기출문제

- 넓은 폭의 빛을 내는 조명으로 경계구역에의 접근을 방지하기 위해 길고 수평하게 빛을 확장하는 데 유용하게 사용
- 수평으로 약 180° 정도, 수직으로 15°~30° 정도의 폭이 좁고 긴 광선을 투사

① 가로등
② 투광조명등
③ 탐조등
④ ✓ 프레이넬등

해설

프레이넬등은 빛을 길고 수평하게 확장하는 데 사용하며, 수평으로 대략 180° 정도, 수직으로 15°에서 30° 정도의 폭이 좁고 긴 광선의 크기로 비춰지는 조명등의 형태이다.

82

다음 중 잠재적으로 사고가 발생할 만한 지역을 정확하게 관찰하기 위해 사용되며, 외딴 산간지역이나 작은 배로 쉽게 시설물에 접근할 수 있는 위치에 설치하는 조명은? 기출문제

① 탐조등 ✓
② 가로등
③ 투광조명등
④ 프레이넬등

해설

탐조등은 잠재적으로 사고가 발생할 가능성이 큰 지역을 보다 더 정확하고 자세하게 관찰하기 위해 사용되는 경비조명이다. ★

83

다음 중 빛을 반사하기 위해 내부에 코팅을 하고 빛을 모으거나 분사하기 위해 렌즈를 사용하는 것은?

① 백열등 ✓
② 나트륨등
③ 가스방전등
④ 석영수은등

해설

백열등은 가장 보편적으로 사용되는 조명으로 빛의 반사를 위해 내부에 코팅을 하며, 빛을 모으거나 분사하기 위해 렌즈를 사용한다.

3 내부경비

84

시설물 내부의 경비요령에 관한 내용으로 옳지 않은 것은? 기출 24

① 사무실 등의 출입문은 관계자들의 편리성과 내구성을 고려하면서 통제관리가 필요하다.
② 반입물품뿐만 아니라 내부에서 외부로의 반출물품도 검색과 관리가 필요하다.
③ 건물내부의 중요구역 여부를 고려한 경비설계가 필요하다.
❹ 출입문은 따로 구분하지 않고 일원화하여 관리하는 것이 효과적이다.

[해설]

④ (×) 출입문은 구역의 중요성에 따라 등급화하거나 구역으로 구분하여 관리하는 것이 효과적이다. 시설물 내의 통신장비실·컴퓨터 전산실·연구개발실·기밀문서보관실·금고실 등과 같이 보안성을 극히 유지해야 하는 지역의 출입문은 일반 출입문보다 견고한 재질로 하고, 확인·점검 절차도 일반 출입문과 달라야 한다.
① (○) 사무실이나 기타 업무지역의 출입문은 출입이 많기 때문에 관계자들의 편리성과 내구성 및 보안성을 고려하여야 한다.
② (○) 외부로부터 내부로의 반입뿐만 아니라 내부에서 외부로의 반출도 검색과 관리가 필요하다.
③ (○) 시설물의 중요성 및 각각의 보호대상 시설에 따라 경비방법과 경비설계에 상당한 차이가 있다.

85

시설물 내부경비의 경비요령에 관한 내용으로 옳지 않은 것은? 기출 12

① 반출입물품에 대해서는 면밀히 조사하여야 한다.
② 출입문은 구역의 중요성에 따라 등급화하거나 구분하여 관리하는 것이 효과적이다.
③ 내부 직원과 외부 방문객, 고객 등을 구분할 수 있는 방문증이나 사원증 패용 등 신분확인 절차가 마련되어야 한다.
❹ 출입차량에 대해서는 출입목적에 따라 출입증을 발급하고, 주차구역을 구분하여 지정하게 되면 출입자에게 지나친 불편을 줄 수 있으므로 지양해야 한다.

[해설]

출입차량은 목적에 따라 출입증을 발급하고 주차구역을 구분하여 지정해야 한다.

86

내부경비에 관한 설명으로 옳지 않은 것은? 기출 17

① 내부출입통제는 시설물 내의 불법침입이나 절도 등을 막기 위함이다.
② 경비원 상호 간에 순찰정보를 교환하여야 한다.
❸ 안전유리는 가격이 저렴하며 불연성 물질이고 가볍기 때문에 설치하기 쉬운 장점이 있다.
④ 자물쇠는 보호장치의 기능과 침입시간을 지연시키는 기능도 한다.

해설

안전유리는 불연성 물질이기 때문에 화재 시에도 잘 타지 않으며, 가볍기 때문에 설치하기 쉬운 장점이 있는 반면, 가격이 비싸다는 단점이 있다. 또한 안전유리는 동일한 두께의 콘크리트 벽에 비해 충격에 강하고 외관상 미적 효과가 있다.

87

내부경비에 대한 설명으로 틀린 것은? 기출 04

① 안전유리의 궁극적인 목적은 침입을 시도하는 강도가 창문을 깨는 데 걸리는 시간을 지연시키는 데 있다.
❷ 화물통제에 있어서는 화물이나 짐이 외부로 반출되는 경우에 한해서만 철저한 조사가 필요하다.
③ 카드작동식 자물쇠는 종업원들의 출입이 빈번하지 않은 제한구역에서 주로 사용한다.
④ 외부침입자들의 대부분은 창문을 통해 내부로 들어온다.

해설

화물통제는 허가된 개인과 트럭을 제외한 모든 것의 출입에 대해서 철저한 조사가 필요하다.

88

내부경비에 관한 설명으로 틀린 것은? 기출문제

① 창문경비에서는 방호창문과 함께 안전유리의 사용이 효율적이다.
② 내부 출입통제의 중요 목적은 시설물 내의 침입이나 절도, 도난 등을 막기 위한 것이다.
③ 경비시스템 중 1차 보호시스템은 외부 출입통제시스템이고, 2차 보호시스템은 내부 출입통제시스템이다.
❹ 출입문의 잠금관리는 출입자의 편리성 측면보다는 내부경비의 보안적 측면이 항상 우선적으로 고려되어야 한다.

해설

출입문의 안전장치는 출입대상자가 근거리에서 자신의 신분을 밝히도록 되어 있으므로, 그 장비의 효율성을 높이기 위해서는 출입대상자의 접촉이 편리하도록 검토되어야 한다.

89

다음 중 방호유리의 궁극적인 목적은? 기출 04

☑ ① 경비원이나 경찰출동의 시간적 여유 제공
② 경비원의 순찰활동 강화
③ 완전한 외부침입의 차단효과
④ 비용절감 및 화재예방 효과

해설

방호유리(특수유리)나 자물쇠는 파괴되는 시간을 지연시켜 경찰과 경비원들이 출동할 수 있는 여유시간을 확보하는 것에 목적이 있다.

90

안전유리에 관한 설명으로 옳은 것은? 기출 09

① 안전유리는 외부충격에는 강하지만 화재에는 취약하다.
② 안전유리는 비교적 가격이 저렴하기 때문에 널리 이용되고 있다.
③ 안전유리는 일반유리에 비해 매우 두꺼워 설치가 어려운 점이 있다.
☑ ④ 안전유리는 미관을 유지하면서도 외부로부터의 침입시간을 지연시키는 효과가 있다.

해설

④ (○) 안전유리는 미관을 유지하면서도 외부로부터의 침입시간을 지연시키는 효과가 있다.
① (×) 화재 시에도 타지 않는다.
② (×) 가격이 비싸다.
③ (×) 가벼워 설치하기가 쉽다.

91

안전유리(UL-Listed 유리)에 대한 설명 중 틀린 것은? 기출문제

☑ 안전유리는 비교적 가격이 비싸지 않다.
② 안전유리는 작고 동그란 모양의 파편으로 쪼개지기 때문에 사람들에게 손상을 주지 않는 장점이 있다.
③ 안전유리는 불연성 물질이므로 화재 시 잘 타지 않는다.
④ 안전유리는 경비원이나 경찰이 현장에 출동할 수 있는 시간적인 여유를 갖게 한다.

해설
안전유리는 깨질 경우에 사람의 신체에 손상을 입히지 않고 불연성 물질이기 때문에 화재 시에도 타지 않으며, 가볍기 때문에 설치하기가 쉬우나 가격이 비싸다.

92

일반시설물 경비계획 중 출입구 경비요령에 대한 설명으로 옳지 않은 것은?

① 출입문은 일정 수로 통제하고, 출입용도에 따라 달리 사용하도록 한다.
☑ 폐쇄된 출입구를 제외한 모든 출입문은 정기적인 확인이 필요하다.
③ 출입문은 출입자의 편리성과 안전성이 함께 고려되어야 한다.
④ 상품판매시설의 경우 직원용 출입문과 고객용 출입문을 구분하는 것이 좋다.

해설
폐쇄된 출입구를 포함한 모든 출입문은 정기적인 확인이 필요하다.

93

경비시설물의 출입문에 설치되는 안전장치는 어떤 기준에 따라 달라지는가? 기출 06

① 건물의 높이
② 건물의 크기
☑ 경비구역의 중요성
④ 화재 위험도

해설
경비시설물의 출입문에 설치되는 안전장치는 경비구역의 중요성에 따라 달라진다.

94

핀날름쇠 자물쇠에 관한 설명으로 옳은 것을 모두 고른 것은? 기출 24

> ㄱ. 열쇠의 양쪽에 홈이 규칙적으로 파여 있는 형태이다.
> ㄴ. 열쇠의 양쪽에 홈이 불규칙적으로 파여 있는 형태이다.
> ㄷ. 열쇠의 홈이 한쪽 면에만 있다.
> ㄹ. 돌기형 자물쇠에 비해 안전성이 높다.
> ㅁ. 판날름쇠 자물쇠에 비해 안전성이 높다.

① ㄱ, ㄷ, ㄹ
② ㄱ, ㄹ, ㅁ
③ ㄴ, ㄷ, ㅁ
④ ㄴ, ㄹ, ㅁ

해설

ㄴ. (○), ㄱ. (×), ㄷ. (×) 핀날름쇠 자물쇠는 열쇠의 양쪽 모두에 홈이 불규칙적으로 파여져 있는 형태이고, 보다 복잡하며 안전성을 제공할 수 있기 때문에 널리 사용된다.

ㄹ. (○), ㅁ. (○) 돌기 자물쇠는 가장 많이 사용되던 자물쇠로 단순철판에 홈이 거의 없는 것이 대부분으로 열쇠의 구조가 간단하기 때문에 꼬챙이를 사용하면 쉽게 열리므로 안전도는 거의 0%이다. 판날름쇠 자물쇠는 가장 많이 사용되는 자물쇠이며, 이 자물쇠를 열기 위해서는 통상적으로 3분 정도가 소요되는데, 핀날름쇠 자물쇠를 푸는 데는 약 10분 정도가 소요된다. 따라서 핀날름쇠 자물쇠는 돌기형 자물쇠나 판날름쇠 자물쇠에 비해 안전성이 높다.

95

열쇠의 양쪽에 홈이 불규칙적으로 파여져 있는 형태로 일반산업 뿐만 아니라 일반주택에서도 널리 사용되는 자물쇠는? 유사 17·13

① 돌기 자물쇠(Warded Locks)
② 판날름쇠 자물쇠(Disc Tumbler Locks)
③ 핀날름쇠 자물쇠(Pin Tumbler Locks)
④ 암호사용 자물쇠(Code Operated Locks)

해설

설문은 핀날름쇠 자물쇠(Pin Tumbler Locks)에 대한 내용이다.

96

잠금장치에 관한 설명으로 옳지 않은 것은? 기출 15

① 패드록은 시설물과 탈부착이 가능한 형태로 작동하며 강한 외부충격에도 견딜 수 있도록 되어 있다.
❷ 핀날름 자물쇠는 열쇠의 홈이 한쪽에만 있어 홈과 맞지 않는 열쇠를 꽂으면 열리지 않도록 되어 있다.
③ 카드식 잠금장치는 전기나 전자기방식으로 암호가 입력된 카드를 인식시킴으로써 출입문이 열리도록 한 장치이다.
④ 돌기 자물쇠는 단순철판에 홈도 거의 없는 것이 대부분이며 예방기능이 취약하다.

해설
열쇠의 홈이 한쪽에만 있는 것은 판날름 자물쇠이고, 홈이 양쪽에 있는 것은 핀날름 자물쇠이다.

97

자물쇠의 종류 중 안전도가 가장 낮은 자물쇠는? 기출 06

❶ 돌기 자물쇠(Warded Locks)
② 핀날름쇠 자물쇠(Pin Tumbler Locks)
③ 숫자맞춤식 자물쇠(Combination Locks)
④ 암호사용식 자물쇠(Code Operated Locks)

해설
자물쇠의 안전도는 돌기 자물쇠 < 판날름쇠 자물쇠 < 핀날름쇠 자물쇠 < 숫자맞춤식 자물쇠 < 암호사용식 자물쇠 순이다.

98

자물쇠를 설치하는 가장 주된 목적은? 기출문제

① 순찰기능을 강화하기 위해서
☑ ② 범인의 침입시간을 지연시키기 위해서
③ 범인을 검거하기 위해서
④ 화재로부터 시설물을 보호하기 위해서

해설

자물쇠를 설치하는 가장 주된 목적은 범인의 침입시간을 지연하는 데에 있다.

99

자물쇠와 패드록(Pad-Lock)에 대한 설명 중 틀린 것은? 기출문제

☑ ① 핀날름쇠 자물쇠(Pin Tumbler Locks)는 열쇠의 홈이 한쪽 면에만 있으며, 홈이 맞는 열쇠를 꽂지 않으면 자물쇠가 열리지 않는다.
② 판날름쇠 자물쇠(Disc Tumbler Locks)는 돌기 자물쇠보다 발달된 자물쇠로 책상, 서류함, 패드록 등에 보편적으로 사용되고 있다.
③ 돌기 자물쇠(Warded Locks)는 단순 철판에 홈이 거의 없는 것이 대부분이며 예방기능이 가장 취약하다.
④ 암호사용식 자물쇠(Code Operated Locks)는 숫자맞춤식 자물쇠보다 발전시킨 것으로 일반적으로 전문적이고 특수한 경비 필요시에 사용한다.

해설

핀날름쇠 자물쇠(Pin Tumbler Locks)는 판날름쇠 자물쇠에 비해 보다 복잡하며 보다 안전성을 제공할 수 있다. 이 자물쇠를 푸는 데 약 10분 정도가 소요된다. 핀날름쇠 자물쇠는 열쇠의 홈이 양쪽 모두에 불규칙적으로 파여 있다.

100

다음 중 자물쇠에 달린 숫자조합을 맞춤으로서 열리는 자물쇠로, 외부의 침입이나 절도의 위협으로부터 가장 효과적인 보호장치는?

① 전자 자물쇠
② 암호 자물쇠
③ 카드작동 자물쇠
④ ✓ 숫자맞춤식 자물쇠

해설
설문은 숫자맞춤식 자물쇠에 대한 내용이다. 숫자맞춤식 자물쇠(Combination Locks)는 부착된 숫자를 조합해야 열리기 때문에 침입자가 열기 위해서는 상당한 시간과 기술이 필요하게 된다. 보통 3~4개 이상의 숫자판을 사용한다.

101

카드작동 자물쇠에 대한 설명 중 틀린 것은?

① 전기나 전자기 방식을 활용한 것이다.
② ✓ 출입이 잦은 곳에 설치한다.
③ 중요한 물건이나 시설장비에 사용된다.
④ 카드 열쇠는 신분증의 기능을 대신한다.

해설
카드작동 자물쇠는 종업원들의 출입이 잦지 않은 제한구역에서 주로 활용된다.★

102

강한 충격에도 견딜 수 있게 자물쇠의 단점을 보완하고 보다 경비와 안전을 강화하기 위하여 고안된 장비는?

① 카드작동 자물쇠
② 암호작동 자물쇠
③ 숫자맞춤 자물쇠
④ ✓ 패드록

해설
자물쇠의 단점을 보완하고 충격에 잘 견디는 능력을 가진 것이 패드록(Pad-Locks)이다.

103

하나의 문이 잠길 경우 전체의 문이 동시에 잠기는 방식으로 교도소 등 동시다발적 사고 발생의 우려가 높은 장소에서 사용되는 패드록(Pad-Locks) 잠금장치는? 기출 19

① 기억식 잠금장치
② 전기식 잠금장치
❸ 일체식 잠금장치
④ 카드식 잠금장치

해설

설문은 일체식 잠금장치에 대한 내용이다.

> **핵심만콕** 잠금장치
>
> - 전기식 잠금장치 : 출입문의 개폐가 전기신호에 의해 이루어지는 잠금장치로 가정집 내부에서 스위치를 눌러 외부의 문이 열리도록 하는 방식이다. 원거리에서 문의 개폐를 제어할 수 있는 장점이 있다.
> - 일체식 잠금장치 : 한 문이 잠길 경우에 전체의 문이 동시에 잠기는 방식을 말한다.
> - 기억식 잠금장치 : 문에 전자장치가 설치되어 있어 일정시간에만 문이 열리는 방식이다.
> - 카드식 잠금장치 : 전기나 전자기방식으로 암호가 입력된 카드를 인식시킴으로서 출입문이 열리도록 한 장치이다.

104

원거리에서 문을 열고 닫도록 제어하는 장점이 있으며, 특히 마당이 있는 가정집 내부에서 스위치를 누름으로써 외부의 문이 열리도록 작동하는 보안잠금장치는? 기출 08

① 광전자식 잠금장치
② 일체식 잠금장치
❸ 전기식 잠금장치
④ 기억식 잠금장치

해설

원거리에서 문을 열고 닫도록 제어하는 장점이 있는 잠금장치는 전기신호로 출입문의 개폐가 이루어지는 전기식 잠금장치이다.

105

첨단식 Pad Locks 전기식 잠금장치에 대한 설명으로 옳지 않은 것은? 기출 06

① 출입문의 개폐가 전기신호에 의해 이루어지는 장치이다.
✓ ② 주로 은행금고 등에 많이 활용되고 있다.
③ 원거리에서 문의 개폐를 제어할 수 있는 장점이 있다.
④ 가정집 내부에서 스위치를 눌러 외부의 문이 열리도록 하는 방식이다.

해설
자물쇠의 단점을 보완하고 충격에 잘 견디는 능력을 가진 것이 Pad-Locks이다. 기억식 잠금장치는 문에 전자장치가 설치되어 있어서 일정 시간에만 문이 열리는 방식으로서 은행금고에 사용된다. 한편 전기식은 전기신호에 의해 문이 열리고 닫히는 장치로서 보통 가정집 내부에서 사용된다.

106

첨단식 패드록 잠금장치의 종류가 아닌 것은? 기출 04

① 기억식 잠금장치
② 일체식 잠금장치
✓ ③ 이중식 잠금장치
④ 전기식 잠금장치

해설
이중식 잠금장치는 첨단식 패드록 잠금장치의 종류가 아니다.

107

동시다발적 사고발생의 우려가 높은 장소에서 사용되는 문은?

① 패드록
☑ 일체식 잠금장치
③ 전기적 잠금장치
④ 기억식 잠금장치

해설
일체식 잠금장치는 한 문이 잠길 경우 전체 문이 동시에 잠기고, 동시다발적 사고발생의 우려가 높은 장소에서 사용되는 문이다.

108

은행, 박물관 등과 같이 출입문이 일정한 시간대에 개폐되어야 하는 장소에 가장 적합한 잠금장치는?

기출문제

① 일체식 잠금장치
② 압력식 잠금장치
③ 전기식 잠금장치
☑ 기억식 잠금장치

해설
기억식 잠금장치는 문에 전자장치가 설치되어 있어서 일정 시간에만 문이 열리는 방식이다.

109

다음 중 지하 물품보관실 금고의 외벽의 구성재료는 어느 것인가?

① 일반 콘크리트
② 강화금속
③ 강화 콘크리트 ✓
④ 일반벽돌

해설

지하에 설치하는 중요 물품보관실에는 금고를 방과 같이 크게 만들어 설치하며, 문은 두께 15~60cm(6~24인치)의 강화금속으로 만들고, 다른 외벽은 두께 30cm(12인치) 정도의 강화 콘크리트로 제작한다.

110

건물의 출입통제에 관한 설명으로 옳은 것을 모두 고른 것은?

| ㄱ. 내부반입은 검색 관리가 필요하지만, 외부반출은 검색 관리가 필요 없다.
| ㄴ. 외부인이 예약 없이 방문하는 경우에는 별도의 대기실에 대기시킨 후 방문 대상자에게 통보해야 한다.
| ㄷ. 경비원은 상근직원이라도 매일 모든 출입자의 신분증을 확인해야 한다.
| ㄹ. 신원이 확인된 외부인에 대해서는 이동 가능한 지역을 지정할 필요 없다.

① ㄱ, ㄴ
② ㄱ, ㄹ
③ ㄴ, ㄷ ✓
④ ㄷ, ㄹ

해설

제시된 내용 중 건물의 출입통제에 관한 설명으로 옳은 것은 ㄴ과 ㄷ이다.
ㄴ. (○) 외부인이 예약 없이 방문하는 경우에는 외부인을 별도의 대기실에 대기시킨 후 방문 대상자에게 통보하는 것이 효과적이다.
ㄷ. (○) 경비원은 상근직원이라 하더라도 매일 모든 출입자의 신분증을 세심한 주의를 기울여 확인해야 한다.
ㄱ. (×) 내부반입뿐만 아니라 외부반출의 경우에도 검색과 관리가 필요하다.
ㄹ. (×) 신원이 확인되었다 하더라도 외부인을 건물 내부로 출입시킬 때는 활동에 제한을 주기 위하여 이동 가능한 지역을 반드시 지정해 주어야 한다.

111

출입통제방법에 관한 설명으로 옳지 않은 것은? 기출 18

① 차량은 출입목적에 따라 출입증을 발급하고 주차지역을 지정하여야 하며 반출입 물품에 대해서도 면밀히 조사하여야 한다.
❷ 직원 출입구는 외부 방문객과 구분하여 하나의 문만 사용하도록 하고 통행하는 직원의 적절한 통제를 위해 출입구의 폭이 최대한 넓어야 한다.
③ 출입증이 없는 차량의 경우에는 그 용도와 목적을 확인하고 내부에서도 이 차량이 주차할 수 있는 지역을 한정하여야 한다.
④ 방문객이 통고 없이 방문하는 경우에는 대기실에서 대기하도록 하거나 대기실 외의 이동 시 반드시 방문객임을 표시하는 징표를 부착하여 CCTV 등을 통한 감시와 통제가 이루어져야 한다.

[해설]
상품판매시설의 경우 직원용 출입문과 고객용 출입문을 구분하는 것이 좋고, 직원용 출입구의 폭은 통행하는 직원의 적절한 통제를 위해 가능한 한 최소화하는 것이 좋다.

112

다음 내부경비계획 중 외부 방문객들에 대한 통행 통제 시의 유의점이라고 보기 어려운 것은? 기출문제

① 어떠한 경우이든 방문객은 반드시 그 신원을 확인해야 한다.
② 방문객에게 불쾌감을 주지 않도록 정중하게 대해야 한다.
❸ 용무의 성질에 따라 업무에 방해를 주는 한이 있더라도 진행해야 한다.
④ 예고 없이 방문객이 방문하는 경우에는 대기실에서 대기하도록 하는 것이 가장 효과적이다.

[해설]
어떠한 경우에도 방문객에게 불쾌감을 주거나 업무에 방해를 받지 않도록 하는 것이 가장 바람직한 경비활동이다.

113

신분증 제작 시 특수 인쇄를 하는 이유는? 기출문제

① 코팅이 잘되게 하기 위해서
② 재발급을 용이하게 하기 위해서
❸ 위조방지를 위해서
④ 제작비용을 절감하기 위해서

해설
신분증 제작 시 위조방지를 위해서 특수한 여러 작업이 필요하다.

114

경보장치의 가장 중요한 역할이라고 볼 수 있는 것은? 기출문제

① 외부침입자의 방지
❷ 침입사실을 외부에 알림
③ 외부침입의 사전제거
④ 외부침입사실의 감지

해설
경보장치는 외부의 침입자를 감지하여 이를 중앙통제센터나 지령실, 경찰서 등에 알리는 역할을 수행한다.

115

다음 중 기계고장 또는 기계의 오작동의 발견을 주목적으로 사용하는 경보장치의 종류는?

① 일반경보장치
❷ 특별경보장치
③ 화재경보장치
④ 침입경보장치

해설
특별경보장치는 기계의 고장이나 오작동으로 인한 피해를 예방하기 위한 장치로서, 실내온도가 너무 낮을 때, 기계작동이 너무 빠를 때, 기계가 고장 났을 때 작동하게 된다.

116

다음에 해당하는 경보시스템은? 기출 22

일정 지역에 국한하여 한두 개의 경보장치를 설치하는 방식으로 사이렌이나 경보음이 울리는 경보시스템

① 제한적 경보시스템
② 국부적 경보시스템 ✓
③ 상주 경보시스템
④ 외래 경보시스템

해설

설문의 경보시스템은 국부적 경보시스템에 해당한다.

핵심만콕 경보체계 ★

상주 경보시스템	• 당해 조직이 자체적으로 경비부서를 조직하고 경비활동을 실시하는 것으로서, 경비시스템의 종류 중 가장 전형적인 경비시스템이다. • 각 주요 지점마다 경비원을 배치하여 경비하는 방식으로 비상시의 사고 발생에 즉각적인 대응이 가능하고 가장 신속한 대응방법이지만 많은 인력이 필요한 방식이다.
국부적 경보시스템	• 가장 원시적인 경보체계로서 일정 지역에 국한해 1~2개의 경보장치를 설치하는 방식이다. • 단순히 사이렌이나 경보음이 울리는 경보시스템이다.
제한적 경보시스템	• 사이렌이나 종, 비상등과 같은 제한된 경보장치를 설치한 시스템으로 일반적으로 화재예방시설이 이 시스템의 전형에 해당한다. • 경비원이 없으면 대응할 수 없어 무용지물이 될 수 있다. 즉, 비상사태가 발생하여 사이렌이 울리고 경광등이 켜지면 이를 감지한 경비원이 경찰서나 소방서에 연락을 취하는 수동적인 방식이다.
다이얼 경보시스템	비상사태가 발생하였을 경우 사전에 입력된 전화번호로 긴급연락을 하는 시스템으로 설치가 간단하고 유지비가 저렴하다.
외래지원 경보시스템	• 전용전화회선을 통하여 비상감지 시에 각 관계기관에 자동으로 연락이 취해지는 방식이다. • 건물 각 지점에 감지기가 전화선에 연결되어 있기 때문에 화재, 외부침입, 유독가스발생 등의 사태 시 각각의 감지기에서 감지된 상황이 전화선을 통해 자동으로 해당 기관에 전달되는 시스템이다.

117

경보시스템에 관한 설명으로 옳지 않은 것은? 기출 20

① 일반적으로 진동감지기는 전시 중인 물건이나 고미술품 보호를 위하여 설치한다.
② 압력감지기는 침입이 예상되는 통로나 출입문 앞에 설치한다.
③ 제한적 경보시스템은 전화회선 등을 이용하여 외부의 경찰서 등으로 비상사태가 감지되면 자동으로 연락이 취해지는 경보체계이다.
④ 전자파울타리는 레이저광선을 그물망처럼 만들어 전자벽을 만드는 것이다.

해설
전화회선 등을 이용하여 외부의 경찰서 등으로 비상사태가 감지되면 자동으로 연락이 취해지는 경보체계는 외래지원 경보시스템이다. 제한적 경보시스템은 사이렌이나 종, 비상등과 같은 제한된 경보장치를 설치한 시스템으로, 일반적인 화재예방시설이 이 시스템의 전형에 해당한다.

118

경보시스템 종류에 관한 설명으로 옳지 않은 것은? 기출 19

① 중앙관제시스템은 전용전화회선을 통해 비상 감지 시 직접 외부의 각 관계기관에 자동으로 연락이 취해지는 방식이다.
② 국부적 경보시스템은 가장 원시적인 경보체계로 일정지역에 국한해 한두 개의 경보장치를 설치하거나 단순히 사이렌이나 경보음이 울리는 것이다.
③ 제한적 경보시스템은 사이렌이나 종, 비상등과 같은 제한된 경보장치를 설치하여 화재예방시설에 주로 사용되며 사람이 없으면 대응할 수 없는 단점이 있다.
④ 다이얼 경보시스템은 비상사태가 발생하였을 경우 사전에 입력된 전화번호로 긴급연락을 하는 것으로 설치가 간단하고 유지비가 저렴하다.

해설
전용전화회선을 통하여 비상감지 시 직접 외부의 각 관계기관에 자동으로 연락이 취해지는 방식은 외래지원 경보시스템이다. 중앙관제시스템은 일반적으로 활용하고 있는 경보체계로서 경계가 필요한 곳에 CCTV를 설치하여 활용하므로 사태파악이나 조치가 빠르고 오경보나 오작동에 대한 염려도 거의 없는 편이다.

119

경보체계에서 주요 지점마다 경비원을 배치하여 경비하는 방식으로 즉각적인 대응이 가능한 시스템은? 기출 13

✅ ① 상주경보시스템
② 제한적 경보시스템
③ 다이얼 경보시스템
④ 외래지원 경보시스템

[해설]
당해 조직이 자체적으로 경비부서를 조직하고 경비활동을 실시하는 것으로서, 가장 신속한 대응방법이지만 많은 인력이 필요하다.

120

경보체계에 관한 설명으로 옳지 않은 것은? 기출 12

✅ ① 중앙관제시스템은 일정지역에 국한해 한두 개의 경보장치를 설치하는 경보체계이다.
② 제한적 경보시스템은 사이렌이나 종, 비상등 등을 이용하는 경보체계이다.
③ 외래 경보시스템은 전용전화회선 등을 이용하여 직접 외부의 각 관계기관에 자동으로 연락하는 경보체계이다.
④ 상주경보시스템은 주요 지점에 경비원을 배치하여 비상시에 대응하는 경보체계이다.

[해설]
중앙관제시스템은 경계가 필요한 곳에 CCTV 등을 설치하여 관리하는 시스템을 말한다. 따라서 일정지역에 국한해 경보장치를 설치하는 경보체계인 것은 아니다.

121

경보장치 및 시스템에 관한 설명으로 옳지 않은 것은? 기출 10

① 일반적으로 기계고장이나 오작동 발견을 목적으로 사용하는 경보장치는 특수경보장치이다.
❷ 가장 고전적인 방법으로 주요지점에 경비원을 배치하여 비상시에 대응하는 경비체계는 기계경비시스템이다.
③ 전화선 등을 이용하여 외부의 경찰서나 소방서에 연락을 취하는 방식의 경비체계는 외래 경보시스템이다.
④ 경계가 필요한 지점에 감지기나 CCTV를 설치하고, 경비원이 이를 원격 감시하는 형태는 중앙관제시스템이다.

[해설]
가장 고전적인 방법으로 주요지점에 경비원을 배치하여 비상시에 대응하는 경비체계는 상주경보시스템이다.

122

경보체제에 대한 설명으로 틀린 것은? 기출 04

❶ 제한적 경보시스템은 사람이 없어도 효과가 높다.
② 각 주요지점에 일일이 경비원을 배치하고, 비상시 대처하는 방식은 상주경보시스템이다.
③ 외래지원 경보시스템은 전화선 등을 이용해서 비상시 외부에 연락을 취하는 것이다.
④ 중앙모니터시스템은 가장 일반적으로 널리 활용되는 것이다.

[해설]
제한적 경보시스템은 사이렌이나 종, 비상등과 같은 제한된 경보장치를 설치한 시스템으로, 일반적으로 화재예방시설이 이 시스템의 전형이다. 이는 사람이 없으면 대응할 수 없다는 단점이 있다.★

123

다음 경보시스템 중 강도 등의 침입이 감지되는 경우는 112, 화재 발생 시는 119로 연락이 가도록 고안된 경보장치는 어느 것인가? 기출문제

① 외래지원 경보시스템
☑ 다이얼 경보시스템
③ 제한적 경보시스템
④ 국부적 경보시스템

해설
다이얼 경보시스템은 비상사태가 발생하였을 때에는 사전에 입력된 전화번호로 긴급연락을 하는 시스템이다.

124

다음 중 사업장 내의 감시센터에 상주경비원이 근무하면서 이상이 발견되거나 감지될 때 출동하여 대처하는 경비시스템은? 기출문제

☑ 로컬경비시스템
② 기계경비시스템
③ 상주경비시스템
④ 순찰경비시스템

해설
설문은 로컬경비시스템에 대한 내용이다. 상주경비시스템과 비교하여 반드시 구분할 줄 알아야 한다.

125

단순한 접촉의 유무를 탐지하여 경보를 전달하는 장치로서 문틀과 문 사이에 접지극을 설치하는 경보센서는? 기출 15

① 광전자식 센서
② 자력선식 센서
✓ ③ 전자기계식 센서
④ 압력반응식 센서

해설
단순한 접촉의 유무를 탐지한다는 내용과 문틀과 문 사이에 접지극을 설치한다는 내용은 전자기계식 센서이다.

126

교도소나 은행의 외벽보호에 사용되며, 반도체의 두 단자 간의 전류를 활용하여 자장의 변화와 이동원리를 이용한 센서는? 기출문제

① 압력센서
② 광센서
✓ ③ 자력센서
④ 가스센서

해설
교도소나 은행의 지붕, 천장, 담벼락에 적합한 센서는 자력선식 센서이다. 자력선식 센서는 자력선을 발생하는 장치를 설치해 자력선을 건드리는 물체가 나타나면 경보를 발하는 장치로서, 각 센서에서 발사된 자기력에 이상이 감지되면 중앙관제센터에 알리게 된다.

127

모든 종류의 금속장치를 보호하기 위해 개발된 경보장치로서 계속적인 전류의 흐름을 방해할 경우 경보가 울리는 것은? 기출문제

① 광전자식 센서
☑ 콘덴서 경보시스템
③ 자력선식 센서
④ 전자기계식 센서

해설

설문은 콘덴서 경보시스템에 대한 내용이다.

128

압력반응식 센서의 특징 중 맞지 않는 것은?

① 센서에 직·간접적인 압력이 가해지면 작동된다.
☑ 지붕이나 천장 등에 주로 설치한다.
③ 지뢰 매설식으로 설치한다.
④ 자동문이나 카펫에 설치한다.

해설

지붕이나 천장, 담벼락에 적합한 센서는 자력선식 센서이다.★

129

보호대상인 물건에 직접적으로 센서를 부착하여 그 물건이 움직이게 되면 진동이 발생되어 경보가 발생하는 장치로 정확성이 높아 일반적으로 전시 중인 물건이나 고미술품 보호에 사용되는 경보센서(감지기)는? 기출 19

① 음파 경보시스템
② 초음파 탐지장치
③ 적외선감지기
❹ 진동감지기

해설

④ (○) 설문은 진동감지기에 관한 설명이다. 진동감지기는 오차율이 극히 적으며 그 정확성이 매우 높은 편이다.
① (×) 음파 경보시스템 : 소음탐지 경보기, 음향경보기, 가청주파수 경보기라고도 하며, 외부인이 침입한 경우 침입자의 소리를 감지하여 경보를 내는 장치이다.
② (×) 초음파 탐지장치 : 송신장치와 수신장치를 설치하여 양 기계간에 진동파를 주고받는 과정에서 어떠한 물체가 들어오면 그 파동이 변화됨을 감지하는 장치이다. 센서가 매우 민감하여 오경보 가능성이 높은 편이다.
③ (×) 적외선감지기 : 사람 눈에 보이지 않는 근적외선을 쏘는 투광기와 이를 받는 수광기로 되어 있는데, 그 사이를 차단하면 감지하는 원리이다.

130

다음 감지기에 관련된 내용으로 잘못 연결된 것은? 기출 15

① 자석감지기 - 영구자석과 리드(reed)
② 적외선감지기 - 투광기와 수광기
❸ 초음파감지기 - 가청주파수
④ 열감지기 - 원적외선 변화량

해설

초음파감지기는 말 그대로 초음파를 방사해서 그 방사파가 침입자에 의해 변화하는 것을 감지하는 장치이다. 따라서 사람의 귀로 들을 수 있는 가청주파수는 관련이 없다.

131

다음 중 순찰방법에 대한 내용으로 옳지 않은 것은? 기출문제

① 경비원 상호 간에 순찰활동 결과에 대한 정보교환이 필요하다.
② 대부분 직원의 퇴근 후에 경비원들의 순찰 및 조사가 이루어져야 한다.
③ 외부침입자들이 숨어 있을 만한 장소에 대해서는 집중적으로 조사를 실시해야 한다.
④ ✓ 순찰과정에서 문이나 자물쇠 등에 인식이나 표식을 하는 것은 다음 순찰을 편하게 하기 위한 것이다.

[해설]
순찰과정에서 문이나 자물쇠 등에 인식이나 표식을 하는 것은 침입흔적을 확인하기 위한 것이다.

132

감시시스템 장치인 CCTV는 무엇의 줄임말인가? 기출 23

① Closed Cycle Television
② Closed Circle Television
③ ✓ Closed Circuit Television
④ Closed Construction Television

[해설]
CCTV는 폐쇄회로 텔레비전을 의미하며, Closed-circuit Television의 약어이다.

133

물리적 통제시스템인 CCTV에 관한 설명으로 옳은 것은? 기출수정 21

① 영상정보를 불특정 다수에게 전달함으로써 범죄발생 시 신속한 대응이 가능하다.
❷ 영상정보처리기기의 무분별한 설치는 인권침해 가능성이 높아 개인정보보호법에서 엄격하게 규제하고 있다.
③ 국가중요시설에 고정형 영상정보처리기기를 설치·운영하려는 자는 관련 안내판을 설치하여 정보주체가 쉽게 알아볼 수 있도록 해야 한다.
④ 디지털(DVR) 방식에서 아날로그(VCR) 방식으로 전환되어 그 효율성이 증대되었다.

해설

② (○) 개인정보보호법 제1조, 제25조
① (×) CCTV를 통한 기계경비의 경우, 범죄발생 시 현장에 도착하기까지 시간이 필요하므로, 신속한 대응이 어렵다. 현장에서의 신속한 대응이 가능한 것은 인력경비이다.
③ (×) 고정형 영상정보처리기기를 설치·운영하는 자(고정형 영상정보처리기기 운영자)는 정보주체가 쉽게 인식할 수 있도록 일정한 사항이 포함된 안내판을 설치하는 등 필요한 조치를 하여야 한다. 다만, 군사기지 및 군사시설 보호법 제2조 제2호에 따른 군사시설, 통합방위법 제2조 제13호에 따른 국가중요시설, 그 밖에 대통령령으로 정하는 시설에 대하여는 그러하지 아니하다(개인정보보호법 제25조 제4항).
④ (×) 아날로그(VCR) 방식에서 디지털(DVR) 방식으로 전환되어 그 효율성이 증대되었다.

134

CCTV에 관한 설명으로 옳지 않은 것은? 기출 16

① 다수의 장소를 관찰할 수 있다.
② 보이지 않는 영역을 관찰할 수 있다.
③ 다수인에 의한 동시관찰을 할 수 있다.
❹ 환경이 열악하거나 근접이 가능한 장소만 관찰할 수 있다.

해설

CCTV는 원거리에서도 관찰이 가능하며, 사람의 접근이 불가능한 지역도 관찰이 가능하다. 집중적으로 감시가 가능하며 비공개된 장소에서도 비밀 관찰이 가능하다.

135

CCTV의 효과에 관한 설명으로 옳지 않은 것은?

① CCTV의 사용으로 인하여 범죄자의 범법행위가 다른 장소, 대상으로 이동될 가능성은 없다.
② CCTV를 통하여 범죄를 범할 기회를 감소시킬 수 있다.
③ 녹화된 CCTV의 자료는 증거로서의 역할을 할 수 있다.
④ CCTV는 경비원을 대체할 수 있다.

해설
CCTV의 사용으로 인하여 범죄자의 범법행위가 다른 장소, 대상으로 이동될 수 있다.

136

내부절도의 경비요령에 관한 설명으로 옳지 않은 것은?

① 사내의 현금보관장소는 내부인의 직접적인 접근이 이루어지지 않도록 유의할 필요는 없다.
② 직원의 채용단계에서부터 인사담당자와의 협조하에 신원조사를 실시한다.
③ 경비 프로그램을 수시로 변화시킨다.
④ 감사부서와의 협조하에 정기적으로 정밀한 회계감사를 실시하는 것도 한 방법이다.

해설
사내의 현금보관장소는 내부인의 직접적인 접근이 이루어지지 않도록 유의할 필요가 있다. 현금보관장소는 내부절도의 위험성이 높은 장소이기에 타인의 접근이 직접적으로 이루어지지 않는 곳에 설치할 필요가 있다.

137

내부절도의 경비에 관한 설명으로 옳지 않은 것은? 기출 18

① 주기적 순찰과 감시경비원 및 CCTV의 확충으로 경비인력의 혼합운영이 필요하다.
② 감사부서와의 협조하에 정기적으로 회계감사를 실시한다.
❸ 직원의 채용시 학력, 경력, 전과, 이념 등 신원조사를 실시한다.
④ 사내의 현금보관 금고는 내부인의 접근에도 유의하여야 한다.

해설

직원의 채용단계에서부터 인사담당자와의 협조하에 신원조사를 실시한다. 신원조사 과정에서 검토해야 할 사항으로는 지원자의 가족상황, 결혼 여부, 종교관, 동거인의 인적사항, 주택소유 여부, 지원자의 학력·경력·전과·채무관계 여부 등이다. 직원의 채용시 이념에 대해서는 특별히 신원조사를 실시하지 않는다.★

138

내부경비를 위한 인사정책에 대한 설명이다. 틀린 것은?

① 인사정책은 내부절도를 근본적으로 해결하고자 하는 시발점이라고 할 수 있다.
② 계획실행의 연속성이 매우 중요하다.
③ 직원 채용정책의 일관성은 중요한 요소이다.
❹ 전과자는 무조건 기피하는 것이 바람직하다.

해설

기업이 신규직원이나 경리직 사원을 채용하는 데 있어서 전과자를 전면적으로 거부하는 정책은 사회 전체의 균형차원에서 바람직한 일이 아니다.

139

국가보안시설 및 기업의 산업스파이 문제에 관한 설명으로 옳지 않은 것은? 기출 21

① 핵심정보에 접근하는 자는 비밀보장각서 등을 작성하고, 비밀인가자의 범위를 최소한으로 제한해야 한다.
② 최근 기업규모별 산업기술 유출건수는 대기업보다 중소기업에서 더 많이 발생하고 있어 체계적인 보안대책이 요구된다.
❸ 산업스파이는 외부인이 시설의 전산망에 침입하여 핵심정보를 절취해 가는 경우가 많아 방어시스템을 구축해야 한다.
④ 첨단 전자장비의 발전으로 산업스파이에 의한 산업기밀이 유출될 수 있는 위험요소들이 더욱 많아지고 있다.

해설
최근 산업스파이의 전산망 침입에 의한 정보유출이 증가하고 있으나, 여전히 산업스파이의 주요 활동은 기업 내부인과의 결탁, 기업으로의 잠입 등 주로 기업 내부에서 이루어지고 있다.

140

민간산업보안에 관한 설명으로 옳지 않은 것은? 기출 14

① 첨단 전자장비의 혁신적 발전으로 산업스파이에 의한 산업기밀이 유출될 수 있는 위험요소들이 더욱 많아지고 있다.
② 국내외 경제침체와 기업의 구조조정 등 사회적·경제적 불안정으로 인한 도덕적 해이 현상이 심화되면서 산업스파이 행위가 사회적 문제가 되고 있다.
❸ 보안구역 출입자는 임직원, 상주 협력업체, 상시출입자, 방문객 등으로 구분되지만, 출입권한을 차등화할 필요는 없다.
④ 외부 방문객에 대한 별도 면회실을 운영하고, 외부인 예약방문제도를 실시하는 등 외부인에 대한 시설관리대책이 필요하다.

해설
일반적으로 출입보안구역은 제한구역과 통제구역을 통합하여 지칭한다. 보안구역 출입자는 구역별 출입목적에 따라 개인별 출입권한을 차등화(출입증 색상구분·전자칩내장 등)하여 통제할 필요가 있다. 이는 불순한 목적을 가진 사람이 무단 접근하지 못하도록 차단하여 산업보안은 물론 시설의 안전을 확보하는 것이다.

141

판매시설에 있어 손님을 유도하는 효과와 도둑을 방지하는 이중적인 효과를 갖는 들치기 방지대책은?

기출 10·08

① 거 울
② 경고표시
③ 감 시
✓ ④ 상품전시

해설
판매시설에 있어 좀도둑 방지대책으로는 경고표시, 상품전시, 거울, 감시 등이 있는데, 손님을 유인하는 효과와 절도를 방지하는 이중적 효과를 갖는 방어대책은 상품전시이다. 여기서 도둑을 막는 효과가 있다는 것은 진열된 상품이 빠져나가면 곧바로 식별하기가 용이하기 때문에 들치기를 예방할 수 있게 된다는 의미이다.

142

좀도둑 유형 중 전문가와 큰 구별이 없으며 평균 범죄교육을 받은 자들을 가리키는 말은?

① 절도광
✓ ② 아마추어형
③ 약물 복용자
④ 스릴러 유형

해설
설문은 아마추어형에 대한 내용이다. 절도광이란 무언가를 훔치려고 하는 욕망을 극복할 수 없는 사람을 가리키는 말이며, 전문가는 좀도둑 유형 중 매우 계획적이며 실질적인 형태를 취하는 것을 말한다.

143

들치기의 행위를 경고하고 억제하는 기능으로서 사용되지만 구매자에게 거부감을 줄 수도 있는 것은?

① 감 시
② 거 울
✓ ③ 경고표시
④ 상품전시

해설
경고표시는 구매자에게 다소 모욕적일 수 있지만 범죄유발 동기를 낮출 수 있다.

144

야간 절도범들의 가장 큰 목표물이 되므로 보관에 신중을 기할 필요가 있는 것은?

① 현 금 ✓
② 품 목
③ 보 석
④ 서 류

[해설]
현금은 본래 가장 민감하면서도 누구나 추구한다는 특성이 있고, 그것은 늘 안전하게 보관되므로 절도범들의 가장 큰 목표물이 된다.

145

절도 및 좀도둑에 의한 손실에 대한 중요한 억제책은 무엇인가?

① 책임통제 ✓
② 권한통제
③ 성실통제
④ 의무통제

[해설]
사람이 이동 중인 모든 단계마다 또는 보관 중인 상품에 대해 책임을 지고 있다면 이런 종류의 절도의 가능성은 충분히 감소될 수 있다.

146

좀도둑 사건의 대부분을 차지하는 충동적인 범죄유발의 동기가 아닌 것은?

① 효용성
② 욕 구
③ 기 회
④ 버 릇 ✓

[해설]
좀도둑 사건의 95% 이상은 충동적으로 발생하며, 이러한 충동적인 범죄유발의 동기에는 효용성, 욕구, 우연한 기회 등이 포함된다.

147

다음 중 출입통제나 이동통제가 강력하게 이루어져야 하는 곳은? 기출문제

☑ ① 사무실
② 공장
③ 창고
④ 휴게실

해설
사무실은 회사의 중요업무를 취급하는 곳이기 때문에 외부인에 의한 절도, 탈취 등의 위험을 예방하고, 소음을 방지하기 위해서도 출입통제나 이동통제가 가장 필요한 곳이다.

148

상품이 집적되고 운반되는 것이 효율적으로 이루어지려면 무엇에 기초하여야 하는가?

① 긴급명령
② 비상사태
③ 민간경비업체
☑ ④ 운송절차

해설
각 단계별로 운송절차를 규정하고 있는 것은 운송에 있어서 효율성을 추구하기 위한 것이다.

149

화물운송에 있어서 화물이 이동하는 단계마다 절차가 있다. 다음 중 해당 절차에서 꼭 지켜야 할 것은 무엇인가?

☑ ① 책임
② 권한
③ 통제
④ 문제

해설
화물운송에 있어서 가장 중요한 것은 명확한 책임이다. 모든 선적, 그것의 종류가 무엇이든 간에 화물이 이동하는 모든 단계마다 그에 대해 책임을 지고 있는 사람에게 확인을 받아야 한다.

150

다음 중 허가된 개인과 차량을 제외한 모든 출입과 행동의 제약을 받게 되는 지역으로 일반사무실, 화장실, 화물도착지, 개개인에 의해 사용될 수 있는 라커룸 등은 어떤 지역이라고 부르는가? 기출문제

① 배제지역
☑ 통제지역
③ 제한지역
④ 금지지역

해설

지역별 통제는 제한지역, 통제지역, 배제지역으로 구분되며, 설문은 통제지역에 대한 내용이다.
- 배제지역 : 높은 가치의 화물만을 취급·보관하기 위한 곳으로, 보통 제한지역 내에 작은 방, 금고실 등으로 구성되어 있으며, 출입이 허가된 자는 제한적이고 항상 감시하에 있어야 한다.★
- 제한지역 : 보다 안전이 요구되는 장소로서, 파손된 물품, 저장탱크의 분류와 처리, 컨테이너의 재주선 등이 이루어진다.

151

고가치의 화물을 취급하고 보관하기 위한 지역은?

① 제한지역
☑ 배제지역
③ 통제지역
④ 금지지역

해설

배제지역은 높은 가치의 화물을 취급하고 보관하기 위해 사용되며 일반적으로 제한지역 내의 조그마한 방, 금고실 등으로 구성되어진다. 또 출입할 수 있는 허가를 얻은 사람의 수는 지극히 제한되어 항상 감시하에 있다.

152

보다 세심한 정도의 안전이 요구되는 통제지역 내의 장소는?

① 한정지역
② 금지지역
③ 배제지역
☑ 제한지역

해설

제한지역은 치밀한 정도의 안전이 요구되는 통제지역 내의 장소로, 공격받기 쉬운 물건, 주의가 요망되는 물건의 취급, 보관 그리고 상자의 재수선이 이들 지역에서 취급된다.

4 시설물에 따른 경비

153
금융시설경비에 관한 설명으로 옳지 않은 것은? 기출문제

① 금융시설의 특성상 개·폐점 직후나 점심시간 등이 취약시간대로 분석되고 있다.
② **특수경비업의 성장으로 인해, 특수경비원이 금융시설경비를 전담하고 있다.**
③ 금융시설 내에 한정하지 않고 외부경계 및 차량감시도 경비활동의 대상에 포함된다.
④ 경찰과 범죄예방정보의 교환이 필요하다.

해설
금융시설경비는 특수경비원보다는 청원경찰 인력이 더 많은 실정이다.

154
금융시설경비에 대한 설명으로 틀린 것은?

① 경비원은 경계를 가능한 2인 이상이 하는 것으로 하여야 하며 점포 내 순찰, 출입자 감시 등 구체적인 근무요령에 의해 실시한다.
② ATM의 증가는 범죄자들의 범행욕구를 충분히 유발시킬 수 있으므로 지속적인 경비순찰을 실시하고 경비조명뿐만 아니라 CCTV를 설치하는 등 안전대책이 수립되어야 한다.
③ 경비책임자는 경찰과의 연락 및 방범정보의 교환과 같은 사항이 지속적으로 이루어지도록 점검하여야 한다.
④ **현금수송은 원칙적으로 금융기관 자체에서 실시하되 특별한 경우에는 현금수송 전문경비회사에 의뢰할 수 있다.**

해설
현금수송은 원칙적으로 현금수송 전문경비회사에 의뢰해야 하며, 자체 현금 수송 시에는 가스총 등을 휴대한 청원경찰을 포함한 3명 이상을 확보해야 한다.

155

금융시설경비에 대한 설명으로 옳지 않은 것은?

① 경비책임자는 경찰과의 연락 및 방범정보의 교환과 같은 사항이 지속적으로 이루어지도록 점검하여야 한다.
② 금융시설의 특성상 개·폐점 직후나 점심시간 등이 취약시간대로 분석되고 있다.
❸ 금융시설경비는 금융시설 내에 한정해야 하므로 외부경계 및 차량감시는 하지 않아도 된다.
④ 자체 현금수송 시에는 가스총 등을 휴대한 청원경찰을 포함한 3명 이상을 확보해야 한다.

[해설]
금융시설경비는 금융시설 내에 한정하지 않고 외부경계 및 차량감시도 경비활동의 대상에 포함된다.

156

의료시설경비에 관한 설명으로 옳지 않은 것은? 기출문제

❶ 위험요소의 사전예방보다는 사후대응에 중점을 두어야 한다.
② 출입구 배치나 출입제한구역 설정은 안전책임자와 병원관계자의 협의에 의해 이루어질 수 있다.
③ 지속적으로 수용되는 환자 및 방문객들의 출입에 따른 관리상의 어려움이 있다.
④ 의료시설에서 응급실은 안전관리가 철저하게 이루어져야 한다.

[해설]
위험요소의 사후대응보다는 사전예방에 중점을 두어야 한다.

157

의료시설경비에서 24시간 안전관리가 가장 철저하게 이루어져야 하는 곳은?

① 입원실
❷ 응급실
③ 약품창고
④ 조제실

[해설]
의료시설의 각 병실 및 시설은 하나하나가 중요하지 않은 곳이 없지만, 특히 응급실(emergency room)은 안전관리가 가장 철저하게 이루어져야 한다.

158

의료시설경비에서 응급실의 안전관리상 문제점이 아닌 것은?

① 24시간 개방
② 생명의 긴박성에 따른 폭력 및 기타 위해요소
❸ 일반인에 대한 엄격한 접근 통제
④ 다수의 환자수용

해설

의료시설에서 응급실은 불특정다수인이 많이 왕래하는 등의 특성으로 인해 잠재적 위험성이 가장 높기 때문에 1차적 경비대책이 요구된다.

159

의료시설의 안전책임자가 점검해야 할 사항으로 가장 거리가 먼 것은?

① 비상구의 상태점검
② 산소차단밸브의 상태점검
❸ 내부직원의 상품절도 감시
④ 소화기, 소화전, 소화호스의 주기적인 상태점검

해설

내부직원의 상품절도 감시는 판매시설경비의 점검사항이 될 수 있다.

160

국제화 및 국제행사의 증가로 내국인의 잦은 해외출장, 외국 주요 인사들의 국내 체류가 증가함에 따라 그 중요성이 커지고 있는 시설경비는?

① 의료시설경비
② 금융시설경비
③ 교육시설경비
❹ 숙박시설경비

해설

국제화 및 국제행사로 인한 국제교류가 증가하면서 주요 인사들의 숙박시설경비가 중요해지고 있다.

161

숙박시설경비에서 숙박시설 전반에 대한 안전관리와 함께 중요한 경비요소는?

① 호송경비
② 혼잡경비
❸ 신변보호경비
④ 특수경비

[해설]
숙박시설경비에서는 숙박시설 전반에 대한 안전관리뿐만 아니라 주요인사들에 대한 신변보호도 중요한 경비요소가 된다.

162

다음 중 판매시설의 경비시 적절한 사전적 예방수단으로 볼 수 없는 것은 어느 것인가? 기출문제

❶ 경찰 등 관계기관으로의 신속한 신고체제 유지
② 직원에 대한 전반적인 안전교육의 실시
③ 지속적이고, 정기적인 감시와 순찰
④ 현금보관시설에 대한 경보시스템 운영을 포함한 철저한 안전대책의 실시

[해설]
경찰 등 관계기관으로의 신속한 신고체제 유지는 사후적 안전대책이다. ★

163

교육시설경비에 관한 설명으로 옳지 않은 것은? 기출문제

❶ 교육시설의 위험요소 조사 시 지역사회와의 상호관계는 고려대상에서 제외된다.
② 교육시설의 범죄예방활동은 계획 → 준비 → 실행 → 평가 및 측정의 순서로 이루어진다.
③ 교육시설 보호 및 이용자 안전 확보를 목적으로 한다.
④ 교육시설의 특별범죄 예방의 대상에는 컴퓨터와 관련된 정보절도, 사무실 침입절도 등이 포함된다.

[해설]
오늘날 교육시설의 범죄문제를 해결하고자 지역사회에 기초한 범죄예방프로그램 등이 논의 중이므로, 교육시설의 위험요소 조사 시 지역사회와의 상호관계는 고려대상에 포함된다.

164

지역사회에 기초를 둔 범죄예방 프로그램 개발이 활발히 논의되고 있는 시설경비 분야는?

☑ 교육시설경비
② 금융시설경비
③ 숙박시설경비
④ 판매시설경비

해설

초등학교부터 대학 및 기타 교육시설에 이르기까지 각종 범죄문제가 외부사회 못지않게 심각한 수준에 이르고 있기 때문에, 이러한 교육시설에 대한 문제해결 방법으로서 지역사회에 기초를 둔 범죄예방 프로그램 개발이 활발히 논의되고 있다.★

165

시설경비에 관한 설명으로 옳지 않은 것은?

① 국민의 소득수준과 소비가 증가하면서 쇼핑센터와 같은 판매시설경비가 중요해지고 있다.
② 숙박시설경비에서 주안점을 두어야 하는 부분은 절도와 매춘이다.
☑ 금융시설경비에서 경비원은 경계 범위를 점포 내로 한정하여 집중적인 감시를 해야 한다.
④ 의료시설경비는 거동이 불편한 환자가 많기 때문에 특히 화재예방에 신경을 써야 한다.

해설

금융시설경비에서 경계는 점포 내로 한정하지 말고 외부에 대한 경계도 소홀히 해서는 아니 된다. 특히 점포 앞에 주차되어 있는 차량 등은 점포대상 범죄에 이용될 수 있기 때문에 경계를 해야 한다.

5 재해예방과 비상계획

166
화재예방과 관련하여, 발화의 3요소로 옳지 않은 것은? 기출 14

① 연 료
② 바 람
③ 산 소
④ 열

해설
발화가 되기 위해서는 가연물(연료)이 있을 것, 공기라는 산소 공급체, 즉 지연물(支燃物)이 있을 것, 발화에 필요한 열 에너지, 소위 착화온도 이상의 온도가 있을 것 등의 3가지의 조건이 필요하며, 연소의 3요소 중의 하나가 빠져도 연소(발화)는 발생되지 않는다.

167
화재의 부산물에 대한 설명 중 맞지 않는 것은?

① 화재는 열과 불을 발생시킨다.
② 부산물로는 독가스나 유해가스, 연기가 있다.
③ 대다수의 사망자는 연기에 질식하거나 중독된다.
④ 가스는 하층의 밀폐된 부분으로 모인다.

해설
일산화탄소와 이산화탄소로 이루어진 가스는 대부분이 상층의 밀폐된 부분으로 모인다.

168

다음 중 경비시설물에 발생되는 화재의 내용으로 올바르지 않은 것은 어느 것인가? 기출문제

① 일반건물의 내부는 연소될 수 있는 물건이나 물질로 구성되어 있다.
❷ 불연성 카펫은 먼지가 너무 많이 쌓여도 화재가 발생하지 않는다.
③ 내화성이란 다른 재질에 비해서 불이 옮겨지지 않는 성질을 뜻한다.
④ 화재는 언제 어느 때라도 발생할 가능성이 있다.

해설
불연성 카펫일지라도 먼지가 너무 많이 쌓이면 화재가 발생할 수 있다.

169

화재의 각 단계로서 순서가 맞는 것은? 기출문제

① 초기 단계 → 불꽃발화 단계 → 그을린 단계 → 열 단계
❷ 초기 단계 → 그을린 단계 → 불꽃발화 단계 → 열 단계
③ 그을린 단계 → 초기 단계 → 불꽃발화 단계 → 열 단계
④ 불꽃발화 단계 → 초기 단계 → 열 단계 → 그을린 단계

해설
화재의 단계 : 초기 단계 → 그을린 단계 → 불꽃발화 단계 → 열 단계순이다.

170

화재의 발생 단계에 대한 설명 중 옳은 것은? 기출문제

① 초기 단계 - 보이지는 않고 감지할 수 있는 열과 빛이 나타나는 상태
② 불꽃발화 단계 - 불꽃과 연기는 보이며 높은 온도가 긴 시간 동안 감지된다.
③ 그을린 단계 - 불이 감지되며 불이 외부로 확장된다.
❹ 열 단계 - 공기는 가열되어 위험할 정도로 팽창된다.

해설
①은 그을린 단계, ②와 ③은 열 단계에 대한 설명이다.

171

화재의 단계와 감지기의 연결로 옳은 것은? 기출 10

✓① 초기 단계 – 이온감지기
② 그을린 단계 – 적외선감지기
③ 불꽃 단계 – 열감지기
④ 열 단계 – 연기감지기

해설
화재의 단계와 감지기의 연결이 옳은 것은 ①이다. ②는 그을린 단계 – 연기감지기, ③은 불꽃 단계 – 적외선감지기, ④는 열 단계 – 열감지기로 수정되어야 한다.

172

화재 발생 초기단계에서 연기와 불꽃이 보이지 않고, 감지할 수 있는 열도 나타나지 않는 상태에서 미세한 연소물질이 노출되었을 때 작동하는 감지기는? 기출 09

① 광전자감지기
② 적외선감지기
✓③ 이온감지기
④ 열감지기

해설
③ (○) 설문의 내용은 이온감지기에 대한 것이다.
① (×) 광전자감지기는 주위의 공기가 일정 농도 이상의 연기를 포함한 경우에 작동한다.
② (×) 적외선감지기는 화재 발생 시 불꽃에서 나오는 적외선을 감지하여 내장된 MPU가 신호를 처리하는 것으로, 감지속도가 빠르고 확실하게 감지할 수 있으며 옥외에서도 사용할 수 있다.
④ (×) 열감지기는 일정 온도 이상으로 내부온도가 올라갔을 때 경보를 발한다.

173

화재발생 단계 중 적외선감지기가 유용한 단계는? 기출 08

✓ ① 불꽃발화 단계
② 열 단계
③ 초기 단계
④ 그을린 단계

해설
불꽃 센서(적외선·자외선 불꽃 감지기)는 화재 시에 불꽃에서 나오는 적외선이나 자외선 혹은 그 두 가지의 일정량을 감지하여 내장된 MPU가 신호를 처리하는 것으로 감지속도가 빠르고 확실하게 감지할 수 있다는 점, 옥외에서도 사용할 수 있다는 점이 장점이다.

174

다음 중 강력한 고온의 열이 감지되며 계속적으로 불이 외부로 확장되며 공기는 가열되어 위험할 정도로 팽창되는 상태는 화재의 4단계 중 어느 단계에 속하는가? 기출문제

① 초기 단계
② 그을린 단계
③ 불꽃발화 단계
✓ ④ 열 단계

해설
열 단계는 불꽃이 강렬하고 고온의 열이 감지되며 계속적으로 불이 외부로 확장되는 단계이다.

175

다음 중 감지기에 대한 설명으로 적당한 것은?

① **이온감지기는 가연성 물질에 노출될 때 작동된다.**
② 연기감지기는 연기를 감지하여 화재경보를 알리는 분사장치이다.
③ 열감지기는 여러 가지 감지기의 2~3종류를 개조하여 화재감지기로 사용하는 경우를 말한다.
④ 적외선감지기는 연기에서 나오는 적외선을 감지하는 장치이다.

[해설]

① (○) 이온감지기는 화재 발생 초기단계에서 연기와 불꽃이 보이지 않고, 감지할 수 있는 열도 나타나지 않는 상태에서 미세한 연소물질이 노출되었을 때 작동하는 감지기이다.
② (×) 연기감지기는 감지장치이지 분사장치는 아니다. ★
③ (×) 특수감지기에 대한 설명이다. ★
④ (×) 적외선감지기는 불꽃에서 나오는 적외선을 감지하는 장치이다. ★

176

화재에 대한 취약점의 설명 중 맞지 않는 것은?

① **내화성은 전혀 불이 안 붙는다는 것이다.**
② 화재는 어떠한 경우에도 발생할 수 있다.
③ 일반 건물의 내부는 탈 수 있는 물건들로 가득 차 있다.
④ 불연성 카펫과 벽지라도 먼지가 많으면 화재가 발생한다.

[해설]

내화성이란 전혀 불이 안 붙는다는 의미가 아니고 불이 다른 재질에 비해서 덜 붙는다는 의미이다.

177

인화성 액체, 가연성 액체 등이 타고 나서 재가 남지 않는 화재를 유류화재라 한다. 유류화재에 대한 소화기의 적응화재별 표시로 옳은 것은? 기출 15

① A급
✓ ② B급
③ C급
④ D급

해설

B급은 유류 화재를 의미하는 것으로, A급은 일반화재, C급은 전기화재, D급은 금속화재, E급은 가스화재를 나타낼 때 사용한다.

178

목재, 종이 등의 가연성 물질이 연소하는 경우로 백색연기를 발생하는 화재 유형은? 기출 10

✓ ① A형 화재
② B형 화재
③ C형 화재
④ D형 화재

해설

A형 화재로 일반화재 유형이다. 종이, 쓰레기, 나무와 같이 일반적인 가연성 물질이 발화하는 경우로 백색연기를 발생하는 화재유형이다.

핵심만콕 화재의 유형★★

- **일반화재(A형 화재 – 백색)** : 연소 후 재를 남기는 화재로 우리의 생활주변에 가장 많이 존재하는 면화류, 나무껍질, 대패밥, 넝마, 종이부스러기, 사류(실 부스러기와 솜털을 포함한 불연성 또는 난연성이 아닌 실), 볏짚류, 고무가연성 고체류, 석탄·목탄류, 가연성 액체류, 목재가공품 및 나무부스러기 등의 일반가연물과 불연성 또는 난연성이 아닌 고체의 합성수지 제품, 합성수지 반제품, 원료합성수지 부스러기 등의 합성수지류가 가연물이 되는 화재이다.
- **유류화재(B형 화재 – 황색)** : 휘발성 액체, 알코올, 기름, 기타 잘 타는 유연성 액체에 의한 화재로 연소 후 아무것도 남지 않는 화재이다.
- **전기화재(C형 화재 – 청색)** : 전기에너지가 발화원으로 작용한 화재가 아니고 전기기기가 설치되어 있는 장소에서의 화재를 말한다. 소화시 물 등의 전기전도성을 가진 약제를 사용하면 위험할 수 있으므로 주의해야 한다.
- **금속화재(D형 화재 – 무색)** : 금속류 중 특히 가연성이 강한 것으로는 칼륨, 나트륨, 마그네슘, 알루미늄 등이 있으며 괴상보다는 분말상으로 존재할 때 가연성이 현저히 증가한다.
- **가스화재(E형 화재 – 황색)** : 가스화재란 상온·상압에서 기체로 존재하는 물질이 가연물이 되는 화재이다. 주로 연료로 사용되는 도시가스, 천연가스, LPG, 부탄 등과 기타의 가연성 가스, 액화가스, 압축가스, 용해가스가 가연물이 된다.

179

화재 유형에 따른 종류 표시의 연결로 옳은 것은? 기출 09

① 유류화재 - A급
② 일반화재 - B급
☑ 전기화재 - C급
④ 가스화재 - D급

해설
③ (○) 전기화재 : C급
① (×) 유류화재 : B급
② (×) 일반화재 : A급
④ (×) 가스화재 : E급

180

다음 중 산소공급의 중단을 포함해 이산화탄소 같은 불연성의 무해한 기체를 살포하여 화재를 진압하는 것이 매우 효과적인 화재의 종류는? 기출 06·04

☑ 유류화재
② 가스화재
③ 금속화재
④ 전기화재

해설
유류화재는 물을 뿌리게 되면 더욱 화재가 확대되므로 산소공급을 중단시키거나 불연성의 무해한 기체인 이산화탄소의 살포가 가장 효과적인 진화방법이다.

181

다음 중 연기센서의 종류가 아닌 것은?

① 이온화식 스포트형
② 광전식 스포트형
③ 광전식 분리형
④ **차동식 분포형** ✓

해설
연기센서에는 이온화식과 광전식이 있으며, 차동식 분포형은 열센서이다.

182

다음 중 화재경보센서에 대한 설명으로 옳지 않은 것은?

① 화재센서는 공기의 배출구로부터 1.5m 이상 떨어진 장소에 설치한다.
② 연기센서의 종류로는 이온화식 스포트형, 광전식 스포트형, 광전식 분리형이 있다.
③ 불꽃센서는 화재 시 불꽃에서 나오는 자외선이나 적외선, 혹은 그 두가지의 일정량을 감지하여 내장된 MPU가 신호를 처리하는 것이다.
④ **화재센서는 설치장소의 높이가 20m 이상인 장소에 설치해야 한다.** ✓

해설
설치장소의 높이가 20m 이상인 장소는 화재센서를 설치할 필요가 없다.

183

다음 중 열센서의 종류가 아닌 것은?

① 차동식 분포형
② 차동식 스포트형
③ **광전식 스포트형** ✓
④ 정온식 스포트형

[해설]
열센서에는 차동식, 정온식, 보상식이 있다. ③은 연기센서이다.

184

다음 중 LPG의 특성이 아닌 것은? [기출문제]

① 액화석유가스
② 무색, 무취, 무미
③ 공기보다 무겁다.
④ **주성분은 메탄이다.** ✓

[해설]
LPG의 주성분은 프로판과 부탄가스이고, 메탄은 LNG의 주성분이다.

핵심만콕	LPG(Liquefied Petroleum Gas)

석유의 성분 중 끓는점이 낮은 탄화수소를 주성분(프로판·부탄가스)으로 가스를 상온에서 가압하여 액화한 것이다.

185

다음 중 가스누출 감지센서의 종류가 아닌 것은? 기출문제

① 반도체식 센서
② LPG용 센서
③ 도시가스용 센서
✔ 비접촉연소식 센서

해설

비접촉연소식 센서가 아니라 접촉연소식 센서가 옳다. ★

186

소화방법에 관한 설명 중 ( )에 들어갈 용어로 옳은 것은? 기출 19

- (ㄱ)소화 - 연소반응에 관계된 가연물이나 그 주위의 가연물을 (ㄱ)하여 소화하는 방법
- 질식소화 - 연소범위의 산소공급원을 차단시켜 연소가 되지 않도록 하는 방법
- (ㄴ)소화 - 연소물을 (ㄴ)하여 연소물을 착화온도 이하로 떨어뜨려 소화하는 방법으로 물을 많이 사용함
- (ㄷ)소화 - 연소의 연쇄반응을 부촉매 작용에 의해 (ㄷ)하는 소화방법

① ㄱ : 억제, ㄴ : 냉각, ㄷ : 제거
② ㄱ : 억제, ㄴ : 제거, ㄷ : 냉각
③ ㄱ : 냉각, ㄴ : 억제, ㄷ : 제거
✔ ㄱ : 제거, ㄴ : 냉각, ㄷ : 억제

해설

( ) 안에 들어갈 용어는 순서대로 ㄱ : 제거, ㄴ : 냉각, ㄷ : 억제이다.

핵심만콕 소화방법

- 제거소화 : 가연물을 제거하여 소화하는 방법
- 질식소화 : 연소범위의 산소 농도를 저하시켜 연소가 되지 않도록 하는 방법
- 냉각소화 : 연소물을 냉각하여 그 온도를 발화점 이하로 떨어뜨려 소화하는 방법으로 물을 많이 사용한다.
- 억제소화 : 연소의 연쇄반응을 부촉매 작용에 의해 억제하는 소화방법(할로겐화합물 소화약제)
- 희석소화 : 산소나 가연성 기체의 농도를 연소범위 이하로 희석시켜 소화하는 방법

187

다음 중 화재수신반의 화재수신기에서의 화재표시등 색상으로 올바른 것은 어느 것인가?

① 황 색
② 청 색
③ 녹 색
④ **적 색** ✓

해설

화재수신반의 화재수신기의 화재표시등은 적색등이다. 화재가 발생하거나 오동작으로 화재감지기가 동작하였을 경우 또는 발신기 동작 시 화재라고 표시된 부분에 적색으로 표시된다.

188

연소범위의 산소 농도를 저하시켜 연소가 되지 않도록 하는 소화방법은 무엇인가?

① 제거소화
② **질식소화** ✓
③ 냉각소화
④ 억제소화

해설

② (○) 설문은 소화방법 중 질식소화에 관한 설명이다.
① (×) 제거소화는 가연물을 제거하여 소화하는 방법이다.
③ (×) 냉각소화는 연소물을 냉각하여 그 온도를 발화점 이하로 떨어뜨려 소화하는 방법으로 물을 많이 사용한다.
④ (×) 억제소화는 연소의 연쇄반응을 부촉매 작용에 의해 억제하는 소화방법이다.

189

다음 중 옥내 소화전설비에 대한 설명으로 가장 적합한 것은?

① 불연성 가스를 방출함으로써 산소함유율을 저하시키는 질식 소화설비이다.
② 화재 발생 시 수원으로부터 물을 끌어올리기 위한 동력펌프이다.
③ 물을 분무상으로 분산 방사하여 분무수(噴霧水)로 연소물을 덮어씌우는 소화설비이다.
❹ 건물 내의 화재 시 발화 초기에 신속하게 소화작업을 감행할 수 있도록 되어 있는 고정식 소화설비이다.

해설

④ (○) 옥내 소화전설비에 대한 옳은 설명이다.
① (×) 불연성 가스 소화설비에 대한 설명이다.
② (×) 동력 소방펌프 설비에 대한 설명이다.
③ (×) 물분무 소화설비에 대한 설명이다.

190

스프링클러설비에 대한 설명으로 옳지 않은 것은?

① 조작이 간편하며 안전하다.
❷ 초기 시설비는 저렴하지만 유지비가 많이 든다.
③ 감지부의 구조가 기계적이므로 오동작이나 오보가 없다.
④ 소화제가 물이라서 비용이 저렴하고 소화 후 복구가 용이하다.

해설

스프링클러는 초기 시설비가 매우 비싸다는 단점이 있다.

핵심만콕 스프링클러의 장단점

구 분	내 용
장 점	• 초기 진화에 절대적인 효과가 있다. • 소화제가 물이라서 비용이 저렴하고 소화 후 복구가 용이하다. • 감지부의 구조가 기계적이므로 오동작이나 오보가 없다. • 조작이 간편하며 안전하다. • 완전 자동으로 사람이 없는 야간이라도 자동적으로 화재를 감지하여 소화 및 경보를 해준다.
단 점	• 초기 시설비가 고가이다. • 시공이 타 시설보다 복잡하다. • 물로 인한 피해가 심하다. 즉, 물이 컴퓨터 설비에 닿기 전에 전력을 차단하지 않으면 누전이나 합선으로 인해 컴퓨터의 전자적 기능이 손상될 수도 있다.

191

CHECK ○ △ ×

소화기에 대한 설명으로 맞지 않는 것은?

① 소다-산 분사식 소화기는 다소 무겁고 다루는 데 어려움이 있다.
② 건식화학 소화기는 화학성분이 불꽃의 확산방지와 냉각역할을 한다.
☑ 포말 소화기는 화재의 유형 중 C형과 D형의 화재에 알맞다.
④ 사염화탄소식 소화기는 밀폐된 공간에서 사용해서는 안 된다.

[해설]
포말 소화기는 화재의 규모가 비교적 작은 A·B형의 화재에 효과적이다. ★

192

CHECK ○ △ ×

물안개 분사기의 장점으로 옳지 않은 것은?

① 연료를 빨리 냉각시킨다.
② 내부에 갇힌 사람이 쉽게 탈출할 수가 있다.
③ 질식의 우려가 적다.
☑ 유독성 물질을 빨리 외부로 나가게 한다.

[해설]
물안개 분사기는 화재 시 유독성 물질이 외부로 나가는 것을 막고, 적은 양의 물로 화재진압이 가능하다.

193

CHECK ○ △ ×

다음 중 A형 화재진압용 소화기의 표시색으로 옳은 것은?

☑ 백색
② 황색
③ 청색
④ 무색

[해설]
A형 화재진압용 소화기의 경우 표시색은 백색이다.

194

다음 중 건물의 화재 발생 시 화재안전교육으로 적당하지 않은 내용은?

① **엘리베이터를 이용한다.**
② 계단 옆으로 피신한다.
③ 주변의 가연물질을 모두 제거한다.
④ 최대한 빨리 대피한다.

해설

불이 났을 때 엘리베이터는 정전으로 갇힐 수가 있으므로 절대 이용해서는 안 된다(비상계단 이용).

> **핵심만콕** 화재안전교육
>
> 화재안전교육시에 가장 중요한 원칙은 생명의 보호이며, 질서 있게 대피하여 소중한 재산을 지키는 것도 중요하다. 또한 경비원 및 소속직원들을 대상으로 화재 발생 시뮬레이션 이론교육, 화재장비 사용교육, 비상구 위치와 비상문 작동확인 교육, 신고와 경보체계의 중요성 교육, 화재 발생 시의 역할분담 교육, 화재 시 침착성 유지 교육, 화재 시 엘리베이터 작동교육, 화재진압장비 사용교육, 안전하고 신속한 대피요령 등의 교육을 실시한다.

195

화재 발생 시 경비원의 피난유도 원칙으로 옳지 않은 것은? 기출 23

① 초고층 빌딩 등 특수한 경우를 제외하고 엘리베이터는 사용하지 않는다.
② **연기가 상승하는 속도는 사람이 계단을 오르는 속도보다 느리므로 반드시 옥상으로 유도한다.**
③ 피난자가 다수인 경우에는 사람들을 분산하여 혼란을 방지하고 위험장소에 있는 자가 조기에 피난할 수 있도록 한다.
④ 화재층을 기준으로 화재층, 상층, 하층 순으로 피난시킨다.

해설

연기가 상승하는 속도는 사람이 계단을 오르는 속도보다 빠르므로, 화재발생 시 반드시 옥상으로 유도한다는 표현은 옳지 않다. 참고로 연기의 건물 내 이동속도는 수평방향은 0.5~1m/s, 수직방향은 2~3m/s이며, 계단에서는 수직 이동속도는 3~5m/s이다. 반면 인간의 보행속도는 평균 1.33m/s이다.

196

CHECK ○△×

화재 발생 시 대피할 때의 올바른 요령은?

① 비상구를 사용하지 않는다.
② 엘리베이터를 이용한다.
③ **고층빌딩에서는 7층 이하의 위치까지 내려가도록 유도한다.**
④ 비상구가 상당한 지장을 초래하므로 포기한다.

[해설]
고가사다리차의 경우 7층 높이까지는 닿지 않기 때문에 되도록 7층 이하의 위치까지 내려가야 한다.

197

CHECK ○△×

다음 중 화재 발생 시 직원이 할 수 있는 최선의 행동이라고 보기 어려운 것은? 기출문제

① 화재 발생 시 초동진압을 한다.
② **화재 발생 시 소방요원과 구체적인 업무분담을 한다.**
③ 화재 발생 시 소방관이 출동하였을 때 이들에 대한 지원업무를 담당해야 한다.
④ 회사는 자체의 소방단을 구성하여 별도의 부책임자나 보좌역을 두어 보다 효과적인 소방업무를 수행할 수 있도록 해야 한다.

[해설]
화재 발생 시 직원은 소방요원에 대한 지원업무를 담당해야 한다.★

198

화재유형에 따른 화재대책에 관한 설명으로 옳지 않은 것은? 기출 19

✅ 유류화재는 옥내소화전을 사용하여 온도를 발화점 밑으로 떨어뜨리는 것이 가장 효과적인 진압방법이다.
② 금속화재는 물과 반응하여 강한 수소를 발생하는 것이 대부분이므로 화재 시 수계 소화약제를 사용해서는 안 된다.
③ 가스화재는 점화원을 차단하고 살수 및 냉각으로 진압하는 것이 효과적이다.
④ 전기화재는 소화시 물 등의 전기전도성을 가진 약제를 사용하면 감전의 위험이 있으므로 주의해야 한다.

[해설]
물을 사용하여 온도를 발화점 밑으로 떨어뜨리는 것은, 일반화재 시 가장 효과적인 진압방법이다. 유류화재의 진압에는 산소공급 중단 또는 불연성의 무해한 기체인 이산화탄소 살포 등이 가장 효과적이다.

199

화재의 유형에 따른 화재진압 방법으로 옳지 않은 것은? 기출 12

① 일반화재 - 물을 분사하여 발화점 밑으로 온도를 떨어뜨린다.
② 유류화재 - 이산화탄소와 같은 불연성의 무해한 기체를 살포한다.
✅ 가스화재 - 화재진압시 안전을 위해 절연성의 방전복을 입는다.
④ 금속화재 - 건성분말의 화학식 화재진압이 효과적이다.

[해설]
화재진압 시에 안전을 위해 절연성의 방전복을 입는 것은 전기화재를 진압할 때의 방법이다.★

200

다음은 화재의 예방과 진압에 대한 설명이다. 내용상 옳지 않은 것은 어느 것인가? 기출문제

① 화재 발생 시 본인의 역할에 대한 사전 분담교육을 실시하여야 한다.
② 화재진압장비의 사용법에 대한 교육과 대피방법에 대한 교육을 실시하여야 한다.
③ 화재가 직접적으로 발생했을 경우 화재초동진압과 소방관들이 출동하였을 때 이들에 대한 지원업무의 담당을 사전에 분배한다.
❹ 평상시에 화재예방에 대한 철저한 관리를 해야 하지만 유사시 일사불란하게 화재진압을 할 수 있는 명령지휘체제까지 유지할 필요는 없다.

해설
평상시에 화재예방에 대한 철저한 관리를 해야 하는 것은 물론이고, 유사시 일사불란하게 화재를 진압할 수 있는 명령지휘체제를 유지하여야 한다.

201

폭발물에 의한 테러 위협에 관한 설명으로 옳지 않은 것은? 기출 19

① 폭발물에 의한 테러 위협을 당하면 우선적으로 사람들을 건물 밖으로 대피시킨다.
② 테러협박전화가 걸려오면 경비책임자에게 보고하고, 위험이 감지되면 경찰서나 소방서 등 관련기관에 신속하게 연락한다.
❸ 경비원은 폭발물이 발견되면 그 지역을 자주 출입하는 사람이나 출입이 제한된 사람들의 명단을 파악한 후 신속하게 폭발물을 제거한다.
④ 경비원은 폭발물의 폭발력을 약화시키기 위하여 모든 창문과 문은 열어둔다.

해설
폭발물의 제거는 오로지 폭발물전문가에 의해서만 처리되어야 한다.

202

폭발물이 설치되어 있는 경우에 대응조치로서 틀린 것은? 기출문제

① 예상되는 지역봉쇄
② 폭탄의 유무탐색
③ 폭발물 발견 시 용의자 수사
④ 가능한 한 많은 인력이 탐색활동에 참가

해설

폭발물 예상지역을 봉쇄하고 많은 인력이 참가하는 것은 오히려 위험이 될 수 있으므로 전문가를 이용하여 탐색하여야 한다.

203

다음 중 일반경비시설물 내의 폭발물 등에 대한 올바른 탐지활동요령으로 볼 수 없는 것은? 기출문제

① 방의 중심에서부터 주변으로 이동하면서 탐지한다.
② 밀폐된 공간이나 방 등을 조사할 경우 이등분하여 관찰한다.
③ 폭발물 탐지활동 중이라도 항상 들려오는 배경음 또는 소리 등에도 신경을 써야 한다.
④ 출동한 관계기관요원인 경찰관 또는 소방관과 함께 근무 익숙지역에 비교적 지리에 밝은 경비원도 함께 참여하는 것이 바람직하다.

해설

탐지활동은 방의 주변에서 안쪽으로 이동하면서 관찰한다. ★

204

비상상황 발생 시 경비원의 역할로 옳지 않은 것은? 기출 23

✔ 안전을 확보하기 위하여 비상계획서를 작성하고 책임자를 지정한다.
② 상황에 따라 필요시 보호 우선순위에 의한 안전을 확보한다.
③ 탈출 시 발생하는 혼란상황을 방지하기 위해 출입구와 비상구를 확실하게 장악하고 통제한다.
④ 인파가 무질서한 경우가 많으므로 적절한 안내와 통솔을 통하여 질서를 도모한다.

해설
안전을 확보하기 위하여 비상계획서를 작성하고 책임자를 지정하는 것은 비상사태 발생 전의 비상계획 수립 시 고려사항이다.

205

비상시 민간경비원의 임무로 옳지 않은 것은? 기출 22

① 출입구와 비상구의 출입통제
② 비상인력과 시설 내의 이동통제
✔ 경찰서, 소방서 등과 통신업무 차단
④ 경제적으로 보호할 가치가 있는 물건에 대하여 보호조치 실시

해설
민간경비원의 비상시 임무로는 외부지원기관(경찰, 소방서, 병원 등)과의 통신업무, 경제적으로 보호할 가치가 있는 물건에 대한 보호조치 실시, 비상인력과 시설 내의 이동통제, 출입구와 비상구 및 위험지역의 출입통제 등이 있다.

206

재난재해에 관한 대처요령으로 옳지 않은 것은? 기출 22

☑ ① 경비원은 폭발물 협박이 있는 경우 책임자에게 보고하고 내부 인원을 대피시킨 후 폭발물 설치 여부를 탐색한다.
② 지진 발생 시 가스밸브를 잠그고 건물 밖 공터 등으로 대피한다.
③ 엘리베이터 안에서 지진 발생 시 모든 층을 누르고 가장 먼저 정지하는 층에 내려서 대피한다.
④ 화재 대피 시에는 수건 등을 물에 적셔서 입과 코를 막고 낮은 자세로 대피한다.

[해설]
경비원은 폭발물 협박이 있는 경우 경비책임자에게 보고하고, 내부 인원을 대피시킨 후 폭발물이 설치되어 있을 것으로 예상되는 지역을 봉쇄한 다음 전문가를 동원하여 폭탄이 있는지 여부를 탐색하여야 한다.

207

비상사태 발생 시 민간경비의 대응으로 옳은 것을 모두 고른 것은? 기출 21

> ㄱ. 응급환자에 대한 조치
> ㄴ. 경제적 가치가 있는 자산의 보호
> ㄷ. 비상계획서 작성 및 책임자 지정
> ㄹ. 발생지역 내의 질서유지 및 출입통제

① ㄱ, ㄴ, ㄷ
☑ ② ㄱ, ㄴ, ㄹ
③ ㄱ, ㄷ, ㄹ
④ ㄴ, ㄷ, ㄹ

[해설]
민간경비원의 비상사태 발생 시 임무에는 비상사태에 대한 신속한 초동조치, 외부지원기관(경찰서, 소방서, 병원 등)과의 통신업무, 특별한 대상(장애인, 노약자 등)의 보호 및 응급조치, 경제적으로 보호해야 할 자산의 보호, 비상인력과 시설 내 이동통제, 출입구·비상구 및 위험지역의 출입통제 등이 있다. 비상계획서 작성 및 책임자 지정은 비상사태 발생 전의 비상계획 수립 시 고려사항이다.

208

재난에 대한 경비요령으로 옳지 않은 것은? 기출 20

① 평상시 순찰활동을 통해 건물의 축대나 벽면의 균열 및 붕괴 여부 등을 확인·점검한다.
② 재난 발생 시 경찰관서나 소방관서 등 관계기관에 신속히 신고한다.
③ 부상자에 대한 의료구조와 방치된 사람에 대한 피난처 확보에 주력한다.
❹ 경찰관과 협력하여 비상지역에 대한 접근과 대피가 불가능하도록 통로를 폐쇄한다.

해설

재난 발생 시 경비원은 경찰관과 협력하여 비상지역에 대한 접근을 통제하고, 사람이 대피하여야 하는 경우 침착하게 대피시켜야 한다.

209

비상사태의 유형에 따른 경비원의 대응에 관한 설명으로 옳지 않은 것은? 기출 19

① 지진 : 지진 발생 후 치안공백으로 인한 약탈과 방화행위에 대비
❷ 가스폭발 : 가스폭발 우려가 있을 시 우선 물건이나 장비를 고지대로 이동
③ 홍수 : 폭우가 예보되면 우선적으로 침수 가능한 지역에 대해 배수시설 점검
④ 건물붕괴 : 자신이 관리하는 건물의 벽에 금이 가거나 균열이 있는지 확인

해설

물건이나 장비를 고지대로 이동시키는 것은, 지대가 낮은 지역에서 홍수에 대응하는 방법이다.

210

비상사태 발생 시 민간경비원의 역할로 옳지 않은 것은? 기출 17

① 비상사태에 대한 초동조치
② 특별한 대상(장애인, 노약자)의 보호 및 응급조치
③ 경제적으로 보호해야 할 자산의 보호
❹ 외부지원기관(경찰서, 소방서, 병원 등)의 지휘·감독

해설

민간경비원의 비상사태 발생 시 임무로는 비상사태에 대한 신속한 초동조치, 외부지원기관(경찰서, 소방서, 병원 등)과의 통신업무, 특별한 대상자(장애인, 노약자 등)의 보호 및 응급조치, 경제적으로 보호해야 할 자산의 보호, 비상인력과 시설 내의 이동통제, 출입구·비상구 및 위험지역의 출입통제 등이 있다.

211

비상사태 발생 시 민간경비원의 역할에 관한 설명으로 옳지 않은 것은? 기출 16

① 출입구와 비상구의 출입을 통제(control)하여야 한다.
❷ 비상인력과 경비대상시설 밖의 이동을 통제(control)하여야 한다.
③ 보호할 가치가 있는 자산에 대하여 보호조치를 실시하여야 한다.
④ 장애인 등 특별한 대상의 보호 및 응급조치를 실시하여야 한다.

해설

비상인력과 경비대상시설 내의 이동을 통제하여야 한다.

212

비상사태 경비에 관한 설명으로 옳지 않은 것은? 기출 12

① 반달리즘이나 훌리건은 인위적 재해에 해당된다.
❷ 폭발물을 이용한 협박전화 시 사람들을 건물 내에 있는 안전하고 견고한 장소에 대피시킨다.
③ 폭발물 예상지역 수색시 경비원은 경찰관이나 소방관과 함께 수색한다.
④ 폭발물의 폭발력을 약화시키기 위해 문과 창문은 모두 열어 놓는다.

해설

폭발물 위협이 있을 때는 우선적으로 대피해야 하지만, 폭발물이 실제로 설치된 경우 폭발물을 설치한 범인이 사람의 이동을 감지하여 그대로 폭파시킬 수 있으므로, 대피는 매우 신중해야 한다.

213

군중관리의 기본원칙으로 옳지 않은 것은? 기출 22

① 밀도의 희박화
② 지시의 철저
✓ ③ 이동의 다양화
④ 경쟁적 상황의 해소

해설

이동의 다양화가 아닌 이동의 일정화가 군중관리의 기본원칙에 해당한다.

핵심만콕	군중관리의 기본원칙★
밀도의 희박화	제한된 특정 지역에 많은 사람이 모이는 것을 가급적이면 피하게 한다.
이동의 일정화	일정한 방향·일정한 속도로 군중을 이동시켜 주위상황을 파악해 안정감을 갖도록 한다.
경쟁적 상황의 해소	질서를 지키면 모두가 안전하다는 것을 안내방송을 통해 납득시켜 군중이 질서를 지키면 손해를 본다는 경쟁적 상황을 해소한다.
지시의 철저	자세한 안내방송을 하여 사고와 혼잡사태를 예방한다.

214

대규모 공연장·행사장 안전관리업무의 민간위탁에 관한 설명으로 옳지 않은 것은? 기출 14

✓ ① 민간위탁은 경찰의 공적 경비업무 부담을 증가시킨다.
② 민간경비업체는 행사 주최 측과 긴밀한 사전협의 및 협조를 통하여 질서유지 및 상황 발생 시 대처할 수 있어야 한다.
③ 민간경비업체는 상황에 따라 소방대 및 경찰지원을 요청하는 등 탄력성 있는 안전관리활동이 가능하여야 한다.
④ 민간경비업체는 이동 간 거리행사의 경우에 행사기획 단계부터 이동경로의 선택 및 참기예상인원의 파악 등의 업무도 가능하여야 한다.

해설

민간위탁은 경찰의 공적 경비업무 부담을 증가시키는 것이 아니라 오히려 감소시킨다.

215

재난 및 안전관리 기본법상 공연 및 행사장 안전관리에 관한 설명으로 옳지 않은 것은?

① 긴급구조기관은 소방청, 소방본부 및 소방서를 말한다. 다만, 해양에서 발생한 재난의 경우에는 해양경찰청, 지방해양경찰청 및 해양경찰서를 말한다.
② 재난관리란 재난의 예방·대비·대응 및 복구를 위하여 하는 모든 활동을 말한다.
❸ 군중이 운집한 상황에서 돌발사태 등에 의해 정서의 충동성, 도덕적 모순성 등 정상군중심리가 발생된다.
④ 화재, 붕괴, 폭발과 같은 사회재난은 국민의 생명·신체·재산과 국가에 피해를 주거나 줄 수 있는 것을 말한다.

해설

③ (×) 군중이 운집한 상황에서 돌발사태 등에 의해 정서의 충동성, 도덕적 모순성 등 '이상'군중심리가 발생된다.
① (○) 재난 및 안전관리 기본법 제3조 제7호
② (○) 재난 및 안전관리 기본법 제3조 제3호
④ (○) 재난 및 안전관리 기본법 제3조 제1호 나목

216

최근 지방자치단체에서 지역행사를 많이 실시하고 있어 안전관리 대책이 중요한 문제로 떠오르고 있다. 이처럼 대규모 군중이 모였을 때 효율적인 군중관리의 기본원칙으로 옳지 않은 것은?

① 밀도의 희박화
② 이동의 일정화
③ 경쟁적 상황의 해소
❹ 통제의 철저

해설

군중관리의 기본원칙으로는 밀도의 희박화, 이동의 일정화, 경쟁적 상황의 해소, 지시의 철저가 있다.

217

무차별적으로 문화재 및 타인의 물건·시설물 등을 파괴하는 반사회적인 형태의 유형은? 기출 09

① 해킹(Hacking)
❷ 반달리즘(Vandalism)
③ 사이코패스(Psychopath)
④ 훌리거니즘(Hooliganism)

해설
설문은 반달리즘(Vandalism)에 대한 내용이다.

핵심만 콕
- 해킹(Hacking) : 컴퓨터에 직접적으로 침투하여 목적된 일을 수행한다.
- 사이코패스(Psychopath) : 반사회적 인격장애증을 앓고 있는 사람을 말한다.
- 훌리거니즘(Hooliganism) : 축구장에서 팬들 사이에 발생하는 무질서한 폭력사태를 말한다.

218

노사분규 발생 시 경비요령에 관한 설명으로 옳지 않은 것은? 기출 14

① 경비원들에 대한 사전교육을 실시하고 규율을 확인·점검한다.
② 직원들이 가지고 있는 열쇠를 모두 회수하고 새로운 잠금장치로 교체한다.
③ 평화적인 시위의 경우 이를 보호하려는 노력을 하여야 한다.
❹ 일상적인 순찰활동을 통한 정기적인 확인·점검은 필요가 없다.

해설
노사분규 발생 시 사업장 내에서 도난이나 방화 등의 경비불안 요소가 증대되기 때문에 일반적으로 일상적인 순찰활동을 통한 정기적인 확인·점검이 필요하다. 이외에도 출입구 봉쇄, 가연성물질 제거, 시위근로자들과 연락망 유지, 방화시설 점검, 경찰 지원요청 방안 고려 등의 경비요령을 유의해야 한다.

219

사고 발생 시 경비원의 현장보존 방법으로 옳은 것은? 기출 23

① 현장의 모든 물건은 증거확보를 위해 보존이 용이한 곳으로 옮겨 보관한다.
② 현장을 중심으로 가능한 한 좁은 범위를 보존범위로 정하여 확보한다.
③ 현장에 담배꽁초나 휴지가 있으면 청소하여 청결을 유지한다.
④ ✔ 현장보존의 범위에 있는 모든 사람을 신속히 퇴장시킨다.

해설

④ (○) 현장보존 시 2차 사고 발생에 주의하여, 현장보존의 범위에 있는 모든 사람을 신속히 퇴장시켜야 한다.
① (×) 현장의 모든 물건은 증거확보를 위해 손대지 말고, 물건의 위치를 변경하지도 말아야 한다.
② (×) 현장을 중심으로 가능한 한 넓은 범위를 보존범위로 정하여 확보한다.
③ (×) 현장은 움직이지 말고 그대로 두어야 한다.

220

비상계획기관의 업무활동 시 고려사항으로 옳지 않은 것은? 기출 10

① ✔ 대중·언론에 대한 정보차단
② 명령지휘부의 지정
③ 보고업무시스템의 수립
④ 비상시 사용될 장비·시설의 위치지정

해설

대중·언론에 대한 정보를 차단해서는 안 되고, 외부기관과의 통신수단을 마련하여, 대중 및 언론에 대한 정보를 제공할 수 있는 방안을 마련하여야 한다.

221

비상계획 수립 시 비상계획서 작성에 포함되지 않는 것은? 기출 06

① 명령체계 수립
② 명령지휘부 지정
③ **경비원 관리 책임** ✓
④ 대중·언론에 정보제공

해설
경비원 관리 책임은 비상계획서 작성에 포함되지 않는다.

> **핵심만콕** 비상계획서에 포함되어야 할 사항
> - 비상업무를 수행할 기관명, 명령지휘부 지정
> - 비상시 명령체계와 보고업무체계의 수립(전화번호, 기관)
> - 경비감독관은 비상위원회에 반드시 포함
> - 신속한 이동을 위한 비상팀의 훈련과 조직
> - 특별한 대상의 보호, 응급구조 조치
> - 비상시 사용될 장비, 시설의 위치 지정(목록, 위치, 수량, 설계도면 등)
> - 외부기관과의 통신수단 마련과 대중 및 언론에 대한 정보제공

222

다음 중 비상계획 수립 시 고려할 사항이 아닌 것은? 기출문제

① 비상위원회 구성에 있어 경비감독관은 반드시 포함되어야 한다.
② 초기에 사태대응을 보다 신속하게 할 수 있도록 체계가 잘 갖추어져 있어야 한다.
③ 비상사태에 책임을 지고 있는 자에게는 그 책임관계를 명확히 규정하여야 한다.
④ **비상업무를 수행하면서 대중 및 언론에 대한 정보제공은 최대한 은폐하여야 한다.** ✓

해설
비상계획서에는 대중과 언론에 대한 정보제공에 관한 사항이 포함되어야 한다.

1 컴퓨터 관리 및 안전대책

2 컴퓨터 범죄 및 예방대책

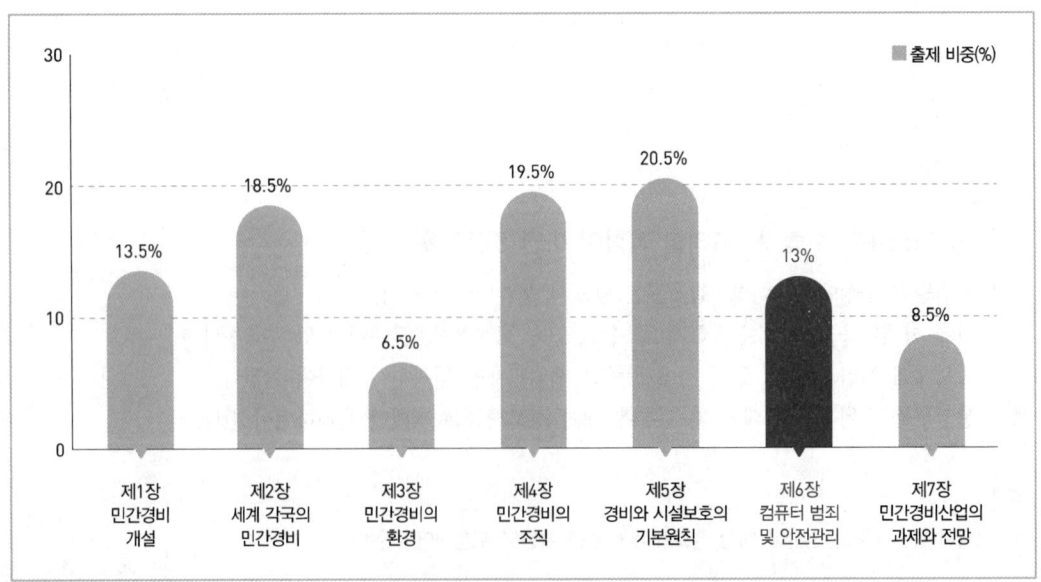

CHAPTER 06

컴퓨터 범죄 및 안전관리

CHAPTER 06 컴퓨터 범죄 및 안전관리

1 컴퓨터 관리 및 안전대책

01
CHECK ○△×

다음 설명에 모두 부합하는 용어는? 기출 14

- 컴퓨터를 이용한 정보통신은 이것을 통해 이루어진다.
- 네트워킹 용어로서 논리적인 접점을 말한다.
- 네트워크상에서 특정 통신경로에 할당된 번호라고 할 수 있다.

✓ 포트(Port)
② 방화벽(Protector)
③ 패치(Patch)
④ 스파이웨어(Spyware)

해설
포트(Port)는 네트워크상에서 특정 통신경로에 할당된 번호를 말한다.

핵심만콕 주요 정보통신 관련 용어

- 포트(Port) : 컴퓨터 통신 이용자들을 대형컴퓨터에 연결해 주는 일종의 접속구이자 정보의 출입구 역할을 하는 곳을 말한다. 컴퓨터와 다른 장비간의 통신을 위한 연결통로로 사용되는 것을 의미한다. 이런 포트에는 직렬포트(Serial Port)와 병렬포트(Parallel Port)가 있으며 컴퓨터와 주변장비를 연결할 때에는 포트 간에 충돌이 일어나지 않도록 해야 한다. 컴퓨터와 통신을 위해 포트로 연결되는 장비에는 모뎀과 마우스, 프린트 등이 있다.
- 방화벽(Protector) : 내부의 네트워크와 인터넷과 같은 외부의 네트워크 사이에 진입장벽을 구축하는 네트워크 정책과 이를 지원하는 하드웨어 및 소프트웨어를 포괄하는 컴퓨터 보안시스템을 말한다.
- 패치(Patch) : 컴퓨터 프로그램 또는 데이터의 장애 부분에 대한 수정 혹은 기존 정보를 최신 정보로 바꾸어 주는 것을 말한다.
- 스파이웨어(Spyware) : 컴퓨터 내부에 잠입하여 개인정보를 누출시키는 소프트웨어를 말한다. 최근 컴퓨터의 대중화로 인한 개인 정보의 누출이 심각한 문제인데 그 중심에 스파이웨어가 있다.

02

CHECK O △ X

정보보호의 목표가 아닌 것은? 기출 15

① 무결성(Integrity)
② 비밀성(Confidentiality)
③ 가용성(Availability)
④ ✓ 적법성(Legality)

해설
정보보호의 목표는 비밀성·무결성·가용성으로, 적법성은 이에 해당하지 않는다.

03

CHECK O △ X

정보보호의 목표 중 다음 설명에 해당하는 것은? 기출 21

> 한 번 생성된 정보는 원칙적으로 수정되어서는 안 되며, 원래의 그 상태로 유지되어야 한다. 만약 수정이 필요할 경우, 허가받은 사람에 의해서 허용된 절차에 따라 수정되어야 한다.

① 비밀성
② 가용성
③ 영리성
④ ✓ 무결성

해설
제시된 내용은 정보보호의 목표 중 무결성에 대한 설명에 해당한다.

핵심만콕 정보보호의 목표

- 비(기)밀성(Confidentiality) : 비인가된 접근이나 지능적 차단으로부터 중요한 정보를 보호하고, 허가받은 사람만이 정보와 시스템을 사용할 수 있도록 한다.
- 무결성(Integrity) : 정보와 정보처리방법의 완전성·정밀성·정확성을 유지하기 위해 한 번 생성된 정보는 원칙적으로 수정되어서는 안 되고, 만약 수정이 필요한 경우에는 허가받은 사람에 의해 허용된 절차와 방법에 따라 수정되어야 한다.
- 가용성(Availability) : 정보와 시스템의 사용을 허가받은 사람이 이를 사용하고자 할 경우, 언제든지 사용할 수 있도록 보장되어야 한다.

04

정보보호의 기본원칙으로 옳지 않은 것은? 기출 24

① 책임성의 원칙
② 인식성의 원칙
③ 윤리성의 원칙
✔ ④ 독자성의 원칙

해설
독자성의 원칙은 정보보호의 기본원칙에 해당하지 않는다.

핵심만콕	정보보호의 기본원칙
책임성의 원칙	정보시스템의 소유자, 공급자, 사용자 및 기타 관련자들의 책임과 책임추적성이 명확해야 한다는 원칙
인식성의 원칙	정보시스템의 소유자, 공급자, 사용자 및 기타 관련자들은 시스템에 일관된 보안을 유지할 수 있도록 시스템에 대한 관련 지식을 쌓고 위험요소의 존재를 인식하고 이에 대한 대책을 파악할 수 있어야 한다는 원칙
윤리성의 원칙	정보시스템과 정보시스템의 보안은 타인의 권리와 합법적 이익이 존중·보호될 수 있도록 제공·사용되어야 한다는 원칙
다중협력성의 원칙	정보시스템의 보안을 위한 방법, 실행, 절차는 기술적·행정적·운영적·상업적·교육적 그리고 법제도적인 관점 등을 포함한 가능한 모든 사항을 고려해야 한다는 원칙
균형성·비례성의 원칙	정보시스템의 보안수준, 비용, 방법, 실행 그리고 절차 등은 시스템에 의해 보호받는 대상의 가치와 잠재적인 손실의 심각성 및 발생 가능성 등을 고려하여 적합하고 균형 있게 이루어져야 한다는 원칙
통합성의 원칙	최적의 정보시스템의 보안을 이루기 위해서는 보안시스템의 방법, 실행, 절차 등이 상호 동등한 입장에서 조정·통합되고, 아울러 조직의 다른 부서의 업무 관련 방법, 실행, 절차와도 상호 조정·통합될 수 있도록 해야 한다는 원칙
적시성의 원칙	국제적·국가적 수준에서 공공분야와 민간분야는 시의 적절하게 상호 동등한 입장에서 조정되어 정보시스템의 보안에 대한 예방활동과 사후대응활동이 이루어져야 한다는 원칙
재평가의 원칙	정보시스템 자체 및 이에 대한 보안체계가 시간이 지남에 따라 변화하기 때문에 정보시스템의 보안은 주기적으로 재평가되어야 한다는 원칙
민주주의 원칙	민주사회에서 정보시스템의 보안은 정보(데이터)의 합법적 사용 및 전달과 상호 조화를 이루도록 해야 한다는 원칙

〈출처〉 최선우, 「민간경비론」, 진영사(송광호, 「민간경비론」, 에듀피디, 2021, P. 263에서 재인용)

05

정보보호의 기본원칙으로 옳지 않은 것은? 기출 22

① 정보보호의 목표는 비밀성·무결성·가용성이다.
② 정보시스템 소유자·공급자·사용자 및 기타 관련자 간의 책임을 명확하게 해야 한다.
③ 정보시스템의 보안은 정보의 합법적 사용과 전달이 상호 조화를 이루게 해야 한다.
❹ 정보보호의 요구사항은 조직의 기본적인 원칙이므로 시간의 변화에 따른 재평가는 없다.

[해설]
시간이 지남에 따라 정보보호의 요구사항이 변하므로 주기적으로 재평가되어야 한다.

06

정보보호의 기본원칙 중 윤리성에 관한 설명은? 기출 16

① 정보시스템 소유자와 공급자의 책임을 명확하게 해야 한다.
② 정보시스템보안은 정보의 합법적 사용 및 전달과 상호조화를 이루도록 해야 한다.
③ 정보와 정보시스템의 사용을 허가받은 사람이 언제든지 사용할 수 있도록 보장해야 한다.
❹ 정보시스템과 정보시스템의 보안은 타인의 권리와 합법적 이익이 존중·보호될 수 있도록 사용되어야 한다.

[해설]
윤리성에 관한 내용으로 적절한 설명은 ④이다.

07

정보보호에 관한 기본원칙으로 옳지 않은 것은? 기출 14

① 정보시스템 소유자, 공급자, 사용자 및 기타 관련자 간의 책임을 명확하게 해야 한다.
② 정보시스템의 보안은 시간이 경과하더라도 주기적인 재평가가 요구되지 않는다.
③ 정보시스템의 보안은 정보의 합법적 사용과 전달이 상호조화를 이루어지도록 해야 한다.
④ 정보시스템의 보안은 타인의 권리와 합법적 이익이 존중ㆍ보호되도록 운영되어야 한다.

[해설]
정보보호는 시간이 지남에 따라 정보보호의 요구사항이 변하므로 시간이 흐름에 따라 변하는 것처럼 주기적으로 재평가되어야 한다.

08

컴퓨터에 대한 물리적 접근통제 방법으로 옳지 않은 것은? 기출 23

① 최소한의 출입구만 설치하며, 그 출입구에는 안전장치가 설치되어야 한다.
② 퇴직하거나 해고된 직원이 있으므로 정기적으로 자물쇠와 열쇠를 바꾼다.
③ 허가된 사람에 한해서는 출입이 가능하도록 하고, 접근권한의 갱신은 정기적으로 할 필요가 없다.
④ 출입구는 2중문 시설을 갖추어 전자장치로 출입을 통제할 수 있어야 한다.

[해설]
접근권한의 갱신은 정기적으로 검토할 필요가 있다.

09

컴퓨터시스템의 보안 및 컴퓨터 범죄에 관한 설명으로 옳지 않은 것은? 기출 21

① 컴퓨터 범죄는 다른 범죄에 비해 증거인멸이 용이하며, 고의입증이 어렵다.
② 컴퓨터보안을 위한 체계적 암호관리는 숫자·특수문자 등을 사용하고, 최소 암호수명을 설정하여 주기적으로 관리해야 한다.
③ 타인의 컴퓨터에 있는 전자기록등을 불법으로 조작하면, 형법상의 전자기록위작·변작죄 등이 적용될 수 있다.
❹ 시설 내 중앙컴퓨터실은 화재발생 시 그 피해가 심각하기 때문에 스프링클러(Sprinkler) 등 화재대응시스템을 구축해야 한다.

[해설]
컴퓨터실의 화재감지에는 화재를 초기에 감지할 수 있는 광전식이나 이온화식 감지기를 사용하고, 스프링클러 사용 시 컴퓨터에 심각한 부작용을 야기할 수 있으므로, 할로겐화합물 소화설비 등을 설치하는 것이 바람직하다.

핵심만콕	스프링클러 사용에 대한 견해대립

- Factory Mutual 계통의 미국보험회사들은 기기에 대한 소화를 우선하여 컴퓨터실 내 스프링클러 설치를 권장하고 있다.
- 컴퓨터 제조업체인 IBM은 기기의 기능을 우선하여 스프링클러 사용은 기계에 해로우므로, 절대 사용하지 말 것을 권장하고 있다.

10

컴퓨터 에러(Error) 방지 대책으로 옳지 않은 것은? 기출 19

① 적절한 컴퓨터 언어를 사용했는지 여부를 검토하는 시스템 작동 재검토
❷ 정보접근 권한을 가진 취급자만 컴퓨터 운용에 투입
③ 데이터 갱신을 통한 시스템의 재검토
④ 정해진 절차에 따라 프로그램이 실행되는지에 대한 절차상의 재평가

[해설]
자격을 갖춘 전문요원의 활용이 컴퓨터 에러 방지 대책에 해당한다.

11

컴퓨터 시스템의 물리적 안전대책에 관한 설명으로 옳지 않은 것은? 기출 17

① 컴퓨터실 내부에는 예비전력장치를 구비하여야 한다.
② 컴퓨터실 내부에는 화재방지장치를 설치하여야 한다.
❸ 불의의 사고에 대비하여 프로그램 백업과 시스템 백업을 선택적으로 할 수 있다.
④ 컴퓨터실의 위치 선정 시 화재, 홍수, 폭발의 위험과 외부 침입자에 의한 위험으로부터 안정성을 고려하여야 한다.

해설
불의의 사고에 대비해 시스템 백업은 물론 프로그램 백업도 필수적으로 이루어져야 하며, 오퍼레이팅시스템과 업무처리프로그램도 반드시 복제프로그램을 작성해두어야 한다.

12

컴퓨터 안전대책 중 외부침입에 대한 안전조치에 관한 설명으로 옳지 않은 것은? 기출 17

① 환기용 창문, 공기 조절용 배관이나 배수구 등을 통한 침입을 차단한다.
❷ 폭발물에 의한 침입에 대비한 구조적 보호장치를 마련할 필요는 없다.
③ 시설물 외부에는 컴퓨터 센터를 보호하는 담이나 장벽 같은 것을 설치하여야 한다.
④ 각 출입구마다 화재관련법규와 안전검사 절차를 거친 방화문이 설치되어야 한다.

해설
시설물 폭파 등에 의한 방법으로 침입할 수도 있기 때문에 이를 막기 위한 구조적 장치도 반드시 마련되어야 한다.

13

컴퓨터 시스템 안전대책에 관한 설명으로 옳지 않은 것은? 기출 15

① 컴퓨터실과 파일보관 장소는 허가받은 사람만이 출입할 수 있도록 엄격히 통제하여야 한다.
② 컴퓨터 기기의 경우 물에 접촉하면 치명적인 손상을 가져오기 때문에 이산화탄소나 할론가스를 이용한 소화장비를 설치·사용하여야 한다.
❸ 컴퓨터 시스템의 보안성 유지를 위하여 프로그램 개발자와 컴퓨터 운영자를 통합하여 운용한다.
④ 컴퓨터 시스템 사용이 불가능하게 될 경우를 대비하여 백업용 컴퓨터 기기를 준비해 둔다.

[해설]
컴퓨터 시스템의 보안성 유지를 위해서는 프로그래머, 조작요원, 시험·회계요원, 유지보수요원 등 서로 간의 접촉을 최대한 줄이거나 차단시켜야 한다.

14

컴퓨터 시스템의 물리적 안전대책에 관한 설명으로 옳지 않은 것은? 기출 12

① 컴퓨터실은 벽면이나 바닥을 강화 콘크리트 등으로 보호하고, 화재에 대비하여 불연재를 사용하여야 한다.
❷ 컴퓨터실은 출입자기록제도를 시행하고, 지정된 비밀번호는 장기간 사용하여 기억의 오류를 방지하는 것이 좋다.
③ 불의의 사고에 대비해 시스템 백업은 물론 프로그램 백업도 이루어져야 한다.
④ 컴퓨터실 및 파일 보관장소는 허가받은 자만이 출입하도록 엄격히 통제하여야 한다.

[해설]
컴퓨터실 비밀번호는 누설될 수 있으므로 주기적으로 변경해 주는 것이 좋다.

15

컴퓨터실의 안전대책에 관한 설명으로 옳지 않은 것은? 기출 09

① 화재에 대비하여 소화장비인 자동살수장치를 설치하는 것이 좋다.
② 권한 없는 자가 출입하는 것을 통제해야 한다.
③ 컴퓨터실의 내부에는 화재방지장치를 설치해야 한다.
④ 갑작스런 정전에 대비하여 무정전장치를 설치해야 한다.

해설

컴퓨터실의 화재감지에는 화재를 초기에 감지할 수 있는 광전식이나 이온화식 감지기를 사용하고, 자동살수장치(스프링클러) 사용 시 컴퓨터에 심각한 부작용을 야기할 수 있으므로, 할로겐화합물 소화설비 등을 설치하는 것이 바람직하다. 컴퓨터 설비장소에서의 자동살수장치(스프링클러) 사용과 관련하여 권장하는 견해와 금지하는 견해가 대립하는데, 21년 제23회 시험에서도 금지하는 것으로 출제된 바 있다.

16

컴퓨터의 안전관리에 대한 설명으로 틀린 것은? 기출 04

① 컴퓨터의 안전관리는 크게 하드웨어와 소프트웨어 안전관리로 나누어진다.
② 컴퓨터의 무단사용 방지의 조치로는 패스워드 부여, 권한 등급별 접근허용 등이 있다.
③ 컴퓨터가 24시간 가동되는 경우에는 중앙경보시스템이 필수적이다.
④ 컴퓨터 에러 방지대책으로는 시스템 작동, 재검토 전문요원의 활용, 시스템의 재검토 등이 있다.

해설

컴퓨터가 24시간 가동되는 경우에는 감지시스템을 이용하는 것이 효과적이다. 또한 컴퓨터설비가 24시간 가동되는 경우를 제외하고는 중앙경보시스템이 반드시 설치되어야 한다.★

17

컴퓨터의 안전관리에 대한 설명으로 틀린 것은? 기출문제

✔ ① 컴퓨터 경비시스템의 경보시스템은 컴퓨터가 24시간 가동되는 경우에만 설치해야 한다.
② 컴퓨터의 안전관리는 크게 하드웨어(H/W)와 소프트웨어(S/W) 안전관리로 나누어진다.
③ 컴퓨터 무단사용 방지 대책으로는 Password 부여, 암호화, 권한 등급별 접근 허용 등이 있다.
④ 컴퓨터 에러방지 대책으로는 시스템 작동 재검토, 전문요원의 활용, 시스템 재검토 등이 있다.

해설

컴퓨터의 경비시스템에 관하여 가장 좋은 것은 모든 설비에 경보시스템을 설치하는 것이다.

18

컴퓨터 안전대책에 대한 다음 설명 중 옳지 않은 것은?

① 컴퓨터 시스템센터에는 최소한의 출입구만 설치되어야 한다.
✔ ② 화재 발생 감지기는 반드시 컴퓨터 시스템센터 시설을 완공한 후에 설치되어야 한다.
③ 컴퓨터 기기의 경우 물에 접촉하면 치명적인 손상을 가져오기 때문에 이산화탄소나 할론가스를 이용한 소화장비를 설치·사용하여야 한다.
④ 컴퓨터 시스템센터 출입에 있어서 허가된 직원의 행동제한이나 출입이 금지된 사람들에 대한 접근통제 절차를 수립하여야 한다.

해설

컴퓨터 시스템센터 시설을 건축할 때부터 화재 발생 감지기를 장치하는 것이 가장 경제적이며, 완공에 관계없이 반드시 설치되어야 한다.

19

스프링클러설비의 단점이 아닌 것은?

① 초기 시설비가 고가이다.
② 시공이 타 시설보다 복잡하다.
❸ 감지부의 구조가 기계적이므로 오동작이나 오보가 발생한다.
④ 물이 컴퓨터 설비에 닿기 전에 전력을 차단하지 않으면 누전이나 합선으로 인해 컴퓨터의 전자적 기능이 손상될 수 있다.

[해설]
스프링클러설비는 감지부의 구조가 기계적이므로 오동작이나 오보가 없으며, 조작이 간편하고 안전하다.

20

컴퓨터 설치 시 고려사항으로 옳지 않은 것은?

① 화재 및 방범문제
❷ 직원 접근 차단성
③ 충분한 사용공간
④ 전력원 문제

[해설]
컴퓨터를 설치할 장소 선택 과정에서는 주변 환경 및 인적 요소와 더불어 이용의 편리함을 함께 고려해야 한다. 따라서 컴퓨터 설치장소는 직원들이 쉽게 접근할 수 있는 곳에 위치해야 한다.

21

불의의 사고로 인하여 컴퓨터 시스템이 파괴되거나 손상될 것에 대비하여 실시되는 안전대책은?

① **시스템 백업**
② 방화벽
③ 침입차단시스템
④ 시스템 복구

해설
시스템 백업(Back-up)이란 컴퓨터에 문제가 발생할 것을 대비하여 동일 모델의 컴퓨터나 동일 기종을 가진 컴퓨터를 예비적으로 배치하는 등 비상계획을 수립하는 것을 말한다.

22

주된 장치가 장애를 일으켰을 때 진행 중이던 작업을 완결시키거나 새로 시작할 수 있도록 설계된 장치를 가리키는 말은?

① **백 업**
② 레이블링
③ 스케줄러
④ 도큐멘테이션

해설
백업(Back-up) 시스템이란 기업체의 모든 업무를 컴퓨터로 처리할 경우, 비상사태가 발생하여 컴퓨터에 의해 이루어지는 모든 업무가 마비되는 경우를 대비하여 비상계획을 수립하게 되는데 이러한 대비 시스템을 말한다. 레이블링 관리는 중요한 내용이 들어있는 디스크 파일에 대해 별명을 붙여 일반인이 이를 쉽게 이해할 수 없도록 관리하는 것을 말한다.

23

다음 중 컴퓨터 시스템이 설치·이용되고 있는 모든 컴퓨터실에 컴퓨터 시스템이 사용 불가능하게 될 경우를 대비하여 백업용 컴퓨터 기기를 준비해 두는 것은 백업(Back-up)의 종류 중 어느 것에 해당하는가? 기출문제

① **컴퓨터 기기에 대한 백업** ✓
② 프로그램에 대한 백업
③ 도큐멘테이션에 대한 백업
④ 데이터 파일에 대한 백업

해설

사용 중인 컴퓨터 시스템을 사용할 수 없게 될 경우에 대처하기 위해 동일한 기종·기능의 백업용 컴퓨터 기기를 예비로 준비해야 한다. 또한 사고로 컴퓨터 시스템이 파괴되거나, 운영프로그램·처리자료들이 손상될 경우를 대비해 이들 프로그램들을 별도의 저장매체에 저장하여 보관하는 것도 필요하다.

24

백업시스템의 비상계획 수립 시 고려사항으로 옳지 않은 것은?

① 시스템 간의 지속적인 호환성 유무를 확인하기 위해 정기적으로 시험가동이 수행되어야 한다.
② **비상사태를 대비하여 기종에 상관없이 컴퓨터를 구비한다.** ✓
③ 다수의 기업체와 공백 셀 계약방식에 의한 계약체결을 고려한다.
④ 컴퓨터를 설치할 때는 분산 형태의 보완시스템이 갖춰진 컴퓨터를 구비한다.

해설

호환성 여부를 확인하고 충분한 검토를 한 후, 동일 모델의 컴퓨터나 동일 기종을 가진 컴퓨터를 배치하고 상호협조 및 지원계약을 맺는다.

25

다음은 무엇에 대한 설명인가?

> 실시간으로 데이터 및 시스템과 환경을 원격지에 복제하여 이중화하는 시스템 재해복구 방식

① **핫 사이트(hot site)** ✓
② 스푸핑(spoofing)
③ 데이터 디들링(data diddling)
④ 버퍼 오버플로(buffer overflow)

[해설]
제시문은 핫 사이트에 대한 설명이다.

26

모든 업무처리를 컴퓨터로 전환시킨 기업체는 어떤 다른 곳에 똑같은 자료를 가지고 있는 장치를 설치해 두게 되는데, 이것을 무엇이라 하는가?

① 콘 솔
② 멀웨어
③ 트랩도어
④ **외부저장** ✓

[해설]
외부저장에 대한 설명이다.

27

컴퓨터 암호화 시스템에 관한 설명으로 옳지 않은 것은? 기출 17

① 컴퓨터 암호는 특정시스템에 대한 접근권을 가진 이용자의 식별장치라 할 수 있다.
② 암호화는 허가받지 않은 접근을 차단해 정보의 보안성을 확보하기 위한 것이다.
③ 컴퓨터 보안을 위해서는 가능한 한 암호수명을 짧게 하고 패스워드를 자주 변경하는 것이 좋다.
❹ 암호설정은 완전한 보안을 위해 특수문자보다는 단순 숫자조합을 사용하는 것이 바람직하다.

[해설]
암호설정은 완전한 보안을 위해 단순 숫자조합보다는 특수문자 등을 사용하여 조합하는 것이 바람직하다.

28

데이터의 기밀을 유지하기 위하여 파일이나 컴퓨터 기기에 대한 접근권을 가진 이용자를 식별하는 일종의 암호장치는? 기출문제

❶ 패스워드(Password)
② 백업(Back-up)
③ 액세스(Access)
④ 하드웨어(Hardware)

[해설]
패스워드에 대한 설명이다.

2 컴퓨터 범죄 및 예방대책

29

컴퓨터 범죄의 특성 중 범행의 연속성에 관한 설명으로 옳은 것은? 기출 23

☑ ① 행위자가 조작방법을 터득한 이상 임의로 쉽게 사용할 수 있어 조작행위가 빈번할 수 있다.
② 프로그램을 부정조작해 놓으면 자동·반복적으로 컴퓨터 시스템에 문제를 일으킬 수 있다.
③ 대량의 데이터를 처리하므로 범죄의 영향이 광범위하게 미칠 경우가 많다.
④ 발각이나 사후증명을 피하기 위한 수법이 지속적으로 발전되고 있어 범행 발견과 검증이 곤란하다.

해설

컴퓨터 범죄의 특성 중 범행의 연속성에 관한 설명은 ①이다. ②는 범행의 자동성, ③은 범행의 광역성, ④는 범행의 발각과 증명의 곤란에 관한 설명이다.

핵심만콕 컴퓨터 범죄의 범죄 면에서의 특징★

범죄동기 측면	• 단순한 유희나 향락 추구 • 지적 탐험심의 충족욕 • 정치적 목적이나 산업경쟁 목적 • 회사에 대한 사적 보복 목적
범죄행위자 측면	• 컴퓨터 전문가 : 컴퓨터 시스템이나 회사 경영조직에 전문적인 지식을 갖춘 자들이 범죄를 저지른다. • 범죄의식 희박 • 연소화 경향 • 초범성 : 컴퓨터 범죄행위는 대부분 초범자들이 많다. • 완전범죄 : 대부분 내부인의 소행이며, 단독범행이 쉽고 완전범죄의 가능성이 높으며, 범행 후 도주할 수 있는 시간적 여유가 충분하다.

범죄행위 측면	• 범행의 연속성 : 컴퓨터 부정조작의 경우 행위자가 조작방법을 터득하면 범행이 연속적이며 지속적으로 이루어질 수 있다.
	• 범행의 광역성과 자동성
	  – 광역성(광범위성) : 컴퓨터 조작자는 원격지에서 단말기를 통하여 단시간 내에 대량의 데이터를 처리하므로 광범위하게 영향을 미친다.
	  – 자동성 : 불법한 프로그램을 삽입한 경우나 변경된 고정자료를 사용할 때마다 자동적으로 범죄를 유발하게 된다.
	• 발각과 증명의 곤란 : 데이터가 그 대상이 되므로 자료의 폐쇄성, 불가시성, 은닉성 때문에 범죄 사건의 발각과 증명이 어렵다.
	• 고의의 입증 곤란 : 단순한 데이터의 변경, 소멸 등의 형태에 불과할 경우 범죄의 고의성을 입증하기 어렵다.

30

다음 컴퓨터 범죄의 특성에 해당하는 것은? 기출 24

> 범죄 행위가 단순히 데이터의 변경, 멸실 등의 형태에 불과할 경우 실수라고 변명한다면 형사처벌이 어렵다.

① 광범위성
❷ 고의 입증 곤란성
③ 자동성
④ 범행영속성

[해설]
② (○) 단순한 데이터의 변경, 소멸 등의 형태에 불과할 경우 범죄의 고의성을 입증하기 어렵다.
① (×) 컴퓨터 조작자는 원격지에서 단말기를 통하여 단시간 내에 대량의 데이터를 처리하므로 광범위하게 영향을 미친다.
③ (×) 불법 프로그램이 삽입되었거나 변경된 고정 자료를 사용할 때마다 자동적으로 범죄를 유발하게 된다.
④ (×) 컴퓨터 부정조작의 경우 행위자가 조작방법을 터득하면 범행이 연속적이며 지속적으로 이루어질 수 있다.

31

컴퓨터 범죄의 특징으로 옳지 않은 것은? 기출 20

① 살인 및 상해와 같은 범죄에 비해 죄의식이 희박하다.
② 단순한 유희나 향락을 목적으로 하기도 하나, 회사에 대한 개인적인 보복으로 범해지기도 한다.
③ 컴퓨터 부정조작의 경우 행위자가 조작방법을 터득하게 되면 임의로 사용이 가능하기 때문에 조작행위가 빈번할 가능성이 높다.
❹ 컴퓨터 범죄는 다른 범죄에 비해 고의의 입증이 용이하다.

[해설]
컴퓨터 범죄는 다른 범죄에 비해 고의의 입증이 곤란하다.

32

컴퓨터 범죄의 특성이 아닌 것은? 기출 18

① **범행의 단절성**
② 광범위성과 자동성
③ 발견·증명의 곤란성
④ 고의입증의 곤란성

해설
범행의 연속성이 컴퓨터 범죄의 특징(범죄행위 측면)이다.

33

컴퓨터 범죄의 특징으로 옳지 않은 것은? 기출 12

① **행위자의 대부분은 재범자인 경우가 많다.**
② 일반적으로 죄의식이 희박하고, 컴퓨터 전문가가 많다.
③ 컴퓨터 지식을 갖춘 비교적 젊은층이 많다.
④ 대부분 내부인의 소행이며, 완전범죄의 가능성이 높다.

해설
행위자의 대부분은 초심자인 경우가 많고, 범죄의식이 희박하고 전문지식 습득자가 많으며 젊은 연령층이 많다.

34

컴퓨터 범죄에 대한 설명 중 틀린 것은? 기출 04

✓ 자신의 실력을 과시하기 위하여 개인이 중소기업체의 시스템으로 들어가 데이터를 보는 것은 컴퓨터 범죄로 볼 수 없다.
② 컴퓨터 범죄자들은 일반적으로 죄의식이 희박하고, 컴퓨터 범죄자의 연령층이 비교적 젊은 것이 특징이다.
③ 컴퓨터 범죄의 동기는 주로 원한이나 불만, 정치적 목적, 산업 경쟁 혹은 지적 모험심 등에 의해서 발생한다.
④ 컴퓨터 범죄는 단독범행이 쉽고, 완전범죄의 가능성이 있으며, 범행 후 도주할 수 있는 시간적 여유가 충분하다.

[해설]
자신의 실력을 과시하기 위하여 개인이 중소기업체의 시스템으로 들어가 데이터를 보는 것 또한 컴퓨터 범죄이다.

35

다음 중 컴퓨터 범죄의 특징이 아닌 것은? 기출문제

✓ 컴퓨터 범죄 행위자는 대부분 상습범이거나 누범자이다.
② 일반형사범에 비해 죄의식이 희박하다.
③ 범죄의 영향이 광범위하게 미칠 경우가 많다.
④ 컴퓨터 범죄는 사기, 횡령 등 금융에 관한 부분이 많다.

[해설]
조직 내부인이 대부분이며, 젊은 연령층의 기술과 지성을 겸비한 컴퓨터 전문가가 죄의식이 빈약한 상태에서 저지르기 때문에 초범이 많다는 특징이 있다.

36

다음 중 컴퓨터 범죄의 특징에 대한 설명으로 옳지 않은 것은?

① 컴퓨터 전반에 걸쳐 정통한 전문가보다는 특수하고 전문화된 일정기술에만 정통한 기술자들이 대다수이다.
② 이용자가 소수인이거나 다수인이거나 상관없이 단시간 내에 대량의 데이터 처리가 가능하다.
❸ 대부분이 외부인의 소행이며, 완전범죄의 가능성은 낮다.
④ 범죄시간의 측정이 몇천분의 일 초, 몇십억분의 일 초 단위로 되므로 시간개념이 기존 범죄와 다르다.

해설
컴퓨터 범죄의 경우 대부분 내부인의 소행이며, 단독범행이 쉽고 완전범죄의 가능성이 높다.

37

컴퓨터 범죄의 유형에 해당하지 않는 것은? 기출 24

① 컴퓨터 부정조작
② 자료의 부정변개
③ 소프트웨어 파괴
❹ 컴퓨터 절도

해설
④ (×) 컴퓨터 범죄는 컴퓨터를 행위의 수단 또는 목적으로 하여 형사처벌되거나 형사처벌대상이 되는 모든 범죄행위로서 사이버 범죄라고도 한다. 컴퓨터 절도는 컴퓨터를 행위의 수단 또는 목적으로 하는 것이 아니라 컴퓨터라는 재물을 객체로 하는 범죄(형법 제329조)에 불과하다.
① (○) 행위자가 컴퓨터의 처리결과나 출력인쇄를 변경시켜서 타인에게 손해를 끼쳐 자신이나 제3자의 재산적 이익을 얻도록 컴퓨터 시스템 자료처리 영역의 정상적인 운영을 방해하는 행위를 말한다.
② (○) '데이터 디들링(Data Diddling)'이라고도 하며, 데이터를 입력하는 동안이나 변환하는 시점에서 최종적인 입력순간에 자료를 절취 또는 변경, 추가, 삭제하는 모든 행동을 말한다.
③ (○) 컴퓨터 파괴란 컴퓨터 자체, 프로그램, 컴퓨터 내·외부에 기억되어 있는 자료를 개체로 하는 파괴행위를 말하는데 컴퓨터 기기, 기억장치 등을 물리적인 방법으로 파괴하는 행위(하드웨어 파괴)와 컴퓨터 운영프로그램이 저장되어 있는 자료들을 물, 화기, 자석 등을 이용하여 지워버리거나 동작하지 못하게 하는 행위(소프트웨어 파괴)가 해당한다.

38

컴퓨터 범죄의 유형에 관한 설명으로 옳지 않은 것은? 기출 22

① 컴퓨터 부정조작 : 컴퓨터의 처리결과나 출력인쇄를 변경시키는 행위
② CD(Cash Dispenser) 범죄 : 현금자동지급기를 중심으로 하는 범죄 행위
③ 컴퓨터 스파이 : 컴퓨터 시스템의 자료를 권한 없이 획득, 불법이용 또는 누설하는 행위
❹ 컴퓨터 부정사용 : 권한 없는 자가 컴퓨터가 있는 시설을 파괴하는 행위

해설
컴퓨터 부정사용은 컴퓨터에 접속할 정당한 권한이 없는 자가 허락 없이 무단으로 타인의 컴퓨터를 자기의 목적 달성을 위하여 일정한 시간 동안 사용하는 행위로서, 시간절도라고도 한다.

39

다음 중 컴퓨터 범죄 유형의 설명으로 틀린 것은? 기출 06

① 컴퓨터 부정조작 - 컴퓨터 시스템 자료처리 영역 내에서의 정상적인 운영을 방해하는 행위
② 컴퓨터 파괴 - 컴퓨터 자체, 프로그램, 컴퓨터 내부와 외부에 기억되어 있는 자료를 개체로 하는 파괴행위
③ 컴퓨터 스파이 - 자료를 권한 없이 획득하거나 불법이용 또는 누설하여 타인에게 재산적 손해를 야기하는 행위
❹ 컴퓨터 부정사용 - 자신의 컴퓨터로 불법적인 스팸메일 등을 보내는 행위

해설
컴퓨터 부정사용이란 컴퓨터에 접속할 정당한 권한이 없는 자가 허락 없이 무단으로 타인의 컴퓨터를 자기의 목적 달성을 위하여 일정한 시간 동안 사용하는 행위로서, 시간절도라고도 한다.★

40

컴퓨터 부정조작의 유형으로 옳지 않은 것은? 기출 24

① 입력조작
② 프로그램조작
③ 콘솔조작
❹ 메모리 해킹

해설

행위자가 컴퓨터의 처리결과나 출력인쇄를 변경시켜서 타인에게 손해를 끼쳐 자신이나 제3자의 재산적 이익을 얻도록 컴퓨터 시스템 자료처리 영역의 정상적인 운영을 방해하는 행위인 컴퓨터 부정조작의 유형에는 입력조작, 프로그램조작, 콘솔조작, 출력조작이 있다.

41

컴퓨터의 부정조작 중 입력 조작에 관한 설명으로 옳은 것은? 기출 23

① 개개의 명령을 변경 혹은 삭제하거나 새로운 명령을 삽입하여 기존의 프로그램을 변경하는 것
❷ 입력될 자료를 조작하여 컴퓨터로 하여금 거짓 처리결과를 만들어 내는 것
③ 프로그램이 처리할 기억정보를 변경시키는 것
④ 특별한 컴퓨터지식이 없어도 되며 올바르게 출력된 출력인쇄를 사후에 변조하는 것

해설

컴퓨터의 부정조작 중 입력 조작에 관한 설명으로 옳은 것은 ②이다. ①은 프로그램 조작, ③은 콘솔 조작, ④는 출력 조작에 관한 설명이다.

핵심만콕 컴퓨터 부정조작의 유형

입력 조작	불법적인 목적을 달성하기 위해 입력될 자료를 조작하여 컴퓨터로 하여금 거짓 처리결과를 만들어내게 하는 행위로 천공카드, 천공테이프, 마그네틱테이프, 디스크 등의 입력매체를 이용한 입력장치나 입력타자기에 의하여 행하여진다.
프로그램 조작	프로그램을 구성하는 개개의 명령을 변경 혹은 삭제하거나 새로운 명령을 삽입하여 기존의 프로그램을 변경하는 것이다.
콘솔 조작	컴퓨터의 시동·정지, 운전상태 감시, 정보처리 내용과 방법의 변경·수정의 경우 사용되는 콘솔을 거짓으로 조작하여 컴퓨터의 자료처리 과정에서 프로그램의 지시나 처리될 기억정보를 변경시키는 것을 말한다.
출력 조작	특별한 컴퓨터지식 없이도 할 수 있는 방법으로 올바르게 출력된 출력인쇄를 사후에 변조하는 것이다.

42

컴퓨터 범죄에서 자료의 부정조작 유형이 아닌 것은? 기출 14

① 콘솔 조작
☑ 컴퓨터 스파이
③ 출력 조작
④ 프로그램 조작

해설
컴퓨터 스파이는 컴퓨터 시스템의 자료를 권한 없이 획득하거나 불법이용 또는 누설하여 타인에게 재산적 손해를 야기시키는 행위로, 자료와 프로그램의 불법획득과 이용이라는 2개의 행위로 이루어진다.

43

행위자가 컴퓨터의 처리결과 혹은 출력인쇄를 변경시키거나, 자신이나 제3자의 재산적 이익을 얻도록 컴퓨터 시스템 자료처리 영역의 정상적인 운영을 방해하는 컴퓨터 범죄의 유형은? 기출 12

① 컴퓨터 스파이
☑ 컴퓨터 부정조작
③ 컴퓨터 부정사용
④ 컴퓨터를 이용한 파괴 및 태업

해설
컴퓨터 부정조작은 행위자가 컴퓨터의 처리결과나 출력인쇄를 변경시켜서 타인에게 손해를 끼쳐 자신이나 제3자의 재산적 이익을 얻도록 컴퓨터 시스템 자료처리 영역의 정상적인 운영을 방해하는 행위를 말한다. ★

44

컴퓨터 범죄의 유형과 그 설명으로 옳은 것은? 기출문제

① 입력 조작 - 올바르게 출력된 출력인쇄를 사후에 변조하는 것이다.
❷ 프로그램 조작 - 프로그램을 구성하는 개개의 명령물을 변경 혹은 삭제하거나 새로운 명령을 삽입하여 기존의 프로그램을 변경하는 것이다.
③ 출력 조작 - 컴퓨터 시스템의 자료를 권한 없이 획득·이용·누설하여 타인에게 재산적 손해를 야기하는 것이다.
④ 콘솔 조작 - 입력될 자료를 조작하여 컴퓨터로 하여금 거짓처리 결과를 만들어내게 하는 것이다.

해설
①은 출력 조작, ③은 컴퓨터 스파이, ④는 입력 조작에 대한 설명이다.

45

컴퓨터 부정조작의 종류에 대한 설명 중 틀린 것은? 기출문제

① 불법적인 목적을 달성하기 위해 입력될 자료를 조작하여 컴퓨터로 하여금 거짓처리 결과를 만들어내게 하는 행위를 입력 조작이라 한다.
❷ 컴퓨터의 시동·정지, 운전상태 감시, 정보처리 내용과 방법의 변경·수정의 경우에 사용되는 콘솔을 거짓으로 조작하여 컴퓨터의 자료처리 과정에서 프로그램의 지시나 처리될 기억정보를 변경시키는 행위를 프로그램 조작이라고 한다.
③ 입력 조작은 천공카드, 천공테이프, 마그네틱테이프, 디스크 등의 입력매체를 이용한 입력장치나 입력타자기에 의하여 행하여진다.
④ 출력 조작은 특별한 컴퓨터 지식 없이도 할 수 있는 방법이다.

해설
②는 프로그램 조작에 관한 설명이 아닌 콘솔 조작에 관한 설명이다. 프로그램 조작이란 프로그램을 구성하는 개개의 명령을 변경 혹은 삭제하거나 새로운 명령을 삽입하여 기존의 프로그램을 변경하는 것이다.

46

다음에서 설명하는 컴퓨터 범죄 유형은? 기출 17

- 컴퓨터 시스템의 자료를 권한 없이 획득하거나 불법이용 또는 누설하여 타인에게 경제적 손해를 야기하는 행위를 말한다.
- 자료와 프로그램의 불법획득과 이용이라는 2개의 행위로 이루어진다.

① 컴퓨터 부정조작
❷ 컴퓨터 스파이
③ 컴퓨터 부정사용
④ 컴퓨터 파괴

해설
컴퓨터 스파이는 컴퓨터 시스템의 자료를 권한 없이 획득하거나 불법이용 또는 누설하여 타인에게 재산적 손해를 야기시키는 행위로, 자료와 프로그램의 불법획득과 이용이라는 2개의 행위로 이루어진다.

47

컴퓨터에 관한 업무에 대해 전혀 권한이 없는 자가 컴퓨터가 있는 곳에 잠입하거나 원격단말장치를 사용하는 방법으로 컴퓨터를 일정한 시간 동안 자신을 위하여 사용하는 컴퓨터 범죄 유형은?

① 보안시스템
② 외부저장에 의한 보호
❸ 권한 없는 자의 사용
④ Password

해설
권한 없는 자의 컴퓨터 사용으로 컴퓨터 부정사용이라고도 한다.

48

CD(Cash Dispenser) 범죄의 분류에 해당하지 않는 것은?

① CD 카드의 우연한 습득 후 이를 사용
② CD를 절취하여 획득한 뒤 사용
③ CD를 위조한 뒤 사용
❹ CD 프로그램의 불법적인 취득

해설

CD(Cash Dispenser) 범죄란 현금자동지급기를 중심으로 하는 범죄로 CD 카드를 위조·변조하여 미리 자기가 정당한 수단으로 가공인 명의로 예금계좌를 개설한 후 피해자로 하여금 현금을 입금하도록 하여 사용하는 것을 말한다. ★

49

다음의 설명에 해당하는 범죄로 옳은 것은? 기출 24

> 대규모 프로그램을 개발할 때 프로그램을 수정할 수 있는 명령어가 끼어 있고 프로그램 개발이 완성되면 명령어를 삭제해야 하나 고의 또는 과실에 의해 이를 삭제하지 않아 이 명령어를 이용하여 프로그램을 조작

① 데이터 디들링(data diddling)
② 스캐빈징(scavenging)
❸ 함정문 수법(trap door)
④ 스푸핑(spoofing)

해설

③ (○) OS나 대형 응용 프로그램을 개발하면서 전체 시험실행을 할 때 발견되는 오류를 쉽게 하거나 처음부터 중간에 내용을 볼 수 있는 부정루틴을 삽입해 컴퓨터의 정비나 유지보수를 핑계 삼아 컴퓨터 내부의 자료를 뽑아 가는 행위로, 프로그래머가 프로그램 내부에 일종의 비밀통로를 만들어 두는 것이다.
① (×) '자료의 부정변개'라고도 하며, 데이터를 입력하는 동안이나 변환하는 시점에서 최종적인 입력순간에 자료를 절취 또는 변경, 추가, 삭제하는 모든 행동을 말한다.
② (×) 컴퓨터의 메모리에 그전 사용자가 사용한 내용이 남아 있을 때(휴지통에 자료를 버린 경우) 그 내용을 읽거나 일정시간마다 그 메모리의 내용을 읽게 하는 프로그램 조작방법을 말한다.
④ (×) 어떤 프로그램이 마치 정상적인 상태로 유지되는 것처럼 믿도록 속임수를 쓰는 것을 말한다.

50

스턱스넷(Stuxnet)에 관한 설명으로 옳지 않은 것은? 기출 22

① 2010년에 발견된 웜 바이러스이다.
② 마이크로소프트 윈도우를 통하여 감염된다.
③ 산업시설을 감시하고 파괴하는 악성 소프트웨어이다.
❹ 인터넷을 이용하여 타인의 신상정보를 공개하거나 거짓 메시지를 남겨 괴롭히는 데 사용된다.

해설
스토킹(Stalking)에 관한 설명이다.

핵심만콕 스턱스넷(Stuxnet)

의 의	공항, 발전소, 철도 등 기간시설을 파괴할 목적으로 제작된 컴퓨터 웜(Worm) 바이러스이다.
특 징	• 2010년 6월 컴퓨터 보안회사(VirusBlokAda)에 의해 처음 발견되었다. • MS 윈도우 운영체제의 제로데이 취약점을 통해 감염된다. • 스턱스넷은 목표물을 감염시키기 위해 직접 침투해야 하며, 주로 USB와 같은 이동식 저장매체를 통하여 감염된다. • 모든 시스템을 대상으로 하는 것이 아닌 산업시설의 전반적인 현황을 감시하고 제어할 수 있는 스카다(SCADA)시스템만을 노린다. • 웜(Worm) 바이러스의 일종이기에 자기복제 기능도 있다.

51

컴퓨터보안 관련 위해요소와 그 내용의 연결로 옳지 않은 것은? 기출 21

① 트로이 목마(Trojan Horse) : 실제로는 파일삭제 등 악의적인 목적을 가지고 있지만, 좋은 것처럼 가장하는 프로그램
② 서비스거부 공격(Denial of Service Attack) : 악의적으로 특정 시스템의 서버에 수많은 접속을 시도하여 다른 이용자가 정상적으로 이를 사용하지 못하도록 하는 수법
❸ 자료의 부정변개(Data Diddling) : 금융기관의 컴퓨터시스템에서 이자계산이나 배당금 분배 시 단수 이하의 적은 금액을 특정계좌로 모으는 수법
④ 바이러스(Virus) : 컴퓨터프로그램이나 실행 가능한 부분을 복제·변형시킴으로써 시스템에 장애를 주는 프로그램

해설
③은 살라미 기법에 관한 설명이다. 자료의 부정변개(Data Diddling)는 데이터를 입력하는 동안이나 변환하는 시점에서 최종적인 입력순간에 자료를 절취 또는 변경, 추가, 삭제하는 모든 행동을 말한다.

52

컴퓨터 범죄의 수법에 관한 설명으로 옳은 것은? 기출 20

① 컴퓨터의 일정한 작동시마다 부정행위가 이루어질 수 있도록 프로그램을 조작하는 수법은 데이터 디들링(Data Diddling)이다.
② 악성코드에 감염된 사용자 PC를 조작하여 금융정보를 빼내는 수법은 스푸핑(Spoofing)이다.
❸ 금융기관의 컴퓨터 시스템에서 이자 계산이나 배당금 분배시 단수 이하의 적은 수를 특정 계좌로 모이게 하는 수법은 살라미 기법(Salami Techniques)이다.
④ 프로그램 속에 은밀히 범죄자만 아는 명령문을 삽입하여 이를 이용하는 수법은 스팸(Spam)이다.

해설

③ (○) 살라미 기법은 금융기관의 컴퓨터 시스템에서 이자 계산 시나 배당금 분배 시 단수 이하로 떨어지는 적은 수를 주워 모아 어느 특정 계좌에 모이게 하는 수법으로 어떤 일을 정상적으로 수행하면서 관심 밖에 있는 조그마한 이익을 긁어모으는 수법을 말한다.
① (×) 데이터 디들링은 '자료의 부정변개'라고도 하며, 데이터를 입력하는 동안이나 변환하는 시점에서 최종적인 입력순간에 자료를 절취 또는 변경, 추가, 삭제하는 모든 행동을 말한다. 컴퓨터의 일정한 작동 시마다 부정행위가 이루어질 수 있도록 프로그램을 조작하는 수법은 논리폭탄이다.
② (×) 악성코드에 감염된 사용자 PC를 조작하여 금융정보를 빼내는 수법은 파밍(Pharming)이다. 스푸핑(Spoofing)은 어떤 프로그램이 마치 정상적인 상태로 유지되는 것처럼 믿도록 속임수를 쓰는 것을 말한다.
④ (×) 프로그램 속에 은밀히 범죄자만 아는 명령문을 삽입하여 이를 범죄자가 이용하는 수법은 트로이 목마이다. 스팸은 악의적인 내용을 담은 전자우편을 인터넷상의 불특정 다수에게 무차별로 살포하여 컴퓨터 시스템을 마비시키거나 온라인 공해를 일으키는 행위이다. 전자우편 폭탄이라고도 한다.

53

다음 설명에 해당하는 컴퓨터 범죄의 유형은? 기출 18

> 컴퓨터 작업 수행 후 주변에서 정보를 획득하는 방법으로, 쓰레기통이나 주위에 버려진 명세서 또는 복사물을 찾아 습득하거나 컴퓨터 기억장치에 남아 있는 것을 찾아내서 획득하는 방법이다.

① 살라미 기법(Salami Techniques)
❷ 스캐빈징(Scavenging)
③ 트랩도어(Trap Door)
④ 슈퍼재핑(Super Zapping)

해설

스캐빈징(쓰레기 주워 모으기)에 대한 설명이다.

54

어떤 조건을 넣어주고 그 조건이 충족될 때마다 자동으로 불법행위가 이루어지도록 하는 것으로 컴퓨터의 일정한 사항이 작동 시마다 부정행위가 일어날 수 있도록 프로그램을 조작하는 컴퓨터 범죄수법은? 기출 16

① 트로이 목마(Trojan horse)
② 데이터 디들링(Data diddling)
❸ 논리폭탄(Logic bomb)
④ 살라미 기법(Salami techniques)

해설

논리폭탄은 일정한 조건이 충족되면 자동으로 컴퓨터 파괴활동을 시작하는 일종의 컴퓨터 바이러스이다.

55

사이버공격의 유형에서 멀웨어(malware) 공격이 아닌 것은? 기출 14

① 바이러스
② 트로이 목마
③ 버퍼 오버플로
❹ 슬래머

해설

멀웨어는 시스템을 파괴하거나 정보를 유출하기 위해 개발된 프로그램이나 파일을 총칭하는데, 대표적인 멀웨어 공격으로는 바이러스, 트로이 목마, 버퍼 오버플로 공격, 스파이웨어, 악성 웹 기반 코드 등이 있다. 슬래머는 마이둠과 더불어 대표적인 분산 서비스거부 공격에 해당한다.

> **핵심만콕** 슬래머(Slammer worm)
>
> 마이크로소프트(Microsoft)의 데이터베이스 관리시스템인 SQL 서버를 특정 포트(port)를 이용해 공격하는 컴퓨터 웜바이러스이다. 웜이 창궐해 2003년 1월 25일에는 국내에서 인터넷 대란이 일어난 바 있다. 웜(Worm)은 하드디스크의 파일에서 파일로 감염되던 바이러스와는 달리 인터넷의 이메일을 통해 마치 살아 움직이는 생명체 같이 자기증식을 하면서 컴퓨터를 감염시킨다. 웜은 기하급수적인 증식속도로 시스템에 부하를 걸리게 하여 시스템을 다운시키기도 한다.

56

컴퓨터 범죄의 수법에 관한 설명으로 옳지 않은 것은? 기출 12

① 함정문(Trap Door) - 컴퓨터 시험가동을 이용한 정상작업을 가장하면서 실제로는 컴퓨터를 범행도구로 이용하는 수법
② 트로이 목마(Trojan Horse) - 프로그램 속에 범죄자만 아는 명령문을 삽입하여 이용하는 수법
③ 데이터 디들링(Data Diddling) - 입력된 자료를 변환하거나 허위자료를 입력하여 주로 금융거래에서 악용하는 수법
④ 논리폭탄(Logic Bomb) - 컴퓨터의 일정한 사항이 작동 시마다 부정행위가 일어날 수 있도록 프로그램을 조작하는 수법

해설

함정문수법(트랩도어)은 OS나 대형 응용프로그램을 개발하면서 전체 시험실행을 할 때 발견되는 오류를 쉽게 하거나 처음부터 중간에 내용을 볼 수 있는 부정루틴을 삽입해 컴퓨터의 장비나 유지보수를 핑계 삼아 컴퓨터 내부의 자료를 뽑아가는 행위를 말한다.

57

컴퓨터의 고장을 수리하는 것처럼 하면서 그 안에 수록되어 있는 자료를 부정조작하거나 입수하는 컴퓨터 범죄의 수법은? 기출 09

① 운영자 가장수법(Super Zapping)
② 함정문수법(Trap Doors)
③ 논리폭탄수법(Logic Bombs)
④ 부분잠식수법(Salami Techniques)

해설

슈퍼재핑(운영자 가장수법)은 컴퓨터가 고장으로 가동이 불가능할 때 비상용으로 쓰이는 프로그램(슈퍼 잽)을 이용하여 패스워드나 각종 보안장치 기능을 상실시켜 컴퓨터의 기억장치에 수록된 모든 파일에 접근해 자료를 복사해 가는 것이다.

58

컴퓨터를 운영하기 위해 필요한 운영프로그램이 저장되어 있는 자료들을 불이나 물 그리고 물리적 공격, 자석 등을 이용하여 지워버리거나 작동하지 못하게 하는 행위는? 기출 08

☑ ① 소프트웨어 파괴
② 하드웨어 파괴
③ 전자기 폭탄
④ 사이버갱

해설

① (O) 운영프로그램이 저장되어 있는 자료들을 파괴하거나 손괴하는 행위는 소프트웨어 파괴이다.
② (×) 하드웨어 파괴는 운영시스템이나 시설 등 하드웨어적인 부분을 파괴하거나 손괴하는 행위를 말한다.
③ (×) 전자기 폭탄은 강력한 전자기로 공격하여 사회인프라를 무력화하는 행위를 말한다.
④ (×) 사이버갱은 보안망을 뚫고 사이버 금융기관이나 중개거래소를 침투하여 거액을 탈취하는 행위를 말한다.

59

프로그램 내에 범죄자만 아는 명령문을 삽입하여 범죄에 이용하는 것으로 프로그램 본래의 목적을 실행하면서도 일부에서는 부정한 결과가 나오도록 은밀히 프로그램을 조작하는 방법은? 기출 04

① 논리폭탄(Logic Bomb)
② 자료의 부정변개(Data Diddling)
③ 함정문수법(Trap Doors)
☑ ④ 트로이 목마(Trojan Horse)

해설

트로이 목마(Trojan Horse)는 프로그램 본래의 목적을 실행하면서 부정한 결과가 나오도록 은밀히 프로그램을 조작하는 방법이다.

60

다음 보기가 설명하는 해킹수법은 무엇인가?

> - 어떤 일을 정상적으로 수행하면서 관심을 두지 않는 조그마한 이익들을 긁어모으는 수법이다.
> - 금융기관의 컴퓨터 시스템에서 이자 계산 시 혹은 배당금 분배 시 단수(端數) 이하로 떨어지는 적은 수를 주워 모아 어느 특정 계좌에 모이게 하는 수법이다.

① 쓰레기 주워 모으기(Scavenging)
② 데이터 디들링(Data Diddling)
③ 슈퍼재핑(Super Zapping)
④ 살라미 기법(Salami Techniques)

해설

살라미 기법은 눈치 채지 못할 정도의 적은 금액을 많은 사람들로부터 빼내는 컴퓨터 사기수법의 하나로, 이탈리아 음식인 살라미소시지(햄의 일종)를 조금씩 얇게 썰어 먹는 모습을 연상시킨다고 해서 붙은 이름이다.

핵심만콕 해킹방법★★

살라미 기법 (부분잠식수법)	금융기관의 컴퓨터 시스템에서 이자 계산 시나 배당금 분배 시 단수 이하로 떨어지는 적은 수를 주워 모아 어느 특정 계좌에 모이게 하는 수법으로 어떤 일을 정상적으로 수행하면서 관심 밖에 있는 조그마한 이익을 긁어모으는 수법
슈퍼재핑 (운영자 가장수법)	컴퓨터가 고장으로 인해 가동이 불가능할 때 비상용으로 쓰이는 프로그램이 슈퍼잽이며, 슈퍼잽 수행 시에 호텔의 만능키처럼 패스워드나 각종 보안장치 기능을 상실시켜 컴퓨터의 기억장치에 수록된 모든 파일에 접근해 자료를 복사해 가는 것
스캐빈징 (쓰레기 주워 모으기)	컴퓨터실에서 작업하면서 사용자가 쓰레기통에 버린 프로그램 리스트, 데이터 리스트, 카피자료를 얻는 방법
트랩도어 (함정문수법)	OS나 대형 응용프로그램을 개발하면서 전체 시험실행을 할 때 발견되는 오류를 쉽게 하거나 처음부터 중간에 내용을 볼 수 있는 부정루틴을 삽입해 컴퓨터의 정비나 유지보수를 핑계 삼아 컴퓨터 내부의 자료를 뽑아가는 행위

61

컴퓨터 데이터를 입력 또는 변환하는 시점에서 최종적인 입력 순간에 자료를 절취 또는 변경, 추가하는 행위를 무엇이라고 하는가? 기출문제

① 트로이 목마
✓ ② 데이터 디들링
③ 살라미 테크니퀴스
④ 슈퍼재핑

해설
데이터 디들링(Data Diddling)에 대한 설명이다.

62

다음에서 설명하는 해킹방법은 무엇인가?

> 인터넷 프로토콜인 TCP/IP의 구조적 결함을 이용한 방법으로서 인증 기능을 가지고 있는 시스템에 침입하기 위해 침입자가 사용하는 시스템을 원래의 호스트로 위장하는 방법이다.

① Sendmail 버그
② 버퍼 오버플로(Buffer Overflow)
✓ ③ IP 스푸핑(IP Spoofing)
④ 패킷 스니퍼링(Packet Sniffering)

해설
제시문은 IP 스푸핑에 대한 설명이다.

63

신종금융범죄 유형에 관한 설명으로 옳지 않은 것은? 기출 23

① 파밍(Pharming) - 악성코드에 감염된 사용자 PC를 조작하여 금융정보를 빼내는 행위
② 피싱(Phishing) - 가짜사이트로 접속을 유도하여 은행 계좌정보 등을 불법적으로 알아내 이를 이용하는 행위
✓ ③ 메모리 해킹(Memory Hacking) - 악의적인 내용을 담은 전자우편을 인터넷상의 불특정 다수에게 무차별로 살포하여 온라인 공해를 일으키는 행위
④ 스미싱(Smishing) - 문자메시지 내의 인터넷 주소를 클릭하면 악성코드를 스마트폰에 설치하여 금융정보를 탈취하는 행위

해설
스팸(Spam)에 관한 설명이다. 전자우편 폭탄이라고도 한다.

핵심만콕 신종금융범죄★★

신종금융범죄란 기망행위(전기통신수단을 이용한 비대면거래)로써 타인의 재산을 편취하는 특수사기범죄로, 주로 금융분야에서 발생한다.

피싱(Phishing)	개인정보(Private Data)와 낚시(Fishing)의 합성어로, 금융기관으로 가장하여 이메일 등을 발송하고, 그 이메일 등에서 안내하는 인터넷주소를 클릭하면 가짜 사이트로 접속을 유도하여 은행계좌정보나 개인신상정보를 불법적으로 알아내 이를 이용하는 수법을 말한다.
스미싱(Smishing)	문자메시지(SMS)와 피싱(Phishing)의 합성어로, '무료쿠폰 제공, 모바일 청첩장, 돌잔치 초대장' 등을 내용으로 하는 문자메시지를 발송하고, 그 문자메시지 내 인터넷 주소를 클릭하면 스마트폰에 악성코드가 설치되어 소액결제 피해를 발생시키거나(소액결제 방식으로 돈을 편취하거나) 개인의 금융정보를 탈취하는 수법을 말한다.
파밍(Pharming)	PC가 악성코드에 감염되어 정상 사이트에 접속해도 가짜 사이트로 유도되고, 이를 통해 금융정보를 빼돌리는 수법을 말한다.
메모리 해킹(Memory Hacking)	PC의 메모리에 상주한 악성코드로 인해 정상 은행사이트에서 보안카드번호 앞뒤 2자리만 입력해도 부당인출되는 수법을 말한다.

64

CHECK ○ △ ×

다음의 사례에 해당하는 신종금융범죄는? 기출 21

'9월의 카드 거래내역'이라는 제목의 이메일에서 안내하는 인터넷주소를 클릭하자 가짜 은행사이트에 접속되었고, 보안카드번호 전부를 입력한 결과 범행계좌로 자신의 돈이 무단이체되는 사건이 발생하였다.

☑ ① 피싱(Phishing)
② 파밍(Pharming)
③ 스미싱(Smishing)
④ 메모리 해킹(Memory Hacking)

해설
제시된 내용은 신종금융범죄 중 피싱(Phishing)의 사례에 해당한다.

65

다음 사례에 해당하는 신종금융범죄는? 기출 18

> 자신의 휴대폰으로 모바일 청첩장을 받은 A씨는 지인의 모바일 청첩장인 것으로 생각하여 문자메시지 내의 인터넷주소를 클릭하였는데 이후 본인도 모르게 악성코드가 설치되어 소액결제가 되는 금융사기를 당하였다.

① **스미싱(Smishing)** ✓
② 메모리 해킹(Memory Hacking)
③ 파밍(Pharming)
④ 피싱(Phishing)

해설
제시된 내용은 신종금융범죄 중 스미싱(Smishing)의 사례에 해당한다.

66

다음 사례에 해당하는 신종금융범죄는? 기출 17

> A씨는 자신이 사용하는 PC가 악성코드에 감염된 것을 모르고, 정상 홈페이지라고 여긴 가짜 사이트로 유도되어 요구하는 금융정보를 입력하였는데, 자신도 모르게 금융정보를 탈취당하여 범행계좌로 이체되는 금융사기를 당하였다.

① 메모리 해킹(Memory Hacking)
② 스미싱(Smishing)
③ **파밍(Pharming)** ✓
④ 피싱(Phishing)

해설
파밍(Pharming)이란 PC가 악성코드에 감염되어 정상 사이트에 접속해도 가짜 사이트로 유도되고, 이를 통해 금융정보를 빼돌리는 수법을 말한다.

67

문자메시지(SMS)와 피싱(phishing)의 합성어로 '무료쿠폰 제공, 돌잔치 초대장, 모바일 청첩장' 등을 내용으로 하는 문자메시지 내의 인터넷 주소를 클릭하면 악성코드가 스마트폰에 설치되어 피해자가 모르는 사이에 소액결제 피해 발생 또는 개인의 금융정보를 탈취하는 신종금융범죄수법은? 기출 16

✓ 스미싱(Smishing)
② 메모리 해킹(Memory hacking)
③ 파밍(Pharming)
④ 보이스 피싱(Voice phishing)

해설

스미싱(Smishing)이란 문자메시지(SMS)와 피싱(Phishing)의 합성어로, '무료쿠폰 제공, 모바일 청첩장, 돌잔치 초대장' 등을 내용으로 하는 문자메시지를 발송하고, 그 문자메시지 내 인터넷 주소를 클릭하면 스마트폰에 악성코드가 설치되어 소액결제 피해를 발생시키거나 개인의 금융정보를 탈취하는 수법을 말한다.

68

다음 설명에 해당하는 사이버테러 유형은? 기출 22

> 데이터가 일시적으로 저장되는 공간에 할당된 버퍼의 양을 초과하는 데이터를 입력함으로써 프로그램이 비정상적으로 동작하도록 하는 공격 행위

✓ 버퍼 오버플로(Buffer Overflow)
② 플레임(Flame)
③ 슈퍼재핑(Super Zapping)
④ 허프건(Huffgun)

해설

① (O) 제시문이 설명하는 사이버테러는 버퍼 오버플로(Buffer Overflow)에 해당한다.
② (×) 플레임(Flame)은 네티즌들이 공통의 관심사를 논의하기 위해 개설한 토론방에 고의로 가입하여 개인 등에 대한 악성루머를 유포하는 행위이다.
③ (×) 슈퍼재핑(Super Zapping)은 컴퓨터의 고장을 수리하면서 호텔의 만능키처럼 패스워드나 각종 보안장치 기능을 상실시켜 컴퓨터의 기억장치에 수록된 모든 파일에 접근해 자료를 복사하는 수법이다. 운영자 가장수법이라고도 한다.
④ (×) 허프건(Huffgun)은 고출력 전자기장을 발생시켜 컴퓨터의 자기기록정보를 파괴시키는 수법이다.

69

사이버공격의 유형에서 멀웨어(Malware) 공격을 모두 고른 것은? 기출 20

ㄱ. 바이러스
ㄴ. 마이둠
ㄷ. 버퍼 오버플로
ㄹ. 트로이 목마

① ㄱ, ㄴ, ㄷ
② ㄱ, ㄴ, ㄹ
③ ㄱ, ㄷ, ㄹ ✓
④ ㄴ, ㄷ, ㄹ

해설

멀웨어는 시스템을 파괴하거나 정보를 유출하기 위해 개발된 프로그램이나 파일을 총칭하는데, 대표적인 멀웨어 공격으로는 바이러스, 트로이 목마, 버퍼 오버플로 공격, 스파이웨어, 악성 웹 기반 코드 등이 있다. 마이둠은 슬래머와 더불어 대표적인 분산 서비스거부 공격에 해당한다.

70

컴퓨터를 이용한 사이버테러에 관한 설명으로 옳지 않은 것은? 기출 19

① 허프건(Huffgun) : 고출력 전자기장을 발생시켜 컴퓨터의 자기기록정보를 파괴시키는 수법
② 서비스거부(Denial of Service) : 시스템에 과도한 부하를 일으켜 데이터나 자원을 정당한 사용자가 적절한 대기시간 내에 사용하는 것을 방해하는 수법
③ 논리폭탄(Logic Bomb) : 컴퓨터의 일정한 작동 시마다 부정행위가 이루어질 수 있도록 프로그램을 조작하는 수법
④ 스푸핑(Spoofing) : 악성코드에 감염된 사용자 PC를 조작하여 금융정보를 빼내는 수법 ✓

해설

스푸핑(Spoofing)은 어떤 프로그램이 마치 정상적인 상태로 유지되는 것처럼 믿도록 속임수를 쓰는 것을 뜻한다. 악성코드에 감영된 사용자 PC를 조작하여 금융정보를 빼내는 수법은 파밍(Pharming)이다.

71

컴퓨터의 각종 사이버테러에 관한 설명으로 옳지 않은 것은? 기출 17

✅ 논리폭탄(Logic Bomb) : 컴퓨터에 고출력 전자기장을 발생시켜 컴퓨터의 하드디스크 자기기록 정보를 파괴시키는 행위
② 스팸(Spam) : 악의적인 내용을 담은 전자우편을 인터넷상의 불특정 다수에게 무차별로 살포하여 컴퓨터 시스템을 마비시키거나 온라인 공해를 일으키는 행위
③ 플레임(Flame) : 네티즌들이 공통의 관심사를 논의하기 위해 개설한 토론방에 고의로 가입하여 개인 등에 대한 악성루머를 유포하는 행위
④ 스토킹(Stalking) : 인터넷을 이용하여 타인의 신상정보를 공개하거나 거짓 메시지를 남겨 괴롭히는 행위

[해설]
고출력 전자기장을 발생시켜 컴퓨터의 하드디스크 자기기록 정보를 파괴시키는 행위는 허프건(Huffgun)에 관한 설명이다. 논리폭탄(Logic bomb)은 일정한 조건이 충족되면 자동으로 컴퓨터 파괴활동을 시작하는 일종의 컴퓨터 바이러스이다.

72

컴퓨터 범죄의 용어에 관한 설명으로 옳지 않은 것은? 기출 10

✅ 플레임은 타인의 컴퓨터에 무단으로 침입하여 정보를 빼가는 수법이다.
② 살라미 테크닉스는 관심을 두지 않는 작은 이익들을 긁어모으는 수법이다.
③ 데이터 디들링은 데이터의 최종적인 입력순간에 자료를 삭제하거나 변경하는 수법이다.
④ 트로이 목마는 프로그램 속에 범죄자만 아는 명령문을 삽입하는 수법이다.

[해설]
타인의 컴퓨터에 무단으로 침입하여 정보를 빼가는 수법은 해킹(hacking)이다.

73

사이버테러 중 고출력 전자기장을 발생시켜 컴퓨터 정보를 파괴시키는 사이버테러용 무기는? 기출문제

① **허프건(Huffgun)** ✓
② 스팸(Spam)
③ 플레임(Flame)
④ 크래커(Cracker)

해설

허프건(Huffgun)은 고출력 전자기장을 발생시켜 컴퓨터의 자기기록 정보를 파괴한다. 전자회로로 구성되어 있는 컴퓨터는 고출력 전자기파를 받으면 오작동하거나 정지되기 때문에 기업들의 핵심 정보가 수록된 하드디스크(HDD)가 허프건의 주요 공격 목표가 된다.

74

정보보호 및 컴퓨터 시스템 안전관리에 관한 설명으로 옳지 않은 것은? 기출 13

① 정보보호를 통해 달성하고자 하는 목표는 비밀성, 무결성, 가용성이다.
② 암호는 특정시스템에 대한 접근권을 가진 이용자의 식별장치라 할 수 있다.
③ 컴퓨터실의 화재감지는 초기단계에서 감지할 수 있는 감지기를 사용하도록 한다.
④ **컴퓨터 시스템의 보안성 유지를 위하여 프로그램 개발자와 컴퓨터 운영자를 통합하여 운용하도록 한다.** ✓

해설

컴퓨터시스템의 보안성 유지를 위하여 프로그램 개발자와 컴퓨터 운영자 상호 간의 접촉을 가능한 한 줄이거나 없애야 한다. 특히 프로그램 개발자가 개인적으로 또는 직원을 통하여 기계조작에 관여하는 것을 금지하여야 한다.

75

컴퓨터 범죄의 예방대책 중 관리적 대책으로 옳지 않은 것은? 기출 23

① 직무권한의 명확화
② 스케줄러 점검
③ 엑세스 제도
✔ ④ 데이터의 암호화

해설

데이터의 암호화는 방화벽, 침입탐지시스템과 더불어 기술적 대책에 해당한다.

핵심만콕 컴퓨터 범죄의 예방대책 ★★

컴퓨터 시스템 안전대책	물리적 대책	건물에 대한 안전조치, 물리적 재해에 대한 보호조치(백업시스템), 출입통제
	관리적 (인적) 대책	직무권한의 명확화와 상호 분리 원칙, 프로그램 개발 통제, 도큐멘테이션 철저, 스케줄러의 점검, 액세스 제한 제도의 도입, 패스워드의 철저한 관리, 레이블링(Labeling)에 의한 관리, 감사증거기록 삭제 방지, 근무자들에 대한 정기적 배경조사, 회사 내부의 컴퓨터 기술자·사용자·프로그래머의 기능을 각각 분리, 안전관리 기타 고객과의 협력을 통한 감시체제, 현금카드 운영의 철저한 관리, 컴퓨터 시스템의 감사 등이 있다.
	기술적 대책	암호화, 방화벽(침입차단시스템), 침입탐지시스템(IDS : Intrusion Detection System)
입법적 대책	현행 형법상 규정	컴퓨터 업무방해죄(형법 제314조 제2항), 컴퓨터 사기죄(형법 제347조의2), 전자기록 손괴죄(형법 제366조), 사전자기록의 위작·변작죄(형법 제232조의2), 비밀침해죄(형법 제316조 제2항)
	기타 규제법률	컴퓨터 통신망 보호(정보통신망 이용촉진 및 정보보호 등에 관한 법률), 통신침해(전기통신기본법, 전기통신사업법, 전파법), 개인정보 침해(개인정보보호법, 신용정보의 이용 및 보호에 관한 법률), 소프트웨어 보호(소프트웨어 진흥법, 저작권법, 특허법), 도청행위(통신비밀보호법), 전자문서(정보통신망 이용촉진 및 정보보호 등에 관한 법률, 물류정책기본법)
형사정책적 대책		수사관의 수사능력 배양, 검사 또는 법관의 컴퓨터 지식 함양 문제는 오늘날 범죄의 극복을 위한 중요한 과제이다. 수사력의 강화, 수사장비의 현대화, 컴퓨터 요원의 윤리교육, 컴퓨터 안전기구의 신설, 컴퓨터 범죄 연구기관의 설치가 요구되고 있다.

76

컴퓨터 시스템의 관리적 안전대책으로 옳은 것은? 기출 24

① 데이터의 암호화
② 컴퓨터실 출입통제
③ 침입차단시스템
✔ ④ 기록문서화 철저

해설

④ (○) 컴퓨터기록을 문서화하는 데 있어서 기업의 업무흐름과 프로그램의 내용이 다르면 부정의 소지가 있기 때문에 일치되도록 하는 기록문서화 철저는 컴퓨터 시스템의 관리적(인적) 안전대책에 해당한다.
① (×) 암호화는 데이터를 특수처리하여 비인가자가 그 내용을 알 수 없도록 하는 것으로 컴퓨터 시스템의 기술적 안전대책에 해당한다.
② (×) 컴퓨터실과 파일보관 장소는 허가받은 사람만 출입할 수 있도록 통제하는 것은 컴퓨터 시스템의 물리적 안전대책에 해당한다.
③ (×) 방화벽(침입차단시스템)은 정보의 악의적인 흐름이나 침투 등을 방지하고, 비인가자나 불법침입자로 인한 정보의 손실·변조·파괴 등의 피해를 보호하거나 최소화시키는 총체적인 안전장치로서 컴퓨터 시스템의 기술적 안전대책에 해당한다.

77

컴퓨터 범죄에 관한 관리적 안전대책으로 옳지 않은 것은? 기출 22

① 중요한 데이터의 경우 특정 직급 이상만 접근할 수 있도록 키(key)나 패스워드 등을 부여한다.
✔ ② 컴퓨터실과 파일 보관장소는 허가받은 자만 출입할 수 있도록 통제한다.
③ 근무자들에 대하여 정기적인 배경조사를 실시한다.
④ 회사 내부의 컴퓨터 기술자, 사용자, 프로그래머의 기능을 분리한다.

해설

물리적 대책으로서 출입통제에 해당한다.

78

컴퓨터 범죄 예방대책에 관한 설명으로 옳지 않은 것은? 기출 20

① ✓ 거래기록 파일 등 데이터 파일에 대한 백업을 할 때는 내부와 외부로 이중으로 파일을 보관해서는 안 된다.
② 도큐멘테이션(Documentation)에 대한 백업을 할 때는 '사용중인 업무처리프로그램의 설명서', '주요 파일구성 내용 및 거래코드 설명서' 등을 포함시켜야 한다.
③ 컴퓨터실 위치선정 시 화재, 홍수, 폭발 및 외부의 불법침입자에 의한 위험을 고려하여야 한다.
④ 프로그래머는 기기조작을 하지 않고 오퍼레이터는 프로그래밍을 하지 않는다는 원칙을 철저히 준수한다.

해설

외부장소에 보관한 백업용 기록문서화의 종류는 최소한으로 하는 것이 좋으나, 컴퓨터 운용체제의 추가선택기능에 대한 설명 및 운용시스템의 갱신·기록, 사용 중인 업무처리프로그램의 설명서, 주요 파일구성 내용 및 거래코드 서명서, 운용매뉴얼, 사용자매뉴얼, 자료파일, 변경 전의 마스터 파일, 거래기록 파일은 재해발생 시 컴퓨터 업무처리를 계속 유지하기 위한 기본적인 파일이므로 내부와 외부에 이중으로 파일을 보관하여야 한다.

〈출처〉 김두현·박형규, 「신민간경비론」, 솔과학, 2018, P. 317

79

컴퓨터 시스템의 관리적 대책에 관한 설명으로 옳지 않은 것은? 기출 10

① 직무권한의 명확화
② ✓ 감사증거기록의 삭제
③ 액세스 제한 제도의 도입
④ 레이블링 관리

해설

감사증거기록의 삭제를 방지해야 한다. 콘솔시트에는 컴퓨터 시스템의 사용 일자와 취급자의 성명, 프로그램 명칭 등이 기록되므로 임의로 파괴해 버릴 수 없는 체제를 도입함으로써 부당사용 후 흔적을 없애는 사태를 방지한다.

80

컴퓨터 범죄의 예방대책 중 관리적 대책이 아닌 것은? 기출 18

① 프로그램 개발 통제
② 스케줄러 점검
❸ 컴퓨터 프로그램 보호법 제정
④ 감사증거기록 삭제 방지

해설
①・②・④는 관리적(인적) 대책, ③은 입법적 대책에 해당한다.

81

컴퓨터 범죄의 관리상 안전대책으로 옳은 것은? 기출 13

① 사후 구제방법이 우선적으로 수립되어야 한다.
② 전체적인 시각에서 단기적으로 추진되어야 한다.
❸ 예기치 못한 사고에 대비하기 위해 시스템 백업과 프로그램 백업이 필요하다.
④ 네트워크 취약성으로 발생하는 문제는 물리적 통제절차의 개선으로 해결해야 한다.

해설
③ (○) 시스템 백업과 프로그램 백업은 컴퓨터 범죄의 관리상 안전대책에 해당한다.
① (×) 예기치 못한 사고에 대해 예방하는 것이므로 사전에 이에 대한 대책이 우선적으로 수립되어야 한다.
② (×) 단기적이 아닌 지속적이고 장기적인 대책수립이 필요하다.
④ (×) 네트워크 취약성으로 발생하는 문제는 물리적 통제절차가 아니라 방화벽 설치 등 기술적 안전대책으로 해결해야 한다.

82

다음 중 컴퓨터 안전관리상의 관리적 대책에 해당되지 않는 것은? 기출 06

① 근무자들에 대하여 정기적으로 배경조사를 실시한다.
② 각종 회의를 통하여 컴퓨터 안전관리의 중요성을 인식시킨다.
③ 회사 내부의 컴퓨터기술자, 사용자, 프로그래머의 기능을 각각 분리한다.
❹ 컴퓨터 출력물이나 펀치카드 등에 대한 안전을 고려하여, 잘못 인쇄된 경우에도 반드시 분쇄기를 이용하여 폐기처분한다.

해설
반드시 문서를 분쇄하는 등의 방법을 통해 완전 파기할 필요는 없다. ★

83

다음 중 컴퓨터 범죄의 예방대책으로 틀린 것은? 기출 06

① 컴퓨터 범죄를 처벌하기 위한 관계법령의 개정 및 제정
② 프로그래머(Programmer)와 오퍼레이터(Operator)의 상호 업무분리 원칙 준수
③ 컴퓨터 범죄 전담수사관의 수사능력 배양
④ 컴퓨터 취급능력 향상을 위한 전체 구성원들의 접근 용이

해설

액세스 제한제도나 패스워드를 이용하여 권한이 있는 사람들만 접근이 용이하도록 해야 한다.

84

컴퓨터 범죄의 예방대책 중 관리적 대책에 해당되지 않는 것은? 기출문제

① 컴퓨터 기기 및 프로그램 백업
② 프로그램 개발·통제
③ 기록문서화 철저
④ 액세스(Access)제도 도입

해설

①은 물리적 안전대책에 속한다.

85

다음 중 컴퓨터 시스템에 대한 관리적 안전대책의 내용으로 올바르지 않은 것은 어느 것인가? 기출문제

① 프로그램 개발·통제
② 패스워드의 철저한 관리
③ 직무권한의 명확화와 직무 분리
④ 데이터 자체의 암호화

해설

데이터 자체의 암호화는 관리적 안전대책이 아닌 기술적 대책이다.

86

다음 중 컴퓨터 범죄 예방을 위한 절차에 해당되지 않는 것은?

① 프로그래머들은 작업실 외부에 머물게 해야 한다.
② 업무일지를 작성해야 한다.
③ 컴퓨터 사용에 대한 회계감사나 사후평가를 면밀히 해야 한다.
❹ 컴퓨터 자체경보시스템을 완비해야 한다.

해설

컴퓨터 자체 경보시스템을 완비하는 것은 컴퓨터 범죄 예방을 위한 절차에 해당되지 않는다.

87

컴퓨터 시스템의 안전을 위한 관리적 대책과 관련된 설명으로 옳지 않은 것은?

① 레이블링의 관리
② 직무권한의 명확화
❸ 도큐멘테이션(Documentation) 삭제
④ 고객과의 협력을 통한 감시

해설

도큐멘테이션(Documentation)이란 현장조사로부터 개혁적인 시스템 설계, 세부적인 설계, 프로그램의 완성단계까지 일련의 과정을 문서로 작성하는 것을 말한다. 컴퓨터 시스템의 안전을 위해서는 도큐멘테이션을 철저히 해야 한다.

88

정보의 악의적인 흐름이나 침투 등을 방지하고, 비인가자나 불법침입자로 인한 정보의 손실·변조·파괴 등의 피해를 보호하거나 최소화시키는 총체적인 안전장치는? 기출 09

① 물리적 통제
❷ 방화벽
③ 포트(Port)
④ 멀웨어(Malware)

해설
방화벽은 정보의 악의적인 흐름이나 손실, 변조, 파괴 등을 방지하거나 최소화시키는 총체적인 안전장치이다.

> **핵심만콕** 주요 정보통신 관련 용어
> • 물리적 통제 : 건물에 대한 안전조치, 물리적 재해에 대한 보호조치, 컴퓨터실 및 파일보관 장소에 대한 출입통제, 백업 및 비상대책, 데이터 파일에 대한 백업 등을 말한다.
> • 멀웨어(Malware) : malicious software의 약자로, 사용자의 의사·이익에 반해 시스템을 파괴하거나 정보를 유출하는 등 악의적 활동을 수행하도록 의도적으로 제작된 소프트웨어를 말한다.

89

다음 중 컴퓨터 시스템에 대한 기술적 안전대책의 내용으로 옳지 않은 것은?

① 개별 데이터의 암호화
❷ 프로그램 개발·통제
③ 침입탐지시스템 구축
④ 방화벽(Firewall) 구축

해설
프로그램 개발·통제는 기술적 안전대책이 아닌 관리적 안전대책이다.

90

형법에 규정된 컴퓨터 범죄로 옳지 않은 것은? 기출 22

① **불법감청죄** ✓
② 컴퓨터 업무방해죄
③ 전자기록 손괴죄
④ 컴퓨터등 사용사기죄

해설
① (×) 불법감청은 형법이 아닌 통신비밀보호법에서 규제하고 있다.
② (○) 형법 제314조 제2항
③ (○) 형법 제366조
④ (○) 형법 제347조의2

91

입법적 대책과 관련하여 형법에 규정된 컴퓨터 범죄에 관한 설명으로 옳지 않은 것은? 기출 19

① **재물손괴죄** : 컴퓨터등 정보처리장치에 장애를 발생하게 하여 사람의 업무를 방해하는 행위 ✓
② 컴퓨터등 사용사기죄 : 컴퓨터등 정보처리장치에 권한 없이 정보를 입력·변경하여 재산상의 이익을 취득하는 행위
③ 비밀침해죄 : 봉함 기타 비밀장치한 전자기록등을 기술적 수단을 이용하여 그 내용을 알아낸 행위
④ 사전자기록의 위작·변작죄 : 사무처리를 그르치게 할 목적으로 타인의 권리·의무 또는 사실증명에 관한 전자기록을 위작 또는 변작한 행위

해설
① (×) 컴퓨터등 정보처리장치에 장애를 발생하게 하여 사람의 업무를 방해하는 행위는 컴퓨터 업무방해죄에 해당한다(형법 제314조 제2항).
② (○) 컴퓨터등 사용사기죄(형법 제347조의2)
③ (○) 비밀침해죄(형법 제316조 제2항)
④ (○) 사전자기록의 위작·변작죄(형법 제232조의2)

92

컴퓨터 범죄 예방을 위한 법적 안전대책은? 기출 16

① 시스템 백업
② 침입차단시스템
③ 스케줄러 점검
✅ 컴퓨터 스파이에 대한 처벌

해설
컴퓨터 범죄 예방을 위한 법적 안전대책은 ④이다. ①은 물리적 대책, ②는 기술적 대책, ③은 관리적 대책이다.

93

신용정보회사 등이 정보원, 탐정, 그 밖에 이와 비슷한 명칭의 사용을 금지하고 있는 법률은? 기출 14

① 개인정보보호법
✅ 신용정보의 이용 및 보호에 관한 법률
③ 정보통신망 이용촉진 및 정보보호 등에 관한 법률
④ 경비업법

해설
신용정보의 이용 및 보호에 관한 법률 제40조 제5호는 신용정보 이용 및 활용시 '신용정보회사 등이 정보원, 탐정, 그 밖에 이와 비슷한 명칭을 사용하는 것'을 금지하고 있다.

94

다음 중 컴퓨터 조작범죄의 종류로 볼 수 없는 것은 어느 것인가? 기출문제

① 전자기록의 위·변조
② 컴퓨터 업무방해죄
③ 컴퓨터 이용사기죄
✅ 컴퓨터 자료염탐죄

해설
컴퓨터 자료염탐죄는 규정되어 있지 않다.

1 한국 민간경비산업의 문제점
2 민간경비산업의 전망 등

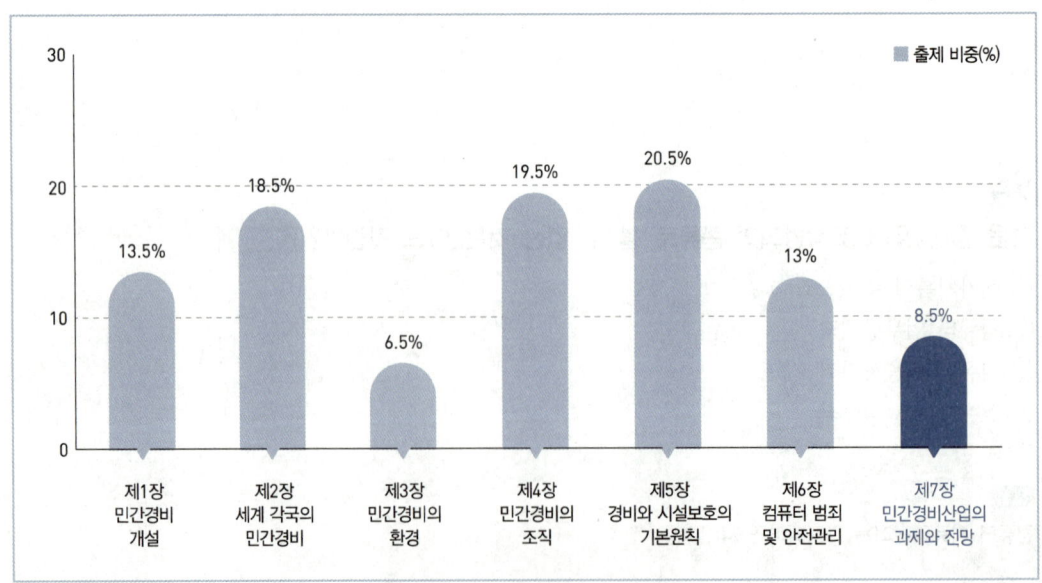

CHAPTER 07

민간경비산업의 과제와 전망

CHAPTER 07 민간경비산업의 과제와 전망

1 한국 민간경비산업의 문제점

01
CHECK ○△×

우리나라 민간경비산업의 문제점과 개선방안으로 옳지 않은 것은? 기출 20

☑ 청원경찰에게 총기휴대가 금지되어 있어 실제 사태발생 시 큰 효용을 거두지 못하고 있다.
② 보험회사들의 민간경비업에 대한 이해부족은 보험상품 개발을 꺼리는 요인이 되고 있다.
③ 민간경비원의 교육과정은 교육과목이 많고 내용도 비현실적이라는 지적이 있다.
④ 경찰과 민간경비와의 긴밀한 협력을 위해 지속적인 인적·물적 지원이 이루어져야 한다.

해설
청원경찰법령상 청원경찰의 총기휴대는 금지되어 있지 않다(청원경찰법 시행규칙 제16조). 다만, 총기취급에 대한 전반적인 교육훈련 부족으로 총기사용을 극히 제한하고 있는 실정이다.

02
CHECK ○△×

민간경비산업의 문제점에 관한 설명으로 옳지 않은 것은? 기출 19

① 경비업체 및 인력의 지역적 편중
☑ 경비업법과 청원경찰법의 일원화
③ 경비업체의 영세성
④ 민간경비원에 대한 열악한 대우

해설
경비업법과 청원경찰법의 일원화는 민간경비산업의 전문성 제고방안에 해당한다.

03

우리나라 민간경비산업의 일반적 문제점으로 옳지 않은 것은? 기출 18

① 경비업체들이 활동할 수 있는 경비업종이 다른 국가에 비해 다양하게 되어 있다.
② 경비원의 채용 및 교육훈련이 형식적이고 자격을 검증할 수 있는 객관적인 시스템이 부족하여 전문성이 낮은 수준이다.
③ 대다수의 경비업체들은 영세하여 도급을 받지 못해 폐업하거나, 다른 경비업체로부터 하도급을 받고 있는 상황이다.
④ 경비업체는 정규직원보다 임시계약직이나 시간제 근로자로 채용하고, 경비원들은 조금 더 조건이 좋은 경비업체로 쉽게 이직을 하고 있다.

[해설]
영국과 미국에서는 경비산업이 아니라 안전산업이라는 개념하에, 시설경비 외에 보디가드, 정보수집, 민간탐정, 범인호송, 민간감옥 운용, 환경보호 등 다양한 안전 관련 산업을 포괄하고 있다. 이러한 관점에서 볼 때 한국의 경비산업은 안전산업의 한 분야에 불과하다고 볼 수 있다.

〈출처〉 김두현·박형규, 「민간경비론」, 솔과학, 2018, P. 362

04

우리나라 민간경비산업의 문제점으로 옳지 않은 것은? 기출 16

① 경비업체의 영세성
② 경비원의 낮은 이직률
③ 청원경찰과 민간경비의 이원적 운영
④ 청원경찰에 비해 민간경비원의 직업적 안정성 확보의 어려움

[해설]
민간경비원은 청원경찰보다 직업안정성이 낮고 이직률이 높은 편이다.

05

우리나라 민간경비의 문제점으로 옳지 않은 것은? 기출 12

① 경비업체는 대체로 영세한 편이다.
☑ 기계경비에 치중되어 있다.
③ 경비분야 전문 연구인력이 부족하다.
④ 경비 입찰단가가 비현실적이다.

해설
우리나라의 경우 아직까지는 기계경비보다 일반경비(인력경비)에 치중되어 있는 실정이다.

06

한국 민간경비의 문제점으로 적절하지 않은 것은? 기출문제

① 인력경비에 치중되어 있다.
☑ 민간경비와 경찰은 업무에 대한 상호 이해가 잘 되어 있어 협조체제가 잘 구축되어 있다.
③ 일부 경비업체 외에는 영세한 업체가 대다수이다.
④ 청원경찰법과 경비업법과의 단일화가 아직 안 되어 있다.

해설
업무에 대한 상호 간의 이해부족이 문제점이다.

07

민간경비업법의 문제점으로 관련이 없는 사항은? 기출문제

① 지휘체계에 대한 문제점
② 배치와 비용에 대한 문제점
❸ 다양한 소질 계발에 대한 문제점
④ 복장 및 장구에 대한 문제점

해설
민간경비에 대한 경비업법의 문제점으로는 지휘체계에 대한 점, 배치·비용에 대한 점, 임용 및 직무에 대한 점, 신분에 대한 점, 교육훈련에 대한 점, 무기휴대에 대한 점, 복장 및 장구에 대한 점, 손해배상에 대한 점 등이 있다.

08

우리나라의 기계경비 운영실태에서 나타나는 문제점으로 볼 수 없는 것은?

① 대다수 민간경비업체의 영세성
❷ 민간경비에 대해 아주 엄격한 지도와 감독이 시행되고 있는 점
③ 한국 민간경비는 인력경비에 편중되어, 기계경비 분야가 제한적이라는 점
④ 민간경비의 시장이 경인지역에 편중되어 분포해 있는 점

해설
경비업체의 효율적 감독·지도와 건전한 육성을 위해서는 경찰청에 민간경비를 전담하는 기구 및 인력의 설치가 필요하다. 그 이유는 민간경비가 국민의 생명과 신체 및 재산을 대상으로 하므로 철저한 지도·감독이 없다면 대형 사고를 유발할 가능성이 있기 때문이다.

09

경비업법령상 경비원이 휴대할 수 있는 장비에 해당하지 않는 것은? 기출 14

☑ ① 목 검
② 경 적
③ 단 봉
④ 안전방패

해설

목검은 경비업법령상 경비원이 휴대할 수 있는 장비가 아니다.

관계법령	경비원 휴대장비의 종류 및 기준(경비업법 시행규칙 [별표 5])
장 비	장비기준
1. 경 적	금속이나 플라스틱 재질의 호루라기
2. 단 봉	금속(합금 포함)이나 플라스틱 재질의 전장 700mm 이하의 호신용 봉
3. 분사기	「총포ㆍ도검ㆍ화약류 등의 안전관리에 관한 법률」에 따른 분사기
4. 안전방패	플라스틱 재질의 폭 500mm 이하, 길이 1,000mm 이하의 방패로 경찰공무원이 사용하는 안전방패와 색상 및 디자인이 명확히 구분되어야 함
5. 무전기	무전기 송신 시 실시간으로 수신이 가능한 것
6. 안전모	얼굴을 가리지 아니하면서, 머리를 보호하는 장비로 경찰공무원이 사용하는 방석모와 색상 및 디자인이 명확히 구분되어야 함
7. 방검복	경찰공무원이 사용하는 방검복과 색상 및 디자인이 명확히 구분되어야 함

10

민간경비원의 형사상 법적 문제에 관한 설명 중 가장 옳은 것은 어느 것인가?

① 민간경비원은 현행범에 대하여 법적 제재를 가할 수 있다.
☑ ② 민간경비원의 지위는 일반시민과 다를 바가 없다.
③ 민간경비원의 모든 업무행위는 위법성이 결여된다.
④ 민간경비원도 공권력을 가지고 수사를 진행시킬 수 있다.

해설

② (○), ① (×) 민간경비원의 법적지위는 일반사인과 같으므로 현행범에 대한 체포권한만 있을 뿐 법적 제제를 가할 수 없다. ★
③ (×) 민간경비원의 모든 업무행위가 위법성이 결여되는 것은 아니다. 정당방위, 자구행위, 정당행위 등에 있어서 형법상 위법성이 결여될 뿐이다.
④ (×) 민간경비원은 수사권이 없다.

11

민간경비원의 민사법상 특징에 관한 설명 중 가장 타당한 것은 어느 것인가?(다툼이 있는 경우 경비업 법령을 전제로 함)

① 민간경비업은 반드시 법인일 필요는 없다.
② 민간경비업의 설립은 자율 신고제이다.
③ **민간경비원에 의하여 발생한 피해는 배상하도록 되어 있다.** ✓
④ 민간경비업에 대한 법적 규제는 거의 자율에 맡긴다.

[해설]
민간경비업의 민사상 중요한 법적 문제는 민간경비원의 불법행위에 대한 손해배상에 관한 것이다.

12

민간경비 발전을 위한 우수인력 확보 방안이 아닌 것은?

① 적정 보수 규정
② 임용 전 여과 과정
③ 여성 경비원 채용
④ **신원보증인제도 도입** ✓

[해설]
①·②·③ 외에 민간경비 경영자들 간의 정보교환, 전과조회, 필기시험 및 체력검사를 들 수 있다.

13

민간경비원의 동기부여이론에 관한 설명으로 옳지 않은 것은? 기출 21

① ✓ 허즈버그(F. Herzberg)의 동기-위생이론 중 동기요인은 조직정책, 감독, 급여, 근무환경 등과 관련된다.
② 인간관계론적 관점에서 등장한 동기부여이론은 조직 내 구조적인 면보다는 인간적 요인을 중요시한다.
③ 매슬로우(A. Maslow)의 욕구계층이론 중 안전욕구는 2단계 욕구에 해당한다.
④ 맥그리거(D. McGregor)의 X・Y이론 중 Y이론은 인간잠재력의 능동적 발휘와 관련된다.

해설

① (×) 허즈버그(F. Herzberg)의 동기-위생이론 중 동기요인은 도전감, 성취감, 인정, 책임감, 성장・발전, 일 그 자체 등 직무내용과 관련되고, 위생요인은 조직의 정책・관리・감독, 임금, 보수, 지위, 안전 등 근무환경과 관련된다.
② (○) 인간을 사회적 동물로 보는 인간관계론적 관점에서 등장한 동기부여이론은 인간적 요인을 조직 내 구조적인 면보다 중요시한다.
③ (○) 매슬로우의 욕구계층이론에 따르면 인간의 욕구는 단계적으로 구성되어 있는데, 제1단계 최하위 계층인 생리적 욕구(의식주에 대한 욕구)부터 안전욕구(신체적 안전에 대한 욕구), 사회적 욕구(소속・애정에 대한 욕구), 존경욕구(인정・존중에 대한 욕구), 자아실현욕구 순으로 배열되며, 하위단계의 욕구가 충족되지 못하면 상위단계의 욕구가 발현되지 못한다.
④ (○) 맥그리거(D. McGregor)의 X・Y이론 중 X이론은 인간은 근본적으로 일을 싫어하고 게으르며, 조직의 목표에 관심이 없고, 자기의 이기적인 욕구충족만을 추구하며, 책임을 회피하고 안정만을 원한다는 입장이나, Y이론은 인간은 일을 즐기고, 조직의 목표달성을 위해 노력하며, 자아실현을 추구하고, 자율성과 창의성을 발휘하기를 원한다는 입장이다.

14

다음 중 민간경비의 지원자들이 갖추어야 할 요건으로 적절하지 않은 것은?

① 민첩성
② ✓ 용모
③ 재치
④ 용기

해설

민간경비원이 갖추어야 할 요건으로는 민첩성, 재치, 용기 및 자기 보증 등이 있다.

15

민간경비 교육전담기구의 필요성에 대한 설명으로 거리가 먼 것은?

① 민간경비의 지속적 발전을 위하여 민간경비 교육전담기구의 필요성이 요구된다.
② 선진국의 경우 민간경비 교육전담기구가 이미 설립되어 있다.
❸ 한국에서는 1975년경에 민간경비 교육전담기관이 설립되었다.
④ 미국의 경우 규제위원회가 있어 교육을 포함한 민간경비 중요정책 사항을 처리하고 있다.

해설
국가적인 차원에서 민간경비의 지속적인 발전과 건전한 육성을 위해 민간경비 전담기구의 설립이 필요하다.

16

다음 중 민간경비와 경찰 간의 주요한 상호 갈등요인이라고 보기 어려운 것은 어느 것인가? 기출문제

① 상호 정보교환의 부재
② 상호 불신의식
③ 상호 경쟁의식
❹ 상호 역할기준의 명확성

해설
상호 역할기준의 불명확성이 문제점으로 지적되고 있다.

17

우리나라 민간경비와 경찰의 협력방안으로 옳지 않은 것은? 기출 23

① 지역방범활동 협력 강화
② 상호 정보교환 네트워크 구축
③ 공공안전과 관련된 교육훈련 등의 지속적 교환
❹ 경찰의 민간경비 겸업화

해설
경찰의 민간경비 겸업화는 민간경비와 경찰의 협력방안으로 볼 수 없다.

18

우리나라의 경찰과 민간경비 간의 관계 개선방안으로 옳지 않은 것은? 기출 22

① 상호 업무기준의 설정
② 경비자문서비스센터의 운영
③ 전임책임자제도의 실시
④ **범죄신고시스템의 통합** ✓

해설
범죄신고시스템의 통합은 경찰과 민간경비 간의 관계 개선방안에 해당하지 않는다.

핵심만콕 경찰과 민간경비의 상호협력 및 관계 개선책 ★

- 경찰 조직 내 일정 규모 이상의 민간경비 전담부서 설치와 행정지도
- 민간경비업체와 경찰책임자와의 정기적인 회의 개최
- 전임책임자제도 운영
- 경찰과 민간경비원의 합동순찰제도 활성화
- 치안수요의 다양성과 전문성에 효율적으로 대응하기 위한 상호협력 필요
- 민간경비와 경찰 상호 간의 역할에 대한 이해의 증진을 위한 노력 필요
- 비상연락망 구축
- 민간경비와 경찰의 상호 정보교환 네트워크 구축
- 민간경비와 경찰의 지역방범 개선을 위한 경비자문서비스센터의 운영
- 업무기준의 명확화를 통한 마찰 해소
- 치안서비스 제공의 주도적 역할을 위한 동반자 의식의 확대 필요

19

경찰과 민간경비의 협력관계 개선방안으로 옳지 않은 것은? 기출 19

① **민간경비원에 대한 감독 강화** ✓
② 합동 범죄예방 및 홍보활동
③ 비상연락망 구축과 경비자문서비스센터의 공동운영
④ 업무기준의 명확화를 통한 마찰 해소

해설
경찰과 민간경비의 동반자 의식 확립이 협력관계 개선방안에 해당한다.

20

경찰과 민간경비의 관계개선을 위해서는 향후 경찰조직 내의 전담부서의 확대가 요구된다. 현재 경찰청에서 경비업법상 경비업을 관리하고 있는 부서는? 기출수정 21

☑ ① 범죄예방대응국
② 생활안전교통국
③ 경비국
④ 치안정보국

해설
현재 경찰청에서 경비업법상 경비업을 관리하고 있는 부서는 범죄예방대응국이다.

> **관계법령**
>
> **범죄예방대응국(경찰청과 그 소속기관 직제 제10조의3)**
> ③ 국장은 다음 사항을 분장한다.
>   3. 경비업에 관한 연구·지도
>
> **범죄예방대응국(경찰청과 그 소속기관 직제 시행규칙 제7조)**
> ⑤ 범죄예방정책과장은 다음 사항을 분장한다.
>   7. 경비업에 관한 연구 및 지도

21

우리나라의 경찰과 민간경비 간의 관계 개선방안이 아닌 것은? 기출 18

① 경찰조직 내 일정규모 이상의 민간경비 전담부서 설치
☑ ② 경찰과 민간경비원의 개별순찰제도 활성화
③ 민간경비업체와 경찰 책임자의 정기적인 회의 개최
④ 민간경비와 경찰 간 관련 정보의 적극적 교환

해설
경찰과 민간경비원의 합동순찰제도의 활성화가 관계 개선방안으로 논의된다.

22

경찰과 민간경비의 상호관계에 관한 설명으로 옳지 않은 것은? 기출 17

① 치안수요의 다양성과 전문성에 효율적으로 대응하기 위한 상호협력 필요
② 상호 정보교환 네트워크 구축 필요
③ 경찰과 민간경비의 협력은 국가예산 절감에 기여
❹ 치안서비스 제공의 주도적 역할을 위한 동반자 의식 축소 필요

해설

치안수요의 다양성과 전문성에 효과적으로 대응하기 위해서는 양자가 상호역할의 중요성과 필요성을 인식하고 치안서비스의 공동생산의 동반자관계를 정립해 나가는 노력이 필요하다.

23

민간경비와 경찰의 상호관계에 관한 설명으로 옳지 않은 것은? 기출 15

① 민간경비는 경찰이 제공하는 서비스의 보충적·보조적 기능을 수행하는 것으로 인식되고 있다.
② 경찰활동의 재원은 세금이지만 민간경비의 재원은 고객이 지급하는 도급계약의 대가(代價)라고 할 수 있다.
❸ 민간경비의 모든 운영 및 활동은 관할 경찰서장의 허가 및 지도·감독을 받게 되어 있다.
④ 사회경제적 요인 등으로 인해 민간경비의 역할이 중요시되고 점차 독자적으로 시장규모를 확대시켜나가고 있다.

해설

모든 운영에 대하여 허가를 필요로 하는 것은 아니다.

24

다음 중 민간경비업의 개선방안으로 옳지 않은 것은? 기출 04

① 청원경찰제도와의 단일화
② 근로자파견업 및 공동주택관리업에 있어 경비업무 규정의 명확화
❸ 특수경비업 및 기계경비업의 요건 완화
④ 경비원의 자격요건 및 교육의 강화

[해설]
특수경비업 및 기계경비업의 요건을 강화해야 한다.

25

민간경비와 시민의 관계개선에 관한 설명으로 옳지 않은 것은? 기출 12

① 민간경비원은 정당한 권한 없이 시민의 권리와 자유를 침해하거나 제한하는 일이 있어서는 안 된다.
❷ 민간경비원은 고객이 아닌 일반시민과 상호작용하는 것은 바람직하지 않다.
③ 민간경비가 일반시민들로부터 긍정적 인식을 얻는 것은 국가 내지 사회 전체적인 안전확보에도 기여한다.
④ 경비업체의 영세성과 지역편중으로 인하여 지역사회와 상호협력을 구축하는 것이 필요하다.

[해설]
경비의 목적을 달성하기 위해서는 고객과의 소통과 함께 일반시민과의 상호작용 또한 중요하다.

26

민간경비와 경찰의 협력 증진 방안으로 적절치 못한 것은?

① **경비업체에 대한 경찰기관의 간섭배제**
② 정기적인 책임자 간의 간담회 실시
③ 동일 경비구역 내에서 합동순찰 실시
④ 사건발생에 대비 상호 역할기준 설정

해설

경찰과 민간경비의 협력 증진 방안으로는 책임자 간담회, 전임책임자제도, 합동순찰제도 실시, 상호 업무기준 설정, 상호 비상연락망 구축, 경비자문서비스센터 운영이 있다.

27

경비업의 개선방안에 관한 내용에 해당되지 않는 것은?

① 경비원 교육훈련의 내실화
② 대응체제의 제도적 보완
③ **청원경찰의 점진적 확대**
④ 특수경비원 쟁의행위금지 문제의 보완

해설

청원경찰의 점진적 확대는 경비업의 개선방안에 관한 내용에 해당되지 않는다.

핵심만콕 경비업의 개선방안

- 경비업의 허가기준
- 검정제도의 실시 방안
- 장비의 현대화 방안
- 손해배상제도
- 인력채용 방안
- 경비전문학교의 설립 방안(경비원 교육훈련의 내실화)
- 민간경비의 전담기구 설치 방안
- 경찰과 민간경비의 협력증진 방안(대응체제의 제도적 보완)

28

다음 중 민간경비의 발전을 위한 올바른 내용으로 볼 수 없는 것은 어느 것인가?

① 인력경비·기계경비의 상호적 권한 조화
② 민간경비규제위원회를 통한 민간경비의 중요정책사항의 규정
③ 민간경비교육전담기구의 조속한 설립으로 인한 민간경비의 질적 발전 유도
✔ 공경비와 민간경비는 상호 상하·수직적 관계로 구성

[해설]
공경비와 민간경비는 상호보완적 개념에서 수평적 관계로 구성되어야 한다.

29

다음 중 민간경비와 경찰이 상호 협조체제를 구축하는 데 있어서의 문제점이라고 보기 어려운 것은?

① 상호 지원체제의 미흡
② 범죄예방과 홍보활동의 부족
③ 범죄에 대한 예방활동을 위한 정책빈곤
✔ 업무에 대한 상호 간의 충분한 이해

[해설]
업무에 대한 민간경비와 경찰 상호 간의 이해부족이 문제점으로 지적되고 있다.

30

다음 중 경찰과 민간경비의 차이점으로 맞지 않는 것은?

① 법집행 권한과 업무수행 한계에서 오는 지위상의 문제이다.
② 경비서비스의 질적 차이에서 오는 역할 수행상의 문제이다.
✔ 각기 공통된 기대를 가진 두 집단이 업무수행 과정에서 야기되는 사용자와 수행자라는 대상에서 오는 문제이다.
④ 민간경비와 경찰조직과의 업무 우선순위에서 오는 문제이다.

[해설]
범죄예방이라는 공통된 기대를 가진 두 집단이 업무수행 과정에서 야기되는 일반 국민과 고객이라는 대상에서 오는 문제가 있다.

31

청원경찰과 민간경비제도의 이원화에 따른 문제점으로 옳지 않은 것은? 기출 24

① 지휘체계의 이원화에 따른 혼란
② 보수의 차별화 문제
③ 청원주의 비용 부담 가중
④ ✓ 청원경찰 인력의 지속적 증가

해설

④ (×) 청원주의 입장에서 볼 때 유사한 경비업무를 담당하면서도 민간경비가 청원경찰보다 경비요금이 저렴하며, 경비담당자의 관리라는 측면에서도 민간경비를 채택하는 것이 <u>청원경찰보다 관리가 수월하기 때문에 민간경비를 선호한다</u>.
① (○) 청원경찰의 근무배치 및 감독은 동일 경비지역 내에서는 민간경비업자에게 위임하고 있지만 청원경찰에 대한 임용 및 해임 등의 집행권한은 가지고 있지 않기 때문에 실질적인 지휘 및 감독이 용이하지 않다. 따라서 사건 발생 시 일관된 지휘체계로 책임 있는 대응조치를 신속하게 강구할 수 없어 경비업무의 능률을 저하시키는 결과를 초래하고 있다.
② (○) 청원경찰은 봉급, 제수당, 피복비, 교육비, 보상금, 퇴직금 등 청원경찰경비의 최저부담기준액을 경찰청장이 매년 12월 중에 경찰관인 순경의 것에 준하여 고시·지급받도록 되어 있으나, 민간경비의 경우는 경비업체와 시설주(고객)와의 자유로운 경비도급계약에 의하여 결정되며 실제로도 청원경찰보다 적은 금액을 받고 있다.
③ (○) 청원경찰경비가 높은 수준인 것 외에도 청원경찰이 의무적으로 배치되어야 할 중요시설물에 기술상의 문제로 기계경비를 운용하게 되어 시설주인 청원주에게 이중의 부담이 있다.

32

청원경찰과 경비원의 운용실태의 차이점에 관한 설명으로 옳지 않은 것은? 기출 09

① 청원경찰은 기관장이나 시설주의 요구에 의해 국가중요시설에서 활동하고, 경비원은 고객의 요구에 의해 사적인 분야에서 주로 활동한다.
② ✓ 청원경찰의 임용 및 감독은 관할경찰서장이 하고, 경비원의 임용 및 감독은 경비업자만이 할 수 있다.
③ 청원경찰의 배치는 청원주가 관할 시·도 경찰청장에게 신청하며, 경비원의 배치는 행정안전부령이 정하는 바에 따라 관할 경찰관서장에게 신고하여야 한다.
④ 청원경찰은 근무지역 내에서 경찰관직무집행법상의 직무를 수행할 수 있지만, 경비원은 사인의 자격으로 경비시설 내에서 직무를 수행한다.

해설

청원경찰은 청원주가 임용하되, 임용을 할 때에는 미리 시·도 경찰청장의 승인을 받아야 한다(청원경찰법 제5조 제1항).

33

청원경찰법과 경비업법을 이원적으로 운용함으로써 발생되는 현상이 아닌 것은? 기출 09

① 청원경찰은 경찰공무원도 경비원도 아닌 이중적인 법적 지위 때문에 업무수행에 있어서 혼란 등을 겪을 수 있다.
② 청원경찰과 민간경비원은 보수 면에서 상당한 차이가 발생하여 청원주가 청원경찰의 배치를 기피하는 경향이 있다.
③ 청원경찰의 감독, 임용 및 해임 등의 권한이 민간경비업자에게 위임되고 있다.
④ 민간경비원은 청원경찰보다 직업안정성이 낮고 이직률이 높은 편이다.

[해설]
청원경찰법상 청원경찰의 감독(법 제9조의3 제1항), 임용(법 제5조 제1항) 및 해임(법 제5조의2 제1항·제2항) 등의 권한은 민간경비업자에게 위임되고 있지 않으며, 그 권한은 청원주에게 있다. ★

34

청원경찰법과 경비업법을 이원적으로 운용함으로써 발생되는 현상이 아닌 것은? 기출 04

① 청원경찰이 의무적으로 배치되어야 할 중요시설물에 기술상의 문제로 기계경비를 운용하게 되어 시설주인 청원주에게 이중의 부담이 된다.
② 청원경찰과 민간경비의 보수 면에서 상당한 차이가 발생해 청원주가 청원경찰의 배치를 기피한다.
③ 청원경찰의 근무배치 및 감독, 임용 및 해임 등의 권한이 모두 민간경비업자에게 위임되고 있다.
④ 민간경비원들의 사기가 저하되고 이직률이 높다.

[해설]
청원경찰의 근무 배치의 권한은 시·도 경찰청장에게 있다(청원경찰법 제4조).

[핵심만콕] 배치와 비용에 대한 문제점

- 청원경찰법
  - 시설주(청원주)가 청원경찰의 배치를 받으려면 소재지 관할경찰서장을 거쳐 시·도 경찰청장에게 청원경찰배치신청서를 제출하고, 시·도 경찰청장은 그 청원경찰의 배치 또는 중지·폐지·감축 등을 명할 수 있다.
  - 시·도 경찰청장은 청원경찰의 배치가 필요하다고 인정되는 기관의 장 또는 시설·사업장의 경영자에게 청원경찰의 배치를 요청할 수 있다.
  - 청원주의 입장에서 볼 때 유사한 경비업무를 담당하면서도 민간경비가 청원경찰보다 경비요금이 저렴하며, 경비담당자의 관리라는 측면에서도 민간경비를 채택하는 것이 청원경찰보다 관리가 수월하기 때문에 민간경비를 선호한다.
- 경비업법 : 경비업자가 경비원을 배치하거나 배치를 폐지한 경우에는 행정안전부령이 정하는 바에 따라 관할 경찰관서장에게 신고하여야 한다.

35

청원경찰의 신분이 공무원으로 인정되는 경우는? 기출문제

① 경비구역 내에서 경비근무를 실시하고 있는 경우
② 사업장 등의 경비구역을 관리하는 경우
③ 청원주에 의하여 배치된 기관에서 근무하는 경우
❹ **형법, 기타 법령에 의한 벌칙이 적용되는 경우**

해설

청원경찰 업무에 종사하는 사람은 형법이나 그 밖의 법령에 따른 벌칙을 적용할 때에는 공무원으로 본다(청원경찰법 제10조 제2항).

36

다음 중 청원경찰에 대한 설명으로 틀린 것은?

① 청원경찰의 징계에는 파면·해임·정직·감봉·견책이 있다.
② 청원경찰의 배치결정권자와 임용승인권자는 시·도 경찰청장이다.
❸ **청원주는 구조조정 등을 이유로 청원경찰을 면직시킬 수 있다.**
④ 청원경찰에 대한 징계권자는 청원주이다.

해설

③ (×) 청원경찰법 제10조의4 제1항에 의하면 청원주는 구조조정 등을 이유로 청원경찰을 면직시킬 수 없다.
① (○) 청원경찰법 제5조의2 제2항
② (○) 청원경찰법 제4조·제5조 제1항
④ (○) 청원경찰법 제5조의2 제1항

37

다음 중 경비원과 청원경찰의 복제내용으로 타당한 것은?

① 청원경찰 제복의 형태·규격 및 재질은 시·도 경찰청장이 결정하되, 경찰공무원 또는 군인 제복의 색상과 명확하게 구별될 수 있어야 한다.
② 경비업자는 경비업무 수행 시 어떠한 경우에도 신고된 동일한 복장만을 착용하게 하여야 하며, 복장에 소속회사를 오인할 수 있는 표시를 하여서는 안 된다.
❸ 경비원은 경비업무 수행 시 이름표를 경비원 복장의 상의 가슴 부위에 부착하여 경비원의 이름을 외부에서 알아볼 수 있도록 하여야 한다.
④ 청원경찰은 통일된 제복을 착용하되 필요 시 관할 경찰서장의 승인을 얻어 특수복장을 착용할 수 있다.

해설

③ (○) 경비업법 시행규칙 제19조 제4항
① (×) 청원경찰 제복의 형태·규격 및 재질은 <u>청원주가</u> 결정하되, 경찰공무원 또는 군인 제복의 색상과 명확하게 구별될 수 있어야 한다(청원경찰법 시행규칙 제9조 제2항 제1호).
② (×) 경비업자는 경비업무 수행 시 경비원에게 소속 경비업체를 표시한 이름표를 부착하도록 하고, 제1항에 따라 신고된 동일한 복장을 착용하게 하여야 하며, 복장에 소속 회사를 오인할 수 있는 표시를 하거나 다른 회사의 복장을 착용하게 하여서는 아니 된다. 다만, <u>집단민원현장이 아닌 곳에서 신변보호업무를 수행하는 경우 또는 경비업무의 성격상 부득이한 사유가 있어 관할 경찰관서장이 허용하는 경우에는 그러하지 아니하다</u>(경비업법 제16조 제2항).
④ (×) 제복의 형태·규격 및 재질은 청원주가 결정하되, 경찰공무원 또는 군인 제복의 색상과 명확하게 구별될 수 있어야 하며, 사업장별로 통일하여야 한다(청원경찰법 시행규칙 제9조 제2항 제1호). 청원경찰이 그 배치지의 특수성 등으로 특수복장을 착용할 필요가 있을 때에는 청원주는 <u>시·도 경찰청장의 승인을 받아 특수복장을 착용하게 할 수 있다</u>(청원경찰법 시행령 제14조 제3항).

38

다음 중 청원경찰과 경비의 이원적 운용체제에 따른 문제점이라고 보기 어려운 것은? 기출문제

❶ 청원경찰과 일반경비원 모두 총기 사용에 따른 훈련부족으로 사고가 빈번하다.
② 현재 대부분의 중요경비시설에 있어서 특수한 경비대상 시설이나 기타 분야를 제외하고는 청원경찰과 경비가 동시에 이루어지거나, 청원경찰을 점차 경비로 전환하는 추세이다.
③ 청원경찰법과 경비업법에 규정되어 있는 지휘체계상의 문제와 보수지급체제의 문제로 경비원들의 이직률이 높아 이로 인한 경비인력의 부족현상과 교육훈련비의 낭비를 초래하고 있다.
④ 경비나 청원경찰 모두 관할경찰서장의 지도하에 근무요원들의 근무수행상황을 감독하고 필요에 따라 교육훈련을 실시하도록 하고 있지만 실질적인 근무의 지휘 및 감독은 경비의 경우에는 경비지도사가 담당하며, 청원경찰의 경우에는 청원주가 지정한 유능한 자에 의해 실시된다.

해설

청원경찰과 달리 일반경비원은 총기를 사용할 수 없다.

39

우리나라 민간경비의 개선방안으로 볼 수 없는 것은? 기출 14

① 경비인력의 전문화
② 청원경찰법과 경비업법의 일원화
✓ ③ 기계경비 중심에서 인력경비 중심으로의 비중 확대
④ 기계경비시스템 및 장비의 현대화

해설

현재 인력경비 중심에서 기계경비 중심으로의 비중 확대가 이루어지고 있다. 기계경비는 인력경비에 대응하는 경비형태로서 기존의 인력에 의존하던 경비방식에서 벗어나 각종 기계적 장치에 의해 경비목적을 달성하는 경비시스템을 말하는 것으로 오늘날 다양한 서비스와 결합되어 더욱 활성화되고 있다.

40

경비인력의 전문화를 위해 가장 시급하게 요구되는 사항은? 기출문제

✓ ① 경비인력의 교육·훈련 문제
② 경찰조직과의 상호협조체계 구축 문제
③ 민간경비산업의 홍보 및 시장개척 문제
④ 경비인력 보수의 재평가와 복지대책의 강구

해설

경비인력의 전문화를 위해 가장 시급하게 요구되는 사항은 경비인력의 교육·훈련 문제이다. 즉, 행정적으로나 정책적인 근본적 문제로 인하여 전문적인 고급인력의 수급이 힘든 상태에서 교육마저 형식에 그치고 있어 경비원의 자질, 경비원의 질적 하락(서비스의 질적 하락, 경비력 효율문제) 등이 문제되고 있다.★

41

CHECK O △ X

한국 민간경비산업의 문제점으로 옳지 않은 것은? 기출 10

① **경비업자의 손해배상책임 규정이 없다.**
② 민간경비원의 자질 및 전문성이 문제되고 있는 실정이다.
③ 경비업법과 청원경찰법이 이원화되어 경비의 효율성 등에 장애요인으로 작용한다.
④ 일부 업체를 제외하고는 영세한 업체가 대다수이다.

[해설]
경비업자의 손해배상책임 규정이 마련되어 있으므로, 손해배상책임 규정이 없다는 것은 잘못된 설명이다.

> **관계법령** 손해배상 등(경비업법 제26조)
> ① 경비업자는 경비원이 업무수행 중 고의 또는 과실로 경비대상에 손해가 발생하는 것을 방지하지 못한 때에는 그 손해를 배상하여야 한다.
> ② 경비업자는 경비원이 업무수행 중 고의 또는 과실로 제3자에게 손해를 입힌 경우에는 이를 배상하여야 한다.

42

CHECK O △ X

다음 중 청원경찰의 신분과 관련된 문제점은?

① 청원경찰은 경비구역 내에서 경찰관직무집행법에 의한 직무를 수행하므로 사기가 매우 높다.
② 청원경찰은 공무원 신분이므로 신분보장이 확실하다.
③ **청원경찰은 손해배상에 있어서는 민간인 신분, 형사책임에 있어서는 공무원의 신분을 적용받으므로 업무수행에 있어 책임의 한계와 신분상의 갈등을 겪고 있다.**
④ 청원경찰은 용역경비원과 동일하게 민간인 신분이므로 별다른 문제점이 있을 수 없다.

[해설]
청원경찰 업무에 종사하는 사람은 형법이나 그 밖의 법령에 따른 벌칙을 적용할 때에는 공무원으로 본다(청원경찰법 제10조 제2항). 반면, 청원경찰(국가기관이나 지방자치단체에 근무하는 청원경찰은 제외한다)의 직무상 불법행위에 대한 배상책임에 관하여는 민법의 규정을 따른다(청원경찰법 제10조의2).

43

민간경비산업에서 청원경찰과 민간경비제도의 이원화에 관한 문제점이 아닌 것은? 기출 18

① 지휘체계의 문제
② 보수 문제
✓ ③ 특수경비원 배치 기피
④ 신분보장 문제

해설
2001년 경비업법의 개정으로 특수경비원제도가 도입되면서 청원경찰과 민간경비의 이원화문제가 대두되었다. 또한 활동영역, 지휘체계, 배치와 비용, 임용과 직무, 신분, 교육훈련, 무기휴대, 복장 및 장구, 손해배상 등과 관련하여 이원화문제가 논의되고 있다. ★

44

한국의 민간경비와 청원경찰제도의 단일화 문제에 관한 설명으로 틀린 것은?

① 경비시장이 확대되어 경비원의 보수수준이 향상된다.
② 민간경비의 전문성을 확보하게 되어 치안수요에 대한 경찰력의 한계를 극복해 나갈 수 있다.
✓ ③ 현행 청원경찰법과 경비업법은 모두 폐지하고 새로운 단일 법안을 제정하는 것이 유일한 단일화 방안이다.
④ 전체적으로 통일된 민간경비산업의 육성이 가능하게 되어 경비업무의 능률을 전반적으로 제고시킬 수 있다.

해설
경비업법과 청원경찰법을 모두 폐지하고 새로운 단일 법안을 제정하는 것이 단일화 문제에 대한 유일한 방안인 것은 아니다.

> **핵심만콕** 청원경찰과 민간경비운용의 차이점
>
> 청원경찰과 민간경비는 같은 근무지역 내에서 역할이나 기능, 추구하는 목표가 거의 동일함에도 불구하고 지휘체계, 보수, 법집행 권한, 무기휴대, 책임의 한계 등에 있어서 차이가 있다.

2 민간경비산업의 전망 등

45

우리나라 민간경비업의 발전방안으로 옳지 않은 것은? 기출 24

① 민간경비와 청원경찰제도의 일원화
❷ 방범서비스산업에 대한 규제 강화
③ 민간경비와 경찰의 협업체계 구축
④ 경비관련 자격증제도의 도입을 통한 전문화

해설

② (×) 방범서비스산업에 대한 규제보다는 보호 및 자율적 성장을 위한 법령 등의 제도 개선이 필요하다.
① (○) 민간경비와 청원경찰제도의 일원화를 통해 분리 운영의 비효율성·비합리성을 제거하고, 경비업의 능률성·전문성 제고 및 경비원 보수 수준의 향상을 이룰 수 있다.
③ (○) 치안수요의 다양성과 전문성에 효과적으로 대응하기 위해서는 양자가 상호역할의 중요성과 필요성을 인식하고 치안서비스의 공동생산의 동반자관계를 정립해 나가는 것이 서로 발전할 수 있는 방안이 될 것이다.
④ (○) 경비지도사 제도 외에 민간경비 자격검정제도를 도입하여 경비인력의 전문화와 민간경비의 질적 향상을 도모할 수 있다.

46

국내 민간경비산업의 발전방안 및 전망에 관한 설명으로 옳지 않은 것은? 기출 20

❶ 경찰과 민간경비업계는 차별적 관계에 있다는 인식을 확립해 나가야 한다.
② 과거에 비해 기계경비의 비중이 높아지고 있으며, 이 경향은 앞으로도 지속될 것이다.
③ 민간경비업체들의 영세성을 탈피하기 위한 경비업체 업무의 다변화가 필요하다.
④ 인구고령화 추세에 따른 긴급통보시스템, 레저산업 안전경비 등 각종 민간경비 분야가 발전할 것으로 전망된다.

해설

경찰과 민간경비의 역할을 조정하고, 상호협력체제를 구축하여 동반자 의식을 확립하여야 한다.

47

민간경비산업의 발전방안으로 옳지 않은 것은? 기출 19

① 민간경비원의 전문자격증제도 확립
② 경찰과의 협력체계 구축 및 첨단장비의 개발
③ 국가 전담기구의 설치와 행정지도
❹ 인력경비 중심의 민간경비산업 구축

해설

민간경비산업의 발전방안은 인력경비가 아니라 기계경비 중심의 민간경비산업의 지향이다.

48

다음 중 경비의 전문화를 위한 교육훈련의 발전 방향의 내용으로 볼 수 없는 것은 어느 것인가?

① 범죄예방능력의 향상
② 개인의 능력개발 프로그램
③ 각각의 직무에 대한 올바른 이해
❹ 인간성 위주의 전인적 교육지향

해설

경비의 전문화를 위해서는 인간성 위주의 전인적 교육보다는 우수한 경비인력의 확보를 위해 경비전문교육 위주로 실시하는 것이 더욱 바람직하다.★

49

경찰과 민간경비의 협력증진방안으로 옳지 않은 것은? 기출 24

① 경찰과 민간경비 책임자의 정기적인 간담회의 개최
② 경찰의 민간경비 전담 부서의 운영
❸ 비상연락망 및 개별출동시스템 구축
④ 경찰의 경비자문 서비스센터의 운영

해설

③ (×) 범죄 신고절차의 신속화로 범죄 예방률과 범인 검거율을 높이기 위해 경찰관서와 민간경비업체와의 비상연락망 구축은 정책적으로 권장하여 나아갈 필요가 있다. 개별출동시스템보다는 합동순찰제도 등 경찰과 민간경비의 협조체제를 진전시킬 필요가 있다.
① (○) 책임자 간담회를 정기적으로 개최하여 경찰 조직과 민간경비 조직의 방범능력 향상을 위한 발전적 방안을 마련한다.
② (○) 민간경비의 지속적인 발전과 육성을 위해서는 국가적 차원에서의 민간경비 전담기구가 필요하다. 민간경비시장의 확대에 따른 적절하고 효율적인 통제를 위해서는 우선적으로 경찰청 내에 민간경비를 담당하는 전담 '과'를 설치하고 일본과 같이 '경찰위원회'가 민간경비의 전체적인 규율을 관장하는 기관으로서 역할을 수행할 수 있도록 해야 한다.
④ (○) 민간경비와 경찰이 공동체 의식을 갖고 지역사회의 범죄 예방을 위해 모든 민간경비업체명과 경비상품의 목록을 시민들에게 배부하는 경비자문서비스센터를 공동으로 운영할 수도 있다.

50

경찰과 민간경비의 상호협력방안에 관한 설명으로 옳지 않은 것은? 기출 16

① 지역방범 및 정보교환 네트워크 구축
② 관련 전문지식, 교육훈련 등의 지속적 교환
❸ 지휘·감독 강화를 통한 수직적 관계의 유지
④ 민간경비의 오경보(False alarm) 감소를 위한 상호노력

해설

수평적 관계 속에서 서로의 역할, 능력 및 책임을 잘 이해하며, 상호 간의 교류를 통하여 새로운 경험과 상대방의 입장을 충분히 이해할 수 있도록 노력하여야 한다.

51

우리나라의 민간경비와 경찰의 상호협력·관계개선 방안으로 틀린 것은? 기출 08

① 경찰조직 내에 일정 규모 이상의 민간경비전담부서 설치
② 민간경비업체와 경찰책임자와의 정기적인 회의 개최
❸ 민간경비원의 복장을 경찰과 유사하게 하여 치안활동의 가시성을 높이도록 하는 방안
④ 경찰과 민간경비원의 합동순찰제도

해설

①·②·④는 민간경비와 경찰과의 상호협력·관계개선 방안으로 적당하다고 볼 수 있으나, ③의 민간경비원의 복장을 경찰과 유사하게 한다는 것은 바람직하지 않다.

52

4차 산업혁명의 주요 특징 중 다음 ㄱ~ㄷ 안에 들어갈 내용을 순서대로 바르게 연결한 것은?

- (ㄱ)화 – 전면적 디지털화에 기초한 전면적 온라인화에 따른 현실과 가상의 경계 소멸 및 데이터베이스화를 의미한다.
- (ㄴ)화 – 데이터 분석 및 기계학습을 통한 인공지능의 발전, 이를 통한 전면적 기계-자율의 확대가 핵심이다.
- (ㄷ)화 – (ㄱ)과 (ㄴ)의 확대는 결과적으로 기존에 분리되어 있던 다양한 영역들의 (ㄷ)으로 이어지게 된다.

❶ ㄱ : 초연결,   ㄴ : 초지능,   ㄷ : 융복합
② ㄱ : 초지능,   ㄴ : 초연결,   ㄷ : 융복합
③ ㄱ : 초가상,   ㄴ : 초지능,   ㄷ : 통합
④ ㄱ : 초연결,   ㄴ : 초가상,   ㄷ : 통합

해설

순서대로 ㄱ : 초연결, ㄴ : 초지능, ㄷ : 융복합이다.

53

융합보안에 관한 설명으로 옳지 않은 것은? 기출 24

① 물리적 보안영역, 관리적 보안영역, 기술적 보안영역을 통합적으로 관리한다.
② 인력에 의한 출입통제와 통제시스템의 관리에만 주력한다.
③ 물리적 보안인증과 사이버 보안인증을 통합적으로 관리하여 보안관리를 강화한다.
④ 개인, 기업, 정부단체 등의 데이터를 통합해 정확한 사고징후를 감지하고 총체적으로 대응할 수 있다.

해설

② (×), ① (○) 융합보안은 출입통제, 접근감시, 잠금장치 등의 물리보안요소와 불법침입자 정보인식시스템 등의 정보보안요소를 상호 연계하여 보안의 효과성을 높이는 활동이다. 즉, 물리적·기술적·관리적 보안요소를 상호 연계하여 보안의 효과성을 높이는 것을 내용으로 한다.
③ (○) 전통 보안산업은 물리영역과 정보(IT)영역으로 구분되어 성장해 왔으나, 현재는 출입통제, CCTV, 영상보안 등의 물리적 환경에서 이뤄지는 전통 보안산업과, 네트워크상 정보를 보호하는 정보보안을 접목한 융합보안이 차세대 고부가가치 보안산업으로서 급부상하고 있다.
④ (○) 융합보안은 보안산업의 새로운 트렌드로 자리 잡은 광역화·통합화·융합화의 사회적 요구를 수용하기 위해 각종 내외부적 정보침해에 따른 대응으로서 침입탐지, 재난재해 방지, 접근통제, 관제·감시 등을 포함한다.

54

융합보안에 관한 설명으로 옳지 않은 것은? 기출 23

① 물리보안요소와 정보보안요소를 상호 연계하여 보안의 효과성을 높이는 활동이다.
② 정보보안요소에는 출입통제, 접근감시, 잠금장치 등이 있다.
③ 인적자원 보안, 사업 연속성, 위험관리, 재난복구 등을 논리적, 물리적으로 통합하는 것을 의미한다.
④ 물리적 보안장비 및 각종 재난·재해 상황에 대한 관리까지 포함한다.

해설

출입통제, 접근감시, 잠금장치 등은 융합보안 중 물리보안요소에 해당한다.

55

융합보안에 관한 설명으로 옳지 않은 것은? 기출 22

☑ 내·외적 정보침해에 따른 기술적 대응은 포함되지 않는다.
② 물리적 보안요소와 정보보안요소를 통합해 효율성을 높이는 활동이다.
③ 4차 산업혁명에 따른 위협의 다변화에 따라 필요성이 대두되었다.
④ 보안산업의 새로운 트렌드이며, 차세대 고부가가치 산업으로 급부상하고 있다.

해설

융합보안은 각종 내·외부적 정보침해에 따른 대응으로서 기술적 대응을 포함한다.

| 핵심만콕 | 융합보안(Convergence Security) |

- 물리보안과 정보보안을 융합한 경비개념으로, 물리적 보안요소(출입통제, 접근감시, 잠금장치 등)·기술적 보안요소(방화벽, 바이러스·취약성 관리, 사용자 인가절차, 백업복구 등)·관리적 보안요소(범죄조사, 정책개발, 인사관리, 윤리조사, 보안감사 등)를 상호 연계하여 보안의 효과성을 높이는 것을 내용으로 한다.
- 보안산업의 새로운 트렌드로 자리 잡은 광역화·통합화·융합화의 사회적 요구를 수용하기 위해 각종 내외부적 정보침해에 따른 대응으로서 침입탐지, 접근통제, 재난·재해 상황에 대한 관제 등을 포함한다.
- 전통 보안산업은 물리영역과 정보(IT)영역으로 구분되어 성장해 왔으나, 현재는 출입통제, CCTV, 영상보안 등의 물리적 환경에서 이루어지는 전통 보안산업과, 네트워크상 정보를 보호하는 정보보안을 접목한 융합보안이 차세대 고부가가치 보안산업으로서 급부상하고 있다.

56

다음 설명에 해당하는 경비개념은? 기출 21

> 물리적 보안요소(CCTV, 출입통제장치 등), 기술적 보안요소(불법출입자 정보인식시스템 등), 관리적 보안요소(조직·인사관리 등)를 상호 연계하여 시큐리티의 효율성을 높이고자 하는 접근방법이다.

① 혼성(Hybrid) 시큐리티
② 종합(Total) 시큐리티
☑ 융합(Convergence) 시큐리티
④ 도시(Town) 시큐리티

해설

제시된 내용은 경비개념 중 융합(Convergence) 시큐리티, 즉 융합보안에 대한 설명에 해당한다.

57

다음 사례에 해당되는 개념은? 기출 20

> A회사는 출입통제, 접근감시, 잠금장치 등 물리적 보안요소와 불법 침입자 정보인식시스템 등 정보보안요소를 상호 연계하여 보안의 효과성을 높이고자 한다.

☑ 융합보안
② 절차적 통제
③ 방화벽
④ 정보보호

[해설]
제시된 내용은 융합보안의 사례에 해당한다.

58

융합보안에 관한 설명으로 옳지 않은 것은? 기출 19

① 융합보안은 물리적 보안요소와 정보보안요소가 통합된 개념이다.
☑ 융합보안은 출입통제, 접근감시, 잠금장치 등을 통하여 보안의 효과성을 높이는 활동이다.
③ 물리적·기술적·관리적 보안요소를 상호 연계하여 보안의 효과성을 높인다.
④ 보안이 조선, 자동차 등 기타 산업과 결합되어 새로운 서비스나 제품의 안정성과 부가가치를 창출한다.

[해설]
융합보안은 출입통제, 접근감시, 잠금장치 등의 물리보안요소와 불법침입자 정보인식시스템 등의 정보보안요소를 상호 연계하여 보안의 효과성을 높이는 활동이다.

59

융합보안의 개념에 관한 설명으로 옳은 것은? 기출 17

① **물리적 보안요소와 정보보안요소를 통합해 효율성을 높이는 활동이다.**
② 차량통제와 물품 반출입통제를 동시에 제한하는 활동이다.
③ 컴퓨터 시스템과 네트워크 상에서 저장 및 전달되고 있는 정보를 안전하게 관리·보호하는 활동이다.
④ 권한 없는 접근의 제지 및 억제, 지연 그리고 범죄 등에 의한 위험 및 위험의 감지 등의 활동을 말한다.

해설

융합보안(Convergence Security)이란 물리보안과 정보보안을 융합한 경비개념이다.

60

융합보안의 개념에 관한 설명으로 옳은 것은? 기출 14

① 권한 없는 접근의 제지 및 억제, 지연 그리고 범죄 등에 의한 위험 및 위험의 감지 등의 활동을 말한다.
② 외부차량과 내부직원·계약자·잡상인·방문객 등의 출입에 대해 이들의 신원을 확인·지시·제한하는 활동이다.
③ 컴퓨터 시스템에 저장되어 있거나, 컴퓨터 네트워크상에서 전달되고 있는 정보를 안전하게 관리·보호하는 활동이다.
④ **출입통제, 접근 감시, 잠금장치 등과 불법 침입자 정보인식시스템 등을 상호 연계하여 보안의 효과성을 높이는 활동이다.**

해설

융합보안이란 물리보안과 정보보안을 융합한 경비개념으로, 보안산업의 새로운 트렌드로 자리 잡은 광역화·통합화·융합화의 사회적 요구를 수용하기 위해 각종 내외부적 정보침해에 따른 대응으로서 침입탐지, 재난재해 방지, 접근통제, 관제·감시 등을 포함한다.

61

우리나라 민간경비산업의 전망에 관한 설명으로 옳은 것을 모두 고른 것은? 기출 17

> ㄱ. 기계경비보다 인력경비의 빠른 성장
> ㄴ. 지역 특성에 맞는 민간경비 상품의 개발 필요
> ㄷ. 민간경비산업의 홍보활동을 소극적으로 전개
> ㄹ. 물리보안과 사이버보안을 통합한 토탈시큐리티 산업으로 전개

① ㄱ, ㄴ
② ㄱ, ㄷ
③ ㄴ, ㄹ ✓
④ ㄷ, ㄹ

[해설]

제시된 내용 중 옳은 것은 ㄴ과 ㄹ이다.
ㄱ. (×) 인력경비보다 기계경비의 빠른 성장
ㄷ. (×) 민간경비산업의 홍보활동이 적극적으로 전개

62

대규모 상업·주거시설의 민간경비에 관한 설명으로 옳은 것은? 기출 17

① 대규모 상업시설의 소유자들은 보안과 안전에 대한 책임이 감소된다.
② 대규모 상업시설의 안전 확보를 위하여 일반인의 접근을 차단한다.
③ 대규모 주거시설 내의 방범과 위험관리는 경찰에 의해 수행된다.
④ 대규모 주거시설의 경우 다양한 위험을 종합적으로 관리할 수 있는 시스템을 구축한다. ✓

[해설]

④ (○) 대규모 상업·주거시설의 민간경비에 대한 설명으로 옳다.
① (×) 대규모 상업시설의 소유자들은 보안과 안전에 대한 책임이 비례적으로 증가한다.
② (×) 대규모 상업시설에서 민간경비는 소비욕구를 최대화하기 위해 공중의 접근을 극대화시키는 동시에, 상업적 활동을 침해하는 사람들의 불법행위를 통제하는 역할을 수행한다.
③ (×) 대규모 주거시설에서의 범죄예방활동과 위험관리는 공동체 구성원의 참여가 중요하다.

63

상업 · 주거시설의 현대화에 따른 민간경비의 변화에 관한 설명으로 옳지 않은 것은? 기출 14

① 대규모 상업시설에서의 민간경비는 공중의 접근이 허용되는 사적인 시설물들의 비율이 증가할수록 확대된다.
② 대규모 상업시설에서 민간경비는 소비욕구를 최대화하기 위해 공중의 접근을 극소화시키는 동시에, 상업적 활동을 침해하는 사람들의 불법행위를 통제하는 역할을 수행한다.
③ 대규모 주거시설에서의 범죄예방활동과 위험관리는 공동체 구성원의 참여가 중요하다.
④ 고급 주거시설의 경우에는 주변과의 관계성을 구축하기보다는 자체적이고 독립적인 규모와 기능의 극대화에 초점을 두는 경향이 있다.

해설

대규모 상업시설에서 민간경비는 소비욕구를 최대화하기 위해 공중의 접근을 극대화시킨다.

64

우리나라 민간경비산업의 미래에 관한 예측으로 옳은 것은? 기출 23

① 고객의 수가 증가하면서 모든 경비업체의 매출이 증가할 것이다.
② 정보화사회의 발전에 따른 첨단범죄의 증가로 이에 대응하는 민간경비의 전문성이 요구될 것이다.
③ 대규모 주상복합시설이 등장하면서 범죄라는 위험에 집중할 수 있는 단일대응체계가 확립될 것이다.
④ 대기업의 참여가 감소하면서 참여주체가 중소기업으로 전환될 것이다.

해설

② (○) 컴퓨터와 인터넷의 발달로 사이버상의 범죄가 날로 증가하고 있어, 이에 대응하는 민간경비 전문인력의 확충이 중요시 될 것이다.
① (×) 민간경비의 수요 및 시장규모가 전국에 걸쳐 보편화되었다기보다는 일부 지역에 편중되어 있어 모든 경비업체의 매출이 증가하는 것은 아니다.
③ (×) 대규모 주상복합시설이 등장하면서 단일대응체계보다는 화재예방, 건축물 안전관리, 무단침입자에 대한 탐지와 차단, 접근통제, CCTV 등에 의한 감시시스템, 경비순찰 등 특별한 유기적인 안전관리시스템이 구축되어야 한다.
④ (×) 1980년대 대기업의 참여로 민간경비산업은 본격적으로 발전하기 시작하였으며, 이러한 경향은 앞으로도 계속될 것이다.

65

민간경비산업의 발전방안으로 옳지 않은 것은? 기출 22

① 민간경비 관련 법규의 정비
② 민간경비체계와 업무의 다양화
③ 경찰과 민간경비의 협조체계 구축
④ **인력경비산업 육성을 위한 기계경비산업의 축소**

해설

인력경비 중심이 아닌 기계경비 중심의 민간경비산업의 지향을 민간경비산업의 발전방안으로 볼 수 있다.

핵심만콕 민간경비산업의 발전방안

국가정책적 육성방안	• 경비 관련 자격증제도의 전문화 • 기계경비 중심의 민간경비산업 지향 • 민간경비 관련 법규 정비 • 민간경비체계의 다양화 및 업무의 다양화 • 경찰체제의 개편 및 첨단경비의 개발 • 국가전담기구의 설치와 행정지도 • 세제상 및 금융지원을 통한 민간경비업체의 보호 육성
민간경비회사 자체의 육성방안	• 우수인력의 확보와 홍보활동의 강화 • 영세업체의 자생력 향상 • 경비협회활동의 활성화 • 경찰 조직과의 협조체계 구축 • 손해배상체제의 보완 및 산업재해에 대한 예방

66

민간경비의 공공관계(PR) 개선에 관한 설명으로 옳지 않은 것은? 기출 21

① 공공관계 개선은 관련 정책 및 프로그램을 통한 민간경비의 이미지 향상을 의미한다.
② 민간경비는 특정고객에게 경비서비스를 제공하지만 일반시민과의 관계개선도 중요하다.
③ **민간경비의 언론관계는 기밀유지 등을 위해 무반응적(Inactive) 대응이 원칙이다.**
④ 민간경비는 장애인·알코올중독자 등 특별한 상황에 처한 사람들의 특성을 잘 이해하고 있어야 한다.

해설

민간경비의 언론관계(Press Relations)는 신문, 잡지, TV나 라디오 뉴스 등의 보도기능에 대응하는 활동으로, 언론과의 우호적인 관계형성을 위한 반응적(Active) 대응이 필요하다.

67

우리나라 민간경비산업의 전망에 관한 설명으로 옳은 것은? 기출 18

① 시설경비업 : 국가중요시설의 경비를 담당하는 경비원 제도로 청원경찰과의 이원적 체제로 인한 문제점이 상존하고 있어 관련 정비가 시급한 실정이다.
② 특수경비업 : 우리나라 경비업의 가장 큰 비중을 차지하는 분야로 향후 이러한 증가추세는 계속될 전망이다.
③ 기계경비업 : 기존의 상업시설과 홈 시큐리티 시스템 등의 첨단기술 발전에 힘입어 주거시설 및 국가안보분야에서의 수요도 혁신적으로 증가될 전망이다.
④ 호송경비업 : 외국 기업인과 가족들의 장기 체류 등으로 수요가 증가하고 있으며, 최근 사회불안이 가중되고 개인의 삶의 질이 높아짐에 따라 이러한 증가추세는 계속될 전망이다.

해설

③ (○) 기계경비업에 대한 옳은 설명이다.
① (×) 특수경비업에 대한 설명이다.
② (×) 우리나라 경비업에서 가장 큰 비중을 차지하는 분야는 시설경비업이다.
④ (×) 신변보호업에 대한 설명이다.

핵심만콕 우리나라 민간경비산업의 전망

- 산업화와 정보화 시대에 접어들면서 경찰인력의 부족, 경찰장비의 부족, 경찰업무의 과다로 인하여 민간경비산업은 급속히 성장할 것이다.
- 지역의 특성과 경비 수요에 맞는 민간경비 상품의 개발이 요구될 것이다.
- 민간경비산업의 홍보활동이 적극적으로 전개될 것이다.
- 현재 인력경비 중심의 민간경비산업이 인건비 상승의 여파로 인하여 축소되고, 인건비 절감을 위한 기계경비산업으로의 전환이 빠르게 진행되어 기계경비산업의 성장 속도가 인력경비를 앞설 것이다.
- 물리보안과 사이버 보안을 통합한 토탈시큐리티 산업으로 전개될 것이다.

68

우리나라 민간경비산업의 발전방안 및 전망으로 옳지 않은 것은? 기출 16

① 경비원의 적정 임금을 보장하여야 한다.
② 경찰과 민간경비원의 합동순찰제도를 도입하여야 한다.
③ 지역적 특성을 고려한 민간경비 상품을 개발하여야 한다.
④ 기계경비산업보다 인력경비산업의 성장속도가 훨씬 빠를 것이다.

해설

우리나라 민간경비산업은 인력경비업체가 대부분을 차지하고 있으나 향후 인건비 절감을 위해서 인력경비보다 기계경비의 성장이 가속화될 것이다.

69

우리나라 민간경비산업의 전망에 관한 설명으로 옳은 것을 모두 고른 것은? 기출 15

> ㄱ. 경찰업무의 과다로 민간경비업은 급속히 발전할 것이다.
> ㄴ. 민간경비업의 홍보활동이 적극적으로 전개될 것이다.
> ㄷ. 지역 특성에 맞는 민간경비 상품의 개발이 요구될 것이다.
> ㄹ. 경찰 및 교정업무의 민영화 추세는 민간경비업 증가의 한 요인이 된다.

① ㄴ, ㄹ
② ㄱ, ㄴ, ㄷ
③ ㄱ, ㄷ, ㄹ
✔ ㄱ, ㄴ, ㄷ, ㄹ

해설

ㄱ, ㄴ, ㄷ, ㄹ 모두 옳은 설명이다.

70

우리나라 민간경비산업의 전망에 관한 설명으로 옳은 것은? 기출 12

① 긴급통보 시큐리티 시스템이 구축됨으로써 노인인구와 관련된 경비서비스는 점점 사라질 것이다.
② 컴퓨터 시스템이 광범위하게 보급됨으로써 안전관리서비스를 제공하는 경비서비스가 감소할 것이다.
✔ 민간경비는 건축물이 인텔리전트화되면서 예방적인 시큐리티시스템의 운용을 추구할 것이다.
④ 정보통신기술의 발달로 토탈시큐리티보다는 인력경비시스템 중심으로 발달할 것이다.

해설

③ (○) 건축물이 인텔리전트화되면서 민간경비는 이에 맞춘 새로운 시스템 개발과 예방적인 시큐리티 시스템을 운용할 필요가 있다.
① (×) 노인인구와 관련된 경비서비스는 점점 증가하는 추세에 있다.
② (×) 컴퓨터 시스템의 광범위한 보급과 함께 안전관리서비스를 제공하는 경비서비스는 증가추세에 있다.
④ (×) 민간경비는 정보통신기술의 발달로 물리보안과 사이버보안을 하나로 묶는 토탈시큐리티 서비스의 형태로 발전할 것이다.

71

홈 시큐리티(Home Security)의 기능에 대한 설명으로 틀린 것은? 기출 04

① 앞으로의 고령화 시대에 있어서 좋은 대안이 되고 있다.
② 홈 시큐리티는 주로 기계경비시스템을 중심으로 서비스가 실시되고 있다.
③ 홈 시큐리티의 발전은 풍부한 부가가치를 창출할 수 있다.
④ 비상경보가 전화회선을 통하여 정보가 전달되기 때문에 정보량에 한계가 없다.

해설
비상경보가 전화회선을 통하여 전달되기 때문에 정보량에 한계가 있는 단점이 있다.

72

외부의 침입이나 화재 및 가스누출과 같은 비상경보가 CCTV회선을 통해 경비회사에 전송되어 경비회사는 그 이상 여부를 확인하여 경찰서 및 소방서에 통보하는 시스템은?

① 타운 시큐리티
② 고층빌딩경비
③ 홈 시큐리티
④ 공동주택경비

해설
홈 시큐리티는 주로 기계경비를 중심으로 한 서비스가 실시되고 있다. 이러한 시스템은 외부의 침입이나 화재 및 가스누출과 같은 비상경보가 CCTV회선을 통해 경비회사에 전송되면, 경비회사는 그 이상 여부를 확인하여 경찰서, 소방서, 가스회사에 통보하는 한편 FM라디오와 TV로 비상사태를 알리고 출동하는 시스템이다.

73

민간경비산업의 전망에 대한 설명 중 틀린 것은? 기출문제

① 지역특성에 맞는 민간경비상품의 개발이 요구될 것이다.
✅ 향후 인력경비와 기계경비는 동일한 성장속도로 발전할 것이다.
③ 경찰력의 인원, 장비의 부족, 업무 과다로 인해 민간경비업은 급속히 발전할 것이다.
④ 민간경비업의 홍보활동이 적극적으로 전개될 것이다.

해설
21세기에는 고도화된 산업화와 광역화 및 정보화 시대로 진입하면서 인력경비보다 기계경비업의 성장속도가 훨씬 빠를 것이다.

74

한국 민간경비산업의 발전방안으로 옳지 않은 것은? 기출 10

① 경비 관련 자격증제도의 전문화
✅ 인력 중심의 민간경비산업 지향
③ 민간경비 관련 법규 정비
④ 민간경비 업무의 다변화

해설
인력경비 중심에서 기계경비 중심으로의 민간경비산업을 지향하여야 한다.

75

다음 중 민간경비의 일반적 이용으로의 확대를 위한 국가적 시책의 내용으로 보기 어려운 것은? 기출문제

① 국가적 경비시스템의 활용
② 세제상의 문제점 해결
③ 경비시장의 독과점 방지
✅ 경영의 일원화

해설
경영의 일원화가 아닌 경영의 합리화가 이루어져야 한다.

76

다음 중 민간경비발전을 위해 가장 시급한 것은?

☑ ① 우수한 경비원의 선발과 교육
② 경찰조직과 협력체제 문제
③ 방범기기의 개발에 대한 인식변화
④ 국가차원의 민간경비전담기구 설치

[해설]
민간경비발전을 위해 시급한 문제는 우수한 경비원의 선발과 교육을 통한 자질향상이다.

77

민간경비산업의 전망에 관한 설명으로 옳지 않은 것은? 기출 09

☑ ① 향후 기계경비업보다 인력경비업의 성장속도가 빠를 것이다.
② 경찰 및 교정 업무의 민영화 추세는 민간경비업 성장의 한 요인이 될 것이다.
③ 경비 수요에 맞는 민간경비 상품의 개발이 요구될 것이다.
④ 민간경비업의 홍보활동이 적극적으로 전개될 것이다.

[해설]
향후 인력경비업보다 기계경비업의 성장속도가 훨씬 빠를 것이다.

78

기계경비산업의 육성과 발전을 위한 내용이 아닌 것은?

① 형식승인제도의 도입
☑ ② 순찰활동의 강화
③ 비용효과분석 실시
④ 기계경비의 보급 확대

[해설]
②는 인력경비와 관련이 있다.

우물쭈물하다가
내 이럴 줄 알았다.

-조지 버나드 쇼-

참고문헌

- 송광호, 패스플러스 청원경찰/경비지도사 1차 민간경비론, 에듀피디, 2021
- 최경철·안황권, New Target 민간경비론, 웅비, 2020
- 김대권 외, Hi-Pass 민간경비론, 백산출판사, 2019
- 김두현 외, 신민간경비론, 솔과학, 2018
- 이강열, 기계경비개론, 진영사, 2018
- 서진석, 민간경비론, 진영사, 2018
- 김순석 외, 신경향 민간경비론, 백산출판사, 2013
- 송상욱 외, 핵심 민간경비론, 진영사, 2009
- 박성수, 민간경비론, 윤성사, 2021
- 법제처 홈페이지, http://www.law.go.kr

2025 시대에듀 경비지도사 민간경비론 [일반·기계경비]

개정14판1쇄 발행	2025년 02월 05일(인쇄 2024년 12월 27일)
초 판 발 행	2011년 05월 20일(인쇄 2011년 04월 05일)
발 행 인	박영일
책 임 편 집	이해욱
편 저	시대에듀 경비지도사 교수진
편 집 진 행	이재성·고광옥·백승은
표지디자인	박종우
편집디자인	표미영·임창규
발 행 처	(주)시대고시기획
출 판 등 록	제10-1521호
주 소	서울시 마포구 큰우물로 75 [도화동 538 성지 B/D] 9F
전 화	1600-3600
팩 스	02-701-8823
홈 페 이 지	www.sdedu.co.kr
I S B N	979-11-383-8421-6 (14350)
정 가	33,000원

※ 이 책은 저작권법의 보호를 받는 저작물이므로 동영상 제작 및 무단전재와 배포를 금합니다.
※ 잘못된 책은 구입하신 서점에서 바꾸어 드립니다.

합격의 공식 ▶
온라인 강의

혼자 공부하기 힘드시다면 방법이 있습니다.
시대에듀의 동영상 강의를 이용하시면 됩니다.
www.sdedu.co.kr ➔ 회원가입(로그인) ➔ 강의 살펴보기